持证无忧系列

FRM
一级中文教材

下

估值与风险模型

高顿财经研究院 ◎ 编著

中国财富出版社

图书在版编目（CIP）数据

FRM 一级中文教材：全 3 册/高顿财经研究院编著．—北京：中国财富出版社，2018.4
（2019.3 重印）

ISBN 978 - 7 - 5047 - 6629 - 8

Ⅰ.①F…　Ⅱ.①高…　Ⅲ.①金融风险—风险管理—资格考试—自学参考资料
Ⅳ.①F830.9

中国版本图书馆 CIP 数据核字（2018）第 075228 号

策划编辑　李彩琴	责任编辑　戴海林　杨白雪		
责任印制　梁　凡　郭紫楠	责任校对　杨小静　卓闪闪		责任发行　王新业

出版发行	中国财富出版社		
社　　址	北京市丰台区南四环西路 188 号 5 区 20 楼	邮政编码	100070
电　　话	010 - 52227588 转 2048/2028（发行部）	010 - 52227588 转 321（总编室）	
	010 - 52227588 转 100（读者服务部）	010 - 52227588 转 305（质检部）	
网　　址	http://www.cfpress.com.cn		
经　　销	新华书店		
印　　刷	常熟市文化印刷有限公司		
书　　号	ISBN 978 - 7 - 5047 - 6629 - 8/F · 2873		
开　　本	787mm×1092mm　1/16	版　　次	2018 年 5 月第 1 版
印　　张	60.5　彩插　3	印　　次	2019 年 3 月第 3 次印刷
字　　数	1124 千字	定　　价	298.00 元（全 3 册）

主要编委会成员名单

冯伟章　徐思远　徐　望　孙　洁
俞　译　牛　嘉　孙娅雯

主要内容校对

陈柳依　龚圆圆　杨翔文　尹　航

前　言

在金融领域，风险与回报是同一个硬币的两面，管理风险本质上就是对收益回报的管理。遗憾的是，风险管理并未受到重视。2007 年由美国次级债引发的全球金融危机，让资本市场经历了 20 世纪以来最严重的一次金融风暴。随后爆发的欧债危机对资本市场乃至全球经济都产生了深远的影响。在这两次危机中，许多曾经卓越的金融机构都因为在风险管理上的失败，退出了历史舞台。此类惨痛的教训使得金融从业者越发认识到风险管理的重要性，行业对金融风险管理人才的需求从未如此迫切！

FRM（Financial Risk Manager）是全球金融风险管理领域的权威国际资格认证，由"全球风险专业协会"（Global Association of Risk Professionals，GARP）设立。FRM 分为两个级别，以全英文形式进行考试。自 FRM 考试引进中国以来，迅速在业内获得广泛认可，每年报名参考的人数呈井喷式增长。同时，许多金融机构在招聘风险管理人才时，通过 FRM 考试已成为重要的甄选依据。

然而，通过 FRM 考试，对于大部分的中国考生是一个极大的挑战，"读不懂"、"学不完"是非常普遍的现象。报名时的雄心万丈，很快就消失殆尽，甚至在刚拿到指定的参考书后，就将其束之高阁了。

作为财经教育的领跑者，高顿财经以帮助广大学员通过 FRM 考试为己任。高顿财经研究院的数十名 FRM 研究员和讲师，以多年的教学研究成果为基础，倾心打造了这套《FRM 一级中文教材》。本教材严格依据协会考纲编写，为中国考生量身打造，充分考虑了中国考生的学习与思维习惯，衷心希望这套图书能帮助广大考生取得更好的成绩，顺利通过考试。

高顿财经研究院

2018 年 3 月

CONTENTS

第四部分　估值与风险模型

04
Part

第四部分 | 估值与风险模型

考情分析：《估值与风险模型》这部分内容在 FRM 一级考试中占比约 30%，是一级中与《巴塞尔协议》结合最紧密的一个科目。巴塞尔银行监管委员会认为 FRM 学习的目的之一就在于能够读懂《巴塞尔协议》。因此，本部分内容是 FRM 一级学习中的重点，也为学习 FRM 二级奠定基础。本部分内容考察重点在于计算，计算题占比高达 70%。因此，考生在学习过程中对涉及计算的知识点应给予高度重视，仅仅看懂计算过程是远远不够的，必须"亲手动笔算"才能融会贯通。

《估值与风险模型》一共有十八个章节，包含固定收益、期权定价与风险控制、市场风险、信用风险、操作风险和压力测试六个部分。第一部分（第五十二章至第五十六章），主要介绍了固定收益证券估值模型。第二部分（第五十七章至第五十九章），主要介绍了期权估值与风险模型。第三部分（第六十章至第六十二章），主要介绍了市场风险的在险价值度量。第四部分（第六十三章至第六十五章），主要介绍了信用风险的度量。第五部分（第六十六章），主要介绍了银行操作风险的度量。第六部分（第六十七章至第六十九章），主要介绍了压力测试。

本部分框架图

第五十二章

债券价格、贴现因子及套利

知识引导：固定收益证券指在未来指定时间支付事先约定数量现金的金融产品，包括债券、优先股和银行贷款等。本章利用复利和未来现金流贴现原理对债券进行定价，介绍了本息剥离债券的特点，描述了一价定律和套利理论在债券定价中的应用；介绍了通过对债券现金流的分解组合进行债券复制，描述了贴现因子的概念和计算；最后介绍了债券市场上全价、净价、应计利息的概念和天数计算的惯例。

考点聚焦：掌握如何计算附息债券的价格，比较和区分本金剥离债券和息票债券，解释一价原理与市场套利行为的关系及在债券定价中的应用，掌握附息债券的套利，掌握通过对债券现金流的分解组合用一组债券来复制某一支债券的方法，掌握贴现因子的定义和用贴现因子计算债券价格，掌握净价和全价在债券定价上的区别，了解三个最常用的天数计算惯例。

本章框架图

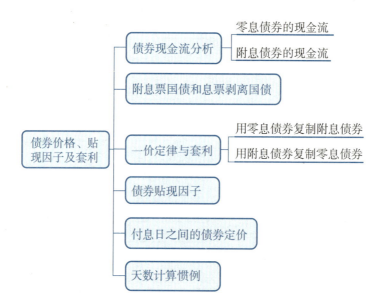

债券的价格可以通过把该债券到期期限内所有将来的现金流贴现之后相加得到，可从以下三步对债券进行估价：

1. 估计现金流（Cash Flow）

对于一支债券存在两个部分现金流，一部分是以三个月、半年或一年支付的息票收益，另一部分是到期日收到的本金（Principal）。

2. 确定恰当的贴现率

合适的贴现率可以是债券的到期收益率（Yield To Maturity，YTM）或一系列现值利率。债券的到期收益率，顾名思义就是持有这个债券一直到期，理论上的平均年收益率。

3. 计算估计的现金流的现值（Present Value）

现值由债券的现金流用合适的贴现率贴现所得。

第一节　债券现金流分析

掌握如何计算（calculate）附息债券的价格（☆☆☆）

在计算债券价格之前，首先要确定其现金流。单个债券的现金流由债券的类型决定，主要有零息债券（Zero Coupon）和附息债券（Payment Coupon）两种。

一、零息债券的现金流

零息债券是一种以低于面值的贴现方式发行、不支付利息、到期按债券面值偿还的债券。零息债券持有期间不支付利息，只在到期时偿付本金。如果在未来一年后支付，称为一年期零息债券；如果支付发生在两年后，则称为两年期零息债券（见图 52.1）。

对不同到期期限的零息债券进行定价的重要依据是对其未来现金流的贴现。零息债券的价格公式为：

图 52.1 零息债券的现金流模型

$$P = \frac{F}{(1 + r)^T} \tag{52.1}$$

其中 P 代表零息债券价格，F 代表面值，r 为市场贴现率，T 为债券到期时间。

例题 52.1

一只期限为 1 年的零息国债，发行时的价格为 98 元，到期支付面值 100 元，其到期收益率是多少？如果投资人在 1 年期间里的第 150 天要按一定价格买进同一只零息债，如果按 2.04% 的收益率为其定价，其参考价格是多少？

名师解析

根据式（52.1）：

$$r = \frac{F}{P} - 1 = \frac{100}{98} - 1 = 2.04\%$$

如果投资人在 1 年期间里的第 150 天要按一定价格买进同一只零息债券，那么按 2.04% 的收益率为其定价，其参考价格为：

$$P = \frac{100}{(1 + 2.04\%)^{\frac{365-150}{365}}} = 98.82(元)$$

二、附息债券的现金流

附息债券与零息债券不同，附息债券在存续期间产生一系列固定的现金流。这些现金流并不集中在某一时段，而是分散在期限内不同的时点上。例如，美国政府和企业发行的债券，每 6 个月支付一次现金，直到债券到期为止，这些支付的现金金额称为债券的票面利息（见图 52.2）。

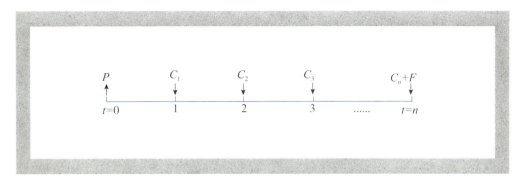

图 52.2　附息债券的现金流模型

由于到期时间不同，每支现金流都有不同的现值，可以将这些现值相加后得到整支债券的现值。附息债券的价值公式为：

$$P = \sum_{t=1}^{n} \frac{C_t}{(1+y)^t} + \frac{F}{(1+y)^n} \tag{52.2}$$

其中 C_t 为每年支付的息票，F 为到期支付的面值，y 为到期收益率且通常为年利率，n 为到期年限。

当一年付息一次以上时，需要将年利率调整为期间利率，并对应相应期间和期间的现金流。此时式（52.2）改写为：

$$P = \sum_{i=1}^{mn} \frac{C_i}{(1+y/m)^i} + \frac{F}{(1+y/m)^{mn}} \tag{52.3}$$

其中，m 表示债券 1 年内分 m 次付息，C_i 为每期支付的息票，n 为债券到期年限。

式（52.2）有个隐含假设，就是各期现金流的再投资收益率等于到期收益率。这里给出简单证明：在式（52.2）两边同时乘以 $(1+y)^n$，有：

$$P(1+y)^n = C_1(1+y)^{n-1} + C_2(1+y)^{n-2} + \cdots +$$
$$C_{n-1}(1+y) + C_n + F \tag{52.4}$$

式（52.4）的左边可以看成是零息债券投资期间无现金流情况下复利计息的结果，右边可以看成是附息债券投资期间有现金流情况下复利计息的结果。因此，在再收益率与到期收益率相等的情况下，左右两边结果是相等的。

例题 52.2

A 公司购买了一张面额为 100 元的债券，其息票利率为 4%，每年支付一次利息，债券剩余期限 5 年，市场贴现率为 6%。该债券的内在价值是多少？

名师解析

根据式（52.2），可得：

$$P = \frac{4}{1.06} + \frac{4}{(1.06)^2} + \frac{4}{(1.06)^3} + \frac{4}{(1.06)^4} + \frac{104}{(1.06)^5} = 91.575 \text{（元）}$$

第二节　附息票国债和息票剥离国债

比较（compare）和区分（contrast）剥离本金债券和息票债券（☆☆☆）

本息分离债券（Separate Trading of Registered Interest and Principal Securities，STRIPS），是美国财政部 1985 年为满足市场对零息债券的需求而设计的。本息分离债券指债券发行后，把该债券的每笔利息支付和最终本金的偿还进行拆分，然后依据各笔现金流形成对应期限和面值的零息债券，分别为息票债券（C—STRIPS）和本金债券（P—STRIPS）。

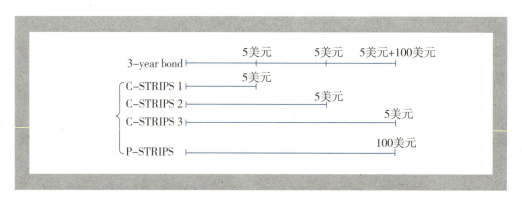

图 52.3　三年期面值为 100 美元、息票利率为 5% 的附息债券的剥离

由图 52.3 可见，该附息债券可以分解为 1 个本金债券和 3 个零息票债券。以零息债券 C—STRIPS3 为例，它代表一张 3 年到期、发行额为 5 元的零息债券。

本息分离债券的特点如下：

第一，零息票债券可以很容易被用来构造任何形式的现金流，并且可以使得资产的现金流与负债的现金流相匹配，这样投资者可以更合理地进行资产负债的管理。

第二，本息分离之后，附息债券的利率风险化解为短期、中期、长期利率风险，投资者可以根据自己的判断对具有多种期限的本息分离债券进行灵活运作，从而更好地控制利率风险。

第三，短期的息票债券趋向以相对高的价格被交易。

第四，长期的息票债券趋向以相对低的价格被交易。本金债券则一般被平价估值。

第三节　一价定律与套利（One Price Law and Arbitrage）

解释（define）债券定价中的一价定律与市场套利行为的关系（☆☆☆）

债券的估值可以通过对债券的现金流贴现得到，这就需要存在一个合适的贴现率，该贴现率要能够反映投资该债券可比的机会成本（Opportunity Cost）。由于债券的条款与特征较多，包括期限、票面利率、信用等级、是否可赎回、是否可转换等，因此，要找到从金融角度分析等价的债券及合适的折现率就比较困难。一价定律为我们提供了债券估值与定价的一个思路。

一价定律，指从金融角度看，本质上相同的东西应该有相同的市场价格。一价定律是由被称为套利的过程驱动和维持的。利用同一商品在不同市场的价格差别进行买卖获利的行为称作套利。把不需要承担任何风险就可能获利的情况称为套利机会。以下是一个简单的套利行为。

A 银行存贷款利率分别为 5%、6%，B 银行存贷款利率分别为 7%、8%。

套利机会：A 银行贷款利率 < B 银行存款利率。

套利操作：从 A 银行贷款，到 B 银行存款。

无风险利润：利率差价 1%。只有现金流入，而没有现金流出。

操作结果：A 银行贷款需求增加，贷款利率上升；B 银行存款供给增加，存款利率下降。A 银行贷款利率和 B 银行存款利率迅速趋于相同（一价）。

套利机会一旦被发现就会立即消失，因此，套利的结果是导致不同市场的同一证券的价格趋同的因素。市场的正常状态应该是不存在套利机会，这里常说的套利

是不需要自己出本金的。

一价定律应用的前提是要找到从金融角度分析本质上相同的资产，对债券来说至少要包含现金流状况和风险状况这两点。在此基础之上，才能利用本质上相同的债券的相关价值信息来为我们关心的债券估值与定价。

附息债券的现金流可以分解为不同期限的单一现金流之和。仍以图 52.3 的面值为 100 美元、息票利率为 5% 的三年期附息债券为例。该附息债券可以分解为三个零息债券：一年期零息债券（面值为 5 美元），两年期零息债券（面值为 5 美元），三年期零息债券（面值为 100 + 5 = 105 美元）。它们对应的期末现金流就是零息债券的面值。在给定风险等条件相同的情况下，附息债券分解成的三个零息债券所对应的现金流状况完全相同。如果我们把这三个零息债券看成一个组合债券，从金融角度看，这个组合债券与附息债券在本质上是相同的。因此，附息债券可以分解为多个零息债券，根据一价定律，结合组合债券的相关信息，就可为附息债券定价。

一、用零息债券复制附息债券

零息债券是应用一价定律为所有附息债券定价的基石。在美国，零息债券有个活跃的交易市场，可以很方便获得其交易价格信息（见表 52.1）。

表 52.1　　　　　　　　某日美国国债市场零息债券市场单价

期限	债券面值（美元）	市场价格（美元）
一年期	1	0.95
二年期	1	0.85
三年期	1	0.80

根据表 52.1，由一价定律可以得出从当日开始计息的三年期附息债券的价格为 $5 \times 0.95 + 5 \times 0.85 + 105 \times 0.8 = 93$（美元）。当市场对该附息债券的报价不等于 93 美元时，就出现了套利机会。

二、用附息债券复制零息债券

由表 52.2 可知，这些债券分别在半年和 1 年两个时期内有现金流量。零息债券

C 的现金流量可以通过持有 N_1 份附息债券 A 和 N_2 份附息债券 B 复制出来，满足关系式：

$$10N_1 + 5N_2 = 100（美元）$$

$$110N_1 + 105N_2 = 0$$

由上可得：　　　　$N_1 = 21（份），N_2 = -22（份）$

表 52.2　　　　　　　　　　　三个无违约风险债券的现金流

债券	价格	现金流（美元）0.5 年	现金流（美元）1 年
A	PA	10	110
B	PB	5	105
C	PC	100	0

投资者可以用做多 21 份附息债券 A 和做空 22 份附息债券 B 的方法复制 1 份零息票债券 C。

假定债券 C 相对于债券 A 和 B 的组合更贵，那么希望持有债券 C 的投资者可以卖出债券 C 并换成做多 21 份债券 A 和做空 22 份债券 B。投资者通过套利可以即刻获得无风险利润，该利润等于债券 C 的价格和债券 A 与 B 构成的组合的价格之差。同理，当债券 C 的价格相对便宜时，持有债券 A 和 B 组合的投资者可以用债券 C 来替换，而保持现金流不变并即刻获得无风险利润。

市场的复杂性和多变性容易导致不同投资者对附息债券和零息债券的收益率作出不同的判断，从而使附息债券与理论上等价的零息债券组合之间的价格出现差异，套利者可以利用附息债券和对应的零息债券组合之间的价格差异进行转换套利从而获得利润。当附息债券的价格低于对应的零息债券组合的价格时，投资者可以通过本息分离进行套利。当附息债券的价格高于对应的零息债券组合的价格时，在条件允许情况下，可以通过本息分离的反向操作进行套利。

例题 52.3

假设年付息的国债市场价格如表 52.3 所示，根据表中三种债券的定价，市场是否存在套利机会？如果存在，如何构造套利组合？

债券 \ 期限	0	1 年	2 年
A	97.087	100	0
B	87.344	0	100
C	100	7	107

表 52.3　　　　　　　国债市场价格

名师解析

用零息债券 A 和债券 B 来复制附息债券 C，债券 C 由 0.07 份债券 A 和 1.07 份债券 B 合成，则债券 C 的价格为 $97.087 \times 0.07 + 87.344 \times 1.07 = 100.254\,2$（元），所以相对于债券 A 和债券 B，债券 C 被市场低估，应该买进债券 C 和卖出债券 A 和债券 B。套利组合构造如下：买进 1 份债券 C，卖出 0.07 份债券 A 和 1.07 份债券 B。组合的成本为：

$$-100 + 97.087 \times 0.07 + 87.344 \times 1.07 = 0.254\,2 \text{（元）}$$

由于将来现金流刚好为零，所以 0.2542 为净盈利。

第四节　债券贴现因子（Discount Factor）

定义（define）贴现因子及用贴现因子计算债券价格和债券的套利（☆☆☆）

一价定律对债券有着重要的意义，它意味着如果不同债券的风险相同，在同一时刻发生的所有现金流量应该用一个统一的贴现率来贴现。下面将详细介绍贴现因子的概念和计算。

所谓贴现因子，就是将来的现金流量折算成现值的介于 0～1 的一个数，一般用 $d(t)$ 来表示，其中 t 为以年为单位的时间。例如，半年期、一年期、两年期债券对应的贴现因子依次可表示为：$d(0.5)$，$d(1.0)$，$d(2.0)$。

$d(t)$ 与未来现金流的关系式为：

$$P = \sum_t d(t) \times CF_t \qquad (52.5)$$

其中 t 为年数，CF_t 为对应的现金流。

例题 52.4

　　假设市场上有三种无违约风险的债券（面值为 100 美元，每半年付息），在不同到期日的价格如表 52.4 所示，试计算各个时间点所对应的贴现因子。

表 52.4　　　　　　　　　三种无违约风险债券的不同到期日价格表

债券价格（美元）	息票（美元）	到期日（年）
102.2969	6.125	0.5
104.0469	6.25	1
104	5.25	1.5

名师解析

　　（1）对于债券 1，其价格为 102.296 9 美元，根据其现金流图 52.4 有：

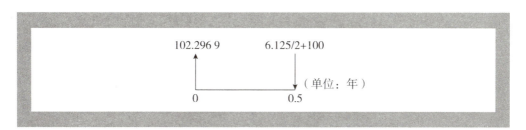

图 52.4　债券 1 现金流图

$$(6.125/2 + 100)d(0.5) = 102.296\ 9(美元)$$

$$\Rightarrow d(0.5) = 0.992\ 5$$

　　（2）对于债券 2，其价格为 104.046 9 美元，根据其现金流图 52.5 有：

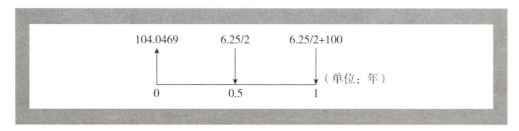

图 52.5　债券 2 现金流图

$$\frac{6.25}{2}d(0.5) + \left(\frac{6.25}{2} + 100\right)d(1) = 104.0469(美元)$$

$$\Rightarrow d(1) = 0.9789$$

（3）对于债券3，其价格为104美元，根据其现金流图52.6有：

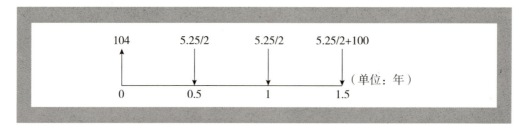

图 52.6　债券3现金流图

$$\frac{5.25}{2}d(0.5) + \left(\frac{5.25}{2}\right)d(1) + \left(\frac{5.25}{2} + 100\right)d(1.5) = 104$$

$$\Rightarrow d(1.5) = 0.9630$$

将各个期限对应的贴现因子汇总在一起可得：

表 52.5　　　　　　　　各个期限对应的贴现因子汇总

期限（年）	贴现因子
0.5	0.992 5
1	0.978 9
1.5	0.963 0

例题 52.5

假设有四种债券都没有违约风险，期限为1、2、3年，这四种债券的价格与现金流如表52.6所示，问是否存在套利机会，如果有，该如何实现？

表 52.6　　　　　　　　四种无违约风险债券的价格与现金流表

债券 ＼ 期限	0	1 年	2 年	3 年
A	100	10	10	110
B	93	100		
C	93	5	105	
D	110	15	15	115

名师解析

（1）计算贴现因子：由于债券 B 属于 1 年期零息债券，可以算出 $d(1) = 0.93$，债券 C 是 2 年期附息债券，有 $5d(1) + 105d(2) = 93 \Rightarrow d(2) = 0.84$，债券 A 是 3 年期附息债券，则有 $10d(1) + 10d(2) + 110d(3) = 100 \Rightarrow d(3) = 0.75$。

（2）给债券 D 定价：代入贴现因子后计算期初的价格为：

$$15d(1) + 105d(2) + 115d(3) = 188.4（元）$$

市场报价为 110 元，因此，债券 D 被低估。

（3）套利：购买债券 D 卖出债券 A、B、C 组合，该组合的现金流与购买债券 D 的相同。

（4）计算组合现金流：

$$10N_A + 100N_B + 5N_C = 15$$
$$10N_A + 105N_C = 15 \qquad \Rightarrow \qquad \begin{cases} N_A = 23/22 \\ N_B = 10/231 \\ N_C = 10/231 \end{cases}$$
$$110N_A = 115$$

将规模放大 462 倍，则与 462 个债券 D 有相同现金流的债券组合为 483 个债券 A，20 个债券 B 与 20 个债券 C。

第五节　付息日之间的债券定价

掌握净价和全价在债券定价上的区别（differentiate）（☆☆☆）

为消除付息日当天付息对价格造成的跳跃式影响，债券的报价通常不包含应计利息（Accrued Interest），在财经版面出现的报价被称为净价（Clean Price）。该价格是针对债券面值的一个百分比报价，也称为基本点报价。例如，报价 97，意味着交易价格是票面值的 97%。

以美国国库券报价为例，美国国库券的面值为 1 000 美元，报价为 97，则债券市场价格为 970 美元。若报价为 97 - 01，则债券市场价格为：

$$(97 + 1/32) \div 100 \times 1\,000 = 970.312\,5（美元）$$

美国国库券的报价采用基点和基点的 1/32 的形式进行。

如果实际交易在两个付息日之间，买方应支付卖方除标价外的按累计时间比例计算的应计利息。

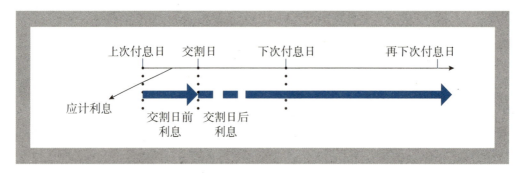

图 52.7　应计利息示意

如图 52.7 所示，应计利息是债券持有人在持有期内应得的利息。当投资者购买一张处于两次息票支付之间的债券时，他必须补偿给债券出售者从上一次息票支付日直到结算日（Settlement Date）为止的时间内应得的利息。公式为：

$$应计利息 = 债券的面值 \times 息票利率 \times 计息时间 \tag{52.6}$$

现金流贴现公式得到的价格为全价（Full Price or Dirty Price），在净价交易中，交易时采用净价，结算时仍采用全价。全价、净价和应计利息满足关系：

$$全价 = 净价 + 利息 \tag{52.7}$$

在净价交易方式下，由于债券交易价格不含有应计利息，其价格形成及变动能够更加准确地体现债券的内在价值、供求关系和市场利率的变动趋势。

例题 52.6

面额 100 美元的一年期 5% 债券，每年付息一次，债券的到期收益率 6%，问三个月后的价格为多少？

名师解析

该债券的现金流图如图 52.8 所示。

根据公式（52.1），在三个月后的全价为 $P = 105/(1.06^{0.75}) = 100.51$（美元）

此时应计利息为：$100 \times 5\% \times 0.25 = 1.25$（美元）

则三个月后的净价为：$100.51 - 1.25 = 99.26$（美元）

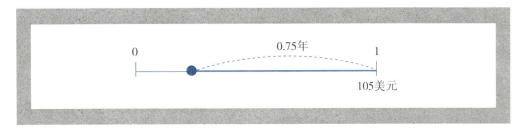

图 52.8 债券的现金流

知识一点通

债券交割时，卖方先得到应计利息，而且是单利价值，不是贴现后的价值，显然这对卖方有利，但是，市场也是公平的，债券的价格比净价有所降低来保持平衡。

例题 52.7

假设面值为 1 000 美元的美国国库券每半年付息一次，息票率为 10%，付息时间为每年的 1 月 1 日和 7 月 1 日。假设现在是 2005 年 4 月 1 日，该国库券 2015 年 7 月 1 日到期，债券的到期收益率为 8%，问债券现在价格是多少？

名师解析

该债券的现金流图如图 52.9 所示。

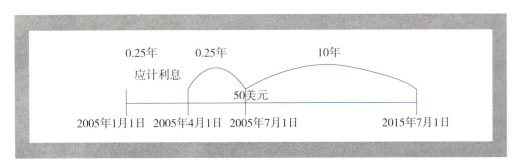

图 52.9 面值为 1000 美元美国国库券的现金流图

首先用金融计算器可得：$N = 20$，$I/Y = 4$，$PMT = 50$，$FV = 1\,000$，CPT：$Price$（$Jul\ 1$）$= 1\,135.9$（美元），该价格为现金流从 2015 年 7 月 1 日贴现到 2005 年 7 月 1 日得到的全价。

2005 年 7 月 1 日的全价加上该时间点的息票 50 元，再贴现到 2005 年 4 月 1 日，可得：Price（Apr 1）=（1 135.9 + 50）/1.04$^{0.5}$ = 1 162.87（美元），该价格为 2005 年 4 月 1 日的全价。

2005 年 1 月 1 日到 4 月 1 日三个月的应计利息为：$50 \times 90/180 = 25$（美元）所以，2005 年 4 月 1 日的净价为：1 162.87 − 25 = 1 137.87（美元）

第六节　天数计算惯例

描述（describe）三个最常用的天数计算惯例（☆☆）

天数计算定义了在一段时间内利息累计的方式，通常表示为 X/Y 的形式。X 定义为两个日期之间天数的计算方式，Y 定义了参考期限内总天数的计算方式。在两个日期之间的利息为：

（两个日期之间的天数/参考期限的总天数）× 参考期限内所得利息　　　　　（52.8）

在美国有 3 种流行的天数计算惯例：

第 1 种，实际天数/实际天数（Actual/Actual），如美国中长期国债；

第 2 种，30/360，如美国的公司债券、政府机构债券、市政债券等；

第 3 种，实际天数/360，如美国短期国债。

第 1 种天数计算惯例好理解，就是以实际天数来算。这说明在两个日期之间的利息是基于实际过去的天数与两个息票支付日期之间的实际天数的比率。假定一个债券的本金为 100 美元，息票支付日期为 3 月 1 日和 9 月 1 日，息票率为 8%，我们想要计算 3 月 1 日与 7 月 3 日的利息。这里参考区间为 3 月 1 日至 9 月 1 日，这个期间总共有 184 天（实际天数），这个区间所得利息为 4 美元。在 3 月 1 日至 7 月 3 日总共有 124 天（实际天数）。因此，3 月 1 日至 7 月 3 日的所得利息为：

$$124/184 \times 4 = 2.695\ 7\text{（美元）}$$

第 2 种惯例假设每个月有 30 天，每年有 360 天。以上一支债券为例，在 3 月 1 日至 9 月 1 日总共有 180 天。在 3 月 1 日至 7 月 3 日总共有 $4 \times 30 + 2 = 122$（天）。因此，在 3 月 1 日至 7 月 3 日的所得利息为：

$$122/180 \times 4 = 2.711\ 1\ （美元）$$

第 3 种惯例是第 1 种惯例和第 2 种惯例的结合，参考期限选定为 360 天。同样以上一只债券为例，在 3 月 1 日至 9 月 1 日总共有 184 天（实际天数）。在 3 月 1 日至 7 月 3 日总共有 $4 \times 30 + 2 = 122$（天）。因此，在 3 月 1 日至 7 月 3 日所得利息为：

$$124/180 \times 4 = 2.755\ 6\ （美元）$$

这里要注意的是，含有 365 天的整年里所得的利息为：

$$365/360 \times 8 = 8.111\ 1\ （美元）$$

扫码做题　章节练习

第五十三章

即期利率、远期利率与平价利率

知识引导：债券的利率因种类和期限的不同而不同，它们不仅体现在数值上，还体现在计算方法上。同时，由于受到经济环境等因素的影响，利率也在不断发生变化。即期利率曲线只与期限相关的特性使它可以为任意确定的现金流定价。远期利率是用即期利率计算出来的，其主要功能就是对未来利率进行预判。平价利率指使债券的价格等于其面值的息票率。

考点聚焦：通过对本章内容的学习，能区分一年期复利与半年期复利，掌握复利对债券价格的影响，用贴现因子计算即期利率的方法，理解远期利率的定义，掌握利用即期利率计算远期利率的方法，理解平价利率的定义，根据互换利率计算贴现因子，理解即期利率、远期利率和平价利率的关系，了解到期时间对债券价格的影响，了解收益率曲线陡峭/平坦化策略的债券交易。

本章框架图

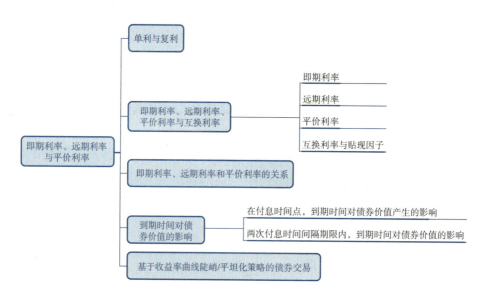

价格和现金流可以完整地描述债券，利率则能直观地表达货币的时间价值。利率反映了不同日期发生的现金流之间的关系。利率可以视为所要求的收益率，也可以看成是贴现率。

第一节　单利与复利

计算和理解（calculate & interpret）复利对债券价格的影响（☆☆☆）

常见的利率度量方法有单利和复利两种。单利是只以本金计算利息，不考虑利息的再投资情况下使用的利率。复利是假定把定期结算的利息加入本金进行再投资，这样的利息计算方法称为复利。

单利的计算公式：

$$F = P \times \left[1 + (n \times r) \right] \tag{53.1}$$

复利的计算公式：

$$F = P \times (1 + r/m)^{m \times n} \tag{53.2}$$

其中，F 为到期后的本金和利息之和，P 为现值，r 为年利率，n 为年数，m 为复利的周期数。大多数金融机构采用比年更短的周期来支付或索取利息，通常需要计算半年期复利、季复利、月复利等。

当现值为 P，半年付息一次，复利利率为 $\check{r}$，则在 T 年末的价值为：

$$P \times (1 + \check{r}/2)^{2T} \tag{53.3}$$

这里要注意的是，由于是投资 T 年且半年复利，所以表达式中是 $2T$ 次方，实际上投资期是 $2T$ 个半年。

单利和复利的区别是非常重要的。在短时间内，单利和复利的收益差别可能不大，但在一个较长的时间内，两者的差别会变得非常大。

例如，以 100 元投资，利率为 8%，50 年后，单利的本息和为：

$$F = 100 \left[1 + (50 \times 8\%) \right] = 500 \, (元)$$

而复利的本息和高达：

$$F = 100 \times (1 + 8\%)^{50} = 4\,690 \, (元)$$

例题 53.1

100 元投资，利率为 10%，每半年复利一次，求 4 年后的本息和。

名师解析

根据公式（53.2）可得：

$$F = 100 \times (1 + 0.1/2)^{2 \times 4} = 147.75(元)$$

第二节　即期利率、远期利率、平价利率与互换利率

即期利率、远期利率、平价利率和互换利率的定义和计算（calculate）（☆☆☆）

一、即期利率（Spot Rate）

即期利率就是当前时刻各种不同期限的零息债券的到期收益率。到期期限不同，即使其他条件相同，债券的即期利率通常也会不同。即期利率与零息债券价格的关系式为：

$$P = \frac{F}{(1 + r_t)^t} \tag{53.4}$$

其中，P 为零息债券价格，F 为零息债券到期日面值，r_t 为 t 时期的即期利率。

考察某债券未来收益的现金流 $C_1, C_2, \cdots, C_n$，面值为 F，该债券每年付息一次，债券的即期收益率为 r_t，则有：

$$P = \sum_{t=1}^{n} \frac{C_t}{(1 + r_t)^t} + \frac{F}{(1 + r_t)^n} \tag{53.5}$$

式（53.5）给出了已知即期利率时，计算债券市场价格的方法。

例题 53.2

一只两年期的零息国债，面值 100 元，发行购买价是 92.46 元，那么该债券的即期利率是多少？

名师解析

根据式（53.4）：

$$92.46(1 + r_2)^2 = 100 \Rightarrow r_2 = 4\%$$

需要注意的是，即期利率不是一个能够直接观察到的市场变量，而是一个基于现金流贴现法，通过对市场数据进行分析而得到的利率。理论上可以通过不同期限的零息债券（包括剥离债券）收益率绘制出实际的即期收益率曲线（见表53.1）。

表53.1　　　　市场一组零息债券的价格和对应的贴现因子

期限（年）	零息债券价格（美元）	贴现因子
0.5	99.255 6	0.992 556
1.0	97.884 2	0.978 842
1.5	96.299 0	0.962 990
2.0	94.329 9	0.943 299
2.5	92.120 5	0.921 205
3.0	89.796 1	0.897 961

若每半年复利一次，根据式（53.3），1美元在 t 年后增长到 $(1 + r_t/2)^{2t}$，此时贴现因子与即期利率满足关系式：

$$d(t)(1 + r_t/2)^{2t} = 1$$

解出 $d(t)$ 为：

$$d(t) = \frac{1}{(1 + r_t/2)^{2t}} \tag{53.6}$$

根据式（53.6），由表53.1中的贴现因子算出的即期利率见表53.2的第四列。

表53.2　　　　贴现因子隐含的即期利率

期限（年）	零息债券价格（美元）	贴现因子	即期利率
0.5	99.255 6	0.992 556	1.50%
1.0	97.884 2	0.978 842	2.15%
1.5	96.299 0	0.962 990	2.53%
2.0	94.329 9	0.943 299	2.94%
2.5	92.120 5	0.921 205	3.31%
3.0	89.796 1	0.897 961	3.62%

利率期限结构（Yield Term Structure）指即期利率与到期时间之间的关系曲线，也称为收益率曲线（Yield Curve）。

由图53.1可以看出，期限短的收益率低于期限长的收益率，这是金融市场上常见的收益率曲线类型，即随着债券期限变长，相应的即期收益率也会增加。

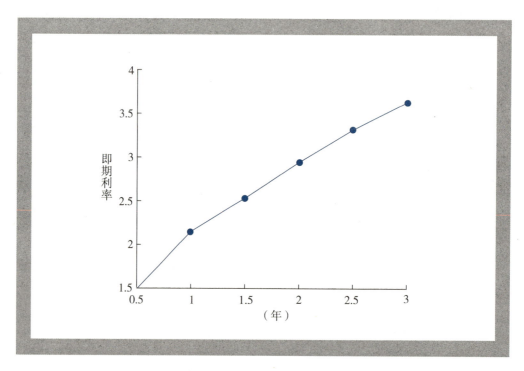

图53.1　根据表53.2中数据画出的收益率曲线

二、远期利率（Forward Rate）

远期利率是从未来某一时点到另一时点的利率。远期利率与即期利率的区别在于计息日起点不同，即期利率的起点在当前时刻，而远期利率的起点在未来某一时刻。

假设某只债券一年期的即期利率 r_1 为3%，两年期的即期利率 r_2 为4%，定义第二年的远期收益率为 $f_{1,2}$，该利率是站在现在时点看，第一年末尾的下一年的收益率，如图53.2所示。

即期利率 r_1 与远期收益率 $f_{1,2}$ 满足关系式：

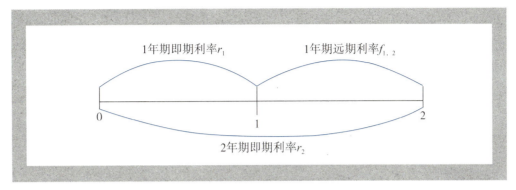

图 53.2 远期利息与即期利息

$$(1 + r_1)(1 + f_{1,2}) = (1 + r_2)^2 \qquad (53.7)$$

可以算出 $(1 + 3\%)(1 + f_{1,2}) = (1 + 4\%)^2 \Rightarrow f_{1,2} = 5.01\%$ 。也就是，这只债券一年期的即期利率是 3% ，两年期的即期利率是 4% ；站在现在看，一年后的下一年的利率是 5.01% ，也就是远期利率 $f_{1,2}$ 。

远期利率和即期利率满足关系式：

$$(1 + r_1) \times (1 + f_{1,2}) \times (1 + f_{2,3}) \times \cdots \times (1 + f_{t-1,t}) = (1 + r_t)^t \quad (53.8)$$

其中，$f_{t-1,t}$ 为时刻 $t - 1$ 到 t 期间的远期利率。

对于更普遍的情况，远期利率和即期利率之间有关系式：

$$(1 + r_1)^{t_1} \times (1 + f_{1,2})^{t_2 - t_1} = (1 + r_2)^{t_2} \qquad (53.9)$$

其中，r_1 是 t_1 时刻到期的即期利率，r_2 是 t_2 （$t_2 > t_1$）时刻到期的即期利率，$f_{1,2}$ 为时刻 t_1 到 t_2 期间的远期利率。

当采用连续复利进行计算时，式（53.9）将成为：

$$e^{r_1 t_1} e^{f_{1,2}(t_2 - t_1)} = e^{r_2 t_2} \qquad (53.10)$$

由此得到远期利率的计算表达式为：

$$f_{t_1,t_2} = \frac{r_2 t_2 - r_1 t_1}{t_2 - t_1} \qquad (53.11)$$

以表 53.2 中的即期利率为例，根据式（53.11）就可以算出相应的远期利率：

$$f_{0.5,1} = \frac{2.15 - 1.5 \times 0.5}{1 - 0.5} = 2.8\% \quad , \quad f_{1,1.5} = \frac{2.53 \times 1.5 - 2.15 \times 1}{1.5 - 1} = 3.29\%$$

全部远期利率的计算结果（见表 53.3）。

表 53.3	即期利率与远期利率	
期限（年）	即期利率	6 个月远期利率
0.5	1.50%	1.50%
1.0	2.15%	2.80%
1.5	2.53%	3.29%
2.0	2.94%	4.18%
2.5	3.31%	4.80%
3.0	3.62%	5.18%

例题 53.3

表 53.4 为一组由息票剥离债券获得的即期利率和远期利率。

表 53.4	一组息票剥离债券的即期利率和远期利率	
期限（年）	即期利率	远期利率
0.5	1.50%	1.50%
1.0	2.15%	2.80%
1.5	2.53%	3.29%
2.0	3.00%	?

若该债券的到期年限为 2 年，问最后一个半年期远期利率为多少？

名师解析

根据式（53.11）有：

$$f_{1.5,2} = (0.03 \times 2 - 0.025\,3 \times 1.5)/(2 - 1.5) \Rightarrow f_{1.5,2} = 4.41\%$$

备考小贴士

在 FRM 考试中，式（53.11）为计算远期利率的常用公式。

三、平价利率（Par Rate）

息票利率（Coupon Rate）是有价证券票面标注的利息率。从投资者的角度出发，当市场利率高于债券票面利率时，倾向于投资其他投资品以获得较高的市场利率，所以债券供过于求，就无法按面值发行，必须低于面值发行；当市场利率低于债券票面利率时，投资者纷纷购买债券，以获得更高的收益，债券供不应求，发行价格就要上涨，高于面值发行；当市场利率等于票面利率时，债券按面值发行，又称为平价债券（Par Bond）。平价债券的息票率称为平价利率。

假设某债券的息票利率为 c，P 为债券的现值，F 为到期支付的面值，n 为债券持有年限，每半年付息一次，债券的到期收益率为 y，满足关系式：

$$P = \sum_{i=1}^{2n} \frac{F \times c/2}{(1 + y/2)^i} + \frac{F}{(1 + y/2)^{2n}} \tag{53.12}$$

当债券按面值发行即 $P = F$ 时，该债券为平价债券，息票率 c 即为平价利率，此时式（53.12）两边除以 P，可进一步表示为：

$$1 = \frac{c}{2} \sum_{i=1}^{2n} (1 + y/2)^{-i} + (1 + y/2)^{-2n} \tag{53.13}$$

根据式（53.6），用贴现因子 $d(t/2)$ 代替 $(1 + y/2)^{-i}$，式（53.13）可表示为：

$$\frac{c}{2} \sum_{t=1}^{2n} d(t/2) + d(n) = 1 \tag{53.14}$$

根据式（53.14），由表 53.2 中的贴现因子可求出各期限的平价利率，见表 53.5。

表 **53.5**　　　　　　　　　即期利率、远期利率与平价利率

期限（年）	贴现因子	即期利率	6 个月远期利率	平价利率
0.5	0.992 556	1.50%	1.50%	1.500 0%
1.0	0.978 842	2.15%	2.80%	2.146 5%
1.5	0.962 990	2.53%	3.29%	2.522 5%
2.0	0.943 299	2.94%	4.18%	2.924 5%
2.5	0.921 205	3.31%	4.80%	3.283 9%
3.0	0.897 961	3.62%	5.18%	3.582 3%

例如，已知 $d(0.5) = 0.992\,556$，由式（53.14）可得 0.5 年的平价利率为：

$$d(0.5)(1 + c/2) = 1 \Rightarrow c = 1.500\,0\%$$

已知 $d(1) = 0.978\,842$，由式（53.14）可得 1 年期的平价利率为：

$$c/2(d(0.5) + d(1)) + d(1) = 1 \Rightarrow c = 2.146\,5\%$$

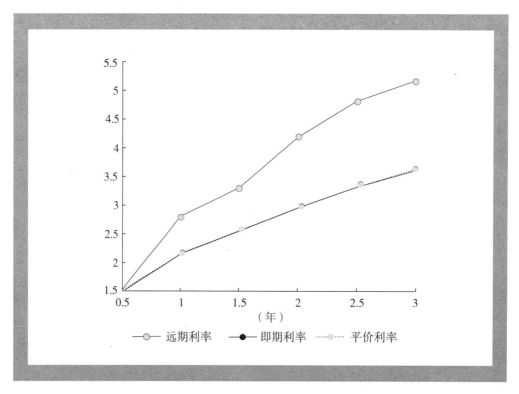

图 53. 3　表 53. 5 中的即期利率、远期利率和平价利率曲线

四、互换利率（Swap Rate）与贴现因子

　　互换是交易双方达成的，以事先约定的方式在将来一段时期内交换一系列现金流的协议。互换已经成为最流行的利率基准，互换利率曲线不仅被互换交易员，也被管理债券和互换组合的资产管理经理用来衡量和对冲利率风险。一项标准的利率互换指固定利率对浮动利率的互换。互换一方是固定利率支付者，固定利率在期初商定，另一方是浮动利率支付者，浮动利率参照互换期内某种特定的市场利率确定，双方互换利息，不交换本金。

　　例如，一个 2005 年 9 月 1 日生效的一年期利率互换，名义本金为 1 亿美元。甲公司同意支付给乙公司年利率为 2.8% 的利息，同时乙公司同意支付给甲公司 3 个月期 LIBOR 的利息，利息每 3 个月交换一次。利息互换中甲公司的现金流量表如表 53.6 所示。

表 53.6 　　　　　　　　　　利率互换中甲公司的现金流量表

日期	LIBOR（％）	浮动利息现金流（百万美元）	固定利息现金流（百万美元）	净现金流（百万美元）
2005 年 9 月 1 日	2.13			
2005 年 12 月 1 日	2.47	+ 0.53	− 0.7	− 0.17
2006 年 3 月 1 日	2.67	+ 0.62	− 0.7	− 0.08
2006 年 6 月 1 日	2.94	+ 0.67	− 0.7	− 0.03
2006 年 9 月 1 日	3.27	+ 0.74	− 0.7	+ 0.04

由表 53.6 可知，在 2005 年 9 月 1 日的 LIBOR 利率为 2.13%（年化），对应的 3 个月浮动利率为 2.13%/4 = 0.53%，因此，对甲公司而言，在 2005 年 12 月 1 日的浮动利息现金流为 + 0.53 百万美元，此时固定利息现金流为 − 0.7 百万美元，则甲公司的净现金流为 − 0.17 百万美元，以此类推。

对甲公司来说，该利率互换事实上可以看作浮动利率债券多头加固定利率债券空头，这个利率互换的价值就是浮动利率债券与固定利率债券价值的差。

对乙公司来说，由于互换为零和游戏，该利率互换的价值就是固定利率债券价值与浮动利率债券价值的差。

1. 在互换中为浮动利率债券定价

首先，假定 r_i 为浮动利率债券每个付息周期的基准利率，它由该周期定息日当天的市场 LIBOR 利率决定。其次，假定每个付息周期的定息日都为该付息周期的第一天，也就是说，在前一日将上个付息周期的利息支付之后，第二天按照市场 LIBOR 利率确定新的付息周期的基准利率。

浮动利率债券的现金流量图如图 53.4 所示。

如图 53.4，我们从最后一个付息周期末的现金流开始向前推导。最后一个付息周期的期末现金流为 $A + A \times r_n$，其中 r_n 为最后一个付息周期确定的 LIBOR 即期利率。那么，在最后一个付息周期的互换日，由于浮动债券的收益率就是 r_n，该浮动债券在最后一个付息周期的期初（定息日）的现值为：

$$P = \frac{A + A \times r_n}{(1 + r_n)} = A \tag{53.15}$$

这个现值也即浮动利率债券在最后一个付息周期定息日的理论价格。

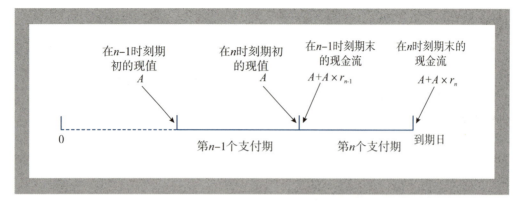

图 53.4　面值为 A 在下一个付款日支付利息 r_{n-1} 的浮动债券定价

我们再来看倒数第二个付息周期。由于倒数第二个付息周期的期末即最后一个付息周期的期初，而付息之后的债券价格为 A 元。因此，倒数第二个付息周期期末债券的现金流就应该是 $A + A \times r_{n-1}$，其中 r_{n-1} 为倒数第二个付息周期的基准利率，由该付息周期的定息日决定，那么，在倒数第二个付息周期的定息日，该债券的现值仍为：

$$P = \frac{A + A \times r_{n-1}}{(1 + r_{n-1})} = A$$

因此，在每个付息周期都可以得出如下结论：浮动债券在付息周期期初的价格正好等于其面值。浮动债券在付息周期期初的价格正好等于其面值的原因是票面基准利率正好是市场的收益率（LIBOR 即期利率）。

2. 根据互换利率计算贴现因子

互换的价格用互换利率（Swap Rate）衡量。互换利率的选取恰好使得在达成合约的初始时刻，固定利率债券的价值等于浮动利率债券的价值。若以 s 表示互换利率，则合约价值满足如下关系：

$$\sum_{i=1}^{2n} \frac{As/2}{(1 + r_i/2)^i} + \frac{A}{(1 + r_n/2)^{2n}} = A \tag{53.16}$$

其中，A 为利率互换中的名义本金，n 表示年数，r_i 为第 i 次互换对应的 LIBOR 即期利率（年化），每半年付息一次。

式（53.16）右边为浮动利率债券的贴现值，该值等于名义本金。式（53.16）左边为固定利率债券的贴现值，等于名义本金也就是债券的面值。互换利率是互换合约中固定债券的息票率，这说明互换利率可以定义为平价债券的收益率，即平价利率。

在式（53.16）中，如果即期利率 r_i 已知，就能为利率互换估值。由式（53.6）可知即期利率与贴现因子间的关系为：

$$d(t/2) = \frac{1}{(1 + r_t/2)^t} \tag{53.17}$$

由式（53.16）与式（53.17），可以推导出贴现因子与互换利率的关系式：

$$\sum_{t=1}^{2n} \frac{s}{2} d(t/2) + d(n) = 1 \tag{53.18}$$

表 53.7 互换利率隐含的贴现因子

期限（年）	互换利率（%）	贴现因子
0.5	0.705	0.996 489
1.0	0.875	0.991 306
1.5	1.043	0.984 494
2.0	1.235	0.975 616
2.5	1.445	0.964 519

表 53.7 显示了 2010 年 5 月 28 日短期美元互换利率的数据。

表 53.7 中的第二列给出了互换市场交易的报价和观察到的利率，这表明双方愿意以固定利率 0.875% 交换 3 个月期 LIBOR 一年，以固定利率 1.043% 交换 3 个月期 LIBOR1.5 年。根据互换利率可以求出相应的贴现因子，结果见表 53.7 中的第三列。

例如，0.5 年的互换利率为 0.705%，由式（53.18）可知：

$$d(0.5)(1 + 0.705\%/2) = 1 \Rightarrow d(0.5) = 0.996 489$$

1 年期的互换利率为 0.875%，由式（53.18）可知：

$$0.875\%/2d(0.5) + (1 + 0.875\%/2)d(1) = 1 \Rightarrow d(1) = 0.991 306$$

第三节 即期利率、远期利率和平价利率的关系

掌握和理解（interpret）即期利率、远期利率和平价利率之间的关系（☆☆☆）

一、每一个即期利率几乎等于期限内远期利率的算术平均值

由表53.5中数据，以2.5年的即期利率为例：

$$\frac{4.80\% + 4.18\% + 3.29\% + 2.8\% + 1.5\%}{5} \approx 3.31\%$$

而根据（53.8）式有：

$$\left(1 + \frac{r_{2.5}}{2}\right)^5 = \left(1 + \frac{f_{0.5}}{2}\right)\left(1 + \frac{f_{0.5,1}}{2}\right)\left(1 + \frac{f_{1,1.5}}{2}\right)\left(1 + \frac{f_{1.5,2}}{2}\right)\left(1 + \frac{f_{2,2.5}}{2}\right)$$

虽然严格来说，2.5年的即期利率是5个6月期远期利率的几何平均值，但是由于利率常常比较小，将上式右端展开略去二次项后，可以近似为算术平均。

二、当即期利率随着期限的增加而上升时，远期利率高于即期利率

由式（53.7）可以看出，两年期的即期利率 r_2 是一年期的即期利率 r_1 和远期利率 $f_{1,2}$ 的几何平均收益率，肯定会介于 r_1 和 $f_{1,2}$ 之间。当即期利率单调递增时，远期利率也是单调递增的，且远期利率 $f_{1,2}$ 高于即期利率 r_2；当即期利率单调递减时，远期利率也是单调递减的，且远期利率 $f_{1,2}$ 小于即期利率 r_2。这里 r_2 是 t_2 时刻到期的即期利率，$f_{1,2}$ 为时刻 t_1 到 t_2 期间的远期利率。

三、当即期利率随着期限的增加而上升时，平价利率接近但低于即期利率

考虑一个两年期债券，由即期和到期收益率的定义可知：

$$P = \frac{cF}{1 + y_2} + \frac{(1+c)F}{(1 + y_2)^2} = \frac{cF}{1 + r_1} + \frac{(1+c)F}{(1 + r_2)^2} \tag{53.19}$$

其中，F 为债券面值，c 为息票利率，y_2 为2年期到期收益率，r_1 和 r_2 分别为1年期和2年期的即期利率。

把 P 设为面值 F，则有 $y_2 = c$，此时到期收益率等于息票利率，式（53.19）为：

$$1 = \frac{y_2}{1 + r_1} + \frac{1 + y_2}{(1 + r_1)^2} \tag{53.20}$$

由此得

$$(1 + r_2)^2 = y_2 \frac{(1 + r_2)^2}{1 + r_1} + (1 + y_2) \tag{53.21}$$

将 $(1 + r_1)(1 + f_{1,2}) = (1 + r_2)^2$ 代入（53.21）式，有：

$$y_2 = \frac{2 + r_2}{2 + f_{1,2}} r_2 \tag{53.22}$$

已知在一个斜率上升的利率期限结构中，$f_{1,2} > r_2$，由式（53.22）可以得出 $y_2 < r_2$，即平价利率小于即期利率。

图 53.5 给出了斜率上升的期限结构中远期利率曲线、即期利率曲线和平价利率曲线之间的关系。

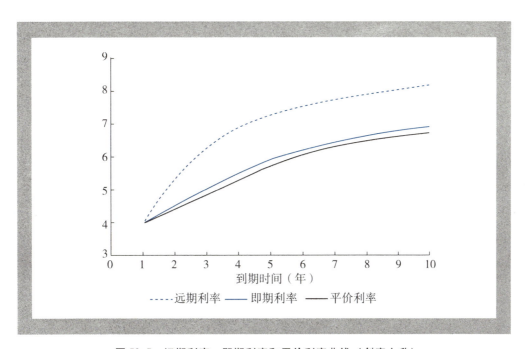

图 53.5 远期利率、即期利率和平价利率曲线（斜率上升）

由图 53.5 可知，平价利率曲线处于最低位置，即期利率曲线介于平价收益率和远期收益率曲线之间，但同平价利率曲线的距离不大，而远期收益率曲线明显高于即期利率曲线，更高于平价利率曲线，随着期限的延长，各曲线之间的距离也在增大。

对于斜率下降的利率期限结构，情况则刚好相反，平价利率曲线处于最高位置，即期利率曲线略低于平价利率曲线，远期利率曲折则明显低于即期利率曲线，随着期限的延长，各曲线之间的距离也在增大。如图53.6所示。

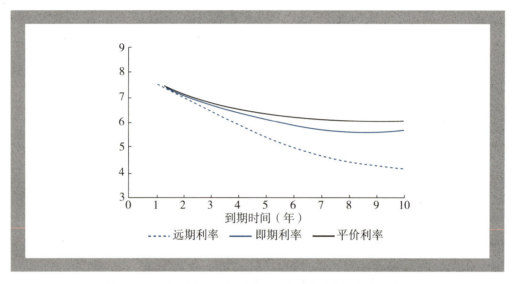

图53.6   远期利率、即期利率和平价利率曲线（斜率下降）

例题 53.4

图53.7为某一利率期限结构。

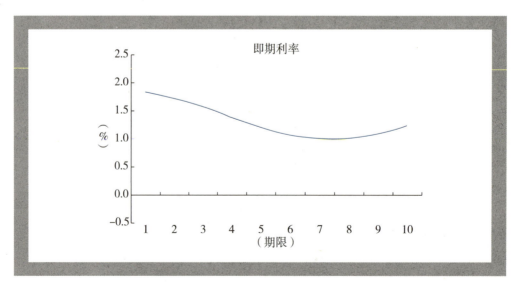

图53.7   某一利率期限结构

该利率期限结构对应的远期利率曲线为下列哪个选项？

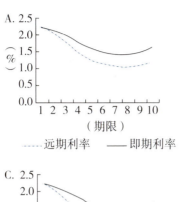

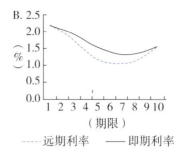

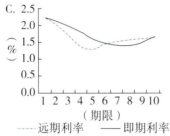

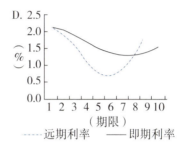

名师解析

我们知道当即期利率单调递增时，远期利率也是单调递增，而且大于即期利率，当即期利率单调递减时，远期利率也单调递减，而且小于即期利率，因此，答案选 D。

例题 53.5

假设某互换合约 6 个月期、12 个月期和 18 个月期的互换利率分别为 0.695%、0.905% 和 1.035%，每半年复利一次。问 18 个月期的即期利率为多少？

　　A. 0.88%　　　　　　B. 1.04%　　　　　　C. 2.08%　　　　　　D. 3.13%

名师解析

根据式（53.18）有：

$$d(0.5) \times (1 + 0.695\%/2) = 1 \Rightarrow d(0.5) = 0.996\ 537$$

$$d(0.5) \times 0.905\%/2 + d(1) \times (1 + 0.905\%/2) = 1 \Rightarrow d(1) = 0.991\ 006$$

$$d(0.5) \times 1.035\%/2 + d(1) \times 1.035\%/2 + d(1.5) \times (100 + 1.035\%/2) = 1$$

$$d(1.5) = 0.984\ 619$$

$$1/(1 + s_{1.5}/2)^3 = 0.984\ 619 \Rightarrow s_{1.5} = 1.04\%$$

答案选 B。这里再提供一种解题思路，已知在斜率上升的期限结构中，即期利率大于互换利率，且与互换利率较为接近，因此，根据选项可以很快得出答案为 B。

第四节　到期时间对债券价值的影响

了解和评估（assess）到期时间对债券价格的影响（☆☆）

一、在付息时间点，到期时间对债券价值产生的影响

由式（53.12）可知，若 n 年期债券的面值为 1 元，息票率为 c，则其价格为：

$$P = \frac{c}{2} \sum_{i=1}^{2n} (1 + y/2)^{-i} + (1 + y/2)^{-2n} \qquad (53.23)$$

利用等比数列求和公式，式（53.24）又可以表示为：

$$P = \frac{c}{y}[1 - (1 + y/2)^{-2n}] + (1 + y/2)^{-2n} \qquad (53.24)$$

由（53.24）式可知，债券的价值在整个流通期间呈现出来的总变动趋势如下：

第一，如果 $c = y$，则 $P = 1$，息票利率等于到期收益率，即平价发行债券，其价值不随债券到期时间的临近而变化，始终等于面值。

第二，如果 $c > y$，则 $P > 1$，息票利率大于到期收益率，债券将有溢价（Premium）其价值随债券到期时间的临近而减少。

第三，如果 $c < y$，则 $P < 1$，息票利率小于到期收益率，债券将有折价（Discount），其价值随债券到期时间的临近而增加。

图 53.8 描述了特定息票率债券的价格与到期时间的关系。

由图 53.8 可知，溢价债券的价值在到期日之前随着时间的推移而下降，直到到期日等于面值。折价债券在到期日之前价格不断上升。图中所描述的债券价格的时间趋势被称为回归面值（Pull to Par）。

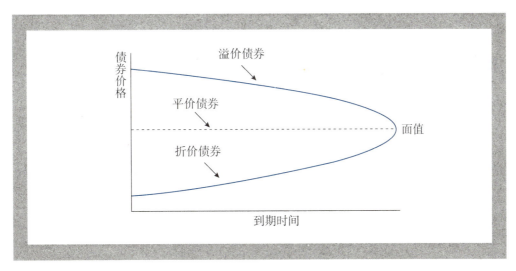

图 53.8　债券价格与时间的关系

二、两次付息时间间隔期限内，到期时间对债券价值的影响

对于折价发行债券，发行后价值逐渐升高，在付息日由于付息价值下降，此时债券的价值仍高于上次付息后债券的价值，然后又上升，总的趋势是债券价值随到期时间的临近波动上升，至到期日等于面值，如图 53.9 所示。

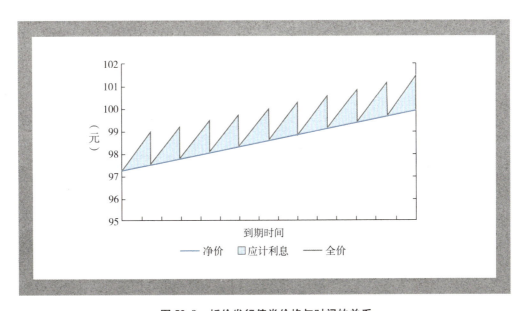

图 53.9　折价发行债券价格与时间的关系

对于溢价发行债券,发行后价值亦逐渐升高,在付息日由于付息价值下降,此时债券的价值比上一次付息后债券的价值还要低,然后又上升,总的趋势是债券价值随到期时间的临近波动下降,至到期日等于面值,如图 53.10 所示。

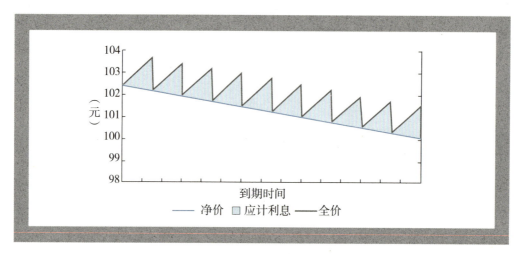

图 53.10 溢价发行债券价格与时间的关系

对于平价发行债券,发行后价值逐渐升高,在付息日由于付息而价值下降,此时债券的价值等于面值,然后又上升,总的趋势是平价发行债券的价值仅在整数时点付完息后才等于面值。

综上所述,不管是采用溢价发行、折价发行还是平价发行的债券,在两个付息日之间,其价值都是曲线上升的,然后随着本期利息的支付,其价值骤然下降。此规律不仅适用于两次付息时间间隔期限内的平息债券(指利息在到期时间内平均支付的债券),而且适用于零息债券的整个流通时间。

第五节   基于收益率曲线陡峭/平坦化策略的债券交易

> 了解 (comprehend) 收益率曲线陡峭/平坦化策略的债券交易 (☆☆)

在一般情况下,债券收益率曲线通常是有一定角度的正向曲线,即长期利率的位置要高于短期利率。收益率曲线交易指通过分析和预测收益率曲线形态而进行的债券交易，包括骑乘曲线策略、曲线平移策略、陡峭/平坦化策略等。

陡峭/平坦化交易指基于利率曲线期限利差变化的交易策略，也就是长期债券的利率和短期债券利率之间的一个利差。如果我们能够判断出期限利差的变化，那么，就可以根据这个长期和短期债券的一些相对价值制定一些交易策略。

一、当收益率曲线陡峭时

短期利率下跌幅度超过长期利率，会使得短期债券价格上升的幅度大于长期债券价格上升的幅度，长期债券相对短期债券价值下降，此时应当做空长期债券、做多短期债券。同理，当长期利率上升幅度超过短期利率时，会使得短期债券价格下降的幅度小于长期债券价格下降的幅度，长期债券相对短期债券价值下降，此时应当做空长期债券、做多短期债券。收益率曲线陡峭化如图 53.11 所示。

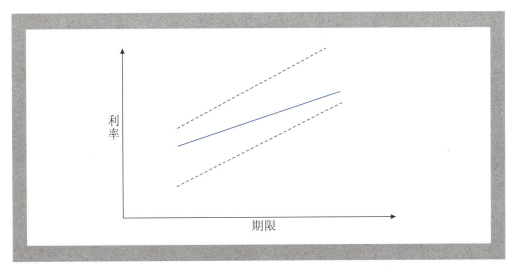

图 53.11　从实线转变到任何一条虚线称为期限结构的陡峭

二、收益率曲线变平时

长期利率下跌幅度超过短期利率，会使得长期债券价格上升的幅度大于短期债券价格上升的幅度，长期债券相对短期债券价值上升，此时应当做多长期债券、做空短期债券。同理，当短期利率上升幅度超过长期利率时，会使得长期债券价格下

降的幅度小于短期债券价格下降的幅度，长期债券相对短期债券价值上升，此时应当做多长期债券、做空短期债券。收益率曲线平坦化的示意图同样可参考图53.11，此时从任何一条虚线转变为对应实线称为期限结构的平坦。

长期国债和短期国债之间的差异在于机构对未来风险的判断。例如，机构预期未来风险是增加的时候，这个时候机构风险偏好是下降的，它会增加长期国债的投资锁定未来的收益，这个时候期限利差一般是缩小的。而当机构预期未来风险下降的时候，这个时候机构的风险偏好是上升的，这个时候会减少长期国债的投资，使得期限利差扩大。

所以，观察债券收益率的一个曲线形态，可以帮助我们识别其中隐含的一个机构行为的变化以及机构对于宏观政策和风险的判断和预期。

扫码做题　章节练习

第五十四章

回报率、利率差与收益率

知识引导： 债券的回报率可以是总回报率，也可以是去除融资成本的净回报率。利率差是用来衡量债券相对于基准利率曲线的价格，而基准利率曲线通常是互换或政府债券的利率期限结构。到期收益率是一种实际而直观的报价方法，但是由于息票效应，它不能正确衡量债券的相对价值。债券损益的分解也是本章讨论的重点。

考点聚焦： 通过对本章的学习，应能区分总回报率与净回报率，计算净回报率，定义并解释债券利差；解释如何从债券价格和利率期限结构中得到利差；掌握到期收益率的计算，用到期收益率对债券定价，计算年金与永续年金的价值；解释即期利率与到期收益率之间的关系；解释息票效应；解释息票利率、到期收益率和债券价格之间的关系；解释债券持有期损益的分解。

本章框架图

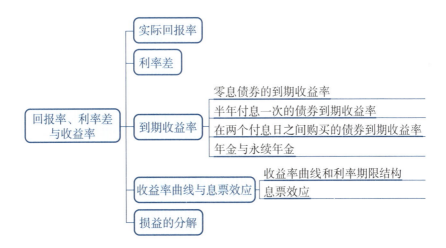

655

第五十三章讨论的即期利率、远期利率和平价利率直观描述了市场价格隐含的资金时间价值。然而，为了分析单个债券在交易前的吸引力和交易后的表现，市场参与者必须依靠回报率（Return）、利率差（Spread）和收益率（Yield）进行分析。

第一节　实际回报率

区分（distinguish）总回报率与净回报率，计算（compute）净回报率（☆☆☆）

一定期限持有债券获得的总回报（Gross Return）可分解为三部分（见图 54.1）。

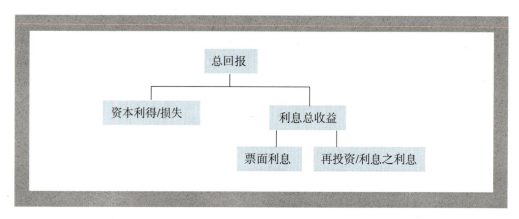

图 54.1　债券的总回报构成

如图 54.1 所示，债券的总回报可分为资本利得和损失（债券净价价差）、息票收入和息票的再投资收入。

在 t 时刻债券的价格为 P_t，在 $t+1$ 时刻（下一个付息周期）收到的息票为 C，此时债券的价格为 P_{t+1}。定义从 t 时刻到 $t+1$ 时刻实现的总回报率为 $R_{t,t+1}$，其数学表达式为：

$$R_{t,t+1} = \frac{P_{t+1} - P_t + C}{P_t} \tag{54.1}$$

资本利得率为：

$$\frac{P_{t+1} - P_t}{P_t} \tag{54.2}$$

例题 54.1

假设一位投资者在 2010 年 6 月 1 日以价格 105.856 美元购买了到期日为 2011 年 11 月 30 日、息票为 4.5 的美国国债。过了 6 个月后，该债券 2010 年 11 月 30 日的价格为 105 美元。这 6 个月的投资总回报率为多少？

名师解析

半年期的息票为 2.25 美元，由式（54.1）有：

$$\frac{105 - 105.856 + 2.25}{105.856} = 1.317\%$$

知识一点通

在例题 54.1 中，债券的持有期为 1 个付息周期，若要计算更长持有期实现的回报率则需要关注在持有期内利息再投资的利率，也即图 54.1 所示的利息之利息。

例题 54.2

假设例题 54.1 债券的持有期变为 1 年，也就是说持有到期日为 2011 年 5 月 31 日。假设 2010 年 11 月份获得的息票以名义年利率 0.6% 进行投资（每半年复利一次），在 2011 年 5 月 31 日该债券的价值为 105 美元，则持有期内投资的总回报率为

$$\frac{105 - 105.856 + 2.25 + 2.25 \times (1 + 0.6\%/2)}{105.856} = 3.449\%$$

如果债券投资者是通过借钱来购买债券的，那么就需要考虑融资成本，净回报（Net Return）就是总回报减去融资成本。净回报率的定义式为：

$$R_{t,t+1} = \frac{P_{t+1} - B_{t+1} + c}{P_t} \tag{54.3}$$

其中，B_{t+1} 为融资成本。

例题 54.3

例题 54.1 中其他条件保持不变，假设债券是通过借款购买，借款利率为

0.2% ，每半年复利一次，求半年后该债券的净回报率。

名师解析

债券持有期为半年，借款的偿还金额为 $105.856 \times (1 + 0.2\%/2) = 105.962$（美元）则根据式（54.3），该债券的净回报率为：

$$\frac{105 + 2.25 - 105.962}{105.856} = 1.217\%$$

事实上，该净回报率是例 54.1 计算的毛回报率减去 6 个月的融资利率 0.1% 。

第二节　利率差

定义并理解（define and interpret）债券利差的定义，解释（explain）如何从债券价格和利率期限结构中得到利差（☆☆☆）

附息债券的定价公式为：

$$P = \sum_{t=1}^{n} \frac{C_i}{(1 + r_t)^t} + \frac{F}{(1 + r_t)^n} \qquad (54.4)$$

其中，债券每年付息一次，每期现金流为 $C_1, C_2, \cdots, C_n$ ，F 为本金，r_t 为即期收益率，n 为到期年限。

假设每期的现金流相等为 C ，将式（54.4）写成远期利率的形式：

$$P = \frac{C}{[1 + f(1)]} + \frac{C}{[1 + f(1)][1 + f(2)]} + \cdots +$$

$$\frac{C}{[1 + f(1)][1 + f(2)] \cdots [1 + f(n)]} \qquad (54.5)$$

其中 $f(i)$ 为每一期的远期利率。

式（54.4）和式（54.5）可以认为是利用利率期限结构对现金流贴现得到的无风险国债的合理价值。相对于无风险国债，其他性质的债券存在一个溢价或者折价，即它的收益率与同期限的无风险国债收益率存在一定的差异，这种差异称为利差（Yield Spread）。这种债券的市场价格是以合适的利率期限结构加上利差作为贴现率，再对债券的现金流贴现得到的，数学表达式为：

$$P = \frac{C}{[1 + f(1) + s]} + \cdots + \frac{C}{[1 + f(1) + s][1 + f(2) + s]\cdots[1 + f(n) + s]}$$

$$(54.6)$$

其中，s 为利差。

在式（54.6）中，假设每个期限的利差 s 是个恒定值，称为零波动利差（Z - Spread）。当 s 随时间变化时，有：

$$P = \frac{C}{[1 + f(1) + s(t)]} + \cdots + \frac{C}{[1 + f(1) + s(t)][1 + f(2) + s(t)]\cdots[1 + f(n) + s(t)]}$$

$$(54.7)$$

收益率利差一般体现为信用风险、流动性风险以及税收等因素。

例题 54.4

已知半年期美国国债的远期利率曲线，$f(0.5) = 2.5\%$，该国债的息票率为 3%，每半年付息一次。若某公司半年期债券的当前价格为 100 美元，息票率为 3%，求该公司债相对于国债的利差。

名师解析

由式（54.6）可知：

$$100 = \frac{100(1 + 3\%/2)}{\left(1 + \dfrac{2.5\% + s}{2}\right)} \Rightarrow s = 0.5\%$$

此时该国债的价格为：

$$P = \frac{100(1 + 3\%/2)}{(1 + 2.5\%/2)} \Rightarrow P = 100.247（美元）$$

因此，我们可以说这个公司债便宜了 0.247 美元成交，也可以说便宜了 50 个基点。

知识一点通

由于债券价格与利率成反比关系，利率下跌会导致债券价格上升，因此，利差缩窄时，公司债券会上涨，而且表现比国债要好。实际上，信用利差缩窄时，高信用风险债券价格要比低信用风险债券的价格表现得更好，市场风险偏好倾向于较高风险的债券。

第三节　到期收益率（Yield‐to‐Maturity，YTM）

定义并理解（define and interpret）用到期收益率对债券进行定价，计算（calculate）年金与永续年金的价值（☆☆☆）

前面章节介绍了即期利率、远期利率及平价利率。但对于一般的投资者，并不总是在债券发行时就买入并持有到债券直到到期为止，而往往是在债券发行后在交易市场上买入，持有一段时期后在交易市场上卖出。这样一来，就需要一个对债券存续期内的投资行为进行判断的标准，因此有了到期收益率的概念。债券的到期收益率指投资者在即时市场上买入债券后，假设其持有到期时的收益率。

到期收益率假设债券不存在违约风险和利率风险，且每次获得的利息按计算出来的到期收益率进行再投资直至到期日。到期收益率通常被看做是投资者从购买债券直至债券到期所获得的平均收益率。下面分别就零息债券和附息债券的到期收益率进行阐述。

一、零息债券的到期收益率

零息债券由于只发生一笔现金流，所以其收益率的计算公式为：

$$y = (F/P)^{1/n} - 1 \tag{54.8}$$

其中，y 为到期收益率，F 为债券终值，P 为债券现值，n 为到期剩余年限。

例题54.5

一只 2017 年 1 月 1 日发行的一年期零息国债，在 2017 年 2 月 1 日的市场价格为 98 元，到期时按面值 100 元支付，问投资者在 2017 年 2 月 1 日买入后，持有到期时这笔投资的到期收益率是多少？

名师解析

由式（54.8）可知：

$$y = (100/98)^{\frac{1}{334/365}} - 1 = 2.23\%$$

该值就是投资者在 2017 年 2 月 1 日买入该券后持有至到期日 2017 年 12 月 31 日时的到期收益率，该收益率为年化收益率。

二、半年付息一次的债券到期收益率

半年付息一次的债券定价公式为：

$$P = \sum_{i=1}^{2n} \frac{C_i}{(1 + y/2)^i} + \frac{F}{(1 + y/2)^n} \tag{54.9}$$

其中，C_i 为每期支付的息票，每半年支付一次，F 为到期支付的面值，n 为到期年限，y 为到期收益率。

例题 54.6

假设有一只面值为 100 美元的附息债券，还有 8 年到期，票面利率 7%，每半年支付一次利息，下一次支付利息正好在半年后，该债券当前价格为 94.17 美元，问该债券的到期收益率为多少？

名师解析

由式（54.9）可知：

$$94.17 = \sum_{i=1}^{16} \frac{3.5}{(1 + y/2)^i} + \frac{100}{(1 + y/2)^{16}} \Rightarrow y = 8\%$$

因此，该债券的年到期收益率为 8%。

三、在两个付息日之间购买的债券到期收益率

式（54.9）隐含了刚好在付息日购入债券的情况，在大多数情况投资者可能会在两个付息日之间购买债券，这里给出一个这种情况下到期收益率的计算公式：

$$P = \frac{C}{(1 + y)^m} + \frac{C}{(1 + y)^{m+1}} + \cdots + \frac{C}{(1 + y)^{m+n}} + \frac{F}{(1 + y)^{m+n}} \tag{54.10}$$

其中，C 为每期支付的息票，y 为到期收益率，F 为附息券面值，m 为成交日到下一次付息日的天数/利息支付期的天数，该值是以年为单位的剩余时间，n 为成交日距到

期日的剩余付息年数。

例题 54.7

一只 2016 年 1 月 1 日发行的三年期附息国债，票值 100 元，票面利率 5%，每年 1 月 1 日付息一次，在 2017 年 1 月 1 日该券市场交易价格为 104.5 元，问投资者如果在 2017 年 1 月 1 日买入并持有至到期，其到期收益率为多少？若投资者在 2016 年 6 月 30 日以 104 元买入该附息券，其到期收益率为多少？

名师解析

（1）针对第一种在付息日购买的情况，直接套用式（54.9）有：

$$104.5 = \frac{5}{(1+y)} + \frac{5}{(1+y)^2} + \frac{100}{(1+y)^2} \Rightarrow y = 2.6598\%$$

（2）针对第二种不在付息日购买债券的情况，我们知道成交日到下一次付息日的天数/利息支付期的天数为 $m = 184/365$。成交日至到期日的剩余付息年限 $n = 2$。根据式（54.10）有：

$$104 = \frac{5}{(1+y)^{184/365}} + \frac{5}{(1+y)^{184/365+1}} +$$

$$\frac{5}{(1+y)^{184/365+2}} + \frac{100}{(1+y)^{184/365+2}} \Rightarrow y = 4.3\%$$

四、年金与永续年金（Annuity and Perpetuity Annuity）

假设 n 年期国债的面值为 1 元，息票为 C，则式（54.9）可以表示为：

$$P = \frac{C}{2} \sum_{i=1}^{2n} (1+y/2)^{-i} + (1+y/2)^{-2n} \qquad (54.11)$$

利用等比数列求和公式，式（54.11）又可以表示为：

$$P = \frac{C}{y}[1 - (1+y/2)^{-2n}] + (1+y/2)^{-2n} \qquad (54.12)$$

标准年金指一系列以相等的时间间隔支付额度相等的款项，整个付款期内利率不变且计息频率与付款频率相等。假设年金的现金流在第一个付款期期末首次发生，随后依次分期进行，每年支付息票 C，最后没有本金的支付，这时式（54.12）中的第二项含有本金一项不需考虑，此时年金 $A(n)$ 的价值为：

$$A(n) = \frac{C}{y}\left[1 - \left(\frac{1}{1 + y/2}\right)^{2n}\right] \tag{54.13}$$

永续年金是一个固定息票为 C 直到永远的债券，其价值可通过令式（54.13）中的 n 趋于无穷而求得，即为 C/y。

例题 54.8

假设某人需要在每年年末取出 100 元，连续取 3 年，在银行存款利率为 10% 的情况下，他现在需要要向银行存入多少钱？

名师解析

根据（54.13）式有：

$$A(3) = \frac{100}{0.1}\left[1 - \frac{1}{(1 + 0.1)^3}\right] = 248.69 \text{（元）}$$

第四节　收益率曲线与息票效应（Coupon Effect）

定义（define）息票效应，解释（explain）息票、到期收益率和债券价格的关系（☆☆☆）

一、收益率曲线和利率期限结构

债券收益率曲线（Yield Curve）是反映一组货币和信用风险均相同、期限不同的债券收益率的曲线。根据利率种类的不同，可以分为即期利率曲线（Spot Rate Curve）、远期利率曲线（Forward Rate Curve）和平价利率曲线（Par Rate Curve），平价利率曲线又和互换利率曲线（Swap Rate Curve）等价。

即期利率曲线反映了零息债券的到期收益和到期时间之间的关系。在市场有效假定的条件下，固定收益国债市场存在唯一的一条即期收益率曲线，这条即期收益率曲线适用于任何一只国债。如果已经确定了即期利率曲线，那么远期利率就可以根据即期利率曲线上的即期利率求得，所以，远期利率并不是一组独立的利率，它

和即期利率曲线紧密相连。

利率期限结构（Term Structure of Interest Rate）指某个时点不同期限的即期利率与到期期限的关系及变化规律。因此，理论上的利率期限结构指的是零息债券的即期利率与到期期限之间的关系，但由于零息债券有限，很难构成完整的收益率曲线。因此，通常用国债的息票债券的到期收益率来替代零息债券的即期利率，息票债券到期收益率与其期限之间的关系称为收益率曲线。因此，一般用收益率曲线作为利率期限结构的替代物。

要计算一只五年期、每年付息一次的附息债券的理论价格，等于用未来的五笔现金流对应的即期利率进行贴现获得，因此需要五个即期收益率才能确定一只五年期、每年付息一次息票债券的价格。为了方便定价和报价，到期收益率被提出，它测度了债券自购买日持有至到期日为止所获得的平均收益率。其实到期收益率只是为了方便报价而提出的，其利息再投资利率恒等于到期收益率的假定也与现实情况不符。

常见的收益率曲线有图 54.2 所示的三种类型的形状。

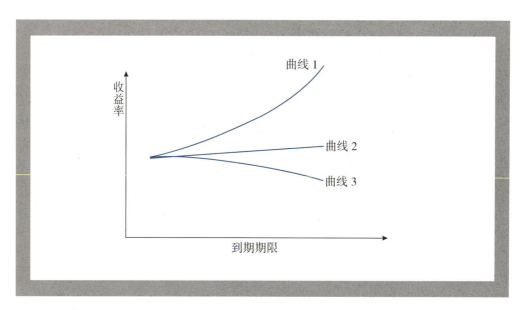

图 54.2 收益率曲线类型

在图 54.2 中，曲线 1 向右上方倾斜，表示期限短的收益率低于期限长的收益率，这是金融市场上常见的收益率曲线类型，即随着债券期限的变长，相应的即期收益率也会增加。曲线 2 水平，表示所有不同期限的收益率都近似相等的。曲线 3

向右下方倾斜，表示的是期限短的收益率高于期限长的收益率。

二、息票效应（Coupon Effect）

到期收益率作为平均收益率在实际交易中的报价和成交中起着十分重要的作用。但它也有不足之处，例如，相同待偿还期限的同一属性的两只债券，其他因素均相同但因息票利率不同，通常会有不同的到期收益率，这种仅因债券息票不同而产生的到期收益率不同的现象，称为债券的息票效应。

在图54.2三种不同的即期收益率曲线下，息票利率对到期收益率的影响表现在以下三个方面。

1. 向右上方倾斜的即期收益率曲线

即期利率逐年递增。在同一条利率期限结构下，相同年限的债券，息票利率越高，对应的到期收益率越低，反之亦然。息票利率与到期收益率成反比。

2. 向右下方倾斜的即期收益率曲线

即期利率逐年递减。在同一条利率期限结构下，相同年限的债券，息票利率越高，对应的到期收益率越高，反之亦然。息票利率与到期收益率成正比。

3. 水平的即期收益率曲线

即期收益率曲线保持水平形状，各个时刻的即期利率都相同，那么对任何债券而言，到期收益率就等于该即期收益率，等于一个恒定的常量。这也意味着在水平的即期收益率曲线下，任何息票债券的到期收益率都相同。

下面用一个简单的例子来定量分析息票利率对债券定价的影响。假设有A、B两只两年期债券，A为附息债券，票面利率为10%，B为零息债券，它们的计息日相同，在计息日的价格（全价）分别是100元和82.64元。如果采用到期收益率来对两只债券进行定价，分别根据式（54.8）和式（54.9），两只债券的到期收益率都为10%，似乎投资价值相同。

考虑即期利率曲线是向上倾斜的情况，假设第一年的市场利率是8%，第二年的市场利率即远期利率为12.04%，由于$(1+8\%)(1+12.04\%)=(1+10\%)^2$，因此，两年的利率合并计算起来仍然相当于年复利率10%。此时，可以发现投资于A债券会比投资于B债券更划算，因为A债券的第一次票面利息可进行再投资，其再投资收益为$10\times12.04\%=1.204$（元）。因此，投资A债券两年的实际收益率为

（110 + 10 + 1.204）/100 − 1 = 21.2%，而 B 债券的实际收益率为 100/82.64 − 1 = 21%。换句话说，两只债券两年的投资相差 0.2 元，每年差别 0.1 元。这意味着，A、B 两债券在到期收益率相同的情况下，实际收益率相差了 10 个基点，以债券专业投资者的角度来看，相差已然不小。

当用来定价的即期利率曲线向下倾斜时，A 债券的收益会低于 B 债券。可见，不同的利率期限结构将导致不同的投资价值判断结果。

在同一条利率期限结构下，对相同年限的两只债券，考虑到息票以远期利率进行的再投资收益，在升息周期中，市场会对息票高的债券定价相对较高，从而使它的到期收益率相对较低；在降息周期中，市场会对息票高债券定价相对较低，使它的到期收益率相对较高。

第五节　损益（Profit and Loss，P&L）的分解

解释（explain）债券持有期损益的分解（☆☆☆）

按照前面的分析，债券持有期回报可以分解为两部分：息票收入 + 净价价差。不过这样的分解模式仍显得粗糙：价差的来源既可能来自利率曲线的下滑效应（Roll − down），也可能是来自利率曲线变动（Movement），显然这两者来自不同的风险因素。因此，我们需要更为复杂的分解步骤，从收益率变动路径来对债券回报率进行分解。

如图 54.3 所示，广义的债券回报率可以分为三个最基本的部分：现金持有收益、基准利率曲线变化、信用利差变化。因此，债券的回报率分解模型可以简化为以下公式：

债券回报率 = 现金持有收益 + 下滑收益 + 变化收益 + 利差收益　　　　（54.14）

1. 现金持有收益

现金持有收益指债券的息票收益减去融资成本。

2. 持有下滑收益

持有下滑收益指在基准利率曲线在持有期保持不变情况下，即期利率随剩余期

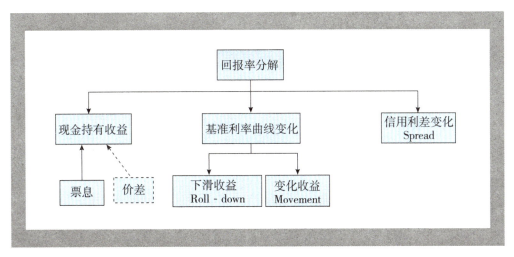

图 54.3　债券回报率分解模型

限减少而减少，此时债券的现金流以更低的利率贴现引起价格升高从而获得收益。正常情况下，收益率曲线是正斜率的，例如 1 年的利率比 3 年的低。假设利率曲线目前的情况是 1 年期的即期利率为 2.5%，2 年期的即期利率为 3.5%，3 年期的即期利率为 4.5%，那么现在买一个新发行的利率为 4.5% 的 3 年期的债券持有 2 年，2 年后这个 3 年期的债券就变成 1 年期的债券了。假设 2 年后利率曲线没有任何变动，这时候债券要求的收益率就不再是 5% 而是 2.5%（因为期限变短），债券的价格就相应上涨。由于该收益是即期利率沿着利率期限结构下滑产生的收益，因此称作下滑收益。

3. 变化收益

变化收益度量了基准利率曲线发生变化（如平移）带来的资本损益。

4. 信用利差收益

信用利差收益度量了利差变化带来的收益。

假设某公司债券从买入到持有期结束，收益率相对时间的变化路径为 $X_1 \rightarrow X_2 \rightarrow X_3 \rightarrow X_4$，见图 54.4。

如图 54.4 所示，路径 $X_0 \rightarrow X_1$ 为现金持有收益，也即息票收益。路径 $X_1 \rightarrow X_2$ 为利率曲线保持不变时（仍然在曲线 1 上）收益率随剩余期限减少获得的收益。路径 $X_2 \rightarrow X_3$ 为利率基准曲线下降（曲线 1 变为曲线 2）产生的收益。路径 $X_3 \rightarrow X_4$ 为信用利差变化（利率基准曲线由曲线 2 平移变为曲线 3）产生的收益。

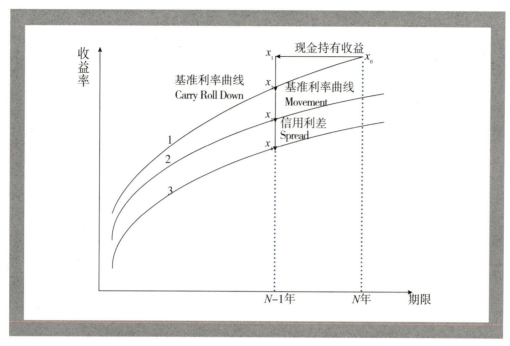

图54.4　收益率和剩余期限变动路径

例题54.9

假设某一公司债2010年1月1日发行，息票为1元，在持有期限内的息票、基准利率曲线、利差见表54.1，对该债券从2010年1月1日到2011年1月1日这1年的回报进行分解。

表54.1　　　　　　　某公司债的息票、基准利率曲线及利差表

	初始时间	2010 – 1 – 1	2011 – 1 – 1	2012 – 1 – 1	价格（元）	损益（元）
定价时间：2010 – 1 – 1；年息票1元						
初始价格	利率期限结构	1%	2%	3%	95.7439	
	利差	0.5%	0.5%	0.5%		
定价时间：2011 – 1 – 1；年息票1元						
Carry – roll – down	利率期限结构		2%	3%	96.1800	0.4361
	利差		0.5%	0.5%		
利率变化	利率期限结构		1%	2%	98.0656	1.8856
	利差		0.5%	0.5%		
利差	利率期限结构		1%	2%	97.1159	– 0.9497
	利差		1%	1%		

名师解析

首先计算出在初始计息日利率期限结构和利差下的债券估值：

$$P = \frac{1}{1+1.5\%} + \frac{1}{(1+1.5\%)(1+2.5\%)} +$$

$$\frac{101}{(1+1.5\%)(1+2.5\%)(1+3.5\%)} = 95.7439$$

（1）1年后（2011年1月1日），持有和下滑收益为（基准利率曲线和利差保持不变）：

$$P = \frac{1}{1+2.5\%} + \frac{101}{(1+2.5\%)(1+3.5\%)} = 96.1800$$

$$P\&L = 96.1800 - 95.7439 = 0.4361$$

（2）1年后（2011年1月1日），利差不变的情况下，基准利率由2011年1月1日的2%和2012年1月1日的3%分别变化为1%和2%，此时基准利率曲线变化损益：

$$P = \frac{1}{1+1.5\%} + \frac{101}{(1+1.5\%)(1+2.5\%)} = 98.0656$$

$$P\&L = 98.0656 - 96.1800 = 1.8856$$

（3）1年后（2011年1月1日），在前面基准利率变化的基础上，利差也由原来的0.5%变化为1%，引起的损益变化为：

$$P = \frac{1}{1+2\%} + \frac{101}{(1+2\%)(1+3\%)} = 97.1159$$

$$P\&L = 97.1159 - 98.0656 = -0.9497$$

该债券在2011年1月1日的价格为97.1159，总损益为：

$$P\&L = 97.1159 - 95.7439 = 0.4361 + 1.8856 - 0.9497 = 1.3720$$

扫码做题　章节练习

第五十五章

价格敏感性的单因素度量

知识引导：基点价值衡量了利率变化 1 个基点时债券价格的变化幅度。久期衡量了利率变化 100 个基点时债券价格的变化率。久期和凸度是债券价格变化率相对于到期收益率的一阶和二阶 Taylor 展开系数。实际计算常用的是有效久期和有效凸度。

考点聚焦：通过对本章内容的学习，应能定义并计算固定收益债券的基点价值，掌握用基点价值计算对冲债券风险敞口所需的头寸，定义和计算固定收益债券的有效久期，定义和计算固定收益债券的凸度，根据债券的基点价值、久期与凸度来估计债券的价格变化，计算投资组合的久期与凸度，解释负的凸度对债券价格的影响，构建哑铃型和子弹型投资组合，解释凸度对哑铃型和子弹型投资组合的影响。

本章框架图

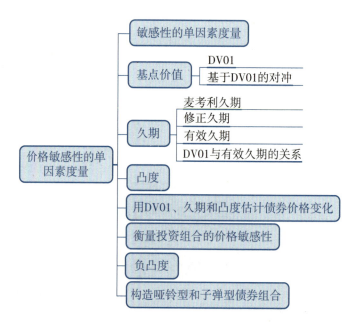

价格—利率模型衡量的是利率的变动对债券价格的影响。利率是随时间变化的，这种变化一方面表现为不同历史时期的不同利率水平；另一方面表现为同一历史时期不同投资期限对应的不同利率。所以，研究利率与价格的关系，必须以一定的利率期限结构为基础。根据利率价格模型中包含的利率因子的个数，可分为单因素模型（Single - factor Approach）和多因素模型（Multi - factor Approach）。

第一节　敏感性的单因素度量

债券价格对利率变化的敏感性指利率发生细微变化（如一个基点或一个百分点）后，债券价格波动的幅度。

价格—利率的单因素模型是假定债券当前的价格为 $P(y)$，影响其变化的唯一利率因子是 y，当利率因子 y 为到期收益率时，到期收益率的变动 Δy 决定了整个利率期限结构的变动。此时对利率期限结构有两个重要的隐含假设：一是各个期限的收益率都是相等的，都等于到期收益率，因此，利率期限结构呈水平；二是当利率发生变化时，原先的利率曲线将会发生平行移动，即利率期限结构上每一个时点上的利率将会发生相同幅度的变化（见图 55.1）。

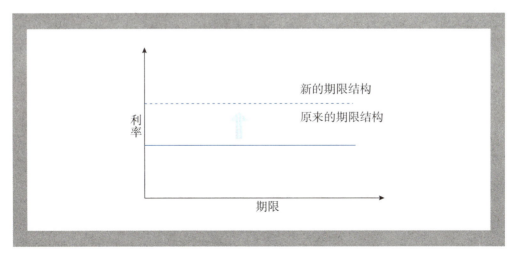

新的期限结构

原来的期限结构

利率

期限

图 55.1　利率期限结构的水平结构和平行移动

当价格—利率函数 P 只含有单个收益率变量 y 时，收益率从初始值 y_0 变成新的值 $y_1 = y_0 + \Delta y$ 时，债券的价格变为 $P_1 = P(y_1)$，当 Δy 很小时，价格 P_1 在 y_0 附近

FRM一级中文教材

的二阶 Taylor 展开式为：

$$P_1 = P_0 + \frac{dP}{dy}\Delta y + \frac{1}{2}\frac{d^2P}{dy^2}(\Delta y)^2 \tag{55.1}$$

其中 $\frac{dP}{dy} = P'(y_0)$ 为价格—利率函数 P 对收益率 y 的一阶导数，$\frac{d^2P}{dy^2} = P''(y_0)$ 为相应的二阶导数。

当 Δy 很小时可表示为微分的形式，此时式（55.1）可以表示为：

$$\frac{dP}{P} = \frac{1}{P}\frac{dP}{dy}\Delta y + \frac{1}{2!}\frac{1}{P}\frac{d^2P}{dy^2}(\Delta y)^2 \tag{55.2}$$

我们将债券价格变化率相对于到期收益率的一阶导数 $-\frac{1}{P}\frac{dP}{dy}$ 称为久期，二阶导数 $\frac{1}{P}\frac{d^2P}{dy^2}$ 称为凸度。一阶导数衡量了价格如何随利率变化，二阶导数则衡量一阶导数如何随利率改变。

第二节　基点价值（Dollar Value of a Basis Point，DV01）

定义和计算（define and calculate）固定收益债券的基点价值（☆☆☆）

一、DV01

DV01 又叫 PVBP（Price Value of a Basis Point），指债券收益率变化 1 个基点时，债券价格的变化情况。DV01 的定义式为：

$$DV01 = -\frac{1}{10\,000}\frac{\Delta P}{\Delta y} \tag{55.3}$$

其中，ΔP 为债券价格的变化量，Δy 为收益率的变化量，收益率的变化量用基点（0.01%）作为单位衡量，为 $10\,000 \times \Delta y$；因为利率与债券价格负相关，负号使得基点价值为正。$\Delta P/\Delta y$ 表示在收益率 y 发生一个单位变动时价格 P 的变动量，从价格—利率曲线理解是曲线上某一点切线的斜率，见图 55.2。

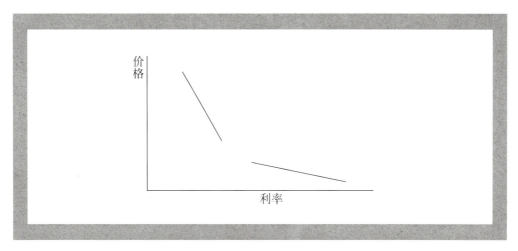

图 55.2 DV01 与债券价格—利率曲线

式（55.3）用导数形式可表示为：

$$DV01 = -\frac{1}{10\ 000}\frac{dP}{dy} \qquad (55.4)$$

如果价格—利率函数不存在一个解析表达式，那么只能通过数值方法估计 DV01，其公式为：

$$DV01 = \frac{BV_- - BV_+}{2} \qquad (55.5)$$

其中，BV_- 为收益率下降 1 个基点时债券的价格，BV_+ 为收益率上升 1 个基点时债券的价格。

例题 55.1

两只期限分别为 5 年和 10 年的附息债券，息票率和当前的到期收益率都为 5%，一年付息一次。两只债券的收益率与价格变动见表 55.1，求两只债券的 DV01。

表 55.1 5 年期与 10 年期债券的收益率价格变动表

收益率	5 年期附息债券价格（元）	10 年期附息债券价格（元）
5.00%	100	100
5.01%	99.956 8	99.922 8
4.99%	100.043 3	100.077 3

名师解析

由于表55.1已经列出了收益率向上和向下波动1个基点时的债券价格变动情况，根据式（55.5）计算出的两只债券的DV01见表55.2。

表 55.2　　　　　　　　5 年期与 10 年期债券的 DV01 对比表

	5 年期附息债券价格（元）	10 年期附息债券价格（元）
收益率上升 1bp 时	0.043 2	0.077 2
收益率下降 1bp 时	0.043 3	0.077 3
平均 DV01 值	0.043 25	0.077 25

比较两种情况下债券价格的变化，可以发现10年期附息债券与5年期附息债券相比，在利率变化相同的情况下波动幅度更大，即长期债券比短期债券对利率变化更为敏感。

DV01是一个绝对的度量指标，反映了1个基点带来的绝对价格差异。例如，投资者买进例55.1中5年期和10年期债券各100元，利率上升1bp时，整个投资头寸的下跌幅度就是 $100 \times 0.043\ 25 + 100 \times 0.077\ 25 = 12.05$ 元。所以，对于判断某一只债券或者债券投资组合的利率敏感程度，DV01是一个很有用的指标。

二、基于 DV01 的对冲

掌握用 DV01 计算（calculate）对冲债券风险敞口所需的头寸数量（☆☆☆）

基于基点价值对冲的目的是建立一种联合的仓位，使得在收益率发生微小变化时，债券组合价值保持不变。

例如，持有某国债的基金经理担心3个月后利率发生变化，决定用另一只债券来对冲利率风险，基金经理需要进入国债的空头来对冲其所持债券的价格变动。如果利率上升，债券空头会带来收益，同时所持国债会产生损失；如果利率下降，债券空头会带来损失，但所持国债会产生收益。为保证损失和收益相等，初始头寸与用于对冲的空头债券头寸的对冲比率（Hedging Rate）为：

$$HR = \frac{DV01(100\ 美元初始头寸)}{DV01(100\ 美元对冲头寸)} \tag{55.6}$$

例题55.2

以例题55.1中的5年期和10年期债券为例，假设基金经理持有1000万美元的10年期债券，要用5年期债券对冲利率风险，该如何操作？

名师解析

根据式（55.6）：$HR = 0.077\,25/0.043\,25 = 1.786$，因此可以通过做空5年期债券来对冲，空头头寸为$1\,000 \times 1.786 = 1\,786$万（美元）。

第三节 久期（Duration）

利率敏感性与债券期限密切相关。由于附息债券有多期现金偿付时间，所以债券期限并不能完全度量利率敏感性。例如，投资一个面值100元、票面利率为5%的3年期债券，在第1年末、第2年末和第3年末分别产生3笔现金流，如果笼统地说三年才收回投资本息显然不妥。

一、麦考利久期（Macaulay Duration）

从时间上理解，久期是以债券现金流现值为权重，对获得各期现金流的时间做加权平均后所得的值。该久期也称为麦考利久期，表达式为：

$$D_{\mathrm{mac}} = \sum_{t=1}^{T} t\left[\frac{\dfrac{CF_t}{(1+y)^t}}{P}\right] \tag{55.7}$$

其中，CF_t 为时间 t 时的现金流，P 为债券价格现值，y 为到期收益率。

根据式（55.7），久期可以理解为收到债券现金流的加权平均时间，方括号内是各期现值在债券价格中所占的权重，记为 w_t，权重之和等于1。

例题55.3

一只面值100美元的5年期债券，年息票率4%，到期收益率是4.5%，每年付息一次，则该债券的麦考利久期为多少？

名师解析

在到期前共会发生 5 次现金流。对这几期现金流折现和权重因子进行统计，结果见表 55.3。

表 55.3　　　　　　　　　　麦考利久期计算明细表

时间 （年）	现金流 （美元）	贴现现金流 （美元）	每一期贴现 现金流的权重	每一期贴现现金流的 加权时间
1	4	3.828	0.0391	0.0391
2	4	3.663	0.0374	0.0748
3	4	3.505	0.0358	0.1074
4	4	3.354	0.0343	0.1372
5	104	83.455	0.8533	4.2665

由表 55.3 可知，每一年的现金流是 4 美元，第五年的现金流是面值 100 + 4 美元利息。用到期收益率 4.5% 来对现金流贴现，可以算出每年的贴现现金流，每一年贴现现值除以总贴现现金流，得到每一年贴现现金流的权重。每一年现金流的时间乘以每一年贴现现金流的权重，得到每一年贴现现金流的加权时间，将每一年贴现现金流的加权时间相加，得到债券的所有贴现现金流的加权时间为 4.635 年，见图 55.3。

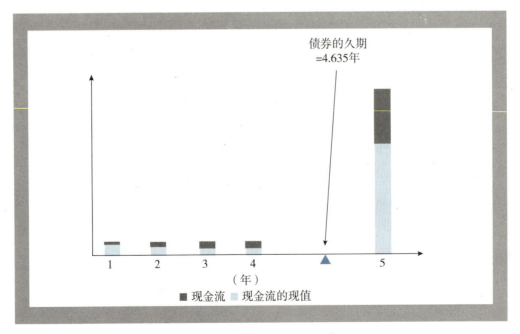

图 55.3　附息债券现金流与现金流现值

由图 55.3 可见，某种程度上可以认为久期是债券现金流的重心。期限越长，现金流重心越靠后，久期越靠后；息票越高，由于前期现金流相对本金来说比例更大，所以现金流重心越向前，久期越靠前。

二、修正久期（Modified Duration）

从数学上理解，久期衡量了到期收益率变化一个单位对应的债券价格的变化率，即利率变动 100 个基点时，债券价格会变化多少个百分点。其表达式为：

$$D = -\frac{\frac{\Delta P}{P}}{\Delta y} = -\frac{1}{P}\frac{\Delta P}{\Delta y} \tag{55.8}$$

其中，ΔP 为债券价格的变化量，Δy 为利率一个单位的变化量，负号是表示价格与利率的变动方向相反。

式（55.8）用导数形式可表示为：

$$D = -\frac{1}{P}\frac{\mathrm{d}P}{\mathrm{d}y} \tag{55.9}$$

我们将式（55.9）定义的久期称为修正久期。

必须注意的是，修正久期没有单位，而麦考利久期是期限的加权平均，其单位是年。但是，麦考利久期这种时间加权的属性以及相应带来的以年为单位的特征，只是以特定定价公式（按年或季度复利）求导后得到的结果。若以连续复利计算，式（55.9）可写成：

$$D = -\frac{1}{P}\frac{\mathrm{d}P}{\mathrm{d}y} = \frac{\sum_{i=1}^{T} C_i \times e^{-yt_i} \times t_i}{P} \tag{55.10}$$

式（55.10）正好就是麦考利久期在连续复利情况下的定义式。此时不存在修正久期与麦考利久期的差别。

三、有效久期（Effective Duration）

定义和计算（define and calculate）债券的有效久期（☆☆☆）

如果价格—利率方程不存在一个解析表达式，只能通过数值方法估计修正久期，得出值称为有效久期，表达式为：

$$D_{\text{Effect}} = \frac{BV_{-\Delta y} - BV_{+\Delta y}}{2BV_0 \times \Delta y} \tag{55.11}$$

其中，$BV_{-\Delta y}$ 为收益率下降 Δy 时债券的价格，$BV_{+\Delta y}$ 为收益率上升 Δy 时债券的价格，BV_0 为债券的初始观测到的价格，Δy 为收益率变化值。

例题 55.4

以例题 55.1 中的 5 年期和 10 年期债券为例，计算 5 年期和 10 年期附息债券的有效久期。

名师解析

根据式（55.11），两只债券的有效久期计算结果见表 55.4。

表 55.4　　　　　　　　　5 年期与 10 年期债券的有效久期对比表

	5 年期附息债券价格（元）	10 年期附息债券价格（元）
收益率上升 1bp 时	99.9568	99.9228
收益率下降 1bp 时	100.0433	100.0773
有效久期值	4.325	7.725

知识一点通

对于没有嵌入期权的债券，有效久期是修正久期的有效逼近。对于有嵌入期权的债券，有效久期与修正久期不相等。这是因为有嵌入期权时，收益率的变化会导致债券预期现金流出现变化。

四、DV01 与有效久期的关系

DV01 与有效久期比较并对比（compare and contrast）（☆☆）

比较式（55.3）和式（55.8），可以知道 DV01 与久期满足关系式：

$$DV01 = 债券价值 \times 久期 \times 0.01\% \qquad (55.12)$$

DV01 与久期在实际应用时有如下差别：

第一，基点价值衡量了到期收益率变化 1 个基点时债券价格的变化幅度，久期衡量了到期收益率变化 100 个基点时债券价格的变化率。基点价值是绝对度量指标，久期是相对度量指标。

第二，在投资决策中，如果投资者只是简单地想估计利率敏感性风险，久期比 DV01 更适用，它能够让投资者很容易找到价格和利率的变化关系。例如，10 年期债券的久期大于 5 年期债券的久期，这提醒投资者 10 年期债券的风险大于 5 年期债券。5 年期债券的久期是 4.325，如果利率下降 10 个基点，5 年期债券的价格约增加 0.4325 个百分点；10 年期债券的久期是 7.725，则 10 年期债券的价格要遭受约 0.7725 个百分点的损失。后者净值的波动幅度大约为后者的 1.5 倍。

第三，在进行交易或做对冲时，DV01 会比久期更有参考价值。例如，做对冲时，多空方的资产价值变化幅度是不一样的，基点价值作为价格幅度的绝对度量指标更适用于多空方资产的匹配。

第四节　凸度（Convexity）

定义和计算（define and calculate）固定收益债券的凸度（☆☆☆）

久期的计算，是假设债券价格与收益率的关系是线性的。然而，实际上债券价格与收益率的关系是非线性的，是一条凸向原点的弧线。弧线凸向原点的程度，称为债券的凸度。凸度对债券价格利率曲线的影响见图 55.4。

如图 55.4 所示，债券初始价格为 P^*，收益率等于 R^*，当收益率上升为 R_1 时，根据久期的估计，债券价格将沿着斜线下跌到 P_1，然而事实上债券价格沿着弧线下跌到 P_1'；反之，若收益率下跌为 R_2，则按久期估计债券价格应上涨到 P_2，而事实上债券价格却涨到了 P_2'。可见当收益率下降时，价格的实际上升率高于用久期计算出

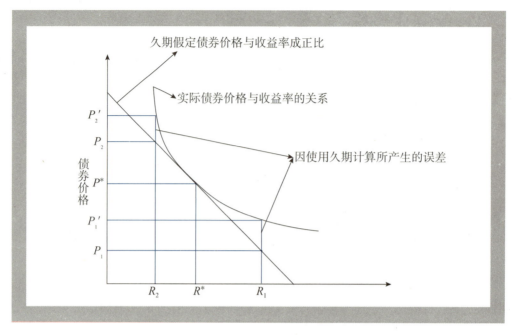

图 55.4　凸度对债券价格利率曲线的影响

来的近似值，而且凸度越大，实际上升率越高；当收益率上升时，价格的实际下跌比率却小于用久期计算出来的近似值，且凸度越大，价格的实际下跌比率越小。这说明：

第一，当收益率变动幅度较大时，用久期近似计算的价格变动率就不准确，需要考虑凸度调整。

第二，在其他条件相同时，凸度大的债券相对跌得更慢，上升得更快。

凸度意味着债券的价格—利率曲线的斜率随着利率而变化：在较高利率时，曲线变得平缓，斜率是较小的负值；在较低利率时，曲线变得陡峭，斜率是较大的负值。因此，凸度实际上是价格—利率曲线斜率的变化率，其定义式为：

$$C = \frac{1}{P}\frac{\mathrm{d}^2 P}{\mathrm{d}y^2} \qquad (55.13)$$

久期的斜率为负，凸度是对久期的斜率求导，斜率如果没有发生方向性变化，二阶导数凸度就一直为正。

与基点价值和久期类似，凸度的数值方法的估计式为：

$$C \approx \frac{BV_{-\Delta y} + BV_{+\Delta y} - 2BV_0}{BV_0 \times \Delta y^2} \qquad (55.14)$$

其中，$BV_{-\Delta y}$ 为收益率下降 Δy 时债券的价格，$BV_{+\Delta y}$ 为收益率上升 Δy 时债券的价格，

BV_0 为债券的初始观测到的价格，Δy 为收益率变化值。

> **知识一点通**
>
> 式（55.13）的凸度通常称为修正凸度，式（55.14）计算的凸度称为有效凸度。对于没有嵌入期权的债券，有效凸度是修正凸度的有效逼近，所有不含权债券的凸度都是正值，而对于含权的债券来说，修正凸度为正时，有效凸度可能为负。

例题 55.5

假设一个 5 年期债券，票面利率为 8%，收益率为 9% 时价格为 96.043 64 元，收益率上升 20 个基点时，价格为 95.275 63 元，收益率下降 20 个基点时，价格为 96.819 29 元。求其在收益率为 9% 的凸度。

名师解析

由题意可知，$BV_0 = 96.043\ 64$，$BV_{+\Delta y} = 95.275\ 63$，$BV_{-\Delta y} = 96.819\ 29$。根据式（55.14）有：

$$C \approx \frac{96.819\ 29 + 95.275\ 63 - 2 \times 96.043\ 64}{96.043\ 64 \times (0.2\%)^2} = 19.887$$

第五节　用 DV01、久期和凸度估计债券价格变化

用 DV01、久期与凸度估计（evaluate）债券的价格变化（☆☆）

凸度最大的用途就在于配合久期提升价格衡量的精确性。价格利率函数的二阶展开给出了利率微小变动后价格的近似估计：

$$\Delta P / P \approx - D \Delta y + 1/2 C \Delta y^2 \tag{55.15}$$

在式（55.15）中，由于 Δy^2 是一个正数，凸度 C 和 Δy^2 相乘后将会起到修正 $- D \Delta y$ 的作用，得到的债券价格变化比率 $\Delta P / P$ 将会更加精确。当然，如果收益率

的变化幅度 Δy 比较小，则 Δy^2 将会是一个非常小的数值，起到的修正作用也会非常有限。所以，利率变化幅度越大时，凸度起到的修正作用就越大。

例题 55.6

某只债券面额为 100 元，到期期限为 5 年，票面利率为 6%，到期收益率为 6%，其债券价格为 100 元，基点价值 0.042 65 元，凸度为 10.883。问如何根据基点价值、久期和凸度估计该债券在到期收益率为 5.5% 和 6.5% 的价格？

名师解析

已知在收益率为 6% 的基点价值为 0.042 65，则根据式（55.11），得到有效久期为 4.265。

（1）收益率上升 50 个基点，只考虑一阶导数，债券的价格变动百分比为：

$$\Delta P/P \approx -D\Delta y = -4.265 \times 0.005 = -2.132\,5\%$$

当考虑二阶导数时，可知此时债券的价格变动百分比为：

$$\Delta P/P \approx -D\Delta y + \frac{1}{2}C\Delta y^2 = -4.265 \times 0.005 +$$

$$\frac{1}{2} \times 10.883 \times (0.005)^2 = -2.118\,9\%$$

（2）收益率下降 50 个基点，只考虑一阶导数，债券的价格变动百分比为：

$$\Delta P/P \approx -D\Delta y = -4.265 \times (-0.005) = -2.132\,5\%$$

当考虑二阶导数时，此时债券的价格变动百分比为：

$$\Delta P/P \approx -D\Delta y + \frac{1}{2}C\Delta y^2 = -4.265 \times (-0.005) +$$

$$\frac{1}{2} \times 10.883 \times (-0.005)^2 = 2.146\,1\%$$

第六节　衡量投资组合的价格敏感性

计算（calculate）投资组合的久期与凸度（☆☆☆）

前面关于 DV01、久期和凸度的描述都是对于单个债券而言，在实际应用中，投资者往往会投资于一组债券而不是单个品种，这样就需要对一组债券投资组合的利率敏感度进行衡量。

我们知道投资组合价值等于投资组合中所有债券价值的总和：

$$P = \sum P_i \tag{55.16}$$

其中，P_i 为第 i 个债券的价值。

式（55.16）两边对利率 y 进行求导，有：

$$\frac{\mathrm{d}P}{\mathrm{d}y} = \sum \frac{\mathrm{d}P_i}{\mathrm{d}y} \tag{55.17}$$

式（55.17）两边同时除以 10 000，根据 DV01 定义式（55.3），可以推导出投资组合的基点价值等于投资组合中各债券的基点价值的总和：

$$DV01 = \sum DV01_i \tag{55.18}$$

求债券组合的久期还必须将价值 P 考虑在内。假设投资组合的久期定义为 D，构成投资组合的各只债券的久期定义为 D_i，将中间推导过程省略，则有：

$$D = \sum \frac{P_i}{P} D_i \tag{55.19}$$

式（55.19）表示，债券投资组合的久期是构成组合的各只债券久期的加权平均数，其中权重是各只债券的价值除以投资组合的价值。

凸度是对收益率函数的二阶导数，债券投资组合的凸度与构成组合的各只债券凸度之间也存在着类似于久期的关系，用公式可表示为：

$$C = \sum \frac{P_i}{P} C_i \tag{55.20}$$

式（55.19）和式（55.20）表明，当利率期限结构处于水平状态并且收益率曲线平行移动时，多种债务工具构成的资产组合的久期和凸度等于单种资产的久期和凸度的加权平均，权重为单种资产的现值占资产组合现值的比例。

上述公式中的线性性质对于利率组合管理非常重要。在确定了资产和负债的类型以后，我们可以通过调整各种资产和负债的投资比例来实现资产组合和负债组合的久期匹配。如果资产组合和负债组合的久期是相同的，而且收益率曲线的变动是平行移动，那么，净资产对利率的变化不具有敏感性。

例题 55.7

已知某债券组合如表55.5所示，求该投资组合的DV01。

表 55.5　　　　　　　　　　　　　某债券组合表

债券	价格（美元）	面值总额（百万美元）	修正久期
A	101.43	3	2.36
B	84.89	5	4.13
C	121.87	8	6.27

名师解析

（1）计算投资组合的市场价值：

$101.43 × 3/100 + 84.89 × 5/100 + 121.87 × 8/100 = 17.037$（百万美元）

（2）算出 A、B、C 三个债券在投资组合中的权重：

$$w_A = 3.0429/17.037 = 0.1786$$

$$w_B = 4.2445/17.037 = 0.2491$$

$$w_C = 9.7496/17.037 = 0.5723$$

（3）算出投资组合的修正久期：$D_{mod} = w_A D_A + w_B D_B + w_C D_C = 5.0386$

（4）DV01 = 债券价值 × 久期 × 0.01% = $17.037 × 5.0386 × 0.01\% = 0.008584$（百万美元）

第七节　负凸度

解释（explain）负凸度对债券的影响（☆☆）

可赎回债券（Callable Bond）指债券发行人可以在债券到期日前的任何时间赎回，即可提前向债券持有人归还本金和利息的一种债券。可赎回债券可以看成是债券发行人同时买入了一个债券的看涨期权。

如图55.5所示，随着收益率降低，债券价格逐渐升高，当债券价格到约定的回

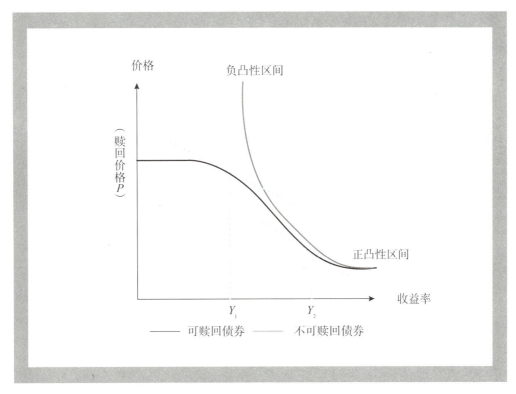

图 55.5　可赎回债券的价格—收益率关系曲线

购价格时，发行人会行使赎回权，所以，债券价格不会高于约定的回购价格，只会越来越趋近于回购价格。因此，在低收益率的情况下，价格收益率曲线会比不含权的债券的曲线有所下移，导致久期的斜率发生方向性变化，由负变正，呈现出负的凸性。

第八节　构造哑铃型和子弹型债券组合

构建（construct）哑铃型投资组合，解释（explain）凸性投资组合的影响（☆☆）

　　假设市场有三个分别为 5 年期、10 年期和 30 年期的债券，每半年付息一次，具体见表 55.6。

表 55.6   三个债券情况表

债券	息票	到期期限（年）	价格（美元）	收益率	久期	凸度
A	2	5	95.388 9	3%	4.706 0	25.16
B	4	10	100.000 0	4%	8.175 5	79.00
C	6	30	115.454 3	5%	14.912 0	331.73

假设某基金经理打算购买 1 百万美元的 10 年期债券，现有两种投资组合策略：第一种策略只购买 1 百万美元的 B 债券；第二种策略是购买 A 债券和 C 债券的投资组合，组合的久期和成本等于第一种策略中购买的 B 债券，问该经理的最佳决策是什么？

第一种策略：考虑到本金因素，B 债券的现金流集中于最后期限，这种现金流都集中某个特定时点的债券或债券组合称为子弹型（Bullet）债券策略。

第二种策略：短期债券 A 和长期债券 C 的债券组合又称为哑铃型（Barbells）债券组合。哑铃型债券组合指债券现金流集中于期限两端的债券组合。在本例中现金流集中在 5 年和 30 年。

假设购买 A 债券的权重为 W_A，购买 C 债券的权重为 W_C，两种策略的久期和成本要保持一致，满足如下关系式：

$$\begin{cases} W_A + W_C = 1 \\ W_A \times 4.706\ 0 + W_C \times 14.912\ 0 = 8.175\ 5 \end{cases}$$

解得：$W_A = 0.66$，$W_C = 0.34$。投资 A 债券 0.66 百万，C 债券 0.34 百万。

债券组合的凸度为 $C = 0.66 \times 25.16 + 0.34 \times 331.73 = 129.39$

此时债券组合的加权收益率为 $0.66 \times 3\% + 0.34 \times 5\% = 3.68\%$

知识一点通

债券组合的到期收益率一般不等于债券到期收益率的加权平均，但在债券之间的到期收益率差别不大的情况下，用组合现金流计算得到的到期收益率与用加权平均方法计算的到期收益率不会有太大的差别。

回到投资经理的决策上，对于等量的久期风险，哑铃式投资组合有更大的凸度（129.39 > 79），这意味着在利率出现大的波动时，相对于子弹型投资组合，其价值会变大，即哑铃式投资组合从利率变动中收益更多。但当收益率保持当下水平时，哑铃式投资组合的收益率不如子弹型投资组合。此时，子弹型投资的收益率为4%，而哑铃式债券组合的加权收益率为3.68%。

因此，一位相信利率会有较大波动的投资经理会更偏好哑铃式投资组合，而一位相信未来利率波动不大的投资经理会更偏好子弹型投资组合。

扫码做题 章节练习

第五十六章

多因素度量和对冲

知识引导：利率敏感性多因素度量是假设利率价格模型受多个利率因素的影响，这些利率被称为关键利率。关键利率变动一个基点时，债券的价格变动量称为关键利率基点值。一个关键利率变动时，债券价格的变动率称为该关键利率的久期。这些关键利率点的变动独立影响债券的价格，债券所面临的这些关键利率风险称为关键利率风险敞口。

考点聚焦：通过对本章内容的学习，应能描述和评估单因素方法的主要缺陷，描述关键利率变动，定义关键利率风险敞口，定义和计算关键利率基点价值和关键利率久期，了解基于关键利率对冲的计算，了解偏基点价值和局部远期基点价值的定义。

本章框架图

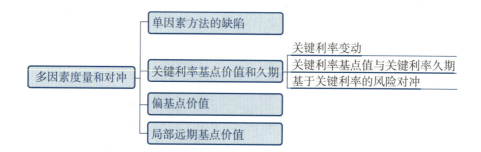

利率价格的单因素模型中只含有一个随机因素，利率期限结构上的各点完全相关。利率价格的多因素模型涉及多个利率，假定利率期限结构上不同时间区域的利率是相关的，但并非完全相关。多因素模型刻画了债券对利率期限结构不同区域的敏感性，提高了债券价格度量的精确性。

第一节　单因素方法的缺陷

描述和评估（describe and assess）分析单因素方法的主要缺陷（☆☆）

单因素模型假定一个利率风险因素的变动可以影响整个利率期限结构的变动，收益率曲线是平行移动的。举一个极端的例子，6 个月的利率变动被认为就可以影响 30 年期利率的变动，这显然与实际不符。真实情况是收益率曲线是非平行移动的，而这种利率期限结构上不同期限利率变动大小不同的风险，被称为曲线风险（Curve Risk）。一种直观的做法是，在利率期限结构上取几个点，用它们来代替整条曲线。假设这些点是各自独立变化的，所以当它们的变动不相同的时候，相应的收益率曲线的形状也会不同。这时，如果我们能分别求出各点对于债券组合价值的影响，就可以确定利率风险敞口或设计投资组合的管理策略。

多因素利率价格模型涉及多个利率因素，此时债券价格变化百分比的一阶展开为：

$$\frac{\mathrm{d}P}{P} = \frac{1}{P}\left(\frac{\partial P}{\partial y_1}\Delta y_1 + \frac{\partial P}{\partial y_2}\Delta y_2 + \cdots + \frac{\partial P}{\partial y_n}\Delta y_n \right) \tag{56.1}$$

在式（56.1）中，影响债券价格的风险因素是利率期限结构上的 n 个利率，在实际中显然过于复杂。因此，利率风险管理的关键是合理简化风险因素。

第二节　关键利率基点价值和久期

定义（define）关键利率风险敞口（☆☆☆）

利率敏感性多因素度量的一种简化方法是在利率期限结构找几个点，并假定这些利率对其他的利率有重要影响，这些利率被称为关键利率（Key－rate）。这些关键利率点的变动独立影响债券的价格，债券所面临的这些关键利率风险称为关键利率风险敞口（Key－rate Exposure）。

一、关键利率变动（Key－rate Shift）

描述（describe）关键利率变化（☆☆）

关键利率的使用方法是允许利率期限结构上所有利率的变化由给定的关键利率的变化来决定。关键利率对其他非关键利率的影响是简单的线性递减关系，并且在临近关键利率处对其他关键利率的影响为零。美国国债和相关证券市场常用的关键利率是 2 年期、5 年期、10 年期和 30 年期互换利率。假设每个关键利率上升一个基点导致的利率期限结构的改变见图 56.1。

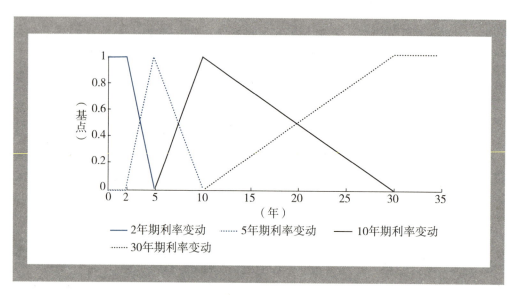

图 56.1　关键利率变动一个基点

如图 56.1 所示，任何关键利率的变动不会单独引起相邻关键利率的变动，但会以线性递减的方式引起中间利率的变动。例如，5 年期关键利率的变动不会引起 2

年期和 10 年期关键利率的变动，但会影响 2 年期和 5 年期之间以及 5 年期和 10 年期之间利率的变动。

图 56.2 显示了 6 年期利率和 9 年期利率受到 5 年期和 10 年期关键利率变动的影响。

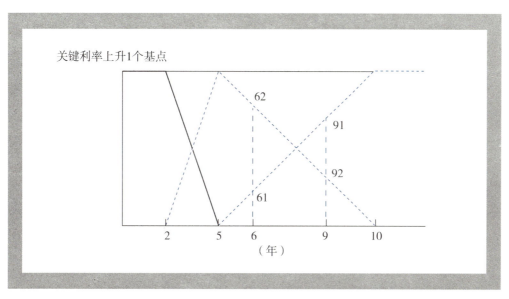

图 56.2 2 年期、5 年期、10 年期关键利率分别变动 1 个基点对中间利率的影响

如图 56.2 所示，5 年期关键利率上升 1 个基点会引起 6 年期利率上升幅度为 y_{62}，9 年期利率上升幅度为 y_{92}，10 年期关键利率上升 1 个基点会引起 6 年期利率上升幅度为 y_{61}，9 年期利率上升幅度为 y_{91}，我们可以看出 y_{62} 与 y_{61} 的和为一个基点，y_{92} 与 y_{91} 的和为一个基点。

通过以上利率的构建，4 个关键利率变动对某个利率的总影响保持在 1 个基点。这个构建使得我们可以将关键利率风险敞口视为一个债券的总基点价值或者久期的分解，即将总基点价值或者久期分解到利率期限结构上的 4 个不同期限上。

二、关键利率基点值与关键利率久期（Key Rate 01s and Key Rate Duration）

定义和计算（define and calculate）关键利率基点价值和关键利率久期（☆☆☆）

1. 关键利率基点值

关键利率基点值指关键利率变动一个基点时债券的价格变动量。关键利率 y^k 的关键利率基点值用 $DV01^k$ 表示，与基点价值类似有：

$$DV01^k = -\frac{1}{10\ 000}\frac{\partial P}{\partial y^k} \tag{56.2}$$

其中，$\partial P/\partial y^k$ 表示价格对某个关键利率的偏导数。

2. 关键利率久期

关键利率久期指一个关键利率变动时债券价格的变动率。关键利率久期用 D^k 表示，其定义也与久期类似：

$$D^k = -\frac{1}{P}\frac{\partial P}{\partial y^k} \tag{56.3}$$

关键利率久期有如下三个特点：

（1）关键利率久期能够区分一种债券对收益率曲线的不同部分的价格敏感性，关键利率久期作为有效久期的组成部分，它以线性方式汇总，所以，组合分析非常方便。

（2）关键利率久期假设收益率曲线的变动是由多个市场因素引起的，适用的范围更广，对价格敏感性度量的精确性更高。

（3）关键利率的数量可以适当增加，随着关键利率数量增加，对利率风险的建模以及管理可以到很精确的程度，当然，相应的构建以及平衡投资组合的交易成本也会大幅上升。

例题 56.1

假设基金经理持有 100 万美元 10 年期不含权债券，三个关键利率分别上升 1 个基点后债券的价格变动见表 56.1，求债券的关键利率基点值和久期。

表 56.1　　关键利率分别上升 1 个基点时债券价格变动表

期初价格	2 年关键利率上升 1 个基点	5 年关键利率上升 1 个基点	10 年关键利率上升 1 个基点
139.088 95	139.083 96	139.074 21	139.015 04

名师解析

DV01^{k}为关键利率变动一个基点时债券的价格变动量，2年期关键利率移动的关键利率基点价值为 − (139.083 96 − 139.088 95) = 0.004 99美元。2年期关键利率久期为：

$$-\frac{(139.083\ 96\ -\ 139.088\ 95)\times 10\ 000}{139.088\ 95} = 0.358\ 8$$

该债券的关键利率风险敞口见表56.2。

表 56.2　　　　　　　　　　债券的关键利率风险敞口

	价值（美元）	关键基点价值（美元）	关键久期
初始值	139.088 95		
2年期变动	139.083 96	0.004 99	0.36
5年期变动	139.074 21	0.014 74	1.06
10年期变动	139.015 04	0.073 91	5.31

当所有的关键利率都发生变动时，债券的价格总变动为：

0.004 99 + 0.014 74 + 0.073 91 = 0.093 64（美元）

债券的关键利率久期为 0.36 + 1.06 + 5.31 = 6.73。

三、基于关键利率的风险对冲

描述（describe）基于关键利率对冲的计算（calculate）（☆☆）

基于关键利率久期的利率风险对冲就是根据债券的关键利率风险敞口，使用流动性更强的债券组合来对冲该债券的风险敞口。

例题 56.2

假设现有三种不含权国债，持有期限分别为2年期、5年期和10年期，它们的关键利率基点价值见表56.3，问如何构建这三种债券的投资组合，以对冲例题56.1中10年期债券的关键利率风险敞口。

表 56.3 三种国债的关键利率基点价值

债券	关键利率基点价值		
	2 年	5 年	10 年
2 年期债券	0.015	0	0
5 年期债券	0.002	0.040	0
10 年期债券	0	0	0.100

名师解析

关键利率对冲要找到债券组合，使得目标债券的每个关键利率基点价值为 0。假设相对于持有债券，用于风险对冲的 2 年期、5 年期、10 年期这三种债券的对冲比例分别为 F_2、F_5 和 F_{10}，此时满足方程式：

$$\begin{cases} 0.015 \times F_2 + 0.002 \times F_5 + 0.004\,99 = 0 \\ 0.040 \times F_5 + 0.014\,74 = 0 \\ 0.100 \times F_{10} + 0.073\,91 = 0 \end{cases}$$

该方程的解为 $F_2 = -0.283\,5, F_5 = -0.368\,5, F_{10} = -0.739\,1$。这意味着投资者如果要对冲例题 56.1 中 10 年期债券的关键利率风险敞口，需要构建如下投资组合：做空 27.75 万美元的 2 年期国债，做空 36.85 万美元的 5 年期国债，做空 73.91 万美元的 10 年期国债。

基于关键利率的对冲只是一种有效性的近似，这是由于该技术依赖于选定的关键利率及其周围的利率变动的大小及移动的最大范围。在实际情况下的完美利率对冲应该是所有利率变化完全匹配，这显然是有难度的。

第三节　偏基点价值（Partial'01s）

了解（comprehend）偏基点价值（☆☆）

利率互换是那些需要管理利率风险的银行家、公司财务人员以及投资组合管理者喜爱的工具。当互换利率被用来作为基准利率时，利率曲线风险通常用偏基点价值（Partial'01s）而不是关键利率基点价值来衡量。

　　互换市场参与者每天拟合出一个互换利率期限结构，也可能一天拟合多次，已知信息是正在交易的、可观测的互换利率、货币市场短期利率以及期货利率。使用这个拟合曲线机制，一个互换合约的利率敏感性通过拟合出的利率来衡量。对应一个特定拟合利率的Partial'01s被定义为：在该拟合利率下降一个基点后，保持其他拟合利率不变，重新拟合利率曲线，会导致互换合约价值的变动，该变动值即定义为该拟合利率偏基点价值。例如，如果一个利率曲线拟合算法拟合3个月LIBOR和2年、5年、10年、30年互换利率，那么2年期偏基点价值就是将2年互换利率下降1个基点，其余3个月LIBOR和5年、10年、30年的互换利率保持不变，然后重新拟合互换利率期限结构，计算此时互换合约价值的改变。

第四节　局部远期基点价值（Forward – Bucket'01s）

了解（comprehend）局部远期基点价值（☆☆）

　　局部远期基点价值指将远期利率期限结构分为不同部分，每个局部远期基点价值通过移动该部分的远期利率一个基点，计算该bucket的价值变动就是局部远期基点价值。例如，可以将远期利率期限结构划分为5个区间：0~2年、2~5年、5~10年、10~15年和20~30年。对于"0~2移动"，该区间的远期利率向上移动一个基点而所有其他区间的远期利率保持不变，此时计算出的远期基点价值称为0~2年局部的远期基点价值。

扫码做题　章节练习

第五十七章

二叉树模型

知识引导：对期权进行准确估值的一种常用方法是构造二叉树。这个树图表示了期权的标的资产价格在有效期内可能遵循的变动路径。二叉树方法的基本思路是用离散的模型模拟标的资产价格的连续变动，通过均值和方差的匹配来确定相关参数，然后从二叉树末端开始倒推计算出期权的价格。

考点聚焦：通过对本章内容的学习，应能重点掌握使用单步和两步二叉树模型计算美式和欧式看涨或看跌期权的价格，掌握计算风险中性概率，了解风险中性定价方法，解释在二叉树模型中匹配资产价格波动率，在二叉树模型中定义和计算股票期权的 Delta 对冲值，了解二叉树模型对有分红的股票期权、股指期权、外汇和期货期权的定价方法。

本章框架图

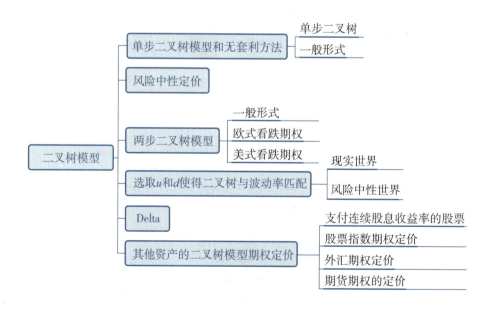

二叉树（Binomial Tree）期权定价模型由 Cox（考克斯）、Ross（罗斯）和 Rubinstein（鲁宾斯坦）首先提出的，该模型假设资本市场是竞争的无摩擦的（不存在交易费用）、不存在无风险套利机会、股票和期权是无限可分的、下一期的股票价格只取上涨和下跌两种可能的值。

第一节　单步二叉树模型和无套利方法

用单步二叉树计算（calculate）欧式看涨、看跌期权价格（☆☆☆）

一、单步二叉树

考虑一个资产组合，持有 Δ 份股票和一份看涨期权的空头头寸，其中股票的现价为 20 美元，看涨期权约定 3 个月到期后以 21 美元价格买入 1 份股票。假设 3 个月后，股票价格出现两种可能，22 美元或者 18 美元。如果股票价格为 22 美元，期权价值为 1 美元；如果股票价格为 18 美元，期权价值为 0，见图 57.1。

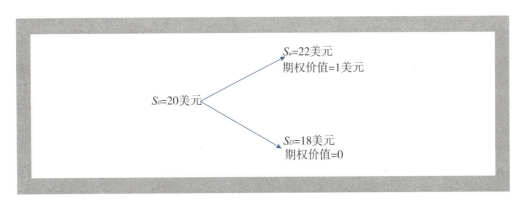

图 57.1　单步二叉树的股票与期权价格变化

在无风险和无套利原则下，求：

（1）使资产组合无风险的 Δ 值，即持有多少股票才能使资产组合无风险。

（2）期权的价格。

对 Δ 值的求解：

资产组合无风险，意味着资产组合的价值在股票升高时和股票下降时保持不变，即：

（1）高价出现时，资产组合的价值：$22\Delta - 1$

（2）低价出现时，资产组合的价值：18Δ

（3）两者相等时，资产组合无风险，$22\Delta - 1 = 18\Delta \Rightarrow \Delta = 0.25$

因此，该无风险资产组合为：持有 0.25 份股票 + 卖空 1 份看涨期权。

无论股票价格是上升还是下降，在期权有效期的末尾，该资产组合的价值总是 $18 \times 0.25 = 4.5$ 元。

对期权价格的求解：

在不存在套利的情况下，无风险资产组合的回报是无风险利率。

假定连续无风险年利率为 12%，贴现后到初始时刻，资产组合的价值为：

$$4.5e^{-0.12 \times 3/12} = 4.367$$

假设看涨期权的初始价格为 f，那么资产组合在初始时刻的价值为：

$$20 \times 0.25 - f = 5 - f$$

因此，满足关系式：

$$5 - f = 4.367 \Rightarrow f = 0.633$$

上述计算过程就是无风险套利思想：如果有两项资产，它们之间存在相关关系，则可以用对冲的方法来降低风险。如果一个投资的未来收益是确定的，那么其获取的正常投资回报率一定是无风险收益率。

二、一般形式

将前面的无套利的论证推广至一般形式。考虑一个资产组合，期初价格为 S_0 的股票多头和一份价格为 f 的看涨期权空头，期权持续时间为 T，到期后，股票价格可以是 $S_0 u$，其中 $u > 1$，u 为上涨倍数，此时期权价值为 f_u；股票价格或者是 $S_0 d$，其中 $d < 1$，d 为下降倍数，此时期权价值为 f_d，见图 57.2。

要使该资产组合无风险，则需满足：

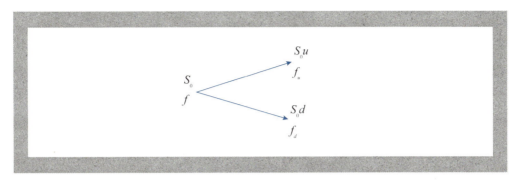

图 57.2 单步二叉树的股票与期权价格

$$S_0 u \Delta - f_u = S_0 d \Delta - f_d$$

由此得到资产组合中股票多头的规模为：

$$\Delta = (f_u - f_d) / (S_0 u - S_0 d) \tag{57.1}$$

这时投资组合是无风险的，由于没有套利机会，其收益率一定等于无风险利率 r。用该利率对资产组合现值 $S_0 u \Delta - f_u$ 进行贴现后，该值等于构造资产组合的起始成本 $S_0 \Delta - f$，满足关系式：

$$(S_0 u \Delta - f_u) \mathrm{e}^{-rT} = S_0 \Delta - f \tag{57.2}$$

把式（57.1）的 Δ 值代入式（57.2）中求出 f，可得：

$$f = \mathrm{e}^{-rT}[p f_u + (1 - p) f_d] \tag{57.3}$$

其中，

$$p = (\mathrm{e}^{rT} - d) / (u - d) \tag{57.4}$$

由式（57.3）可见期权价格 f 与股票数量 Δ 和股票价格 S_0 无关。

如果股票价格如单步二叉树模型描述的那样，期权价格就可以按照式（57.3）来计算，唯一假设是无套利机会。

例题 57.1

已知一步二叉树的参数为：股票初始价格 $S_0 = 10$，上涨倍数 $u = 1.1$，下降倍数 $d = 0.9$，无风险收益率 $r_f = 0.12$，期权持续时间 $T = 0.25$，股票上涨时的期权价值为 $f_u = 1$，股票下降时的期权价值为 $f_d = 0$，求期权价格 f。

名师解析

根据式（57.4）：

$$p = (e^{r_f T} - d)/(u - d) = (e^{0.12 \times 0.25} - 0.9)/(1.1 - 0.9) = 0.6523$$

由式（57.3）可得：

$$f = e^{-r_f T} [pf_u + (1 - p)f_d]$$
$$= e^{-0.12 \times 0.25} [0.6523 \times 1 + 0.3477 \times 0] = 0.633$$

第二节 风险中性定价

计算（calculate）风险中性概率（☆☆☆）

在一个有风险偏好的市场环境里，给期权定价比较困难。原因在于有风险偏好的人对于不同状态下的1元钱的衡量态度是不一样的。例如，对锦上添花的1元钱和雪中送炭的1元钱，人们的风险偏好程度显然不同。因此，不同状态下的1元钱，因为人的风险偏好不同而不能直接去比较。例如，一步二叉树中股票上涨时期权价格为f_u，股票下跌时的期权价格为f_d，假设真实的股票上涨概率为p^*，下跌的概率为$(1 - p^*)$，由于f_u、f_d带有风险偏好，此时期权的期望收益是无法用p^*和$(1 - p^*)$分别乘以f_u和f_d直接相加求得的。

另外，在期权定价时，因为真实世界是有风险偏好的，贴现率显然不是无风险利率，贴现率因人而异，确定起来很麻烦。

风险中性定价原理（Risk Neutral Valuation）表达了资本市场中这样的一个结论：在市场不存在任何套利可能性的条件下，如果衍生证券的价格仍依赖于可交易的标的证券，那么这个衍生证券的价格与投资者的风险态度无关。这个结论在数学上表现为衍生证券定价的微分方程中并不包含有投资者风险态度的变量，尤其是期望收益率。

所有投资者都是风险中性的世界被称为风险中性世界（Risk Neutral World）。风险中性世界的两个假设可以简化对衍生品的定价：

（1）在风险中性的经济环境中，投资者并不要求任何的风险补偿或风险报酬，所以标的证券与衍生证券的期望收益率都恰好等于无风险利率。

（2）正由于不存在任何的风险补偿或风险报酬，市场的贴现率也恰好等于无风险利率。

在式（57.3）中的概率 p 可以理解为风险中性世界里股价上涨的概率，$(1-p)$ 则理解为风险中性世界里股价下跌的概率。因此，$pf_u + (1-p)f_d$ 相当于期权在风险中性世界里的期望收益。对期权期望收益按照无风险利率进行贴现，就得到初始时刻的期权价格 f。

再看股票的期望收益：

$$E(S_T) = pS_0u + (1-p)S_0d = pS_0(u-d) + S_0d \tag{57.5}$$

把 $p = (e^{r_fT} - d)/(u-d)$ 代入式（57.5）可得：

$$E(S_T) = S_0e^{r_fT} \tag{57.6}$$

式（57.6）说明当股票上涨概率为 p 时，股票价格以无风险利率 r_f 的平均速度上涨，这与风险中性世界里我们所期望的情况一致。

在风险中性的世界里，人人对风险持相同的态度，当投资的风险增加时，投资者并不需要额外的回报，所有证券资产的期望收益为无风险利率。而风险中性概率，其实就是消除了人们的风险偏好，因此在风险中性概率下，所有状态下的价格都是可以比较的，这就是风险中性定价的意义之一。

需要强调的是，现实世界不是风险中性的，投资者承受的风险越大，所要求的回报也就越高。但是，风险中性的方法给出的衍生品价格不但在风险中性的世界里是正确的，在我们所生活的世界里也是正确的。这是因为真实世界里的投资者尽管在风险偏好方面存在差异，但当套利机会出现时，投资者无论风险偏好如何都会采取套利行为，消除套利机会后的均衡价格与投资者的风险偏好无关。因此，风险中性就是一种方法，从数学角度来说，风险中性概率就是测度变换的结果，是一种用于方便计算的数学工具。

知识一点通

利用风险中性方法对金融产品定价，核心环节是求出风险中性概率 p，按照风险中性概率计算出未来收益的预期值，再以无风险利率进行折现。

例题 57.2

一只股票当前价格为 20 元，3 个月后股价要么是 22 元，要么是 18 元。一份欧

式看涨期权在 3 个月内以 21 元价格买入该股票。无风险收益率 12%，求该欧式看涨期权在期初的价格。

名师解析

首先计算风险中性概率。风险中性世界，假设股票上升的概率为 p，下跌的概率则为 $1-p$，则该股票未来现金流的预期值为 $22p+18(1-p)$，将其按照无风险利率折现获得的现值就是股票目前的市价，即：

$$[22p+18(1-p)]\mathrm{e}^{-0.12\times3/12}=20$$

由此计算出风险中性概率：

$$p=0.6523$$

3 个月后，股票价格上升为 22 元时，期权的价值为 1 元，股票下跌为 18 元时，期权的价值为 0 元，在风险中性世界中期权的期望收益值为：

$$0.6523\times1+（1-0.6523）\times0$$

最后，计算期权现在的价值 f。对期权期望收益值用无风险收益率贴现求出该期权现在的价值为：

$$f=[0.6523\times1+(1-0.6523)\times0]\times\mathrm{e}^{-0.12\times3/12}=0.633$$

该值与无套利条件下的结果是一样的，风险中性定价与无套利原则给出相同的期权定价。

知识一点通

风险中性方法和无套利方法是有区别的。风险中性方法下，先确定了无风险利率，从而算出无风险概率，再用无风险概率计算未来期权的期望值，再折现回来算出期权现值；无套利方法下，是先构建了无风险的组合，然后由于这个组合无风险，所以用无风险利率算出该组合的现值，最后再减去股票现值，求得期权现值。

以上两个方法中虽然都用了无风险利率作折现，但是使用这两个无风险利率背后的逻辑是不一样的。风险中性是因为风险中性世界中只有无风险利率，而无套利方法仅仅是因为构建的那个组合价值不会变，可以视为无风险的。

第三节　两步二叉树模型

用两步二叉树计算（calculate）欧式看涨、看跌期权价格（☆☆☆）

例题 57.3

一个两步二叉树欧式看涨期权，每步为 1 年的期长，期权期限为 2 年。股票初始价格为 50 元，$u = 1.356$、$d = 0.744$，无风险年收益率为 5%，看涨期权执行价格为 50 元。计算看涨期权在期初的价格。

名师解析

根据式（57.3）可得：

$$p = (e^{rT} - d)/(u - d) = (e^{0.05} - 0.744)/(1.356 - 0.744) = 0.5$$

构造的两步二叉树模型见图 57.3。

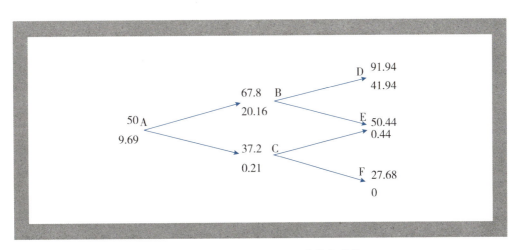

图 57.3　两步二叉树的股票与期权价格

图 57.3 中的每个节点（A 到 F），上面的数字为股价，下面的数字是期权价值。由图 57.3 可知，第 2 步结束时，在 D 节点，期权价值为 91.94 − 50 = 41.94；在 E 节点，期权价值为 50.44 − 50 = 0.44；在 F 节点的期权价值为 0。

因此，B 节点期权的价值为：

$$e^{-0.05}(0.5 \times 41.94 + 0.5 \times 0.44) = 20.16$$

同理，C 节点期权的价值为：

$$e^{-0.05}(0.5 \times 0.44 + 0.5 \times 0) = 0.21$$

将 B 节点和 C 节点的期权值用无风险利率贴现，得到节点 A 的期权价值：

$$e^{-0.05}(0.5 \times 20.16 + 0.5 \times 0.21) = 9.69$$

一、一般形式

由图 57.3 我们可以得出两步二叉树的一般结论。假设初始股票价格为 S_0。在二叉树上的每一步，股票价格或者上涨到初始价格的 u 倍，或者下跌到初始价格的 d 倍，期权价值显示在树上（例如在股票价格上涨两次后，期权价值为 f_{uu}），假定无风险利率为 r，每步时长为 Δt 年，见图 57.4。

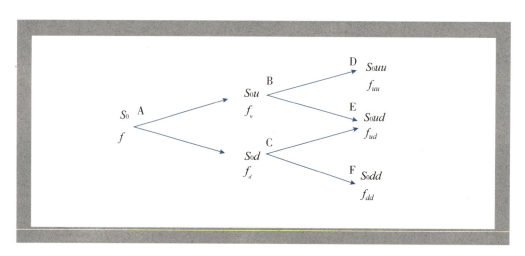

图 57.4　用两步二叉树对欧式期权进行定价

步长为 Δt，那么单步二叉树模型下的期权价格为：

$$f = e^{-r_f \Delta t}[pf_u + (1-p)f_d] \tag{57.7}$$

由此可以计算各个节点的期权价值：

$$f_u = e^{-r_f \Delta t}[pf_{uu} + (1-p)f_{ud}] \tag{57.8}$$

$$f_d = e^{-r_f \Delta t}[pf_{ud} + (1-p)f_{dd}] \tag{57.9}$$

把 f_u 和 f_d 的表达式代入式 (57.7) 可得：

$$f = e^{-2r_f \Delta t}[p^2 f_{uu} + 2p(1-p)f_{ud} + (1-p)^2 f_{dd}] \tag{57.10}$$

变量 p^2、$2p(1-p)$ 与 $(1-p)^2$ 分别对应于股票价格取 D、E 和 F 三个节点上值的概率。而期权的价格为期权预期收益以无风险利率进行贴现的现值。

二、欧式看跌期权

例题 57.4

一个两步二叉树欧式看跌期权，每步为 1 年的期长，期权期限为 2 年。股票初始价格为 50 元，$u=1.356$、$d=0.744$，无风险年收益率为 5%，看跌期权执行价格为 50 元。计算该欧式看跌期权期初的价格。

名师解析

由式（57.4），$p=(e^{0.05}-0.744)/(1.356-0.744)=0.5$。两步二叉树见图 57.5。

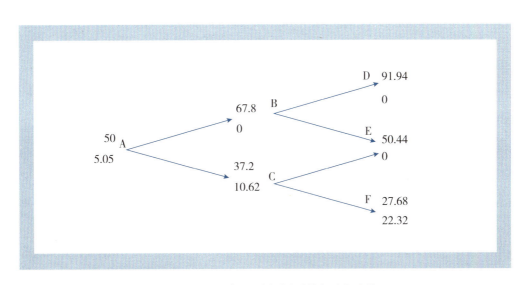

图 57.5　用两步二叉树对欧式期权进行定价

由图 57.5 可知，第 2 步结束时，F 节点的期权价值为 $50-27.68=22.32$；其他节点的期权价值为 0。因此，B 节点期权的价值为 0，C 节点期权的价值为：

$$e^{-0.05}(0.5\times0+0.5\times22.32)=10.62$$

根据 B 节点和 C 节点的期权值，可以得到欧式看跌期权在节点 A 的价值为：

$$e^{-0.05}(0.5\times0+0.5\times10.62)=5.05$$

在计算欧式期权价格时，两步二叉树与单步二叉树方法一样，都是从树的末尾出发以倒推的形式求期权的收益期望值贴现，只是步长为两步，要注意步长的时间 Δt 。

三、美式看跌期权

用两步二叉树模型计算（calculate）美式看跌期权的价格（☆☆☆）

下面分析如何利用二叉树模型来对美式看跌期权进行定价。在树的最后节点上，美式期权的价值等于欧式期权的价值，关键是从树的末尾出发以倒推的形式一直到树的起始点，在每个中间节点和起始点要检验提前执行期权合约是否更好，每个节点的期权价值为欧式期权下的价值与提前执行期权的收益两者中较大的一个。

例题57.5

考虑一个无分红的两年期美式看跌股票期权，执行价格为 75 元，股票的当期价格为 72 元，假设时期分为两步，每步期长为 1 年，且每步股票价格要么上涨 35.6%，要么下跌 45.9%，无风险利率为 3%，计算美式看跌期权期初的价格。

名师解析

由式（57.4）$p = (e^{0.03 \times 1} - 0.541) / (1.356 - 0.541) = 0.6$（元）。两步二叉树见图 57.6。

由 D、E、F 点的看跌期权价值，可以得到在 B 节和 C 节点，不提前执行时的期权价值分别为：

$$f_u = e^{-r_f \Delta t} [p f_{uu} + (1 - p) f_{ud}]$$

$$= e^{-0.03 \times 1} [0.6 \times 0 + 0.4 \times 22.18] = 8.61 \text{（元）}$$

$$f_d = e^{-r_f \Delta t} [p f_{ud} + (1 - p) f_{dd}]$$

$$= e^{-0.03 \times 1} \left[0.6 \times 22.18 + 0.4 \times 53.93 \right] = 33.83 \text{（元）}$$

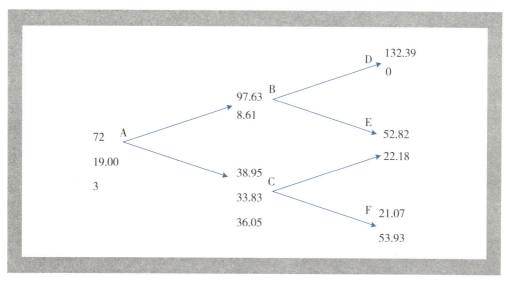

图 57.6　用两步二叉树对美式看跌期权进行定价

在 C 节点，若提前行权，收益为 $75 - 38.95 = 36.05$ 元，而不提前行权的期权价值为 33.83 元，因此会提前行权，C 节点的期权价值为 36.05 元。

在期初节点 A，该美式看跌期权的价格为：

$$f = e^{-0.03 \times 1} \left(0.6 \times 8.61 + 0.4 \times 36.05 \right) = 19.00 \text{（元）}$$

在期初节点 A，发现提前执行期权收益为 $75 - 72 = 3$ 元，该值小于 19 元，所以最终美式看跌期权的价格为 19 元。

可以发现，在相同条件下，由于美式看跌期权可以提前执行，美式看跌期权的价格要高于欧式看跌期权。

备考小贴士

没有红利的美式看涨期权永远不会提前执行，只有美式看跌期权才有可能提前行权，因此，在用二叉树方法计算美式看跌期权价格时，在树的中间节点和起始节点要看看提前执行期权合约是否更好。

第四节　选取 u 和 d 使得二叉树与波动率匹配

在二叉树模型中匹配（capture）资产波动率（☆☆☆）

在建立二叉树的过程中，最重要的是参数 p、u 和 d 的确定。衡量资产价格树形结构好坏的标准是它能否逼近资产价格的真实分布。因此，u 和 d 的确定必须要和资产价格的漂移率（μ）与波动率（σ）相匹配。

一、现实世界

设股票在时间间隔 Δt 内的收益率记为 $r_{\Delta t} = \Delta S/S$。若股票价格的年波动率为 σ，年期望收益为 μ，那么股票在 Δt 时间间隔内的波动率和期望收益率为：

$$\sigma(r_{\Delta t}) = \sigma\sqrt{\Delta t} \tag{57.11}$$

$$E(r_{\Delta t}) = \mu\Delta t \tag{57.12}$$

设 p^* 为现实世界股价上涨的概率，二叉树中股票价格期望与现实中股票价格的期望应该一致，为简化考虑一步二叉树，此时有：

$$E(S_T) = p^* S_0 u + (1 - p^*) S_0 d = S_0 e^{\mu\Delta t} \tag{57.13}$$

由式（57.13）可解得 p^* 为：

$$p^* = (e^{\mu\Delta t} - d)/(u - d) \tag{57.14}$$

注意（57.14）式与（57.4）式几乎相同，唯一不同的是无风险利率 r_f 被 μ 代替。

股票价格波动率为：

$$\mathrm{Var}\left(\frac{S_T - S_0}{S_0}\right) = \mathrm{Var}\left(\frac{S_T}{S_0}\right) = \frac{1}{S_0^2}\left[ES_T^2 - (ES_T)^2\right] = \sigma^2\Delta t \tag{57.15}$$

因此满足关系式：

$$p^* u^2 + (1 - p^*) d^2 - [p^* u + (1 - p^*) d]^2 = \sigma^2\Delta t \tag{57.16}$$

把式（57.14）中的 p^* 代入式（57.16），有：

$$e^{\mu\Delta t}(u + d) - ud - e^{2\mu\Delta t} = \sigma^2\Delta t$$

利用级数展开，同时忽略 Δt 的高阶项，可得：

$$u = \mathrm{e}^{\sigma\sqrt{\Delta t}} \qquad (57.17)$$

$$d = \mathrm{e}^{-\sigma\sqrt{\Delta t}} \qquad (57.18)$$

二、风险中性世界

在风险中性世界里，股票的期望收益率等于无风险收益率，因此满足：

$$E(S_T) = pS_0 u + (1-p)S_0 d = S_0 \mathrm{e}^{rt} \qquad (57.19)$$

那么，在一个风险中性世界里，可以得到风险中性上涨概率为：

$$p = (\mathrm{e}^{r\Delta T} - d)/(u - d) \qquad (57.20)$$

风险中性世界的股票价格波动率应与现实世界的波动率一致，由式（57.15）可知：

$$pu^2 + (1-p)d^2 - [pu + (1-p)d]^2 = \sigma^2 \Delta t \qquad (57.21)$$

同理，可以得到式（57.17）和式（57.18）。

比较式（57.12）与式（57.19），可以看出，当从现实世界转向风险中性世界时，股价的收益率期望会发生变化，但收益率的波动率（即股价波动率）不会改变。股价收益的波动率在这里用标准偏差衡量，可以通过估计二叉树在每个时期的股票价格得到。由式（57.17）和式（57.18）可以看出，如果标准偏差是 0，Su 和 Sd 相等，二叉树将会退变成一条直线。当标准偏差很大时，将会导致股票价格的上升状态 Su 和下降状态 Sd 之间的差距增大。标准偏差越大，股票价格的上升状态和下降状态的分散也就越大。

例题57.6

考虑一个两步二叉树美式看跌期权，每步时长为 1 年，期权的期限为 2 年。股价为 50 美元，执行价格为 52 美元，无风险收益率为 5%，波动率为 30%。为该期权定价。

名师解析

先求出 u、d，再计算 p，然后定价 f。

由式（57.17）和式（57.18）可得，$u = \mathrm{e}^{\sigma\sqrt{\Delta t}} = \mathrm{e}^{0.3\times\sqrt{1}} = 1.3499$，$d = \mathrm{e}^{-\sigma\sqrt{\Delta t}} = \mathrm{e}^{-0.3\times\sqrt{1}} = 0.7408$。

由式（57.4）可得 $p = 0.5097$，此时可构造出美式期权的二叉树见图57.7。

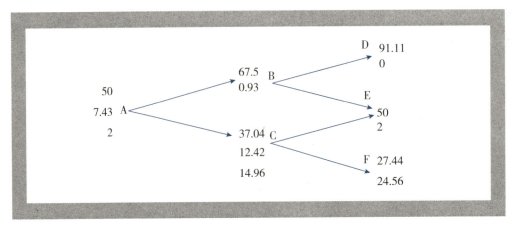

图 57.7　已知波动率利用两步二叉树对美式看跌期权进行定价

B 节点期权价值：

$$f = e^{-0.05 \times 1}(0.509\,7 \times 0 + 0.490\,3 \times 2) = 0.93$$

C 节点期权价值：

$$f = e^{-0.05 \times 1}(0.509\,7 \times 2 + 0.490\,3 \times 24.56) = 12.42$$

要注意在 C 节点，股票价格为 37.04 美元时，不提前行权，期权价值为 12.42 美元；提前行权，期权价值为 14.96 美元，因此，期权会被提前执行，有：

$$f = e^{-0.05 \times 1}(0.509\,7 \times 0.93 + 0.490\,3 \times 14.96) = 7.43（美元）$$

在期初节点 A，发现提前执行期权收益为 $52 - 50 = 2$ 美元，该值小于 7.43 美元，所以最终美式看跌期权的价格为 7.43 美元。

第五节　Delta

在二叉树模型中定义和计算（define and compute）股票期权的 Delta 值（☆☆☆）

Delta 定义为期权价格变化与标的股票价格变化的比率。Delta 对冲就是在投资者持有期权头寸的情况下，为了构造无风险组合，需要增加或减少股票，使整个组合的 Delta 值等于 0。

仍然以图 57.7 的两步二叉树为例，对应于股票价格在第 1 步变化的 Delta 为：

$$\frac{0.93 - 14.96}{67.49 - 37.04} = -0.460\ 8$$

在第 2 步的 Delta 为：

$$\frac{0 - 2}{91.11 - 50} = -0.048\ 65 \quad 或 \quad \frac{2 - 24.56}{50 - 27.44} = -1$$

可见在二叉树中，各个节点处的 Delta 也不同，这实际反映了 Delta 值是随时间变化而变化。

第六节　其他资产的二叉树模型期权定价

解释（explain）二叉树对有分红的股票、股指期权、外汇和期货期权定价（☆☆）

当对有分红的股票、股指、外汇和期货上的期权进行定价时，我们可以将这些标的的资产看成是提供已知收益率的资产。对于股票和股指，收益率等于股指中股票组合的股息收益率；对于外汇，收益率等于外汇无风险收益率；对于期货合约，收益率等于本国无风险利率。

一、支付连续股息收益率的股票

一只股票，连续股息收益率为 q，无风险收益率为 r_f，则有：

$$E(S_T) = pS_0u + (1 - p)S_0d = S_0 e^{(r_f - q)\Delta t} \tag{57.22}$$

因此：

$$p = [e^{(r_f - q)\Delta T} - d]/(u - d) \tag{57.23}$$

二、股票指数期权定价

假设股指中标的股票所支付的股息收益率为 q，则对于股指期权的定价类似于

支付连续股息收益率的股票期权定价。

三、外汇期权定价

外汇可以看成是按照国外无风险利率 r_f 提供收益的资产，因此，以外汇为标的资产的期权类似于具有分红收益的股票期权的情形。

四、期货期权的定价

期货期权即标的物为期货的期权。在风险中性世界里，期货价格的预期增长率为零签署期货合约不需要成本（不考虑手续费），因此，期货合约持有者的期望收益应该是0。假设期货的期初价格为 F_0，时间长度为 Δt 的期货的期望价格也为 F_0，因此有：

$$E(F_T) = pF_0u + (1 - p)F_0d = F_0 \tag{57.24}$$

$$p = (1 - d)/(u - d) \tag{57.25}$$

综上所述，只要适当地选择式（57.23）中的 q 值，就可以对二叉树有分红的股票、股指、外汇和期货上的期权进行定价。

扫码做题　章节练习

第五十八章

Black-Scholes-Merton模型

知识引导：二叉树定价模型介绍了无套利方法并引入了风险中性假设。本章通过介绍 Black-Scholes-Merton 期权定价模型来深化这些概念。该模型假设股票价格遵循几何布朗运动。股票价格和期权价格的不确定性都来自于股票价格的波动。如果通过买入和卖空一定数量的股票和期权，建立一定的无风险组合，就可以消除这个不确定性，使整个组合只获得无风险利率。

考点聚焦：通过对本章内容的学习，应能解释股票价格的对数正态性质，掌握股票连续复利收益率分布的性质并计算期望收益，掌握股票历史波动率的计算，熟悉 BSM 模型的隐含假设条件，掌握认购权证价值的计算，了解隐含波动率的定义，利用 BSM 模型对有分红的欧式期权定价，解释分红对美式看涨期权行权的影响。

本章框架图

```
                                    ┌─ 标准布朗运动与标准维纳过程
                                    ├─ 普通布朗运动与广义维纳过程
                    ┌─ 股票价格的运动规律 ┼─ 伊藤过程和伊藤引理
                    │                 ├─ 股票价格的行为过程与几何布朗运动
                    │                 └─ 对数正态分布
                    │
                    ├─ 股票连续复利收益率的分布与期望
                    │
                    ├─ 历史波动率
                    │
                    │                 ┌─ BSM期权定价模型的假设条件
                    │                 ├─ BSM期权定价模型的基本思路
  Black-Scholes-    │                 ├─ BSM期权定价公式
  Merton模型  ──────┼─ BSM期权定价模型 ┼─ 期权定价参数对期权价格的影响
                    │                 ├─ 对N（d₁）和N（d₂）的理解
                    │                 └─ BSM公式的一个重要结论——风险中性定价原理
                    │
                    ├─ 权证与雇员股票期权
                    │
                    ├─ 隐含波动率
                    │
                    ├─ 考虑红利的欧式期权定价
                    │
                    └─ 美式期权定价
```

　　1973 年，芝加哥期权交易所开始从事期权的交易。同一年，Black and Scholes（布莱克和斯科尔斯）和 Merton（默顿）发表了关于期权定价的奠基性的文章，Black 和 Merton 也因此被授予 1997 年的诺贝尔经济学奖。BSM 期权定价模型是现代分析型金融学的最杰出成就之一，是经济学中唯一一个先于实践的理论。他们的方法在理论和实践中都被广泛接受，为其他金融衍生品的定价奠定了基础。

第一节　股票价格的运动规律

解释（explain）股票价格的对数正态分布性质（☆☆☆）

　　期权是标的资产的衍生工具。在已知执行价格、期权到期时间、无风险利率和标的资产收益的情况下，期权价格变化的唯一来源就是标的资产价格的变化，因此，要研究期权的价格，必须首先研究标的资产价格的变化规律。这一节介绍 BSM 期权定价理论的一些预备知识，这些知识主要围绕股票价格的变化过程而展开的，内容包括维纳过程、伊藤过程、伊藤引理、几何布朗运动和对数正态分布等。

一、标准布朗运动与标准维纳过程（Standard Brown Motion and Standard Wiener Process）

　　布朗运动起源于物理学中对完全浸没于液体或气体中的小粒子运动的描述，以发现这种现象的英国生物学家 Robert Brown（罗伯特·布朗）命名。描述布朗运动的随机过程的定义是美国数学家 Wiener（维纳）给出的，因此布朗运动又称维纳过程。

　　标准布朗运动是具有下列性质的随机过程：

$$\{z(t), t \geqslant 0\}$$

　　性质 1，$z(0) = 0, z(t)$ 是关于 t 的连续函数。

　　性质 2，对任何 $0 < t_1 < t_2 < \cdots < t_n$，增量 $z(t_1) - z(0), z(t_2) - z(t_1), \cdots, z(t_n) - z(t_{n-1})$ 是相互独立随机变量。

　　性质 3，设一个较小的时间间隔长度为 Δt，定义 Δz 为在 Δt 时间内 $z(t)$ 的变

化。$\Delta z(t) = z(t + \Delta t) - z(t) = \varepsilon \sqrt{\Delta t}$，其中 $\varepsilon \sim \varphi(0,1)$，$\varphi$ 表示正态分布。

由性质3可知，标准布朗运动的增量 Δz 满足均值为0，方差为 Δt 的正态分布。

由性质2和性质3可知，将各个独立增量相加，可以得到 $z(t_n)$ 服从正态分布，因此，标准维纳过程也是正态过程。

在一段相对较长的时间 T 中 z 值的增加表示为 $z(T) - z(0)$，它可看作是在 N 个长度为 Δt 的小时间间隔中 z 的变化的总量：

$$z(T) - z(0) = \sum_{i=1}^{N} \varepsilon_i \sqrt{\Delta t} \tag{58.1}$$

其中，$N = T/\Delta t$，ε_i 是服从标准正态分布的随机抽样值。

由式（58.1）可知，$z(T) - z(0)$ 服从如下正态分布：

$$\sum_{i=1}^{N} \varepsilon_i \sqrt{\Delta t} \sim \varphi(0, N\Delta t) \tag{58.2}$$

由式（58.2）可知，在任一长度为 T 的时间间隔内，遵循维纳过程的随机变量值的增加服从均值为0、方差为 $N\Delta t = T$ 的正态分布。这就是为什么 Δz 被定义为与 $\sqrt{\Delta t}$ 的乘积而不是与 Δt 的乘积的原因。因为对于相互独立的正态分布，方差具有可加性，标准差不具有可加性。

当 $\Delta t \to 0$，就可以得到标准布朗运动或维纳过程的微分形式：

$$dz = \varepsilon \sqrt{dt} \tag{58.3}$$

其中，ε 是服从标准正态分布的随机抽样值。

知识一点通

在定量分析的一阶自回归模型，回归系数为1时，AR（1）过程为随机游走过程（Random Walk）。如果随机游走的时间间隔越来越小，则随机游走过程趋近于布朗运动。

二、普通布朗运动与广义维纳过程（Ordinary Brown Motion and Generalized Wiener Process）

在随机过程中，漂移率（Drift Rate）指单位时间内变量均值的变化值。方差率（Variance Rate）指单位时间变量的方差变动比率。标准布朗运动的漂移率为0，方差率为1。漂移率为0意味着在未来任意时刻变量 z 的均值都等于它的当前值。方差率为1意味着在一段长度为 T 的时间段后，z 的方差为 T。

普通布朗运动或广义维纳过程 $\{x(t), t \geq 0\}$ 可表示为：

$$\Delta x(t) = a\Delta t + b\Delta z(t) \tag{58.4}$$

其中，a 和 b 为常数，$z(t)$ 遵循标准布朗运动。

式（58.4）中 a 为漂移率的期望值，$b\Delta z(t)$ 为随机项，它表明对 $x(t)$ 添加的噪声，使 $x(t)$ 围绕着确定趋势上下随机波动。

由于 $\Delta z(t)$ 服从正态分布，因此，$\Delta x(t)$ 服从期望为 $a\Delta t$，方差为 $b^2\Delta t$ 的正态分布：

$$\Delta x(t) \sim \varphi(a\Delta t, b^2\Delta t) \tag{58.5}$$

当 $\Delta t \to 0$ 时，由式（58.5）可以得到广义维纳过程的微分形式：

$$dx = adt + bdz \tag{58.6}$$

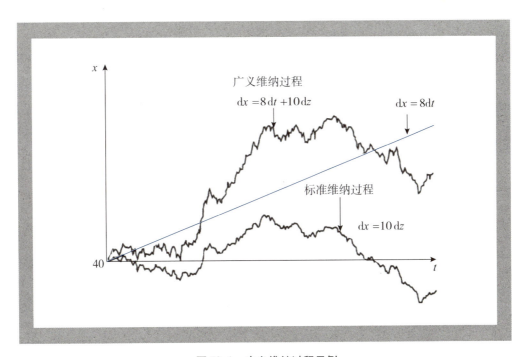

图 58.1 广义维纳过程示例

由图 58.1 可知，广义维纳过程 $dx = 8dt + 10dz$ 由线性过程 $dx = 8dt$ 与标准维纳过程 $dx = 10dz$ 线性相加而成。

三、伊藤过程和伊藤引理

式（58.5）定义的广义维纳过程中，参数 a 与 b 均假设为给定的常数，当它们为变量 x 和时间 t 的函数时，则得到著名的伊藤过程（Itô Process）：

$$dx = a(x,t)dt + b(x,t)dz \qquad (58.7)$$

伊藤引理（Itô's Lemma）的推导如下。

假设 $x(t)$ 遵循伊藤过程：$dx = a(x,t)dt + b(x,t)dz$，设 $G = G(x,t)$ 是 x 的二次连续可微函数，则 $G(x,t)$ 有下面形式的随机微分：

$$dG = \left(\frac{\partial G}{\partial x}a(x,t) + \frac{\partial G}{\partial t} + \frac{1}{2}\frac{\partial^2 G^2}{\partial x^2}b^2(x,t) \right)dt + \frac{\partial G}{\partial x}b(x,t)dz \qquad (58.8)$$

函数 G 遵循漂移率为 $\frac{\partial G}{\partial x}a(x,t) + \frac{\partial G}{\partial t} + \frac{1}{2}\frac{\partial^2 G^2}{\partial x^2}b^2(x,t)$，波动率为 $(\frac{\partial G}{\partial x}b(x,t))^2$ 的伊藤过程。

伊藤引理揭示了一个规律：一个伊藤过程的函数仍然是一个伊藤过程。

四、股票价格的行为过程与几何布朗运动（Geometric Brown Motion）

这一部分讨论无红利支付股票价格遵循的随机过程。普遍的观点认为，股票市场是随机波动的，这是股票市场的常态。因此，可以将布朗运动与股票价格行为联系在一起，进而建立起维纳过程的数学模型。

假设股票价格遵循普通布朗运动，则股票价格有不变的期望漂移率和波动率，这显然不符合实际。以 S 代表股票价格，Δt 时间段股价的变化为 ΔS，那么根据式（58.4），在 Δt 时间段，ΔS 的期望值为 $a\Delta t$，方差为 $b^2\Delta t$。此时 $\Delta S/S = a\Delta t/S$ 代表股票的期望收益率。这表明承担相同风险的情况下，股价高的获得的收益率低，股价低的获得的收益率高。这与投资者要求来自股票的期望收益率与股票价格无关的现实不一致。

股票的期望收益率想要不依赖于股票价格，一种修正的做法是假设股票价格变化率 $\Delta S/S$ 遵循普通布朗运动。

1. 若股票价格的方差率恒为0

若股票价格的方差率恒为0，这个模型即为：

$$\mathrm{d}S = \mu S \mathrm{d}t$$

即：

$$\frac{\mathrm{d}S}{S} = \mu \mathrm{d}t$$

上式两边由0到T对变量t进行积分：

$$S_T = S_0 e^{\mu T} \tag{58.9}$$

其中，S_0是零时刻的股票价格。以上方程说明了当方差率为0时，股票价格在单位时间内的连续复利增长率为μ。

2. 股票价格的方差率不为0

定义σ^2为股票收益率的方差率，经过Δt时间后股票收益率的方差为$\sigma^2 \Delta t$，$S^2 \sigma^2 \Delta t$为经过Δt时间后股票价格实际变化（Actual Change）的方差。

综上所述，股票价格S可以用瞬态期望漂移率（Instantaneous Expected Drift Rate）为μS和瞬态方差率为$\sigma^2 S^2$的Itô过程表达为：

$$\Delta S = \mu S \Delta t + \sigma S \Delta z \tag{58.10}$$

其中，μ与σ均为给定的常数，μ为股票在单位时间内以连续复利表示的股票价格的预期收益率（Expected Rate of Return），σ通常被称为股票价格波动率（Stock Price Volatility），即是股票收益率单位时间的标准差，z遵循标准布朗运动。

式（58.10）描述的伊藤过程被称为几何布朗运动。几何布朗运动是用以描绘股票价格行为的最普遍模型。在短时间Δt后，$\Delta S/S$为：

$$\Delta S/S = \mu \Delta t + \sigma \varepsilon \sqrt{\Delta t}$$

上式左边是Δt时间后股票的收益率，右边$\mu \Delta t$项是该收益率的期望值，$\sigma \varepsilon \sqrt{\Delta t}$项是收益率的随机部分，随机部分的方差（也是整个收益的方差）为$\sigma^2 \Delta t$。

$\Delta S/S$具有正态分布特征：

$$\Delta S/S \sim \varphi(\mu \Delta t, \sigma^2 \Delta t) \tag{58.11}$$

当$\Delta t \to 0$时，式（58.10）可以表达为微分形式：

$$\mathrm{d}S = \mu S \mathrm{d}t + \sigma S \mathrm{d}z \tag{58.12}$$

知识一点通

维纳过程的特点是增量服从 $\varphi(0,\Delta t)$ 的正态分布。广义维纳过程的特点是增量服从 $\varphi(a\Delta t, b^2 \Delta t)$ 的正态分布，当参数 a 与 b 为变量 x 和时间 t 的函数时，则为伊藤过程。几何布朗运动是一个漂移率为 μS、方差为 $\sigma^2 S^2$ 的伊藤过程。

五、对数正态分布（Logarithmic Normal Distribution）

假设股票价格 S 遵循几何布朗运动，定义 $G = \ln S$，存在关系式：

$$\frac{\partial G}{\partial S} = \frac{1}{S}$$

$$\frac{\partial^2 G}{\partial S^2} = -\frac{1}{S^2} \tag{58.13}$$

$$\frac{\partial G}{\partial t} = 0$$

由于股价 S 遵循伊藤过程，则 S 和 t 的函数 G 仍然遵循伊藤过程，由 Itô 引理得：

$$
\begin{aligned}
\mathrm{d}G &= \left(\frac{\partial G}{\partial S}a + \frac{\partial G}{\partial t} + \frac{1}{2}\frac{\partial^2 G}{\partial S^2}b^2 \right)\mathrm{d}t + \frac{\partial G}{\partial S}b\mathrm{d}z \\
&= \left(\frac{\partial G}{\partial S}\mu S + \frac{\partial G}{\partial t} + \frac{1}{2}\frac{\partial^2 G}{\partial S^2}\sigma^2 S^2 \right)\mathrm{d}t + \frac{\partial G}{\partial S}\sigma S\mathrm{d}z \\
&= \left(\mu - \frac{\sigma^2}{2} \right)\mathrm{d}t + \sigma\mathrm{d}z
\end{aligned}
\tag{58.14}
$$

由式（58.14）可知 $G = \ln S$ 是广义维纳过程。股票第 t 期收益率为 $R_t = \ln\left(\frac{S_t}{S_{t-1}}\right)$，当 $\Delta t = 1$，根据式（58.14），股票收益率可表示为：

$$R_t = \left(\mu - \frac{\sigma^2}{2} \right) + \sigma\varepsilon \tag{58.15}$$

此时，股票收益率 R_t 满足如下正态分布：

$$R_t \sim \varphi\left(\mu - \frac{\sigma^2}{2}, \sigma^2 \right) \tag{58.16}$$

考虑变量 G 在一段较长时间 T 变化的情况。令 $\ln(S_T) - \ln(S_0)$ 为变量 G 在 T 时段中的变化量，该变量可被看作是在 N 个长度为 Δt 的时间间隔中 G 变化的总量，其中 $N = T/\Delta t$ ，因此有：

$$\ln(S_T) - \ln(S_0) = \ln\frac{S_T}{S_0} = \ln\frac{S_T}{S_{T-\Delta t}} + \ln\frac{S_{T-\Delta t}}{S_{T-2\Delta t}} + \cdots + \ln\frac{S_{\Delta t}}{S_0}$$

$$= \sum_{i=1}^{N}\left[\left(\mu - \frac{\sigma^2}{2}\right)\Delta t + \sigma\Delta z\right] \tag{58.17}$$

由式（58.2）可知，$\ln\frac{S_T}{S_0}$ 服从期望值为 $(\mu - \sigma^2/2)T$ ，方差为 $\sigma^2 T$ 的正态分布：

$$\ln\frac{S_T}{S_0} \sim \varphi\left[\left(\mu - \frac{\sigma^2}{2}\right)T, \sigma^2 T\right] \tag{58.18}$$

$$\ln S_T \sim \varphi\left[\ln S_0 + \left(\mu - \frac{\sigma^2}{2}\right)T, \sigma^2 T\right] \tag{58.19}$$

如果一个变量的自然对数服从正态分布，称这个变量的概率分布服从对数正态分布。式（58.19）说明股票价格对数服从正态分布，其形状（见图58.2）。

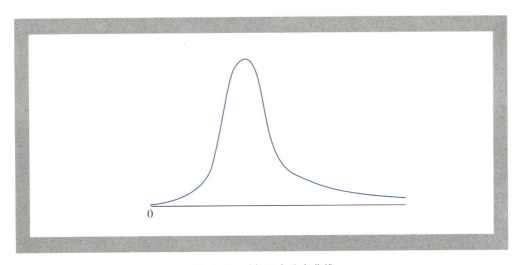

图 58.2 对数正态分布曲线

如图58.2所示，对数正态分布与一般的正态分布有很多不同之处，正态分布的变量可以取任意正值和任意负值，而对数正态分布的变量只能取正的值。因此，收益分布是倾斜的，向右侧无限延展，向左侧则是截短的。

根据式（58.19）以及对数正态分布的特性，可以证明 S_T 的均值与方差为：

$$E(S_T) = S_0 e^{\mu T} \tag{58.20}$$

$$\mathrm{Var}(S_T) = S_0^2 e^{2\mu T}(e^{\sigma^2 T} - 1) \tag{58.21}$$

由式（58.20）可知，这正好与 μ 作为预期收益率的定义相符。

备考小贴士

我们用几何布朗运动描述股票价格的变化轨迹。股票价格的概率分布服从对数正态分布。

例题 58.1

设一个不付红利的股票价格遵循几何布朗运动，波动率为每年 30%，预期收益率为每年 15%，该股票目前的市价为 100 美元，求一周后该股票价格变化值的概率分布。

名师解析

已知 $\mu = 15\%$，$\sigma = 0.3$，$\Delta t = 7/365 = 0.019$，根据式（58.10）有：

$$\Delta S = 0.15 \times 100\Delta t + 0.3 \times 100\Delta z \Rightarrow \Delta S \sim 100\varphi(0.003, 0.002)$$

例题 58.2

考虑一个股票初始值价格为 50 美元，预期收益率为每年 15%，波动率为每年 20%。假设股票价格服从对数正态分布，计算在未来 6 个月内置信度为 95% 的条件下该股票价格的波动区间以及股票的期望值。

名师解析

由题意可知，$\mu = 15\%$，$\sigma = 0.2$，$T = 0.5$，由式（58.19）可知，

$$\ln S_T \sim \varphi\left[\ln 50 + (0.15 - 0.2^2/2) \times 0.5, 0.2^2 \times 0.5\right]$$

$$\ln S_T \sim \varphi\left[3.977, 0.02\right]$$

标准正态分布变量取值位于均值左右 1.96 个标准差范围内的概率为 95%，有：

$$3.977 - 1.96 \times \sqrt{0.02} < \ln S_T < 3.977 + 1.96 \times \sqrt{0.02}$$

$$3.700 < \ln S_T < 4.254$$

$$\Rightarrow 40.44 < S_T < 70.386$$

因此，6个月后股票价格有95%概率落在 $[40.44, 70.386]$。

由式（58.20）可知，股票价格的期望值为：$E(S_T) = 50\mathrm{e}^{0.15\times0.5} = 53.894$（美元）

第二节　股票连续复利收益率的分布与期望

掌握股票收益率的分布和期望收益的计算（calculate）（☆☆☆）

定义 η 为时刻0与T之间股票每年的连续复利收益率，有关系式：

$$S_T = S_0 \mathrm{e}^{\eta T} \tag{58.22}$$

$$\eta = \frac{1}{T}\ln\frac{S_T}{S_0} \tag{58.23}$$

由式（58.15）可知，η 服从正态分布：

$$\eta \sim \varphi\left[\left(\mu - \frac{\sigma^2}{2}\right), \frac{\sigma^2}{T}\right] \tag{58.24}$$

连续复利收益率 η 的期望与标准差分别为 $\mu - \sigma^2/2$ 和 $\sigma/\sqrt{T}$。当 $T=1$ 时，$\ln(S_T/S_0)$ 是股票年连续复利收益，它的均值和方差分别是 $\mu - \sigma^2/2$ 和 σ^2。

例题 58.3

某只股票初始值价格为50美元，预期收益率为每年15%，波动率为每年20%。该股票的连续复利收益率的概率分布服从正态分布，求连续复利收益率的均值与标准差，并求该股票一年内的期望值。

名师解析

已知 $\mu = 15\%$，$\sigma = 0.2$，根据式（58.24），连续复利收益率 η 的均值 $\mu - \sigma^2/2 = 0.15 - 0.2^2/2 = 0.13$，标准差为20%。

根据式（58.20），股票一年内的期望值为：$E(S_T) = 50\mathrm{e}^{0.15\times1} = 58.09$（美元）

第三节　历史波动率

掌握股票历史波动率的计算（calculate）（☆☆☆）

股票的波动率用来衡量股票收益的不确定性。如果某只公司股票的波动率为每年25%，以年为单位，意味着 σ 为0.25。通过历史的价格数据估计股票收益率的波动率的具体步骤如下。

第一，从市场上获得股票在固定时间间隔（如每天、每周或每月）的价格，求出每个时间段段末的股价与该时间段初的股价之比的自然对数：

$$u_i = \ln(\frac{S_i}{S_{i-1}}), \quad i = 1,2,\cdots,n$$

第二，求出这些对数的标准差 s：

$$s = \sqrt{\frac{1}{n-1}\sum_{i=1}^{n}(u_i - \bar{u})^2} \quad \text{或} \quad s = \sqrt{\frac{1}{n-1}\sum_{i=1}^{n}u_i^2 - \frac{1}{n(n-1)}\left(\sum_{i=1}^{n}u_i\right)^2}$$

第三，由式（58.15）可知，u_i 的标准差为 $\sigma\sqrt{\Delta t}$，因此，标准差 s 是 $\sigma\sqrt{\Delta t}$ 的估计值，σ 的估计值 $\hat{\sigma}$ 为：$\hat{\sigma} = s/\sqrt{\Delta t}$。

第四，若 u_i 的时间间隔为日，变量换算成年波动率：$\hat{\sigma}_{年} = \hat{\sigma}_{日} \times \sqrt{252}$

例题58.4

表58.1给出了11个交易日里的某只股票的价格序列，假设每年有252个交易日，根据表中数据计算该只股票收益年波动率的估计值。

名师解析

收益率均值：

$$\bar{u} = \frac{1}{n}\sum_{t=1}^{n}u_i = \frac{6.87\%}{10} \approx 0.69\%$$

收益率标准差：

$$s = \sqrt{\frac{1}{n-1}\sum_{i=1}^{n}(u_i - \bar{u})^2} = \sqrt{\frac{0.36\%}{9}} = 2.0\%$$

$$\sigma_{年} = \sigma_{日} \times \sqrt{252} = 2\% \times \sqrt{252} = 31.75\%$$

表 58.1 　　　　　　　　　　　某只股票历史波动率计算数据

日期	收盘价（元）	收益率 u_i	$(u_i - \bar{u})^2$
2005 年 2 月 24 日	15.60		
2005 年 2 月 25 日	15.57	−0.0019	0.0001
2005 年 2 月 28 日	15.35	−0.0142	0.0004
2005 年 3 月 1 日	15.35	0.0000	0.0000
2005 年 3 月 2 日	15.29	−0.0039	0.0001
2005 年 3 月 3 日	15.47	0.0117	0.0000
2005 年 3 月 4 日	15.57	0.0064	0.0001
2005 年 3 月 7 日	16.37	0.0501	0.0019
2005 年 3 月 8 日	16.46	0.0055	0.0000
2005 年 3 月 9 日	16.96	0.0299	0.0005
2005 年 3 月 10 日	16.71	−0.0149	0.0005

第四节　BSM 期权定价模型

描述（describe）BSM 期权定价模型的假设条件（☆☆☆）

用 BSM 模型计算（calculate）欧式期权价格（☆☆☆）

一、BSM 期权定价模型的假设条件

Black – Scholes 期权定价模型对金融市场作了一系列假设，主要包括以下几点：

一是市场的无摩擦性：无税，无交易成本；所有的资产可以无限细分；没有卖空限制。

二是短期无风险利率 r_f 在各个期限都相等且为常数，投资者可以通过此利率无

限制地进行借贷。

三是期权是欧式期权。

四是在期权到期之前，股票不支付红利。

五是资产的价格变动符合几何布朗运动。

六是资产价格的变动是连续而均匀的，不存在突然的跳跃。

二、BSM 期权定价模型的基本思路

一是期权是标的资产的衍生工具，期权价格受到标的资产价格波动的影响。

二是标的资产价格和衍生品的价格都受到同一不确定性因素（标的资产价格波动）的影响。

三是由于衍生证券价格和标的证券价格都受同一种不确定性影响，若匹配适当的话，这种不确定性就可以相互抵消。因此，Black 和 Scholes 就建立起一个包括一单位衍生证券空头和若干单位标的证券多头的投资组合。若数量适当的话，标的证券多头盈利（或亏损）总是会与衍生证券空头的亏损（或盈利）相抵消，在短时间内该投资组合是无风险的。那么，在无套利机会的情况下，该投资组合在短期内的收益率一定等于无风险利率，最终得到 BSM 微分方程。

四是求解这一方程，就得到了期权价格的解析解。

三、BSM 期权定价公式

在上述假设条件的基础上，Black 和 Scholes 得到了如下适用于无收益资产欧式看涨期权的 Black – Schole 微分方程：

$$\frac{1}{2}\frac{\partial^2 f}{\partial S^2}\sigma^2 S^2 + r_f S \frac{\partial f}{\partial S} + \frac{\partial f}{\partial t} = r_f f \tag{58.25}$$

其中，标的资产价格的变化为几何布朗运动 $dS = \mu S dt + \sigma S dz$，衍生证券价格为 f，是股票价格 S 和时间 t 的函数。

式（58.25）就是著名的 Black – Scholes 微分方程，它适用于其价格取决于标的资产价格 S 的所有衍生证券的定价。

为了完成期权定价公式的推导，我们还要给出欧式期权满足的边界条件：当

$t = T$时，对于看涨期权，有 $c = \max(S_T - K, 0)$；对于看跌期权，有 $p = \max(K - S_T, 0)$，其中 K 时期权指定标的物的执行价格。根据边界条件，可以解出上述微分方程初始值的表达式，即 Black-Scholes 期权定价公式：

$$c = S_0 N(d_1) - Ke^{-rT} N(d_2) \tag{58.26}$$

$$p = Ke^{-rT} N(-d_2) - S_0 N(-d_1) \tag{58.27}$$

其中：

$$d_1 = \frac{\ln(S_0/K) + (r + \sigma^2/2) \times T}{\sigma \times \sqrt{T}}$$

$$d_2 = d_1 - (\sigma \times \sqrt{T})$$

c 为当前看涨期权的价格；

p 为当前看跌期权的价格；

$N(d)$ 为累积正态分布函数，它是从一个标准正态分布中随机抽取的一个将小于 d 的数字的概率；

S_0 为标的资产的当前价格；

K 为期权的执行价格；

T 为距期权到期日的时间，以年为单位；

r_f 为期权有效期内的无风险复合年利率；

σ 为以连续复利计算的标的资产年收益率的标准差。

四、期权定价参数对期权价格的影响

1. 标的资产价格 S_0

标的资产价格 S_0 上涨，看涨期权价格 c 上涨，看跌期权价格 p 下跌；标的资产价格 S_0 下跌，看涨期权价格 c 下跌，看跌期权价格 p 上涨。这一现象可以直观地由 BSM 定价公式看出，c 与 S_0 成正比关系，p 与 S_0 成反比关系。

2. 执行价格 K

执行价格 K 越高的看涨期权，其理论价格 c 越低；执行价格 K 越低的看跌期权，其理论价格 p 越高。这一现象可以直观地由 BSM 定价公式看出，c 与 K 成反比关系，p 与 K 成正比关系。

3. 距期权到期日时间 T

距期权到期日时间也可以称作期权生命期，它对期权理论价格的影响是正向的。不论看涨期权还是看跌期权，距离到期日时间越长，其理论价格就越高。

4. 无风险利率 r_f

无风险利率是任何金融衍生产品在定价时都必然包含的参数，它代表了市场参与者使用货币资金所必不可少的机会成本。也就是市场主体持有货币资金在无风险条件下能获得的回报，它与期权理论价格成反比关系。

5. 波动率 σ

标的资产市场价格的波动率意味着其未来可能出现的价格变化幅度。价格变化幅度越大，对看涨期权和看跌期权来说，盈利空间就越大。只有标的资产未来价格存在出现波动的可能，对应的期权才具有交易价值。如果市场已经明确标的资产价格将一直保持不变，那么，投资者就没有必要通过期权规避标的资产的风险。因此，波动率 σ 与期权理论价格成正比关系。

各因素对期权理论价格的影响如表58.2所示。

表 58.2　　　　　　　　各因素对期权理论价格的影响

影响因素 期权种类	欧式期权		美式期权	
	看涨期权	看跌期权	看涨期权	看跌期权
期货价格	+	−	+	−
执行价格	−	+	−	+
波动率	+	+	+	+
距到期时间	+	+	+	+
无风险利率	−		−	
红利	+	−	+	

Black – Scholes 期权定价公式包含 5 个参数：资产价格 S、执行价 K、无风险利率 r_f、期权到期时间 T 和波动率 σ。除了波动率之外，其余的 4 个参数都是可测的量。公式以其简单的形式使交易者对期权价格有直观的了解，因此在金融市场中得到了广泛的应用。当然 Black – Scholes 定价模型也存在一定的局限性，例如，它对波动率是常数的假定，有悖于金融市场中显示的波动率呈现出尖峰厚尾和聚类的

特性，因而出现一定的实证异常，如隐含波动率的"期限结构"以及著名的"波动率微笑"等，造成对期权价格的不合理定价。因此后人对 Black – Scholes 定价模型进行了不断的修正和扩展，如用随机波动率模型或 GARCH 模型来刻画波动率等。

五、对 $N(d_1)$ 和 $N(d_2)$ 的理解

首先，$N(d_2)$ 是在风险中性世界中 S_T 大于 K 的概率，或者说是欧式看涨期权被执行的概率，$Ke^{-rT}N(d_2)$ 是期权的执行价格 K 的风险中性期望值的现值。

$N(d_1)$ 是风险中性条件下，按股票计价时得到的期权被执行的可能性。在 BSM 公式中第一项，期权到期时得到的是 1 份股票，计价单位是股票，转换成货币计价是 S_T 元。到期时如果执行期权（$S_T < K$），则会把股票转换成货币。这样得到的货币价值是 $S_T N(d_1)$，如果不执行期权（$S_T > K$），则不会把股票转换为货币，得到的货币价值是 $0 \times (1 - N(d_1))$，因此，到期期权所得到的货币价值期望值为 $S_T N(d_1)$，$e^{-rT}S_T N(d_1) = S_0 N(d_1)$ 是风险中性期望值的现值。

其次，$\Delta = \partial f/\partial S = N(d_1)$ 是复制交易策略中股票的数量，$SN(d_1)$ 就是股票的市值。$Ke^{-rT}N(d_2)$ 则是复制交易策略中负债的价值。这是因为根据 Black – Scholes 公式：

对于看涨期权有：$\Delta_c = \dfrac{\partial c}{\partial S} = N(d_1)$

对于看跌期权有：$\Delta_p = \dfrac{\partial p}{\partial S} = -N(-d_1)$

所以，$N(d_1)$ 是动态套期保值比率或对冲比率。故为构造一份欧式看涨期权，需持有 $N(d_1)$ 份股票的多头，以及卖空数量为 $Ke^{-rT}N(d_2)$ 的现金。

六、BSM 公式的一个重要结论——风险中性定价原理

从 BSM 公式可以发现：衍生证券的价值决定公式中出现的变量为标的证券当前市价 S_0、时间 T、证券价格的波动率 σ 和无风险利率 r_f，它们全都是客观变量，独立于主观变量——风险收益偏好，即标的证券的预期收益率 μ（受制于主观风险收

益偏好）并未包括在衍生证券的价值决定公式中。这意味着，无论风险收益偏好状态如何都不会对 c 的值产生影响。那么，可以作出一个大大简化我们的工作的风险中性假设：在对衍生证券定价时，所有投资者对于 dz 所蕴含的风险都是风险中性的。

所有投资者对在风险中性条件下，所有风险源为 dz 的证券的预期收益率都等于无风险利率 r_f 。同样，在风险中性条件下，所有风险源为 dz 的现金流都应该使用无风险利率进行贴现求得现值。这就是风险中性定价原理。通过这种假定所获得的结论不仅适用于投资者风险中性情况，也适用于投资者厌恶风险的所有情况。也就是说，在风险中性世界中得到的期权结论，适合于现实世界。

例题 58.5

某欧式看涨期权有关的资料如下：行权价格为 70 元，期权有效期为 3 个月，无风险年利率为 0.05，标的股票（无红利）的价格为 75 元。现用 BSM 模型对期权进行定价。已知 $N(d_1) = 50\%$ ，到期日期权不被执行的风险中性概率为 0.60，求该看涨期权的价格。

名师解析

$N(d_2)$ 是在风险中性世界中期权被执行的概率，有：$N(d_2) = 1 - 0.6 = 0.4$ 。看涨期权价格：$c = SN(d_1) - Ke^{-rT}N(d_2) = 75 \times 50\% - 70 \times e^{-5\% \times 1} \times 40\% = 10.87$ 。

例题 58.6

A 公司股票市场价格为 50 元（无红利），该股票欧式看涨期权有关的资料如下：行权价格为 45 元，期权有效期为 3 个月，无风险年利率为 0.05，股票收益率的方差（年率）为 0.12，用 BSM 模型计算该看涨期权的价格。

名师解析

（1）计算 d_1 与 d_2

$$d_1 = \frac{\ln(S_0/K) + (r + \sigma^2/2)T}{\sigma\sqrt{T}}$$

$$= \frac{\ln(50/45) + (5\% + 12\%^2/2) \times 0.25}{12\% \times \sqrt{0.25}}$$

$$= 1.99$$

$$d_2 = d_1 - \sigma \sqrt{T}$$

$$= 1.99 - (12\% \times \sqrt{0.25}) = 1.93$$

（2）计算 $N(d_1)$ 和 $N(d_2)$

$N(d)$ 可根据标准正态分布的累积概率分布函数表，查表计算得：

$$N(d_1) = N(1.99) = 0.9767$$

$$N(d_2) = N(1.93) = 0.9732$$

（3）计算看涨期权价格 c

$$c = S_0 N(d_1) - Ke^{-rT} N(d_2)$$

$$= 50 \times 0.9767 - 45e^{-0.05 \times 0.25} \times 0.9732 = 5.59$$

备考小贴士

用 BSM 模型对期权定价的步骤为：利用所给数据求解 d_1 和 d_2；利用标准正态分布函数的参变量，求 $N(d_1)$ 和 $N(d_2)$ 的值；计算看涨或看跌期权的价值。

第五节　权证与雇员股票期权

掌握认购权证价值的计算（calculate）（☆☆☆）

认购权证是一种允许其持有人有权利但无义务在指定的时期内以约定的价格，直接向发行公司购买特定数量股票的证券。每一份认购权证将会详细说明权证持有人可以购买的股票的数量、执行价格以及到期日。

认购权证在实质上相似于买入看涨期权，但是二者还存在一定区别。

区别一，看涨期权是由个人发行的，它的交易属于投资者之间的协议。认购权证则是由公司发行的，是与公司新增发的普通股和优先股联系在一起的，认购权证交易属于投资者与发行公司之间的协议。

区别二，看涨期权和认购权证在被执行时产生不同结果。当看涨期权被执行时，并不会增加公司的实际流通总股本数，仅仅是资产在投资者之间的相互转移。权证（以及雇员股票期权）行权时，公司必须发行更多股票，再以执行价格售予权证/期权持有者。由于执行价格低于股票市场价格（看涨期权），因此，它们的行权将导致现有股票持有者的利益产生稀释效应。

若假设：S_0 为普通股当前每股价格，S_T 为假定权证到期时刻 T 的股票价格，N 为认购权证行使前公司发行在外的普通股股数，W 为发行认购权证的数量，K 为认购价格。如果权证执行，每份权证可买入一份股票，由执行价格带来的现金流会使得股票和权证的价值总和变为 $S_T N + KW$，这一价值会被 $N + W$ 份股票分享，行权后的每股价值为：

$$\frac{S_T \cdot N + K \cdot W}{N + W} \tag{58.28}$$

此时股票价格的下降程度为：

$$S_T - \frac{S_T \cdot N + K \cdot W}{N + W} = \frac{W}{N + W}(S_T - K) \tag{58.29}$$

由式（58.29）可知，股票价格下降程度为股票普通股看涨期权价值 $\max(S_T - K, 0)$ 的 $W/(N + W)$ 倍。

根据认购权证与普通股买权价值的关系计算认购权证价值，每份认购权证的内含价值为：

$$\max\left[\left(\frac{S_T \cdot N + K \cdot W}{N + W} - K\right), 0\right]$$
$$= \frac{N}{N + W}\max(S_T - K, 0) \tag{58.30}$$

其中，$\max(S_T - K, 0)$ 为普通股看涨期权价值。

由式（58.30）可知，认购权证价值等于普通股看涨期权价值的 $N/(N + W)$ 倍。

例题 58.7

某公司共发行 100 万股股票，每股价格为 50 美元，该公司正在考虑发行 50 万份权证，每份权证给权证持有者在 2 年后可以以每股 65 美元的价格买入一份股票的权利，假定该股票的 2 年期欧式看涨期权价格为 6 美元，问每股认购权证的价值以及权证行权后的每股价值。

名师解析

已知 2 年期欧式看涨期权价格为 6 美元，根据式（58.30），每份认购权证的内含价值为：

$$\frac{100}{100 + 50} \times 6 = 4$$

此时每股股价下降 $\frac{50}{100 + 50} \times 6 = 2$（美元），稀释后普通股的每股价值为：$50 - 2 = 48$（美元）。

备考小贴士

认购权证的内含价值可以通过普通股看涨期权价值乘以股票数目占股票数与权证数总和的比重得到。每股股价的下降幅度可以通过普通股看涨期权价值乘以权证数占股票数与权证数总和的比重得到。

第六节　隐含波动率

描述（describe）用 BSM 模型计算隐含波动率（☆☆）

在 BSM 定价公式中，不能直接观察到的参数只有股票价格的波动率。在第三节中我们已经介绍了如何由股票的历史价格来估计波动率。在实际交易中，交易员通常使用所谓的隐含波动率（Implied Volatility）。这一波动率指期权的市场价格所隐含的波动率。由于 BSM 定价公式给出了期权价格与五个基本参数（标的股价、执行价格、利率、到期时间、波动率）之间的定量关系，只要将其中前 4 个基本参数及期权的实际市场价格作为已知量代入 BSM 定价公式，就可以从中解出唯一的未知量，其大小就是隐含波动率。

例如，一只不付股息股票的欧式看涨期权价格为 1.875 美元，$S_0 = 21$，$K =$

20，$r_f = 0.1$ 和 $T = 0.25$。隐含波动率是期权价格 $c = 1.875$ 美元时式（58.26）中对应的 σ 值。

隐含波动率可以用来衡量市场对于某一特定股票波动率的态度。交易员通常从交易活跃的期权中计算隐含波动率，然后利用计算出的隐含波动率来估算基于同样股票的不太活跃的期权的价格。

历史波动率是用已经发生了的历史价格来推算波动率，是回望型波动率。对于未来还没有发生的价格波动，没人知道具体的价格走向，但根据该资产的期权价格与 BSM 模型可以推算出市场上预计该资产的隐含波动率，它是对未来一个价格的波动率的预测，所以隐含波动率是前瞻型波动率。隐含波动率被广泛应用于交易之中，但在风险管理领域，基于历史数据的波动率更为流行。

第七节　考虑红利的欧式期权定价

用 BSM 模型计算（calculate）支付红利的欧式期权价格（☆☆）

我们可以把标的资产价格分解成期权有效期内已知现金收益的现值部分和一个有风险部分，即：

证券价格 = 红利（无风险）＋实际价格（有风险）

当期权到期时，这部分现值将由于标的资产支付现金收益而消失，因此，应用 BSM 模型时，股票价格 S_0 应采用扣除红利之后的实际价格。

当标的证券已知收益的现值为 I 时，我们只要用 $(S_0 - I)$ 替代 BSM 期权定价公式中的 S_0。

当标的证券的收益为按连续复利计算的固定收益率 q（单位为年）时，以 $S_0 e^{-q(T-t)}$ 替代 BSM 定价公式中的 S_0。

例题58.8

某股票欧式看涨期权将在 6 个月后到期，该股票将在 2 个月和 5 个月后分别发放 0.5 美元的红利。股票现价 40 美元，行权价 40 美元，无风险利率为

9%，股票价格年度标准差为30%，问该期权的价值为多少？

名师解析

$$红利的现值 = 0.5e^{-0.09 \times (2/12)} + 0.5e^{-0.09 \times (5/12)} = 0.974\ 1$$

$$用来计算期权价格的\ S_0 = 40 - 0.974\ 1 = 39.025\ 9$$

$$d_1 = \frac{\ln(S_0/K) + (r + \sigma^2/2)T}{\sigma\sqrt{T}} = 0.201\ 9$$

$$d_2 = d_1 - \sigma\sqrt{T} = -0.010\ 2$$

查正态分布表可得 $N(d_1) = 0.580\ 0, N(d_2) = 1 - N(0.010\ 2) = 0.495\ 9$

$$C = S_0 N(d_1) - Ke^{-rT}N(d_2)$$
$$= 39.025\ 9 \times 0.580\ 0 - 40e^{-0.09 \times 0.5} \times 0.495\ 9 = 3.67$$

例题58.9

假设 A 公司股票市场价格为 50 美元（无红利），年期望收益率为 10%，无风险利率为 3%，使用 BSM 模型定价，可知该股票的 1 年期欧式看涨期权的价值为 1.80 美元。已知 $N(d_1) = 0.284\ 05$，$N(d_2) = 0.201\ 25$，假设第二天，公司宣布在 1 个月后每股将付 0.5 美元的红利，该信息对当前股价没有影响，但是 BSM 模型的输入发生了改变：$N(d_1) = 0.299\ 99$，$N(d_2) = 0.201\ 25$，问最新的 1 年期欧式看涨期权的价值为多少？

名师解析

由于期权价格 $c = S_0 N(d_1) - Ke^{-rT}N(d_2)$，根据已知条件只有 $N(d_1)$ 和 S_0 发生了变化，因此，期权价格的变化集中在第一项 $S_0 \times N(d_1)$。

$$红利的现值 = 0.5e^{-0.03 \times (1/12)} = 0.498\ 752$$

$$用来计算期权价格的\ S_0' = 50 - 0.498\ 752 = 49.501\ 2$$

$$S_0' \times N'(d_1) = 49.501\ 2 \times 0.299\ 99 = 14.849\ 9$$

$$S_0 \times N(d_1) = 50 \times 0.284\ 05 = 14.202\ 5$$

因此，期权价格的变化幅度为 $14.849\ 9 - 14.202\ 5 = 0.647\ 4$，可得最新的 1 年期欧式看涨期权的价值为 $1.80 + 0.647\ 4 = 2.447\ 4$。

第八节　美式期权定价

解释（explain）分红对美式看涨期权行权的影响（☆☆）

当标的资产有红利时，会降低美式看涨期权不行权的价值，美式看涨期权就有提前执行的可能，有分红资产的美式期权定价较为复杂，Black 提出了一种近似处理方法。

首先，确定提前执行美式看涨期权是否合理。

其次，若不合理，则按欧式期权处理。

最后，若在 t_n 时刻提前执行有可能是合理的，则要分别计算在 T 时刻和 t_n 时刻到期的欧式看涨期权的价格，然后将二者之中的较大者作为美式期权的价格（见图58.3）。

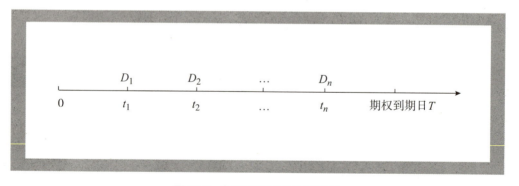

图 58.3　标的资产现金流示意图

由图 58.3 可得以下结论。

1. t_i **时刻**

如果 $S_{t_i} - D_i - Ke^{-r(t_{i+1}-t_i)} > S_{t_i} - K$ ，则期权不会被执行，此时：

$$D_i < K(1 - e^{-r(t_{i+1}-t_i)}) \approx K \cdot r(t_{i+1} - t_i) \qquad (58.31)$$

2. t_n **时刻**

（1）如果期权没有被执行，则股票价格降为 $S(t_n) - D_n$。

（2）考虑到期权价值的下限，$C > S(t_n) - D_n - Ke^{-r(T-t_n)}$，如果 $S(t_n) - D_n - Ke^{-r(T-t_n)} > S(t_n) - K$，期权就不会被执行，此时：

$$D_n < K(1 - e^{-r(T-t_n)}) \approx K \cdot r(T - t_n) \tag{58.32}$$

例题 58.10

某股票美式看涨期权有效期为 6 个月，该股票将在 2 个月和 5 个月后分别发放 0.5 美元的红利。股票现价 40 美元，行权价 40 美元，无风险利率为 9%，股票价格年度标准差为 30%，问该美式期权的价值为多少？

名师解析

在本例中，$D_1 = D_2 = 0.5$，第一个除权日前式（58.31）右边为 $K(1 - e^{-r(t_2-t_1)}) \approx 40 \times 0.09 \times (5 - 2)/12 = 0.9$，由于 $0.5 < 0.9$，因此在第一个除权日前期权不应当执行。

第二个除权日前不等右边为 $K(1 - e^{-r(T-t_2)}) \approx 40(0.09(6 - 5)/12) = 0.3$，由于 $0.5 > 0.3$，所以期权会在第二次发红利时（5 个月后）被执行。

假设存在一个欧式看涨期权，到期时间还有 5 个月，2 个月后发放一次红利，其他条件与本题相同。这个期权在价值上应该等同于 5 个月以后执行的美式期权。根据第七节经计算得出此欧式期权价值为 3.52 美元。而由例题 58.8 可知，6 个月后有红利的欧式看涨期权价格为 3.67，取两者中的较大者，所以该美式期权价值为 3.67 美元。

扫码做题　章节练习

第五十九章

希腊值

知识引导：希腊值刻画了期权价格的敏感性分析，它们分别是 Delta、Gamma、Vega、Theta 和 Rho。每个希腊字母都衡量了期权头寸风险不同的方面 Delta 和 Gamma 对应股价，Theta 对应到期时间，Vega 对应波动率，Rho 对应无风险利率。它们可用于观察、测算或者管理期权的价格变动以及持仓头寸的风险，交易者通过管理希腊字母使所有风险都处于可被接受的水平。

考点聚焦：通过对本章内容的学习，了解裸露头寸策略和带保头寸策略与风险，了解用裸露头寸和带保头寸来生成止损交易策略，掌握 Delta 对冲在期权、期货和远期合约中的应用，了解动态 Delta 对冲，了解投资组合的 Delta 值，了解 Gamma、Vega、Theta 和 Rho 定义与性质，解释如何建立投资组合的 Delta 中性和 Gamma 中性，了解希腊值之间的关系，了解实践中金融机构如何进行动态对冲，了解通过期权工具和股指期货构建投资组合保险。

本章框架图

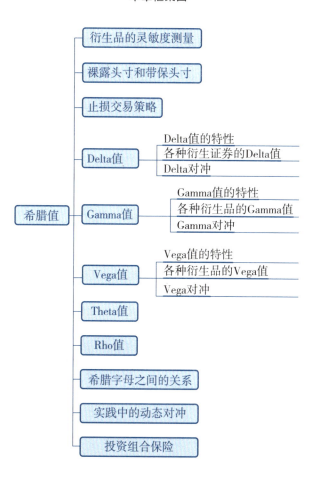

期权是金融机构和企业等控制风险、锁定成本的一种重要的避险衍生工具。期权的希腊值就是这样一套风险管理工具，是量化期权头寸各种风险因素的一种指标。通过希腊值，可以动态管理市场中的各种风险敞口并根据对标的资产价格变动方向或价格波动率的预期构造出各种各样的期权策略。

第一节　衍生品的灵敏度测量

灵敏度方法（Sensitivity Measures）的基本思想是通过资产组合价值随市场因子变化的二阶 Taylor 展开形式来展现。

金融衍生品的价格 f 可以表示成下面的形式：

$$f = f(S, t, r, \sigma) \tag{59.1}$$

其中，S 表示标的资产的当前价格，t 表示衍生品的存续期，r_f 表示无风险利率，σ 表示标的资产价格的波动率。

衍生品定价公式的二阶 Taylor 展开为：

$$\Delta f \approx \frac{\partial f}{\partial S} \Delta t + \frac{1}{2} \frac{\partial^2 f}{\partial S^2} (\Delta S)^2 + \frac{\partial f}{\partial t} \Delta t + \frac{\partial f}{\partial r} \Delta r + \frac{\partial f}{\partial \sigma} \Delta \sigma \tag{59.2}$$

式（59.2）各变量的含义（见表 59.1）。

表 59.1　衍生品灵敏度指标的含义解析

灵敏度指标	公式	含义
Δ（Delta）	$\delta = \dfrac{\partial f}{\partial S}$	反映衍生品价格对其标的资产价格的线性敏感性
Γ（Gamma）	$\gamma = \dfrac{\partial^2 f}{\partial S^2} = \dfrac{\partial \delta}{\partial S}$	反映灵敏度系数 δ 对标的资产价格 S 的敏感性
V（Vega）	$v = \dfrac{\partial f}{\partial \sigma}$	反映衍生品价格对标的资产价格波动率的敏感性
Θ（Theta）	$\theta = \dfrac{\partial f}{\partial t}$	反映衍生品价格对时间变化的敏感性
P（Rho）	$\rho = \dfrac{\partial f}{\partial r}$	反映衍生品价格关于利率的敏感性

以一家金融机构的头寸举例。该金融机构卖出 100 000 份无股息股票的欧式看涨期权，收入为 300 000 美元。假设股票价格 $S_0 = 49$ 美元，期权执行价格 $K = 50$ 美元，无风险利率 $r = 0.05$，股票价格的波动率 $\sigma = 0.20$，期权期限为 $T = 0.3846$（20 周），股票的期望收益率为每年 $\mu = 0.13$。根据 BSM 模型可以得出该股票的欧式看涨期权价格为 2.4 美元，当前该期权的市场价格为 3 美元，因此实际价格比理论价格高出了 60 000 美元。问该结构该如何对冲风险？我们能想到哪些策略？

第二节　裸露头寸和带保头寸

描述（describe）裸露头寸策略和带保头寸策略及风险（☆☆）

金融机构可采用的一种策略是对期权头寸不采取任何对冲措施，这种做法被称为持有裸露头寸（Naked Position）。那么 20 周后：

（1）若股价 <50 美元，交易对手不行权，金融机构净赚 300 000 美元。

（2）若股价 >50 美元，交易对手行权，金融机构必须以市价买入 100 000 只股票以兑现期权承诺。若 $S_T = 60$，则损失 1 000 000 美元，这一费用远大于卖出期权带来的收入 300 000 美元。

带保头寸（Covered Position）是金融机构卖出看涨期权的同时，买入 100 000 只股票。那么 20 周后：

（1）若股价 >50 美元，交易对手行权，但期权的损失正好和股票上涨带来的收益抵消，金融机构净赚 300 000 美元。

（2）若股价 <50 美元，$S_T = 40$，持有的股票将损失 900 000 美元，远大于卖出期权带来的收入 300 000 美元。

通过以上分析可得，裸露头寸和带保头寸都不是很好的对冲交易策略，裸露头寸在期权被执行时费用高昂，而带保头寸在期权没有被执行时损失很大。

第三节　止损交易策略（Stop – Loss Strategy）

描述（describe）止损交易策略与裸露头寸和带保头寸策略的关系（☆☆）

止损交易策略思路如下：

在股价刚刚高于执行价格 $K = 50$ 时，马上买入 100 000 只股票。

在股价刚刚低于执行价格 $K = 50$ 时，马上卖出 100 000 只股票。

该对冲策略的核心思想是当股价刚刚低于 K 时，采用裸露头寸策略，而当股价刚刚高于 K 时，采用带保头寸策略。

止损交易策略的设计过程保证了在时间 T 时，如果期权处于实值状态，金融机构会持有股票；如果期权处于虚值状态，金融机构不持有股票。

在实时监控价格和没有交易手续费的情况下，止损交易策略会非常完美，单纯买卖价差成本远小于由定价公式给出的期权价格。因此，投资者通过卖出期权并以这种方式对冲，可以获得无风险利润。然而，在实际交易中，该策略会有部分成本损耗。首先，交易手续费不可能为零；其次，如果不是实时监控价格，交易价差成本可能很高；最后，也是最重要的一点，如果标的物价格与执行价格水平线上上下下交叉很多次，那么其交易费用可能非常高，甚至超过期权权利金，从而导致交易亏损。

第四节　Delta 值

掌握（explain and compute）delta 对冲以及其在期权、期货等中的应用（☆☆☆）

Delta 是期权价格对标的资产价格的一阶偏导数，度量了期权价格对标的资产价格变化的敏感性。用公式表示：

$$\Delta = \frac{\partial f}{\partial S} \tag{59.3}$$

其中，f 为期权价格，S 为标的资产价格。

由式（59.3）可知，Delta 等于期权价格变化量与标的资产价格变化量之比。若 Delta 值为 0.6，当标的资产价格上升 1 元，期权价值上升 0.6 元。

一、Delta 值的特性

1. 欧式看跌期权的 Delta 值等于欧式看涨期权的 Delta 值减去 1

对于不分红的标的资产，根据看涨—看跌平价关系有：

$$p + S = c + Xe^{-r(T-t)} \qquad (59.4)$$

上式两边对 S 求导：

$$\frac{\partial p}{\partial S} + 1 = \frac{\partial c}{\partial S} \qquad (59.5)$$

可以看出，欧式看跌期权的 Delta 值等于欧式看涨期权的 Delta 值减去 1。

对于看涨期权而言，标的资产价格上涨（下跌），期权价格随之上涨（下跌），二者始终保持同向变化，因此，看涨期权的 Delta 为正数。看跌期权价格的变化与标的资产价格变化方向相反，看跌期权的 Delta 为负数。

图 59.1 给出了看涨期权处于实值期权、平值期权和虚值期权三种状态下，Delta 随着到期期限变化而变化的关系。

由图 59.1 可知，对于看涨期权，Delta 变动范围从 0 到 1，平值附近接近 0.5，深实值时趋近于 1，深虚值时趋近于 0。对于看跌期权，由式（59.4）可知，Delta 变动范围从 −1 到 0，深实值看跌期权的 Delta 趋近 −1，平值看跌期权的 Delta 为 −0.5，深虚值看跌期权的 Delta 趋近于 0。Delta 与期权内在价值的关系（见表 59.2）。

表 59.2　　　　　　　　　　**Delta 与期权内在价值的关系表**

	虚值期权	平值期权	实值期权
看涨期权	0 ~ 0.5	0.5	0.5 ~ 1
看跌期权	− 0.5 ~ 0	− 0.5	− 1 ~ − 0.5

风险指标的正负号均是从买入期权的角度出发考虑的。因此，一定要注意期权的指标与多空敞口的指标的区别。对于 Delta，期权敞口的符号（见表 59.3）。

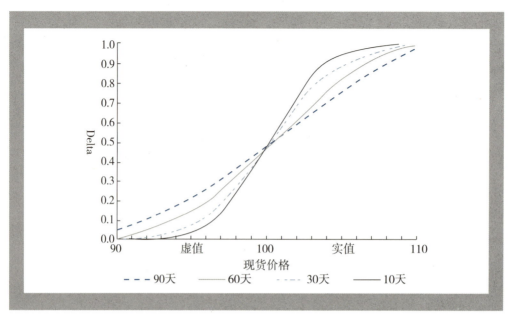

图 59.1　看涨期权 Delta 值

表 59.3　期权执行与敞口关系（Delta）

敞口	看涨期权（Call）	看跌期权（Put）
多头（long）	+	−
空头（short）	−	+

2. Delta 和存续期的关系

由图 59.1 可知，随着到期日的临近（存续期由 90 天变为 10 天），对看涨期权来说，实值期权 Delta 的绝对值逐渐增加到 1（看涨 Delta 趋向于 1，看跌 Delta 趋向于 −1）。实值看涨 Delta 始终大于 0.5，虚值 Delta 始终小于 0.5，这说明实值状态下的期权价格比虚值状态时候对标的资产价格的变动更加敏感。

虚值期权 Delta 的值趋向于 0，平值期权的 Delta 一直保持在 0.5 附近水平。

二、各种衍生证券的 Delta 值

1. 无收益的欧式期权

$$\Delta_c = N(d_1) \in (0,1)$$

$$\Delta_p = -N(-d_1) = N(d_1) - 1 \in (-1,0) \tag{59.6}$$

其中，Δ_c 为看涨欧式期权的 Delta，Δ_p 为看跌欧式期权的 Delta，d_1 由式（58.27）给出。$N(\cdot)$ 为标准正态累积分布函数。

2. 标的资产支付已知红利率 q 的欧式期权

$$\Delta_c = \mathrm{e}^{-qT}N(d_1) \qquad \Delta_p = \mathrm{e}^{-qT}[N(d_1) - 1] \tag{59.7}$$

3. 不支付红利的期货

$$F = S_t\mathrm{e}^{r(T-t)} \rightarrow \Delta = \frac{\partial F}{\partial S} = \mathrm{e}^{r(T-t)} \tag{59.8}$$

其中，S_t 为标的资产价格，F 为期货价格，r_f 为无风险利率。

4. 支付红利率 q 的期货

$$\Delta = \mathrm{e}^{(r_f-q)(T-t)} \tag{59.9}$$

5. 不支付红利的远期

$$F = S_t - K\mathrm{e}^{-r(T-t)} \rightarrow \Delta_c = \frac{\partial F}{\partial S} = 1 \tag{59.10}$$

6. 投资组合的 Delta

$$\Delta = \sum_{i=1}^{n} w_i\Delta_i \tag{59.11}$$

其中，w_i 为第 i 种证券（或衍生证券）的数量，Δ_i 第 i 种证券或衍生证券的 Delta 值。

式（59.11）说明组合资产的 Delta 值等于每种资产的 Delta 的线性和。

三、Delta 对冲

Delta 对冲就是建立对冲工具头寸，使得对冲工具头寸与要保护的头寸构成的组合的 Delta 等于零，也叫 Delta 中性（Delta Neutral）。

采用第一节所给例子，根据已知条件，由 BSM 定价公式可知：

$$d_1 = \frac{\ln(49/50) + (0.05 + 0.2^2/2) \times 0.3846}{0.2\sqrt{0.3846}} = 0.0542$$

所以，欧式看涨期权的 Delta $= N(d_1) = 0.522$

Delta 为 0.522，表明期权价格变化是其标的股票价格变化的 0.522 倍，要保持 Delta 中性，则意味着卖出一单位期权要买入 0.522 单位股票。此时，金融机构要对冲 100 000 份卖掉的看涨期权空头头寸的风险，可通过买入 $100\,000 \times 0.522 =$

52 200股股票的方式实现。

当股票价格由49美元上涨至50美元时，期权价格应该由3美元上涨至3 + 0.522 = 3.522美元，100 000份期权空头损失0.522×100 000 = 52 200美元，而由于购买了52 200股股票进行对冲，此时股票多头盈利52 200美元。

如果股票价格由49美元下跌2美元至47美元时，股票多头合计亏损104 400美元，而期权价格3美元应该下跌0.522×2 = 1.044美元，100 000份期权空头盈利1.044×100 000 = 104 400美元。

因此，无论股票上涨或下跌，通过Delta对冲，投资组合均可实现盈亏相抵。

例题59.1

一个投资者持有60 000股ABC公司的股票头寸，当前价格为50美元。该股票的某一看涨期权的执行价格为50美元，价格为4美元，Delta值为0.6，问实现Delta中性，该买入或卖出多少份看涨期权？

名师解析

每股的Delta值为1，因此当前股票的总Delta值为+60 000。为保持头寸Delta中性，需要引入负的Delta值。根据表59.3，要卖出看涨期权，其数量为60 000/0.6 = 100 000（份）。

第五节　Gamma值

掌握（explain and compute）同时实现gamma中性和delta中性的方法（☆☆☆）

Gamma是衍生证券价格对标的资产价格的二阶偏导数，也是衍生证券的Delta对标的资产价格的一阶偏导数。它衡量了衍生证券Delta值对标的资产价格变化的敏感程度。公式为：

$$\Gamma = \frac{\partial^2 f}{\partial S^2} = \frac{\partial \Delta}{\partial S} \tag{59.12}$$

由式（59.12）可见，Gamma为Delta变化量与标的资产价格变化量之比。如某一期权的 Delta 为 0.6，Gamma 值为 0.05，则表示标的资产价格上升 1 元，所引起 Delta 的增加量为 0.05，Delta 将从 0.6 增加到 0.65。

当 Gamma 很小时，Delta 变化缓慢，这时为保证 Delta 中性所做的交易调整并不需要太频繁。但是当 Gamma 的绝对值很大时，交易组合的 Delta 对标的资产价格变动就变得很敏感，需要在任何一段时间内保持 Delta 中性。

如图 59.2 所示，当股票价格由 S_0 变成 S_1 时，仅考虑 Delta 对冲时，是假设期权价格沿图中直线由 c_0 变成 c_1，而事实上期权价格沿图中曲线由 c_0 变成了 c_1'。c_1 与 c_1' 的不同就造成了对冲误差，而这一误差的大小取决于期权价格与标的资产价格曲线的曲率。Gamma 值正是用来度量这一曲率，Gamma 值越大，曲度越大，中性保值误差就越大。

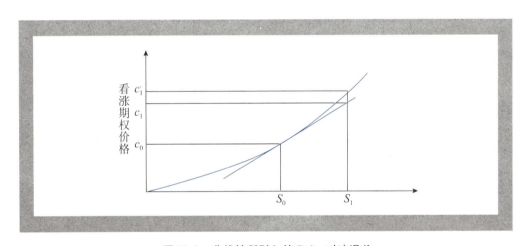

图 59.2　非线性所引入的 Delta 对冲误差

一、Gamma 值的特性

1. 看涨和看跌期权的 Gamma 相同，且多头敞口的 Gamma 都是正数

我们对（59.5）式两边再次对 S 求二阶偏导，有：

$$\frac{\partial^2 p}{\partial S^2} = \frac{\partial^2 c}{\partial S^2} \tag{59.13}$$

式（59.13）表明欧式看涨期权的 Gamma 和对应的欧式看跌期权的 Gamma 相等。

图 59.3 给出了看涨期权处于实值期权、平值期权和虚值期权三种状态下，Gamma 随着到期期限变化而变化的关系。

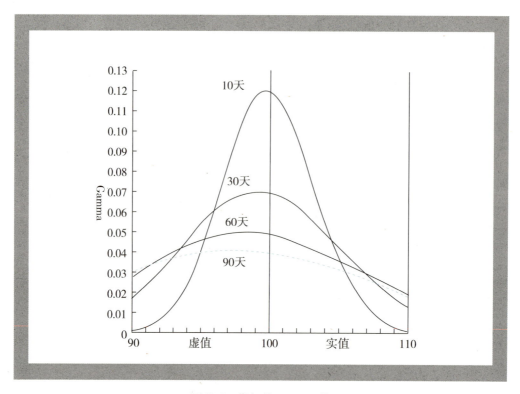

图 59.3　期权的 Gamma 值

由图 59.3 可以看出，平值附近的 Gamma 值最大，随着实值程度或虚值程度增加而逐渐递减为 0。同时，平值附近的衰减速度要更快，因此在平值附近，如果要保持 Delta 中性，难度更大，需要更频繁地调整头寸。

对于期权部分来说，无论是看涨期权或看跌期权，只要是买入期权，敞口的 Gamma 值为正，如果是卖出期权，则敞口的 Gamma 值为负。对于 Gamma，期权敞口的符号（见表 59.4）。

表 59.4　期权执行与敞口关系（Gamma）

敞口	看涨期权	看跌期权
多头	+	+
空头	−	−

2. Gamma 和存续期的关系

由图 59.3 可知，实值和虚值期权的 Gamma 值在 30 天以前的变化非常小，仅会略微地上涨，而随着到期日的临近开始快速地下降。这是因为在接近到期日的时候，实值期权的 Delta 绝对值快速接近 1，虚值期权的 Delta 绝对值则快速下降至 0。因此，当到期日临近时，Gamma 值会逐渐收敛到 0。

平值期权的 Gamma 值则随着到期日的临近，只会不断增加，在到期日当天会接近正无穷。

> **知识一点通**
>
> Gamma 是衡量对冲风险的，对冲风险越大 Gamma 越大。当标的价格接近行权价时，期权是否会被行权的不确定性最大，此时的对冲风险也最高，Gamma 达到最大值。同样，当存续期越长，期权是否会被行权的不确定性越小，所以 Gamma 越小。

二、各种衍生品的 Gamma 值

1. 无收益资产欧式看涨期权和看跌期权

$$\Gamma = \frac{e^{-0.5d_1^2}}{S\sigma\sqrt{2\pi(T-t)}} \qquad (59.14)$$

2. 支付已知连续收益率 q 的欧式期权

$$\Gamma = \frac{e^{-0.5d_1^2 - q(T-t)}}{S\sigma\sqrt{2\pi(T-t)}} \qquad (59.15)$$

3. 标的资产、远期和期货的 Gamma 值均为 0

> **知识一点通**
>
> 由于标的资产、远期和期货的 Gamma 值均为 0，保持 Gamma 中性只能通过期权头寸的调整获得。

三、Gamma 对冲

Gamma 对冲指建立对冲工具头寸，使得对冲工具头寸与要保护的头寸构成的组

合的 Gamma 值等于零，又叫 Gamma 中性（Gamma Neutral）。

当调整期权头寸使组合处于 Gamma 中性时，新期权头寸会同时改变组合 Delta 值。若要使资产组合同时达到 Gamma 中性和 Delta 中性，需要同时使用标的资产和同一标的资产的期权。具体步骤如下：

第一，根据原保值组合的 Gamma 值，买进或卖出适当数量标的资产的期权，以保持新组合中性。

第二，保持组合期权头寸不变，调整标的资产头寸，保证新组合 Delta 中性。

仍考虑本章中第一节给的例子，根据已知条件和式（59.14），可知：

$$\Gamma = \frac{e^{-0.5d_1^2}}{S\sigma\sqrt{2\pi(T-t)}} = \frac{e^{-0.5(0.0542)^2}}{49 \times 0.2\sqrt{2\pi 0.3846}} = 0.0656$$

欧式看涨期权的 $\Delta = N(d_1) = 0.522$，当股票价格变化 ΔS 时，则期权的价格变化 $0.522\Delta S$，Delta 的变化为 $0.0656\Delta S$，该头寸的 Gamma 值为 $-6\,560$。

例题 59.2

假设某交易组合是 Delta 中性的，该组合的 Gamma 值为 $-6\,560$。该标的资产某个特殊可交易期权的 Delta 和 Gamma 分别为 0.6 和 1.025。问如何将该交易组合头寸保持为 Delta 中性和 Gamma 中性？

名师解析

使 Gamma 中性，应买 $6\,560/1.025 = 6\,400$（份）期权，交易组合的 Delta 从 0 变化到 $6\,400 \times 0.6 = 3\,840$，为使 Delta 中性，应卖 3 840 份标的资产。

第六节　Vega 值

描述（describe）vega 值的性质（☆☆）

Vega 是衍生证券价值对标的资产波动率的偏导数，度量了衍生证券价值对标的资产波动率的敏感性。公式为：

$$v = \frac{\partial f}{\partial \sigma} \qquad (59.16)$$

由式（59.16）可知，Vega 是标的资产波动率变动时，衍生证券价格改变的百分比。例如，某期权的 Vega 为 0.15，若价格波动率上升（下降）1%，期权的价值将上升（下降）0.15。

这里的资产波动率是隐含波动率，指利用期权市场上成交的实际价格用 BSM 公式逆向计算出的波动率。

一、Vega 值的特性

1. 看涨期权与看跌期权多头的 Vega 都是正数

图 59.4 给出了看涨期权处于实值期权、平值期权和虚值期权三种状态下，Vega 随着到期期限变化而变化的关系。

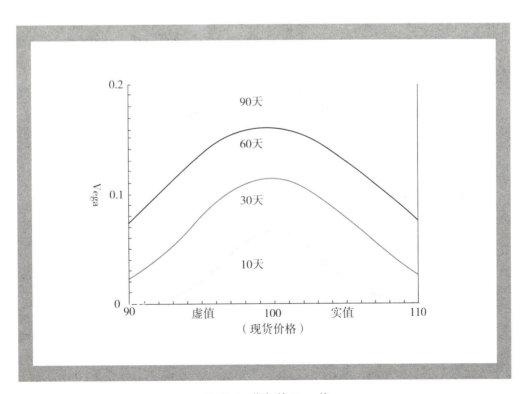

图 59.4　期权的 Vega 值

由图 59.4 可以看出，平值附近的 Vega 值最大，对波动率变化最为敏感，这点可以从时间价值推论得到。平值期权的时间价值最大，而波动率对期权价格的影响也体现在时间价值上，因此平值期权对波动率最敏感。无论看涨期权还是看跌期权，Vega 值始终为正，这是因为：当价格波动率增加或减少时，期权的价值都会相应增加或减少，因此，看涨期权与看跌期权的 Vega 都是正数。

期权多头的 Vega 都是正数，期权空头的 Vega 都是负数。如果投资者的敞口 Vega 值为正，将会从价格波动率的上涨中获利；反之，如果投资者的敞口 Vega 值为负，则希望价格波动率下降。

2. Vega 和存续期的关系

如图 59.4 所示，期权的价格随着到期日的临近而逐渐减少，因此随着存续期的减少，Vega 值会逐渐衰减到 0。存续期越长的期权受波动率变化的影响也越大。因此，如果预期近期波动率可能向不利方向变化，尽量不要持有期限较长的期权。

二、各种衍生品的 Vega 值

1. 无收益资产欧式期权

$$\Lambda_c = \Lambda_p = \frac{S\sqrt{T} \cdot e^{-0.5d_1^2}}{\sqrt{2\pi}} \tag{59.17}$$

2. 支付已知连续收益率 q 的资产的欧式期权

$$\Lambda_c = \Lambda_p = \frac{S\sqrt{T} \cdot e^{-0.5d_1^2 - qT}}{\sqrt{2\pi}} \tag{59.18}$$

3. 标的资产及远期和期货，Vega 值均为 0

> **知识一点通**
>
> 比较 Gamma 和 Vega 性质，可以发现它们的图形和性质比较相似，唯一明显的区别是和存续期的关系两者正好相反，这从各自欧式期权的表达式也可以看出，Gamma 表达式的时间 T 在分母，Vega 表达式的时间 T 在分子。

三、Vega 对冲

Vega 对冲指建立对冲工具头寸，使得对冲工具头寸与要保护的头寸构成的组合的 Vega 等于零，又叫 Vega 中性（Vega Neutral）。

当调整期权头寸使组合处于 Vega 中性时，新期权头寸会同时改变组合 Gamma 值。若要使组合同时达到 Vega 中性和 Gamma 中性，至少要使用同一标的资产的两种期权。具体步骤包括以下两步。

第一步，根据原保值组合的 Gamma 和 Vega 值，买进或卖出适当数量标的资产的两种期权，以保持新组合 Gamma 和 Vega 中性。

第二步，保持组合期权头寸不变，调整标的资产头寸，保证新组合 Delta 中性。假设 Γ_p 和 Λ_p 为组合的 Gamma 和 Vega 值，Γ_1、Λ_1 和 Γ_2、Λ_2 分别为对冲用的两种期权的 Gamma 和 Vega 值，w_1 和 w_2 分别为两种期权的头寸，则有：

$$\Gamma_p + \Gamma_1 w_1 + \Gamma_2 w_2 = 0$$
$$\Lambda_p + \Lambda_1 w_1 + \Lambda_2 w_2 = 0$$

$$(59.19)$$

例题 59.3

假设某个处于 Delta 中性的证券组合的 Gamma 值为 6 000，Vega 值为 9 000，而期权 1 的 Gamma 值为 0.8、Vega 值为 2.2、Delta 值为 0.9，期权 2 的 Gamma 值为 1.0、Vega 值为 1.6、Delta 值为 0.6，求应持有多少期权头寸才能使该组合处于 Gamma、Vega 和 Delta 中性？

名师解析

根据公式（59.19），有

$$6\ 000 + 0.8 w_1 + 1.0 w_2 = 0$$

$$9\ 000 + 2.2 w_1 + 1.6 w_2 = 0$$

解得：$w_1 = 652$，$w_2 = -6\ 522$。因此，应加入 652 份第一种期权的多头和 6 522 份第二种期权的空头才能使该组合处于 Gamma 和 Vega 中性。

加上两种期权后，新组合的 Delta 值为

$$652 \times 0.9 - 6\ 522 \times 0.6 = -3\ 326.4$$

故仍需买入 3 326 份标的资产才能使该组合处于 Delta 中性状态。

备考小贴士

　　为使组合的 Gamma 和 Vega 中性化，应首先根据原保值组合的 Gamma 值，买进或卖出适当数量标的资产的两种期权，以保持新组合的 Gamma 和 Vega 中性，然后，保持组合期权头寸不变，调整标的资产头寸，以保证新组合 Delta 中性。

例题 59.4

　　某风险管理师正在分析某期权合约的风险，已知该期权合约有正的 Gamma 值和负的 Vega 值，下面哪个选项可能是该期权合约的组成？

　　A. 期权合约由买入长存续期看涨期权和卖出短存续期的看跌期权组成

　　B. 期权合约由买入长存续期看跌期权和卖出长存续期的看涨期权组成

　　C. 期权合约由买入长存续期看涨期权和卖出短存续期的看涨期权组成

　　D. 期权合约由买入短存续期看涨期权和卖出长存续期的看涨期权组成

名师解析

　　Gamma 与存续期 T 成反比，Vega 与存续期 T 成正比，即 Gamma 随着存续时间减少而增加，Vega 随着存续时间减少而减少。因此，短存续期和长存续期中的 Gamma 与 Vega 的相对幅度（见表 59.5）。

表 59.5　　　　短存续期和长存续期中的 Gamma 与 Vega 的相对幅度

	短存续期	长存续期
买入	＋＋Gamma，＋Vega	＋Gamma，＋＋Vega
卖出	－－Gamma，－Vega	－Gamma，－－Vega

　　表中 ＋Gamma 和 ＋Vega 表示正负号，＋＋ 和 －－ 表示程度较大。因此，要获得 ＋Gamma 和 －Vega 的组合，只能是买入短存续期看涨期权和卖出长存续期的看涨期

权的组合。因此答案选 D。

第七节　Theta 值

描述（describe）theta 值的性质（☆☆）

Theta 是衍生证券价值对时间的偏导数，度量了衍生证券价值随时间衰减的速度，代表了每变动一天，期权价格的变动量。公式为：

$$\Theta = \frac{\partial f}{\partial t} \tag{59.20}$$

由式（59.20）可以看出 Theta 等于期权价格的变化除以距离到期日时间的变化。

对于期权敞口而言，期权多头的 Theta 为负值，期权空头的 Theta 为正值。对期权买方来说，Theta 为负数表示每天都在损失时间价值；正的 Theta 意味着时间的流失对敞口有利。对期权卖方来说，正的 Theta 表示每天都在坐享时间价值的收入。

1. 看涨期权与看跌期权多头的 Theta 都是负数

Theta 的数值通常为负，其绝对值会随时间消逝而变大，就是说愈接近到期日，期权的时间价值消失的速度会愈快，最后到期时期权的时间价值应等于0。

图 59.5 给出了看涨期权处于实值期权、平值期权和虚值期权三种状态下，Theta 随着到期期限变化而变化的关系。

由图 59.5 可知，当期权处于平值时，其 Theta 的绝对值最大，这是因为时间价值在期权处于平值时最大；而当期权处于实值或虚值时，尤其是期权处于极度实值或极度虚值时，其 Theta 的变化比较复杂。在一般情况下，对看涨期权而言，极度实值时的 Theta 的绝对值将大于极度虚值时的 Theta 的绝对值；而对看跌期权来说，实值期权的 Theta 的绝对值通常将小于虚值期权的 Theta 的绝对值。

2. Theta 和存续期之间的关系

由图 59.5 可知，随着存续期的减少，期权时间价值会不断减少。由于基数下

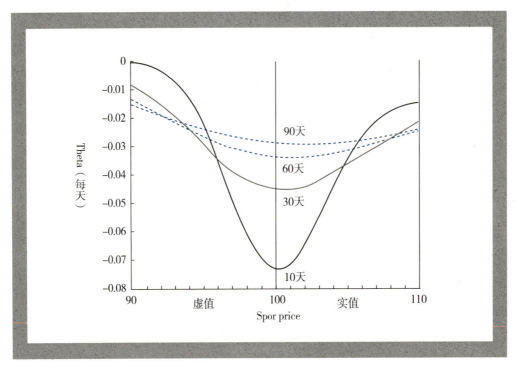

图 59.5　期权的 Theta 值

降，因此 Theta 也会不断下降，但从时间来看，不同阶段有所不同。从图 59.5 可以看到，在存续期还有 30 天以上的时候，实值和虚值期权的 Theta 值变化较平缓；在存续期只剩下 30 天以下的时候，Theta 会快速缩小（指绝对值）。但是平值期权与它们都不同，Theta 随着到期日的临近逐渐变大，临近到期日会趋向于负无穷大。因为在到期日过后，期权价值会直接降为 0，因此 Theta 就会趋近于负无穷大。

第八节　Rho 值

描述（describe）Rho 值的性质（☆☆）

　　Rho 是衍生证券价值对无风险利率的偏导数，度量了期权价值对利率变化的敏感性。公式为：

$$Rho = \frac{\partial f}{\partial r} \tag{59.21}$$

看涨期权的 Rho 是正的，随着无风险利率的增大，执行价格会下降，期权价值则会增加。在其他因素不变的前提下，距离到期日的时间越长，期权的 Rho 就越大。

相对于影响期权价值的其他因素，期权价值对无风险利率变化的敏感程度比较小。因此，在市场的实际操作中，经常会忽略无风险利率变化对期权价格带来的影响。

第九节　希腊字母之间的关系

描述（describe）希腊字母之间的关系（☆☆）

根据 Black – Scholes 微分分程式（58.25）式，由衍生产品所组成的资产组合 $r\Pi$ 满足如下关系式：

$$\frac{1}{2}\frac{\partial^2 \Pi}{\partial S^2}\sigma^2 S^2 + rS\frac{\partial \Pi}{\partial S} + \frac{\partial \Pi}{\partial t} = r\Pi \tag{59.22}$$

因为 $\Theta = \frac{\partial \Pi}{\partial t}$，$\Delta = \frac{\partial \Pi}{\partial S}$，$\Gamma = \frac{\partial^2 \Pi}{\partial S^2}$，所以有：

$$r\Pi = \Theta + rS\Delta + \frac{1}{2}\sigma^2 S^2 \Gamma \tag{59.23}$$

其中，$r\Pi$ 为衍生产品的无风险收益。

式（59.23）可以帮助理解各种敏感性之间的联系。考虑一个基于同一种标的资产的衍生工具组合，该组合已经进行了 Delta 对冲（$\Delta = 0$），此时有：

$$r\Pi = \Theta + \frac{1}{2}\sigma^2 S^2 \Gamma \tag{59.24}$$

这表明，当 Γ 是较大的正值的时候，如果 $r\Pi$ 较小的话，Θ 值一定为负。换句话说，一个具有正的 Gamma 值、被 Delta 对冲的头寸，一定具有负的 Theta 值或时间衰减，反之亦然。即对于 Delta 对冲的投资组合，Γ 和 Θ 必须异号。

第十节　实践中的动态对冲

描述（describe）金融机构实践中的动态对冲（☆☆）

为使组合的 Delta、Gamma 和 Vega 中性，需要不断调整组合。但频繁调整缴纳大量费用，因此，交易员通常每天都重新平衡一次组合，以确保组合 Delta 中性或接近中性。而 Gamma 及 Vega 会得到监控，但这些风险量并非每天都会得到调整，这是因为在市场上很难找到价格合理且适量的期权或非线性产品以达到对冲目的。

下面是一个金融机构实践中的动态对冲是如何进行的例子。

一个金融机构一般指定某一交易员或某一交易组来负责管理与某一特定资产有关的交易组合。例如，高盛公司的某一位交易员被指定负责与日元有关的所有衍生品交易组合。

交易组合的市价及有关的希腊值风险均通过某一计算机系统来产生。对应于每一项风险都会设定不同的风险额度，如果交易员的交易量在交易日结束时超过额度，他必须得到特殊批准。

Delta 额度的表达形式通常对应于标的资产的最大交易量。例如，假设高盛公司关于苹果公司股票的 Delta 额度为 1 000 万美元，苹果股价为 50 美元，这意味着对应的 Delta 数量不能超过 200 000（1 000 万/50）。

Vega 的交易额度通常表达为当标的价格波动率变化 1% 时所对应价值变化的最大限量。

金融机构常常发现自己因业务需要而向客户卖出期权，天长日久会积累一个负的 Gamma 与 Vega。因此，金融机构往往会寻求适当机会以合适的价格买入期权来中和自己所面临的 Gamma 及 Vega 风险。

用期权来管理 Gamma 及 Vega 等风险时要特别注意以下两点。

第一，当期权刚刚被卖出时，期权一般接近平值，Gamma 及 Vega 接近最大值。但随时间流逝，期权变成实值或虚值，Gamma 及 Vega 会很小，这些风险量对交易组合影响也很小。

第二，当期权接近到期且标的资产价格与执行价较为接近时，此时进行对冲会给交易员带来许多麻烦。

第十一节　投资组合保险

描述（describe）通过期权和股指期货进行的资产组合保险（☆☆）

在理论上，资产组合所面临的风险包括两大类，一类是非系统性风险，这类风险可以采用组合管理理论，通过分散投资加以分散。另一类是系统性风险，这类风险无法依靠组合管理来分散，而需要通过投资组合保险策略来消除。投资组合保险策略的主要目的，在于锁定投资组合价格的下跌风险，同时仍可保有上方获利的机会，运用投资组合保险策略，可保障投资组合之价值在一定额度内不受侵蚀，并消减投资组合的系统风险与非系统风险，以规避下方风险，并参与股市增值利益。

投资组合保险分为静态投资组合保险和动态投资组合保险。

一、静态投资组合保险

静态投资组合保险指利用市场上已有的衍生金融工具来达到投资组合保险的目的。选择静态投资组合保险后，一旦投资则不需要做任何的干预与调整，并且无论市场状况如何，投资组合将得到已选择的保护。

静态投资组合保险策略主要是保护性看跌期权策略。

保护性看跌期权策略指股票投资组合＋股票指数看跌期权。在这种形式中，投资组合等于一种风险资产 S 头寸加上一张保单，保证在一定的底价 K 下，在特定的保单期限 T 内，风险资产不遭受损失。因此，在 0 时刻，投资者可以持有资产的欧式看跌期权，该期权的到期日为 T，执行价格为 K。

二、动态投资组合保险

动态投资组合保险是通过持有标的资产或标的资产期货的头寸，合成看跌期权，

该头寸的 Delta 值等于所要用到的看跌期权的 Delta 值。

1. 股票动态保险：标的资产 + 无风险资产

该策略是基于股票交易本身建立一个卖出期权。欧式看跌期权的 Delta 值为 $\Delta_P = N(d_1) - 1$，因此，为了通过股票交易复制一个卖出期权，基金经理应该确保在任何时候，在期初组合中一定比例的股票已经卖出，在任意时刻所卖出的股票占原证券组合的比例为 Δ_P，所获资金投资在无风险资产中。此时投资组合保险包含两个头寸：

（1）股票头寸：$(1 + \Delta_p) \times S$

（2）无风险资产头寸：$-\Delta_p \times S$

当股票价格下跌时，Δ_p 越来越负，因此，卖出的股票必须增加，股票头寸减少；当股票组合价上涨时，Δ_p 变负的程度会减少，股票组合头寸会有所增大，无风险资产要被买回投资股票。因此，随着股价的涨跌，需要经常性地调整头寸，所以称为动态复制。

2. 股指期货动态保险：股指期货 + 无风险资产

我们也可以利用股指期货来构造合成期权，而且这种做法有时比利用标的股票来构造合成期权更受欢迎，这是因为与期货交易有关的交易费用更低。

例题 59.5

一证券组合价值为 9 000 万美元。为了在市场下跌时对证券组合提供保护，证券组合经理需要持有一个执行价格为 8 700 万美元、期限为 6 个月的看跌期权，这里无风险利率为每年 9%，股息收益率为每年 3%，波动率为每年 25%，S&P 500 股指的当前价格为 900 美元。证券组合的结构很接近 S&P 500，请分别构造静态和动态投资组合保险策略。

名师解析

（1）静态投资组合保险策略：买入 $90\,000\,000/(900 \times 100) = 1\,000$ 份执行价格为 870 美元的 S&P500 看跌期权。

（2）动态投资组合保险策略：

$$d_1 = \frac{\ln(90/87) + (0.09 - 0.03 + 0.25^2/2) \times 0.5}{0.25\sqrt{0.5}} = 0.449\,9$$

初始时刻所需期权 Delta 为：

$$\Delta_p = e^{-qT}\left[N(d_1) - 1\right] = -0.321\,5$$

这说明，在最初要卖出 32.15% 的证券组合来吻合所要求的 Delta。卖出证券的收入将被投资于无风险资产上，需要卖出证券组合的数量应该经常调整。例如，如果在一天后证券组合价值减至 8 800 万美元，所需要的 Delta 变为 -0.367 9，这时应进一步卖出 4.64% 的证券组合，并将所得收入投资于无风险资产上。如果交易组合价值增至 9 200 万美元，Delta 变为 -0.278 7，则应买回 4.28% 的证券组合。

扫码做题　章节练习

第六十章

在险价值基本原理

知识引导：Markowitz（马科维茨）的资产组合理论使用组合的方差来表示资产价值损益分布的波动性，间接地知道资产组合市场风险的大致水平。灵敏度法是通过测量资产价值对市场因子的灵敏度来估计资产组合市场风险的方法。例如，固定收益证券的灵敏度是久期和凸性，期权等衍生产品的灵敏度为希腊字母。VaR 方法可以看做是以上两种方法的综合和改进。VaR 方法通过建立市场因子的波动性模型和市场因子波动与资产价值变化的映射模型，估计资产损益的分布情况，以测量损失的大小和发生损失的可能性。

考点聚焦：通过对本章内容的学习，应能描述收益率分布的假设，解释资产收益率分布是如何偏离正态分布的。解释收益率分布的厚尾现象，区分条件和非条件分布。描述机制转换模型（Regime – Switching Volatility Model）对波动率的量化方法。

本章框架图

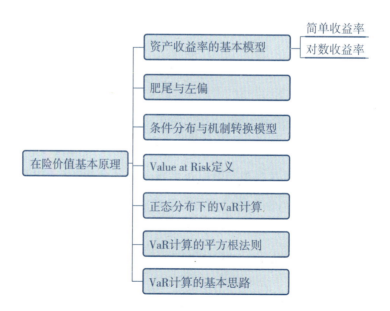

金融市场风险的测量是风险管理的核心和基础。在险价值方法（Value at Risk，VaR）已成为市场风险测量的主流方法。VaR 可以用来回答风险管理最关心的两个问题：损失的大小和发生损失的可能性。

第一节 资产收益率的基本模型

描述（describe）收益率分布的假设（☆☆☆）

在分析和估算资产组合的 VaR 水平时，直接使用的变量是资产收益率而非价格。这是因为收益率反映了价格的变动，能够代表由于价格变动而引起的市场风险。更主要的原因是，相对于价格变量，收益率具备某些优良的统计特性，能够简化波动性建模的过程，有利于得出比较准确的 VaR 估计。

对于标的资产的收益测量，通常有简单收益率与对数收益率两种方法。

一、简单收益率

若用 P_t 表示时间 t 的标的资产价格，P_{t-1} 表示时间 t 的前一期 $t-1$ 时刻的标的资产价格，标的资产在时间 t 的单期简单收益率为：

$$R_t = \frac{P_t}{P_{t-1}} - 1 \tag{60.1}$$

这里时间期限可以是一天、一周、一个月或其他任意一个特定的期限。

二、对数收益率

标的资产在时间 t 的单期对数收益率为：

$$r_t = \ln(\frac{P_t}{P_{t-1}}) = \ln(1 + R_t) \tag{60.2}$$

将式（60.2）在 $R_t = 0$ 处展开，取一阶近似有 $r_t \approx R_t$。

第二节 肥尾与左偏（Fat Tails and Left Skewed）

解释（explain）资产收益率分布是如何偏离正态分布的（☆☆☆）

解释（explain）收益率分布的厚尾现象（☆☆☆）

在第五十八章BSM模型中，假设年连续复利收益率服从一个均值和方差为常数的正态分布。实际交易中的资产价格波动往往具有随时间变化的特征，波动性时小时大，具有爆发性；较大的波动后，随后的波动也较大，呈现集聚性。因此，收益率的真实分布和正态分布有一定的偏离，表现出尖峰肥尾和左偏的特征（见图60.1）。

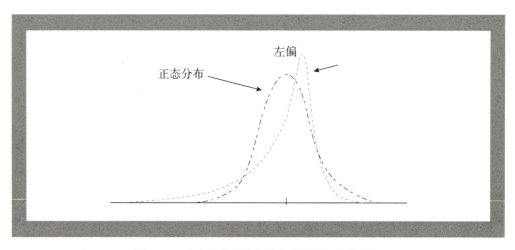

图60.1 资产收益率分布的尖峰肥尾与左偏特征

1. 肥尾现象

资产收益率分布呈肥尾分布现象，即在尾部的发生概率要高于根据正态分布特征得出的预期值。另一个衡量存在肥尾的标准是峰度，也称为过度峰态（Excess Kurtosis）特征。正态分布两端的分布机率是相当低的（Thin Tails），但是当两个极端值的分布出现肥尾风险时，原本不太可能出现的概率突然提高了，在金融市场上，极端行情出现的可能性增加，可能会造成市场行情的大幅震荡。

2. 左偏

资产收益率通常服从左偏，即"左尾巴"出现的观测点多于"右尾巴"，这意味着绝对值较大的负收益比绝对值较大的正收益更可能出现。

对于资本市场收益率分布左偏的原因有很多种解释。如好坏消息的不对称性，大多数公司通常倾向于更多地向市场传递正面消息而不是负面消息，但是负面消息一经传递便会以"簇"的形式释放，导致资产下降的速度比资产上涨的速度更快，使得资产收益率分布呈现出左偏现象。对于收益率分布左偏的一种行为金融学的解释是市场低迷时市场信息的不确定性使得投资者期望趋向放大负面信息而忽视正面信息，即坏消息将被视为结果更坏、好消息则仍然持怀疑的态度，表现出左偏现象。

第三节　条件分布与机制转换模型
（Regime – Switching Volatility Model）

区分（distinguish）条件和非条件分布（☆☆☆）

描述（describe）机制转换模型对波动率的量化（☆☆）

如果资产收益率的均值和波动率不依赖于外部条件且不随时间改变，那么资产收益率是非条件分布的。如果资产收益率的均值和波动率是依赖于市场外部条件而随时间改变，那么资产收益率就是条件分布的。

如果资产收益率分布会随时间变化（即条件分布），那么即使条件分布为正态分布，但由于其标准差是一个随时间变化而变化的量，资产收益率的无条件分布会存在尖峰、肥尾现象。

例如，某个资产收益率的条件分布服从均值为 0，标准差分别为 5bp/日和 15bp/日的正态分布。该资产收益率的无条件分布，则有可能是接近均值为 0、标准差为 7bp/日的正态分布。但该无条件分布与正态分布相比，会产生肥尾现象。研究波动性的时变特征，最常见的做法是假设每日收益率服从一个与时间相关的有条件分布，对分布的肥尾现象进行可能的解释。常见的模型有 ARCH 模型和

GARCH 模型。

　　牛市中股票收益率的波动率一般较小，而在大熊市中波动率会骤然变大。利率的变化更是与经济周期密切相关。机制转换波动率模型就是刻画这种周期性的状态转换的模型之一。在该模型中，波动率的变化遵循一个马尔可夫链，马尔可夫性质意味着下一期的波动率水平仅仅依赖于当前的波动率水平，而不依赖于波动率所经历的路径。例如，波动率可以取两个可能的值 v_a 和 v_b，在一定时间内，波动率 σ_t 以一定的转移概率在 v_a 和 v_b 之间转换。

　　例如，假设某利率的均值为 0，日波动率为时变的，在机制转换模型中，利率的日波动值在不同的市场机制下只能取 15bp/日 或 5bp/日 的两者之一，不存在中间值。图 60.2 为该利率的实际波动率和预测波动率示意。

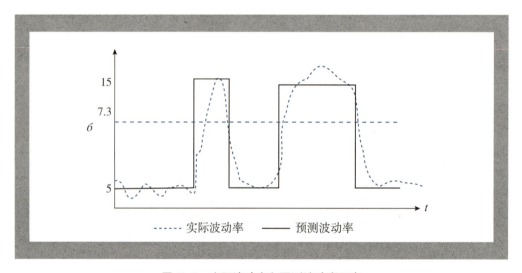

图 60.2　实际波动率和预测波动率示意

　　在图 60.2 中，虚线为根据历史数据计算的实际利率波动率，该波动率的范围为 4bp/日 至 15.3bp/日，波动率的平均值为 7.3bp/日。如果只考虑利率的无条件分布，用该平均值 7.3bp/日 作为利率的波动模型的唯一波动率。当日波动率为最高值 15.3bp 时，和波动模型的平均波动率 7.3bp 相差 8bp。考虑机制转换波动率模型，在波动幅度较大时，条件分布的波动率模型的日平均波动率为 15bp，与最高值 15.3bp 相差只有 0.3bp，显然用机制转换波动率模型与实际情况的波动拟合得更加精确。机制转换波动率模型的优点是能够反映收益率预测中的条件信息影响，会降低偏离正常的概率，更现实地描述了资产收益率尾部的分布。

例题 60.1

某金融机构在构建利率波动率模型。由利率的历史数据可知利率波动分布有着明显的肥尾。为考察时变的利率波动情况，该金融机构采用了机制转换波动率模型，以下关于机制转换波动率模型的描述哪个是正确的？

A. 机制转换波动率模型前提是假设波动率是静态不变的

B. 由于假设了正态分布，因此机制转换波动率模型性能不佳

C. 采用机制转换波动率模型后更可能偏离正态分布

D. 机制转换波动率模型能处理肥尾问题

名师解析

机制转换波动率模型采用条件正态分布，能处理肥尾问题，答案选 D。

第四节　Value at Risk 定义

Value at Risk（VaR）按字面解释就是"处在风险中的价值"，指在市场正常波动下，在一定置信水平 $1-c$ 和持有时间 t 上，某一金融资产组合的最大可能损失。

设 r 是描述资产组合收益率的随机变量，r 的分布函数为 $F(r)$，概率密度函数为 $f(r)$，置信水平为 $1-c$，那么收益率 r 小于 r^* 的概率为：

$$\text{Prob}(r_t \leq r^*) = F(r_t \leq r^*) = \int_{-\infty}^{r^*} f(r)\,\mathrm{d}r = c \qquad (60.3)$$

式（60.3）表明收益率小于或等于 r^* 的概率为 c。

VaR 有绝对风险值和相对风险值之分。绝对风险值指相对于当前头寸的最大可能损失：

$$\text{VaR}_{绝对} = P_0 - P_0(1 + r^*) = -r^* P_0 \qquad (60.4)$$

相对 VaR 指相对于收益期望值的最大可能损失：

$$\text{VaR}_{相对} = P_0(\mu - r^*) \qquad (60.5)$$

其中，μ 是收益率的期望，P_0 是资产初始头寸。

以上数据表明，计算 VaR 相当于求最低收益率 r^*，而需要考虑的主要问题是估计收益率 r 的累计概率分布 $F(r)$ 或概率密度函数 $f(r)$。

图 60.3 为 VaR 计算示意，图中横坐标为资产收益率 r、纵坐标为概率值。

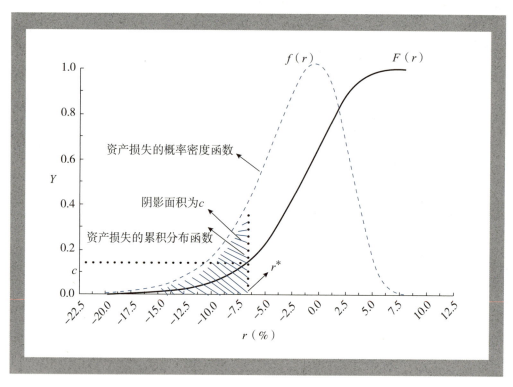

图 60.3　VaR 计算示意

在图 60.3 中，概率密度函数的阴影部分面积为 c（置信度为 $1-c$），最低收益率 r^* 在累计分布函数 $F(r)$ 上对应的纵坐标值也为 c。因此，在一定的置信度条件下，根据累计概率分布 $F(r)$ 或概率密度函数 $f(r)$，就可以求出该置信度对应的最低收益率 r^*，从而求出 VaR 值。对于一个多头头寸，重要的是概率密度函数的左侧尾部分布。对空头来说，需要估计 $-r_t$ 的概率分布。

> **知识一点通**
>
> 由于多头与空头的概率分布不同，所以资产组合多头和空头的 VaR 值也不同。

例如，2010 年，某家银行年报披露，该年度公司一天中 99% VaR 值为 4000 万美元。这意味着以下三种等价描述：

第一，该银行能够以 99% 的概率保证，2010 年每一特定时点上的资产价值在未来 1 天之内，由于市场波动而带来的损失平均不会超过 4 000 万美元。

第二，该银行在 2010 年每一特定时点上的投资组合在未来 24 小时之内，由于市场价格变动而带来的损失超过 4 000 万美元的概率不大于 1%。

第三，平均来看，在 100 个交易日内该银行的实际损失超过 4 000 万美元的只有 1 天（也就是每年有 2 ~ 3 天）。

通过把这一 VaR 值与该银行在 2000 年 6 亿美元的年利润及 50 亿美元的资本额相对照，该银行的风险状况一目了然，由此可见该银行承受风险的能力还是很强的，其资本充足率足以保证银行应付可能发生的最大损失值。

第五节 正态分布下的 VaR 计算

如果资产收益率的分布是正态分布，则可以极大简化 VaR 的计算。图 60.4 为某一资产收益率正态分布示意。

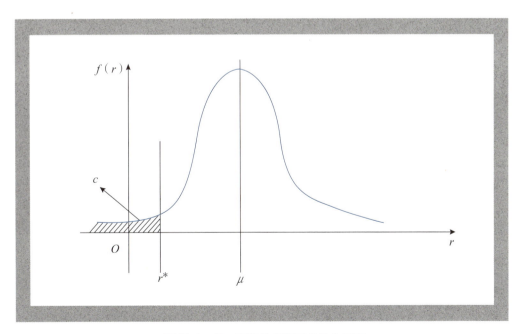

图 60.4 某一资产收益率正态分布示意

图 60.4 中，横轴表示资产的收益率值，纵轴表示相应的概率密度值，资产收益率服从在单位时间内的均值为 μ、标准差为 σ 的正态分布，r^* 为置信水平 $1 - c$ 下的

最低收益率。设 Z_c 为标准正态分布在置信水平 $1 - c$ 下的分位点（临界值），则 r^* 和分位点值 Z_c 满足关系式：

$$Z_c = \frac{\mu - r^*}{\sigma} \tag{60.6}$$

因此，在 $1 - c$ 的概率下，可能发生偏离均值的最大距离为 $r^* = \mu - Z_c\sigma$，根据绝对 VaR 和相对 VaR 值的定义式（60.4）和式（60.5），有：

$$\text{VaR}_{绝对} = (\mu - Z_c\sigma) \times P_0 \tag{60.7}$$

$$\text{VaR}_{相对} = Z_c \times \sigma \times P_0 \tag{60.8}$$

> **知识一点通**
>
> 为方便起见，本文一律取 VaR 的绝对值。

由式（60.7）可知，在正态分布条件下，可以根据置信水平选择一个相应的分位点，用标的资产的标准差与该分位点相乘，就可求出相对 VaR。

备考小贴士

计算 VaR 时，如果题目给出了收益率的均值，则需要考虑计算绝对 VaR。

例题 60.2

假设一项资产初始投资额为 120 万元，预期该资产一年的投资收益率服从均值为 5%、标准差为 0.5% 的正态分布。那么在 95% 置信水平下，该资产一年的 VaR 值为多少？

名师解析

由于资产投资收益率的均值为 5%、标准差为 0.5% 的正态分布，95% 置信水平对应的分位点为 1.65，根据式（60.7），此时的 VaR 值为：

$$\text{VaR}(X\%) = |\mu - Z_c \times \sigma| \times 资产价值$$

$$= |5\% - 1.65 \times 0.5\%| \times 1\,200\,000 = 50\,100$$

备考小贴士

VaR 计算采用单尾置信区间，例如，正态分布90%单尾置信区间对应的分位点为1.28、95%单尾置信区间对应的分位点为1.65、99%单尾置信区间对应的分位点为2.33。

第六节　VaR 计算的平方根法则

假定资产收益率是在 1 天的持有期上计算出来的，那么如果要计算 T 天持有期下的 VaR，就要采用平方根法则。具体表达式为

$$VaR = \left| \mu T - Z_c \times \sigma \sqrt{T} \right| \times 资产价值 \tag{60.9}$$

下面是三个常用到的波动性时间转换的简单公式：

$$\sigma_年 = \sigma_月 \sqrt{12} \tag{60.10}$$

$$\sigma_月 = \sigma_日 \sqrt{25}（假定每个月有 25 个交易日）\tag{60.11}$$

$$\sigma_年 = \sigma_日 \sqrt{252}（假定每年有 252 个交易日）\tag{60.12}$$

知识一点通

平方根法则要假设资产组合收益呈正态分布，另外，当时间间隔过大时也不适用。

例题60.3

假定某银行期初的资产市值为 800 万元，根据历史数据，其资产月收益率服从正态分布，1 个月内该银行资产收益率的均值为 0.01、标准差为 0.2，现在求其 1 个季度的 99% 置信水平的 VaR。

名师解析

$$VaR = \left| \mu T - Z_c \times \sigma \sqrt{T} \right| \times 资产价值$$

$$= \left| 0.01 \times 3 - 2.33 \times 0.2 \times \sqrt{3} \right| \times 8\,000\,000$$

$$= 6\,217\,085.4106$$

第七节　VaR 计算的基本思路

　　VaR 计算的核心在于估计资产组合收益率的概率分布函数或概率密度函数。大多数情况下，直接估算资产组合收益率分布存在困难，这是由于金融机构的资产组合往往包含种类繁多的金融工具，且无法保留估计过程中所需要的所有相关金融工具的历史数据。因此，为了简化 VaR 计算，通常将资产组合用其包含的市场风险因子（Risk Factors）来表示，资产组合价值映射（Mapping）为各风险因子的函数。与复杂的资产组合比较，估计市场风险因子损益分布相对容易。如果能建立较为合理的市场风险因子映射模型，就有可能得到关于资产损益的正确分布。根据这一分布，即可在一定置信水平估算资产组合市场风险的量化指标——VaR 值。

　　图 60.5 显示了含有 5 个投资工具的某资产组合风险因子的映射过程。

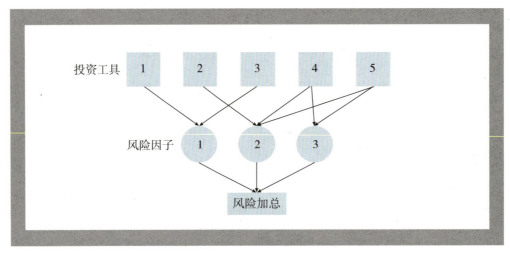

图 60.5　投资工具的风险映射过程

　　如图 60.5 所示，该过程首先将 5 个投资工具的头寸映射为 3 个风险因子的风险敞口，然后加总这 3 个风险敞口，最后根据风险敞口和风险因子的变动情况得到投资组合的收益率分布。

备考小贴士

当资产组合映射为多个风险因子，还需考虑风险因子的协方差矩阵，使各因子间的相关性得到体现。在 FRM 一级考试中，通常考虑资产组合总收益的单个风险因子的映射。

风险因子，即那些影响资产价格的因素。选取风险因子的一般标准为以下几点。

第一，风险因子需满足历史一致性，即风险因子在前一天和当天的风险特征是一样的，这样才能使用历史数据估算未来的风险。

第二，权益类产品一般使用股票的股价本身作为因子。

第三，固定收益类产品可使用即期利率或到期收益率作为风险因子。

第四，其他风险因子，例如主要影响期权类产品价格的波动率因子。

知识一点通

股票价格本身可以作为风险因子，但债券价格一般不作为风险因子。这是因为，今天的股票和昨天的股票可以视为同一东西，但今天的债券和昨天的债券不是同一东西，它的到期时间减少了，其波动率也在减少。

计算 VaR 的过程可以由三个基本模块组成：第一个模块是映射过程，把组合中每一头寸的收益表示为市场风险因子的函数；第二个模块是市场风险因子的波动性模型，预测市场风险因子的波动性；第三个模块是估值模型，根据市场风险因子的波动性估计资产组合的价值变化和分布。VaR 计算的基本框架（见图 60.6）。

由图 60.6 可见，Var 计算首先会对资产价值的决定因素进行映射分解，确定影响资产组合价值变动的市场风险因子；其次是针对不同的市场风险因子，选定合适的模型或方法来描述它们的波动性；最后将各市场因子的波动性映射到组合资产价值的波动性上，从而得到资产组合损益分布的估计，求得给定置信度下该组合的 VaR 值。

在 VaR 计算的三个模块中，最重要的是市场因子损益波动性估计和市场因子映射模型。这两大要素的质量高低决定了 VaR 技术的好坏。

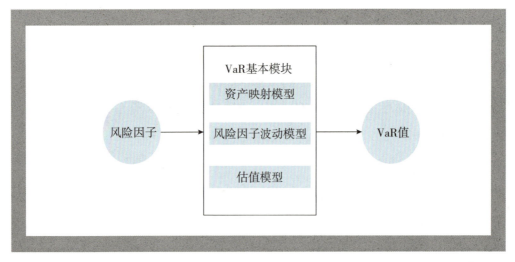

图 60.6　**VaR 计算的基本框架**

扫码做题　章节练习

第六十一章

波动率估计与VaR计算

知识引导：VaR计算考虑的主要问题是估计收益率的概率分布。方法有两种：一种是在收益率满足正态分布的假设上，估计该分布的参数如均值、方差，然后根据置信度对应的分位点计算VaR；另一种是对收益率进行抽样，通过收益率样本的分位点估计整个分布的分位点对应的VaR。前者称为参数法，后者称为非参数法。

考点聚焦：通过对本章内容的学习，应能比较和掌握用参数法和非参数法预测波动率，用历史模拟法和综合法计算VaR，评估用隐含波动率作为期权的波动率预测的缺点。

本章框架图

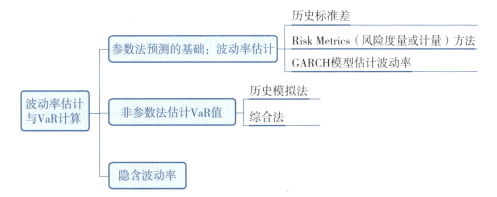

波动率的预测模型主要分为两大类:一类是试图从过去的样本中去发现波动率的变化规律,进而对未来波动率做出预测;另一类则是根据期权价格倒推出市场对未来波动率的预期,即隐含波动率法。VaR 的计算方法又可分为参数方法和非参数方法。参数方法假设收益率服从一定的分布函数,然后利用这种分布的特征来分析收益率的变化,从而算出 VaR 值,目前主流的参数方法都是假设收益率服从正态分布的。非参数方法不需假设收益率的分布函数,而是通过对风险因子的历史数据或随机数据进行模拟并映射到金融工具上来求得收益的分布。

第一节 参数法预测的基础:波动率估计

价格的波动性通常指未来价格偏离其期望值的可能性。波动率越大,价格上升或下降的机会就越大。在金融学中,波动率是用收益的标准差来度量的。实际金融数据通常是不稳定的。与正态分布相比,收益率的实际分布具有尖峰肥尾性,收益率的标准差是时变的,有的时期很大,而有的时期却很小,也就是所谓的爆发性。高波动跟随着高波动,低波动跟随着低波动,即呈现出聚集性,如图 61.1 所示。

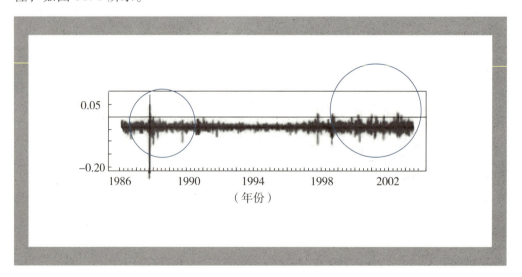

图 61.1 标普 500 指数的波动聚集效应

波动率预测的各种改进都是针对这些特征提出的。在 VaR 计算的参数法中，常用的波动率估计方法有历史标准差、Risk Metrics 方法和 GARCH 法。

一、历史标准差

历史标准差又称为移动平均方法。该方法认为随着时间而变化的风险可以用在一定时期内的移动平均描述，基本原理是首先选取一定长度的历史数据窗口 n，计算该窗口数据的算术平均值；然后保持数据长度不变，更新历史数据窗口，再计算其算术平均值。其中，方差是用收益率平方的移动平均来进行估计的。若 r_t 是第 t 期的收益率，$\bar{r}$ 为从 $T-n$ 到 $T-1$ 期的平均收益，用 σ_T 表示 $T-n$ 期到 $T-1$ 期的收益率数据的标准差，则

$$\hat{\sigma}_T^2 = \frac{1}{n-1} \sum_{t=T-n}^{T-1} (r_t - \bar{r})^2 \tag{61.1}$$

这是 σ_T^2 的一个无偏估计。

在实际计算波动率时，通常假设收益率服从均值为 0 的正态分布（$\bar{r}=0$），并且在历史数据比较充分（n 足够大）的情形下，将 $n-1$ 替换为 n，将波动率的估计由无偏估计转变为极大似然估计。此时 $\hat{\sigma}_T^2$ 可以进一步简化为：

$$\hat{\sigma}_T^2 = \frac{1}{n} \sum_{t=T-n}^{T-1} (r_t)^2 \tag{61.2}$$

> **知识一点通**
>
> 假设平均收益率等于 0 的依据是即期汇率、股票还有债券的收益率大多以零为中心，并以很大的波动率在这个值上下波动。
>
> 式（61.2）采取的是等权重（$1/n$）的移动平均，这在应用中存在许多缺陷。例如，某一天有一个不正常收益会对波动率的估计产生长时间的影响。只要该波动仍然包括在计算数据窗口中，用简单移动平均估计的波动就会一直持续在高水平上，而实际的波动很可能早就恢复了正常水平，这种现象称为"幽灵效应"（Ghost Effect）或"回声效应"（Echo Effect）。

二、Risk Metrics（风险度量或计量）方法

为克服简单移动平均的"幽灵效应"，指数加权平均（EWMA）引入了一个参数 λ 来决定数据权重的分配，λ 称为衰减因子（Decay Factor）。波动率的指数移动平均估计公式为：

$$\dot{\sigma}_t^2 = (1 - \lambda)\sum_{i=0}^{n}\lambda^i r_{t-i}^2 = (1 - \lambda)r_{t-1}^2 + \lambda\dot{\sigma}_{t-1}^2 \qquad (61.3)$$

由式（61.3）可知，EWMA 对历史数据采用了"近大远小"的权重分配技巧，即在进行移动平均计算时，最近的数据拥有最大的权重，权重 $(1-\lambda)\lambda^i$ 随时间递远而呈指数递减。

由式（61.3）可知，第 n 天的波动率主要由第 $n-1$ 天的波动率以及第 $n-1$ 天的收益率决定。当 σ_{t-1}^2 较大时，会引起 σ_t^2 随之变大，反之亦然。因此，EWMA 能够较好地反映收益波动的聚集现象。

J. P. Morgan（摩根）提出的 Risk Metrics 方法采用的就是指数加权模型。Risk Metrics 所取的衰减因子 λ 在一天的持有期间内是 0.94，在一个月内是 0.97。

例题 61.1

假定衰减因子 $\lambda = 0.9$，第 $t-1$ 天所估测的市场风险因子的波动率为每天 1%。在第 $t-1$ 天，市场风险因子增加了 2%，求第 t 天市场风险因子的波动率。

名师解析

第 $t-1$ 天的波动率 $\sigma_{t-1}^2 = 0.01^2 = 0.0001$，$r_{t-1}^2 = 0.02^2 = 0.0004$，由式（61.3）可得：$\sigma_t^2 = 0.1 \times 0.0004 + 0.9 \times 0.0001 = 0.00013$，因此，第 t 天的波动率为 $\sqrt{0.00013} = 1.14\%$。

三、GARCH 模型估计波动率

1982 年，经济学家 Engle（恩格尔）率先提出了波动率计算的自回归条件异方差模型（ARCH 模型）。1986 年，Bollerslev（波勒斯勒夫）在 ARCH 模型的基础之上提出了广义自回归条件异方差模型（GARCH 模型）。该模型认为，条件方差的估计为：

$$\sigma_t^2 = w + \sum_{i=1}^{p} \alpha_i r_{t-i}^2 + \sum_{j=1}^{q} \beta_j \sigma_{t-j}^2 \tag{61.4}$$

一般可用 GARCH（1，1）模型来模拟收益率方差的动态变化。GARCH（1，1）模型中的（1，1）表示 σ_t^2 是根据最近的一次观察值 r_{t-1}^2 和最近一次预测 σ_{t-1}^2 预测的。GARCH（1，1）与 EWMA 模型的区别在于它考虑了一个长期平均方差 V_L，其表达式为：

$$\sigma_t^2 = \gamma V_L + \alpha r_{t-1}^2 + \beta \sigma_{t-1}^2 \tag{61.5}$$

其中，$\gamma + \alpha + \beta = 1$，$\beta$ 和 α 均大于 0，V_L 为长期平均方差，r_t 为第 t 期的收益率。

由式（61.5）可知，自回归条件异方差模型中的自回归指残差平方 σ_t^2 服从 AR（q）过程；条件指该模型是基于过去信息集进行预测；异方差指基于不同时点观测值，残差的方差不同，方差随时间而变化。

由式（61.5）可知，GARCH 模型中，$t-1$ 期的非预期收益 r_{t-1} 增大，会使得 t 期的条件方差增加，也就是说收益有可能出现更大幅度的波动。而 $t-1$ 期的条件方差 σ_{t-1} 的冲击，也会通过参数 β 在第 t 期条件方差上表现出来。由此可见，GARCH 模型具备描述金融资产损益波动的聚集性和爆发性的能力。

给定 GARCH（1，1）序列后，波动率会收敛至：

$$\sigma^2 = \frac{w}{1 - \alpha - \beta} \tag{61.6}$$

这个长期波动率是不需要价格的时间信息就能求出的，所以叫无条件波动率。式（61.6）说明 GARCH 模型有均值回归的特性，但是 EWMA 模型没有。

例题61.2

假定 $\sigma_t^2 = 0.000\,002 + 0.13 r_{t-1}^2 + 0.86 \sigma_{t-1}^2$，第 $t-1$ 天日波动率估算值为 1.6%，第 $t-1$ 天市场风险因子降低 1%，求第 n 天的波动率。

名师解析

$\sigma_{t-1}^2 = 0.016^2 = 0.000\ 256$，$r_{t-1}^2 = 0.01^2 = 0.000\ 1$，因此 $\sigma_t^2 = 0.000\ 002 + 0.13 \times 0.000\ 1 + 0.86 \times 0.000\ 256 = 0.000\ 235\ 16$，对应波动率的最新估计为 $\sqrt{0.000\ 235\ 16} = 0.015\ 3$，即每天 1.53%。

第二节　非参数法估计 VaR 值

用历史模拟法和综合法计算（compute）VaR（☆☆☆）

一、历史模拟法

历史模拟法的基本思想是历史可以再现，明天的情形可能是历史上的所有情形中的一种。历史模拟法不需要估计均值、方差等参数，是一种非参数方法。

例如，要计算 A 证券明日在 99% 置信水平下的 VaR，可以通过现有的 A 证券今日之前 1001 个交易日的收盘价来计算出 1000 个交易日的涨跌幅。假定这1000 种涨跌幅在明天都有可能发生，以今日价格为基础，那么明天的价格就认为有 1000 种这样的可能收益率。将 A 证券未来的 1000 种可能收益率由小到大排序，那么 99% 置信水平下的最大损失，就是由第 10 小的收益率产生的。将今天的价格乘以该收益率，就得到了 99% 置信水平下、持有期为 1 天的 VaR。

用历史模拟法计算 VaR 的步骤概括如下：

第一步，收集资产的历史样本，计算历史上资产的收益分布。

第二步，假设资产未来收益率的概率分布与其历史是同分布的，故可用历史上的资产收益率的分布来表示未来价格的波动，得到未来可能的 N 种收益率。

第三步，将 N 种未来的收益率从小到大排序，第 $N(1-x)\%$ 个就是置信水平为 x 时的最坏收益率。

第四步，当前价格与最坏收益率相乘，就得到 VaR。

> **知识一点通**
>
> 在计算空头的在险价值时，可以将历史收益率数据全部乘以 -1。

历史模拟法的优点有以下三点：

第一，没有繁杂的模拟和计算过程，容易执行。

第二，不需要对收益率做出正态分布（或其他分布）的假设，不需要假设序列独立，因此，可以在非线性、非正态分布以及肥尾情况下应用。

第三，不需要估计额外的参数。

历史模拟法的缺点如下：

一是对所有的过去观察值给予相同权重，高估了早期事件的影响力，也忽略了近期重要事件的影响。

二是所需的历史资料必须够长，否则估计误差会很大。因此，观察期间长度的取决，也成为一个难以解决的问题。

三是未来风险因子的变动与过去表现相同的假设，不一定反映了现实状况。

例题61.3

用历史模拟法计算一个资产组合明日在95%置信水平下的 VaR 值。现有该资产组合当日之前100个交易日的收益率数据，将这100个数据由大到小排序，最后6个数据为 $\{-0.01，-0.015，-0.025，-0.03，-0.06，-0.09\}$，假设投资头寸为10万美元，问明天的 VaR 值为多少？

名师解析

由历史数据可知，在95%置信水平下的最大损失就是由第5小的收益率产生的，该收益率为 -0.015，因此，明天的 VaR 值为 $0.015 \times 100\ 000 = 1\ 500$（美元）。

二、综合法（Hybrid）

历史模拟法对过去 N 个观测值设定了相同的权重。综合法是结合了 EWMA 的思想，对观测值设定不同权重，具体步骤如下：

第一步，对 N 个收益率数据进行指数加权，权重根据时间由近到远分别为：

$$\frac{1-\lambda}{1-\lambda^N}, \ \frac{\lambda(1-\lambda)}{1-\lambda^N}, \ \frac{\lambda^2(1-\lambda)}{1-\lambda^N}, \ \cdots, \ \frac{\lambda^{N-1}(1-\lambda)}{1-\lambda^N} \qquad (61.7)$$

第二步，将损失值由大到小进行排序。

第三步，由最大损失开始，累计每一项权重之和，当累计权重达到指定分位数时，对应的损失值即为 VaR。

例题61. 4

用综合法计算 VaR 值，假设数据回望期 $N=100$，衰减因子 $\lambda=0.96$，加权后的收益率最小的 6 个数据（见表 61.1），问这 6 个最小收益率对应的权重分别是多少，在 95% 的置信水平下，用综合法求得的 VaR 是多少?

表 61. 1　　　　　　　　　　加权后最小的 6 个收益率列表

排序后位置	最小的 6 个收益率	原始数据位置
1	−4. 10%	3
2	−3. 80%	5
3	−3. 50%	55
4	−3. 20%	25
5	−3. 10%	14
6	−2. 90%	7

名师解析

（1）由于最小的收益率在原始数据的位置为第 3 个，其权重为：

$$\frac{\lambda^2(1-\lambda)}{1-\lambda^N} = \frac{0.96^2(1-0.96)}{1-0.96^{100}} = 0.037\,5$$

这 6 个最小收益率的权重以及累计权重（见表 61.2）。

表 61. 2　　　　　　用综合法计算 VaR 值（$N=100$，$\lambda=0.96$）

排序后位置	最小 6 个收益率	原始位置	权重	累计权重
1	−4. 10%	2	0. 037 5	0. 037 5
2	−3. 80%	5	0. 034 6	0. 072 1
3	−3. 50%	55	0. 004 5	0. 076 6
4	−3. 20%	25	0. 015 3	0. 091 9
5	−3. 10%	14	0. 023 9	0. 115 8
6	−2. 90%	7	0. 031 8	0. 147 6

（2）95%的置信水平下，根据累计权重，VaR值位于排序后位置的第1和第2个之间。因此，需要根据对应的收益率 –4.10% 和 –3.8% 进行线性插值（见图61.2）。

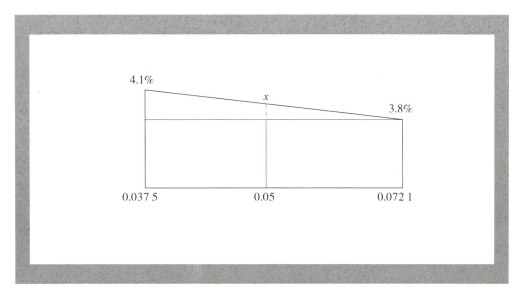

图61.2　VaR值计算线性插值示意

根据图61.2有：

$$\frac{x}{(4.1\% - 3.8\%)} = \frac{0.072\ 1 - 0.05}{0.072\ 1 - 0.037\ 5}$$

得到 $x = 0.192\%$，所以 VaR 值等于 –（3.8% + 0.192%）= –3.992%。

另外，我们还可以采用粗略估计的方法，VaR 等于它们的平均值 –（4.10% – 3.8%）/2 = –3.95%。

备考小贴士

在考试时，可以用取平均值的方法粗略估计 VaR 值，然后选最接近的选项作为答案。如果四个选项都比较接近，则需用线性插值求精确解。另外，不论是历史模拟法还是综合法，数据的位置很重要，当有新的数据加入时，数据的位置要相应调整，权重也因此需相应调整。

第三节　隐含波动率

评估（assess）用隐含波动率作为期权的波动率预测的缺点（☆☆☆）

隐含波动率定义为由期权的价格反解得到的标的资产的波动率。在期权定价的过程中，只要给定了标的资产的波动率以及其他必要的参数，那么通过期权的定价公式即 Black – Scholes 公式，就可以得到期权在理论上的价格。而在现实中，期权的真实交易价格主要由市场决定，通过市场上的期权交易价格，我们便可以计算出该期权上的标的资产的波动状况。

举例介绍隐含波动率的计算过程。假设股票当前市价为 21 美元，期权行使价格为 20 美元，无风险利率为 10%，期权期限为 3 个月，市场价值为 1.875 美元，现求其隐含波动率。

先初步假定波动率为 20%，则对应的期权价格为 1.76 美元，小于 1.875 美元；由于期权价格波动率为期权价格的递增函数，令波动率为 30%，则可求出对应的期权价格为 2.1 美元，此时高于市价，因此波动率在 20% ~ 30%。接下来，令波动率为 25%，此时期权价格仍高于市价，这意味着波动率一定介于 20% ~ 25%。这样继续下去，每次迭代可以使得波动率所在的区间减半，最终计算出满足任意精度的波动率的近似值。

隐含波动率的优点在于模型的前瞻预测性。期权的隐含波动率是期权的市场价格中隐含的对标的资产波动率的预期值，包含市场中大量前瞻性的信息，反映了市场对于标的资产未来波动率的预期，因而在期权定价、标的资产市场预测以及策略交易中具有非常重要的作用，我们也可以把隐含波动率理解为市场实际波动率的预期。

隐含波动率的最大缺点是模型依赖性。由于 BSM 模型的不变波动率假设等因素，因而使用该模型是不当的。此外，从理论上讲，若多个期权有相同的标的资产，但执行价格不同，利用 Black – Scholes 模型计算出的标的资产隐含波动性应相同。然而，实际上由许多拥有相同标的资产但执行价不同的期权价格所计算出的隐含波动性是不同的，由此产生的系统性偏差为波动性微笑（Volatility Smile）。在大多数情况下，期权市场交易中的隐含波动率是大于历史波动率的，且隐含波动率只能用于有期权产品的资产，因此，在风险管理领域，基于历史数据的波动率更为流行。

扫码做题　章节练习

第六十二章

资产价值映射与VaR计算

知识引导：资产价值映射模型可以分为局部估值模型和全值模型。本章对构成上述模型的方法加以分析比较，指出它们各自的特征、优点和缺陷。讨论了 VaR 方法的适用性，对压力测试确定情景的方法进行了介绍。最后介绍一致性风险测度方法和期望短缺的定义和计算方法。

考点聚焦：通过对本章内容的学习，应能描述和计算线性和非线性衍生品的 VaR，描述用 Delta-Normal（共变异数法）方法来计算 VaR，描述 Delta-Normal 方法的限制条件，解释用全值法计算 VaR，比较 Delta-Normal 方法和全值方法，解释用蒙特卡罗模拟法、压力测试法及情景分析计算 VaR，描述最坏情景法并比较它和 VaR 的异同，定义和解释一致性风险度量的属性，解释 VaR 为何不是一致性风险度量，解释和计算期望短缺，比较 VaR 和期望短缺。

本章框架图

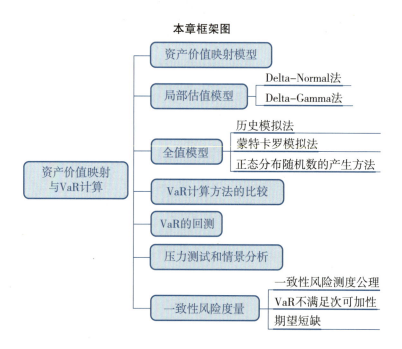

在 VaR 计算中，对市场风险因子的波动率进行建模后，还必须将市场因子的波动通过资产价值映射模型映射到资产组合价值的变动上去，从而获得对资产收益波动的估计，估算出资产组合风险的 VaR 值。

第一节　资产价值映射模型

从本质上看，资产价值映射模型就是资产定价模型，即解出资产价值和相关市场风险因子间的函数关系。资产价值模型可分为局部估值模型（Local Valuation）和全值模型（Full Valuation）。

局部估值模型的基本步骤为：首先采用资产定价模型确定金融资产的当期市场价值，即对资产进行盯市操作（Market to Market）；然后在资产价值和市场风险因子间作灵敏度测量，计算市场风险因子微小变动对资产价值的影响程度；最后将资产价值的相应变动与它的初始盯市价值相加，即可得出资产在市场因子变动后的价值数额。

因此，局部估值模型有两个重要特点：

一是局部估值模型严重依赖于灵敏度的估算。一般通过灵敏度将资产价值与市场因子的关系加以线性化，以达到简化计算的目的。

二是局部估值方法只在初始时对资产价值进行一次盯市操作。

正是由于这两个特点，该方法才被称为局部估值模型。

灵敏度方法是利用金融资产价值对其市场因子的灵敏度来测量金融资产市场风险灵敏度，可分为一阶灵敏度和高阶灵敏度（主要是二阶），前者通常称为 Delta 类模型，而后者又称为 Gamma 类模型。

所谓全值模型是针对局部估值模型而言的。局部估值模型仅仅对资产价值在初始时刻进行一次盯市操作，全值模型正相反，在整个预测期内，它不断地对资产价值进行盯市操作，并比较这些盯市价值的差异，最终获得资产损益波动的估计。正因为如此，全值模型才有可能将各种被局部估值模型忽视的非线性风险如实地映射到资产价值的波动上，从而提供比较准确的市场风险 VaR 估计。历史模拟法和蒙特卡罗模拟法是典型的全值估值法（见图 62.1）。

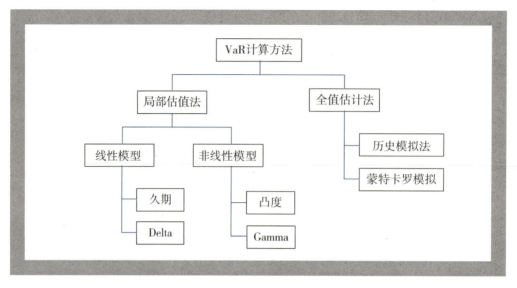

图 62.1　局部估值法和全值估值法的分类

第二节　局部估值模型

描述和计算（describe and compute）线性和非线性衍生品的 VaR（☆☆☆）

描述（describe）用 Delta – Normal 方法来计算 VaR（☆☆☆）

描述（describe）Delta – Normal 方法的限制条件（☆☆☆）

一、Delta – Normal 法

该方法假设风险因子的波动满足正态分布，在原始资产定价公式的基础上求一阶偏导数（一阶灵敏度），将资产价值变动简化为市场因子波动的一阶线性函数。

假设只有单个风险因子 y 时，组合资产的价值 $P = f(y)$。当风险因子 y 从初始值 y_0 变为 $y_1 = y_0 + \Delta y$，组合价值 $P_1 = f(y_1)$，将 $f(y_1)$ 在 y_0 处 Taylor 展开：

$$P_1 = P_0 + f'(y_0)\ \Delta y + \frac{f''(y_0)}{2}\Delta y^2 + \cdots \tag{62.1}$$

当只考虑一阶项时，此时称为 Delta – Normal 方法，满足关系式：

$$\Delta P = f'\ (y_0)\ \Delta y \tag{62.2}$$

不同的金融资产具有不同的定价公式，因此，各种金融工具的 Delta 模型具体形式也不相同。

1. 在固定收益证券中的应用

固定收益证券的市场风险因子只有一个：利率。通常选取到期收益率 y，假设 y 的变动服从均值为 0、标准差为 σ_{YTM} 的正态分布。债券的价格函数求 y 的一阶导数，此时债券价格的变化量为：

$$dP = -D \times Pdy \tag{62.3}$$

其中，dP 为一天内的债券价值变化，D 为修正久期，dy 为到期收益率在 1 天内的平移变化。

式（62.3）隐含假设到期收益率的变化和价格变化是线性关系。如图 62.2 所示，将到期收益率和价格的线性关系与到期收益率的正态分布性质结合起来，就得到价格服从正态分布。

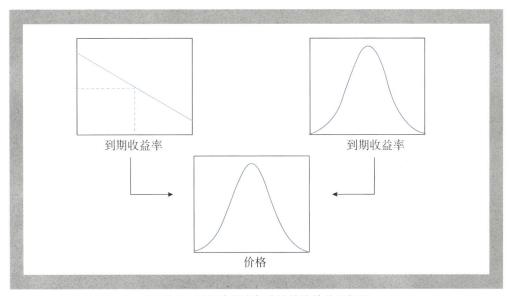

图62.2　到期收益率与价格的线性关系假设

由式（62.3）可知，固定收益证券的一阶灵敏度等于通常所说的修正久期。如果到期收益率变动分布的标准差是 σ_{YTM}，债券价格的变化量为：

$$\mathrm{Var}\ (dP)\ =\ |-DP|\mathrm{Var}\ (dy)\ =\ |-DP|Z_c\sigma_{YTM} \tag{62.4}$$

其中，Z_c 为置信度为 $1-c$ 时对应的分位数点。

例题62.1

假设一只债券价格为 100 元，修正久期为 4.33，到期收益率变动服从均值为 0、标准差为 1.2% 的正态分布。计算 95% 置信水平下，该债券一年期 Var。

名师解析

根据式（62.4），95% 置信水平下，债券的一年期 Var 为 $100 \times 4.33 \times 1.645 \times 1.2\% = 8.5474$（元）。

2. 在期权中的应用

期权价格同它的风险因子存在较为复杂的非线性关系，使得 Delta 类模型无法全面准确地映射期权价值波动。但是，如果只关心标的证券价格一个非常小的变化（如在一个很短的时间内），则可以用期权的 Delta 来近似估算期权投资组合对标的证券价格变化的敏感度。

考虑一个由单一的标的证券的期权组成的投资。期权当前的价格为 P，标的证券的当前价格为 S，期权价格对标的证券价格的敏感度 Delta 值为 Δ，它表示期权价格变化与标的证券价格变化的比率，有如下近似式：

$$dP = \Delta dS \tag{62.5}$$

其中，dS 为一天内股票价格的变化，dP 为期权在 1 天内的价值变化。

式（62.5）为期权价值变化与标的证券价格变化之间的线性关系式，它们的 VaR 值满足关系式：

$$Var(dP) = |\Delta| Var(ds) \tag{62.6}$$

3. Delta – Normal 法的优点

（1）正态分布及线性的假设提供了计算便利性。

（2）由于正态分布的假设可以轻易地将一个资产的 Var 在不同的置信水平间转换，只要调整适当的分位点即可，不需要重新计算个别 Var。

4. Delta – Normal 法的缺点

（1）未考虑一些事件风险（Event Risk），如股市崩盘或汇率重挫的现象，这是使用历史资料进行估计的通病。

（2）Delta – Normal 法不能正确地衡量与风险变量呈非线性关系的金融工具，只考虑了一阶导数的影响，忽略了二阶导数的作用。

（3）由于正态分布的假设不能描述金融市场上资产收益率分配经常会呈现的厚尾现象，低估了极端值的比重，这样 Var 值也相应被低估了。

二、Delta – Gamma 法

当标的证券的价格微小移动时，Delta 近似值是令人满意的。而对于价格较大的变动，更高阶的近似可以获得更好的效果，这就要将 Gamma 效应或凸性效应结合进去。Delta – Gamma 是展开取到二阶项的近似，这个方法显然比 Delta – Normal 更为精确。此时式（62.4）和式（62.6）可改进为：

$$\text{Var}(\text{d}P) = |-D \times P| \text{Var}(\text{d}y) - \frac{1}{2}(C \times P) \times \text{Var}(\text{d}y)^2 \qquad (62.7)$$

其中，C 为债券的凸度。

$$\text{Var}(\text{d}P) = |\Delta| \text{Var}(\text{d}s) - \frac{1}{2}\Gamma \times \text{Var}(\text{d}s)^2 \qquad (62.8)$$

其中，Γ 即为期权的 Gamma 值。

式（62.7）隐含假设到期收益率的变化和价格变化是非线性关系。如图 62.3 所示，到期收益率和价格的非线性关系与到期收益率的正态分布结合起来，导致价格的分布是个右偏的非正态分布。

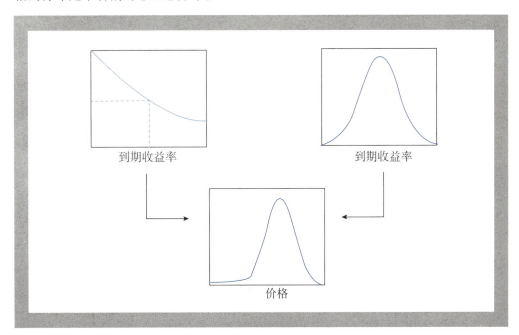

图 62.3　到期收益率与价格的非线性关系

例题 62.2

假设一名投资者买了一个股票的看跌期权，该期权现在处于平值状态（At – the – Money），期权的价值为 10 万美元。若在 95% 的置信水平下，股票持有期为一天的 VaR 值为 10.4%，求该股票期权持有期为一天的 Var 值。

A. 该期权的 Var 值略大于 USD 5 200

B. 该期权的 Var 值略大于 USD 10 400

C. 该期权的 Var 值略小于 USD 5 200

D. 该期权的 Var 值略小于 USD 10 400

名师解析

部位为多头的看跌平值期权的 Delta 值为 – 0.5，根据线性关系式（62.6），可知期权的 VaR 值为：100 000 × 0.5 × 10.4% = 5 200（美元）。部位为多头时，Gamma 值为正，所以根据式（62.8），经过二项式调整后的 VaR 值应该略小。所以，答案选 C。

$$| \Delta | \, \text{Var} - \frac{1}{2}\Gamma \times \text{Var}^2$$

第三节 全值模型

解释（explain）用全值法计算 VaR（☆☆☆）

全值模型的关键在于如何预测未来时期内市场风险因子的变化。通常采用模拟方法来完成这项工作。所谓模拟方法就是以某种方式模拟市场风险因子的价格变动路径，从而确定市场风险因子的数值分布。根据市场风险因子变动路径生成方式的不同，模拟方法可分为历史模拟法和蒙特卡罗模拟法。

一、历史模拟法

历史模拟法就是将市场因子的历史数据作为预测它未来变动的依据，也就是假定历史会重演。

历史模拟法的优点在于它对市场因子的变动不作任何统计分布假定，故而无须估计分布的参数并可有效包含肥尾、集聚和爆发性等动态特征。作为一种全值模型，历史模拟法具有全值模型对大动态、非线性风险的良好预测能力。

历史模拟法的缺陷主要与它完全以历史数据来预测未来变动有关。这实际上是假定市场因子的随机特性不随时间变化，从而导致与金融市场的实际情况不一致。

利用历史模拟法计算 VaR 的具体步骤在第六十一章"波动率估计与 VaR 计算"中有详细描述。

二、蒙特卡罗模拟法

解释（explain）用蒙特卡罗模拟法、压力测试法及情景分析计算 VaR（☆☆☆）

Monte Carlo（蒙特卡罗）模拟法将所求解的问题同一定的概率模型相联系，用计算机实现统计模拟，以获得问题的近似解。为更形象地表明这一方法的概率统计特征，故借用赌城蒙特卡罗来命名。

Monte Carlo 模拟法的出现，既在一定程度上克服了历史模拟法的不足，又保留了全值模型的优点，成为目前金融市场风险 VaR 测量的最有力工具。

与历史模拟法不同的是，蒙特卡罗法对资产价格分布的估计不是来自历史的观测值，而是在既定风险因子分布函数以及资产价格和风险因子之间函数关系（定价模型）的情况下，不断生产风险因子的随机数，然后代入定价模型，获取资产价格波动的数据。

蒙特卡洛方法的使用步骤如下。

1. 情景产生

选择市场因子变化的随机过程和分布，估计其中相应的参数，模拟市场因子的变化路径，建立市场因子未来变化的情景。

2. 资产组合价值

对市场因子的每个情景，利用资产映射模型计算资产组合价值及其变化。

3. 估计 VaR

由组合价值变化分布模拟结果，计算特定置信度下的 VaR。

下面以最为常见的基础市场因子股票价格为例，通过 Monte Carlo 模拟来估计它的数值分布情况。

1. 选择一个随机模型

首先选择反映价格变化的随机模型和分布并估计相关参数。几何布朗运动是股票价格变化中最为常用的模型，其离散形式可表示为：

$$\Delta S_t = S_{t+1} - S_t = S_t(\mu \Delta t + \sigma \varepsilon \sqrt{\Delta t}) \tag{62.9}$$

其中，S_t 为 t 时刻的股票价格，S_{t+1} 为 $t+1$ 时刻的股票价格，μ 为股票收益率的均值，σ 为股票收益率的波动率，ε 为服从标准正态分布的随机变量。

2. 随机模拟价格走势

设 T 为到期时刻，t 为当前时刻，则持续期为 $\tau = T - t$，于是 $\Delta t = \tau / n$，即把持续期分为 n 段。给出股票初始值 S_t，估计相应的参数 μ 和 σ。根据标准正态分布模型，产生相应的随机序列 $\varepsilon_i (i = 1, 2, \cdots, n)$，根据式（62.9）计算模拟价格 S_{t+1}，S_{t+2}，$\cdots$，依次类推直到目标时刻 T 时的价格 S_T。

$$S_{t+1} = S_t + S_t(\mu \Delta t + \sigma \varepsilon_1 \sqrt{\Delta t})$$

$$S_{t+2} = S_{t+1} + S_{t+1}(\mu \Delta t + \sigma \varepsilon_2 \sqrt{\Delta t})$$

$$S_{t+3} = S_{t+2} + S_{t+2}(\mu \Delta t + \sigma \varepsilon_3 \sqrt{\Delta t})$$

$$\vdots$$

$$S_{t+n} = S_{t+n-1} + S_{t+n-1}(\mu \Delta t + \sigma \varepsilon_n \sqrt{\Delta t}) = S_T$$

其中，S_{t+1}，S_{t+2}，$\cdots$，S_{t+n} 为价格变化的一条可能路径。

3. 估计 VaR

多次重复第二步，重复次数（以 k 表示）越多越接近真实分布，这样就可以得到时刻 T 时的一系列资产的价格 S_T^1，S_T^2，$\cdots$，S_T^k，在给定的置信水平 $1 - \alpha$ 下，VaR 即为在 k 次模拟结果中，将模拟价格按升序排列后第 $k\alpha$ 个模拟价格的损失。例如，模拟 1000 次（$k = 1000$），置信水平取 95% 时，在排序后的资产价格序列中找到下方 5% 的分位数 $S_T^{\min\alpha}$（倒数第 50 个数，$1000 \times (1 - 95\%) = 50$），则 95% 的置信水平下的 VaR 为：

$$\mathrm{VaR} = S_t - S_T^{\min\alpha} \tag{62.10}$$

蒙特卡罗模拟法的优点如下：

一是蒙特卡罗模拟法能够产生大量的情景，比历史模拟方法更精确。

二是蒙特卡罗模拟法是一种全值估计方法，可以处理非线性、大幅波动及厚尾问题。

三是可以模拟回报的不同行为（如白噪声、自回归和双线性等）和不同分布。

蒙特卡罗模拟法的缺点如下：

一是要为资产价格选取适当的模型以及模型参数，这不是一件容易的事情。

二是随机数的分配，产生随机数的算法、抽取方式等都会影响模拟的结果。

三是必须要有足够的重复模拟次数才能提高结果的正确性。

三、正态分布随机数的产生方法

要得到服从正态分布的随机数的基本思想是先得到服从均匀分布的随机数，再将该随机数转变为服从正态分布。下面给出三个从均匀分布到正态分布的转变方法。

1. 利用分布函数的反函数

假设随机变量 x 满足正态分布，分布函数为 $y = F(x)$，那么 y 的范围是 $0 \sim 1$，求其反函数有 $F^{-1}(y) = x$，因此，产生 0 到 1 之间的随机数作为输入 y，再代入反函数 F^{-1} 中，输出的就是符合分布函数为 $F(x)$ 的随机变量 x 了。

因此，要生成满足正态分布的随机变量 x，可以先随机抽出一个服从均匀分布的数字，再代入概率密度为正态分布的累积分布函数的反函数 F^{-1} 中。

当然，有时不一定能得到反函数的解析解，有时有的反函数的编程实现也很复杂。

2. 利用中心极限定理

独立同分布中心极限定理：如果随机变量序列 $\{X_1, X_2, \cdots, X_N\}$ 独立同分布，且具有有限的数学期望和方差，只要 N 充分大，这些随机变量的均值就会服从正态分布。

利用中心极限定理的方法得到服从正态分布的随机数样本，其思想也较为简单，更容易被想到。但是这种方法每次都要先产生若干个服从均匀分布的随机数样本并求它们的和，因而算法较复杂且耗时。

3. 使用 Box Muller 方法

随机抽取两个服从均匀分布的随机变量 u 和 v。然后，就能通过公式：

$$z_1 = \sqrt{-2\log u}\cos 2\pi v$$

$$z_2 = \sqrt{-2\log u}\sin 2\pi v$$

(62.11)

得到两个服从正态分布的随机变量。

Box Muller 方法只要用两个相互独立的均匀分布就能得到正态分布。而且产生随机数的时间及复杂度比利用中心极限定理的方法要容易得多。因而要想产生服从正态分布的随机数样本，Box Muller 方法是一个不错的选择。

尽管蒙特卡罗模拟法在承担模型风险的同时对计算机系统要求高，且如果风险因子的分布假设有误也会对最终结果造成较大偏差。但随着计算机技术的不断发展，蒙特卡罗模拟法在效率上的优势逐步显现出来，现已被广为采用。

例题 62.3

用蒙特卡罗方法对某衍生品进行估值，假设该衍生品的价格模型为：

$y(t) = \mu\Delta t + \sigma\Delta t\varepsilon_t$，其中 ε_t 满足标准正态分布，μ 和 σ 为已知参数，Δt 为时间步长。问如何随机模拟该衍生品价格的变化路径？

A. 从标准正态分布产生一个随机数，将该随机数代入正态分布的反函数得到 ε_t，代入价格模型中求出 $y(t)$，重复以上步骤多次得到需要的价格变化路径。

B. 从标准正态分布产生一个随机数，将该随机数代入正态分布的累计分布函数的反函数得到 ε_t，代入价格模型中求出 $y(t)$，重复以上步骤多次就得到需要的价格变化路径。

C. 从 0 - 1 均匀分布产生一个随机数，将该随机数代入正态分布的反函数得到 ε_t，代入价格模型中求出 $y(t)$，重复以上步骤多次就得到需要的价格变化路径。

D. 从 0 - 1 均匀分布产生一个随机数，将该随机数代入正态分布的累计分布函数反函数得到 ε_t，代入价格模型中求出 $y(t)$，重复以上步骤多次就得到需要的价格变化路径。

名师解析

要得到服从正态分布的随机数，首先要得到服从均匀分布的随机数，然后通过该随机数代入到正态分布的累计分布函数的反函数中，求出的值就满足正态分布。因此，答案选 D。

第四节　VaR 计算方法的比较

比较（compare）Delta-Normal 和全值方法（☆☆☆）

VaR 计算方法的比较如表 62.1 所示：

表 62.1　　　　　　　　　　　VaR 的计算方法比较

计算方法 特点	Delta－Normal（参数法）	历史模拟法	蒙特卡罗法
估值方法	局部（线性）	全值估计	全值估计
分布形状	假设正态分布：以风险因子历史数据的方差和相关性为分布参数	按照风险因子历史上的频度分布来作出分布图	假定特定的参数分布
极端情况	低概率	在最近的数据中可能会出现极端情况	可能会出现极端情况
计算简单程度	简单	中等	复杂
可掌握性	容易	容易	难
给定置信水平，VaR 值计算方法	标准差乘以相应的分位数	将损益按照顺序排列，找到在置信水平的分位点处的损益值	将损益按照顺序排列，找到在置信水平的分位点处的损益值
VaR 精度	很好	用短期时间窗口较低	多次重复下精度好
主要缺陷	非线性、肥尾	风险随时间变化、异常事件	模型风险

局部估值模型中的 Delta－Normal 法和全值模型的蒙特卡罗法由于要估计模型参数，因此，被认为是参数法，而历史模拟法和综合法既是全值估值也是非参数法，它们的关系参如表 62.2 所示。

表 62.2	VaR 计算的主要方法	
	局部估值	全值估值
参数法	Delta – Normal	蒙特卡罗法
非参数法		历史模拟法、综合法

第五节　VaR 的回测（Back Testing）

巴塞尔框架要求所有使用内部模型法计量市场风险的必须要进行回溯测试。回溯测试具有如下功能：

第一，用来检测风险度量的恰当性，包括参数设置合理性、数据完整性、计算合理性。

第二，用来帮助确认升级风险衡量模型的必要性。对一些投资者而言，最开始计算 VaR 的模型可能比较简单，当进行新的资产类型和新的国家与地区的投资时，原有模型可能无法覆盖相应的资产类型或者没有相应的数据，此时可以用回溯测试来检验当前模型的合理性。

风险经理通过比较预期损失水平和实际损失水平，对风险模型的有效性进行核查。风险经理将每日 VaR 的预测值与下一天的真实损益值进行比较，如果真实损失超过 VaR，该事件称为异常事件（Exception）。然后风险经理查出异常事件在 T 个观测值时间窗口中的数目。异常事件数量应与置信水平相一致，如果异常数量很大，表明模型低估了风险；如果异常数量太少，意味着单位风险资本闲置或无效。

例如，一个资产组合的 VaR 值是 100 万美元，在 250 个交易日内，在 95% 的置信水平下，我们预期会有 5% 的时间出现例外，因此，用时间窗口数 250 乘以 5%，得出有 12.5 个交易日组合的损失可能会超过 100 万美元。假如真实的例外天数超过 VaR 值预测出的 12.5 天，就可能会出现低估真实风险的情况；如果真实的例外数小于 12.5 天，就可能出现了高估风险的情况。预测出的例外数和真实情况出现偏差，在这种情况下我们并不能直接认为模型是错误的。因为在一定的置信水平下出现一定的偏误是允许的。例如在 95% 的置信水平下超过 5% 的观测值，可能会由于偏误而得到异常事件达到 6% 或 8%，但是如果异常事件达到 10% 或甚至是 20% 的话，就说明模型本身存在问题。"拒绝域或不拒绝域"就是统计上下结论的依据。

第六节　压力测试和情景分析

描述（describe）最坏情景法并比较它和 VaR 的异同（☆☆☆）

在实际交易中，仅仅使用 VaR 来衡量市场风险是不够的。对于风险控制管理来说，除了要考虑正常情况下的可能损失，更重要的是必须确保在极端市场情况下，金融机构所持有的金融资产能否避免让该机构出现破产的风险。VaR 并无法估计出此类风险。为了准确地测量这种尾部极端情况下的金融风险，还产生了压力测试（Stress Testing）和情景分析（Scenario Analysis）等方法。

压力测试用于回答下面的问题：如果市场状态 r 突然发生将会出现什么结果？此时的情景就是市场状态的突然发生，情景被定义为市场状态，并由向量 r 表示。一般来说，"情景"指将来发展情况，但与压力测试相联系的情景指的是将来可能发生的市场状态，因此，与压力测试相联系的情景指的是结果而不是过程。在压力测试中，首先要根据某种准则选取情景 $r = (r_1, \cdots, r_n)$，然后计算资产组合在这些情景下的值 $P(r_1), \cdots, P(r_n)$，同时计算组合的实际值，这样可以估计当市场突然从实际状态变到 $r = (r_1, \cdots, r_n)$ 而又不许调整资产组合时的损失估计值。

在压力测试中有两种确定情景的方法：历史情景法（Historical Scenarios）和最坏情景法（Worst Case Scenarios，WCS）。

1. 历史情景法

历史情景法指以历史上发生过的极端事件为基准，构造金融市场的未来极端情景。它的优点之一就是测试结果的可信度高，因为市场风险因子结构的改变是历史事实，而不是武断的假设。另一个优点就是测试结果易于用来沟通和理解。例如，为了检验美国股票价格的剧烈变化，某公司可以假定市场变量的变化等于 1987 年 10 月 19 日市场变量的变化（这一天 S&P500 变化幅度达 22.3 个标准差）；为了检验英国利率剧烈变动的效应，金融机构可以假定利率的百分比变化等于 1992 年 4 月 10 日的利率变化（在这一天 10 年期债券收益率的变化为 8.7 个标准差）。

2. 最坏情景法

最坏情景是构造出对投资组合而言将导致其产生最大损失的事件来创造市场冲击的规模和效应结构。例如，最坏情景可以假设为收益率曲线平行移动100个基点，某资产的隐含波动率由当前水平上下波动20%，股指上下变动10%，一个主要货币的汇率上下变动6%等。

最坏情景分析通常是估计一段时期中实际期望发生的最坏情况，它考虑的是小于 VaR 值的尾端分布情况。如图 62.4 所示，在正态分布的情况下，1% VaR 对应的分位数为 -2.33。图中阴影部分为小于 VaR 的尾端分布情况，部分作为最坏情景也满足另一个正态分布，期望值对应的分位数为 -2.51，或者说期望的最坏情景为 -2.51，1% WCS 则表示在置信度为 99% 的情况下，对应的分位值为 -3.72。

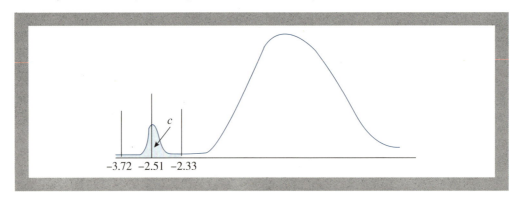

图 62.4　WCS 与 VaR

由图 62.4 我们可以得出结论：持有期 100 天的损失，平均来说损失超过 VaR 的天数为 1 天，而这一天的期望损失对应的分位数为 -2.51，并且有 99% 的概率不超过 -3.72。

1% VaR 表明了 99% 的情况下期望值损失不会超过 VaR 的值，但仍有 1% 的机会损失超过 VaR。1% WCS 则表明出现这 1% 的情况时，有 1% 的可能会出现最糟糕结果。因此，更为保守的资产管理者可以采用最坏情景的最低分位数规避最坏损失。显然，此方法是一种比 VaR 估计更加谨慎的方法。

> **知识一点通**
>
> 在正态分布的情况下，VaR 本质上对应于一定置信度上的分位数，该值又称分位点 VaR。

第七节　一致性风险度量

定义和解释（define and explain）一致性风险测度的属性（☆☆☆）

解释（explain）为何 VaR 不是一致的风险度量（☆☆☆）

解释和计算（compute and explain）期望短缺，并与进行 VaR 比较（☆☆☆）

一、一致性风险测度公理（Coherence）

（1）单调性（Monotonicity）：$X_1 \geqslant X_2 \Rightarrow p(X_1) \leqslant p(X_2)$

（2）一次齐次性（One Order Homogeneity）：$\forall \lambda > 0$，$p(\lambda X) = \lambda p(X)$

（3）平移不变性（Translation Invariance）：$\forall c$，$p(X + c) = p(X) - c$

（4）次可加性（Sub – additivity）：$p(X_1 + X_2) \leqslant p(X_1) + p(X_2)$

单调性表明投资组合 X_1 的预期收益比投资组合 X_2 较高或相同，那么前者的风险 $p(X_1)$ 至少不大于后者的风险 $p(X_2)$。

一次齐次性表明投资组合的风险必须与其头寸量呈线性扩展关系。

平移不变性表明数量为 c 的资本或保证金加入资产组合 X 之中，正好能够抵消投资组合 X 的风险，因此，平移不变性原理要求风险测度在数值上正好等于为了抵消资产组合的风险而需要提供的资本或保证金。

次可加性要求一个合并的投资组合的风险值 $p(X_1 + X_2)$，一定不会高于其每个组成部分风险值的加总 $p(X_1) + p(X_2)$。

次可加性主要是从保证金融风险监管有效性角度提出的，为监管目的设计的风险测度必须满足次可加性，如果风险测度 $p(X)$ 不满足次可加性，则用该风险测度度量出来的多个被监管对象的总体风险 $p(\sum_i X_i)$ 大于单个监管对象的风险之和。这意味着如果使用风险测度 $p(X)$，即使为单个的监管对象设置了足够的资本或保证金 $p(X)$，也不能保证所有监管对象总的资本或保证金足以抵消总体的风险，那么监管措施就失效了。

二、VaR 不满足次可加性

VaR 能满足单调性、一次齐次性、平移不变性三个公理。由于有 $\sigma_{X_1+X_2} < \sigma_{X_1} + \sigma_{X_2}$ 成立，就可以证明资产收益率在正态分布或椭圆分布条件下风险度量 VaR 满足次可加性。一般地，VaR 不能满足次可加性，即不满足：

$$\mathrm{VaR}(X_1 + X_2) \leq \mathrm{VaR}(X_1) + \mathrm{VaR}(X_2) \tag{62.12}$$

假设有两个面值 100 元且不同时违约的企业债券 A 和 B，初始值都为 99 元，在不同的期末事件发生情况下，这两个债券的支付如表 62.3 所示。

表 62.3   债券 A 和 B 的支付情况

期末事件	A	B	A + B	Prob
1	70	100	170	3%
2	90	100	190	2%
3	100	70	170	2%
4	100	90	190	3%
5	100	100	200	90%

从表 62.3 中可以分别计算出债券 A、债券 B 和组合 A + B 的初始值 VaR 值，如表 62.4 所示。

表 62.4   债券 A、B 和组合 A + B 的初始值 VaR 值

	A	B	A + B
初始值	99	99	198
VaR	9	9	28

对债券 A 来说，将其支付值从小到大排列，在支付等于 90 时，累计概率值为 5%，所以 VaR 值等于 99 – 90 = 9。同理，可以得出债券 B 的 VaR 值等于 99 – 90 = 9，A + B 的 VaR 值为 198 – 170 = 28。此时 VaR（A + B）> VaR（A）+ VaR（B），不满足次可加性。

从上例可以看到，债券 A 和 B 的 VaR 值之和小于组合 A + B 的 VaR 值，这将直接导致我们不是进行分散性投资，而是把所有的资金投在某一种债券上，这与我们投资理论是明显矛盾的。因此，有必要提出一种满足一致性的风险测度。

三、期望短缺（Expect Shortfall，ES）

VaR 并没有给出损失的尾部分布的描述。它仅仅说明了这个值发生的概率，而没有提供任何关于损失分布的尾部信息。VaR 本质上只是对应于某置信水平的分位点，它无法考察分位点下方的信息，即所谓的左尾损失。例如，图 62.5 中的两种收益分布有同样的 VaR 值，但它们有非常不同的尾部损失分布。VaR 方法的这一缺点使人们忽略了小概率发生的巨额损失事件甚至是金融危机，而这又恰恰是金融监管部门必须重点关注的。

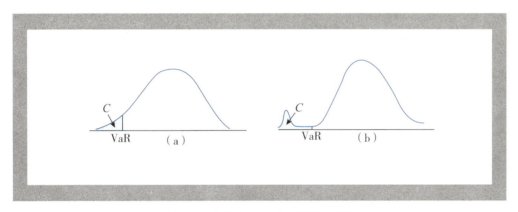

图 62.5　相同的 VaR 但有不同的尾部

针对 VaR 所忽略的尾部风险问题，人们提出了期望短缺这个指标，定义 ES 是超过风险临界值之后的平均损失，所以对于 99% 风险价值来说，期望短缺就代表了那最坏的 1% 中的平均结果。通俗来说就是最糟糕的事情发生之后，投资所可能发生的平均损失。当收益率的分布是离散时，其数学表达式为：

$$ES_\alpha = \sum_{i=1}^{M} \frac{r_i}{M} \tag{62.13}$$

其中，r_i 为收益率，M 为 r_i 小于最小收益率 r^* 的个数。

由式（62.13）可知，ES 将超过置信水平以上的损失全部纳入考虑，对高于 VaR 的损失（以此为条件）取平均值比较。

除了考虑尾部风险之外，ES 还改进了 VaR 在次可加性上的不足。从数学推理上它可以很好地满足次可加性的要求，另一方面它也可以对不同类型的投资组合进行评估，而超过置信水平的变化也不会引起它的剧烈变动。

由于 ES 度量了尾部风险，因此，在同一个分布情况下，ES 通常算出来会比 VaR 大很多，这意味着 ES 比起 VaR 而言是一个更保守的指标，如果银行要测算应计提的资本金，那 ES 方法算出来的会比 VaR 大，所以这也不难理解经过了金融危机后，巴塞尔委员会要用 ES 方法替代 VaR 了。当然 ES 也有自己的问题，例如，VaR 有一套非常成熟的得到公认的回测体系。实际应用中，ES 和 VaR 经常被用来交叉验证和互相印证。

例题 62.4

某风险经理用历史模拟法预测某资产组合的 95% 的每日 ES，时间回望期为 100 天。回望期内最小的 6 个收益值如表 62.5 所示。

表 62.5　　　　　　　某资产组合回望期内最小的 6 个收益值

顺序	收益率	回望天数
1	− 10.00%	93
2	− 6.20%	18
3	− 4.70%	65
4	− 4.00%	6
5	− 3.85%	5
6	− 3.70%	20

又过了 10 天，这 10 天有 4 天为负收益，分别为 − 25.5%，− 4.0%，− 8.8% 和 − 9.5%，其余为正收益。假设该投资组合的初始值为 100 万美元，问此时 95% 的每日 ES 值？

名师解析

由于过了 10 天，因此，原来时间窗口内的第 100 天至 91 天的数据失效，所以表 62.5 中第 95 天的收益率 − 10% 不予考虑，考虑新的 4 天的负收益数据，此时回望窗口内收益值从小到大的排序（取最小的 5 个值）如表 62.6 所示。

表 62. 6	某资产组合回望窗口内收益值中最小的 5 个值
顺序	收益率
1	− 25. 50%
2	− 9. 50%
3	− 8. 80%
4	− 6. 20%
5	− 4. 70%

此时95%的每日 VaR 值为 −4.7%，95% 的每日 ES 值为剩下的 4 个收益值的算术平均，（ − 25.50% − 9.50% − 8.80% − 6.20% ）／ 4 = − 0.1250，0.1250 × 100 = 12.50万美元。

扫码做题　章节练习

第六十三章

国家风险

知识引导：主权风险是与国家风险高度相关的一个概念。主权风险有时可等同于国家风险，有时又小于国家风险。因此，国家风险可认为涵盖主权风险。评级机构的主权评级结果对债务工具的选择和国际资本的流向都会产生重要的影响。2001 年，巴塞尔银行监管委员会发布了一份新巴塞尔资本协议（《巴塞尔协议 II》），新协议强调了外部评级的标准、机构及使用情况。

考点聚焦：通过对本章内容的学习，考生能够识别国家风险的来源；解释经济周期、政治风险、法律风险和经济结构中的国家风险敞口；解释风险评估服务的局限性，比较外币债券主权违约与本币债券的主权违约的异同；解释主权违约风险的原因，描述主权违约带来的后果，描述影响主权违约风险的关键因素；解释和评价评级机构对主权违约风险的评估方法，描述主权违约利差作为违约度量的优缺点。

本章框架图

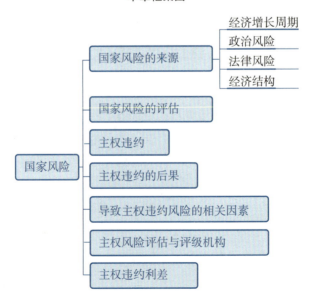

国家风险评估和主权评级是风险管理的重要组成部分。评级的作用是给出信贷政策和建议，规定哪些级别的国家才能给予信贷或者对不同信用等级的国家发放不同类别的贷款，如担保、抵押等。评级的另一个作用是可以以此为依据来选择贸易投资的伙伴。

第一节　国家风险的来源

识别（identify）国家风险的来源（☆☆☆）

解释（explain）经济增长周期、政治风险、法律风险、经济结构中的国家风险暴露（☆☆）

当商业交易跨越国境时，将产生国内商业交易所没有的额外风险，这种额外风险被称为国家风险。国家风险指一个主权国家的政府或借款人，因借款国的社会经济环境或政府政策等因素变化，不能或不愿意向一个或数个外国的贷款人或投资者偿还债务的可能性以及由此造成的损失。国家风险通常由某个特定国家在经济结构、政策、社会政治制度、地理方位和货币等领域的诸多差异引起。国家风险的主要来源包括经济增长周期、政治风险、法律风险、经济结构等方面。

一、经济增长周期

与发达市场相比，新兴市场由于处在经济增长周期的早期阶段，相对而言，国家风险更大。在全球性经济衰退时期，小的新兴市场会遭受更大的打击，新兴市场更容易出现两位数（Double – digit）的衰退，波动性大。

二、政治风险

政治风险是指由于投资者东道国的政治环境发生变化、政局不稳定、政策法规发生变化等因素，给投资者或企业带来经济损失的可能性。

1. 风险的连续性和非连续性

虽然民主国家由于政府更迭容易导致相关政策的改变或废除，但这种风险相对

而言较低且有一贯性和连续性，故而被称为连续性风险。独裁政府国家从表面上看由于政治强权和政治强人的存在，国家的政策似乎容易保持稳定，有一定的持续性，但是一旦发生政权或领导人更迭，带来的冲击和改变会更加无法预料和掌控，这种风险称为不连续性风险。

2. 腐败

独裁体制常伴随效率低下、严重贪污腐败和法律失灵等问题，此问题毫无疑问会增加投资人的隐性税收，从而增加了投资人的风险。

3. 暴力冲突与动荡局面

如果一个国家的政治体制缺乏预防和化解政治危机的能力，司法机构缺乏有效降低犯罪率的手段和执行力，社会将产生剧烈动荡的局面，加剧投资环境的不稳定性和风险。

4. 国有化和强行征收风险

如果一个国家的企业的利润会被强行没收（如随意征收特别税）或者企业会被迫国有化（低于公平价值），投资者或企业在这种国家或地区投资就要承受极大风险。

三、法律风险

投资者和企业依赖于投资所在国法律上存在的很多自身独特的规定，这些规定涉及投资、劳工保护、环境保护、社会保障、涉外制度、对私有财产的保护和司法独立性等方面。

四、经济结构

有些国家的经济结构过于单一，导致经济结构失衡，在其支柱产业受挫时，国家整体经济发展所受的影响会立刻显现，各行各业也会被波及，给投资者或企业带来额外风险。

当投资者在进行跨国投资分析时，在单个评估上述国家风险的来源的同时，还要将这些风险来源综合考虑。

第二节　国家风险的评估

解释（explain）风险评估服务的局限性（☆☆☆）

国家风险的评估是通过对风险进行定性和定量分析，用指标或指数来表明一个国家的风险水平。国家风险评估的一个基本功能是预测外国借款人拒付债务、违约和延期支付的可能性。目前评估国家风险的专业性机构如下。

一、政治风险服务公司（Political Risk Service，PRS）

PRS 提供超过 100 个国家的国家风险数值的商业服务，该机构是盈利机构，因此，服务只对付费会员开放。PRS 从国家的政治、金融和经济风险三个维度，用 22 个变量来衡量风险，分别为每个维度提供国家风险评分以及国家风险的综合得分。得分范围为 0～100 分，分数高（80～100 分）表示低风险，分数低表示高风险。

二、《欧洲货币》杂志（Euromoney）

《欧洲货币》杂志是世界著名的金融月刊，其提供的国家风险产品——国家风险评估（Euromoney Country Risk，ECR）具有一定的权威性，受到许多投资者的关注。2013 年，ECR 覆盖 187 个国家，每半年发布一次评级结果。ECR 得分为 0～100 分，其中 100 分意味着零风险，0 分意味着所有风险完全暴露。ECR 评估包括定性评估和定量评估，前者包括经济风险、政治风险和结构风险；后者包括融资渠道、债务指标和信用评级。定性评估是由专家打分确定的，定量评估则依赖对跨国银行财团管理人士进行融资渠道的问卷调查、IMF（International Monetary Fund，简称国际货币基金组织）与世界银行的数据以及穆迪

和惠誉的信用评级。

三、《经济学人》杂志（Economist）

英国的《经济学人》杂志的国家风险服务（Country Risk Service，CRS）如今覆盖 125 个国家。CRS 评估国家风险所采取的方式是，就某个国家目前的政治与经济以及预期的政治与经济趋势向有关专家提问，要求这些专家对这些问题进行定性和定量回答。CRS 国家风险评估包括四大类风险：政治风险、经济政策风险、经济结构风险和流动性风险。

四、世界银行（The World Bank）

世界银行国家风险的评估考虑的主要因素包括政治因素、经济因素及金融形势，具体考察六个方面：腐败程度、政府效率、政策稳定与连贯性、法律规则、话语权和问责制、监管质量。

由于投资者或企业有自己特定的关注目标，评估需求也不一样，因此，各个国家风险评估机构提供的评估服务从客户的角度出发，还存在一定的局限性。

1. 评估标准

各个评估机构没有统一的评估标准，例如 PRS 和 *Euromoney* 中，ECR 得分数越高意味着其风险越低，而 *Economist* 中分数越低意味着风险越低。

2. 评估方法

评估的方法论是针对国家政策设计的，体现的是经济学家和政策制定者的兴趣点，不一定符合投资者或企业的特定偏好。

3. 评估分数

评估的分数只能用于定序，可以比较大小，但不能说明其风险程度。例如，*Economist* 对甲乙两个国家的国家风险评估的分数分别为 70 分和 35 分，这意味着甲的国家风险高于乙，但不能说甲的国家风险就是乙的国家风险的两倍。

第三节　主权违约

比较（compare）外币债券主权违约与本币债券主权违约的异同（☆☆）

解释（explain）主权违约的原因（☆☆）

主权违约风险通常指一国政府或政府支持机构不能按照贷款合同条款规定的方式偿还本金和利息。主权风险是与国家风险高度相关的一个概念。主权的含义有时指一个国家整体，有时又指一个国家的中央政府部门。因而，主权风险有时可等同于国家风险，有时又小于国家风险。目前主流的观点认为，国家风险的涉及面较广，涵盖主权风险。

主权违约风险包含外币债券主权违约和本币债券主权违约。外币债券指以外币表示的、构成债权债务关系的有价债券。由于国家可能没有足够的外币来履约，所以外币债券也就比本币债券更容易违约。

历史上的主权危机有拉美主权危机（20 世纪 80 年代）、墨西哥经济危机（1994年）、俄罗斯金融危机（1998 年）、阿根廷债务重建（2002 年）、欧元区债务主权危机（2010 年）等。据统计，自 1800 年以来违约 7 次以上的主权国家几乎全部位于拉丁美洲。厄瓜多尔和委内瑞拉违约次数更是高达 10 次。主权违约最多的前 10 个国家里，有 9 个来自拉丁美洲。

1975 年以来，有 23 个政府及政府支持机构出现了本币债券违约，包括阿根廷（2002 年）、马达加斯加（2002 年）、多米尼加（2003 年）、蒙古（1997 年）、乌克兰（1998 年）和俄罗斯（1998 年）。

很多国家在外币债券违约同时本币债券也出现了违约，原因如下。

一、金本位（The Gold Standard）

1971 年以前，金本位制度要求国家发行纸币必须以一定的黄金储备作为准备金，这就限制了国家自由发行货币进行偿债的可能。

二、共享货币（Shared Currency）

欧元就是典型的共享货币。欧元区各国的货币政策受到欧盟的一定限制。例如，希腊债务危机中的希腊政府就不能靠印钞票还债。

三、货币贬值（Currency Debasement）

国家靠发行钞票来还债，其后果只会导致货币剧烈贬值和引发恶性通胀，带来的负面后果可能远大于主权债务违约的成本。

主权违约并不意味着对借款的完全否认。大多数时候，接着违约而来的是债务人和主权国家之间的协谈和清算。

第四节　主权违约的后果

描述（describe）主权违约的后果（☆☆）

主权违约的后果包括声誉成本、国际贸易排除成本、国内经济体通过金融市场再融资成本和政府当局的政治成本等，举例如下。

第一，国内 GDP 下降 0.5% ~ 2.0%。

第二，主权评级下降，融资的成本大幅提高。主权违约的发生与债务评级的下降将给予潜在投资者消极的信号，从而使潜在投资者拒绝购买该国新的主权债券，使违约国更加难以从市场上融资。

第三，违约可能导致双边及多边贸易的报复（Retaliation）与制裁，极端的还有可能导致贸易中断，甚至冻结和没收违约国的国外财产。

第四，违约国出现银行业危机（Bank Crisis）的概率增大，主权违约除了会对社会整体信用体系造成巨大的冲击外，也会对银行体系和金融部门造成影响，引发系统性风险。

第五，政局动荡甚至政权更迭。

第五节　导致主权违约风险的相关因素

解释（explain）导致主权违约风险的原因（☆☆）

引发主权违约有如下几个因素。

一、债务水平

较高的债务负担，尤其是外币债务对应较高的违约风险。

二、退休金和社保负担

较高的退休金和健康医疗负担对应较高的违约风险。因此，一个国家老龄化程度越严重，违约风险就越高。

三、税收收入（Tax Receipts）

税收是国家的主要财政来源。税收收入越稳定、来源渠道越丰富，主权违约的概率就越低。就税种而言，销售税与增值税（Sales and Value Added Tax）比所得税（Income Tax）更稳定。

四、政治风险

独裁政府（Autocracies）比民主政府违约的可能性更高。主权违约有可能会导致政府下台，但这种压力对独裁政府来说就小得多。

五、是否获得其他国家和机构的支持

当西班牙、葡萄牙和希腊加入欧盟后，这些国家的主权违约风险都被认为降低了，原因是欧盟中有德国等更强的经济体，人们主观认为这些国家将获得德国等国家的支持与资助。但欧盟成员国只是承诺将在危机出现时提供自愿性救助，这并非法律保证，因此，这只能算是一种隐性支持。

第六节　主权风险评估与评级机构

解释和评估（explain and assess）评级机构对主权违约风险评级方法（☆☆☆）

国家主权信用评级（Sovereign Rating），指评级机构依照一定的程序和方法对主权国家的政治、经济和信用等级进行评定，并用一定的符号来表示评级结果。根据国际惯例，国家主权等级列为该国境内单位发行外币债券的评级上限。在全球金融市场上，主权评级这个行业主要被三大机构所主导：标准普尔（S&P）、穆迪投资者服务公司（Moody）和惠誉（Fitch）。

一、S&P 的评级方法

S&P 的主权评级包括定量分析与定性分析。定量分析选用一些经济与财务方面的数据作为评级的标准。定性分析用来评估国家未来的信用。评级方法采用"由上而下"与"由下而上"两种方式。"由上而下"的方法为每季度分析研判该区域违约的趋势，并且定期观察国际形势对该国的影响。"由下而上"的方法关注影响每个政府债务的基本因素，一共分为八大类指标，如政治风险、收入水平与经济结构、经济增长展望、财政弹性、公共债务负担、物价稳定性、国际收支弹性、外债与流动性。评级时由委员会成员就这八大类指标进行评分。

二、Moody 的评级方法

穆迪公开的评级方法与标准普尔相比显得结构更加松散，且更改的频率也较高。其主权风险分析包含三类：定性因素、经济基本面和外债。

定性因素包括阶层、种族划分、财富分配、文化和意识形态差异以及利益集团等，主要涉及社会关系结构。评估政治动态时着重强调对财富形成和经济管理的政治干预程度、过去受压制的行为以及政权的合法性。经济基本面的分析着重强调经济管理，包括财政和货币政策、国家资源和资源开发、出口构成以及对进出口部门的结构依赖等方面。外债部分完全集中于相对于出口和 GDP（国内生产总值）的外债。债务构成特别是到期债务部分是重要的考虑因素。

三、惠誉的评级方法

惠誉的评级方法是参照最近发生的违约情况来建立数个领先指标，配合一套风险模型为各国评分。

四、三大机构评级符号

在评级符号的设置上，标准普尔、穆迪和惠誉基本保持了一致性，一般单独用字母或配合数字来表示。

穆迪的长期主权信用等级表示法从 C 到 AAA 共 21 级，从高到低分别为 Aaa、Aa1、Aa2、Aa3、A1、A2、A3、Baa1、Baa2、Baa3、Ba1、Ba2、Ba3、B1、B2、B3、Caa1、Caa2、Caa3、Ca 和 C 级。短期主权信用评级则为 P－1、P－2、P－3 和未分级，长期和短期信用等级有一定对应关系。

标准普尔的短期分级表示分 21 级，从高到低分别为 AAA、AA＋、AA、AA－、A＋、A、A－、BBB＋、BBB、BBB－、BB＋、BB、B＋、B、B－、CCC＋、CCC、CCC－、CC、C 和 D，长期分级为 A1＋、A1、A2、A3、B 和 C。惠誉的分级方法和标准普尔类似。

总体而言，这些分级一般都分为两类大级别，即投资级别和投机级别，前者表

明该国主权信用等级高、债务无风险，后者表示风险较大、债务偿付可能得不到保证。

在主权信用评估的目标方面，三大评级公司存在着明显的差异。标准普尔强调评估主权违约的概率，而非主权违约的严重程度，且不对违约的预期时间、违约的解决方式或回收价值作出评估。穆迪关注的是评估主权债务违约的预期损失，该预期损失是由违约概率和预期回收率决定的。惠誉是标准普尔和穆迪两者评估目标的综合。在主权债务违约发生之前，惠誉关注违约概率，但在主权债务违约发生之后，它转而关注预期回收率。

五、主权风险评估的主要步骤

以标准普尔为例，该机构的主权风险评估的主要步骤如图 63.1 所示。

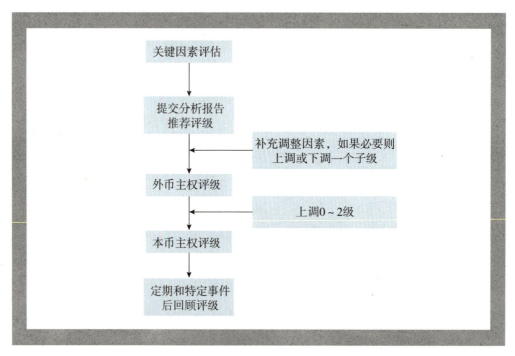

图 63.1　标准普尔主权评级过程框架

在补充调整因素的情况下，主权外币评级可能会在给定主权评级水平的基础上上调或下调一个子级。标准普尔确定一个主权本币评级比外币评级高 0 ~ 2 个子级。主权本币评级可以高于主权外币评级是因为本币信用是由主权政府在境内所具有的独特权利所支持，包括发行本币债券和通过监管控制国内的金融体系。当一个主权国家是货币联盟的成员或者使用另一个主权国家的货币，那么该国的本外币评级步骤是一样的。

2011 年，大公国际为中国铁道部的债券给出了 AAA 的评级，有媒体认为中国铁道部获得的信用评级高出中国国家主权信用的 AA + 评级，大公国际闹出了大笑话。其实媒体方面犯了一个常识性错误，他们把本币主权评级和外币主权评级搞混了。外币主权评级，从原理上来说，多是进行国际比较的，国内比较的意义不大。本币主权信用在本国，除少数例外情况外，一般是最高的。因为主权政府在国内拥有财政手段、货币手段等非主权债务主体不具备的手段来保证债务的履行。因此，把中国铁道部的 AAA 评级和政府主权的 AA + 评级直接比较的做法是错误的。

表 63.1 为穆迪对南美五个国家的主权评级与展望。

表 63.1　　　　　　　　　南美五个国家的主权评级与展望

国　　家	外币主权评级	外币主权评级展望	本币主权评级	本币主权评级展望
阿根廷	Caa1	NEG（负面）	Caa1	NEG（负面）
巴西	Baa2	NEG（负面）	Baa2	NEG（负面）
洪都拉斯	B3	POS（正面）	B3	POS（正面）
巴拉圭	Ba1	STA（稳定）	Ba1	STA（稳定）
委内瑞拉	Caa3	STA（稳定）	Caa3	STA（稳定）

在表 63.1 中的评级展望，是对被评对象在未来 1 ~ 2 年可能发生的走向所发表的意见。各家机构的评级展望分类大体相同，主要分为：正面（Positive）、负面（Negative）、稳定（Stable）和发展中（Developing）。

第七节　主权违约利差

描述（describe）用主权违约利差作为违约度量的优缺点（☆☆☆）

主权债务的违约概率在某种程度上除了可以利用主权信用评级的等级作为参考外，还可以利用主权信用违约互换（Credit Default Swap）的担保成本、不同主权债券间的息差（Spread）作为参照。当主权债务市场上潜在的债券买卖双方均怀疑某一政府已无力或无意愿偿还其债务时，他们将会对主权债券潜在的违约风险要求更高的债券贴现率作为对这部分风险的溢价补偿。当这一贴现率大幅度超过无风险利率的时候，意味着国家将以极高的贴现率偿还债务，或者说，债券的市值出现大幅度缩水，此刻主权国家存在强烈的违约动机。

主权信用违约互换简称主权 CDS，是针对中央政府债券违约风险而设计的。主权 CDS 提供了除去债券收益以外的另一种风险定价方式。主权 CDS 可以理解成一个以市场为基准来衡量主权信用和违约风险大小的实时指标。我们用不同期限的主权 CDS 息差来表示市场参与者觉察到的主权违约风险。

一般认为一项资产的风险能用它的收益表现出来。如果某国债券投资风险比较高，那么为了弥补投资者对高风险的承担，他们会提供一个更高的收益。某种债券的收益风险一般会跟某种被认为是无风险的资产进行比较。目前在国际市场上普遍使用的主权国债无风险资产包括美国国债和德国国债。主权风险可以通过衡量不同国家主权债券的收益利差来获得，例如，如果中国在债券市场上发行了一个以美元计价的收益率为 5% 的欧洲债券，那么，中国发行的此种债券可以用一个与此类似的美国债券来做比较，如果美国债券的收益率为 3%，那么可得两者之间的违约利差为 2%。

对信用评级得分与主权违约利差之间的统计相关性的衡量可以用一种指数型的关系来描述。图 63.2 所示的是由穆迪公司提供的关于国债市场 10 年期国债违约利差与主权信用评级之间的关系。

在图 63.2 中，0% 为最小违约风险，100% 为最大违约风险。图中每一个观测值都代表了一个特定国家以及这个国家主权债券收益与美国国债之间的差距。

可以说，违约风险与主权风险利差满足正相关的关系。

用主权风险利差作为主权违约度量的优点包括以下两点：

一是基于市场的风险利差比评级更具动态性，能够根据市场信息进行快速调整，实时发生变化。

二是基于市场风险利差提供的信息比评级机构更具粒度性（Granularity）。在这里粒度性可理解为信息更具体化。例如，同样被穆迪评级为 Baa2 的巴西国债和秘鲁国债，主权风险利差分别为 2.03% 和 1.46%，被穆迪评级为 Baa3 的哥伦比亚国债的主权风险利差为 1.58%，比较它们之间的主权利差显然比只看评级更直接，可以获得更具体化的信息。

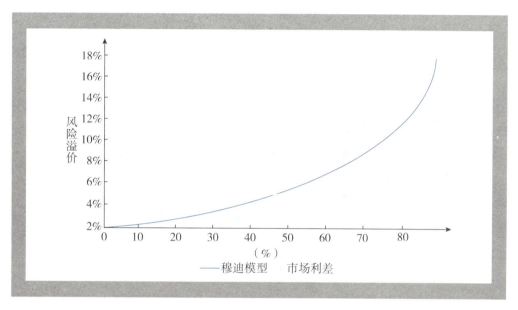

图 63.2　主权风险利差与评级相关性

用主权风险利差作为主权违约度量的缺点如下：

一是计算主权风险利差需要合适的无风险的资产作为参照。

二是不能用于主权本币债券的对比。

三是和主权违约比较，主权风险利差受到市场的影响更大，价差易受投机因素的影响，波动更大。

扫码做题　章节练习

第六十四章

外部评级与内部评级

知识引导： 以评级方式为标准进行分类，信用评级可以分为外部评级与内部评级。外部评级指委托人聘请作为第三方的评级机构为代理人，进行有关评级事项。内部评级指机构通过使用内部的评级系统，对经济活动的风险和收益进行评估和预测的信用管理过程。

考点聚焦： 描述外部评级的尺度和流程，描述评级和违约的关系，描述时间跨度、经济周期、行业和地理位置对外部评级的影响，描述评级改变对债券和股票价格的潜在影响，描述信用迁移概率矩阵的使用，描述内部评级系统的构建、标准化和回测，解释和比较时点评级法和跨周期评级法，比较内部评级与外部评级，识别和描述造成内部评级系统偏差的原因。

本章框架图

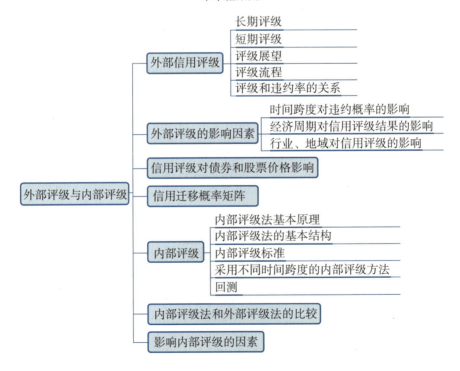

标普、穆迪和惠誉三大评级机构对信用评级的定义基本一致，即信用评级是对债务人还债能力和偿债意愿的综合评价。评级机构通过综合考虑各种因素对评级对象信用质量可能产生的影响，最后将信用质量用简单的评级符号表示。

第一节　外部信用评级

描述（describe）外部评级尺度和流程以及评级和违约的关系（☆☆☆）

外部评级是社会专业资信评估公司的信用评级活动。外部评级是相对于银行来说的。一般情况下，社会专业资信评估公司在进行信用评级时，都以新巴塞尔资本协议（《巴塞尔协议 II》）为基础来决定风险权重。因此，与各具特色、各不相同的内部评级相比，外部评级的依据与标准及其结果具有通用性。

穆迪、标普和惠誉为外部信用评级的三大巨头，他们的评级结果被市场参与者和监管机构广泛接受。

根据评级对象不同，信用评级可分为主体信用评级（Issuer Credit Rating）和债项评级（Issue - specific Credit Rating）。

主体信用评级指对受评主体如期偿还其全部债务及利息的能力和意愿的综合评价，主要评价的是受评主体长期违约率的大小。主体信用评级不针对债务人具体的债务，也不考虑具体债务的抵押担保。

债项评级指评级机构对发行人发行的债务工具或其他金融产品的评级，评定的是该债务工具或金融产品违约的可能性及违约损失的严重性，其内容包括对债券、融资券、商业票据、保险单等信用工具的评级。除了债务人的特性需要考虑以外，债务本身的性质如抵押品、担保人的信用资质等也需要考虑。

根据期限不同，主体评级和债项评级又均可分为长期评级和短期评级。对于期限为一年以上的债务，进行主体或债项的长期评级；对于期限为 13 个月（含）以下的债务，进行主体或债项的短期评级。

一、长期评级

表 64.1 为三大评级公司的长期信用评级符号。

表 64.1 　　　　　　　　**三大评级公司的长期信用评级符号**

	Moody	S&P	Fitch
投资级			
最高等级	Aaa	AAA	AAA
较高等级	Aa1	AA +	AA +
	Aa2	AA	AA
	Aa3	AA −	AA −
较强的偿还能力	A1	A +	A +
	A2	A	A
	A3	A −	A −
足够的偿还能力	Baa1	BBB +	BBB +
	Baa2	BBB	BBB
	Baa3	BBB −	BBB −
投机级			
能够偿还全部债务，但存在不确定性	Ba1	BB +	BB +
	Ba2	BB	BB
	Ba3	BB −	BB −
高风险债务	B1	B +	B +
	B2	B	B
	B3	B −	B −
非常大的信用风险	Caa1	CCC +	CCC +
	Caa2	CCC	CCC
	Caa3	CCC −	CCC −
即将违约有收回的可能性	Ca	CC	CC
最低评级	C	C	C
		D	DDD
			DD

由表 64.1 可见，穆迪、标准普尔和惠誉的长期债务信用评级主要包括投资级和投机级两个大类别。以标普为例，投资级包括 AAA、AA、A 和 BBB4 个信用等级，而投机级包括 BB、B、CCC、CC、C 和 D6 个信用等级。

关于长期债项级别的数量，穆迪是 21 级。穆迪长期债项级别定义里面没有 D。标普和惠誉有 D 这个评级，因而标普有 22 级，惠誉有 23 级，这是因为惠誉在 C 这个级别分得最细。

穆迪、标普和惠誉的长期债项评级与主体评级，均采用表 64.1 所示的各自的长期信用等级符号体系。

例题 64.1

穆迪对一家公司进行信用评级。该公司具有足够的偿还能力，不过这种偿还能力由于受到宏观经济放缓等因素的影响，有减弱趋势。该公司最后被评为投资级，问该公司最有可能的评级结果是?

A. Aa2

B. A3

C. Baa2

D. Ba2

名师解析

该公司具有足够的偿还能力，因此属于投资级，所以首先排除 D 选项。该公司的偿债能力有下降趋势，所以选 C。

二、短期评级

穆迪、标普和惠誉的短期信用评级符号体系主要用于对 13 个月以内到期的短期债券评级。

在短期信用等级划分方面，标普分为 8 个级别，穆迪分为 4 个级别，惠誉与标普的等级划分较为类似，分为 7 个级别。在符号定义方面，三家机构的短期信用等级均反映债务发行人对短期债务的按时偿还能力，这主要是因为短期信用产品的投资者更加关注产品的违约率风险。

三、评级展望

作为评级结果的有效补充，评级展望（Outlook）和评级观察名单（Credit Watch List）也是评级符号体系的重要组成部分，用以体现评级机构对被评对象未来信用状况发展走向的预判。应用于长期信用评级中，主要关注可能引起评级结果变化的趋势和风险。各家机构的评级展望分类大体相同，主要分为：正面（Positive）、负面（Negative）、稳定（Stable）和待定（Developing）四类。评级为 D 级则是既成事实，不存在展望。

评级观察分为三类：上调、下调和未定，分别表示级别可能调整的方向。

四、评级流程

以标准普尔公司为例，其评级流程如图 64.1 所示。

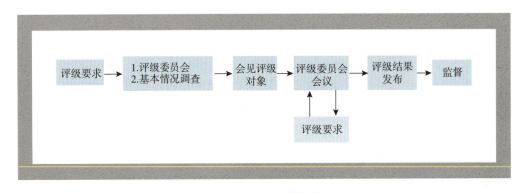

图 64.1   标准普尔评级流程

1. 评级委员会

标准普尔公司在接到评级对象的申请后，公司会成立由专业分析人员组成的评级委员会。

2. 基本情况调查

通过对评级对象所在行业进行前期调查，了解目前行业的发展状况。

3. 会见评级对象

分析师在对情况有了大概了解以后就会安排合适时间与评级对象的高级管理人

员举行会议。

4. 评级委员会会议

分析师在结束与评级对象的会议后，分析师会召开评级委员会会议。最后，评级委员会所有成员结合分析师的汇报和其他相关的分析和预测数据，对评级对象的信用级别通过投票表决方式来决定。

5. 监督和跟踪

在发布评级对象的信用等级后，还会对受评对象实施信用监督和跟踪至少一年，以保证对受评对象的信用等级的变化作出及时、准确的信息反馈。

五、评级和违约率的关系

信用评级主要是对评级对象的违约可能性进行评价，所以，信用评级与违约率有着紧密的联系。信用评级与违约率在排序上的相关关系表现为信用评级越高的企业违约率越低。以标普为例，BBB 以上是投资级，违约概率低，BB 以下是非投资级，违约概率高。随着评级下降，违约概率差异也逐渐变大，在 BBB 级和 BB 级之间的跨度，即投资与投机级别之间的跨度尤其大。

第二节 外部评级的影响因素

描述（describe）时间跨度、经济周期、行业和地理位置对外部评级的影响（☆☆☆）

一、时间跨度对违约概率的影响

1. 边际违约概率（Marginal Default Probability）

对于长期债券，任何一年的违约都以前一年不违约为条件。债券在任何一年的违约概率都指这一年的边际违约概率。

2. 累积违约概率（Cumulative Default Probability）

累积违约概率指债券在给定的多个年份内发生违约的概率。

对于两年期的债券，第一年的边际违约概率为 $1 - P_1$，第二年的边际违约概率为 $1 - P_2$，则两年内的累积违约概率为：

$$C_p = 1 - P_1 \times P_2 \qquad (64.1)$$

给定某一评级的债券，时间跨度越长，其累积违约概率越大。具备投资级别的债券在一年内违约的概率随着期限延长而有所增大（例如，某 AA 级债券在第 1、2、3、4、5 年的违约概率分别为 0.006%、0.01%、0.025%、0.065%、0.074%），这是因为在发行之初，债券的信用级别较好，但随着时间的推移，公司信用出现问题的可能性也会随之增大。

对于初始信用级别较差的债券，每年的边际违约率常常是时间期限的一个递减函数。产生这一现象的原因在于，如果一个债券的信用较差，债券在今后一两年能否生存会面临巨大挑战，但公司如果能够顺利度过难关，公司今后的财务前景会变得乐观。

例题 64.2

如果某个五年期债券的第 1、2、3 年的年违约概率分别为 8%、12%、15%，那么三年后的生存率为多少？

A. 68.8%

B. 40.1%

C. 77.9%

D. 60.0%

名师解析

三年后的违约率为 $C_3 = 1 - P_1 \times P_2 \times P_3$，因此，生存率为：$S_3 = 1 - C_3 = P_1 \times P_2 \times P_3 = (1 - 8\%)(1 - 12\%)(1 - 15\%) = 68.8\%$

答案为 A。

二、经济周期对信用评级结果的影响

通常评级都针对一个较长的时间跨度，也就是以行业的平均周期为基准来进行考量，这可以使评级相对稳定。但随之而来的问题是，在经济高涨时，评级通常会被低估；而经济萧条时，评级通常会被高估。

以标普为例，对于投资级的公司，标普认为其抗风险能力较强，很多时候认为该公司的信用评级在经济周期里保持不变，所以不会经常性调整。但是，经济周期对于非投资级公司的信用评级的影响非常大，因为那些被评为非投资级的公司，即使在正常的经济周期中，抗风险能力也是非常脆弱的，更加严重的有可能在正常周期的谷底中违约甚至破产。所以标普会通过历史经济周期各阶段的公司表现分阶段评级，如峰值、均线、中上、中下、谷底等程度分层，使用历史数据中相同阶段早已评好的信用评级作为参考，对评级进行微调，有时候标普甚至会在很短的时间段内多次调整一家公司的信用评级。

三、行业、地域对信用评级的影响

针对发行人主体的信用评级，发行人的信用质量更多地表现为其发生违约的可能性，或者说违约概率。因此，具有相同信用等级的债券发行人，应该具有相同或相近的违约概率。也就是说，无论在任何时点、处在任何地域、从属于任何行业，具有相同信用等级的债券发行人都应该具有相同的主体违约概率。

然而由于在同一经济环境下，不同行业有着不同的运行特征和风险特征，每个行业都有区别于其他行业的特殊风险，因此不同行业公司的信用评级会出现异质化（Heterogeneity）或多样化（Diversification）的现象。例如，同样信用等级的一家银行和一家制造业公司，银行的违约率就可能高于制造业公司。

第三节　信用评级对债券和股票价格影响

描述（describe）评级改变对债券和股票价格的潜在影响（☆☆☆）

公司债券所获得的信用评级不同，就会有不同的债券价格，从而影响公司的融资。一般来说，信用评级越高的债券，风险越低，价格的波动性越小，其信用价差就越小。所以其他条件相同的情况下（如期限、票面利率），相对于信用评级较低的债券，信用评级高的债券的到期收益率较小（到期收益率＝无风险利率＋信用价差），价格也较高。当债券的信用评级发生改变时，对债券价格的影响存在所谓的"不对称效应"。负面评级公告包括评级下调和评级展望变负面，债券价格一般会下降，有较强的正相关性；正面评级包括评级上调或者评级展望变正面，债券价格在短期内上升不是很明显。这也说明绝大多数投资者属于风险厌恶者，更为重视价格下行的风险。

评级变化与股票价格变化的关系相对比较复杂。如果是公司收益减少使评级下降经常会导致股票价格下降。如果是由于财务杠杆变大而使评级下降可能使股票价格不变甚至上升，例如公司融资投入新兴产品或产业。一些公司更愿意披露好消息，而评级下降经常出乎意料，因此，评级下降通常比评级上升对股票价格的影响更大。

第四节　信用迁移概率矩阵

描述（describe）信用迁移概率矩阵的使用（☆☆☆）

信用等级调整是信用评级机构最重要的评级行动之一。在一定的时期内，信用评级机构对债务发行人的信用等级调整结果可以形成债务发行人的信用迁移路径，这反映了债务发行人信用的变化。度量信用等级迁移的工具为信用等级迁移概率矩阵（Transition Matrix）。信用迁移矩阵通过将期初的等级状况与期末的等级状况进行比较计算，度量在一段特定的时间内从目前的信用等级迁移到其他信用等级的概率，是累积违约概率的一个关键补充。

通常假设这些迁移服从一个马尔可夫过程（Markov Process）。该过程在给定当前知识或信息的情况下，与过去（当前以前的历史状态）对于预测将来（当前以后的未来状态）是无关的。在过程的每一步，系统可以从一个状态变到另一个状态，也可以保持当前状态。状态的改变叫做转移，与不同的状态改变相关的概率叫做转移概率。

表64.2给出了一个简化的转移矩阵的例子。

表64.2 　　　　　　　　　　　　信用级别的转移概率

期初状态	期末			
	A	B	C	D
A	0.95	0.05	0.00	0.00
B	0.03	0.90	0.05	0.02
C	0.01	0.10	0.75	0.14
D	0.00	0.00	0.00	1.00

表64.2中只有四种状态：A、B、C、D，最后一种状态D表示违约。假设一个公司在期初时刻信用级别为B，该公司在2年内可能出现以下两种违约的情形。

第一种是在第1年就出现违约，由信用级别B直接迁移到信用级别D，违约概率为$P(D_1 \mid B_0) = 2\%$；第二种是在第2年违约，此时有三条路径。

（1）B - A - D，$P(A_1 \mid B_0) \, P(D_2 \mid A_1) = 0$；

（2）B - B - D，$P(B_1 \mid B_0) \, P(D_2 \mid B_1) = 0.9 \times 0.02 = 0.018$。

（3）B - C - D，$P(C_1 \mid B_0) \, P(D_2 \mid C_1) = 0.05 \times 0.14 = 0.007$。

两年内的累积违约概率为$2\% + 1.8\% + 0.7\% = 4.5\%$。

例题64.3

假设1年的信用迁移矩阵如表64.3所示，某公司期初时刻信用级别为A，求其3年内的累积违约概率。

表64.3 　　　　　　　　　　某公司1年的信用迁移矩阵表

期初状态	期末		
	A	B	违约
A	98%	2%	0.00
B	10%	85%	5%
违约	0.00	0.00	100%

名师解析

3年内违约的路径有三条：A－A－B－D、A－B－B－D、A－B－D；三条路径的累积违约概率分别为：98%×2%×5%=0.098%，2%×85%×5%=0.085%和2%×5%=0.1%。

3年的累积违约概率为：0.098%+0.1%+0.085%=0.283%。

第五节　内部评级

描述（describe）内部评级系统的构建、标准化和回测（☆☆）

解释和比较（explain and compare）时点评级法和跨周期评级法（☆☆☆）

巴塞尔新资本协议中最重要的内容是鼓励各国银行采取内部评级法（Internal－Rating Based Approach，IRB），对每个客户的资信情况进行评估并将结果转换为对未来潜在损失量的估计值，以此确定最低资本要求。下面就内部评级法的基本原理、框架、方法、标准和回测几个主要因素进行简单的介绍。

一、内部评级法基本原理

内部评级法的基本原理是银行通过建立的模型计量单个业务或者业务组合的各项信用风险参数（违约概率、违约损失率和违约风险敞口等），并按照监管规定的信用风险与各风险参数之间的函数关系，计量预期信用风险损失和非预期信用风险损失，计算相应风险所要求的经济资本，基本原理如图64.2所示。

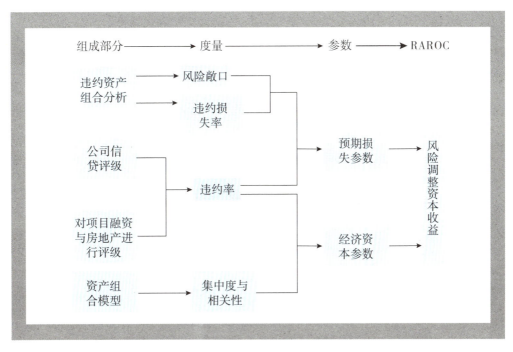

图 64. 2　内部评级法基本原理

二、内部评级法的基本结构

巴塞尔委员会提出，银行必须将银行账面上的敞口归为广义的六类敞口：公司、主权、银行、零售、项目融资以及股权。六类敞口使用内部评级法都需满足三方面要求：风险因素、风险权重函数以及一套最低技术要求。银行对其内部评级的每一等级估计违约概率、违约损失率和违约时的风险敞口。内部评级法的风险权重是由这三个因素的函数确定的，这个函数将三个因素转化成监管风险权重。此外，最低资本要求还应考虑信用风险类别、评级体系、违约估计模型、数据收集和 IT 系统等多方面因素。

信用风险的最终量化是基于评级模型及违约概率、违约损失率、违约风险敞口和期限四大风险参数的估值而实现的。其理论基础是 VaR 风险计量原理，即在一定置信度下的信用风险的损失价值和概率分布，损失价值总量包括预期损失和非预期损失两大部分。

内部评级法的基本结构如图 64.3 所示。

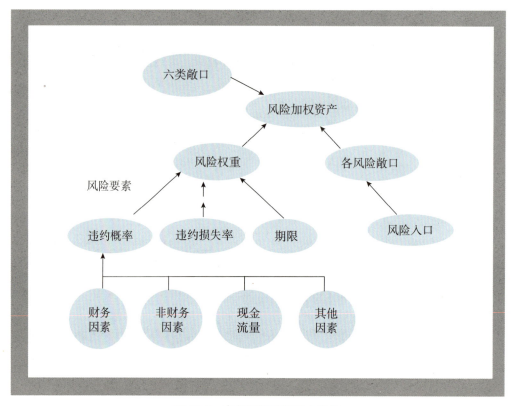

图 64.3 内部评级法的基本结构

违约概率模型的构建和测算是内部评级法的核心,同时也是许多技术问题的焦点。要测算违约概率,就要进一步分析影响违约概率的因素。通常,影响违约概率的因素主要有财务因素、非财务因素、现金流量和股价等其他因素。

三、内部评级标准

巴塞尔委员会鼓励银行利用自身的数据建立统一的内部评级标准。近年来,一些大型银行开始使用量化评级模型来分析风险因素与客户违约之间的关系。对于一些非量化因素,先进银行的一般做法是制定依据定性因素对量化评级结果进行调整的准则。为使评级更灵活地应用于审批决策以及将来得到监管机构的认可,银行需将要评级方法清楚列明并阐述风险因素的筛选过程、评级原理、处理非量化因素的准则等,以增加内部评级的透明度。

四、采用不同时间跨度的内部评级方法

根据时间跨度的不同，可以将风险计量技术分为时点评级法（Point – in – Time）和跨周期评级法（Through – the – Cycle）。时点法评级法指采用借款人或者交易对手即期的数据进行信用风险的计量；跨周期评级法指结合借款人或者交易对手历年的数据，采用一个经济周期以上的历史数据对借款人或者交易对手的信用风险进行计量。两种方法的示意如图 64.4 所示。

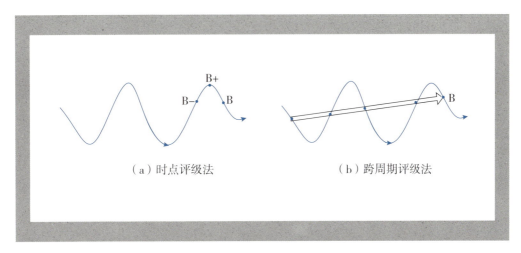

图 64.4　采用不同时间跨度的风险计量方法

时点评级法考虑评级企业现时状况，评级结果能够精确反映企业的信用风险程度。跨周期评级从较长时期内的经济周期出发，评级限期可能为 3 ~ 5 年或者整个信贷周期，评级结果较之时点评级精度要低。时点评级法在银行内部风险管理的应用范围较广，包括贷款定价、风险监测、经济资本配置、限额管理等方面，跨周期评级主要应用于长期信贷决策、确定监管资本等方面。

当使用时点评级法时，由于该方法更注重短期，因此常随周期的波动而波动；在经济增长时，借款人的资金充裕，通过模型计量出来的违约概率也相对较小，评级会被高估；而在经济形势不好的条件下，评级则会被低估。

当使用跨越周期评级法时，在经济增长时，高信用评级的公司其评级会被低估，在经济萧条时低信用评级的公司其评级会被高估。

例题 64. 4

假设某公司进行内部评级，采用的方法为时点评级法或者跨越周期评级法两种方法中的某一种，评级得出的公司 1 年的信用迁移矩阵如表 64.4 所示。

表 64. 4　　　　　　　　　某公司 1 年的信用迁移矩阵

期初状态	期　　末			
	A	B	C	违约
A	40%	30%	20%	10%
B	30%	30%	20%	20%
C	0. 00	20%	40%	40%

根据该信用迁移概率矩阵，我们可以推测出该公司采用了时点法进行内部评级，问下列选项哪个是最合理解释？

A. 内部评级模型总是用时点

B. 信用迁移概率矩阵对角线的概率值显得相对较低

C. 信用迁移概率矩阵每一行的概率值累加不等于 1

D. 信用迁移概率矩阵每一列的概率值累加等于 1

名师解析

C 和 D 是信用迁移概率矩阵的性质，不是内部评级采用时点法的理由。同时选项 A 说法太绝对，因此本题选 B。信用迁移概率矩阵对角线的概率值是一年内评级状态保持不变的概率，通常这个概率是比较大的（见表 64.2），一个公司的信用级别保持不变的概率总是最大且相对程度较高的，该题中的对角线概率值相对于向其他状态转移的概率来说，并不明显。这是由于时点法评级法是采用即期的数据，常跟随周期而波动，所以这种评级方法下的公司信用发生状态改变的可能性更大。

五、回测（Back – testing）

为检验内部评级的客观性和准确性，需要通过历史数据对风险计量模型进行回测，根据测试结果对计量方法和模型进行调整和改进，实现持续的自我完善。

第六节 内部评级法和外部评级法的比较

比较（compare）内部评级与外部评级（☆☆）

内部评级法与外部评级法的区别如下。

一、评级目的不同

商业银行内部评级结果应用于授信授权管理、客户准入与退出，为信贷决策提供依据；外部评级的目的是向社会提供信用信息，为投资者、贷款人和筹资者服务。

二、评级程序不同

内部评级是根据商业银行本身需求，依据本行历史数据，建立相应的内部评级模型对特定借款人和债项进行的信用风险评价；外部评级是专业评估机构基于相关风险因素分析，对债务人、债务人发行的证券或其他金融债务的信用程度的一般判断。

三、评级结果公开性不同

银行内部评级结果只限本行使用，不向社会公开，也不必告知被评企业；而外部评级的结果可以向社会公开。

内部评级和外部评级的优劣势分析如表64.5所示。

表 64.5　　　　　　　　　内部评级和外部评级的优劣势分析

	外部评级法	内部评级法
优势	（1）独立性。以独立的第三方的身份开展信用评级业务，其评级结果更客观、公正 （2）专业性。外部评级机构大多采用国际上比较先进的评级技术和方法，有从事评级的专业人员 （3）信息来源的广泛性。专业评级机构一般拥有更多的渠道去收集企业相关信息，尤其是企业相关的负面信息，评级更客观	贷款客户数据和违约信息的易获得性
劣势	（1）商业银行与外部评级机构的合作意愿不强 （2）被评级对象的覆盖面较窄，评级机构积累的数据有限，其技术方面的优势很难发挥 （3）商业银行对评级机构的评级结果使用率低，限制了评级机构业务的推广	（1）独立性不强，易受主观因素的影响 （2）评估模型主要基于本行历史数据，风险揭示不足

第七节　影响内部评级的因素

识别和描述（identify and describe）造成内部评级系统偏差的影响因素（☆☆）

一、时间跨度的影响（Time Horizon Bias）

采用不同的时间跨度，得到的评级结果可能不同。例如，时点评级法和跨周期评级法的评级结果区别。

二、同质性偏差（Homogeneity Bias）

由于方法上尚不存在统一的信用评级标准，不同的评级机构对同一个被评对象可能因为各自评级思想、方法的不同而得出不同的评级观点。

三、委托—代理偏差（Principal – agent Bias）

由于银行雇员与银行管理层的利益目标不一致，加上不确定性和信息不对称，银行雇员有可能偏离管理层的目标，出现代理人损害委托人利益的现象。

四、信息偏差（Information Bias）

商业银行收集客户信息渠道较为单一，数据来源比较局限，不能全面反映客户的真实信息，无法全面预测被评级债务人或债项的信用风险。

五、回测偏差（Back – testing Bias）

在违约概率模型的回测中出现的前视偏差、数据透视偏差和过拟合等，导致违约概率估计的不准确。

六、分布偏差（Distribution Bias）

应用信用违约风险模型最重要的步骤是估计违约概率分布和违约概率，希望风险模型既能自然地体现各种风险因素，又能很好地解释各种风险因素对风险的影响，同时所提出的违约概率模型也能考虑因素的动态性和交互作用。传统计算违约概率的方法是从历史数据中获得违约信息，然而随着现代金融环境一体化及信用衍生产品的兴起，信用风险变得更加复杂，尤其是近年来金融危机和金融突发事件的不断发生，加剧了金融资产价格的波动性，传统的违约概率分布模型基本假设条件与现实的市场发生偏差，出现模型误判的情况。

扫码做题　章节练习

第六十五章

信用风险与银行资本结构

知识引导：经济资本是一种虚拟资本，是为补偿银行的非预期损失而进行的资本预留。从 VaR 的角度讲，是在一定置信区间，在确定的时间段内，银行所能容忍的最大损失额度。银行的损失分为三类：预期损失、非预期损失和极端损失。非预期损失是预期损失的标准差，经济资本是非预期损失的倍数。

考点聚焦：通过对本章内容的学习，应能掌握计量信用风险的关键风险因子如违约敞口、违约概率和违约损失率，定义和计算预期损失与非预期损失，假定违约概率服从二项分布，预测违约概率的方差，计算资产组合的非预期损失和每个资产的风险贡献度，解释对信用损失分布的建模，描述信用风险模型存在的问题，描述信用风险计量存在的问题。

本章框架图

信用风险与银行资本结构
- 信用风险的定义
- 信用风险的经济资本金定义
- 资本组合的预期损失和非预期损失
- 信用风险损失的建模与经济资本金计算
- 信用风险计量存在的问题

银行的资本是银行已经持有的权益类资金，目的在于防范头寸价值减少或商业损失等风险。银行的资本有三个不同的概念，即账面资本、监管资本和经济资本。账面资本是一个会计的概念，列示于银行的资产负债表上，等于资产减负债后的余额。商业银行的账面资本除了所有者权益外，还包括监管当局认可的储备、次级债等。监管资本是商业银行按照监管当局的规定，应该保留的最少的账面资本数。经济资本是一个风险管理的概念，是用于抵御非预期损失的虚拟资本。合理、有效和低成本地使用和配置经济资本，最大限度地抵补非预期损失和提高资本收益，日益成为银行风险管理的核心。

第一节　信用风险的定义

信用风险的关键风险因子的辨识与描述（identify and describe）：违约敞口、违约概率和违约损失率（☆☆☆）

传统的观点认为，信用风险指债务人未能如期偿还债务造成违约而给经济主体经营带来的风险，它主要来自商业银行的贷款。现代意义上的信用风险不仅包括直接的违约风险，还包括由于借款人或市场交易对手信用状况和履约能力的变化所导致其债务市场价值变动引起损失的可能性。

内部评级法（Internal Rating Based Approach，IRB）允许银行采用内部开发的风险参数度量风险。这些参数包括违约敞口（Exposure at Default，EAD）、违约概率（Probability of Default，PD）、违约损失率（Loss Given Default，LGD）、期限（Maturity）以及违约相关性（Default Correlation）。

一、违约敞口

违约敞口指违约时银行面临的信用风险总额。在商业银行经营中，商业银行对某一借款人的信用违约敞口由两部分组成：银行对客户的授信额度（Commitment，

COM）和客户已使用授信额度（Outstanding，OS）。额度授信指银行给客户核定的额度，在这个额度范围内，客户可便捷申请使用各类授信业务。实施额度授信时给客户核定的额度称为授信额度，或者简单理解为银行应债务人要求承诺将来贷出的金额。

若违约时使用"未使用的授信"比率为UGD（Usage Given Default），银行对借款人调整后的信用风险敞口为：

$$EAD = OS + (COM - OS) \times UGD \tag{65.1}$$

二、违约概率

违约概率是既定信用等级客户的预期违约率。违约概率一般采用预期的违约频率（Expected Default Frequency，EDF）来近似，如违约客户的数量与初始状态客户总量的比。这里要注意区分违约概率和不良贷款率，不良贷款率是违约贷款数量与贷款总额的比。

三、违约损失率

违约损失率指债务人一旦违约，将给银行造成的损失数额占风险敞口的百分比，即一个借款人违约时，一个特定债项的损失程度。与违约损失率相对应的是违约回收率（Recovery Rate，RR），它们都以百分比表示，满足关系式：

$$LGD = 1 - RR \tag{65.2}$$

研究表明，LGD不是一个确定的数值，它取决于特定的债务种类、优先级别、风险缓释技术以及商业周期等，其中每一类要素都包含许多不确定因素。LGD从损失的严重程度反映信用风险的基本性质，它的提出和计量方法的发展提高了度量信用风险的准确性。

四、期限（Maturity）

期限指交易的有效合同期限。

五、违约相关性

除了考虑单个资产的信用风险度量，在处理组合资产的信用风险时，还必须引入风险因子的违约相关性。违约相关性指一个债务人的违约在多大程度上导致另一个债务人的违约。考虑这一因子是因为资产组合的风险分散效应，即资产组合的整体风险小于部分风险之和。

需要指出的是，在信用风险研究领域，并没有对这些风险因子的统一定义，从不同角度考察信用风险因子的识别与计量方法，形成了不同的信用风险度量模型。

第二节　信用风险的经济资本金定义

定义和计算（define and calculate）预期损失和非预期损失（☆☆☆）

假定违约概率服从二项分布，预测（estimate）违约概率的方差（☆☆☆）

银行业务面临的风险损失可分为三类：预期损失（Expected Loss）、非预期损失（Unexpected Loss）和极端损失（Extreme Loss）。预期损失通过风险分类，一般以损失准备金的形式计入银行经营成本或在产品价格中进行补偿，在利润中消化掉，自己并不构成真正的风险。极端损失发生概率极低，但发生后所带来的损失巨大。例如，战争和重大灾难是银行无法预期的，所以极端损失不是银行主动控制的范围。非预期损失介于预期损失和极端损失之间。对于非预期损失，首先要靠利润消化，利润无法消化则要靠资本吸收。银行可以运用科学的方法对其发生的概率及损失程度进行量化。

信用风险的经济资本金（Economic Capital）是描述在一定时间内，在一定的置信水平上，为了弥补银行的非预期损失所需要的资本。经济资本是非预期损失的倍数，非预期损失是预期损失的标准差。

一、预期损失

预期损失是银行在经营活动中可以预期到的损失，是反映信用风险的一个指标，银行可在事前计提贷款损失准备金来抵御预期损失或者在贷款定价时将预期损失作为成本（如通过贷款利率）予以考虑。预期损失是损失的期望水平，没有考虑不确定性因素的影响。当 EAD、PD、LGD 三者相互独立，EL 的公式为：

$$EL = EAD \times PD \times LGD \qquad (65.3)$$

二、非预期损失

式（65.3）中的 EAD、PD、LGD 都是期望值的概念。违约敞口、违约概率和违约损失率本身都是波动的，风险因子的非预期波动造成了风险损失的非预期波动。非预期损失指非预期波动造成的实际损失对预期损失的偏离。它是预期损失的偏差——标准差。通过推导，非预期损失 UL 的数学表达式为：

$$UL = EAD \times \sqrt{EDF \times \sigma_{LGD}^2 + LGD^2 \times \sigma_{EDF}^2} \qquad (65.4)$$

其中，σ_{EDF} 为预期违约概率 EAD 的标准差，σ_{LGD} 是违约损失率 LGD 的标准差，这里假设违约概率和违约损失率是相互独立的。

> **知识一点通**
>
> 用损失的标准差来衡量非预期损失是因为累计损失超过预期损失（平均损失）一个标准差以上的概率不能被忽视。

假设违约是一个违约或不违约的两状态的二项分布，违约概率的方差为：

$$\sigma_{EDF}^2 = EDF \times (1 - EDF) \qquad (65.5)$$

预期损失与非预期损失的区别包括以下 3 点：

第一，预期损失是一个常数，非预期损失是对均值和预期损失的偏离。

第二，预期损失用计提准备金的方式补偿，非预期损失用经济资本金补偿。

第三，预期损失可以看成是确定的，非预期损失可看成是不确定的，它围绕均值和预期损失上下波动。

银行的信用风险损失分布曲线如图 65.1 所示。

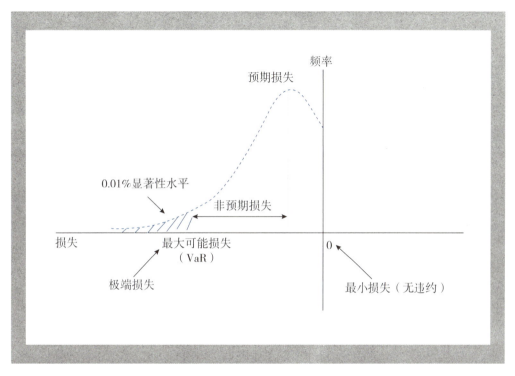

图 65.1　信用风险损失分布曲线

由图 65.1 可见，信用风险损失分布曲线向左倾斜，并在左侧出现厚尾现象。左偏的主要原因在于：在最好的情况下，交易对手不违约，损失为零，银行获得利息；但在最坏的情况下，交易对手违约，违约损失可能是整个交易总价值。因此，企业违约的小概率事件以及贷款收益和损失的不对称性，造成了左偏的信用风险概率分布曲线。

极端损失指 VaR 置信水平以外的概率发生的损失。尽管股市崩盘、金融危机发生的概率很小，但是其造成的损失是投资者不能忽视的，而一般的统计规律不能估计极端损失，需要采用压力检测来分析。

例题

试计算某公司向银行申请一笔授信的一年内的 EL 和 UL，见表 65.1。

表 65.1 某公司申请一笔授信的具体记录

COM	授信额度	USD 25 000 000
OS	已使用授信额度	USD9 000 000
MAT	Maturity Type 期限	1 年无担保
EDF	1 年内的预期违约频率	0.29%
σ_{EDF}	EDF 的标准差	5.38%
LGD	违约损失率	45%
σ_{LGD}	LGD 的标准差	4%
UGD	违约时授信使用率	50%

名师解析

$EAD = OS + (COM - OS) \times UGD = 9\,000\,000 + (25\,000\,000 - 9\,000\,000) \times$

$50\% = 17\,000\,000$

预期损失为：$EL = EAD \times PD \times LGD = 17\,000\,000 \times 0.29\% \times 45\% = 22\,185$

非预期损失为：$UL = EAD \times \sqrt{EDF \times \sigma_{LGD}^2 + LGD^2 \times \sigma_{EDF}^2}$

$$= 17\,000\,000 \sqrt{0.29\% \times (4\%)^2 + (45\%)^2 \times (5.38\%)^2}$$

$$= 17\,000\,000 \sqrt{0.059\,076\%}$$

$$= 413\,196$$

第三节　资产组合的预期损失和非预期损失

计算（calculate）资产组合的非预期损失和每个资产的风险贡献度（☆☆☆）

对于资产组合，由于期望函数的可加性，所以组合的预期损失 EL_p 可以通过各个资产预期损失 EL_i 的线性加总求和得到：

$$EL_p = \sum_i EL_i = \sum_i (EAD_i \times PD_i \times LGD_i) \qquad (65.6)$$

在计算信用资产组合的非预期损失时，因为资产组合的各个资产之间存在相关性以及由此导致的组合风险分散效应，所以，总的非预期损失不能由各个资产的非预期损失直接相加求出。

假设投资组合的非预期损失为 UL_p，它与投资组合中各单个资产的非预期损失的关系为：

$$UL_P = \sqrt{\sum_i \sum_j \rho_{ij} UL_i UL_j} \qquad (65.7)$$

其中，ρ_{ij} 为非预期损失 UL_i 与 UL_j 之间的相关系数。

考虑投资组合中只有两个资产的情况，式（65.7）可表示为：

$$UL_P = \sqrt{UL_1^2 + UL_2^2 + 2\rho_{12} UL_1 UL_2} \qquad (65.8)$$

显然组合的非预期损失小于或等于各个资产非预期损失之和。

资产组合中第 i 个资产对组合的非预期损失贡献度（Unexpected Loss Contribution，ULC）定义为资产组合的非预期损失对第 i 个资产非预期损失的偏导乘以 UL_i，有：

$$RC_i = UL_i \frac{\partial \ UL_P}{\partial \ UL_i} = \frac{UL_i \sum_j UL_j \rho_{ij}}{UL_P} \qquad (65.9)$$

考虑式（65.8）中包含两个资产的组合情况，此时满足关系式：

$$UL_P \times RC_1 = UL_1 \times (UL_1 + \rho_{12} UL_2) \qquad (65.10)$$

$$UL_P \times RC_2 = UL_2 \times (UL_2 + \rho_{21} UL_1) \qquad (65.11)$$

第四节　信用风险损失的建模与经济资本金计算

信用风险的经济资本金计算（calculate）（☆☆）

解释（explain）对信用损失分布的建模（☆☆）

用内部评级法估计信用风险的经济资本（EC）需要估计和确定的主要变量有：违约概率（PD）、违约损失率（LGD）、风险敞口（EAD）、期限（M）、

预期损失（EL）、非预期损失（UL）和在险价值（VaR）。其中，PD、LGD、EAD、M 是 IRB 的主要输入数据，而 EL、UL 和 VaR 是主要输出结果。巴塞尔协议对信用风险资本金的确定借鉴了市场风险中计算资本金的 VaR 方法，而且定义 VaR 就是 EL 与 UL 之和。用 VaR 方法计算资本金时需要确定信贷资产未来价值或损失的概率密度函数。这个概率密度函数在风险管理、资本配置、信贷定价、最优组合上都有重要作用，是现代金融数量化、精确化、高效化的具体体现。大银行不惜花费大量人力物力资源来开发和利用这个工具。

设预期损失为 EL，非预期损失为 UL，经济资本 EC 为：

$$P(X_T \leqslant EC + EL) = P(X_T \leqslant CM \times UL + EL) = \alpha \qquad (65.12)$$

其中，$EC = CM \times UL$，CM（Capital Multiple）为经济资本乘数。资本乘数取决于置信水平 α，α 越高，资本乘数越大，反之亦然。

式（65.12）的含义是银行的损失小于预期损失和经济资本的概率为 α，换句话说，我们有 α 的把握能确保银行的损失小于预期损失和经济资本之和。式（65.12）可以改写为：

$$P\left(\frac{X_T - EL}{UL} \leqslant CM\right) = \alpha \qquad (65.13)$$

式（65.13）清楚地表明了资本乘数与置信区间之间的关系，即给定置信区间，资本乘数是损失分布的标准差数的上限。

一般而言，对信用风险，很多银行采用 Beta 分布来模拟损失的分布。通过选取历史样本数据，可以得出总体的均值 $\mu = EL$ 和方差 $\sigma = UL$，Beta 分布由 α 和 β 两个参数决定，其中 α 决定峰度，β 决定厚度。当 $\alpha < \beta$ 时，Beta 分布近似为图 65.1 呈现的偏峰厚尾形态。而 α 和 β 是均值 μ 和方差 σ 的函数，这样就得到贷款组合的损失分布（Beta 分布）的参数。银行根据内部风险偏好、监管要求和外部评级结果求得风险的容忍度，即破产的可能性（置信水平）。根据式（65.13），在已知损失分布和置信水平 c 基础上，设 $F(c) = CM$，F 是服从参数 α 和 β 的 Beta 分布累计函数的反函数，则由求出的资本乘数 CM 可得经济资本的数额为 $EC = CM \times UL$。

以上方法称为历史模拟法，和市场风险计算 VaR 值一样，我们还可以用蒙特卡罗方法来求信用风险的 VaR 值。

经济资本金计算的分解如图 65.2 所示。

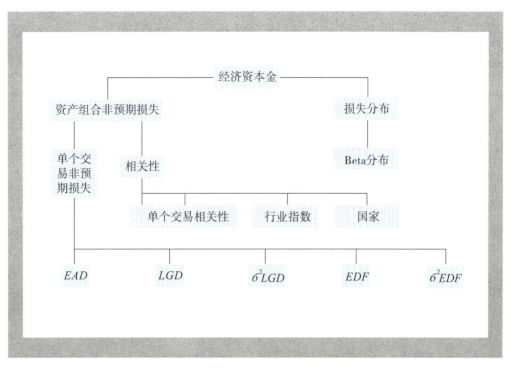

图 65.2　经济资本金计算的分解

第五节　信用风险计量存在的问题

描述（describe）信用风险计量存在的问题（☆☆☆）

从不同的角度考察信用风险度量模型和用不同的方法计算相关参数就会对模型产生不同的分类。一种分类方法是依据模型的演绎或归纳方法将信用风险模型分由上至下模型（Top – down）和由下至上模型（Bottom – up）两大类。前者着眼于总体的目标（如净收入、净资产），然后考虑风险因素和损失事件对其造成的影响。后者则首先考虑企业运转的一些基本要素（如资产、负债、重要的经营过程、重要的资源等），然后考虑这些因素的潜在变化可能会对目标变量（以市场方式标价的资产价值、净收入等）带来怎样的影响。

一、演绎模型（Top‒down）

自上而下方法是由总体到个体的分析方法。该方法用单个统计数据对信用风险进行分组，也就是说将许多不同来源的风险视做同质风险加总到组合的整体风险中，不考虑个别交易特征。这种方法对于所含信用笔数很多的消费者信贷比较合适，例如信用卡贷款、房地产贷款、车辆贷款、学生贷款等。这些信贷因为较为单一且类似，风险模型一般都比较简单易行，与实际情况拟合很好，所以一般都不在巴塞尔协议重点讨论范围之内。

二、归纳模型（Bottom‒up）

自下而上方法是从个体到总体的分析方法。该方法解释了每一种资产/贷款的特征，一般用来分析大中型商业信贷，这种贷款额度高，潜在损失大。每一种贷款需要单独观察评估，然后再汇合加总，最后达到整个资产组合的总体风险水平，非常类似于对具有市场 VaR 系统特征的头寸进行结构分解。

归纳模型存在如下几个弱项：

1. 假定信贷是非流动资产

资产证券化会把信用风险转换为市场风险，将非流动性资产转变为流动性资产，该假设模糊了这些风险的界限。

2. 信用风险模型的持有期通常定为一年

不同于市场风险模型的 1 天（或政策规定的 10 天）。市场风险模型一年就有 250 个样本点，可以用来做回测检验，以验证模型的可靠有效性。而信用风险模型由于数据很少，很难做回测检验这点，导致信用风险模型信任度存疑。

3. 不同风险的完全相关性假设

由于经济资本取决于银行各部门、分行或各项业务的风险，一般来说，各业务部门要分别计算市场风险、信用风险和操作风险的损失。最简单的假设是这三种风险是完全相关的，因此，整体资本金是各项风险资本金之和。假设对于经济资本金计算采用的置信水平为99.9%，这意味着市场风险、信用风险及操作风险各自所对应的99.9%最坏情形会同时发生，这显然不符合实际。因此，在计算整体资本金时，还需要考虑不同业务部门之间不同风险类型的相关性。

扫码做题　章节练习

第六十六章

操作风险

知识引导：操作风险的计量可以分为两类，一类是按照收入的一定比例来计量资本金，例如基本指标法和标准法；另一类是根据操作损失分布来确定损失的大小，这种方法叫高级计量法。

考点聚焦：通过对本章内容的学习，应能区分三种计算操作风险资本准备金方法，描述巴塞尔委员会规定的七个操作风险类别，根据损失频率分布和损失程度分布用蒙特卡罗模拟衍生出损失分布，描述高级计量法的数据局限性问题，当数据缺乏时如何使用情景分析，描述如何识别因果关系，如何使用风险与控制自我评估和关键风险指标来度量操作风险，如何用分卡法分配操作风险资本金给各个业务条线，描述用幂律来度量操作风险，解释使用保险缓释操作风险的道德危机和逆向选择。

本章框架图

```
                              操作风险的定义

                              操作风险的分类

                                                 基本指标法
                                                 标准法
                              操作风险资本金计量    高级计量法
                                                 三种方法的比较

                                                 内部损失数据
                                                 外部损失数据
    操作风险   ————        高级计量法的四个要素    情景分析
                                                 业务环境与内部控制因素

                                                 损失分布法
                                                 因果关系
                              高级计量法的实现      风险与控制自我评估
                                                 关键风险指标
                                                 记分卡法

                              幂律

                              保险
```

随着经济的全球化发展、金融技术的不断创新和银行业内外环境的变化，操作风险已逐渐在信用风险、操作风险、市场风险这三大银行风险中凸显出来。国际上许多著名的银行亏损案件都与操作风险直接相关：1995 年 2 月，英国巴林银行由于交易员里森违规进行未经授权及隐匿的期权和期货交易并隐藏亏损，造成银行损失 10 亿美元最终不得不宣布倒闭；1995 年 9 月，日本大和银行因内部欺诈性质的国债事件造成 11 亿美元的损失；2002 年 2 月，联合爱尔兰银行美国分行由于虚假交易造成约 7.5 亿美元的损失；2008 年 1 月，法国兴业银行一名交易员因未授权股指期货交易造成银行约 49 亿欧元的巨亏。《巴塞尔协议 II》要求为操作风险计提相应的资本，并提供了几种可选择的方法用以计量资本，认可了保险的风险缓释作用，对保险的使用条件作出了详细的规定。

第一节　操作风险的定义

操作风险的定义是由于内部程序、人员和系统的不完备或失效，或由于外部事件造成损失的风险。本定义包含了法律风险，但不包括声誉风险和策略风险。

操作风险分为内部风险和外部风险。内部风险是公司可以控制的风险，例如，公司可以选择自己的雇员、可以选择计算机系统、可以建立自己的风控政策等。外部风险包括某种自然灾害（如影响银行运作的火灾、地震）、政治及监管风险、保安体系被侵犯等。从覆盖范围来看，操作风险几乎覆盖了银行经营管理所有方面的不同风险，既包括发生频率高、但损失相对较低的日常业务流程处理上的小纰漏，也包括发生频率低、但一旦发生就会造成极大损失、甚至危及银行存亡的自然灾害、大规模舞弊等。

第二节　操作风险的分类

描述（describe）巴塞尔协会归纳的七个操作风险类别（☆☆）

《巴塞尔协议 II》将操作风险按风险因素分为四种：人为、内部流程、IT 系统和外部风险。这四种风险因素按损失事件又可分成七大类（见图 66.1）。

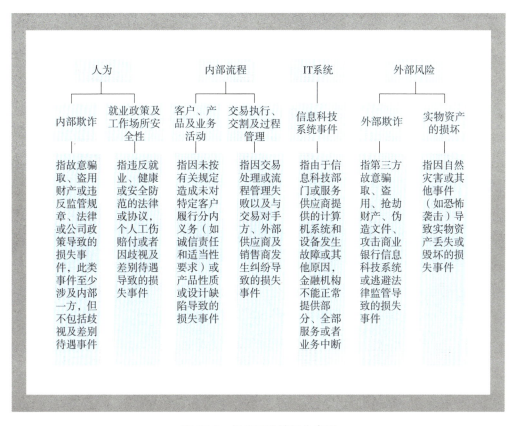

图 66.1　操作风险的损失类型

第三节　操作风险资本金计量

比较（compare）三种计算操作风险监管资本金方法（☆☆☆）

《巴塞尔协议 II》提供了三种不同的计算操作风险资本金的方法，银行可以选择一个与自身业务复杂程度和风险状况相称的方法来使用。这三种方法分别是基本指标法（Basic Indicator Approach，BIA）、标准法（Standard Approach，SA）和高级

计量法（Advanced Measurement Approach，AMA），它们在复杂性和风险敏感度方面渐次加强。

一、基本指标法

在这种方法中，操作风险资本金等于过去三年总收入平均值的15%，当过去三年中的某一年的总收入为负数，则用0替代，具体表达式为：

$$K_{BIA} = \frac{\sum_{i=1}^{n} GI_i \times \alpha}{n} \tag{66.1}$$

其中，K_{BIA} 为基本指标法需要的资本金，$\alpha = 15\%$，GI 为前三年总收入的平均值。

基本指标法的特点是计算简单。使用这种方法计算出的监管资本一般较高。特别是由于各银行使用统一的 α，这样具有不同风险特征和风险管理状况的银行每单位的总收入被要求配置相同的监管资本，使得操作风险管理优劣奖惩机制不能自动发挥作用。例如，假设一家银行的总收入为600亿美元，相应就要90亿美元的资本金，这个量显然与管理常识不太相符。因而，巴塞尔委员会并不鼓励银行使用这一方法，认为该方法仅适用于一些业务范围较窄的银行。

例题66.1

已知某商业银行最近3年的总收入如表66.1所示，用基本指标法，该银行所需要的操作风险资本金额为多少？

表66.1　　　　　　　　　　　某商业银行3年的总收入

年份	2016	2015	2014
毛收入（万美元）	600	1600	− 200

名师解析

基本指标法要求在计算操作风险监管资本时去除第一年负的数据，并用剩余两年的数据计算平均总收入：$(1\,600 + 600) \times 0.15 / 2 = 165$（万美元）。

二、标准法

标准法比基本指标法要细化一些，巴塞尔委员会将银行业务分为八条业务线。每条业务线被分配一个系数 β_i，作为操作风险资本金要求的比例。与基本指标法不同，标准法假设每条业务线的总收入能代表该业务线的运营规模，因此用其来代替银行整体的总收入。在计算各业务类别对应的风险资本准备金时，用每条业务线的总收入乘上一个该业务线适用的系数 β_i。将这八类监管资本简单加总后就得到操作风险总体的资本准备金：

$$K_{TSA} = \sum_{i=1}^{8} (GI_i \times \beta_i) \tag{66.2}$$

其中，K_{TSA} 为用标准法计算的资本要求，GI_i 为按照基本指标法的定义各产品线过去三年的平均总收入。各业务线及其 β 系数（见表66.2）。

表 66.2　　　　　　　　　标准法中各业务线及其 Beta 系数

公司金融 β_1	18%	支付结算 β_5	18%
交易销售 β_2	18%	代理服务 β_6	15%
零售银行 β_3	12%	资产管理 β_7	12%
商业银行 β_4	15%	零售经纪 β_8	12%

从表66.2可以看出，公司类业务的系数高，零售类业务的系数低。

与基本指标法相比，标准化方法对业务类别进行了区分，反映了不同业务类别风险特征的差异。这种方法虽然比基本指标法对操作风险的衡量更详细一些，但它只是基本指标法的简单延伸，并没有克服基本指标法的缺陷。

例题66.2

表66.3为某银行每条业务线在过去三年内的总收入，用标准法求该银行的操作风险资本金。

表 66.3		某银行过去三年每条业务线总收入		
业务线	β（%）	第一年（百万美元）	第二年（百万美元）	第三年（百万美元）
公司金融	18	20	15	15
交易销售	18	20	– 10	15
零售银行	12	65	65	55
商业银行	15	10	5	5
支付结算	18	5	5	5
代理服务	15	5	5	5
资产管理	12	– 10	10	20
零售经纪	12	5	5	5

名师解析

将三年每条业务线的总收入乘以乘数因子 β，对这三年的资本要求取平均，即可得到该银行的操作风险监管资本为：

$$\frac{(50\times18+35\times18+185\times12+20\times15+15\times18+15\times15+30\times12+15\times12)\times0.01}{3}=1695$$

备考小贴士

与基本指标法不同，零值会包括在总体均值计算中。因此，标准法的均值计算永远以"三年"为分母。

三、高级计量法

指标法和标准法都是按照银行业务经营规模来计算操作风险资本，它们的优点是操作简单，不需要复杂的数学计算和大量的操作风险损失数据；缺点是不能真实反映银行操作风险的实际情况与所计量指标间的关联性。因此，巴塞尔委员会建议国际银行和具有较高操作风险的银行，使用更为精确的高级计量法。

采用高级计量法时，在《巴塞尔协议Ⅱ》中，巴塞尔委员会将操作风险损失事件分为7大类：内部欺诈、就业政策及工作场所安全性、客户/产品及业务活动、交易执行交割及过程管理、信息科技系统事件、外部欺诈、实物资产的损坏。同时又将损失事件所在业务条线分为8大类：公司金融、交易销售、零售银行、商业银行、支付结算、代理服务、资产管理和零售经纪。这样，操作风险将被划分到矩阵式的56个业务条线/风险类型单元。银行根据所选定的计量方法计算56个单元中每一个单元的操作风险资本。最后，将56个单元的操作风险资本相加就得到全行的操作风险资本。

高级计量法允许银行使用自己的内部模型决定操作风险需要的资本，但需报监管当局批准。鉴于操作风险计量方法处于不断演进之中，巴塞尔委员会不规定用于操作风险计量和计算监管资本所需的具体模型。

高级计量法直接以损失数据为基础建立统计模型，其结果具有更高的风险敏感性，同时商业银行业有更大的自由度和灵活度，已成为大型国际银行的主要计量方法。

四、三种方法的比较

表66.4　　　　　　　　　　三种操作风险监管资本金计算方法的比较

	优点	缺点
BIC/SA	1. 简单易懂，可操作性强 2. 数据容易获得及校验，具有连贯性与可比性 3. 容易识别风险敞口并估计其潜在影响，还可以进行持续的跟踪	1. 把总收入作为计算操作风险资本的基本指标不尽合理 2. α 和 β 系数的取值标准缺乏检验，影响到方法应用的可靠性和可信度
AMA	1. 采用了许多前沿的数学模型、计算机技术等手段来度量操作风险 2. 充分收集和应用了多维度数据，使操作风险的度量过程和结果更加科学、可信	1. 应用过程复杂，难以理解 2. 数据不易获取，即使获得，也无法保证数据的真实性和完整性 3. 不能用来判断操作风险的损失来源 4. 不能反映操作风险与市场风险、信用风险之间的联系

例题 66.3

采用下列哪一个关于操作风险资本要求的计算方法，在收入给定并且风险增加时会导致更高的资本要求？

A. 基本指标法

B. 标准化方法

C. 高级计量法

D. 以上均是

名师解析

当收入给定，由于基本指标法的 α 系数和标准化方法的 β 系数也给定，因此，其资本要求也就给定不会随着风险增加而改变，所以答案选 C。

第四节　高级计量法的四个要素

描述（describe）高级计量法中的数据局限性问题（☆☆☆）

高级计量法允许银行设计自己的计算操作风险资本的模型。《巴塞尔协议Ⅱ》要求资本模型包括四个要素：内部损失数据、外部损失数据、情景分析以及业务环境与内部控制因素。

一、内部损失数据

内部损失数据指的是银行内部在历史上所发生的操作风险损失数据。操作风险损失可以归为两类：高频低损（High－frequency Low－severity Loss）和低频高损（Low－frequency High－severity Loss）。前一类损失的例子如信用卡诈骗造成的损失，后一类损失的例子如无赖交易员造成的损失。银行关注的重点是低频高损，这些损失构成了损失分布的尾部。

多数银行刚刚开始内部操作损失数据的收集，还未建立起健全的内部操作损失数据库，已经建立起来的数据库中的损失事件多数为高频低损的。内部操作数据的不足使得各银行难以精确计算操作风险资本要求，尤其对于低频高损的事件类型。因此，需要外部数据和情景分析来弥补。

二、外部损失数据

外部损失数据是一系列其他机构的损失信息。外部损失数据可以帮助银行理解那些没有足够的内部损失数据直接量化的风险。

外部损失数据的来源有两个。一个是数据共享，可以通过共享协议来使用其他银行的数据和公共数据作为外部数据；另一个是数据供应商，如英国银行家协会所管理的操作风险损失行业数据库（The Global Operational Loss Database）等。

当银行用外部损失数据对自己银行的操作风险进行估计的时候，考虑到各个银行之间的差异，不能直接将外部数据和内部数据放在一起进入计量模型，还必须进行数据的调整。例如，A 银行的销售额为 10 亿美元，对应的操作风险损失为 80 万美元，B 银行的销售额为 5 亿美元，如果我们只有 A 银行的操作风险损失数据，如何估计 B 银行的操作风险损失呢？一种直观的方法是认为 B 银行的操作风险损失 40 万美元，但这样估计可能低估了操作风险损失。Shih（施）等人的研究显示公司规模和损失的规模呈非线性关系，它们估计的模型为：

$$\text{A 银行的损失估计} = \text{B 银行的观察损失} \times \left(\frac{\text{A 银行收入}}{\text{B 银行收入}}\right)^{\alpha} \qquad (66.3)$$

其中，$\alpha = 0.23$。

在进行规模调整后，我们可以将其他银行的共享数据同银行自身的数据进行合并，获得更大的关于自身损失程度的数据库。

三、情景分析

当数据缺乏时如何使用（Use）情景分析（☆☆）

内部损失数据、外部损失数据都是银行历史上发生过的操作风险损失。如果单

纯地以历史损失数据建立 AMA 方法的模型，这种以过去推测未来的方法将会导致监管机构对于资本计量结果的怀疑。

良好的情景分析框架是操作风险管理体系的重要组成部分。情景分析所产生的可信结果形成了高级计量法的数据输入。

在 AMA 中，情景分析法设定的情景都是潜在的未来事件，对这种未来事件进行评估的主要目的是探究特殊情景发生的频率及其潜在损失严重程度。情景性问题假设：在某一特定业务背景下，导致操作风险某一要素或某些要素在关键时间段同时发生的概率有多大？结果的负面影响有多大？

情景分析是业务专家和风险管理专家主观评估的结果，由于其数据是从"假设"情景中产生，能够充分考虑银行未来所面临的操作风险。历史损失数据与情景分析数据一起进入高级计量法模型，对未来操作风险状况的预测更为准确。另外，内部损失数据具有高频低损的特征，而情景分析具有低频高损的特征，能够识别和评估肥尾事件。因此，情景分析、外部损失数据与内部损失数据具有互补的特性，能够弥补内部数据尾部不足带来的建模缺陷。

例题 66.4

在度量操作风险时，当内部损失数据不足时可以通过情景分析进行补充，下列哪个选项正确描述了用情景分析作为高级计量法数据输入的缺点？

A. 市场环境往往会迅速改变，使得情景分析场景可能在被利用之前就过时了

B. 情景分析往往占用管理人员太多的时间和注意力

C. 情景分析中包括银行从未经历过的损失，因此无法被监管机构接受

D. 情景分析是高度定量的，因此存在模型风险

名师解析

选项 B、C 并不是情景分析的缺点，显然不对。情景分析是主观评估的定性结果，因此选项 D 错误。选项 A 为情景分析的缺点，所以答案选 A。

四、业务环境与内部控制因素

业务环境与内部控制因素包括业务部门的复杂程度、采用技术的先进程度，变

化的快慢、监管的力度、员工更换的频率等。

第五节　高级计量法的实现

高级计量法包括损失分布法（Loss Distribution Approach，LDA）、因果关系（Causal Relationship）、风险控制自我评估（Risk and Control Self Assessment，RCSA）、关键风险指标（Key Risk Indicators，KRIs）和记分卡法（Scorecard Data）等，其中因果关系、风险控制自我测定、关键风险指标由于可以用于发现潜在操作风险损失事件，又称为前瞻性方法（Forward-looking Approach）。在采用高级计量法计算操作风险资本金的机构中，使用损失分布法的机构所占比例最大。

一、损失分布法

根据损失频率和损失程度分布用蒙特卡罗法衍生（derive）损失分布（☆☆☆）

损失分布法是在损失事件频率分布和损失程度分布的有关假设的前提下，估计每个风险单元分布，进而得出整个金融机构因操作风险而导致的损失分布。

损失分布法假定每个业务条线/风险类型单元的操作风险累计损失的分布由两个随机变量决定：损失频率（Loss Frequency）和损失程度（Loss Severity）。损失频率分布指一段时间内损失次数的分布；损失程度分布指一旦发生损失，该损失大小的分布。损失频率分布尽可能从银行内部数据中估计，损失程度的估计可以基于内部和外部的历史数据。

1. 损失频率的概率分布模型（离散型分布）

一般假设损失次数 n 服从以下分布：几何分布、二项分布、泊松分布、负二项分布。当假设满足泊松分布时，令 λ 为单位时间内损失出现的平均次数，第 $i \times j$ 风险单元在时间 T 内有 n 次损失出现的概率为：

$$p_{ij}(n) = e^{-\lambda T}\frac{(\lambda T)^n}{n!} \tag{66.4}$$

2. 损失程度的概率分布模型（连续型分布）

第 $i \times j$ 风险单元在某个时间段内（例如 1 年）损失事件 k 发生时的损失程度的概率密度函数为

$$g_{ij}(x \mid k), \ k = 1, \ 2, \ \cdots \tag{66.5}$$

损失程度的概率密度形式有对数正态分布、指数分布和 Gamma 分布。

对于每一个业务类别和损失类型的组合，损失频率分布与损失程度分布必须结合在一起以产生整体损失分布。蒙特卡罗模拟可以用来合并两个分布，具体步骤如下。

（1）从频率分布函数中抽取一个损失次数的随机数 n。

（2）从损失程度分布函数中随机抽取出 n 个数据，以确定每项损失事件的损失程度，将这些损失求和得到整体损失。

（3）将上述过程重复足够多的次数（例如 100 万次以上），将计算得到的损失连接成一条能够较好地描述潜在的损失事件的曲线，从而得到了损失类型的整体损失分布函数。

图 66.2 显示了上述的计算过程。

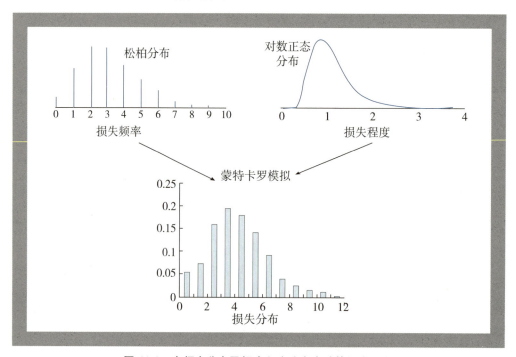

图 66.2　由频率分布及损失程度分布来计算损失分布

在得到整体损失分布后，损失分布法根据损失分布来估计操作风险的在险价值VaR。高级计量法规定，针对操作风险应该计提的资本要等于基于损失分布99.9%置信水平下的非期望损失：

$$非期望损失 = VaR（99.9\%）- 期望损失 \qquad (66.6)$$

式（66.6）的示意图（见图66.3）。

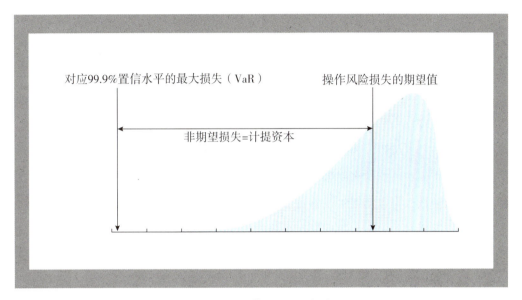

图66.3　计算操作风险损失

例题66.5

相对于计算市场风险的 VaR，计算操作风险的 VaR 方法存在一定的难度，问下列哪个选项的叙述是正确的?

A. 市场风险因子的映射比操作风险因子的映射更容易

B. 操作风险的 VaR 计算只能从定性的角度分析

C. 市场风险的 VaR 计算只需要考虑损失频率分布

D. 在计算操作风险的 VaR 值时，需要假设操作风险因子服从正态分布

名师解析

操作风险的 VaR 计算可以定量计算，如损失分布法，所以 B 选项错。市场风险的 VaR 计算只需要考虑损失程度分布，所以 C 选项错。在计算操作风险的 VaR 值时，不需要假设操作风险因子服从正态分布，所以答案选 A。

二、因果关系

用于操作风险的因果模型将现象的变化与其起因联系在一起。操作风险与因果关系和损失的联系可以表述如下：操作的影响可以分解成可控风险与不可控风险。可控风险定义为可指出影响因素的风险，不可控风险定义为没有什么影响因素可以对其施以影响的风险。不可控并不是说对于此类风险无计可施。有许多缓和性的策略可以用来减轻损失影响。如果能够找到因果关系并能采取正确措施，不可控风险也可能转化成可控风险。因果分析方法旨在从现实的或可推定的风险事件出发，向前回溯以判别那些可能的作用因素。例如，对于欺诈类的风险事件，管理者将追寻是什么因素使欺诈得以实现？是违规？是合谋？还是控制缺失？接着，深入分析这些因素与风险之间的关联，找出操作风险的损失根源。操作风险管理人员应该对自己的业务决策和操作风险损失定义因果关系。理解了因果关系，这样才能采取正确措施控制和管理风险。

一种定义因果关系的方式是通过统计手段。例如，我们检验了某家银行开展业务的12个不同地区，发现银行后台雇员的教育程度与交易处理错误次数有较强的负相关性，这时我们就需要进行一个以提高这些地区后台雇员教育背景为目的的成本效益分析（Cost Benefit Analysis）。在某些场合，一个较为详细的损失因果关系分析能够使管理人员对问题有一个更深刻的认识。例如，如果有40%的计算机故障可以归咎于硬件的落后，这时应做一个硬件更新的成本效益分析。实践中，为了提高这一方法的准确性，还可引入贝叶斯分析技术，把定性分析和定量分析结合在一起。

三、风险与控制自我评估（RCSA）

《巴塞尔协议Ⅱ》对风险与控制自我评估的清晰定义是一家银行的全行范围的

风险评估方法必须抓住可以改变其操作风险状况的关键业务环境和内部控制要素。这些要素将使银行的风险评估更具前瞻性，更直接地反映银行的控制和操作环境的质量，更能帮助协调资本评估与风险管理的目标，并能更快地认识到操作风险状况的改善和恶化。

公司使用风险与控制自我评估程序来收集这些要素，将这些要素纳入到资本的计算中。风险与控制自我评估可以看成由控制评估、风险评估和自我评估三部分组成。

控制评估就是对设定的标准进行控制有效性的测试并出具代表有效性水平的评分。控制评估通常由第三方对业务部门进行，他们可能是审计团队或合规团队。

风险和控制评估与控制评估相似，也是由第三方对某个业务部门进行的。但是，风险与控制评估除了控制评估，还包括了风险评估。

RCSA 是由部门自己完成的。对于风险和控制的评分也并不来自第三方，而是反映了部门自己的看法。RCSA 可以用来确定潜在的操作风险并提供各个领域风险和控制的得分。

设计良好的 RCSA 程序可以生成准确透明的操作风险报告，并在公司内部被有效使用。RCSA 具有前瞻性但也具有主观性，在评估的整个过程中要贯彻严格的标准和指南。RCSA 主要方法有问卷调查法、专题讨论会法和混合法。

四、关键风险指标（KRIs）

描述（describe）如何使用关键风险指标来度量操作风险（☆☆）

KRIs 指用来考察银行风险状况的统计数据或指标。外部风险因素、内部风险因素和控制环境均可用关键风险指标来监控。

KRIs 是监测操作风险状况的主要工具，也是支持 RCSA 的重要手段之一。RCSA 通过评估可以发现风险点及对应的控制措施是否有效，在此基础上银行可以选用适当的 KRIs 来监测风险状况。由于成本和效率的限制，RCSA 通常定期进行（如每年一次），KRIs 的计算却可以每天连续更新。因此，KRIs 能帮助管理层对本部门或业务条线的操作风险状况进行动态跟踪，了解风险的变化趋势。同时，KRIs 数据本身及其变化也是操作风险数据库的重要数据来源。

由于银行中各部门的任务、流程和指标各不相同，其面临的操作风险取决于所处的地理环境、客户、产品、流程及价值链中的位置。因此，各部门应根椐需要开发具体的KRIs指标。

使用KRIs最大的挑战在于是否能找到正确的指标。目前对于如何选择KRIs仍然没有达成共识，没有行业基准，银行的关键风险指标就只能与其自身进行比较，这就可能产生错误的安全感，表面看起来指标保持稳定，而事实上被监测的控制措施极有可能低于行业的标准。

五、记分卡法

描述（describe）如何用记分卡法分配操作风险资本金给各个业务条线（☆☆）

记分卡主要通过调查和专家分析设计出多项前瞻性的关于操作风险的指标，用这些指标来量化操作风险，测算和分配操作风险资本金。记分卡法，与损失分布法相似，银行的业务同样被划分为若干种业务类型和事故类型。银行首先依据行业标准为风险设定一个初始值，然后通过记分卡法不断修正，使其更能反映潜在风险和适应不同业务类型的风险控制环境。

与其他高级计量法相比，记分卡法较少依赖历史数据，而更多偏重于全面的定性分析。记分卡上的问题可能是如下形式：有多少关键部门的职务是由临时雇员来代理？公司业务中是否会涉及客户保密信息？部门雇员离职率是多少？雇员工资中有多大的比例与业务表现有关？对于每个答案都要设定分数，每一个业务部门所得的分数都显示了这一业务部门的风险大小，由此可以设定这一业务部门的资本金。

由于记分卡法是根据专家或风险经理评分得出的，因此完全是主观的，是定性分析。一般而言，对于记分卡的分数要以实际损失为基准进行验证。

第六节　幂律（Power Law）

描述（describe）如何用幂律来度量操作风险（☆☆）

自然界中出现次数最多的不是正态分布，而是长尾分布，如幂律分布。如果变量 ν 服从幂律分布，当变量 x 很大时，有以下的关系式近似成立

$$P(\nu > x) = Kx^{-\alpha} \tag{66.7}$$

其中 K 及 α 都是常数。

由图 66.4 可见，幂律分布具有长尾特征。

幂律进入社会科学，始于 20 世纪早期意大利经济学家维弗雷多·帕累托。他发现在他所研究的每个国家其财富都呈幂律分布。这个分布如此普遍，因而被称为"可预料的不均衡"（A Predictable Imbalance）。这也正是《长尾理论》（*The Long Tail*）一书中克里斯·安德森有关论述背后的逻辑。

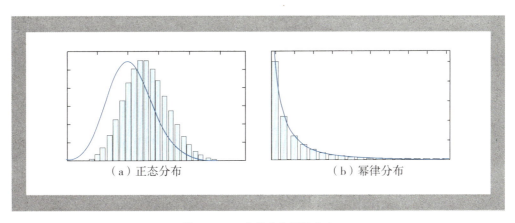

（a）正态分布　　　（b）幂律分布

图 66.4　正态分布和幂律分布

许多社会系统都遵循幂律分布。例如，一篇维基百科的文章有非常多的贡献者，他们不停地进行各种修改，但其中的大多数工作是由一小部分人做的；一个微信群里讲话最多的成员，他们往往比群体里表现最中间那个人要活跃得多。银行所经历的大规模损失也服从幂律分布。这一结果使得对于高置信度 VaR 计算变得切实可行。

第七节　保　险

解释（explain）使用保险缓释操作风险时的道德危机和逆向选择（☆☆☆）

前面已经说过操作风险损失可以归为两类：高频低损和低频高损。对于风险频度高、风险程度低的风险，银行通常选择风险防范和降低措施，对于大银行来说，就是自己留下消化，也就是自保（Self-insurance）。风险频度低、风险程度高的风险，通常选择转移，对于银行来说，就相当买保险，将银行的风险以一定的代价（保费支出）转移给保险公司。保险的风险缓释作用甚至可以占到操作风险总资本要求的20%。

保险对于银行有一个重要的作用——以每期的保费为代价使银行不需要准备大量现金预防风险从而获得资金流动性。例如，某银行面临地震危险，一旦发生地震，银行会损失1000万美元。因此，为了预防地震，银行需要准备1000万美元的现金，否则风险一旦发生，银行将会面临财务困难。保险的作用就是每年交10万美元保费，一旦遭遇地震，那么保险公司会赔付1000万美元给银行。所以银行只需要每年支出10万美元的风险准备金，就可获得990万美元的现金流。

银行对留下消化的风险还可以专门成立自己的保险公司——自保公司（Self-insurance Company or Captive Company）。首先，如上所述，保险公司能够获得资金流动性，有效改善现金流；其次，银行可以根据自身需要合理设计某些特殊风险的保险产品，比起一般的保险公司更加灵活；最后，美国对自保公司的保险费有税收制优待，因此，自保公司有合法避税的功能。

保险存在道德风险（Moral Hazard）和逆向选择（Adverse Selection）问题。道德风险指银行由于将操作风险转移给保险公司，导致银行减少其在操作风险管理上的努力，从而加大操作风险损失频率和损失程度。例如，银行投保内部欺诈后可能会有意无意地放松对员工的内部控制，使承保后的风险发生概率大于承保前。为了应对道德风险，保险公司会在保险合约中对赔付额设定一个上限（Policy Limit）或一定的免赔额（Deductible）。保险公司也会采用"共保条款"（Coinsurance Provision）来应对道德风险，这时保险公司只承担超出免赔额以上的一个损失比例（小于100%）。

逆向选择指保险公司基于自己所掌握的信息并不能准确判断银行具体业务的风险程度，因而难以在有效区分风险水平的基础上实行差别费率。如果保费率相同，低风险者会认为不公平，操作风险损失发生频率较低或损失强度较小的业务部和产品流程购买保险的积极性很低，给保险市场留下大量高风险的风险单位，使得面临操作风险较高的银行更倾向于选择保险。保险市场上的逆向选择源于信息的不对称。通过某些信息传递方式获取足够多的银行操作风险的信息，并据此甄别银行风险程度的大小，有利于减少甚至消除信息不对称，是保险公司应对逆向选择最有效的方法。

扫码做题　章节练习

第六十七章

压力测试的管控

知识引导：对压力测试的管控是公司治理的关键组成部分。要提高商业银行压力测试的效果，真正发挥风险管理的作用，要求商业银行董事会、高管层加强对压力测试的认识，加强对商业银行压力测试工作的监督管理，提高监管的质量和有效性，让监督与指导贯穿到商业银行压力测试的每一个环节，使压力测试真正发挥实效。

考点聚焦：通过对本意内容的学习，应能描述压力测试有效监管的关键因素，描述董事会成员与高级管理者在压力测试中的职责，清晰全面的压力测试政策、流程和记录应包含的要素，从监控角度制定压力测试的验证和独立评审，描述内部审计在压力测试监管和控制中的重要作用，对压力测试覆盖面、压力测试类型和方法以及资本和流动性压力测试进行描述。

本章框架图

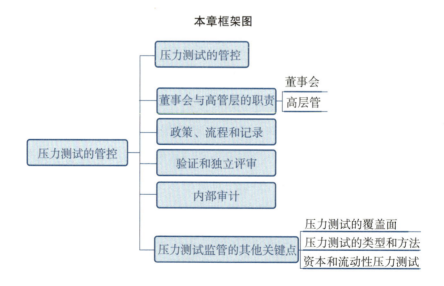

压力测试管控提供监督职能，使各项工作达到规定标准的评估具有一致性和可解释性：确定谁做决策，定义控制范围和具体责任，提供决策方法和依据的过程，澄清角色和责任，按照治理要求建立执行、监测、评估的规程并且确保压力测试会议的关键讨论、决策和行动可文档化和可跟踪，满足内部审计和监管部门的评审。

第一节　压力测试的管控

描述（describe）压力测试有效监管的关键因素（☆☆）

为确保压力测试的执行效果，有效的监管显得至关重要。压力测试监管与控制的关键要素包括管理结构、政策、程序和文本、验证和独立评审以及内部审计。

第二节　董事会与高管层的职责

描述（describe）董事会成员与高级管理层在压力测试中的职责（☆☆）

为确保充分监督，董事会与高级管理层之间实行职责分离。这种职责分离也适用于压力测试。

一、董事会

董事会对压力测试整体项目负最终责任。董事会参与整个压力测试以及高管层参与方案设计，两者必不可少。这有助于确保董事会和高管层对整个过程的参与，也有助于在最大限度上有效利用压力测试，尤其是全行范围内的压力测试。

董事会在压力测试中的职责包括熟悉压力测试活动、评估压力测试信息、确保压力测试符合企业的风险偏好、以审慎的态度应用压力测试的结果。

二、高管层

高管层负责压力测试的实施、管理和监督。高管层制定适当的政策和程序，分配适当的资源并指派有能力的员工，确保压力测试以令人满意的方式实施，必要时立即采取补救措施。

高管层应该能够识别并清楚地说明该银行的风险偏好，了解压力事件对银行风险状况的影响。高管层必须参与审议和识别潜在的压力情景并参与制定风险缓释战略。例如，压力测试揭示的缺陷是银行需要耗费很大成本才能弥补时，高管层更应将压力测试应用于决策过程。

高管层向董事会报告压力测试的进展和结果，确保公司的风险状况与公司风险偏好保持一致性。高管层应对不利结果的潜在影响提供前瞻性评估。

第三节 政策、流程和记录

辨别（identify）清晰全面的压力测试政策、流程和记录应包含的要素（☆☆）

压力测试管控政策方面的内容，通过制定压力测试政策和治理文件，设定全行压力测试最低标准和需求，包括适用范围、端到端流程控制、政策文件要求、压力测试频次、相关岗位角色和职责、压力测试监测和报告、问题报告流程。

清晰和全面的策略、程序和记录对一家公司的风险管理和压力测试至关重要，应该包括以下要素。

第一，给出压力测试的整体目标。

第二，明确压力测试活动的一致性和严格性标准。

第三，明确压力测试的角色和职责，包括对外部资源的控制（如供应商和数据提供者）。

第四，明确压力测试活动的频率和优先级。

第五，规划压力测试过程中，恰当的压力情景的设计和选择。

第六，对验证和独立评审过程的规范。

第七，向第三方透明，使第三方能对压力测试相关要素进行评估。

第八，说明压力测试结果的使用和方式，针对测试结果应采取的具体补救措施。

第九，强调对压力测试政策和流程进行更新和审查的必要性，使之与公司的风险偏好、风险敞口和市场发展状况保持一致。

第四节　验证和独立评审

从治理的角度来确定（identify）压力测试的验证和独立评审（☆☆）

监控包括对压力测试的持续验证和独立评审，以达到以下目的。

第一，对压力测试的定性结论和判断进行独立有效的审查。

第二，确保压力测试符合行业标准。

第三，对测试方法、数据质量局限性的清晰认识。

第四，实时进行性能监测，对性能下降要进行评估。

第五，对银行压力测试外包方或第三方的测试模型进行评审和验证，以确保它们符合预期的功能。

第五节　内部审计

描述（describe）内部审计在压力测试监管和控制中的重要作用（☆☆）

内部审计用于对压力测试活动的持续性、完整性和可靠性进行独立评估，其职能如下。

第一，对压力测试的独立、客观评估。

第二，确保压力测试以健康稳妥的方式进行，保持透明度。

第三，对参与压力测试的工作人员经验进行评估，明确他们的角色和责任。

第四，检查所有压力测试的资料更改是否记录在案。

第五，确保压力测试的缺陷被识别、跟踪和校正。

例题

下列选项对压力测试内部审计描述错误的是？

A. 内部审计用于确保压力测试的缺陷被识别、跟踪以及被纠正

B. 内部审计对压力测试及压力测试的工作人员进行评估

C. 内部审计并不对每个单独的压力测试进行各自独立的评估

D. 内部审计部门依附与操作部门

名师解析

内部审计部门应当保持独立性，所以选 D。

第六节　压力测试监管的其他关键点

描述（describe）压力测试覆盖面、压力测试类型和方法、资本和流动性压力测试（☆☆）

作为整体压力测试监管框架的一部分，还应该考虑压力测试覆盖面、压力测试类型和方法以及资本和流动性压力测试等方面。

一、压力测试的覆盖面

第一，对覆盖到的和忽略的风险因子要仔细考虑和详细记录。

第二，要覆盖到公司各级机构和各业务条线。

第三，要捕捉不同风险敞口的相互作用。

第四，在包括长短期在内的各种相关的时间跨度内进行。针对不同的对象，时

间跨度有不同的规定。

二、压力测试的类型和方法

第一，与董事会制定的战略有关。

第二，考虑公司特定和系统压力事件的影响。

第三，考虑压力环境下的增量效应和累积效应。

第四，将公司各个业务条线的压力测试结果汇总。

第五，要进行反向压力测试。

三、资本和流动性压力测试

资本和流动性压力测试应与总体战略和规划相协调并做到及时更新。压力测试需要考虑多个风险因子，如收益、损失、现金流量、资本和流动性的联合影响。

第一，压力测试有助于管理层制定缓释风险的应急计划。

第二，压力测试应考虑到子公司可能受到的流动性和资金问题影响。

第三，压力测试还应该关注资本和流动性问题，这些问题可能同时发生，导致连锁反应放大风险。例如，一个机构可能需要以低于市场价格的价格出售资产或者以高于市场利率的方式支付融资成本。

扫码做题　章节练习

第六十八章

压力测试与其他风险管理工具

知识引导：本章对商业银行风险管理中的 VaR 方法和压力测试法进行了对比分析，介绍了 VaR 框架下压力测试法的基本步骤，作为其他风险计量工具的有机互补，介绍了压力 VaR 的概念与应用，最后对压力风险度量的优缺点进行了简要概括。

考点聚焦：本章主要考点包括：描述压力测试与其他风险度量工具之间的关系，描述基于 VaR 框架的压力测试方法，解释压力输入变量的重要性及压力 VaR 的重要作用，描述压力风险度量的优缺点。

本章框架图

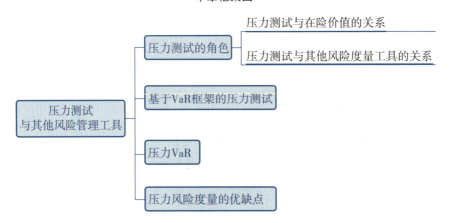

2008 年 10 月期的《全球金融稳定报告》指出 2007 年发生在美国的次贷危机是由于损失上升、资产价格下降和经济减速加剧，金融体系与更广泛经济领域之间发生了更为严重的负面反馈链效应，造成的损失远远超过了人们的预期。人们认识到，VaR 风险估计在置信度内正常市场情况下是有效的，但对超过置信度的低概率金融损失事件则无能为力。此时，需要结合压力测试来衡量资产损失分布超过在险价值的部分，用以度量金融机构和系统在极端市场情形下的风险传导机制和风险承受力。

第一节　压力测试的角色

描述（describe）压力测试与其他风险度量之间的关系（☆☆）

根据国际证监会组织（International Organization of Securities Commissions，IOSCO）的定义，压力测试是在市场遭遇极端不利情形时，通过对资产组合所面临的风险进行识别和量化，进而评估外部冲击影响的方法。根据国际货币基金组织（International Monetary Fund，IMF）的定义，压力测试是指一系列用来评估一些异常但又可信的宏观经济冲击对金融体系脆弱性影响的技术总称。国际清算银行巴塞尔银行全球金融系统委员会（BIS Committee on the Global Financial System，BCGFS）将压力测试定义为，金融机构衡量潜在可能发生异常损失的模型。巴塞尔委员会在其 2009 年 5 月发布的《稳健的压力测试实践和监管原则》中提出"一些风险管理方法是基于复杂的、在历史数据和统计估计关系基础上构建的定量模型，压力测试应对这些风险管理方法形成补充。尤其是针对特定组合的压力测试结果有助于更好地了解高置信区间下统计模型的有效性，如 VaR 的压力测试结果"。

压力测试考虑了 VaR 和 ES 等方法未能覆盖的极端风险情形，弥补了人们为简化风险测度而做的模型假设（如正态分布的假设）可能导致对风险低估的缺点，其情景构建并不完全基于历史事件，而是可以通过虚拟情景模拟超出历史情景的极端风险。同时，压力测试能够清楚地表明引致风险的特定情景，有利于为投资者提供一个较为清晰的风险描述。

一、压力测试与在险价值的关系

在险价值是指在正常的市场环境下，在一定的置信水平和持有期内，衡量某个特定的头寸或组合所面临的最大可能损失。VaR不仅取决于风险的绝对水平，也取决于管理者对风险的偏好（如设定多高的置信水平）以及风险期限的长度，VaR将资产组合潜在的损失与发生概率结合成为单个数字，将多个风险敞口的效果综合起来。

在险价值法和压力测试法均是衡量金融系统风险大小的有效方法，两者相对于传统的衡量方法而言，更注重事前风险的测量，即可以事前计算风险，还可使预测性更强。同时，在险价值和压力测试不仅能计算单个金融工具的风险，还能计算由多个金融风险组成的投资组合风险。在险价值和压力测试有一定的共同之处，但两者的差异还是比较明显的，主要集中在以下三个方面。

1. 定义损失的角度不同

计算市场风险的VaR模型所计算出来的是经济资本。经济资本是描述在一定的时间内一定的置信度水平下，为了弥补银行的非预计损失所需要的资本。它是根据银行资产风险程度的大小计算出来的。经济资本的一个重要特点，就是它指所"需要的"资本，"应该有"多少资本，而不是银行实实在在已经拥有的资本。压力测试同样以现金流测算为基础，但不是测算市场和企业正常状况下的现金流，而是测算在各种设定场景（同时发生若干种负面事件）下损失的现金流。银行的损失可以表示为：

$$银行损失 = 预期损失 + 非预期损失 + 极端损失$$

其中预期损失用准备金弥补，非预期损失用经济资本弥补，极端损失通过压力测试计算，前面两种损失与第三种损失的临界点称为VaR。

2. 观察期限不同

对于市场风险，VaR持有期通常为一天或一个月，也有的为一个季度或一年，如德意志银行、花旗银行、JP Morgan在计算市场风险时都选择持有期为一天来计算VaR值。而对于信用风险，因为其发生的频率较低，样本数据较少，习惯上采用一年的持有期。对于操作风险，也采用一年的持有期。根据风险敞口的不同特点以及相关测试的战略或战术目的，压力测试包括多个不同时间段，一般来说压力测试的时间跨度要大于 VaR 值。银行已经延长压力测试时间窗口，通常为 6~12 个月。危机发生前，银行设置的时间窗口通常很短，短期为 1~4 周，中期为 2~6 个月，只有少数银行会达到 6 个月至 1 年的情景。由于危机显示压力状况可能长期持续，多家银行甚至开始考虑设置 2 年或更长的时间窗口。例如，2012 年美联储对美国最大型金融公司进行的压力测试时间跨度长达 2 年半。

3. 压力测试只是假设一般（Base）、不利（Adverse）和极端不利（Severely Adverse）三种情景，并不考虑情景发生的概率问题

以美国银行为例，它将情景分析压力测试定义为分析可能发生的事件造成的损失增量，是从事件角度出发进行定义，而不论事件发生的概率有多大。香港金融管理局对此也有同样见解，其《监管政策手册》中"关于对压力测试结果的诠释"认为，压力测试用于评估机构受某特定压力事件影响的程度，没有交代发生有关事件的可能性。而 VaR 的计算与置信度（一定的概率水平）是密切相关的。

例题 68.1

下列选项对压力测试与 VaR 描述错误的是？

A. 压力测试通常重点关注少数情景数据，而 VaR 通常要关注许多情景数据。

B. 具有一定的概率水平是 VaR 的主要特征，而压力测试没有考虑概率问题。

C. 压力测试采用目前的时间作为出发点，而不是历史时间。

D. 只有 VaR 方法根据情景数据预测损失值。

名师解析

压力测试和 VaR 都是根据情景数据计算损失，前者关心的是极端损失，后者关心的在一定概率水平下的最大损失。所以选项 D 错误。

二、压力测试与其他风险度量工具的关系

压力测试与现有的其他风险计量工具，例如，违约风险敞口（Exposure at Default，EAD）、违约概率（Probability of Default，PD）、违约损失率（Loss Given Default，LGD）、预期损失（Expected Loss，EL）、非预期损失（Unexpected Loss，UL）

和经济资本（Economic Capital，EC）等既有联系又有区别。传统风险计量工具重点针对"常态化"市场下的风险识别和计量，压力测试则是针对极端市场状态下的风险分析。压力测试与传统风险计量工具是互补的关系，都属于现代银行风险管理的一部分。

第二节　基于 VaR 框架的压力测试

描述（describe）基于 VaR 框架的压力测试方法（☆☆）

VaR 压力测试，即对影响 VaR 的那些参数施加赋予一定概率的压力情景，使得这些参数加以改变，然后考察这些改变使 VaR 的计算发生了什么样的变化。

基于 VaR 框架压力测试方法的基本步骤是：

（1）设置一系列压力情景；

（2）根据压力情景的不同状态设置不同的概率；

（3）使用估值模型对组合价值进行重估；

（4）结合重估价值和状态概率，计算出重估以后的组合价值分布；

（5）根据新的分布，重新计算 VaR。

例如，采用内部评级法计算信用风险的风险指标：预期损失、非预期损失和 VaR。压力测试时，将宏观经济变量、金融市场波动情景与银行资产组合的信用风险参数建立模型关系，将压力情景代入到计量模型中，得到情景下整体违约率、整体违约损失率以及整体风险敞口，进一步计算出压力情景下资产组合的损失分布，最终可计算出预期损失、非预期损失、极端损失和经济资本等指标，从而分析压力情景对信用风险可能造成的影响（见图 68.1）。

如图 68.1 所示，在压力情景下，损失分布整体右移，因而根据该分布计算出承压的 EL 和 UL 均出现了较大幅度的变动。

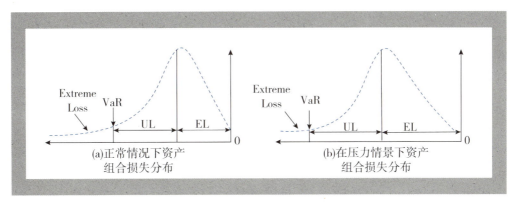

图 **68.1   VaR** 框架下压力测试

第三节   压力 VaR（Stressed VaR）

解释（explain）压力输入变量的重要性及压力 VaR 的重要作用（☆☆）

金融危机后，巴塞尔委员会采取了一系列措施，修改了关于银行管理流动性的管理规则框架，并且对情景分析和压力测试提供了指导意见，同时对资产证券化也增加了资本金的要求。《巴塞尔协议 2.5》是对这些调整的汇总，这些调整包括压力风险价值度（Stressed VaR，sVaR）、新增风险资本金（Incremental Risk Charge，IRC）等。

sVaR 与 VaR 的相同之处在于二者都是基于统计分析的风险度量值，具有相同的统计表述含义，即未来某一日目标交易组合对应某一置信度下的损失值。

sVaR 与 VaR 的不同之处在于历史数据区间的选择。sVaR 是基于市场在受压条件下 250 天的历史数据，而不仅是由过去 1～4 年的历史数据进行计算。采用历史模拟法计算压力测试时，市场变量在下一个交易日中的百分比变化量是从市场受压条件下的 250 个交易日的日变化量中抽样得出。sVaR 将风险价值和压力测试两类风险计量方法有机地融合起来，在一定程度上弥补了 VaR 无法充分评估尾部风险的缺陷。由于 sVaR 在数值上大于 VaR，引入 sVaR 之后的市场风险监管资本至少是 sVaR

值的 3 倍与正常情况下 VaR 值的 3 倍之和，其公式为：

$$\max(\text{VaR}_{t-1},\ m_c \times \text{VaR}_{avg}) + \max(s\text{VaR}_{t-1},\ m_s \times s\text{VaR}_{avg}) \qquad (68.1)$$

其中 VaR_{t-1} 和 $s\text{VaR}_{t-1}$ 分别为前一天的 VaR 和压力 VaR（基于 10 天展望期和 99% 置信区间），VaR_{avg} 和 $s\text{VaR}_{avg}$ 分别为过去 60 天的平均 VaR 和平均压力 VaR（基于 10 天展望期和 99% 置信区间），参数 m_c 和 m_s 由银行监管部门决定。

第四节　压力风险度量的优缺点

描述（describe）压力风险度量的优缺点（☆☆）

压力风险度量（Stressed Risk Metrics）的优点：

压力测试能够帮助银行充分了解潜在风险因素和在极端情景下的损失状态，以及可能带来的后果等方面。帮助银行采取针对性的措施，制定应对预案，提前避免或者降低极端风险可能对银行带来的冲击。因此对于银行来说，一项压力测试的成功，并不在于事后发生的情况印证了测试结果，而在于通过提前的决策和行动避免了不好结果的发生。

压力风险度量的缺点：

压力测试的情景设置存在脱离实际的问题，整体参数标准与实体经济运行存在较大差异，难以反映出目标银行面临的真实压力，银行压力测试效果真实性和现实性备受质疑。

例题 68.2

下列选项对压力测试缺点的描述正确是？

A. 压力测试仅考虑了从没发生的情景。

B. 压力测试包括主观判定。

C. 压力测试不能解释资产之间的相关性。

D. 压力测试不能解释收益分布的肥尾现象。

名师解析

　　压力测试是指将整个金融机构或资产组合置于某一特定的（主观想象的）极端市场情况下，然后测试该金融机构或资产组合在这些关键市场变量突变的压力下的表现状况。因此选项 B 正确。

扫码做题　章节练习

第六十九章

稳健的压力测试实践与监管原则

知识引导:《稳健的压力测试实践和监管原则》是巴塞尔银行监管委员会（简称"巴塞尔委员会"）首次发布的专门的压力测试监管文件,系统、全面地阐述了对银行和监管机构进行压力测试的要求。该文件还要求银行开展覆盖全行范围内各类风险和各个业务领域的压力测试,提供一个全行全面风险的整体情况,以便促进风险识别和控制,弥补其他风险管理工具的不足。

考点聚焦:本章主要考点包括:描述压力测试作为风险管理工具的合理性。描述金融危机前的压力测试在金融危机中暴露出来的缺点和相应的改进建议。

本章框架图

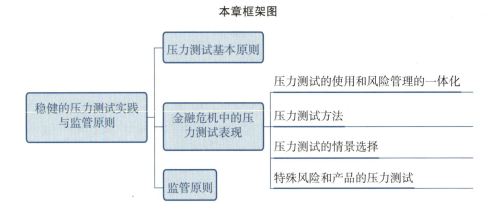

2009 年 1 月，巴塞尔委员会公布了《稳健的压力测试实践和监管原则》，首次全面系统地阐述了银行业压力测试的标准和规范。通过压力测试，可以帮助银行分析在极端情景下实际风险是否满足风险偏好的设定，提前采取调整措施或者制定应对预案。

第一节　压力测试基本原理

描述（describe）压力测试作为风险管理工具的合理性（☆☆）

风险压力测试是一种以定量分析为主的风险分析方法。它通过测算机构在遇到假定的小概率事件等极端不利情况时可能会发生的风险损失，分析这些损失对机构盈利能力和资本带来的负面影响，对机构组合的脆弱性作出评估和判断，并采取必要的管控措施。

风险可划分为预期损失、非预期损失和极端损失。在风险管理上，对待预期损失、非预期损失和极端损失的手段是截然不同的。预期损失通过计算平均预期损失得到，可通过计提不良贷款损失准备金进行缓释；非预期损失由 VaR 计算方法求出，主要通过资本进行缓释；极端损失只能通过压力测试进行计量，利用压力测试可以识别出产生极端损失的情况，以作为 VaR 方法的补充。

银行把压力测试作为进行内部风险管理的重要风险管理工具。压力测试警告银行对和各类风险有关的极端损失进行管理，并且在巨大的冲击来临之时，对可能需要多少资本来吸收发生的损失提供指示。压力测试是对其他风险管理和测量方法的补充工具。它在以下几个方面起到了非常重要的作用：

（1）提供有预见性的风险评估；

（2）克服了模型和历史数据的局限；

（3）支持内部和外部的交流；

（4）为资本和流动资金规划程序提供资料；

（5）为一个银行的风险容忍程度提供资料；

（6）有利于风险缓释进程的发展或者一系列压力情况下的应急计划。

第二节　金融危机中的压力测试表现

描述（describe）金融危机中的压力测试，在以下四个方面暴露出的缺点和改进意见：压力测试的使用和风险管理的一体化，压力测试方法，压力测试的情景选择，特殊风险和产品的压力测试（☆☆）

　　2007 年的金融危机暴露出银行在压力测试上还存在一定缺陷，我们从以下四个方面进行阐述，分别是压力测试的使用和风险管理的一体化、压力测试方法、压力测试的情景选择、特殊风险和产品的压力测试。

一、压力测试的使用和风险管理的一体化

　　缺点有：

　　（1）缺乏董事会和高级管理层的参与。金融危机对压力测试的最大教训其实是高级管理者没有积极参与对压力测试的监管。

　　（2）缺乏压力测试的整体组织。在危机来临之前，一些银行的压力测试主要作为风险管理方面的一项独立实践活动来进行，与业务领域很少有交流。此外，在一些银行，压力测试计划是一项机械的实践活动，不能充分考虑业务条件的变化，也不能结合银行各个部门的数据进行分析判断，因此不能提供一个完整的描述。

　　（3）缺乏一个全面的、完备的压力测试方法。金融危机前，一些银行只是单独地对特定的风险或者投资组合进行压力测试，并在有限的企业层面上进行整合，没有考虑到市场风险、信用风险和操作风险之间的相关性。因此，这些银行还没有足够的能力来识别银行内部相关的尾部敞口和风险聚集。

　　（4）缺乏对危机变化的快速灵活响应。银行缺乏一个适当稳健、强有力的基础设施和 IT 资源，不具备足够的灵活性，不能在适当精确的水平下适应不同的、可能变化的压力测试。

　　针对以上缺点，现有下列建议：

（1）压力测试应成为一家银行整体治理和风险管理文化的组成部分。压力测试应具备可操作性，因为压力测试分析结果会影响相应管理层的决策，包括董事会和高级管理层作出的战略性业务决策。董事会和高管层的参与对压力测试的有效实施至关重要。

（2）银行应开展压力测试，以便促进风险识别和控制，弥补其他风险管理工具的不足，改进资本和流动性管理，加强内部与外部的沟通与交流。

（3）压力测试应综合考虑银行内部各方的意见，并涵盖一系列不同的视角和技术。

（4）银行应将压力测试项目的政策和流程落实到书面，对项目的运作进行恰当的文字记录。

（5）加大 IT 等资源投入，以增强风险信息的有效性和及时性。机构整体范围的压力测试相关数据的存储和计算，要求机构发展中央数据处理系统，并大量投入 IT 和人才等资源，这样才能实现快速准确的压力测试。

（6）银行应定期维护和更新其压力测试框架，并定期独立评估压力测试项目的有效性和主要环节的稳健性。

二、压力测试方法

压力测试包含了一系列方法，从简单的敏感测试到复杂的压力测试，都意在评估严重的宏观经济压力事件如何影响收入和经济资本的测量。金融危机揭示了危机前的压力测试方法存在如下几个缺点。

（1）基础设施的不足：基础设施的不完善（如电脑和网络的配置）限制了银行全面识别和整合风险敞口的能力，这一缺点限制了压力测试的效果。

（2）风险评估方法不足：大多数压力测试方法使用历史统计的关系来评估风险。它们假设风险是一个已知的、不变的非随机过程，假设历史关系是预测未来风险发展的良好依据。金融危机揭示了这种方法的严重缺陷。

（3）风险相关性识别不足：金融危机再次证明，在紧张的市场环境下，业内市场参与者的反应使得风险特征发生迅速改变，进而引起负面反馈的链式影响，导致系统范围内的相关性增强，有些影响能极大地放大最初的冲击。

（4）基于全公司各种业务的整体风险视野不足：金融危机爆发前，大多数银行

没有做到从多个角度、运用一系列技术进行全范围风险覆盖的压力测试，形成对信贷、市场等风险的全面审视。

针对以上缺点，现给出下列建议：

（1）开发综合的压力测试方法：压力测试应覆盖全行范围内各类风险和各个业务领域。银行应通过有意义的方式有效地整合压力测试活动，以提供一个全行全面风险的整体风险情况。

（2）识别和控制风险聚集：银行应使用压力测试来识别、监督和控制风险聚集。为了充分发现风险聚集，情景应当是覆盖全企业的，而且是综合的，全面覆盖表内和表外资产。

（3）多指标的测量：压力测试影响的评估通常针对一种或多种量化指标。具体量化指标的选用将取决于压力测试的具体目的、所分析的风险及资产组合和拟测试的特定问题。必要时需要考虑多种量化指标，以充分估计风险的影响。

三、压力测试的情景选择

（1）缺乏深度与广度：许多银行的压力测试与实际发展有诸多不匹配。特别是，压力情景倾向于选择持续时间较短、反应温和的冲击。由于相互作用和负面反馈效应，低估了不同头寸、风险类型和市场之间的相关性。金融危机爆发前，大部分银行情景压力测试的结果是损失估计不会超过收入的25%（通常更少），然而在危机爆发时，许多银行的损失超过了25%。

（2）缺乏足够的技术手段：需要应用新技术开发各种压力情景。基础的方法如敏感测试，没有把市场冲击与潜在的事件和实际的结果相关联，忽视了多重风险因素或者反馈效应。

（3）缺乏前瞻性情景：情景假设经常以过去经历过的重大市场事件为基础。这样的压力测试无法捕捉那些处于经济危机中心的新的金融产品的风险。另外，根据历史片段反映的压力情景，不能充分描述现有危机的持续时间之长和程度之严重。

针对以上缺点，现给出下列建议：

（1）多种情景：有效的压力测试方案应包括一系列情景和不同严重程度。这样做有利于加深管理层对薄弱环节和非线性损失状况的了解。

（2）前瞻性情景：压力测试应该涵盖包括前瞻性情景在内的一系列情景，目的在于考虑系统范围内的相互作用和反馈效应。

（3）协同效应（Synergy Effect）：设计前瞻性情景要求综合考虑全行范围内专家的判断和知识储备。情景应基于高管层之间的业务交流和措施。

（4）时间跨度（Time Horizon）：根据风险敞口的不同特点以及相关测试的战略或战术目的，压力测试应包括多个不同时间段。在起始阶段，用于风险管理相关测试的压力测试，重点关注相关目标资产组合的风险管理时间段和潜在风险敞口的流动性。但是，由于在压力状况下，流动性可能瞬息万变，银行应构建基于更长时间段的压力测试框架。银行也应评估经济衰退型情景的影响，评估银行中长期内的应对能力。由于压力测试时间跨度延长，银行应充分了解假设条件的重要性是与日俱增的。银行也应考虑将反馈效应、各家银行的具体情况以及市场反应纳入到这种压力测试中。

（5）反向压力测试（Reverse Stress Testing）：反向压力测试是从已知的压力测试结果出发（比如：违背监管资本比率要求、流动性不足或者清偿力不足），然后反过来分析哪些事件会导致这些结果。作为整体压力测试方案的组成部分，考虑可能导致银行破产的极端情景是很重要的（如威胁整个银行存续的压力事件）。通过反向压力测试，金融机构可以得到那些高管没有充分意识到但会对金融机构产生灾难性影响的情景。

四、特殊风险和产品的压力测试

金融危机前的压力测试容易忽略的特殊风险有：

（1）复杂的结构化金融产品风险：由于依赖外部信用评级，一些银行会错误地估计了一些结构化产品（如资产证券化 ABS 中的债务抵押证券 CDO）的风险。因此，为了完全反映出严重压力条件下复杂结构性产品的相关风险特征，银行应在其压力测试中包含所有与基础资产池相关的信息、它们对市场条件的依赖性、复杂的合同安排和与次级相关特定层级的影响。

（2）基差风险（Basis Risk）：很多情况下，压力测试只是处理方向性风险，不能捕获基差风险。

（3）交易对手信用风险（Counterparty Credit Risk）：对交易对手信用风险的压力测试通常只对交易对手的某个单独风险因素进行施压，经常忽视信用风险

和市场风险间的相互作用，如错向风险（Wrong Way Risk）。对交易对手的信用风险的压力测试应该根据多重风险因素，以及那些包含了现行评估调整的因素来改进。

（4）管道风险（Pipeline Risk）：在资产证券化中，银行将部分资产转让给一个特别目的载体（Special Purpose Vehicle，SPV），之后 SPV 以这部分资产产生的现金流为基础，发行债券进行融资，最终将募集资金支付给银行。所谓真实销售（True Sale），是指银行将特定资产，以及与该资产相关的全部风险与收益，全部转让给 SPV 的过程。真实销售是资产证券化最重要的结构性安排之一。但是如果银行没有完全实施真实销售，自己还承担了部分风险资产，或者因为自身特定压力或市场压力无法对风险资产进行证券化时，就会面临流动性风险，这种风险称之为管道风险，或叫存货风险（Warehouse Risk）。压力测试时，若对市场的流动性减弱的时间持续性估计不足，便会低估管道风险。

（5）或有风险（Contingent Risk）：压力模型的另一个弱点是没有充分体现或有风险。在资产证券化中，以 SPV 来包装资产去运作，目的就是使得银行与资产实现破产隔离。但是由于契约协议以及考虑声誉影响，银行仍然会相应承担 SPV 的信用风险和流动性风险。银行应该认真评估与表外结构性信用证券承诺有关的风险以及出于声誉需要将表外资产转入表内的可能性。在压力测试方案中，应包含一些用来评估与自身财务状况、流动性和监管资本头寸有关的资产规模和稳健性的情景，分析对象应包括资产结构、偿付能力、流动性和其他风险问题，如合约和触发效应。

（6）融资流动性风险（Funding Liquidity Risk）：巴塞尔委员会给出了融资流动性风险的定义：融资流动性风险是指，公司无法获得有效的期望和非期望的当前和未来的现金流以及抵押物，来改变公司的日常运营或金融情况的风险。银行的流动性压力测试往往不能充分估计到危机产生的本质，以及危机对银行业的冲击强度、范围和时间。2007 年金融危机暴发以前，大多数流动性压力测试情景设置基于表内资金头寸的流失率假设，负面冲击幅度也过于温和。然而危机表明，这种不重视表外风险敞口、其他或有现金流的做法无法揭示潜在风险。银行开展压力测试时还应该扩展冲击范围，不局限于传统的冲击，综合考虑来自金融市场、实体经济的多重冲击来源。并且要将市场风险、信用风险和流动性风险进行综合考虑。信用风险和市场风险，甚至是声誉风险都会转化为流动性风险。

第三节 监管原则

（1）监管当局应该定期对银行的压力测试方案进行综合评估。

（2）当发现压力测试方案存在严重不足或者决策程序中没有充分考虑到压力测试结果时，监管当局应要求银行管理层采取整改措施。

（3）监管当局应当评估涉及全行情景的范围和严重程度。监管当局可以要求银行使用特定情景，或者要求在银行存续受到威胁时（反向压力测试情景）对情景进行评估。

（4）在第二支柱下，监管当局应当把检查银行压力测试的结果作为银行内部资本充足性评估和流动性管理审查工作的一部分。监管当局评估资本和流动充足性时，应考虑前瞻性压力测试的结果。

（5）监管当局应考虑实施基于普遍情景的压力测试。

（6）监管当局应与其他部门、银行业开展建设性对话，识别出系统的薄弱环节，监管当局应具备评估银行压力测试方案的能力和技巧。

扫码做题 章节练习

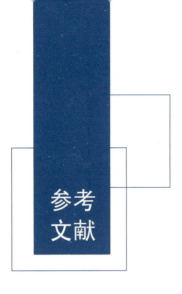

参考
文献

［1］ Financial Risk Manager (FRM) Part I：Foundations of Risk Management Eighth Edition by Global Association of Risk Professionals.

［2］ Financial Risk Manager (FRM) Part I：Quantitative Analysis Eighth Edition by Global Association of Risk Professionals.

［3］ Financial Risk Manager (FRM) Part I：Financial Markets and Products Eighth Edition by Global Association of Risk Professionals.

［4］ Financial Risk Manager (FRM) Part I：Valuation and Risk Models Eighth Edition by Global Association of Risk Professionals.

［5］ CROUHY M，GALAI D，MARK R. The essentials of risk management ［M］. McGraw-Hill，2006.

［6］ PRESIDENT J L，LAM J，ASSOCIATES. Enterprise risk management：from incentives to controls ［M］. 2014：25 – 38.

［7］ ALLEN S. Financial Risk Management：A Practitioner's Guide to Managing Market and Credit Risk，Second Edition ［J］. Cadernos De Saúde Pública，2013，3 (1)：28 – 39.

［8］ BRUNNERMEIER M K. Deciphering the Liquidity and Credit Crunch 2007—2008 ［J］. Journal of Economic Perspectives，2009，23 (1)：77 – 100.

［9］ GORTON G，METRICK A. Getting Up to Speed on the Financial Crisis：A One-Weekend-Reader's Guide ［J］. Journal of Economic Literature，2012，50 (1)：128 – 150.

〔10〕 STULZ R M. Risk Management Failures：What Are They and When Do They Happen? 〔J〕. Journal of Applied Corporate Finance, 2008, 20 (4): 39 – 48.

〔11〕 MALLEGHEM J V, BLARD F. Principles for effective Risk Data Aggregation and Risk Reporting 〔J〕. Bank for International Settlements, 2013.

〔12〕 MILLER M B. Mathematics and statistics for financial risk management 〔J〕. Wiley, 2012.

〔13〕 DIEBOLD F X. Elements of Forecasting 〔M〕. Elements of forecasting /. Thomson/South-Western, 2007: 318 – 319.

〔14〕 BROOKS C. Introductory econometrics for finance. 2nd ed 〔M〕. Introductory econometrics for finance. Cambridge University Press, 2008.

〔15〕 GREGORY J. Central Counterparties：Mandatory Clearing and Bilateral Margin Requirements for OTC Derivatives 〔J〕. Moneyscience, 2014.

〔16〕 HULL J C. Options, futures, and other derivatives (9th Edition) 〔M〕. Pearson, Education Co, 2014.

〔17〕 MCDONALD R L. Derivatives Markets：International Edition 〔J〕. Pearson Schweiz Ag, 2006.

〔18〕 SAUNDERS A, CORNETT M. Financial institutions management: a risk management approach, 7th edn 〔M〕. McGraw-Hill, IrwinSaunders, 2011.

〔19〕 FABOZZI F J, POLLACK I M. The Handbook of Fixed Income Securities 〔J〕. Handbook of Fixed Income Securities, 2012.

〔20〕 TUCKMAN B, SERRAT A. Fixed Income Securities：Tools for Today's Markets 〔J〕. John Wiley & Sons, 2011.

〔21〕 HULL J C. Risk management and financial institutions 〔M〕. Pearson Education Co, 2012.

〔22〕 ALLEN L, BOUDOUKH J, SAUNDERS A. Understanding market, credit, and operational risk : the value at risk approach 〔M〕. Blackwell, 2003.

〔23〕 DOWD K. Measuring Market Risk 〔J〕. Wiley, 2005.

〔24〕 DAMODARAN A. Country Risk：Determinants, Measures and Implications—The 2015 Edition 〔J〕. Social Science Electronic Publishing, 2015.

〔25〕 SERVIGNY A D, RENAULT O. Measuring and managing credit risk

［M］. Measuring and managing credit risk . McGraw-Hill, 2004：2928 – 2929.

［26］ AKHTAR S, HASAN I. Stress Testing：Approaches, Methods and Applications［J］. London：Risk Books, 2013.

［27］Bank for International Settlements, Principles for Sound Stress Testing Practices and Supervision Basel Committee on Banking Super［R］. 2009.

［28］陈力峰. 现金流分解法一种新的浮动利率债券定价方法的研究［J］. 金融教学与研究, 2002（3）.

［29］布鲁斯·塔克曼, 安杰尔·塞拉特. 固定收益证券［M］. 范龙振, 林祥亮, 等, 译. 北京：机械工业出版社, 2014.

［30］王娇, 陈树满. 商业银行内部评级与外部评级的比较研究［J］. 征信, 2016（9）.

［31］刘焱. 因果模型及其在操作风险管理中的应用研究［D］. 天津南开大学, 2005.

［32］杨军. 风险管理与巴塞尔协议十八讲［M］. 北京：中国金融出版社, 2013.

［33］丁建臣, 庞小凤, 孟大伟. 银行压力测试的方法和应用：优势与缺陷［J］. 现代经济探讨, 2015（11）.

附　录

计算器使用说明

一、基本介绍

（一）基本说明

在 FRM 考试中，GARP 协会指定使用两种专业计算器，即得州（Texas Instrument）BA Ⅱ + 及专业版计算器、惠普（Hewlett Packard）12C 系列计算器。本书推荐考生使用得州 BA Ⅱ 专业版计算器（英文全称：Texas Instruments BA Ⅱ + Professional）。一方面，这款计算器功能强大、界面友好、易于上手；另一方面，这款计算器不仅是 FRM 考试指定计算器，同时还适用于其他各类主流财经证书考试。本书中所有关于计算器的使用都将以得州 BA Ⅱ 专业版为示例。下文将得州 BA Ⅱ 专业版计算器简称为计算器。

（二）常用功能键说明

考生拿到计算器后，首先要熟悉下界面。计算器界面可以大致分为四个区域：前两排按钮为第一个区域，主要是基本功能键；第三排按钮为第二个区域，用于计算现金流的货币时间价值；第四排开始围绕数字键的为第三个区域，主要是各种运算与存储功能；最后一个区域是数字键。计算器常用功能键可见下表，一些重要功能后文用到时会详细说明。

按　键	功　能	按　键	功　能
CPT	计算	PV	现值
ENTER（SET）	输入（设置）	PMT	单个复利周期的 Cash flow（可用于计算年金）
2ND	启用第二项功能	FV	未来值

（续表）

按　键	功　　能	按　键	功　　能
CF	进入 Cash flow 的数据输入	$\sqrt{x}$	对前一个输入的数值开方
NPV	进入 NPV 的计算	x^2	对前一个输入的数值平方
IRR	进入 IRR 的计算	$1/x$	对前一个输入的数值求倒数
→	删除	y^x	对前面的计算结果进 x 次方
N	复利周期的次数	STO	存储数据
I/Y	单个复利周期的利率	RCL	调用所存储的数据
↑↓	上下移动	CE/C	数据归零

（三）常用组合键说明

计算器的许多按键都具备第二种功能。例如，数字键"1"的正上方注明"DATE"字样，表明数字键"1"还具备日期相关功能。启用第二项功能的方法是按"2ND"键（位于第二排第一个按钮）。例如，若想启动日期功能，只需依次按"2ND"键与数字键"1"，即可进入 DATE 功能界面。常见组合键功能可见下表，考试中常用的组合键功能会在下文详细说明。

组合键	功　　能	组合键	功　　能
2ND + 小数点	可设置计算结果的精确位数/设置计算法则	2ND + 8	对输入的数据进行统计分析
2ND + +/-	重新设置 Chn 和小数点位数	2ND + 9	可计算 Bond 的相关数值
2ND + 0	进入 Memory 中所存储的数据	2ND + X	计算 x!（x 的阶乘）
2ND + 1	进入日期设置	2ND + −	计算排列的数量
2ND + 2	可计算 Nominal rate 或 Effective rate	2ND + +	计算组合的数量
2ND + 3	可计算盈利	2ND + CE/C	清零
2ND + 4	可计算折旧	2ND + CPT	退回到标准计算器模式
2ND + 5	可计算百分比变化值	2ND + ENTER	转换设置
2ND + 6	可计算盈亏平衡点	2ND + PMT	转换 BGN 和 END 模式
2ND + 7	可输入数据	2ND + =	显示上一次的计算结果

二、计算器的基本设置

考生在使用计算器之前，必须先对计算器进行基本设置，否则计算结果容易出错或不符合要求。

（一）精度设置

计算器可以精确到 8 位小数。我们建议考生至少设置 6 位小数，以满足考试要求，设置方法如下表所示。

步　　骤	计算器显示
［2nd］［.］	DEC ＝ 2.00
［6］［ENTER］	DEC ＝ 6.000000
［2nd］［CPT］	0.000000

本章接下来都会用上表的方式来介绍计算器使用方法。其中，第一列显示操作步骤，第二列显示该步骤操作后，计算器显示屏上出现的数字，考生可以以此对照自己的操作有没有错误。例如，上表中第一步操作是［2nd］［.］，是将调用"."号键上方的 FORMAT 功能，此时计算器屏幕上将显示 DEC＝2.00，DEC 是英文小数的缩写，表明默认的小数位数是 2 位。第二步操作［6］［ENTER］，即输入数字 6 后，按 ENTER 键（该键位于第一排第二列，注意不是按"＝"键），将小数位修改成 6 位。最后一步操作是［2nd］［CPT］，即调用"QUIT"功能退出。

（二）优先级算法设置

计算时不同符号的优先级是不同的，比如 3＋5×4，乘法计算优先级高于加号，所以计算结果应为 23。然而，对于一般计算器来说都不具备识别优先级的功能，如果依次将上式输入，计算顺序是先加后乘，得出的结果是 32。不过 TI BA Ⅱ 具备切换识别优先级的功能，在 CHN 模式下不考虑优先级，而在 AOS 模式下考虑优先级。由于计算器默认设置是 CHN 模式，我们需要将其调整为 AOS 模式。如下表所示。

步　　骤	计算器显示
[2nd]　[.]	DEC = 2.00
[↓] 按四次	Chn
[2nd]　[ENTER]	AOS

此外，在 AOS 模式下如果想要改变优先级，可以利用计算器中的"（）"键。计算器将优先计算括号中的表达式。

（三）每期现金流时点设置

每期现金流有可能在期初也有可能在期末，计算器可以分别在两种模式下计算现值与终值。计算器的默认模式是 END。BGN 功能可用于计算先付年金。

步　　骤	计算器显示
[2nd]　[PMT]	END
[2nd]　[ENTER]	BGN

备考小贴士

考生一定要注意：如果在考试中需要用到 BGN 功能，按照上述步骤调整后，计算器右上角会显示"BGN"字样，在用完"BGN"功能后一定要调回"END"模式，否则后面题目的计算都会出现错误！

三、存储与记忆功能介绍

考试中，有些计算题需要多个计算步骤，此时就非常有必要将不同步骤的计算结果储存下来，进行最后的计算。计算器最多可以存储 10 个数字，分别对应"0"到"9"数字键，储存方法如下。

步　　骤	计算器显示
［2.55］	2.55
［STO］	2.55
［1］	2.550 000
［RCL］［1］	2.550 000

简言之，我们可以利用"STO"＋数字键，将计算结果存储到对应数字键上；需要用时可以用"RCL"＋数字键调用之前存储的结果。

备考小贴士

这个功能在考试中非常好用，考生应充分利用。

四、专向功能介绍

（一）日期计算功能（Date Functions）

有些情况下，计息必须精确到具体天数，这就需要计算不同日期间的天数。例如，计算 2014 年 6 月 2 日到 2014 年 12 月 6 日间实际天数，计算步骤如下。

步　　骤	计算器显示
［2nd］［1］	DT1 ＝ 12 － 31 － 1990（U.S.）
［6.0214］［ENTER］	DT1 ＝ 6 － 02 － 2014
［↓］	DT2 ＝ 12 － 31 － 1990
［12.0614］［ENTER］	DT2 ＝ 12 － 06 － 2014
［↓］	DBD ＝ 0.000 000
［CPT］	DBD ＝ 187.000 000
［↓］	ACT（365 － day mode）

计算日期时，有几点考生需要注意。

第一，日期输入方式：如 2017 年 5 月 30 日，计算器中输入时按月、日、年的顺序输入小数，即 5.3017。其中，年份只要输入末尾两位数即可（超过 50 表示

19××年，小于等于 50 表示 20××年），考试不会出现超出计算器范围的年份。

第二，两个日期间的间隔天数与实际计息规则相同。例如，2017 年 1 月 1 日与 2017 年 1 月 2 日间，间隔 1 天而不是 2 天。

第三，ACT 表示计算实际天数（一年按 365 天计算），也可以用〔2nd〕〔set〕键更改至 360 天模式。

备考小贴士

CPT 是计算键，在很多功能中都是按此键得出计算结果。考生切记运用各种计算功能模块时，先按〔2nd〕〔CE/C〕调用 CLR WORK 清除之前的计算结果，否则容易出错。

（二）有效年利率与名义利率的转换（Effective and Nominal Interest Rate）

可以利用计算器转换有效年利率与名义利率。其中，"NOM"表示名义利率，"EFF"表示有效年利率，"C/Y"表示一年内计息次数，转换方法如下。

步　骤	计算器显示
〔2nd〕〔2〕	NOM = 0.000 000
〔6〕〔ENTER〕	NOM = 6.000 000
〔↓〕〔↓〕	C/Y = 1.000 000
〔4〕〔ENTER〕	C/Y = 4.000 000
〔↑〕	EFF = 0.000 000
〔CPT〕	EFF = 6.136 355

同样，可以在已知有效年利率的情况下计算名义利率，方法类似，考生可自行练习。

备考小贴士

若想要输入名义利率等于 6%，只需输入数字 6 即可，无须在计算器中加百分号。

（三）货币时间价值（Time Value of Money）

考试中使用计算器最频繁的功能就是计算货币的时间价值。该模块功能键位于第三排，每个按钮代表的含义见下表。

步　骤	计算器显示
N	计息期数
I/Y	每期利率（Periodic Rate）
PV	现值
FV	终值
PMT	每期年金数额

上表中，I/Y、PV、FV、PMT 与 N 五个变量只要知道任意四个就可以求剩下的一个，接下来可通过不同的例子来展示。

例1

假设当前投资 100 元，年利率为 5%，复利 10 年后终值为多少？

名师解析

按照题目条件，$N = 10$、$PV = -100$、$I/Y = 5\%$、$PMT = 0$，求 FV。

步　骤	计算器显示
［100］［＋/－］［PV］	PV = -100.000 000
［10］［N］	N = 10.000 000
［5］［I/Y］	I/Y = 5.000 000
［0］［PMT］	PMT = 0.000 000
［CPT］［FV］	FV = 162.889 463

上述计算过程中，考生应注意以下几点。

一是注意正负号，如果把期初 100 元投资看成现金流出，PV 就应该有负号，FV 是流入为正号，否则计算器会报错。

二是输入变量时，先输入数字再按相应变量键，而不是先按变量键再按数字键，否则将出错。

三是切记清空之前的内容。清空方法为依次按下 ［2nd］［FV］（即 FV 键上 CLR TVM 功能），而不是之前使用的 ［2nd］［CE \ C］。

四是上述步骤并没有严格顺序要求，先输入哪个变量的值不影响最终结果。

例2

普通年金现值　某投资者彩票中奖，将在接下来20年内每年年末收到5万元。在10%的折现率下计算该彩票的现值是多少？

名师解析

此例虽然是彩票形式，但实际现金流分布与普通年金无异。依据题目已知条件易得：PMT = 50 000、N = 20、I/Y = 10%、FV = 0，求现值PV。注意，虽然在最后一期有现金流5万元流入，但这已经包含在PMT中了，故FV为0。本题现金流图如下所示。

步　　骤	计算器显示
［50 000］［+／-］［PMT］	PMT = -50 000.000 000
［20］［N］	N = 20.000 000
［10］［I/Y］	I/Y = 10.000 000
［0］［FV］	FV = 0.000 000
［CPT］［PV］	PV = 425 678.186 0

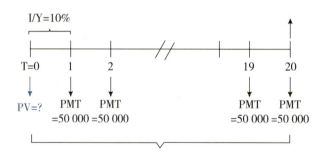

例3

先付年金终值　假设当前投资1 000元并且在未来3年的每年年初均会投资1 000元，年利率为12%，问按复利计算在第4年年末投资者获得多少金额的回报？

名师解析

根据题目已知条件可得PV = 0、N = 4、I/Y = 12%、PMT = -1 000，求FV。然

而，注意到这道题中的 PMT 是在每期期初支付的而不是在期末，因此必须调整计算器计算模式，计算方法如下。

步　　骤	计算器显示
［2nd］［PMT］	END
［2nd］［ENTER］	BNG
［1 000］［+／-］［PMT］	PMT = - 1 000. 000 000
［4］［N］	N = 4. 000 000
［12］［I/Y］	I/Y = 12. 000 000
［0］［PV］	PV = 0. 000 000
［CPT］［FV］	FV = 5 352. 847 360

其中，前两个步骤是将 END 模式转换为 BGN 模式，在计算完本题后考生应注意调回 END 模式，否则后续题目计算有可能出错。如果，考生不喜欢使用 BGN 模式，也可以直接在 END 模式下计算，将结果乘以 (1 + I/Y) 也能得出结论。我们可以从现金流图上体会原因，本题现金流图如下所示。

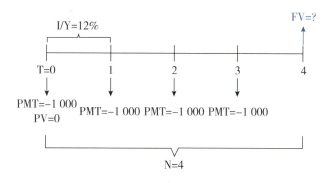

从 T = 0 时间点上看，每期现金流是在期初；但若站在 T = -1 的时间点上看，每期现金流就是在期末的（总共仍然是 4 期，T = 3 是最后一期）。利用 END 模式，我们可以先计算 T = 3 时点的 FV = 4 779. 328，再乘以 (1 + r) 即 1.12 就可以换算到 T = 4 时点的 FV = 5 352. 847 360。

运用类似的操作，我们可以在已知 FV、PMT、I\ Y 与 N 的情况下求 PV。

例4

普通年金现值　假设当前投资 1 000 元并且在未来 3 年的每年年初均投资 1 000 元，年利率为 12%，问按复利计算该投资的现值是多少？

名师解析

此题计算方法与例 3 基本类似，不同之处在于此题 FV = 0，求 PV。

步　骤	计算器显示
[2nd] [PMT]	END
[2nd] [ENTER]	BNG
[1 000] [+/−] [PMT]	PMT = −1 000.000 000
[4] [N]	N = 4.000 000
[12] [I/Y]	I/Y = 12.000 000
[0] [FV]	FV = 0.000 000
[CPT] [PV]	PV = 3 401.831 268

也可以在 END 模式下计算现值。从 T = 0 时间点上看，每期现金流是在期初；但若站在 T = −1 的时间点上看，每期现金流就是在期末。利用 END 模式，我们可以先计算 T = −1 时点的 PV = 3 037.349 347，再乘以（1 + r）即 1.12 就可以换算到 T = 0 时点的 PV = 3 401.831 268。

同理，可以运用类似的方法在已知其余四个变量的情况下，分别求 I/Y 或 N。这里不再赘述，考生可自行练习。

（四）资本预算（Capital Budgeting）

在资本预算中，计算 NPV、IRR 或者计算不规则现金流现值时都可以利用计算器 CF 功能。例如，假设折现利率是 10%，各期现金流分布为 $CF_0 = -175$、$CF_1 = 25$、$CF_2 = 100$、$CF_3 = 75$、$CF_4 = 50$，计算 NPV。

按　键	计息期数
[CF]	CF_0 = 0.000 000
[175] [+/−] [ENTER]	CF_0 = −175.000 000
[↓] [25] [ENTER]	CF_1 = 25.000 000
[↓] [↓] [100] [ENTER]	CF_2 = 100.000 000
[↓] [↓] [75] [ENTER]	CF_3 = 75.000 000
[↓] [↓] [50] [ENTER]	CF_4 = 50.000 000
[NPV] [10] [ENTER]	I = 10.000 000
[↓] [CPT]	NPV = 20.871 184

知识一点通

在输入现金流 CF1 后，按一次［↓］键后屏幕会出现"F01"的字样。F01 代表 CF1 现金流的频率，默认为 1。由于 CF1 现金流只出现了一次，FF1 无须更改，故我们直接再按一次［↓］输入 CF2。

在按下［NPV］键后，计算器会先显示 I，此时输入 10（无须加百分号）后下翻至 NPV 页，按［CPT］键后即可计算出 NPV 值。

亦可计算上述现金流的 IRR。输入现金流的过程与上例完全相同，再依次按下［IRR］［CPT］，可得 IRR = 15.067 416。

（五）统计量计算（Statistics）

在抽样调查中，常见的统计量可以利用计算器直接算出，无须按照公式一步步计算。例如，假设一只股票在过去三年的收益率分别为 6%、8% 与 4%，计算样本均值与方差操作过程如下。

按 键	含 义
［2nd］［7］	X01 = 0.000 000
［6］［ENTER］	X01 = 6.000 000
［↓］［↓］［8］［ENTER］	X02 = 8.000 000
［↓］［↓］［4］［ENTER］	X03 = 4.000 000
［2nd］［8］	Lin
重复按［2nd］［ENTER］	直至出现 1 – V
［↓］［↓］	$\bar{X} = 6$

以上操作有几点需要考生注意。

一是计算前先用［2nd］［CE \ C］清除之前计算结果。

二是［2nd］［7］是为了调出输入数据模式；［2nd］［8］是为了调出显示统计量模式。

三是输入数据时，按一次［↓］会显示"Y01"，这是双变量输入时用的，目前我们暂时用不到这个功能。

四是由于只有单变量，在倒数第二步反复按［2nd］［ENTER］直至调出 1 – V 模式。

（六）排列与组合数（Permutation and Combination）

1. 计算阶乘数（n Factorial）

阶乘数公式为 $n! = n(n-1)(n-2)(n-3)\cdots 1$。

例如，计算4!，依次按 4 ［2nd］［X］ 即可。

2. 组合数

组合数公式为 $C_n^r = \dfrac{n!}{(n-r)!\, r!}$。

例如，计算 C_5^3，可依次按 5 ［2nd］ ［＋］ ［3］ ［＝］ 可得答案 10。其中，［2nd］［＋］号键是调用组合数功能。

3. 排列数

排列数公式为 $P_n^r = \dfrac{n!}{(n-r)!}$。

例如，计算 P_5^3，可依次按 5 ［2nd］［－］［3］［＝］ 可得答案 60。其中 ［2nd］［－］号键是调用排列数功能。

扫码看勘误

问题反馈邮箱：book@ gaodun. com。

持证无忧系列

FRM
一级中文教材

金融市场与产品

高顿财经研究院◎编著

中国财富出版社

图书在版编目（CIP）数据

FRM 一级中文教材：全3册/高顿财经研究院编著．—北京：中国财富出版社，2018.4（2019.3 重印）

ISBN 978 - 7 - 5047 - 6629 - 8

Ⅰ．①F…　Ⅱ．①高…　Ⅲ．①金融风险—风险管理—资格考试—自学参考资料
Ⅳ．①F830.9

中国版本图书馆 CIP 数据核字（2018）第 075228 号

策划编辑	李彩琴		责任编辑	戴海林　杨白雪			
责任印制	梁　凡　郭紫楠		责任校对	杨小静　卓闪闪		责任发行	王新业

出版发行	中国财富出版社		
社　　址	北京市丰台区南四环西路 188 号 5 区20 楼	邮政编码	100070
电　　话	010 - 52227588 转 2048/2028（发行部）	010 - 52227588 转 321（总编室）	
	010 - 52227588 转 100（读者服务部）	010 - 52227588 转 305（质检部）	
网　　址	http://www.cfpress.com.cn		
经　　销	新华书店		
印　　刷	常熟市文化印刷有限公司		
书　　号	ISBN 978 - 7 - 5047 - 6629 - 8/F・2873		
开　　本	787mm×1092mm　1/16	版　次	2018 年 5 月第 1 版
印　　张	60.5　彩插　3	印　次	2019 年 3 月第 3 次印刷
字　　数	1124 千字	定　价	298.00 元（全 3 册）

主要编委会成员名单

冯伟章　徐思远　徐　望　孙　洁
俞　译　牛　嘉　孙娅雯

主要内容校对

陈柳依　龚圆圆　杨翔文　尹　航

前　言

　　在金融领域，风险与回报是同一个硬币的两面，管理风险本质上就是对收益回报的管理。遗憾的是，风险管理并未受到重视。2007 年由美国次级债引发的全球金融危机，让资本市场经历了 20 世纪以来最严重的一次金融风暴。随后爆发的欧债危机对资本市场乃至全球经济都产生了深远的影响。在这两次危机中，许多曾经卓越的金融机构都因为在风险管理上的失败，退出了历史舞台。此类惨痛的教训使得金融从业者越发认识到风险管理的重要性，行业对金融风险管理人才的需求从未如此迫切！

　　FRM（Financial Risk Manager）是全球金融风险管理领域的权威国际资格认证，由"全球风险专业协会"（Global Association of Risk Professionals，GARP）设立。FRM 分为两个级别，以全英文形式进行考试。自 FRM 考试引进中国以来，迅速在业内获得广泛认可，每年报名参考的人数呈井喷式增长。同时，许多金融机构在招聘风险管理人才时，通过 FRM 考试已成为重要的甄选依据。

　　然而，通过 FRM 考试，对于大部分的中国考生是一个极大的挑战，"读不懂"、"学不完"是非常普遍的现象。报名时的雄心万丈，很快就消失殆尽，甚至在刚拿到指定的参考书后，就将其束之高阁了。

　　作为财经教育的领跑者，高顿财经以帮助广大学员通过 FRM 考试为己任。高顿财经研究院的数十名 FRM 研究员和讲师，以多年的教学研究成果为基础，倾心打造了这套《FRM 一级中文教材》。本教材严格依据协会考纲编写，为中国考生量身打造，充分考虑了中国考生的学习与思维习惯，衷心希望这套图书能帮助广大考生取得更好的成绩，顺利通过考试。

高顿财经研究院

2018 年 3 月

目录 C O N T E N T S

第四部分　估值与风险模型

03
Part

第三部分 金融市场与产品

考情分析：《金融市场与产品》是 FRM 一级考试的第三门科目，所占比例约为 30%，可谓是重点科目。顾名思义，本门课程包含金融市场与金融产品两大块内容，然而二者杂糅一处，未能泾渭分明，这也使得本门课程略显杂乱无章。对于初学者而言，第一次学习这些内容难免觉得千头万绪，无从入手，但只要把握"市场"与"产品"两条主线，重点关注衍生品和固定收益证券，同时对金融机构和中央清算有所了解，即能完成本门课程的学习任务。

本门科目的考试内容兼及概念辨析与计算两种类型。课程概念纷繁复杂，这要求考生透彻掌握基本概念的实质并与相似概念进行对比辨析，按照美国市场实务，对一些相对较新的交易方式与金融工具有正确和全面的理解。在计算方面，首先需要了解公式的适用范围，其次需要掌握计算技巧，保证在有限的时间内相对高效且准确地解答题目。

《金融市场与产品》共二十一章，可分为四部分：第一部分是金融机构（第三十一章至第三十三章），主要介绍了银行、保险公司、养老金、共同基金与对冲基金；第二部分是衍生品（第三十四章至第四十五章），主要介绍了远期、期货、互换和期权四种衍生工具，其中着重讲述了远期、期货和期权，考生需格外关注；第三部分是中央清算所（第四十六章至第四十八章），主要介绍了中央清算所的特征，以及场外市场如何吸收中央清算所的部分特征来降低风险；第四部分是外汇与固定收益证券（第四十九章至第五十一章），主要介绍外汇风险、公司债券、按揭贷款与 MBS 的内容。

本部分框架图

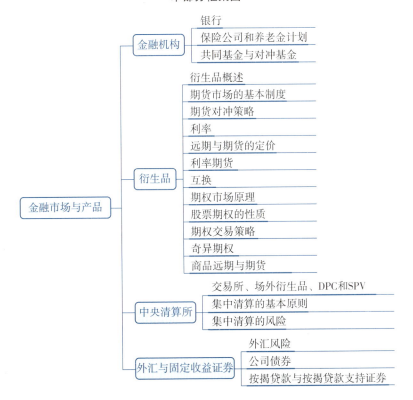

第三十一章

银　行

知识引导：银行是金融市场中最常见的金融中介机构之一。传统银行的主要业务就是吸收存款以及发放贷款。如今，除了传统的商业银行业务模式外，现代银行还开展投资银行业务，即为企业提供融资中介咨询服务。由于银行在金融体系中的重要作用，它的安全性成为金融体系保持稳定的关键。2008年的金融危机中，许多知名银行纷纷倒闭，故而在危机之后，全球银行业监管政策更趋严格。

考点聚焦：学习本章内容后，考生应能识别银行面临的主要风险；能够区分银行的经济资本与监管资本；理解存款保险如何滋生道德风险问题；知晓投资银行的融资模式包括私募、公开发行、代销、包销以及荷兰式拍卖；了解商业银行、投资银行部门之间的潜在利益冲突；了解"银行账簿"与"交易账簿"之间的区别；了解贷款后分配模型及其优缺点。

本章框架图

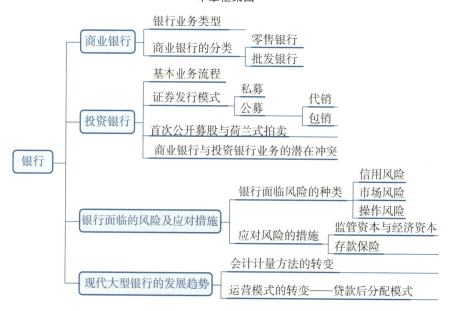

第一节 商业银行（Commercial Bank）简介

一、银行的业务类型

银行的历史由来已久。银行的传统业务即存贷业务，通常情况下，银行收取的贷款利息大于其支付的存款利息，两者之间的差异即银行在存贷业务上获取的收益，其数额必须大于管理费用和贷款损失（即借款人无法支付利息和本金时的损失）。

如今，大多数大型银行不仅从事着传统的商业银行业务，还从事投资银行业务。商业银行的业务包括我们刚刚提及的存贷业务。投资银行的业务主要涉及协助企业发行股票与债券、并购重组以及为企业的其他融资决策提供意见。

二、商业银行的分类

商业银行业务可分为零售银行业务（Retail Banking）和批发银行业务（Wholesale Banking）。

零售银行业务与批发银行业务的区别主要体现在以下三个方面。

第一，业务对象不同。零售银行业务主要面向私人或小企业，批发银行业务主要面向中大型企业客户、基金或其他金融机构。

第二，业务规模不同。零售银行业务涉及的存款和贷款金额较小，批发银行业务涉及的存贷款金额较大。

第三，利率不同。通常，批发银行业务的资金成本和贷款利率均小于零售银行业务。

放眼全球，几乎所有国家的商业银行都受到严格的监管。这是因为，从金融稳定的角度来看，保持个人和公司对银行体系的信心非常重要。具体而言，监管涉及银行必须保留的资本金数量、允许银行开展的业务、存款保险等方面。

第二节　投资银行（Investment Bank）简介

描述（describe）投资银行的融资发行模式包括私募、公开发行、包销、代销以及荷兰式拍卖方式（☆）

一、基本业务

投资银行的主要业务是为公司或政府进行债券融资和股权融资。

典型的业务流程如下。

首先，公司向某家投资银行表示其发行证券的意愿以及其融资规模。

其次，投资银行按照客户的要求和情况，根据当地法律规定选择合适的证券类别并列明证券持有人的权利。

再次，制定招募说明书（Prospectus），概述公司过去的业绩、未来前景及其所面临的主要风险。

最后，投资银行与公司就证券价格达成一致，然后在市场上出售证券。

二、证券发行模式

证券发行可采取以下两种形式。

1. 私募（Private Placement）

私募指以私人配售的形式将证券出售给少数特定的大型机构投资者，如养老基金等。

2. 公募（Public Offering）

公募指以公开发行的方式向不特定的多数投资者发行证券。

具体而言，公募又可细分为代销（Best Efforts）或包销（Firm Commitment）。在代销模式中，投资银行尽可能多地将证券销售出去，并根据销售的数量收取费用，投资银行不承担销售风险，佣金也相应较低；在包销的模式下，投资银行将以特定价格购入所发行的证券，然后尝试以更高的价格在市场上出售，以赚取利差，其中销售风险完全由投资银行所承担。

例题 31.1

某投行同意为 ABC 公司担保发行一笔 30 000 000 份额的证券。在协议中，ABC 公司收到的目标价格是每股 20 元。在代销的模式下，银行会收到每股 0.3 元的手续费。在包销模式下，投行可以以每股 20 元的价格买入这些股份并从市场上卖出，卖出价根据市场情况可能是 22 元或 19 元。试算不同情况下投资银行的盈利。

名师解析

在代销模式下，银行收取中介费用为：

$$0.3 \times 30\ 000\ 000 = 9\ 000\ 000\ （元）；$$

在包销模式下，若银行卖出价为 22 元，则盈利

$$2 \times 30\ 000\ 000 = 60\ 000\ 000\ （元）；$$

若卖出价为 19 元，则亏损。

三、首次公开募股（Initial Public Offerings，IPO）与荷兰式拍卖（Dutch Auction）

公司首次上市发行股份时被称为首次公开募股，通常采用代销的模式。一般情况下，IPO 的发行价格是较难确定的，要取决于投资银行对公司价值的评估（即公司估值/IPO 发行数量）。

知识一点通

由于 IPO 通常以低于最佳估值的价格出售（避免估值过高带来难以售出的问题），股票上市后一般股价有较大涨幅。

在 IPO 中，有时采用荷兰式拍卖的方式进行发行。在这一发行方式下，首先向最高出价者发行股票，然后发行给下一个最高出价者，直到所有股票都被出售。但最终所有竞拍成功的竞价者都是按配额的最低竞价支付的。下面通过一个具体例子

来阐述 IPO 中的荷兰式拍卖是如何进行的。

例题 31.2

　　XYZ 公司想以荷兰式拍卖的方式销售 1 200 000 股，股票的目标价格是每股 28 元。表 31.1 是各买家的出价及想要购买的份额。

表 31.1　　　　　　　　　各买家的出价及想要购买的份额

买家	欲购买份额（股）	出价（元/股）
A	200 000	30.50
B	100 000	27.00
C	100 000	35.00
D	250 000	28.00
E	200 000	32.50
F	250 000	33.50
G	300 000	25.00
H	300 000	31.25

　　求此次公开发行的结果如何。

名师解析

　　按照出价高者先得的顺序，IPO 的顺序及数量如表 31.2 所示。

表 31.2　　　　　　　　　IPO 的顺序及数量

买方	出售数量（股）	累计出售数量（股）	出售价格（元/股）
C	100 000	100 000	35.00
F	250 000	350 000	33.50
E	200 000	550 000	32.50
H	300 000	850 000	31.25
A	200 000	1 050 000	30.50
D	150 000	1 200 000	28.00

注意，分配到 A 时，累积出售数量已达 1 050 000 份额，D 欲购 250 000 份额，但仅剩下 150 000 份额可分，故 D 最终仅分到 150 000 份额。所有中标者都按照 D 的出价即 28 元/股进行支付。

四、商业银行与投资银行业务的潜在冲突

了解商业银行、投资银行部门之间的潜在利益冲突（☆）

对于同时从事商业银行和投资银行业务的综合性银行来说，各业务部门之间可能存在的商业联系会带来潜在的利益冲突，主要体现在以下四个方面。

第一，在咨询业务上，银行可能会有动机向客户推荐自己承销的股票。

第二，投资银行部门有动机从商业银行部门获取客户的存贷款等机密信息，用于兼并收购等咨询服务。

第三，为了拓展投资银行业务，银行有动机对其研究的证券给出积极正面的评价。

第四，银行可能会利用自身信息和优势将潜在的不良资产抛售。比如，银行可能会"规劝"偿付困难的公司发债还贷，将风险转嫁给市场；亦会将"毒资产"出售，以转嫁风险。

为了避免上述潜在的利益冲突，银行通常会在不同部门（尤其是商业银行部门与投资银行部门）之间建立信息隔离墙（Chinese Wall），以防部门之间的信息传递。

第三节　银行面临的风险及应对措施

识别（identify）银行面临的主要风险（☆）

区分（distinguish）银行经济资本与监管资本（☆）

一、银行面临风险的种类

银行在经营过程中面临的风险多种多样，主要可分为以下三种类型。

1. 信用风险（Credit Risk）

信用风险是指贷款或衍生工具交易对手违约的风险。

2. 市场风险（Market Risk）

市场风险主要是在银行的交易业务中产生的，它是指银行业务中交易工具价值下降的可能性。比如，银行第一天持有价值为 70 000 美元的短期国债，而由于利率的波动在第二天价值减少为 69 000 美元。

3. 操作风险（Operational Risk）

操作风险是由于银行内部系统失灵或由外部事件所带来的风险，是银行面临的最大风险。

> **知识一点通**
>
> 在银行面临的上述三种风险中，监管机构考虑信用风险和操作风险损失的时间期限通常为一年，而考虑市场风险损失的时间期限通常要短得多。

二、应对风险的措施

1. 监管资本（Regulatory Capital）与经济资本（Economic Capital）

为了应对上述三种风险，银行必须持有一定规模的资本以应对突发风险事件。

中央银行监管当局要求银行必须持有一定规模的资本，这种资本称为监管资本。1988 年，业内为确定这一资本金（Capital）数量制定了国际标准，这就是著名的《巴塞尔协议》。监管机构的目标是确保银行的总资本足够高，这样当出现风险事件时，总资本就可以作为缓冲垫（Cushion），从而使银行倒闭的概率相应降低。例如，在考虑信用风险和操作风险的情况下，应使一年内超出资本规模的意外损失的机会不超过 0.1%。

> **知识一点通**
>
> 什么样的资本可计量为监管资本呢？在《巴塞尔协议Ⅲ》中，股权资本被划分为"一类资本"（Tier 1 Capital），而长期次级债被划分为"二类资本"（Tier 2 Capital）。注意，"一类资本""二类资本"表明同等数额下资本金应对风险的效力，长期次级债被归为"二类资本"是因为其在多数情况下不能直接用于偿债或预防破产。

银行依据自身业务状况计算出其需要持有的资本金为经济资本（Economic Capital）。经济资本往往低于监管资本（监管一般从严，银行自己计算一般偏松）。当然，实务中，银行必须将资本维持在监管资本水平以上。并且，为了避免在短时间内出现筹集资金的困境，银行通常会将资本保持在最低监管要求之上。

2. 存款保险（Deposit Insurance）

解释（explain）存款保险是如何滋生道德风险问题的（☆）

为了保持民众对银行的信心，许多国家（包括我国）的政府监管机构已经出台了存款保险制度。存款保险制度确保当银行倒闭时，存款人可获得不超过一定上限的存款金赔偿。

然而，存款保险制度可能会滋生道德风险（Moral Hazards）问题。由于存款保险制度的存在，储户可能会降低对银行财务状况和风险程度的重视。同时，银行也可能会放松在风控方面的要求，从事一些更激进、风险更大的业务。

> **知识一点通**
>
> 例如，银行通过提高存款利率来吸引储户并将存款用于高风险的贷款项目，这种行为可能在没有存款保证金制度时就不会被采纳。而如今反正有存款保证金"兜底"了，银行就可能冒险去获得更多利润。因此，引入基于风险水平缴纳存款保险金的制度将有助于在一定程度上减少道德风险问题。

第四节　现代大型银行的发展趋势

> 描述（describe）"银行账簿"与"交易账簿"之间的区别（☆）

一、会计计量方法的转变

对于银行的会计计量而言，关键在于区分交易账簿与银行账簿。

1. 交易账簿（Trading Book）

交易账簿包括银行在交易业务中全部资产和负债。这些资产和负债的价值逐日盯市（Mark‑to‑market），以反映其市场价值的变化。

2. 银行账簿（Banking Book）

银行账簿包含了银行向个人和公司提供的所有贷款，无须盯市。最新的贷款信息包括本金和应收利息都需计入银行账簿。

二、运营模式的转变

> 解释（explain）贷款后分配模式及其优缺点（☆）

贷款后分配模式（Originate‑to‑distribute Model）也称为资产证券化，指通过银行贷款产生现金流，将银行贷款证券化，使贷款从银行的资产负债表中移出，从而能够继续发放贷款。通过发放与出售更多的贷款，银行可赚取更多利润。在美国，这一模式已被用于许多类型的银行贷款，包括商业贷款、商业抵押贷款、住房抵押贷款等。

贷款后分配模式已在美国抵押贷款市场上被普遍推广。为了增加美国抵押贷款市场的流动性，促进房地产市场的发展，美国政府出资建立了三个机构，即政府国家抵押协会（GNMA，Ginnie Mae，吉利美）、联邦国家抵押协会（FNMA，Fannie Mae，房利美）、联邦住房贷款抵押公司（FHLMC，Freddie Mac，房地美）。这些机构购买银行和其他抵押发起人的抵押贷款，保证及时偿还利息和本金，然后将贷款打包卖给投资者。1999 年，FNMA 和 FHLMC 开始担保次贷，从而遇到严重的财务困难。2000—2006 年，贷款后分配模式失控，银行放宽抵押贷款标准，发放贷款工具的信用急剧下降，最终导致了严重的信贷危机。

备考小贴士

有关贷款后分配的详细内容可参看第一门科目《风险管理基础》的相关章节。

扫码做题　章节练习

第三十二章

保险公司和养老金计划

知识引导： 保险公司是现代金融业的重要组成部分，其发展与国计民生休戚相关。从经济角度分析，保险为应对不利事件的发生提供了保障，从而相应地弥补了由不利事件造成的重大损失。从风险管理角度分析，保险"集众人之力，救一人之灾"，起到了分散风险、转移风险的作用。本章将主要介绍保险的分类以及各类保险的特征，介绍保险业所面临的风险以及养老金计划。

考点聚焦： 学习本章内容后，考生应能描述各类保险公司的主要特点，确定保险公司面临的风险；描述死亡率表的使用以及计算保险持有人的保费；计算和解释财产保险公司的损失比率、费用率、合并比率和运营比率；描述保险公司面临的道德风险和逆向选择并描述如何解决这些问题；区分寿命超期风险与寿命不及风险并描述如何对冲这些风险；评估人寿保险和财产保险公司的资本要求；比较保险公司和银行的监管要求；描述养老金的收益确定型计划和缴费确定型计划，解释两者之间的区别。

本章框架图

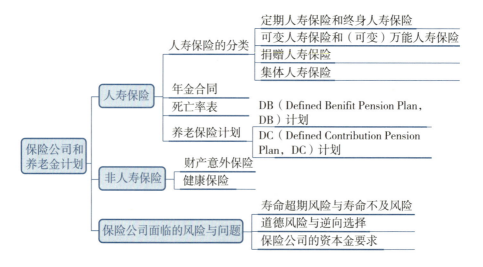

保险公司的职责是为保单持有人提供一定的保障以减小不利事件的影响。购买保险的投资者也被称为被保险人或保单持有人（Policyholder）。被保险人需定期支付一定数额的保费（Premiums），可在特定事件发生时收到保险公司的赔付。

保险通常分为人寿保险（Life Insurance）和非人寿保险（Non‒life Insurance）。非人寿保险也被称为财产与意外保险（Property and Casualty Insurance），合同期通常持续一年，当保单持有人遭受意外事故或财产损害时，他们就可获得赔付。

第一节　人寿保险

描述（describe）各类保险公司的主要特点（☆）

一、人寿保险的分类

人寿保险通常保期较长，在被保险人去世后为其受益人提供相关支付。人寿保险又分为以下几种常见的类型。

1. 定期人寿保险（Term Life Insurance，TL）

定期人寿保险也称为临时人寿保险（Temporary Life Insurance）。

赔付触发条件：如果被保险人在保单期间（Term of the Policy）内死亡，则保险公司向指定的受益人赔付，赔付金额等于该保单的面值。反之，如果被保险人在保单期间没有死亡，则保险公司不予付款。

保费支付方式：被保险人需要在保单期限内向保险公司定期支付每月或年度保费，直到被保险人去世。

保险金额（Face Amount of the Policy）：简称"保额"，指被保险人对保险标的的实际投保金额，同时又是保险公司承担赔偿或给付保险金责任的最高限额。定期人寿保险的保险金额通常保持不变或随着时间的推移而下降。

需特别指出的是，有一类定期人寿保险是每年可续保的（Annual Renewable Term Policy），即被保险人每年都可以选择是否续保。如果选择续保，可根据被保险

人的年龄更新保费。

2. 终身人寿保险（Whole Life Insurance，WL）

终身人寿保险也称为永久人寿保险（Permanent Life Insurance）。

赔付触发条件：没有保单期间的限制，只要被保险人死亡就进行赔付。因此，与定期人寿保险不同，终身人寿保险赔付一定会被触发，只是触发时间不确定。

保费支付方式：被保险人必须每月或每年支付一次保费（支付数额一般保持不变），直到被保险人死亡，然后将该保单的面值支付给指定的受益人。通常情况下，终身人寿保险的保费高于定期人寿保险（因为投保时间范围更长）。

保险金额：定期人寿保险的保险金额一般保持不变。

对于终身人寿保险，被保险人可选择提前赎回（Redeem），亦可将保险合同作为抵押（Collateral）以获取贷款。

对于终身人寿保险，保险公司每年收取的保费与当年为被保险人提供人寿保险的实际成本之间存在差额，见图32.1。从图中不难看出，在投保初期，相对于实际成本，保费会有盈余（Surplus Premium），即保费额度高于实际成本；而到了后期，保费则会出现赤字（Deficit）。保险公司可将前期的保费盈余用于投资并用前期的盈余来弥补后期保费的赤字。

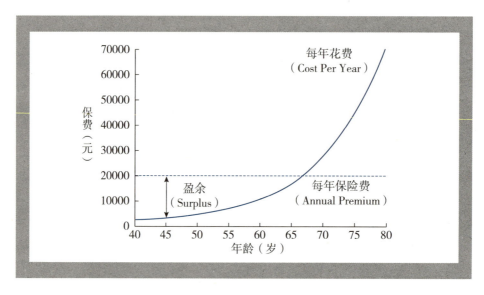

图32.1 人寿保险每年的保险成本与保费之间的比较

知识一点通

假定某男性被保险人今年 45 岁，其购买的终身人寿保险每年保费为 10 000 元，保额为 1 000 000 元。根据下文介绍的死亡率表，45 岁男性当年的死亡概率为 0.0005，那么该男性被保险人当年实际投保成本可近似认为是 500 元（保额乘以死亡概率）。于是，对于保险公司而言，当年的保费盈余为 9 500 元。随着被保险人年龄上升，死亡概率也相应上升，保费盈余将逐年下降最终变为负数。

3. 可变人寿保险（Variable Life Insurance，VL）

可变人寿保险属于终身人寿保险的一种。其特别之处是，对于所缴纳的保费投资于何种投资标的，被保险人有选择权。因此，可变寿险的赔付金额会随投资业绩的增加而增加，而投资所得有时甚至可用于缴纳保费。

4. 万能人寿保险（Universal Life Insurance，UL）

万能人寿保险也是终身人寿保险的一种。其特别之处是，被保险人将保费盈余投资于保险公司的固定收益产品，获取的收益可用于递减保费（保费通常会设定一个最低限额，递减后的保费不能低于这个限额）。换而言之，万能寿险保费究竟投资于何种资产，则由保险公司确定。

通常，保险公司会为其产品设定一个最低回报率，如 3%。被保险人可以选择亡故时获得固定金额的赔付或浮动赔付金（取决于产品的实际收益率）。

5. 可变万能人寿保险（Variable – universal Life Insurance，VUL）

可变万能人寿保险同时融合了可变人寿保险和万能人寿保险的特质，即被保险人可以选择保费盈余的投资标的，但投资标的往往首先由保险公司先行筛选。换而言之，保险公司先框定可供选择的投资标的，被保险人再于该范围内进行选择。当然，对于可变万能寿险，投资收益亦可在规定范围内递减保费。

6. 捐赠人寿保险（Endowment Life Insurance，EL）

捐赠人寿保险通常也被翻译为养老保险。该类型保险一般会设定具体的保险期，保单持有人在保险期内死亡或保险期结束时都能获得一笔一次性支付（Lump Sum）的保险金额。

此类保险还有一个特例，即纯捐赠人寿保险或纯养老保险（Pure Endowment Life Insurance）。只有保单持有人在保险期结束时依旧健在，方可获得这笔一次性赔

付。如果在保险期内，保单持有人不幸身故，则不会获得赔付。

7. 集体人寿保险（Group Life Insurance）

集体人寿保险通常由公司为员工购买，保费可由公司和员工共同分担（Contributory）或者全部由公司承担（Noncontributory）。集体购买人寿保险会由于规模经济而降低保险公司的销售和管理成本。

二、年金合同（Annuity Contract）

年金合同，简称年金，是公司为员工提供的一种生活保障机制，其目的是为员工退休后的生活提供经济保障。在一份典型的年金合同中，被保险人一次性支付一笔资金给保险公司[①]，之后从合同约定的某一日期开始直到被保险人亡故，保险公司向被保险人每年支付年金。具体而言，保险公司会将被保险人的年金进行投资以增加年金的累积价值（Accumulation Value）。被保险人也可提取保费以终止年金合同，但要受到一定惩罚，因此被保险人收回的资金（Surrender Value）通常小于年金合同的累积价值。

---

① 有的合同可按时分期支付。

在国外，年金合同通常有税收延期（Tax Deferral）的优惠，因为税费通常是在收到年金的时候才征收的。在美国，年金有时会加入期权的设计，比如累积价值是跟踪某一股指的，如以标普 500 指数为基准，同时确定了年金收益的上限与下限。其中，下限确保了被保险人年金价值的最低收益率，同时被保险人也放弃了超过上限的超额收益部分。

三、死亡率表（Mortality Table）

描述（describe）死亡率表的使用以及计算（calculate）保险持有人的保费（☆☆）

死亡率表（国内也将其翻译为生存表）是对人寿保险合同进行估值的关键，通常根据历史数据和相关条件计算得出。表 32.1 是美国社会保障部 2009 年估计的死亡率表的摘录。为了了解表格的含义，我们以 90 岁的一行为例。该行第二列数据显示，一名刚刚达到 90 岁的男性在一年内死亡的概率为 0.168352（注意这里是条件概率）；第三列显示，男性在 90 岁仍然生存的概率（Survival Probability）为 0.16969（无条件概率）；第四列显示，一名 90 岁男性的剩余期望寿命为 4.02 岁，这意味着预期他将会活到 94.02 岁。

> **知识一点通**
>
> 完整的表格还会包含女性的相关数据。统计数据表示，在前十年中第二列的数据是关于年龄递减，随后又变为递增。此外，相同情况下，女性的死亡概率低于男性。

表 32.1　　　　　死亡率表摘录（部分）

年龄（男性，岁）	在一年内死亡的概率	生存概率	剩余期望寿命（岁）
…	…	…	…
90	0.168352	0.16969	4.02
91	0.185486	0.14112	3.73
92	0.203817	0.11495	3.46
93	0.223298	0.09152	3.22

其中，第二列的数据可以通过第三列的数据算出。例如，根据表中数据，男性活到 91 岁的概率为 0.14112，活到 92 岁的概率为 0.11495，那么男性在 91 岁到 92 岁之间死亡的概率为：

$$0.14112 - 0.11495 = 0.02617$$

根据《数量分析》部分第一章中介绍的乘法法则，男性活到 91 岁的前提下，在下一年中死亡的概率为：

$$0.02617/0.14112 = 0.1854$$

上式的计算结果即为第二列的数据（微小误差为四舍五入的结果）。

进一步分析，男性活到 91 岁的前提下，在第二年（92 岁到 93 岁）死亡的概率为：

$$(1 - 0.185486) \times 0.203817 = 0.166012$$

例题

盈亏平衡保费（Breakeven Premium）的计算

假设年利率为 4% 并且每半年复利一次，一名 91 岁男性购买了保险金额为 100 000 元的定期人寿保险，每年年初付一次保费。试根据以上死亡率表计算两年期人寿保险盈亏平衡时的保费水平。

名师解析

首先，从赔付的角度看保险公司的支出。根据死亡率表，男性在 91 岁当年死亡的概率为 0.185486，那么当年的期望赔付额为 $0.185486 \times 100\,000 = 18\,548.6$ 元。

如果赔付恰好出现在第 0.5 年（即第 1 年的第 6 个月月末），那么为了达到盈亏平衡需收取保费 $18\,548.6/1.02 = 18\,184.90$ 元。

如前文所述，该男性第二年死亡的概率为 0.166012，那么第二年期望的赔付额为 16 601.2 元。

如果赔付发生在第 1.5 年（第 2 年的第 6 个月月末），那么期望赔付额的现值为 $16\,601.2/(1.02^3) = 15\,643.68$ 元。总赔付额的现值为 $18\,184.90 + 15\,643.68 = 33\,828.58$ 元。

其次，从保费的角度看保险公司的收入。假定每年支付的保费为 x。第 1 年的保费在年初已支付，第 2 年的保费只有在被保险人第 1 年没有死亡的情况下才在第

2 年年初支付，那么保费的净现值为：

$$x + \frac{(1 - 0.185486)\, x}{1.02^2} = 1.78288543x$$

在保险公司盈亏平衡时，期望收入等于期望支出，故有：

$$1.782885x = 33\,828.58$$

解上述方程得到盈亏平衡的保费为 18 974.07 元。

四、养老保险计划

描述（describe）收益确定型养老金计划和缴费确定型养老金计划，解释（explain）两者之间的区别（☆）

养老保险计划通常由企业为员工设立。在员工的工作期间，由企业与员工共同缴纳养老保险，在员工退休后可领取养老金直至死亡。

知识一点通

养老保险计划本质上类似于年金产品。注意，由于 FRM 是美国的考试，因此本文谈及的养老金特性主要针对美国而言，我国的养老金计划与此有很大不同。

具体而言，养老保险计划分为收益确定型养老金计划（Defined Benifit Pension Plan，DB）和缴费确定型养老金计划（Defined Contribution Pension Plan，DC）两类。两者的不同之处主要体现在以下几个方面。

第一，形式不同。在 DB 计划中，员工退休后可拿到的养老金通常是根据事先约定的公式计算而得。公式会将员工的工作年限和退休前一年的期望年薪作为变量考虑在内。而 DC 计划中，公司会将缴纳的养老金以员工的名义进行投资，员工可以自行选择投资标的。

第二，账户管理不同。在 DB 计划中，没有针对个人的独立账户，缴款和基金

都在一个资金池中被管理。而在 DC 计划中，缴纳的养老金以员工的名义进行投资，每个员工都有独立的账户。

第三，风险承担主体不同。在 DB 计划中，由于公司对所有员工的养老金用统一账户管理投资，主要风险承担主体是公司。换而言之，无论投资是否盈利，抑或盈利是否足以支付养老金，公司都有义务筹资以弥补缺口。而在 DC 计划中，员工的养老金由单一账户管理，员工可自行选择投资标的，因此风险完全由员工承担。换而言之，投资失败，则可能导致员工在退休时一无所有。

在国外，养老保险通常会享有税收延期（Tax Deferral）的优惠，即员工仅在领取养老金时才缴纳个人所得税，而期间养老金投资获得的投资收益的税收可递延。

第二节　非人寿保险

一、财产意外保险（Property – casualty Insurance）

计算（calculate）和解释（explain）财产保险公司的损失比率、费用率、合并比例和经营比例（☆☆）

1. 财产意外保险的分类与特征

财产意外险可分为财产保险与意外保险两类。其中，财产保险是指为弥补财产因意外事件的损失而设立的保险。意外保险指对第三方造成的意外伤害提供保护的保险，故也称为责任险（Liability Insurance）。有些情况下，财产保险与意外保险是包含在同一保单内的。比如车险就是同时对车辆被盗、受损以及来自第三方的损坏提供保障。

在保费方面，与人寿保险不同，财产保险的保费每年都会视情况而调整。在赔付方面，如果被保险人之间的赔付触发是相互独立的，那么期望赔付金额可根据历史数据计算而得；反之，如果被保险人之间的赔付触发是相互关联的，那么赔付金额则是难以预测的，如巨灾风险（Catastrophic Risk）。如今，衍生品市场已经推出了一些对冲巨灾风险的产品。其中，比较流行的是巨灾（CAT）债券[1]。

2. 财产险的相关比率

损失率（Loss Ratio）指一年内保险公司赔付金额占保费的比例。在美国，损失率通常在 60%～80%。

费用比率（Expense Ratio）指保险公司一年内费用占保费的比例。具体而言，费用包括损失调整费用和销售费用。其中，损失调整费用是指确定索赔有效性而产生的相关费用。销售费用包括支付给经纪人的佣金等。

合并比率（Combined Ratio）指损失率和费用比率的总和。假设某保险公司某年的损失率为 85%，费用比率为 35%，则合并比率为 120%。

> **知识一点通**
>
> 有些情况下，保险公司还会支付给被保险人小额分红（Dividend）。假设分红比例占保费的 2%，那么考虑分红的合并比率为 117%。于是，从合并比率来看，保险公司的支出比收入多了 17%。保险公司利用保费进行投资还能获得投资收益。假设上例中的投资收益是保费的 7%。于是，当考虑到投资收益时，合并比率为 117% － 7% ＝110%。这个比率被称为运营比率（Operation Ratio）。

二、健康保险（Health Insurance）

健康保险就是我们通常所说的医疗保险（俗称医保）。它由被保险人定期支付保费，当被保险人需要接受医疗服务（如体检、在医院治疗或开取处方药物等）时获得赔付。健康保险同时具有财产险与寿险的特征，但通常被认为是单独的一类险种。

健康保险的保费水平由医疗费用水平决定，被保险人的健康状况并不会影响保费水平（与车险不同）。健康保险通常由集团健康保险计划提供，保费由公司和员工共担。

---

① CAT 是一家保险公司的子公司发行的债券，其利率高于正常利率。为了换取额外的利息，债券持有人同意将债券的本金或利息用于支付特定类型的巨灾风险损失。

第三节　保险公司面临的风险与问题

一、寿命超期风险与寿命不及风险

> 区分（distinguish）寿命超期风险与寿命不及风险并描述（describe）如何对冲这些风险（☆）

人寿保险合同面临寿命超期风险与寿命不及风险。

1. 寿命超期风险（Longevity Risk）

由于医疗水平的提高和生活水平的改善，人们的寿命会变长。这一变化会影响人寿保险的利润水平，即对年金合同的利润会产生负面影响，而对于其他人寿合同的利润会产生正面影响。这些由寿命延长带来的风险称为寿命超期风险。

2. 寿命不及风险（Mortality Risk）

由于传染病暴发或战乱，人们的寿命缩短，由此产生的风险称为寿命不及风险。寿命不及风险对人寿保险合同的利润造成的影响与寿命超期风险相反，其对年金合同的利润产生正面影响，而对其他人寿保险合同利润产生负面影响。

实际上，年金业务的寿命不及与超期风险在一定程度上抵消了寿险合同中的寿命超期和不及风险。因此，精算师在评估保险公司的风险敞口时必须将上述对冲因素考虑在内。

此外，长寿衍生工具是保险公司对冲寿命超期风险和寿命不及风险的工具。幸存者债券①（Survival Bond）就是典型的长寿衍生工具。

---

① 幸存者债券又被称为长寿债券。对于指定的人口群体，长寿债券的票息定义为指定时刻该群体中存活人口的比例。

二、道德风险与逆向选择

描述（describe）保险公司面临的道德风险和逆向选择，提供各方案例并描述（describe）如何克服这些问题（☆）

道德风险与逆向选择是保险市场上最常见的两大问题。

1. 道德风险（Moral Hazard）

道德风险是指被保险人在投保后改变了自身的行为方式。例如，被保险人购买了车险后开车就没有以前谨慎。这些道德风险行为都会增大保险公司赔付的可能性和金额。一般而言，人寿保险的道德风险不是很严重（没有人愿意拿自己的性命开玩笑），但道德风险在财产意外险和健康险中广泛存在。

为了缓解道德风险，保险公司可采用以下措施使得被保险人与保险公司的利益捆绑在一起。

一是在保险合同中规定一定的减免额度（Deductible），在减免额度范围内的损失由被保险人自行承担。

二是在保险合同中设立共同保障规则（Co－insurance），当损失发生时，由保险公司和被保险人按事先约定的比例共同承担费用，并且保单中通常会设定赔付上限。

2. 逆向选择（Adverse Selection）

逆向选择是指由于信息不对称，保险公司无法区分被保险人的资质的好坏。例如，购买车险的人极有可能是驾驶技术不好的人，购买健康险的人往往自身身体状况不佳，故称其为"逆向"选择。为了减少逆向选择带来的风险，保险公司会在签约前考察被保险人，比如在人寿保险合约签订前保险公司会要求被保险人在指定医疗机构进行体检、在车险签约前保险公司会查阅被保险人的驾驶记录等。

三、保险公司的资本金要求

评估（evaluate）人寿保险和财产保险公司的资本要求，比较（compare）保险公司和银行的监管要求（☆）

保金储备（Policy Reserves）是精算师对保险公司已有保单的保险金额现值的估计，相当于保险公司的负债。保险公司最显著的风险在于保金储备不足以满足被保险人的理赔需求。

为了偿还负债，保险公司会将收到的保费进行投资，并确保其投资资产的到期日（主要是债券）与保单的到期日相匹配。由此可见，保险公司也面临着与投资有关的风险，如市场风险、信用风险与流动性风险等（例如，保险公司所投资的债券违约、所投资的股票亏损之类）。

为应对上述问题，保险公司必须将权益资本（Equity Capital）作为缓冲垫，以备不时之需。然而，由于业务性质的不同，人寿保险和财产保险公司的资产负债表存在较大差异。具体而言，两者的差异主要体现在以下两个方面。

第一，相比于财产保险公司，人寿保险公司的权益资本（Equity Capital）要低得多。这是两类保险公司资产负债表的最关键差异。这是因为，虽然个体寿命较难预测，但通过历史数据分析，人寿保险公司对其赔付金额的预估相对准确，从而需要预留的权益资本金也相对较少。相反，财产保险公司的赔付金额较难预测（天灾人祸皆难以预测），从而其预留的权益资本金也相对较多。

第二，由于财产保险公司的赔付时间较难预测，因此，为了应对更大的流动性需求，财险公司的投资主要集中于期限较短的债券方面。

扫码做题　章节练习

第三十三章

共同基金与对冲基金

知识引导：基金通过汇集不同投资者的资金，选择一定的投资标的进行投资，以达到预先设定的投资目标。基金可分为共同基金与对冲基金两类。两者相比，对冲基金受到的监管比共同基金少得多，使用的交易策略也更加自由。本章将分别介绍共同基金和对冲基金的分类、基金管理费用、所采用的投资策略、所受到的监管措施以及如何理解基金的业绩。

考点聚焦：学习本章内容后，考生应能区分开放式基金、封闭式基金与 ETF（交易所交易基金）并能计算开放式基金的资产净值；解释共同基金与对冲基金之间的主要差异；计算对冲基金的投资回报率并解释激励费用结构，包括门槛回报率、高水位线条款以及分红追回；描述各种对冲基金策略；描述对冲基金的业绩表现并解释业绩度量偏差的影响。

本章框架图

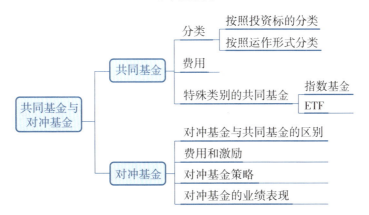

第一节　共同基金

区分（distinguish）开放式基金、封闭式基金与 ETF 基金（☆）

计算（calculate）开放式基金的资产净值（☆）

共同基金（Mutual Fund）是一种利益共享、风险共担的集合投资方式，其最大优势在于中小投资者可以通过投资共同基金享受分散化投资带来的好处。

知识一点通

根据马科维兹的有效前沿理论，分散化投资可降低非系统性风险。然而，在实务中，很少个体投资者在购买股票时会真的"分散投资"。这主要是因为个体投资者的资金量较小，分散投资带来的交易成本过高。通过投资共同基金，个体投资者可实现低成本的分散投资。

一、分类

1. 按照投资标的分类

货币市场共同基金（Money Market Mutual Fund）主要投资于国库券（短期国债）、央行票据、商业票据、银行定期存单、高信用等级企业债券、同业存款等期限在一年之内的短期有价证券。

期限长于一年的共同基金按投资标的又可分为以下三种类型。

债券型基金（Bond Fund）——主要投资于期限大于一年的固定收益债券。

股票型基金（Equity Fund）——主要投资于普通股及优先股。

混合型基金（Hybrid Fund）——主要投资于股票、债券及其他证券。

2. 按照运作形式分类

按照运作形式，基金可分为开放式基金（Open–ended Fund）与封闭式基金

（Closed – end Fund）两类。

大多数共同基金属于开放式基金。开放式基金的基金总份额是变化的，即投资者可根据自身对市场的判断随时申购或者赎回基金份额。这意味着共同基金的总份额在有更多投资人申购基金时增长，而在更多投资人赎回基金时下降。

> **知识一点通**
>
> 基金通过募集资金构建资产池，并划分份额后出售给投资者。投资者购买基金份额就意味着投资者拥有了基金资产池中的一揽子股票的某个比例，其份额价值会随着资产池价值的变动而变动。每日收盘后，基金会计算基金投资资产池的市场价值，将其除以基金总份额即可得到基金资产净值（Net Asset Value，NAV）。NAV 直观地反映了投资该基金可获得的收益率。

封闭式基金的基金份额数量是固定的，通常挂牌在股票交易所中进行交易。封闭式基金也有 NAV，即根据基金的投资组合价值除以份额而计算得出的净值（与开放式基金相同），这也被称为公允市场价值（Fair Market Value）。值得注意的是，封闭式基金的交易价格是由交易所产生的价格，并非 NAV。而且，通常情况下，封闭式基金在交易所挂牌交易的价格低于其公允市场价值。

二、费用

共同基金在运作的过程中产生的成本种类繁多，包括管理费、销售佣金、交易成本等。为了覆盖这些成本，共同基金会向投资者收取一定的费用，收取费用的方式主要包括两种：一是前端收费（Front – end Load）模式，即在投资人首次买入基金份额时收取费用；二是后端收费（Back – end Load）模式，即在投资者赎回基金份额时收费。一般而言，后端收费会随着基金持有时间的延长而下降。

除此之外，所有基金都会按年收取年费（Annual Fee）。根据年份，可计算总费用比率（Total Expense Ratio），即每份额基金年费与每份额价值之比。

三、特殊类别的共同基金

1. 指数基金

指数基金是以特定指数如 S&P（标准普尔）500 或沪深 300 指数等为标的，以该指数的成分股为投资对象，通过购买该指数的全部或部分成分股构建投资组合，以追踪标的指数表现的基金。

指数基金追踪指数的方法通常有以下三种。一是完全复制。例如，如果中信银行在沪深 300 中的权重为 0.2%，那么基金也将用 0.2%的资金配置中信银行。二是分层抽样。通过合理的分类方法，配置指数部分成分股以达到追踪指数的目的。三是通过指数期货等衍生品工具达到追踪指数的目的。

指数基金跟踪指数的准确性与两个参数有关，即跟踪误差（Traking Error）和费用比率（Expense Ratio）。基金的跟踪误差可以定义为每年基金回报率与每年追踪指数回报率之间差额的标准差。费用比率是管理基金每年收取费用占资产的百分比。

2. ETF

ETF（Exchange Traded Fund）是交易所交易基金的简称，是一种创新形式的开放型指数跟踪型基金，同时具有开放式基金与封闭式基金的特征：ETF 既可以像开放式基金一样申购和赎回，同时也可像封闭式基金一样在交易所挂牌交易。

知识一点通

具体而言，ETF 基金的申购和赎回是通过一揽子指数成分股来完成的。例如，对于上证 50ETF，申购时，投资者（通常为机构投资者）用上证 50ETF 的成分股换取 ETF 基金的份额；赎回时，投资者用份额换回上证 50ETF 指数成分股。不仅如此，投资者得到的 ETF 基金份额还可以在交易所挂牌交易转让。当 ETF 基金在交易所交易的市场价格与基金净值存在差异时，就会产生套利机会。投资者可通过在一级市场的申购赎回与二级市场的自由交易消除套利，使两者趋于一致。这也是 ETF 基金优于封闭式基金的一点。

相比于开放式基金，ETF 基金具有以下优势。

第一，ETF 可在交易时间内随时交易。

第二，ETF 可以做空。

第三，ETF 每天两次公布其持有的资产，投资者可及时充分地了解基金的资产情况。

第四，ETF 基金的交易成本和管理费用相较于其他共同基金要低。

第二节 对冲基金

解释（explain）共同基金与对冲基金之间的主要差异（☆）

一、对冲基金与共同基金的区别

共同基金（Mutual Fund）与对冲基金（Hedge Fund）是两种常见的基金募集形式，两者的区别主要体现在以下几个方面。

第一，募集对象不同。共同基金主要面向中小投资者，而对冲基金的募集对象通常是机构投资者或高净值客户。

第二，监管程度不同。共同基金受到监管机构的严格监管，无论在业绩还是策略上的披露都有严格的规定。相比之下，对冲基金受到的监管较为宽松。

第三，策略不同。由于受到严格的监管，共同基金能采用的策略受到了限制（尤其是带杠杆的做空策略）。相比之下，对冲基金可采用的策略受限较少。

知识一点通

由于对冲基金有很大的自由度去开发复杂的、非传统的投资策略，因此，对冲基金有时也被称为另类投资（Alternative Investments）。

计算（calculate）对冲基金的投资回报率并解释（explain）激励费用结构，包括门槛回报率、高水位线条款以及分红追回（☆☆）

二、费用和激励

相比于共同基金，对冲基金收取的管理费用较高并且与业绩密切关联。对冲基金的收费结构通常可以表述成"2＋20"的形式，即对管理的资产总额收取2%的年费（不管基金是否赚钱）并分享净利润的20%作为奖励金。此外，对冲基金一般要求一年以上的锁定期。

对冲基金的费用激励为对冲基金提供了取得盈利的动机，但同时也变相鼓励基金经理承担更大的风险。对冲基金经理有动机冒高风险来换取高回报，即使这样的行为可能造成很大的亏损。为了缓解这种委托代理问题，对冲基金协议里通常会加入一些条款以使得激励机制更加合理，避免出现基金经理过度冒险的现象。具体而言，相关条款包括以下内容。

最低资本回收率（Hurdle Rate）指只有当基金获取的收益高于此标准时，基金经理才能获得奖励金。

高水位线（High－water Mark）条款指该条款规定只有当期利润覆盖前期损失之后才能获得奖励金。

回拨（Clawback）条款指允许投资者在发生亏损时追回之前的部分奖励费用。对冲基金会将收回的这部分奖励金保存起来，用于应付以后发生损失时投资者的追讨。

我们通过一道例题来理解上述有关激励的条款。

例题

假设一支对冲基金采取"2＋20"的费用结构，门槛回报率设为6%。管理费用是对期初资产总价值进行收取的。第一年期初总资产是100万美元，如果在接下来的三年每年年末资产总值分别为130万美元、135万美元和140万美元。请计算每年的管理费、激励费用和年末资产价值。

名师解析

第一年：管理费用为：$2\% \times 100 = 2$（万美元）

第一年基金收益率为30%（100万美元变成了130万美元），超过了最低资本回报率6%，基金经理可以收取激励费用。激励费用为：

$$20\% \times (130 - 100 - 2 - 6\% \times 100) = 4.4（万美元）$$

（注意，激励费用是在扣除年费、最低资本回报后盈利部分的20%）

扣除年费和激励费用后，第一年期末基金的资产净值为：

$$130 - 2 - 4.4 = 123.6（万美元）$$

第二年：管理费用为：$2\% \times 123.6 = 2.472$（万美元）

激励费用为：$20\% \times (135 - 123.6 - 2.472 - 6\% \times 123.6) = 0.3024$（万美元）

第二年的年末基金净值为：$135 - 2.472 - 0.3024 = 132.225$（万美元）

第三年：管理费用为：$2\% \times 132.225 = 2.644$（万美元）

扣除管理费用后的盈利为：$140 - 132.225 - 2.644 = 5.132$（万美元）

最低资本回报率确定的最低盈利水平为：$132.225 \times 6\% = 7.9335$（万美元）

由于该年收益率低于最低资本回报率水平，因此当年没有激励费用。

第三年年末的资产净值为：$140 - 2.644 = 137.356$（万美元）

描述（describe）各种对冲基金策略（☆☆）

三、对冲基金策略

在本节中，我们将讨论对冲基金常用的一些策略。

1. 股票多空策略（Long/Short Equity）

股票多空策略通过买入低估股票卖出高估股票来获利。这一策略成功的关键在于选股，如果选股正确，该策略在牛市和熊市中都能获利。

> **知识一点通**
>
> 股票多空策略中有一类细分策略，称为中性策略。如权益市场中性基金（Equity – market – neutral Fund）通过多空头寸使得风险净敞口在某个风险指标上为零。比如贝塔中性策略（Beta – neutral Fund），即通过多空头寸使得资产组合整体的贝塔值为0。

2. 专项做空策略（Dedicated Short）

专项做空策略只寻找被高估的股票，通过做空这些股票来获利。

知识一点通

专门做空中概念股的香橼研究（Citron Research）和浑水研究（Muddy Waters Research）就是此类基金策略的代表。

---

3. 不良资产投资（Distressed Securities）

不良资产往往包含着极大的风险，如评级极低（如评级在 CCC 及以下）的债券或重债缠身的股票。如果能够沙里淘金，比如买到可按时兑付本息的低评级债券或者通过资产重组，以较低价格获取实际价值较大的资产，都会获益丰厚。值得强调的是，这类资产往往风险巨大，实属一种"火中取栗"策略。

4. 并购套利策略（Merger Arbitrage）

并购套利策略从公司兼并收购的机会中赚取套利利润。例如，A 公司宣布准备以每股 100 元的价格收购 B 公司的全部股份。假设 B 公司股价在公告前交易为 80 元。公告后股价可能会上涨至 90 元，但它不会立即涨到 100 元（因为该兼并交易有不被通过的可能性，市场需要时间才能将交易的全部影响反映在市场价格上）。此时兼并套利对冲基金以 90 元的价格买入 B 公司的股份。如果该股票以每股 100 元被收购，该基金的利润为每股 10 元。如果以更高的价格收购，利润更高。但是，如果交易没有通过，对冲基金将会亏损。

5. 可转债套利策略（Convertible Arbitrage）

可转债是一种在未来可以转换成发行方股票的债券。可转债套利是通过复杂的模型对可转债进行估值（实务中，可转债的价格经常低于其公允价值），采用买入债券并卖空相应股票来进行套利。

6. 固定收益套利策略（Fixed Income Arbitrage）

固定收益套利策略通过买入被低估的债券卖出被高估的债券来获取套利利润，属于相对价值策略（Relative Value Strategy）的一种。

7. 新兴市场策略（Emerging Markets）

新兴市场策略专门投资于新兴市场的股票和债券。投资新兴市场的基金有的时候会使用一种特殊的投资工具——美国存托凭证（American Depository Receipts，ADRs）。ADRs 是由美国政府发行，在美国交易所交易，但由国外公司股权收益支持的证券。相比于直接投资于新兴市场的股票和债券，ADRs 具有流动性高、交易成本低等优势。

8. 全球宏观策略（Global Macro）

全球宏观策略通过分析全球宏观经济的发展趋势进行投资。全球宏观策略的主要问题在于市场是否偏离均衡状态不难判断，但市场何时回归均衡状态是难以预测的。最著名的宏观策略基金莫过于金融大鳄索罗斯建立的量子基金。

9. 管理期货策略（Managed Futures）

管理期货策略通过预测未来大宗商品价格走势来获利。

描述（describe）对冲基金的业绩表现并解释（explain）业绩度量偏差的影响（☆）

四、对冲基金的业绩表现

相比于共同基金而言，对冲基金的业绩披露要求较低，因此评价对冲基金总体业绩也是比较困难的。由于对冲基金报告投资业绩是自愿的，那些小型对冲基金和投资记录不佳的基金经常不报告其收益率。于是，提供数据的对冲基金通常是业绩较好的基金，这就使得根据现有数据评估对冲基金业绩存在样本选择偏误。

相关研究表明，除去样本选择偏误外，对冲基金的历史回报并不比共同基金更好（除去管理费后），甚至不一定能超过大盘指数。然而，从大类资产配置的角度来看，对冲基金的存在有利于提振投资者的市场情绪。

扫码做题 章节练习

第三十四章

衍生品概述

知识引导：近半个世纪以来，衍生品在金融领域的地位日益重要。各种不同类型的远期、期货、互换、期权和其他衍生工具在场内或场外市场被广泛使用，为实体企业提供了丰富的风险管理工具，起到了价格发现、资源优化配置的作用。本章将简单介绍各类衍生工具以及它们如何应用于对冲、套利与投机。

考点聚焦：学习本章内容后，考生应能描述场内和场外市场，区分场外市场和交易所市场并能评述它们各自的优缺点；区分期权、远期与期货合约；识别并计算期权与远期合约收益；计算并比较远期与期权对冲策略的收益；计算并比较期货与期权投机策略；计算套利收益并识别短暂存在的套利机会；描述使用衍生品带来的风险。

本章框架图

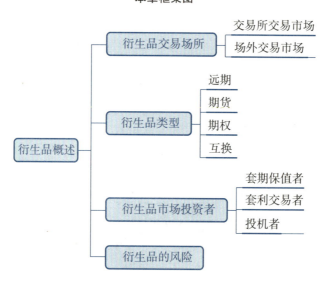

第一节 衍生品交易场所

描述（explain）场外市场，区分（distinguish）场外市场和交易所市场并能评述它们各自的优缺点（☆）

衍生品市场的交易场所至关重要，直接决定了衍生品的交易方式与监管程度。衍生品交易场所通常可分为场内交易（交易所交易）与场外交易两类。下文分别介绍这两种交易场所的特征。

一、交易所交易市场（Exchange Traded Market）

交易所交易市场是由交易所组织的交易场所，投资者在由交易所定义的标准化合约（Standardized Contract）的环境下交易。交易所交易通常简称为"场内交易"。传统的场内交易采用公开喊价的方式进行，即交易员在交易大厅内通过手势和喊价来完成交易。随着电子信息技术的发展，电子交易系统已经逐步取代了这种传统的喊价交易，它使得交易摆脱了时空的限制，在提高交易速度的同时降低了交易成本，使得衍生品交易更加有效、公平。

> **知识一点通**
>
> 大多数考生可能对股票交易所并不陌生，但对衍生品交易所知之甚少。接下来我们将对几个著名交易所进行简单的介绍。芝加哥交易所（CBOT）是最早的一家较为规范的期货交易所，成立于1848年，旨在规范谷物交易的数量和质量。目前世界上最大的衍生品交易所是 CME 集团，它由包括 CBOT、纽约商品交易所（COMEX）在内的多家知名交易所合并而成。最早的场内期权交易于1973年诞生于芝加哥期权交易所（CBOE）。

我国大陆地区有四大期货交易所，包括上海期货交易所、郑州商品交易所、大连商品交易所与中国金融期货交易所。其中，前三家交易所主要交易商品期货与期权，而中国金融期货交易所主要交易包括股指期货、国债期货在内的金融期货与期权。

场内交易与下文介绍的场外交易最大的不同在于交易场所。场内交易均通过交易所完成，衍生品合约买方与卖方的交易对手方都是交易所。

场内交易的制度安排使得交易所承担了中央对手方的职责，合约买方或卖方不必担心对手会违约（由交易所兜底），而交易所会通过保证金、每日无负债结算等制度确保合约顺利履约，最大限度地降低了信用风险。

二、场外交易市场（Over – the – Counter）

在交易所市场外进行的衍生品交易称为场外交易（Over – the – Counter，OTC）。传统场外交易的衍生品合约通常是定制化的（Customized），而不是标准化的。换言之，交易双方可根据实际需求设计合约。

从全球范围的角度来看，场外交易的市场规模远大于场内市场。场外交易通常是双边大宗交易，交易双方按照需求订立衍生品合约。场外交易是双边交易，受到的监管相对宽松。然而，在2007年次贷危机之后，各国加强了对场外衍生品市场的监管，主要体现在以下三个方面。

第一，场外交易的合约也开始在一定程度上标准化。

第二，在场外交易中同样推荐采用中央对手方（Central Counter Party，CCP）进行双边清算，这样会减少场外交易的违约风险（Default Risk）。

第三，所有场外交易同样必须记录与报告。

表34.1是对场外交易与场内交易二者特征的比较。

表34.1   **场外交易与场内交易特征比较**

场外交易（OTC）	交易所交易（Exchange – traded）
在交易所外进行交易	在交易所市场内进行交易
定制化合约（Customized）	标准化合约（Standardized）
双边交易，存在违约风险	中央清算，减少违约风险
监管相对宽松	监管要求高
单笔交易规模大	单笔交易规模小

第二节　衍生品类型

区分（differentiate）远期、期货与期权合约（☆）
识别（identify）并计算（calculate）远期与期权合约收益（☆）

衍生品是基于标的资产（Underlying Assets）价值变动而订立的一种可交易的合约。衍生品的标的资产可以是股票、债券、存单、汇率等。它通常为管理标的资产价值变动的风险而设立。金融衍生品主要分为四种基本类型，分别是远期（Forward）、期货（Futures）、期权（Option）与互换（Swap）。本章先对这四类衍生品进行概括性的介绍，关于每一种衍生品的详细介绍请参看后续章节。

一、远期（Forward）

1. 基本概念

远期合约是一种场外（OTC）衍生品合约。签约时，买卖双方约定在未来某一时刻，买方（Buyer）会向卖方购买标的资产，而卖方（Seller）会得到合约签订时约定的固定价格（也称为交割价，Delivery Price）。标的资产的类别品级、交易数量、交易方式、交易价格均将在合约中事先约定。

> **知识一点通**
>
> 例如，在 2018 年 1 月 1 日投资者 A 和 B 签订了一份远期合约。合约约定在 2018 年 10 月 15 日，A 按照每吨 570 元的价格从 B 处购买 100 吨动力煤，合约还具体规定了交易动力煤必须符合的质量标准。在这份合约中，A 约定要在合约到期时买入动力煤，因此 A 持有一个远期多头头寸（Long Position），也称为多头（Long）；B 持有一个远期空头头寸（Short Position），也称为空头（Short）。此外还需注意，A 和 B 签订远期合约的日期是 2018 年 1 月 1 日，但合约的执行时间在 2018 年 10 月 15 日。

2. 远期合约的收益

一般来说，远期合约在单位标的资产上的多头头寸的回报为：

$$S_t - K$$

其中，K 为交割价，S_t 为合同到期日标的资产的现货价格。这是因为合约持有人有义务以价格 K 购买当前价格为 S_t 的资产。同样，远期合约中对应单位标的资产空头头寸的回报为：

$$K - S_t$$

知识一点通

接上例，如果到了 2018 年 10 月 15 日这一天，现货市场动力煤的价格为 600 元每吨，那么根据合约，A 可以按照每吨 570 元的价格买入 100 吨实际上在现货市场价值 600 元的动力煤。于是，A 的收益为（600 - 570）×100 = 3 000 元，相应地 B 亏损了 3 000 元。反之，如果 2018 年 10 月 15 日动力煤价格仅为 550 元每吨，那么根据合约 A 必须以 570 元的价格买入 100 吨实际上在现货市场上只值 550 元的动力煤。于是，A 的亏损为（570 - 550）×100 = 2 000 元，相应地 B 获得收益为 2 000 元。

图 34.1 展示了收益与到期现货资产价格（S_T）的关系。不难看出，到期现货价格（S_T）越高，多头收益越高；反之，到期现货价格（S_T）越低，空头收益越高。由于衍生品是一种"零和博弈"，即在不考虑交易费用的情况下，一方的收益必定等于另一方的亏损，即多头与空头的收益和必然为 0。

二、期货（Futures）

期货是在交易所交易的标准化的远期合约。期货合约对标的资产规格、到期日（Expiration Date）、交割和结算条款等都做了详细的约定。此外，交易所一般提供物理交割仓库、电子交易系统甚至做市商制度以提高市场的流动性。

与远期合约不同，期货合约的买卖双方通常无须了解对方状况，而由交易所进

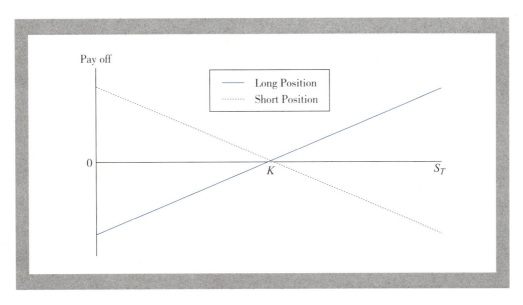

图 34.1　远期合约买卖双方收益

行配对交易。期货价格同样受供求关系影响，如果选择买入的投资者多于卖出的投资者，则期货价格上升；反之，期货价格则下降。

表 34.2 是远期与期货的比较。

表 34.2　　　　　　　　　　　　　　远期与期货的比较

远期	期货
场外合约	交易所合约
定制合约	标准化合约
违约风险大	交易所担保
监管较为宽松	受监管多
没有保证金要求	有保证金要求
到期结算	每日结算
通常持有到交割	很少持有到交割

三、期权（Option）

期权是唯一一种既可以在场内交易也可以在场外交易的衍生品合约。购买期权的一方需要支付权利金（Premium）给期权的出售方，以获得未来可以买入或卖出

某标的资产的权利。当期权的买方决定要行使其权利时，卖方有义务以约定的价格卖出或买入该标的资产。

知识一点通

与远期合约、期货合约不同，期权赋予的是买卖某种资产的权利而非义务。在远期或期货合约中，当合约到期时双方均有义务按照约定的价格履行合约；而期权则不同，合约到期时，购买期权的一方有权利按照合约约定价格购买或卖出标的资产。权利意味着拥有权利的一方可以选择履行合约，也可以选择放弃自己的权利（即放弃购买或卖出标的资产）。为了拥有这种权利，期权购买者必须为此支付期权费，即权利金（Premium）。

下面对期权的一些基本术语与概念进行说明。

1. 权利金（Option Premium）

权利金又称期权费，由期权的买方支付给卖方。权利金是期权买方的沉没成本，即无论期权买方最终是否行使了自己的权利，权利金均已在购买期权时支付给了期权的卖方。

2. 看涨期权（Call Option）

看涨期权赋予期权购买者在未来按照约定价格买入某种资产的权利。看涨期权的买方（Long Position）需要支付一笔期权费以获得这个权利；看涨期权的卖方（Short Position）在买方行权时有义务按约定价格卖出该标的资产。

3. 看跌期权（Put Option）

看跌期权赋予期权购买者在未来按照约定价格卖出某种资产的权利。看跌期权的买方（Long Position）需要支付一笔期权费；看跌期权的卖方（Short Position）在买方行权时有义务按约定价格买入该标的资产。

知识一点通

注意，看跌期权的买方持有看跌期权的多头头寸，却看空看跌期权的标的资产。

4. 执行价格（Exercise Price/Strike Price）

执行价格即看涨/看跌期权合约约定的交易价格，该价格在合约签订时即已确定，其概念与远期价格、期货价格类似。

> **知识一点通**
>
> 执行价格并非期权自身价格，这是期权行权时买卖相应资产的价格；期权本身的价格就是期权的权利金。

5. 欧式期权（European Option）与美式期权（American Option）

欧式期权只能在合约约定的到期日当天行权；美式期权可以在合约到期前的任意时点行权。相对于欧式期权，美式期权灵活性更高，因而其期权费也比欧式期权更贵。

> **知识一点通**
>
> 美式期权与欧式期权的名称与地名无关。欧式期权并非只在欧洲发行，美式期权也并非只在美国发行。

四、互换（Swap）

互换合约，也称为"掉期"，诞生于20世纪80年代。互换合约的双方约定在一定期限内交换一系列现金流，其中一方支付给对方基于标的资产的变动现金流，而另一方支付固定现金流或基于其他资产的变动现金流。

第三节　衍生品市场投资者

衍生品市场之所以繁荣发展，在于其满足了不同类型投资者的投资需求，为市场提供了充分的流动性。衍生品市场的投资者主要分为套期保值者、套利交易者和

投机者三种类型。

计算（calculate）并比较（compare）远期与期权对冲策略的收益（☆）

一、套期保值者（Hedgers）

套期保值者使用衍生品合约来对冲已有头寸的风险。

1. 利用远期或期货进行套期保值

例如，一家精炼铜生产企业，计划在三个月后按市价卖出 100 吨精炼铜。由于担心未来铜价下跌，该企业可在远期市场上进入三个月期的精炼铜合约的空头头寸，以合约约定的 5 000 元/吨价格出售精炼铜。通过这份远期合约，不管未来精炼铜价格是上升还是下跌，该企业锁定了 5 000 × 100 = 500 000 元的收入。

知识一点通

值得指出的是，套期保值的目的是规避风险，而不是在任何情况下都能获益。上例中，如果未来精炼铜价格上涨，实际上企业可能希望原本没有签订远期合同，而是按照更高的现货价格出售精炼铜。但需再次强调，通过套期保值，企业消除了未来铜价不确定带来的风险。

备考小贴士

很多考生难以判断套期保值者应当建立多头头寸还是空头头寸。有句口诀："有货要卖，缺货需买。"如果本身持有大量的现货（现货多头），则符合"有货要卖"，即应该建立期货空头；如果在未来需要大量现货（现货空头），则符合"缺货需买"，即应该建立期货多头。

---

2. 利用期权进行套期保值

期权也可作为套期保值的工具。假设一个投资者拥有某公司 1 000 股的股票，当前股价为每股 10 元。投资者担心未来两个月股价可能出现下跌，希望得到保护。

投资者可以购买该公司两个月到期的股票看跌期权合约，执行价为 9.5 元，从而保证投资者有权以 9.5 元的价格出售 1 000 股股票。假设一份该股票期权合约对标 100 股，期权价格为 0.1 元，则每份期权合约的成本为 100 × 0.1 = 10 元，套期保值策略的总成本为 10 × 10 = 100 元。

如果到期股票的市场价格低于 9.5 元，那么看跌期权将被执行，从而实现 9 500 元的收益，扣除期权成本为 9 400 元。反之，如果标的股票市场价格保持在 9.5 元以上，那么看跌期权不会被行权。在这种情况下，持有头寸的价值高于 9 500 元，扣除期权成本，则高于 9 400 元。因此，购买看跌期权可以帮助投资者减少资产价值下降造成的损失。有关期权各种策略的详细介绍请参看后续章节。

计算（calculate）并比较（compare）期货与期权投机策略（☆）

二、套利交易者（Arbitragers）

套利交易是衍生品市场上的重要交易形式，其原理为相互关联的资产之间的价差存在一定的均衡关系（如期货价格与现货价格），当这种均衡关系被打破时就可能存在套利机会。此时，套利交易者在关联资产上同时进行方向相反的交易，以其价差在未来恢复均衡关系时了结头寸来获取利润。套利者的存在有利于市场恢复均衡价格。

知识一点通

假定某家公司的股票同时在纽约证券交易所和东京证券交易所交易。假设该公司股票在纽交所的交易价格为每股 10 美元，在东交所的股价为每股 1 000 日元，根据当前汇率水平，一美元可兑换 108 日元。于是两个市场之间存在套利交易机会，日本投资者可在纽交所出售 100 股股票（获得 1 000 美元），同时在东交所购买相同数量股票（花费 100 000 日元），按即期汇率把美元兑换成日元，从而获取利润（不考虑任何交易成本），套利利润为（10 × 108 − 1 000）× 100 = 8 000 日元。

如果考虑交易成本就会削弱投资者的套利动机。然而，对于大型金融机构而言，交易成本相对较低，套利动机较强，市场上类似的套利机会往往稍纵即逝。在本例中，发现套利机会的套利者会在纽交所出售该公司股票，从而使得股价下跌；同时在东交所购买该公司股票，从而推高股价。最终，在考虑汇率的情况下，同一股票在不同交易所的价格会趋于相同，套利机会逐渐消失。

知识一点通

上例中所描述的套利机会消失的过程，实际上是对各类衍生品定价的基本原理，这个原理通常被称为"无套利定价原理"。

计算（calculate）套利收益并描述（describe）套利机会是怎样短暂存在的（☆）

三、投机者（Speculators）

投机交易不是出于对冲风险目的，投机者凭借其对价格走势的预期进行方向性交易。

知识一点通

对衍生品市场来说投机者同样重要。为了"投机赚钱"，投机者会深度挖掘与衍生品标的资产相关的供求信息，使得衍生品趋于"合理"价格，充分发挥价格发现、资源配置的功能。当然，市场上同样存在"别有用心"的投机者，会利用"逼仓"等手段扰乱市场秩序。

第四节 衍生品的风险

描述（describe）使用衍生品带来的风险（☆）

衍生品是一种通用的金融工具，可以用于对冲、投机和套利。然而，正是因为这种多功能性可能会带来潜在问题。有些情况下，本应恪守对冲风险本分的套期保值者会有意无意地变成投机者，这种转变结果很可能是灾难性的。

知识一点通

许多涉及衍生品的风险案例（如中航油事件等），究其根本都或多或少有这样的现象，即本应严格套保的实体企业，经不住诱惑，蜕变成期货交易的投机者。

实际上，即使交易者遵循已经规定的风险限额，也可能遭受较大的损失。2007—2009 年的全球金融危机就是很好的例子。在此之前，美国的房价一直在上涨，市场一致预期这种增长将会持续下去。这种盲目乐观的态度使得绝大多数大型金融机构都忽视了对房价急剧下降进行压力测试，更忽视了全国不同地区的抵押贷款违约率之间的高度相关性。结果，美国房贷市场的癣疥之疾最终成为震动全球的金融危机，而衍生品在此过程中亦起到推波助澜的作用。

扫码做题 章节练习

第三十五章

期货市场的基本制度

知识引导：期货本质上是一份标准化合约，在交易所挂牌交易。本章将具体介绍期货合约的主要条款、期货交易的相关制度，包括合约规格、保证金账户的运作、交易机制、市场监管、报价方式以及为会计和税务目的而处理期货交易等内容。此外，本章还将介绍期货价格到期收敛于现货价格的这一基本原理。

考点聚焦：学习本章内容后，考生应能定义并描述期货合约的主要特征，包括标的资产、合约价格、合约规模、交割以及限制条件；解释期货价格到期收敛于现货价格；描述保证金要求的原理以及作用；描述期货清算所和场外市场交易；描述场外市场抵押品的作用并与保证金系统做比较；识别正常与反转的期货市场之间的差异；描述实物交割过程并与现金结算做比较；评估不同类型交易指令的影响；比较和对比远期与期货合约。

本章框架图

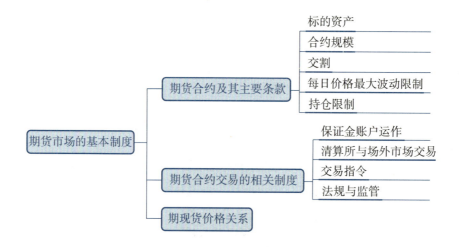

第一节　期货合约及其主要条款

定义（define）并描述（describe）期货合约的主要特征，包括标的资产、合约价格、合约规模、交割以及限制条件（☆）

期货合约是由交易所制定的标准化合约。之所以称为"标准化"，是合约中会对合约标的资产规格、合约规模、交割日等细节进行统一规范。相比较于定制化的远期合约，标准化的期货合约提高了市场交易效率、简化了交易流程，具有很强的流动性。

表 35.1 显示了上海期货交易所阴极铜期货合约，我们以此期货合约为例来介绍其中的主要条款及考虑因素。

表 35.1　　　　　　　　　　　上海期货交易所阴极铜期货合约

交易品种	阴极铜
交易单位	5 吨/手
报价单位	元（人民币）/吨
最小变动价位	10 元/吨
每日价格最大波动限制	不超过上一交易日结算价 ±3%
合约交割月份	1—12 月
交易时间	上午 9：00—11：30、下午 1：30—3：00 和交易所规定的其他交易时间
最后交易日	合约交割月份的 15 日（遇法定假日顺延）
交割日期	最后交易日后连续 5 个工作日
交割品级	标准品：阴极铜，符合国标 GB/T467—2010 中 1 号标准铜（Cu - CATH - 2）规定，其中主成分铜加银含量不少于 99.95% 替代品：阴极铜，符合国标 GB/T467—2010 中 A 级铜（Cu - CATH - 1）规定或符合 BS EN 1978：1998 中 A 级铜（Cu - CATH - 1）规定

（续表）

交易品种	阴极铜
交割地点	交易所指定交割仓库
最低交易保证金	合约价值的5%
交割方式	实物交割
交易代码	CU
上市交易所	上海期货交易所

一、标的资产（Underlying Asset）

从表35.1中可以看出，该期货合约的标的资产为阴极铜。表中的"交割品级"一栏还对阴极铜的质量规格（包括标准品与替代品）做了详细规范。

> **知识一点通**
>
> 期货合约是具有法律效力的格式合同，如果合约到期，买方拿到的阴极铜的质量标准不符合期货合约规定，可依法起诉相关责任方。

二、合约规模（Contract Size）

合约规模规范了每份期货合约所对应标的资产的数量。如表35.1所示，阴极铜期货合约的规模为5吨/手（"手"为期货合约的计量单位，一手等同于一份合约）。

从交易所的角度来看，合约规模的设计至关重要，直接影响到未来合约交易的流动性。如果合约规模过大，不利于企业对冲小头寸的风险。例如，现货市场上标的资产的交易合同通常是以10吨为基本单位，而期货合约的合约规模却是20吨/手，则那些10吨的小合同就无法利用期货对冲风险。反之，如果合约规模过小则会增加参与者的交易成本。

三、交割（Delivery）

描述（describe）交割过程的机制并与现金结算做比较（☆）

根据期货合约规定，期货合约的买方应当在合约到期时按期货合约价格向卖方购买规定数量的标的资产，这个过程就称为"交割"。

具体而言，交割月份规定了期货合约到期交割的月份。从表 35.1 可以看出，该合约的交割月份为 1—12 月。交割月份的设计通常与标的资产的特性有关。例如，由于农产品的生产和消费具有很强的季节性，因此农产品期货合约的交割月份通常也会体现出季节性的特点。

> **知识一点通**
>
> 打开期货交易软件，可以看到诸如"沪铜 1806"的字样。"1806"代表这份铜期货合约的交割日期是 2018 年 6 月。这份"沪铜 1806"合约的价格在交易时间内会如同股票价格一样时时变动，现货市场的最新供求关系、买卖双方的力量对比等最新信息都会体现在期货价格上。请注意，这份合约的标价始终反映的是 2018 年 6 月到期现货阴极铜的价格（到期交割时期货价格会趋于现货价格，见后文详细解释）。

期货合约通常有两种交割方式，一是实物交割的方式，二是现金交割的方式。

1. 实物交割（Physical Settlement）

通常标的资产为实物（如农作物、金属等）的期货合约采用实物交割的方式。此时，期货合约会对交割品的等级、交割地点等做详细的规定。通常由合约空头头寸的一方提起交割申请，交易所选择与之匹配的多头一方提供交割品。实物交割通常在交易所的交割仓库完成，进入交割的多头一方会收到交割仓库的仓单。交割价格则在最新结算价的基础上，按照交割品的等级、交割地等进行相应调整。

2. 现金交割（Cash Settlement）

一些金融期货，如股票指数期货，通常会采用现金交割的方式。例如，S&P500 股指期货如果采用实物交割则必须交割 500 支股票，因此采用现金交割更加方便快捷。交割结算价通常由交割当日的现货价格决定[①]，比如 S&P500 股指期货的交割日为交割月份的第三个周五，交割价格为当天的开盘价。

四、每日价格最大波动限制（Price Limit）

每日价格最大波动限制实际上就是我们俗称的"涨跌停板"。涨跌停板基于前一天的结算价（Settlement Price）计算，要求当天的交易价格不能向上超过涨停界限（Limit Up），也不能向下低于跌停界限（Limit Down）。

五、持仓限制（Position Limits）

1. 平仓（Offset/Close – out）与交割

平仓，也被称为平头寸，是指期货交易者买入（卖出）与其所持期货合约的品种、数量以及交割月份相同但交易方向相反的期货合约以了结期货交易的行为，也称"反向交易"。在平头寸的时候，如果原先是买入期货合约开仓，则平头寸需要卖出平仓；如果原先是卖出期货合约开仓，则平头寸需要买入平仓。

> **知识一点通**
>
> 在远期市场中，买卖双方根据合约规定到期进行实物交割或现金交割；期货市场则有所不同，大多数期货合约并不会持有到期，而是在合约到期前反向平仓以了结头寸。

2. 持仓量（Open Interest）

持仓量指在某个时点未平仓头寸的总和。一份多头持仓合约必然对应着一份空头持仓合约（有人买必然对应有人卖）。每个交易日期货合约的持仓量都会随着投

[①] 大多数以收盘价或接近收盘的价格确定，有些指数期货也以开盘价确定交割结算价。

资者新开仓或者平仓而发生变化。为了防止市场被操纵，交易所一般会对投机者的最大持仓量有所限制。

第二节　期货合约交易的相关制度

一、保证金账户运作

描述（describe）保证金要求的原理并解释（explain）它是如何起作用的（☆☆）

1. 每日结算制度

交易所引入保证金制度（Margin）是为了防止期货交易者因财力不足而出现违约。因此，交易者进入期货合约时必须按照规定所缴纳的一定数额的保证金，称为初始保证金（Initial Margin）。每一交易日结束时，保证金账户依据投资者的盈利或亏损进行调整，这一操作称为每日结算（Daily Settlement）或者盯市（Mark – to – Market）。日常损益的计算通常以结算价（Settlement Price）计算，结算价的计算方式在期货合约中有明确规定。[①] 每日结算不仅在经纪商与客户之间进行，同时也在交易所与经纪商之间进行。

2. 保证金制度

当保证金账户中的金额高于初始保证金时，客户有权提取多余的保证金。但无论如何，保证金账户中的余额必须高于某个特定金额，这一金额称为维持保证金（Maintenance Margin），其数额通常低于初始保证金水平。当保证金账户余额低于维持保证金时，投资者会收到追加保证金的通知（Margin Call），要求投资者将保证金补充至初始保证金水平，这一补充金额称为变动保证金（Variation Margin）。如果经纪商没有按时收到客户追加的变动保证金，客户的期货头寸将会被强行平仓。

---

① 有时结算价就按收盘价计算，然而为了防止收盘价被操纵，有些期货合约的结算价也以临近收盘一段时间内价格的平均水平或按成交量的加权平均值计算。

例题

一名投资者买入了一份 COMEX 黄金期货合约，合约规格是 100 盎司黄金。买入的期货价格是 1 000 美元。初始保证金要求是 3 000 美元，维持保证金是 2 500 美元。如果第一天价格降至 996 美元，在第二个交易日结束时价格是 900 美元。那么第二天结束时的变动保证金是多少？

名师解析

在第一个交易日结束时，价格下降，多头投资者亏损：

$$（996 - 1\ 000）\times 100 = -400（美元）$$

保证金账户余额为：

$$3\ 000 - 400 = 2\ 600（美元）$$

保证金余额高于维持保证金水平，因此无须补充保证金。

在第二个交易日，价格继续下跌，多头投资者亏损：

$$（990 - 996）\times 100 = -600（美元）$$

保证金账户余额为：

$$2\ 600 - 600 = 2\ 000（美元）$$

此时保证金账户余额已低于维持保证金水平，需缴纳变动保证金，使账户余额达到初始保证金水平（注意不是恢复到维持保证金水平）。因此缴纳的变动保证金为：

$$3\ 000 - 2\ 000 = 1\ 000（美元）$$

二、清算所与场外市场交易

描述（describe）期货清算所和场外市场交易（☆☆）

1. 清算所（Clearing House）

交易所内的交易都要经过清算所进行每日结算。通常清算所根据会员的净头寸进行清算。比如，会员在 12 月的铜期货合约上有 20 000 手多头头寸，15 000 手空头头寸，则保证金按照 5 000 手的净头寸收取。除了按照头寸缴纳初始保证金与每日的变动保证金外，成为结算会员通常要向清算所交纳一笔结算担保金（Guarantee Fund），用于担保会员履约。

描述（describe）场外市场抵押品的作用并与保证金系统做比较（☆）

2. 场外市场（OTC）交易

场外市场（OTC）交易是在交易所之外由交易双方私下达成的交易，因此，场外交易面临较大的信用风险。为了减小信用风险，近年来场外交易也引入了中央清算的模式（Central Clearing）。场外交易双方之间的中央对手方（Central Counter Party，CCP）通常是清算所。由 CCP 对双方分别进行清算，交易双方向清算所缴纳初始保证金和变动保证金。这一模式能够有效减少场外交易的违约风险。在 2007 年信贷危机之后，美国颁布的《多德—弗兰克法案》要求金融机构之间大多数的标准 OTC 交易都要经由 CCP 进行处理。

未经中央对手方进行清算的交易属于双边清算。双边清算一般要求交易双方向彼此提供抵押品（Colleteral）。抵押品的运作机理类似于保证金，只不过是在交易双方之间进行的。例如，假设 A 和 B 之间达成了场外交易协议，如果在某一时期内 A 方盈利 10 000 美元，B 方亏损 10 000 美元，则 B 方需向 A 方提供价值 10 000 美元的抵押品。由此可见，抵押品的作用类似于变动保证金，这也在一定程度上降低了信用风险。

三、交易指令

评估（evaluate）不同类型交易指令的影响（☆）

交易指令又称交易订单，是金融期货投资者下达给期货交易人和经纪公司的按何种价格、何种方式交易一定数量合约的订单。

根据成交方式，交易指令可分为以下几种。

1. 市价单（Market Order）

市价单是最简单的订单类型，该类型订单以当前市场最优价成交。市价单强调

成交速度，相对忽视成交成本。

2. 限价单（Limit Order）

限价单由交易者提交目标成交价。如果是埋单，当价格等于或低于目标成交价时买入；如果是卖单，则当价格等于或高于目标成交价时卖出。限价单强调成交成本，而忽略成交速度（由于对成交价有一定要求，限价单甚至不一定成交）。

3. 止损单（Stop‑loss Order）

止损单的作用在于当市场价格朝不利方向变动时，一旦达到交易者指定的价格时即平仓止损。例如，当股票价格为 25 元时，交易员设定了 20 元的止损单，那么一旦价格跌到 20 元，止损单就会被触发，变成按市价单卖出股票，以控制损失。

4. 止损限价单（Stop Limit Order）

除了指定止损价外，交易者还指定了限价。当市场价格达到止损价格时还必须满足限价才能成交。接上例，卖出止损限价单的止损价为 20 元，限价为 22 元，则当价达到 20 元时转化成限价为 22 元的订单，当价格达到或高于 22 元时卖出。

5. 触碰市价单（Market‑if‑Touched）

触碰市价单是当价格达到指定价时即转为市价单成交。该类型订单通常用于锁定盈利。对于卖出方，当价格达到指定的高价时则以市价成交；对于买入方，当市场价格达到指定的低价时则以市价成交。

6. 自主订单（Discretionary Order）

自主订单是市价单的一种，但它可由经纪商酌情延迟执行以获得更有利的价格。

7. 全部执行或撤销订单（Fill‑or‑Kill）

全部执行或撤销订单指必须一次性全部达成交易否则就全部撤销。一般情况下，提交的订单都是在当日交易时间内有效，也可指定订单可交易的时间段。

四、法规与监管

美国的期货市场目前由联邦政府的商品期货交易委员会（Commodity Futures Trading Commission，CFTC）负责监管。从事期货交易的中介机构需得到 CFTC 的审批且 CFTC 要求持仓超过一定水平的期货参与者定期报告其持仓水平。

此外，CFTC 还负责处理公众提出的投诉，确保在适当情况下采取惩罚措施并有权要求交易所对违规交易者采取自律监管措施。

全球金融危机后，2010 年由奥巴马总统签署的《多德—弗兰克法案》扩大了 CFTC 的作用，将其监管职责延伸至场外交易，对标准场外衍生品的交易和集中清算做了规定。

第三节　期现货价格关系

解释（explain）期货价格到期收敛于现货价格（☆☆）

期货价格到期将收敛于现货价格是期货市场的本质特征（故期货的英文为 Futures，含义为预示未来现货的价格）。

如前文所述，虽然只有少数合约才会最终进入交割环节，但正是由于交割制度的存在，才可保证期货价格最终收敛于现货价格。这是由市场无套利的均衡状态决定的。

知识一点通

如果在交割时，期货价格高于现货价格，则可以通过卖出期货合约同时买入现货完成交割而获利（卖出期货合约会导致期货价格下降，买入现货会导致现货价格上升，直到两者价格相等）；同样，如果到期期货价格低于现货价格，则可以通过买入期货合约，交割获得低价现货后再高价卖出来获取套利利润（这一套利行为会导致期货价格升高，现货价格降低，直到期货价格等于现货价格）。因此，期货价格到期收敛于现货价格是由期货市场的交割机制决定的，是一种无套利的均衡状态。

综上所述，随着到期交割时间的临近，期货价格将逐渐收敛于现货价格，见图 35.1。

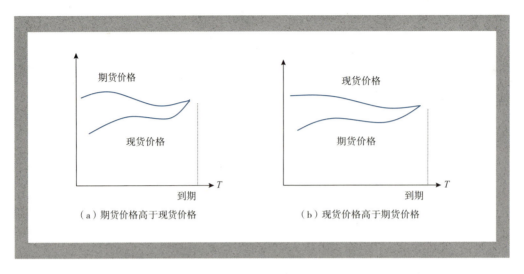

图 35.1　期货价格到期收敛于现货价格

扫码做题　章节练习

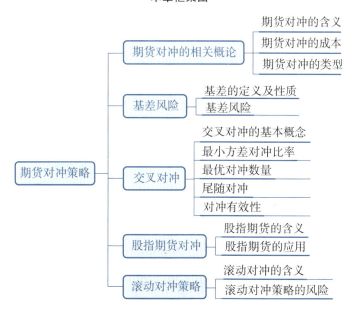

第三十六章

期货对冲策略

知识引导：在期货市场中很多参与者都是对冲者，他们的目的是利用期货市场来对冲自己面临的某种风险，这种风险可能与原油价格、汇率、股票价格或其他变量的波动有关。在利用期货进行对冲时需要考虑一些基本问题：应该建立期货的空头头寸还是多头头寸？应该选用哪一种期货合约？采用期货对冲的最佳头寸数量是多少？本章将结合考点就以上所提出的期货对冲问题进行详尽地阐述。

考点聚焦：学习本章之后，考生应了解期货多头对冲和空头对冲的含义；理解对冲的意义及其对企业盈利的潜在影响；掌握基差的定义及理解基差风险的含义；理解交叉对冲的含义；能够理解并计算最小方差套期保值比率及套保有效性；理解并计算尾随对冲调整；理解如何使用股指期货对冲来改变组合的 Beta 值；理解滚动对冲策略及其可能带来的风险。

本章框架图

第一节 期货对冲的相关概念

一、期货对冲的含义

> 理解（interpret）期货对冲的含义与对冲可能带来的成本（☆）

期货对冲，又称"套期保值"，指采用期货合约来规避现货价值波动的风险。

二、期货对冲的成本

期货对冲可能存在一定的成本。若现货价值朝不利方向变动，期货对冲起到了减少现货价值下跌的作用。但是，若现货价值向有利方向变动，期货头寸的价值就会下跌，此时，套期保值就要面临期货价值下跌所带来的损失，即期货对冲的成本。

三、期货对冲的类型

> 理解（interpret）空头套期保值及多头套期保值的含义及运用场景（☆）

根据期货合约所建立的头寸，对冲可分为空头对冲和多头对冲两类。

空头套期保值（Short Hedge）又称空头对冲，指在期货合约上建立空头头寸（Short Position）来对冲现货多头头寸的风险。空头对冲常用于公司在未来的某个时刻出售资产的情形。

多头套期保值（Long Hedge）又称多头对冲，指在期货合约上建立多头头寸（Long Position）来对冲现货空头头寸的风险。多头对冲常用于公司在未来的某个时刻购买资产的情形。

知识一点通

　　套期保值就是通过采用与现货头寸相反的期货头寸来实现的。例如，若公司持有资产（即现货多头），且需要在将来某一特定的时刻出售该资产，则可进行空头套期保值，即建立期货合约的空头头寸。在将来的特定时刻，若该资产在现货市场上的价格下降，出售该资产会遭受损失。然而，期货合约的空头头寸的正收益可以弥补该损失，从而完全或者部分对冲风险，实现套期保值。同理，若公司需要在将来某一特定的时刻购买资产，则可进行多头套期保值，即建立期货合约的多头头寸。

备考小贴士

　　在 FRM 考试中，考生只需明确现货头寸的多空，再在期货上采取相反头寸即可对冲现货风险，即前文所述的记忆技巧"有货要卖，缺货需买"。

第二节　基差风险

理解（interpret）基差的定义以及基差风险的含义（☆☆）

一、基差的定义及性质

1. 基差的定义

　　基差（Basis）是指现货价格（Spot Price）与期货价格（Futures Price）之差。其计算公式如下：

$$Basis = S_t - F_t \tag{36.1}$$

其中，S_t 和 F_t 分别为 t 时刻的现货价格和期货价格。

备考小贴士

虽然有时（当现货是某些金融资产时，如股票指数）基差也被定义为期货价格减去现货价格。但在 FRM 考试中，如无特别说明，均按式（36.1）进行计算。

---

2. 基差的性质

若期货合约的标的资产与对冲的现货资产保持一致，则当合约到期时期货价格收敛于现货价格，即基差为 0。

在对冲期间，由于现货价格和期货价格的变化并非完全同步，因此基差会发生变化。基差的增加被称为基差的加强（Strengthening of the Basis），而基差的减小被称为基差的削弱（Weakening of the Basis）。

二、基差风险（Basis Risk）

1. 基差风险的定义

基差风险是指基差变化的不确定所带来的风险。

以图 36.1 为例，我们可以看出：

在 t_1 时刻，基差为 $b_1 = S_1 - F_1$；在 t_2 时刻，基差为 $b_2 = S_2 - F_2$。

若投资者持有现货的多头头寸，在 t_1 时刻建立期货空头对冲头寸并在 t_2 时刻卖出现货，将期货平仓。那么，其在现货头寸上的收益为 $S_2 - S_1$，而在期货上的收益为 $F_1 - F_2$，则该对冲的总收益为：

$$S_2 - S_1 + (F_1 - F_2) = S_2 - F_2 + (F_1 - S_1) = b_2 - b_1$$

当 $b_2 > b_1$ 时，即基差增强时，空头对冲获益；而当 $b_2 < b_1$ 时，即基差减弱时，产生损失。这种由于 b_2 的不确定性产生的风险即为基差风险。

2. 基差风险的影响

基差风险的存在使得现货市场和期货市场的收益损失无法完全抵消，从而形成

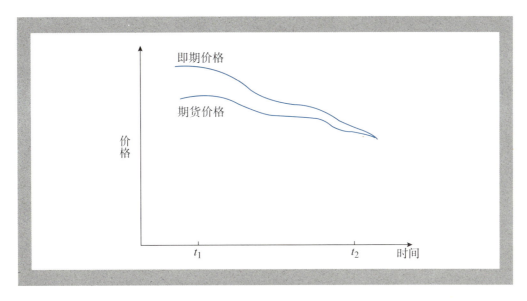

图 36.1　基差随时间的变化

非完美对冲。通常来说，造成非完美对冲的因素主要有以下三个。

第一，被套期保值的风险资产与套期保值的期货合约标的资产的不匹配。

第二，套期保值者对买卖风险资产的确切时间不确定。

第三，套期保值者可能会在期货合约到期之前提前平仓。

第三节　交叉对冲

一、交叉对冲（Cross Hedging）的基本概念

1. 交叉对冲的含义

理解（interpret）交叉对冲的含义（☆☆）

交叉对冲是指期货合约的标的资产与现货资产并不完全相同的对冲。

FRM一级中文教材

> **知识一点通**
>
> 例如，2006 年以前中国没有豆油期货合约，所以套期保值者使用与豆油价格高度相关的大豆的期货合约来进行对冲，即为交叉对冲。

2. 交叉对冲的基差风险

一般而言，交叉对冲的基差风险更大。此时，基差由以下两部分组成。

第一，被套期保值的风险资产与套期保值的期货合约标的资产相同时的基差。

第二，资产的不同所导致的基差。

3. 对冲合约的选择

为了尽可能地减少由于不确定性带来的基差风险，在选择进行对冲的期货合约时，需要考虑以下两个因素。

第一，所选择期货合约的标的资产。所选择期货合约的标的资产要与现货资产尽可能一致。

第二，期货合约的交割时间。期货合约的交割时间要与现货头寸了结时间尽可能接近。一般来讲，当对冲的期限与期货交割月份之间的差距增大时，基差风险也会随之增大。一种经验法则是尽量选择与对冲期限最近却在其之后的交割月份。例如，假定某一资产上期货的到期月分别为 3 月、6 月、9 月和 12 月。对于在 12 月、1 月、2 月到期的对冲，应当选择在 3 月到期的合约；对于在 3 月、4 月、5 月到期的对冲，应当选择在 6 月到期的合约。这种经验法则假设所有满足对冲需要的合约都有足够的流动性。在实际中，短期限期货合约往往流动性最高。因此，对冲者有时会采用短期合约并且不断将合约向前展期。这一策略将在本章的后面进一步讨论。

例题 36.1

以下哪种交易不包含基差风险？

A. 买入 1 000 手 2017 年 11 月的 ICE Brent 原油合约，同时卖出 1 000 手 2017 年 11 月的 NYMEX WTI 原油合约

B. 买入 1 000 手 2017 年 11 月的 ICE Brent 原油合约，同时卖出 1 000 手 2017 年 11 月的 ICE Brent 原油看跌期权

C. 买入 1 000 手 2017 年 11 月的 ICE Brent 原油合约，同时卖出 1 000 手 2017 年

12 月的 ICE Brent 原油合约

D. 买入 1 000 手 2017 年 11 月的 ICE Brent 原油合约，同时卖出 1 000 手 2017 年 12 月的 NYMEX WTI 原油合约

名师解析

答案选 B。其他三项都采用了交叉对冲的形式，或者合约标的不同，或者合约期限不同，这样就会带来更大的不确定性和基差风险。而 B 使用的衍生工具是期权，这并非基差风险的定义。

二、最小方差对冲比率

理解（interpret）并计算（calculate）最小方差对冲比率及对冲有效性（☆☆☆）

1. 最小方差对冲比率的含义

对冲比率（Hedging Ratio）指持有期货合约的头寸数量与资产风险敞口数量的比率。如果期货标的资产与被对冲资产完全一样，对冲比率为 1，即为完全对冲。

最小方差对冲比率（Minimum Variance Hedge Ratio）是指使得对冲之后组合的方差最小的对冲比率。由于交叉对冲时，期货的标的资产与被对冲的风险资产不一致，对冲比率为 1 并非最优选择，此时需要确定最小方差对冲比率。

2. 最小方差对冲比率的计算

最小方差对冲比率由期货价格与现货价格变动的相关系数以及期货价格与现货现价格变动的波动程度共同决定。

假设 ΔS 是对冲期间现货的价格变化，ΔF 是对冲期间期货的价格变化。ρ 为 ΔS 与 ΔF 之间的相关系数，σ_S 表示 ΔS 的标准差，σ_F 表示 ΔF 的标准差。那么，最小方差对冲比率 h^* 为：

$$h^* = \rho \frac{\sigma_S}{\sigma_F} \tag{36.2}$$

以上公式也可以变形为：

$$h^* = \frac{\text{Cov}(\Delta S, \Delta F)}{\text{Var}(\Delta F)} \tag{36.3}$$

备考小贴士

计算最小方差对冲比率是 FRM 考试中的常考题型。考生需记住计算公式 (36.2)，根据题目套用即可。有一定数理基础并对此感兴趣的同学，可以通过求解对冲组合方差最小化来推导此公式。实际上，这一比率即为 ΔS 对 ΔF 做回归所得的最优拟合直线的斜率，见图36.2，与第二门科目《数量分析》的第二十章中线性回归的斜率公式相同，只不过此处因变量为现货价格的变动 ΔS，自变量为期货价格变动 ΔF。

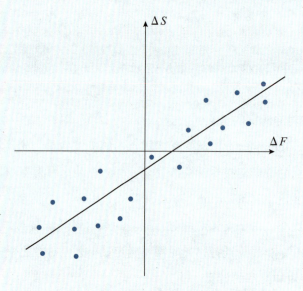

图 36.2 现货对期货价格变动回归的最优拟合直线

三、最优对冲数量

最优对冲数量就是根据最小方差对冲比率，结合现货价值和期货合约价值来确定所采用的期货合约的数量。具体计算公式为：

$$N^{*} = h^{*} \frac{V_{A}}{V_{F}} \qquad (36.4)$$

其中，V_A 为现货价值，V_F 为单张期货合约的价值，h^* 为最优对冲比率。

下面结合具体例题来看一下 FRM 考试中是如何对最小方差对冲比率和最优对冲数量进行考查的。

例题36.2

某航空公司需要在三个月后购买 10 000 吨飞机燃油，该公司想采用期货合约来对冲价格上行的风险。由于没有针对飞机燃油的期货，公司计划采用纽约商品交易所（NYMEX）的燃料油期货合约进行对冲。一张合约的名义数额为 42 000 加仑的燃料油，当前飞机燃油的价格为 277 美元/吨，期货价格是 0.6903 美元/加仑。飞机燃油三个月内价格变动的标准差为 21.17%，期货的标准差为 18.59%，两者之间的相关性为 0.8243。那么，公司应买入还是卖空该期货进行对冲？最优对冲数量是多少？

名师解析

首先，为了对冲现货价格上涨的风险，应该买入期货合约。

采取的最优对冲数量由最优套期保值比率和现货价值与期货合约价值的比共同决定。

最优套期保值比率根据式（36.3），$h^* = 0.8243 \times (21.17\%/18.59\%) = 0.9387$。

当前现货的总价值为 $277 \times 10\ 000 = 2\ 770\ 000$（美元），而燃料油期货合约的价值为 $0.6903 \times 42\ 000 = 28\ 992.6$（美元）。

所以，根据式（36.4）最优对冲数量为：$h^* \dfrac{V_A}{V_F} = 0.9387 \times 2\ 770\ 000/28\ 992.6 = 89.7$ 手。

四、尾随对冲（Tailing the Hedge）

理解（interpret）并计算（calculate）"尾随对冲"调整（☆☆）

实际上，由于期货实行每日结算，分析员需要计算每日期现货价格变动的相关性并完成一系列持续期为 1 天的对冲。将每日期现价格变动的相关系数记作 $\hat{\rho}$，记

期货价格每日变动的标准差为 $\hat{\sigma}_F$，现货每日价格变动的标准差为 $\hat{\sigma}_S$，则对冲比率为：

$$\hat{h} = \hat{\rho}\frac{\hat{\sigma}_s}{\hat{\sigma}_F} \tag{36.5}$$

下一天对冲所需持有的合约数量为：

$$N^* = \hat{h}\frac{V_A}{V_F} \tag{36.6}$$

以上做法称为尾随对冲。

备考小贴士

虽然期货在理论上采用尾随对冲，但在 FRM 考试中应根据题目给出的条件，只需按照式（36.2）和式（36.4）计算对冲比率和对冲数量即可，不必纠结于是否要每日对冲。

五、对冲有效性（Hedge Effectiveness）

对冲以减少风险为目的，故对冲有效性可以用对冲后方差的减少比例来衡量，即

$$HE = \frac{Var(\Delta S) - Var(\Delta S - h\Delta F)}{Var(\Delta S)} \tag{36.7}$$

其中，$Var(\Delta S)$ 为现货的方差，$Var(\Delta S - h\Delta F)$ 为对冲后组合的方差。

备考小贴士

式（36.7）不需要考生掌握计算方法，只需要了解基本概念即可。

第四节 股指期货对冲

一、股指期货的含义

股指期货（Stock Index Future）是以股票指数为标的资产的期货品种。股指期货的风险水平与指数所代表的市场风险水平是一致的。因此，可以使用股指期货合约来对冲权益组合中的系统性风险（Systematic Risk）。

二、股指期货的应用

理解（interpret）如何使用股指期货对冲来改变组合的 Beta 值（☆☆☆）

1. 对冲权益投资组合（Equity Portfolio）

股指期货合约可以用来对冲权益投资组合的系统性风险。在计算最优对冲比率时，h^* 实际就是现货价格变动对期货价格变动做回归的直线斜率。若该期货为股指期货，则此时 h^* 就为组合的 Beta 值。因此，若采用股指期货对冲权益投资组合，所需股指期货的数量为：

$$N^* = \beta \frac{V_P}{V_F} \tag{36.8}$$

其中，V_P 为权益投资组合的价值；V_F 为期货合约的价值，即指数期货价格与合约乘数的乘积。

2. 调整组合的 Beta 值

股指期货合约可以用来调整组合的 Beta 值。要将组合的 Beta 值由 β 调整至 β^*，所需合约的数量为：

$$N^* = (\beta^* - \beta) \frac{V_P}{V_F} \tag{36.9}$$

例题36.3

S&P500 指数的价格是 1457 点，S&P500 股指期货的合约价值是 250 倍的指数点。现有股票组合的多头头寸 300 100 000 美元，组合的 Beta 值为 1.1。要将组合的 Beta 值下降为 0.75，应该卖空多少股指期货合约？

名师解析

如果完全对冲的话，完全对冲 Beta 值为 1.1 的组合的风险所需期货数量为：

$$N_1 = 1.1 \times 300\ 100\ 000 / (1457 \times 250)$$

完全对冲 Beta 值为 0.75 的组合的风险所需期货数量为：

$$N_2 = 0.75 \times 300\ 100\ 000 / (1457 \times 250)$$

现在采取部分对冲组合的风险所需的股指期货数量为：

$$N_1 - N_2 = (1.1 - 0.75) \times 300\ 100\ 000 / (1457 \times 250) = 288.4\ （手）$$

第五节　滚动对冲策略

理解（interpret）"滚动对冲"策略及其可能带来的风险（☆☆）

一、滚动对冲（Rolling the Hedge Forward/Stack and Roll）的含义

滚动对冲指当对冲期限比所采用的期货合约的到期时间长时，将到期的期货平仓并进入下一个期货合约的对冲方式。

在实践中，投资者通常会选用流动性好的合约来进行对冲，而离当前时间较近的短期合约具有较高的流动性。在短期合约到期后，为了对冲，投资者需要将期货头寸转移到下一个短期合约。

例如，假设在 2017 年 4 月，某公司知道将在 2018 年 6 月卖出 100 000 桶原油并决定采用按 1.0 的对冲比率来对冲风险。虽然市场上存在交割期限长达几年的期货合约，但是只有最近 6 个月的合约可以满足该公司要求的流动性。因此该公司进入了 100 份 2017 年 10 月合约的空头。在 2017 年 9 月，将对冲向前滚动到 2018 年 3 月

的合约。在 2018 年 2 月，将对冲向前滚动到 2018 年 7 月的合约。

二、滚动对冲策略的风险

　　滚动对冲策略可能带来流动性问题。在滚动对冲中，现货的长期收益与期货的短期损失存在时间上的错配，使得现货上的长期收益可能无法满足短期期货头寸损失带来的保证金支付要求，从而造成现金流短期不足的窘迫局面。

扫码做题　章节练习

第三十七章

利 率

知识引导：利率反映资金价格，同时也是衍生品估值的关键因素。本章将主要介绍金融市场上利率的表现形式、理论上的"无风险"利率、利率的度量方式以及利率的相关理论。同时，债券作为利率市场的主要金融产品，在整个金融市场中也承担着基础性的功能。债券的定价以及风险度量也是本章的重点内容。此外，本章的知识内容是后续章节学习的重要基础，请务必完全理解本章后再继续学习。

考点聚焦：学习本章内容后，考生应能够描述国债利率、LIBOR（伦敦同业拆借利率）以及回购利率，解释无风险利率的含义；计算不同复利周期下投资的价值；不同复利周期下利率的转换；基于即期利率计算债券的理论价格；能够从一系列即期利率中推导出远期利率；从远期利率协议推导现金流价值；计算债券的久期、修正久期和美元久期；评价久期的局限性并解释凸度是如何解决这些问题的；在已知债券久期以及凸度的条件下计算利率发生变动时债券的价格；比较不同的利率期限结构理论。

本章框架图

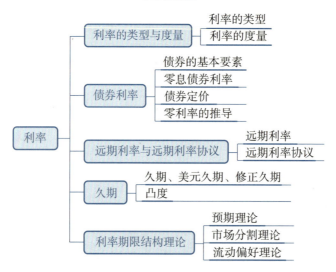

第一节　利率的类型与度量

描述（describe）国债利率、LIBOR 以及回购利率，解释（explain）无风险利率的含义（☆☆）

一、利率的类型

利率是借贷关系中利息额与借贷本金的比率，这反映了资金价格。

在不同借贷的情形下，利率可分为不同的类型，如存款利率、信用贷款利率、抵押贷款利率等。然而，不论何种类型的利率，其数值的高低与借款方的信用风险的高低息息相关。

备考小贴士

实务中，利率的变化通常用基点（Basis Point，BP）表示。一个基点代表 0.01%，1% 对应 100 个基点（BPS）。考生应熟悉基点的表示方式，题目中可能直接以基点的形式表示利率的变化。

1. 国债利率（Treasury Rates）

国债利率是投资者购买国债的收益率。由于政府具有铸币权，故其不会违约，因此，国债利率通常被认为是无风险收益率。

2. LIBOR

LIBOR 是伦敦银行间同业拆借利率（London Interbank Offered Rate）的缩写，这是银行间无担保的短期信用借贷利率。

伦敦银行同业拆息率，传统上是在每个交易日计算 10 种货币和 15 个借款期限。

借款期限从一天到一年不等。伦敦银行同业拆借利率被用作全球数百万亿美元交易的参考利率。例如，利率互换就是一种以 LIBOR 作为参考利率的衍生品交易。

> **知识一点通**
>
> 伦敦银行同业拆借利率由英国银行家协会（简称BBA）于上午11：30（英国时间）公布。BBA 要求许多不同的银行提供报价，估计他们在上午11：00（英国时间）之前借款的利率。每种货币/借款期限组合报价的前四分之一和后四分之一的报价都被丢弃，其余的平均值将被确定为一天的 LIBOR 固定值。通常情况下，提交报价的银行拥有 AA 级及以上的信用评级。因此，LIBOR 通常被认为是评级 AA 级及以上的金融机构进行短期无担保借贷利率的估计值。

近年来，有人提出，某些大型银行可能操纵其 LIBOR 报价。一般而言，操纵 LIBOR 报价的动机有两种：一是让银行的借贷成本看起来比实际低，这样看起来更健康；另一种是从交易中获利，如由 LIBOR 定价的利率互换。

LIBOR 的另一个潜在问题是银行没有足够的同业借款来对所有不同货币/借款期限组合的借款利率做出准确的估计，这样随着时间推移，每天提供的大量 LIBOR 报价将被基于少量实际交易的报价所取代。

3. 联邦基金利率

在美国，金融机构在美联储保有一定数量的准备金。银行的准备金要求取决于其未清偿的资产和负债。通常在一天结束时，一些金融机构在美联储账户中拥有盈余资金，而另一些金融机构则有资金需求，这就导致银行间隔夜借贷的发生。在美国，这一隔夜利率被称为联邦基金利率（Fed Funds Rate），联邦基金利率由中央银行进行监管。

4. 回购利率

与 LIBOR 和联邦基金利率不同，回购利率（Repo Rate）是有担保的借款利率。在回购（或回购协议）中，拥有证券的金融机构同意以一定的价格出售证券，稍后以稍高的价格回购。金融机构获得贷款，其支付的利息是证券出售价格与回购价格之间的差额，这一利率被称为回购利率。

如果安排精心，则回购涉及很少的信用风险。如果借方不遵守协议，则贷方保留证券。如果贷方不遵守协议，那么证券的原始拥有者将保留贷方提供的现金。最常见的回购类型是隔夜回购，可能会日复一日地滚动。期限回购是持续时间更长的回购安排。因为有担保，回购利率一般略低于相应的联邦基金利率。

5. 无风险利率

无风险利率（Risk Free Rate）是对衍生品进行估值的基础。在现实的金融市场中，以上介绍的利率中的一种或几种常被用作无风险利率的代表。例如，传统上，LIBOR 常被用作无风险利率，事实上它并非无风险。因此，使用何种利率作为无风险利率，需要根据具体情况和商业习惯进行确定。

备考小贴士

在本书内容和 FRM 考试中，无风险利率通常会被作为前提指定，一般不会涉及选择何种利率作为无风险利率的代表这个问题。考生只需明白无风险利率是一种理想状态，即没有违约风险下的利率水平。

二、利率的度量

计算（calculate）不同复利周期下投资的价值（☆☆）
基于不同的复利周期转换（convert）利率（☆☆）

在进行资金借贷时，资金计息的方式通常按照复利（Compounding Interest）计息。复利情形下，每经过一个计息周期，必须将上一期生成的利息加入本金后再计利息，也就是俗称的"利滚利"。这里说的计息周期指相邻两次支付利息的时间间隔，可以是日、月、季、年。

例题 37.1

投资者将 1 000 元存入银行，年化报价利率为 10%，分别计算一年复利一次、半年复利一次、一个季度复利一次的情形下投资者一年后收到的本息总额。

名师解析

一年复利一次，则一年后 1 000 元本金变为：

$$1\ 000 \times 1.1 = 1\ 100\ （元）$$

每半年复利一次，年化报价利率为 10%，则每半年付息 10% ÷ 2 = 5%，则一年后本息合计为：

$$1\ 000 \times 1.05 \times 1.05 = 1\ 102.5（元）$$

如果按季度复利，则每季度付息 10%/4 = 2.5%，则一年后本息合计为：

$$1\ 000 \times 1.025^4 = 1\ 103.8（元）$$

从本例中可以看出，相同的年化报价利率下，计息频率越高，最终本息合计值也越高。

将以上的计算一般化，假设期初本金为 A，投资 n 年，年利率为 R。如果一年复利 m 次，则期末的投资总价值为：

$$A\left(1 + \frac{R}{m}\right)^{nm} \tag{37.1}$$

当 $m \to \infty$ 时，我们称之为连续复利（Continuously Compounding），式（37.1）变为：

$$Ae^{Rn} \tag{37.2}$$

知识一点通

如果考生学过微积分，不难看出式（37.2）实际上是式（37.1）的极限形式。在金融衍生品定价中经常使用连续复利来计算，故考生一定要熟悉式（37.2）的形式。

第二节　债券利率

一、债券的基本要素

债券具有五个基本要素，包括发行人（Issuer）、到期时间（Maturity）、面值

（Face Value）、票息（Coupon）与币种（Currency）。

一般情况下，债券发行方将债券出售给债券购买者，从而使得发行方获得等同于债券价格的资金。随后，发行方根据债券票息，每期支付给购买者利息。最后，当债券到期时，无论发行价格如何，发行方都必须按照债券面值归还购买者本金。

知识一点通

考生可以设想如果他人向我们借钱，我们需要考虑什么？第一，是谁向我们借钱，他的信用和偿债能力如何？这就对应着债券发行人。第二，借钱需要借多久？这就是债券发行的到期时间。第三，将来会还多少钱？这就是债券的面值。第四，借钱的利息是多少？这就对应债券票息。第五，一些特殊情况下，需要考虑还本付息的币种是什么。

备考小贴士

本章主要讨论债券的利率。有关债券基本知识的详细讲解请参看后续相关章节。

基于即期利率计算（calculate）债券的理论价格（☆☆☆）

二、零息债券利率（Zero – Coupon Rate）

零息债券是一类特殊的债券。顾名思义，零息债券的票息为零，即债券包含的本息都在债券到期时支付，期间不产生任何现金流。

零息债券的持有至到期收益率（Yield to Maturity，YTM）被称为即期利率（Spot Rate），又称为零利率（Zero Rate），反映即时借贷的成本。表37.1即为一张即期利率表。

考试中表达即期利率或即期利率曲线的时候，可能使用 Spot Rate 和 Spot Rate Curve，也可能使用 Zero Rate 和 Zero Rate Curve。这两组词虽然拼写不同，但含义相同，考试中经常会交替使用。表 37.1 是一张即期利率表。

表 37.1 即期利率表

到期时间（年）	即期利率（%）（连续复利）
0.5	5.0
1	5.8
1.5	6.4
2	6.8

三、债券定价

债券的价格可以用期限内所有现金流的现值来推算。我们通过一个例子来进行说明。

例题 37.2

假设面值为100 美金的两年期美国国债票息率为6%，每半年付息一次。利用表 37.1 给出的即期利率对该债券进行估值。

名师解析

涉及债券的题目画好现金流图至关重要。现金流图 37.1 中，横轴线表示时间轴，数字代表各时期序列号。例如，数字 0 表示第 0 期，即投资期初；数字 1 所在位置表示第 1 期期末或第 2 期期初。

本题中，债券票息率为6%，每半年付息一次，债券期限为两年。故在现金流图中，每半年有一笔现金流为 3 元，2 年年末时偿还本金 100 元（即面值）以及当期利息 3 元。

根据表 37.1 中的各期即期利率，将每一笔现金流都折现到第 0 期，有：

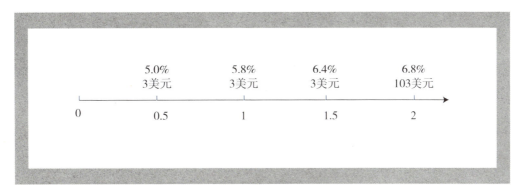

图 37.1　债券的现金流

第 1 次现金流的现值为 $3\mathrm{e}^{-0.05\times0.5}=2.926$，

第 2 次现金流的现值为 $3\mathrm{e}^{-0.058\times1.0}=2.831$，

第 3 次现金流的现值为 $3\mathrm{e}^{-0.064\times1.5}=2.725$，

第 4 次现金流的现值为 $103\mathrm{e}^{-0.068\times2.0}=89.903$，

债券的现值为它存续期内所有现金流的净现值之和，那么此债券的现值为：

$$3\mathrm{e}^{-0.05\times0.5}+3\mathrm{e}^{-0.058\times1.0}+3\mathrm{e}^{-0.064\times1.5}+103\mathrm{e}^{-0.068\times2.0}=98.39\text{（元）}$$

债券的合理定价就应当为现金流的现值，即 98.39 元。

下面介绍两个有关债券的收益率。

1. 债券收益率（Bond Yield）

债券收益率是根据债券的市场价格得到的单一贴现率，即前文所述的持有至到期收益率（YTM）。接式（37.2），假设债券的市场价格就是 98.39 元，那么债券收益率 y 满足以下方程：

$$3\mathrm{e}^{-y\times0.5}+3\mathrm{e}^{-y\times1.0}+3\mathrm{e}^{-y\times1.5}+103\mathrm{e}^{-y\times2.0}=98.39 \tag{37.3}$$

解上述方程可得 $y=6.875\%$。

2. 平价收益率（Par Yield）

平价收益率是所有现金流的净现值等于债券面值时所对应的票息率（Coupon Rate），这时，这种特殊的票息率也等于持有至到期收益率（YTM）。同样接式（37.2），该债券的票息率应满足以下方程：

$$\frac{c}{2}\mathrm{e}^{-0.05\times0.5}+\frac{c}{2}\mathrm{e}^{-0.058\times1.0}+\frac{c}{2}\mathrm{e}^{-0.064\times1.5}+\left(100+\frac{c}{2}\right)\mathrm{e}^{-0.068\times2.0}=100 \tag{37.4}$$

解上述方程可得，票息率 c 为 6.87%。

注意区分债券持有至到期收益率与票息率两个概念。前者是使得现金流现值等于市场价格的收益率，后者是每年票息额除以债券面值的比率；前者由市场决定，后者由发行人自主选择。

四、零利率的推导

大多数债券都是付息债券，因此零利率通常不能直接被观察到，需要通过已发行债券的数据进行倒推，这种方法称为"脱靴法"（Boots Trapping）。

脱靴法，顾名思义就是一点一点把靴子拽下去。用在推导零利率上，就是从最近的期限开始，一步一步向前推各时间点的即期利率。这种方法在其他教材和文献中也被称为倒挤法或自展法。

例题 37.3

表 37.2 给出了市面上五支债券的相关数据，下面演示如何根据这些信息来推算各期的零利率。

表 37.2   倒脱靴法数据

面值（美元）	存续期（年）	票息（每年/美元）	债券价格（美元）
100	0.25	0	97.5
100	0.50	0	94.9
100	1.00	0	90.0
100	1.50	8	96.0
100	2.00	12	101.6

注：美国的债券通常半年付息一次。

名师解析

注意，表37.2中前三支债券均为零息债券，故对应期限的零利率可直接求得。

先从最近的期限开始算起，从3个月期的零息债券价格可以推出3个月期限利率 R_1。将100元面值折现到第0期应等于其市场价格，故有：

$$100e^{-R_1 \times 0.25} = 97.5（美元）$$

解上式可得，3个月期利率 $R_1 = 10.127\%$。

从6个月后到期的零息债券价格可以推出6个月期的利率 R_2，其满足：

$$100e^{-R_2 \times 0.50} = 94.9（美元）$$

解上式可得，6个月的利率 $R_2 = 10.469\%$。

从1年期的零息债券价格可以推出1年期利率 R_3，其满足：

$$100e^{-R_3 \times 1.0} = 90.0（美元）$$

解上式可得，1年期利率 $R_3 = 10.536\%$。

第四支债券的存续期是1.5年，票息率是8%，每半年支付一次，其现价是96.0美元。虽然该债券不是零息债券，但根据前面计算而得的零利率，可倒推出1.5年的零利率 R_4。根据现金流现值折现现值等于价格：

$$4e^{-0.10469 \times 0.5} + 4e^{-0.10536 \times 1.0} + 104e^{-R_4 \times 1.5} = 96.0（美元）$$

解上式可得，1.5年期的利率 $R_4 = 10.681\%$。

同理，继续根据2年期付息债券的价格和以上各步所得到的利率，来计算2年期即期利率：

$$6e^{-0.10469 \times 0.5} + 6e^{-0.10536 \times 1.0} + 6e^{-0.10681 \times 1.5} + 106e^{-R_5 \times 2.0} = 101.6（美元）$$

解上式可得，2年期利率 $R_5 = 10.81\%$。

综合以上计算，我们就得到了各个时点的即期利率，如图37.2所示。

知识一点通

零利率曲线即反映零利率和期限之间的关系。注意在表37.2中，虽然第四个不是零息债券，但可将其每一笔现金流剥离，每笔现金流看成单独的零息债券。再利用前面已求得的零利率，就可以倒推出1.5年的零利率了。这就是"脱靴法"。

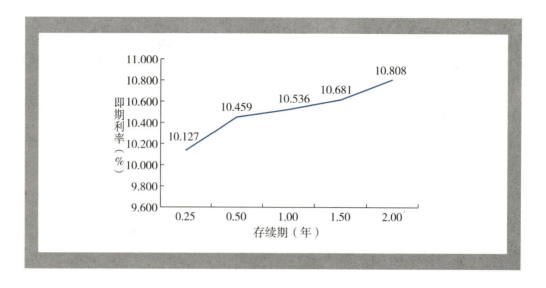

图 37.2　零利率曲线

第三节　远期利率与远期利率协议

由一系列即期利率推导（derive）远期利率（☆☆☆）

一、远期利率（Forward Rate）

与即期利率不同，远期利率是在未来某一时间点看"更未来"某段时间的利率，它是远期市场（Forward Market）上所使用的利率。所谓远期市场，即在当前时点签订合约，但在未来交割证券的市场。远期利率的表达方式通常写作 $ayby$，表示 a 年后的 b 年利率。例如，$3y2y$ 指的是 3 年后的 2 年期利率。

一般地，在已知即期利率的基础上，我们可求得未来一段时间内的远期利率。假设期初时投资本金为 A，T_1 时的即期利率为 R_1，T_2 时的即期利率为 R_2，$T_2 > T_1$。求 R_{12} 为在 0 时期点，T_1 到 T_2 期间的远期利率。如图 37.3 所示。

那么，在无套利的情况下，可求得远期利率 R_{12} 为：

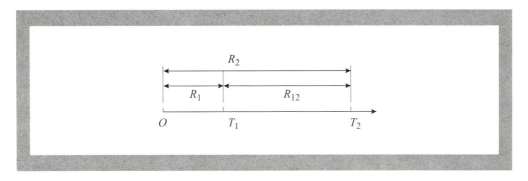

图 37.3　远期利率

$$R_{12} = \frac{R_2 T_2 - R_1 T_1}{T_2 - T_1} \qquad (37.5)$$

备考小贴士

式（37.5）是原版书中给出的公式。考试中，计算远期利率时需要根据具体题目条件先画时间轴，再套公式，避免张冠李戴出现错误。注意，请牢记这个公式。

例题 37.4

已知 1 年期零息债券的利率为 3%，2 年期零息债券为 4%，3 年期零息债券利率为 4.6%，根据已知条件，求隐含的远期利率 2y1y。

名师解析

该题已知 2 年期和 3 年期即期利率，求 2 年后的 1 年期远期利率，即 $R = 2y1y$。

站在 0 时间点时，由于已知 2 年期与 3 年期零息债券的利率，我们可分别求得 2 年后 1 元投资的价值为：

$$e^{4\% \times 2}$$

3 年后 1 元投资的价值为：

$$e^{4.6\% \times 3}$$

这两个价值的区别仅在于时间价值，因此如果按照 2y1y 的远期利率把两年后的 1 元投资价值换算到 3 年后应与 3 年后的价值相等，即有：

$$e^{4\% \times 2} \times e^{R} = e^{4.6\% \times 3}$$

根据上式可反解出 $2y1y$ 等于 5.8%。

知识一点通

将式（37.5）变形可得：

$$R_{12} = R_2 + (R_2 - R_1)\frac{T_1}{T_2 - T_1} \tag{37.6}$$

由式（37.6）可得到零利率曲线的一个重要性质，即当 R_2 大于 R_1 时，R_{12} 大于 R_2，即零利率曲线向上倾斜时，远期利率 R_{12} 高于即期利率 R_2；反之，零利率曲线向下倾斜时，远期利率低于即期利率 R_2。同样，请牢记这个公式。

二、远期利率协议（Forward Rate Agreement，FRA）

从远期利率协议推导现金流价值（☆☆☆）

标的为利率（通常基于 LIBOR）的远期合约称为远期利率协议（FRA）。与一般远期合约不同，FRA 的标的不是一种"资产"。由于几乎所有企业的利润都受到利率变动的影响，因此，FRA 是一种非常常用的、用于利率风险管理的衍生品工具。

具体而言，希望在未来借入资金的主体常常担心利率上涨，因为利率上涨会增加他们的借款成本，所以他们需要"锁定"未来的借款利率；反之，希望在未来发放贷款的主体担心利率下跌，因为利率下跌会影响他们的既得利益，他们也需要"锁定"未来的利率。

在 FRA 合约中，FRA 的多头是在未来以合约约定的利率借入一笔虚拟贷款的借款人，FRA 的空头可以看作是一个在未来需以合约约定的利率发放一笔虚拟贷款的贷款人。此处称其为虚拟贷款的原因是这笔所谓的贷款并不实际发生，多空双方仅仅通过 FRA 来锁定利率风险，真正多空双方结算的是 FRA 对应的利差。FRA 多头的结算收益为：

$$Principal \times (\textit{Future Spot Rate} - \textit{FRA Rate}) \times (T_2 - T_1) \times e^{-\textit{Future Spot Rate} \times (T_2 - T_1)}$$

$$(37.7)$$

知识一点通

通过签订 FRA，当未来利率上行时，FRA 合约的多头获益刚好对冲了因利率上升而造成的融资成本上涨；当未来利率下行时，FRA 合约的空头获利也刚好对冲了因利率下跌而造成的投资回报下降。当协议到期时，获利一方可以向对手方收取净差额。值得注意的是，FRA 的计算可以记为"本金""利率差""时间差"和"折现"四个因素的乘积，而折现究竟折到期初（折现时长为 T_2）还是 FRA 合约到期时刻（折现时长为 $T_2 - T_1$），需要认真读题确认。

例题 37.5

假设某公司达成了某一远期利率协议，规定在 9 个月后其 1 000 000 美元的本金在未来三个月内将获取 4% 的固定收益。如果 $0.75y0.25y$ 是 5%，请计算该公司未来的现金流，见图 37.4。

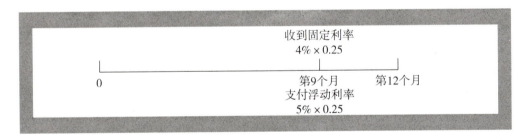

图 37.4　某公司未来的现金流

名师解析

在解题之前，有几点需要提醒考生注意。

FRA 有两个时间点不要弄混。以本题为例，两个时间点分别为 9 个月后和 1 年后，通常会记为 9×12 的 FRA。

FRA 的买方想要贷款，但担心未来利率上升，贷款成本升高；而卖方作为借款方，担心未来利率下降，利息收益下降。于是，双方为了规避利率风险签订 FRA 合

约。9×12FRA 中的数字 "9" 表明合约约定 9 个月后（30 天记为 1 个月）FRA 的多头按照约定利率向空头贷款，数字 "12" 表明这笔贷款的期限为 12 − 9 = 3 个月（即 90 天）。

如果 9 个月后 3 个月 LIBOR 是 5%。那么 1 年后公司应支付对方：

$$1\,000\,000 \times (4\% - 5\%) \times 0.25 = -2\,500（美元）$$

需要注意的是，按照 FRA 协议的惯例，此金额在协议结束时也就是 9 个月后就要清算（而不是 1 年后）。因此，要将上述金额进行折现（往前折现 3 个月，即 0.25 年），即在 9 个月时公司需向对方支付：

$$1\,000\,000 \times (4\% - 5\%) \times 0.25 \times e^{-5\% \times 0.25} = -2\,468.94（美元）$$

备考小贴士

如果要求折现至签订合约的期初，则计算公式为 $1\,000\,000 \times (4\% - 5\%) \times (-0.25) \times e^{-5\% \times 1} = -2\,378.07（美元）$。

第四节 久 期

计算（calculate）债券的久期、修正久期和美元久期（☆☆☆）
评价（evaluate）久期的局限性并解释（explain）凸度是如何解决这些问题的（☆☆☆）
在已知债券久期以及凸度的条件下计算（calculate）利率发生变动时债券的价格（☆☆☆）

一、久期

1. 久期的概念与美元久期

通过债券的定价原理（债券价格等于未来现金流的折现现值），不难看出债券价格与利率水平息息相关。具体而言，当利率升高时，债券价格下降；而当利率下降时，债券价格上升。那么如何度量利率变动对债券价格的影响程度（即债券价格对利率的敏感性），这就是久期（Duration）这一指标所反映的内容。

接下来，简要说明久期公式的推导过程和久期本身的含义。

首先，根据债券定价原理，债券价格 P 是持有期内所有现金流的净现值之和。假设持有期内共收到 n 次资金，每次为 c_i，连续复利利率为 y，那么债券价格 P 为：

$$P = \sum_{i=1}^{n} c_i e^{-yt_i} \tag{37.8}$$

对式（37.8）两边同时求导数可得：

$$\frac{dP}{dy} = - \sum_{i=1}^{n} c_i e^{-yt_i} t_i \tag{37.9}$$

将式（37.9）两边同除以 P 可得：

$$\frac{dP}{dy} \frac{1}{P} = - \frac{1}{P} \sum_{i=1}^{n} c_i e^{-yt_i} t_i = - \sum_{i=1}^{n} \frac{c_i e^{-yt_i}}{P} t_i \tag{37.10}$$

式（37.10）其实就是久期的定义式（导数反映了债券价格对利率的敏感性）。我们将久期定义为：

$$D = \sum_{i=1}^{n} \frac{c_i e^{-yt_i}}{P} t_i \tag{37.11}$$

从式（37.11）中可以看出，久期可看作是所有现金流支付时间的加权平均，而权重为每次支付资金的净现值占债券价格的比例。因此，久期可以看作是获得所有现金支付的总时间。

由于久期可看成现金流支付时间的加权平均，因此，债券的期限越长，久期就越大；债券的息票率越高，久期就越小。

知识一点通

在同等情况下，债券期限越长，加权平均回款期限就越长。此外，债券息票率越高就意味着有更多的钱"更早"回流，所以，同等情况下，债券票息率越高，久期就越小。极端情况下，零息债券的票息率为 0，故其久期就等于债券的期限。

将式（37.11）代入到式（37.9）可得：

$$\frac{\mathrm{d}P}{\mathrm{d}y} = -DP \qquad (37.12)$$

式（37.12）反映了久期的另一种视角，即久期不但反映了时间，还反映了债券价格对利率的敏感性。因此，通过债券当前价格和久期，我们就能得知利率变动对债券价格的影响程度。久期越长意味着债券价格对利率变动就越为敏感。

式（37.12）的左侧就反映了债券价格对利率变动的敏感程度，它是由债券价格与久期的乘积决定的，这一乘积被称为美元久期（Dollar Duration）。当利率变化一个基点（即0.0001）时，债券价格变化为：

$$\Delta P = -DP \times 0.0001 \qquad (37.13)$$

这一对应一个基点利率变动的价格变化被称为 DV01（Dollar Value of a Basis Point）。

2. 修正久期（Modified Duration）

以上对于久期的推导是建立在连续复利基础上的，如果一年复利有限期（比如一年两付），利用同样的推导思路，我们可以得到：

$$\frac{\mathrm{d}P}{\mathrm{d}y} = -\frac{1}{1+y}DP \qquad (37.14)$$

那么可定义修正久期 D^* 为：

$$D^* = \frac{1}{1+y}D \qquad (37.15)$$

知识一点通

久期实际上类似于经济学中所学的"弹性"概念。例如，假设某债券的修正久期为 8.43，如果市场收益率上升 100 个基点（100 BPS），该债券价格变化多少呢？根据修正久期的定义可得，$\%\Delta P = -Ddy = -8.43 \times 0.01 = -0.0843 = -8.43\%$，即市场收益率上升 100 基点后债券价格下跌 8.43%。

二、凸度（Convexity）

当利率发生微小变动时，采用久期来衡量债券价格的变动幅度是合适的。而当利率变动较大时，仅采用久期来测度债券价格变动就会产生较大偏差。此时还需考虑债券价格对利率的二阶导数，也就是凸度（反映曲线的弯曲程度）的影响。从图37.5 可以看出，当利率变动微小时，其债券价格变动近似；而当利率变动幅度较大时，债券价格就会出现差异。因此需要进一步考虑凸度的影响。

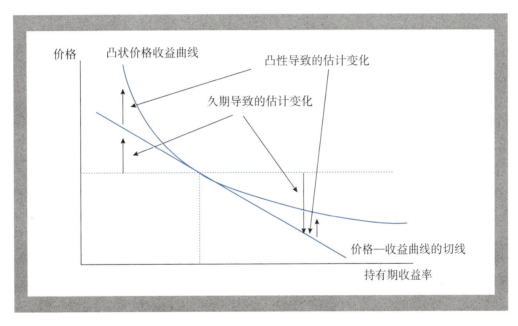

图37.5　凸度对债券价格收益率曲线的影响

凸度是债券价格对利率的二阶导数。通过债券定价公式求导可以得到：

$$C = \frac{1}{P}\frac{\mathrm{d}^2 P}{\mathrm{d}y^2} = \sum_{i=1}^{n}\frac{c_i \mathrm{e}^{-yt_i}}{P}t_i^2 \tag{37.16}$$

知识一点通

如果利率变动幅度较大，从图37.5 可以看出，仅仅考虑久期时的价格变化和真实价格变化相差较大。从几何角度看，距离切点越远，曲线和切线差距越大。所以此时必须同时考虑久期和凸度，才能准确反映 YTM 变化对债券价格变化的影响。

利用微积分中的泰勒展开式，同时考虑久期和凸度的债券价格变动近似写为：

$$\Delta P \doteq \frac{dP}{dy}\Delta y + \frac{1}{2}\frac{d^2 P}{dy^2}\Delta y^2$$

$$= -PD\Delta y + \frac{1}{2}PC\Delta y^2 \tag{37.17}$$

第五节　利率期限结构理论

对比（compare）不同的利率期限结构理论（☆）

利率的期限结构反映不同期限下的市场利率水平，这是许多金融产品定价的重要"输入变量"。为什么不同期限的市场利率有差别，造成这种差别的原因是什么？不同流派的利率期限结构理论给出了不同的解释。

一、预期理论（Expectation Theory）

预期理论是最为古老的期限结构理论。预期理论认为长期即期利率反映出投资者对短期即期利率的期望，因此长期利率与短期利率的关系取决于未来预期的短期利率与当前利率的关系。

> **知识一点通**
>
> 由完全预期理论可以直接得到：如果收益率曲线向上倾斜，那么短期利率预期将上升；如果收益率曲线向下倾斜，那么短期利率预期将下降；如果收益率曲线是平的，那么短期利率预期保持不变。比如，收益率曲线向上倾斜，意味着远期利率曲线高于即期利率曲线，又由于远期利率等于未来即期利率，故可得到短期利率将上升。

二、市场分割理论（Market Segmentation Theory）

市场分割理论认为债券市场可根据期限细分为不同的市场，即不同期限的债券被认为是处于相互分割的市场中的。每个分割市场是相互独立的，其利率是由其所处的分割市场的供给与需求所决定的，不受其他分割市场所影响。

这一理论最大的缺陷在于它认为不同期限的债券市场是互不相关的，因而它无法解释不同期限债券的利率所体现的同步波动现象。

三、流动偏好理论（Liquidity Preference Theory）

流动偏好理论认为利率期限结构与不同期限债券的风险程度有关。根据流动偏好理论假定：为了保证流动性，大多数投资者偏好持有短期证券。因此，为了吸引投资者持有期限较长的债券，必须支付流动性补偿且流动性补偿随着时间的延长而增加。于是，根据流动偏好理论，大多数情况下观察到的利率曲线总是向上倾斜的。

扫码做题　章节练习

第三十八章

远期与期货的定价

知识引导：远期与期货是结构最简单的衍生品。两种合约内容类似，都是在未来某一时间，以约定价格交割某种特定标的资产。那么，远期与期货价格该如何确定、它与现货即期价格的关系如何、受到哪些因素的影响，这些都是本章即将讨论和解决的问题。远期与期货的定价是 FRM 一级考试的重点内容。

考点聚焦：学习本章内容后，考生应能区别投资品与消费品；定义卖空与计算卖空分红股票的净利润；描述远期与期货合约的差异，解释现货价格与远期价格的关系；给定现货价格计算远期价格并能描述期现价格套利；解释远期价格与期货价格的关系；利用利率平价关系计算远期外汇汇率；定义收入、存储成本与便利收益；考虑商品的收入、存储成本和便利收益计算期货价格；利用持有成本模型计算远期价格；描述期货市场上的不同交割选择以及它们是如何影响期货价格的；定义并解释升水与贴水。

本章框架图

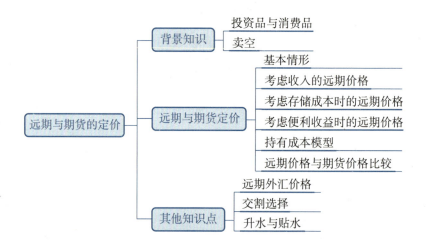

第一节　背景知识

一、投资品与消费品

区别（differentiate）投资品与消费品（☆）

按照持有目的不同，可将资产分为投资品（Investment Assets）和消费品（Consumption Assets）。持有投资品的目的是投资增值，而持有消费品的目的主要是为了消费。例如，股票和债券就是两种常见的投资品，贵金属中的金和银也通常作为投资品持有。而对于制造业与农业企业而言，持有大宗商品（如原油、铜、玉米等商品）主要是为了生产消费。

知识一点通

投资品与消费品的划分主要是从投资目的的角度出发。诸如，黄金、白银甚至铜之类的大宗商品往往同时具有工业使用价值和投资属性，既可以作为消费品也可以作为投资品。

二、卖空（Short Selling）

定义（define）卖空与计算（calculate）卖空分红股票的净利润（☆）

所谓卖空，即在不持有资产的情况下卖出资产。具体而言，投资者可从经纪商处借入未持有的证券卖出，待证券价格下跌时再买入证券归还给券商，从而实现低买高卖而获利。但当行情走势与卖空者预测相反时，卖空者会亏损。为了预防卖空

者在借入证券后不归还，投资者进行卖空交易需在经纪商处开立保证金账户，当行情向不利方向变动时需追加变动保证金。

此外，如果在借入证券期间，证券产生现金流收入（如股利、利息等），这部分收入不归做空者所有，必须返还给借出证券的投资者。我们通过一道例题来深入理解。

例题 38.1

如果投资者在 6 月借入某支股票 100 股，价格为每股 20 元，9 月卖出时，价格为每股 16 元。在此期间，该股票于 7 月分红为每股 1 元。求此次卖空的净利润。

名师解析

卖空证券需要支付借入证券的分红。因此这次卖空的净利润为：

$$20 \times 100 - 16 \times 100 - 1 \times 100 = 300（元）$$

卖空者的收益就是做多者的损失。对于购买该公司股票 100 股的投资者而言，期间收入为：

$$(-20) \times 100 + 16 \times 100 + 1 \times 100 = -300（元）$$

　　实际上，很多国家对卖空交易均有限制。以美国为例，卖空股票须遵循"向上报价"原则（Uptick Rules），即卖空股票的价格须比当前的最优报价更高，以避免卖空者通过借券狂抛来人为打压股价。在 2008 年金融危机后，很多国家对卖空交易都做出了更为严格的规定。

第二节　远期与期货定价

给定现货价格计算（calculate）远期价格并能描述（describe）期现价格套利（☆☆☆）

定义（define）收入、存储成本与便利收益（☆☆☆）

一、基本情形

　　在描述远期价格与现货价格的关系之前，我们先做以下假设。

　　假设（1）交易成本为 0。

　　假设（2）市场参与者面临的税率相同。

　　假设（3）资金借贷都是按照无风险利率进行的。

　　假设（4）套利交易是没有阻碍的。

　　注意这些假设并不是对所有市场参与者的要求，只对某些市场关键参与者成立，如大型的衍生品经纪商。他们的套利交易行为决定了远期价格与现货价格的关系。

下面我们将讨论利用无风险套利对远期合约进行定价的一般情形。假设 T 表示远期合约的到期时间，S_0 代表标的资产的当前价格，F_0 是远期合约的当前价格，r 是无风险利率（以复利计）。对于投资品来说，在无套利原则下，远期和现货价格应满足如下关系：

$$F_0 = S_0 e^{rT} \tag{38.1}$$

事实上，如果式（38.1）不成立，市场上就一定存在套利机会。

当 $F_0 < S_0 e^{rT}$ 时，投资者可通过买入期货合约同时卖空现货来获取套利利润。

当 $F_0 > S_0 e^{rT}$ 时，则可通过卖出远期合约同时买入现货来实现期现套利。

备考小贴士

考试会考查如何利用定价偏误获取套利利润。总体判断原则就是"低买高卖"。由于长远看式（38.1）一定会成立，当等式短期不成立时，就做多不等式中数字小的资产（当 $F_0 < S_0 e^{rT}$ 时，就做多 F_0），而做空不等式中数字大的资产（当 $F_0 < S_0 e^{rT}$ 时，就做空 $S_0 e^{rT}$）。

表38.1 描述了两种情形下的套利组合以及所获取的套利利润。套利利润会吸引更多的投资者参与套利交易，从而导致远期与现货价格恢复至式（38.1）所示的均衡状态，套利利润为0。

表 38.1 期现套利示意表

情形	套利组合	0 时现金流	T 时现金流	套利利润
$F_0 < S_0 e^{rT}$	卖空股票现货	S_0	$S_0 e^{rT}$	$S_0 e^{rT} - F_0$
	买入期货合约	0^*	$-F_0$	
$F_0 > S_0 e^{rT}$	融资买入现货	$-S_0$	$-S_0 e^{rT}$	$F_0 - S_0 e^{rT}$
	卖出远期合约	0	F_0	

下面我们通过一个具体的例子来说明远期与现货价格的这一关系是如何通过期现套利来确立的。

例题38.2

假设某一股票远期合约，标的股票价格为 30 美元，到期时间是 3 个月后，且这 3 个月无分红，无风险利率为 5%。那么，当前期货价格应为多少美元？

名师解析

均衡时的远期价格为：

$$30 \times e^{0.05 \times 0.25} = 30.38（美元）$$

即 30 美元投资无风险资产，3 个月后会变为 30.38 美元。

如果远期价格低于 30.38 美元，假设为 30.18 美元，则买入远期合约同时卖空股票（买入便宜的远期，卖空贵的股票），卖空股票可获得 30 美元。远期合约到期时，以 30.18 美元的价格获得股票用来归还卖空时借入的股票。这样卖空股票所得 3 个月后变为 30.38 美元，此时远期合约到期，以 30.18 美元的价格获得股票，可以用来归还卖空时借入的股票。这样 3 个月后就可以得到 30.38 - 30.18 = 0.20（美元）的套利利润。

如果远期价格高于 30.38 美元，假设为 30.58 美元，那么可以采用买入股票，同时卖出远期合约的套利组合（买入便宜的股票，卖出贵的远期）。该组合在期初借入 30 美元用于购买股票，那么 3 个月后应还 30.38 美元（以无风险利率为贷款利率），此时远期合约到期将股票用于交割，得到 30.58 美元。这样 3 个月后获得 30.58 - 30.38 = 0.20 美元的利润。

只有当远期价格等于 30.38 美元时，没有套利机会。

考虑商品的收入、存储成本和便利收益计算（calculate）期货价格（☆☆☆）

利用持有成本模型计算（calculate）远期价格（☆☆☆）

二、考虑收入的远期价格

式（38.1）并未考虑标的资产在合约期间获得的收入。如果在合约期间标的资产产生诸如股利或利息之类的收入，这些收入不属于远期合约的多头，应当从式（38.1）中扣除。这是因为远期合约的多头按约定是在合约到期时才购买标的资产，

而在此之前标的资产的所有权并不属于多头，因而期间产生的收入也不应归属于多头。

1. 已知收入金额

如果标的资产在持有期内能够产生收入（Income），如股票分红或付息债券的票息，那么远期价格需在式（38.1）的基础上减去相应收入，公式为：

$$F_0 = (S_0 - I)e^{rT} \tag{38.2}$$

下面通过具体例子说明式（38.2）是如何通过期现套利得来的。

例题38.3

假设有一份 9 个月后到期的债券远期合约，标的债券的价格为 950 美元，在 4 个月后会有一笔 40 美元的票息支付。假设 4 个月期和 9 个月期的无风险利率分别为年化 3% 和 4%。请计算远期合约价格。

名师解析

设 $r_1 = 3\%$，$T_1 = 4/12$，$r_2 = 4\%$，$T_2 = 9/12$。

4 个月后利息收入为 40 美元，将其折现到 0 时刻为：

$$40e^{-0.03 \times 4/12} = 39.60（美元）$$

利用式（38.2），有：

$$F_0 = (950 - 39.60)e^{0.04 \times 3/4} = 938.13（美元）$$

如果远期价格偏低，假设为 900 美元。那么买入远期合约同时卖空债券，当期得到 950 美元。9 个月后远期合约到期，以 900 美元的价格买入债券归还借入的债券。然而同时应当支付期间的票息，为 $40e^{r_{12}T_{12}}$，其中 T_{12} 为 4 个月月末支付票息时到 9 月到期这一段时间，r_{12} 为对应的期间收益率。根据远期利率和即期利率的关系有 $40e^{r_{12}T_{12}} = 40e^{r_2T_2 - r_1T_1} = 40e^{-r_1T_1} \cdot e^{r_2T_2} = 39.60e^{r_2T_2}$。这样在 9 个月后的收益为 $950e^{r_2T_2} - 39.60e^{r_2T_2} - 900 = 38.13（美元）$。

如果远期价格偏高，假设为 960 美元，那么买入债券同时卖出远期合约。融资买入债券，9 个月后要归还 $950e^{r_2T_2}$，同时得到了票息收入（计算方式同上），$40e^{r_{12}T_{12}} = 40e^{r_2T_2 - r_1T_1} = 40e^{-r_1T_1} \cdot e^{r_2T_2} = 39.60e^{r_2T_2}$。远期合约到期时，以 960 美元卖出债券。这样最后的收益为 $960 - (950e^{r_2T_2} - 39.60e^{r_2T_2}) = 960 - 938.13 = 21.87$（美元）。

因此，当远期价格 $F_0 = (950 - 39.60)e^{0.04 \times 3/4} = 938.13$ 时，不存在套利空间，此时为均衡价格。

备考小贴士

已知标的资产的收入金额时，应记住收入需先折现再代入式（38.2）计算。

2. 已知收益率

当已知的是标的资产收益率（Yield），如股票的分红率（Dividend Yield）时，则远期价格的计算方式如下：

$$F_0 = S_0 e^{(r-q)T} \tag{38.3}$$

其中，q 为持有期内的年化收益率。

三、考虑存储成本时的远期价格

一般情况下，消费品不像投资品能够产生收入，反而会需要一定的存储成本（Storage cost）。存储成本可以看作是负的收入，因此应当加到式（38.1）中。设 U 为持有期内全部存储成本的现值，那么远期价格为：

$$F_0 = (S_0 + U)e^{rT} \tag{38.4}$$

如果已知存储费率为 u，那么可以视为负的收益率，此时远期价格为：

$$F_0 = S_0 e^{(r+u)T} \tag{38.5}$$

四、考虑便利收益时的远期价格

消费品有时会给持有者带来便利收益（Convenience Yield）。比如，对于炼油商而言，拥有原油储备比原油期货合约要方便得多，这是因为储备的原油可直接用于生产，以防断货。假设在式（38.5）的基础上加入便利收益 y，那么远期价格为：

$$F_0 = S_0 e^{(r+u-y)T} \qquad (38.6)$$

备考小贴士

式（38.1）到式（38.6）在考试中都有可能出现，但考生无须一一记忆。总的原则是标的资产的收入应在公式中扣除，标的资产的成本应在公式中加入。扣除或加入的形式要看是收益率还是收益额。

五、持有成本模型

实际上，以上计算远期价格的方式都可看成是在现货价格的基础上对持有成本进行调整。

持有成本定义为融资成本加上储存成本减去持有期的收益。

对于无股息股票而言，持有成本就是融资成本 r；对于有股息的股票或指数，持有成本为 $r-q$；对于外汇而言，持有成本等于本币利率与外币利率之差 $r-r_f$；对于消费品而言，带来存储成本和便利收益，持有成本为 $r+u-y$。以上计算远期或期货价格的方法称为持有成本模型。

解释（explain）远期价格与期货价格的关系（☆☆）

六、远期价格与期货价格比较

在利率已知的情况下，期货与远期的理论价格是相等的。实际上，利率随着时间的变化，具有一定的不确定性。与远期不同，期货是每日结算的，且每日积累的盈亏可以进行持续投资，而在这一过程中利率是不确定的，从而期货的价格有别于理论价格，与远期价格也有一定差异。

备考小贴士

在考试中，我们不考虑期货每日结算这一特征，因此计算的期货理论价格就等于远期价格。

第三节 其他知识点

利用利率平价关系计算（calculate）远期外汇汇率（☆☆）

一、远期外汇价格

外汇持有者可以购买外国债券来获取无风险收益，记为 r_f。设 S_0 为即期汇率，r 为本币利率，持有期为 T。那么远期外汇汇率满足：

$$F_0 = S_0 e^{(r-r_f)T} \tag{38.7}$$

这种关系也被称作利率平价关系（Interest Parity Relationship）。远期汇率与即期汇率的这种平价关系是通过以下套利过程确立的：假设投资者想将外币在 T 时换成本币，他有以下两种选择：一是先将外币存在国外，在 T 时换成本币；二是现在就将外币换成本币存至 T 时。

对于第一种选择，1 单位的外币存在国外至 T 时将变为 $e^{r_f T}$（获取国外利率 r_f 的利息），在 T 时按照远期约定的汇率 F_0 兑换成本币，得到 $F_0 e^{r_f T}$。

对于第二种选择，1 单位的外币先按照即期汇率 S_0 兑换成本币，得到 S_0。再将 S_0 再存至 T 时，得到 $S_0 e^{rT}$（获取国内利率 r 的利息）。

按照无套利原则，这两种选择下的收益应该相等，否则就有套利机会，那么有：$S_0 e^{rT} = F_0 e^{r_f T}$，从而得到 $F_0 = S_0 e^{(r-r_f)T}$，即式（38.7）。

> **描述（describe）期货市场上的不同交割选择以及它们是如何影响期货价格的（☆☆）**

二、交割选择

期货合约的交割日期通常不是一个时间点，而是时间段。所以，期货合约的空头可以选择在这段时间内尽早交割或者尽量推迟交割。那么，究竟在什么情况下，空头应该尽早脱手；在什么情况下，空头更应该"捂货"呢？

对空头而言，持有现货的成本是 $r + u$，获得的收益是 y。如果 $r + u > y$，即持有总成本大于持有收益，这时候应该立刻交货，避免成本旷日持久地吞噬利润；反之，如果 $r + u < y$，即持有总成本小于持有收益，这时候当然应该尽量推迟交货，毕竟此时的资产不啻为一株摇钱树。

> **定义（define）并解释（explain）升水与贴水（☆☆☆）**

三、升水（Contango）与贴水（Backwardation）

升水与贴水是期货与远期交易中的常用术语。升水是指期货价格高于现货价格的情况，贴水是指期货价格低于现货价格的情况。期货或远期合约在到期之前，升贴水的情况都可能存在，然而在到期时，期货与远期价格必将收敛于现货价格[①]，见图 38.1。

---

① 与前文期货市场原理介绍的一致。

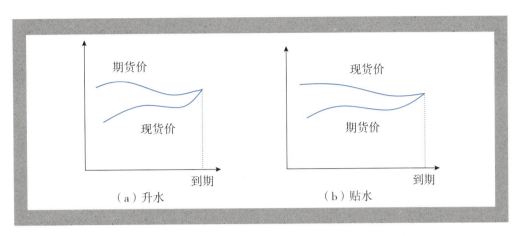

图 38.1　期货价格升水（Contango）与贴水（Backwardation）

扫码做题　章节练习

第三十九章

利率期货

知识引导：利率并非一种资产，但利率与债券价格息息相关。因此，利率期货的标的资产通常为国债，故而利率期货又称为国债期货。本章将以美国国债期货和欧洲美元期货为例，对美国债券市场、国债期货合约与定价、欧洲美元期货的作用以及如何利用利率期货进行对冲系统性介绍。

考点聚焦：学习本章内容后，考生应能描述各市场上的日期计算习惯并用其计算利率；由折现率计算美国国债价格；区分美国国债的净价和脏价；计算美国国债的应计利息与含息价格；解释并计算美国国债期货合约的转换因子；计算国债期货价格的成本；描述收益率曲线的水平和形状对最便宜可交割券的影响；计算国债期货的理论价格；计算欧洲美元期货合约的最终合约价格；描述并计算欧洲美元期货合约的凸度调整；解释怎样利用欧洲美元期货扩展 LIBOR 的即期收益率曲线；计算基于久期的对冲比率，使用利率期货构造基于久期的对冲策略；解释基于久期的对冲策略的局限性。

本章框架图

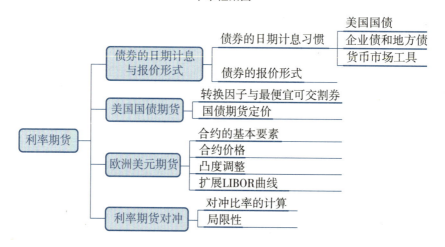

第一节　债券的日期计息与报价形式

描述（describe）各市场上的日期计算习惯，并用其计算（calculate）利率（☆☆）

一、债券的日期计息习惯

美国债券通常半年计息一次。例如，某债券面值 100 美元，票面利率为 10%，于 2018 年 1 月 1 日发行，每半年计息一次，期限 5 年。这就意味着该债券每年 1 月 1 日与 7 月 1 日付息一次，付息金额为 5 美元。然而，如果债券持有人在 2019 年 5 月 1 日提前出售债券，此时距上一次付息已有一段时日，但距下一次付息尚有时日。在这种情况下，应该如何计息呢？

在美国债券市场中，上述情形的处理取决于日期计息方式。日期计息方式通常表达为 X/Y 的形式。其中，X 表示计息天数，Y 表示基期天数。在美国债券市场上通常有三种日期计息方式，分别适用于不同类型的债券，见表 39.1。

表 39.1　　　　　　　　　美国债券市场的日期计息方式

债券类型	日期计息方式
美国国债	计息期实际天数/基期实际天数（Actual/Actual）
企业债和地方债	30/360 30 天代表一个月，360 天代表一年
货币市场工具（期限小于 1 年的债券）	实际计息天数/360（Actual/360）

知识一点通

我们通过一个具体例子来说明表39.1的计息方式。假设一面值为100美元的美国国债，票息率为10%，每年于3月1日和9月1日付息5美元。假定我们计算累计利息周期是3月1日到7月5日。已知3月1日到9月1日期间实际共有184天，3月1日到7月5日期间实际共有126天。美国国债采取Actual/Actual的方式，则期间累计利息为：

$$\frac{126}{184} \times 5 \text{ 美元}$$

如果其他条件相同，对于公司债而言采取30/360的方式，3月1日到9月1日半年共计180天（360/2），3月1日到7月5日共4个月零4天（即 $30 \times 4 + 4 = 124$ 天），则期间累计利息为：

$$\frac{124}{180} \times 5 \text{ 美元}$$

货币市场工具的情形考生可依据前面两例，按照Actual/360的形式自行计算。

二、债券的报价形式

由折现率计算（calculate）美国国库券价格（☆☆）

1. 货币市场工具的报价

货币市场工具（期限小于1年）通常以贴现率的形式进行报价，如国库券。具体而言，国库券通常折价销售，市场上习惯用贴现率报价与国库券的折现价格一一对应。例如，某90天的国库券报价（Quoted Price）为8（即贴现率为8%）。这意味着每100元面值的国库券在90天内的利息回报为 $8\% \times \frac{90}{360} = 2$，从而国库券对应的现金价格（Cash Price）为 $100 - 2 = 98$（元）。

一般情况下，我们假设现金价格为 Y，报价为 P，债券到期天数为 n。类似上例

已知报价 P（百分号形式），可推出现金价格 Y：

$$Y = 100 - \frac{n}{360} \times P \qquad (39.1)$$

将式（39.1）进行整理，在已知 Y 时可求得 P，有：

$$P = \frac{360}{n}(100 - Y) \qquad (39.2)$$

知识一点通

注意，考生不要将国库券（Treasury Bills）与国债（Treasury Bonds）弄混。前者是短期国债，期限不足 1 年，视同为货币市场工具，按 actual/360 的形式计息。后者是期限超过 1 年的国债，按 actual/actual 的形式计息。

例题 39.1

假设 180 天的国库券报价为 5，请计算其现价。

名师解析

国库券报价为 5，根据国库券报价的含义，其贴现率为 5%。代入式（39.1），可得实际价格为 97.5 元。

区分（differentiate）并计算（calculate）美国国债的净价和含息价格（☆☆）

2. 国债的报价

美国的国债（Treasury Bond）是按照美元 + (1/32) 美元的形式来报价的。例如，90 - 05 的报价意味着 100 美元的美国国债价格为 90 + 5/32 = 90.15625 美元。国债的报价又被称为净价（Clean Price）。如前所述，当投资者购买债券时需要支付的价格要在净价的基础上加上应计利息（Accrued Interest），得到的价格称为脏价（Dirty Price）或者全价（Full Price）。应计利息是从上一次票息支付时起到买入结算时应付的票息。

> **知识一点通**
>
> 因为购买者会收到完整的下一次票息，应按照持有时间将一部分票息支付给卖出债券者。

备考小贴士

"净价"顾名思义是"干净的价格"，即不包括应计利息的价格。相应地，Dirty Price 是包含应计利息的价格。所谓的"脏"，就是包含太多的结果。

例题 39.2

假设有一国债到期时间为 2027 年 2 月 15 日，收益率为 4.8%。票息率为 5%，半年付息一次，付息时间分别为每年的 2 月 15 日和 8 月 15 日。该债券 2018 年 5 月 14 日要结算，正好是在 181 天付息周期的第 88 天。请计算该国债的报价与现价。

名师解析

根据题目信息，可以得到如图 39.1 所示的一系列现金流。

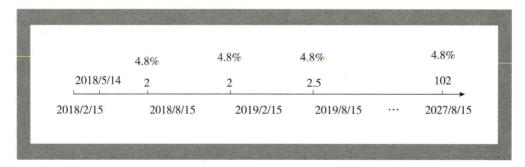

图 39.1 系列现金流

首先，计算该国债在 2018 年 2 月 15 日时的现价（含息）：

$$PV = \sum_{i=1}^{18} 2.5e^{-0.048i} + 100e^{-0.048 \times 18}$$
$$= 101.45$$

再计算到 5 月 14 日时债券的现价（含息价格）：

$$Full\ Price = 101.45 \times (1 + 2.4\%)^{\frac{88}{181}}$$

$$= 102.62$$

应计利息为：

$$AI = 2.5 \times \frac{88}{181}$$

$$= 1.22$$

那么，净价也就是报价等于全价减去应计利息，为：

$$Clean\ Price = 102.62 - 1.22$$

$$= 101.40$$

第二节　美国国债期货

解释（explain）并计算（calculate）美国国债期货合约的转换因子（☆☆）

计算国债期货交割的成本（☆☆）

国债期货是利率期货最常见的形式。国债期货一般按照标的国债的到期时间分类。国债期货中最流行的是在 CME（芝加哥交易所）集团挂牌交易，以美国国债为标的资产的长期国债期货。它的面值为 10 万美元，标的券种为距离交割月第一天还剩 15～25 年的国债。此外，10 年期、5 年期和 2 年期的国债期货也很受欢迎，其他国家和地区的国债期货设定亦与美国市场类似，区别往往在标的券种的设定方面。

一、转换因子（Conversion Factor）与最便宜可交割券（Cheapest to Delivery）

对于国债期货而言，到期交割时，往往有许多不同的国债可供选择。这些国债各有不同，为了便于计算交割价格，交易所会设定转换因子将期货结算价转换为交

割价格。在交割时，空头提供债券给多头，多头支付给空头的价格为：

$$FSP \times CF + AI \tag{39.3}$$

其中，FSP 是期货结算价（Future Settlement Price），CF 是转换因子，AI 是应计利息。由此可见，转换因子的作用是将期货价格转化为具体交割的债券现货的价格。

知识一点通

为什么国债期货要引入转换因子呢？这是因为国债期货可供选择的交割债券很多。假定 A 国债与 B 国债都符合国债期货的交割标准，但 A 国债价值 99 元，B 国债价值 98 元。那么，空头一定会选择更便宜的 B 国债进行交割，这对多头来说是不公平的，因为无论多头拿到何种债券，都是按统一的期货价格进行支付的。因此，交易所引入转换因子，多头可根据空头提供的债券按式（39.2）支付不同的价格。

对于空头而言，空头获得现券的成本是现券报价加应计利息，即：

$$QP + AI \tag{39.4}$$

其中，QP 为债券报价（Quoted Price）。

由式（39.3）与式（39.4）可看出，空头交割的净成本为：

$$QP - FSP \times CF \tag{39.5}$$

空头会根据式（39.5）选择净成本最小的债券用于交割，此券称为最便宜可交割券（Cheapest to Delivery，CTD）。

知识一点通

有些考生可能会产生这样的疑问，既然已引入了转换因子 CF 对不同债券进行了调整，为什么还会存在最便宜可交割债券呢？这是因为 CF 是交易所事先约定的（根据某个公式计算而得）。实际上，随着市场行情的变化，事先设定的 CF 可能已不符合最新的市场状况，故仍会存在最便宜可交割券。不过，随着交易所管理能力的提升，不同交割债券之间的净成本差异已经越来越小。

例题 39.3

请从表 39.2 中选出最便宜可交割券。已知期货的最新结算价为 98.25 美元。

表 39.2　　　　　　　　　　　现券报价与转换因子

债券	报价（美元）	转换因子
1	100	1.01
2	135	1.37
3	105	1.06
4	118	1.20

名师解析

根据式（39.5）计算各支债券用于交割的净成本。

对于债券 1：$100 - 98.25 \times 1.01 = 0.7675$（美元）

对于债券 2：$135 - 98.25 \times 1.37 = 0.3975$（美元）

对于债券 3：$105 - 98.25 \times 1.06 = 0.8550$（美元）

对于债券 4：$118 - 98.25 \times 1.20 = 0.1000$（美元）

债券 4 的交割成本是 0.1 美元，最为便宜，因此是最便宜可交割券。

二、国债期货定价

计算（calculate）国债期货的理论价格（☆☆☆）

由于国债期货空头有选择交割时间和交割券的权利，这一不确定性导致计算国债期货理论价格具有一定的难度。但是，如果已知最便宜可交割券且确定了交割时间，那么国债期货的定价与我们在前面章节中介绍的定价原理一致。

假设国债期货价格为 F_0，现券价格为 S_0，持有期为 T，I 为持有期内票息贴现值，r 为无风险利率，则国债期货理论价格为：

$$F_0 = (S_0 - I)\mathrm{e}^{rT} \qquad (39.6)$$

第三节 欧洲美元期货

一、合约的基本要素

在 CME 集团挂牌交易的三个月期欧洲美元期货合约（Eurodollar Futures）在美国利率市场上广受欢迎。

其中，欧洲美元泛指存于美国境外银行的美元（不一定要在欧洲）。欧洲美元利率指银行间进行欧洲美元拆借的利率，其含义与 LIBOR 类似。

CME 上市的三个月期欧洲美元期货的面值是 100 万美元，到期时间是在每年的 3 月、6 月、9 月、12 月，合约时间可滚动至未来十年。

二、合约价格

计算（calculate）欧洲美元期货合约的最终合约价格（☆☆）

欧洲美元期货合约的报价为 $100 - R$。其中，R 为欧洲美元的拆借利率（%）。假设 R 为 2.25%，那么欧洲美元期货合约的价格为 97.75 美元。

此外，合约特别规定当期货报价变化一个基点就对应 25 美元的收益或损失。具体而言，如果报价上升 1 个基点（对应价格上升 0.01%，转化为数值即上升 0.01），价格从 97.75 美元升高到 97.76 美元，那么一手合约对应的多头收益 25 美元，而空头损失 25 美元。

欧洲美元期货合约的价格定义为

$$P_t = 10\,000 \times \left[100 - 0.25 \times (100 - Z_t) \right]$$
$$= 10\,000 \times \left[100 - 0.25 \times F_t \right] \tag{39.7}$$

其中，Z_t 为报价，F_t 就是欧洲美元的远期利率，0.25 代表三个月的到期时间。

> **知识一点通**
>
> 　　为什么欧洲美元期货报价变化 1 个基点对应 25 美元的收益与亏损呢？这是因为欧洲美元期货的面值为 1 000 000 美元，期限为 3 个月（即 0.25 年）。故利率变化 1 个基点时，对应面值的利息变化为：
>
> $$1\ 000\ 000 \times 0.0001 \times 0.25 = 25\ \text{美元}$$

　　同理，式（39.7）的第一项为 $10\ 000 \times 100$ ，恰为合约面值 1 000 000；第二项为 $10\ 000 \times 0.25 F_1$ ，恰为利率变化 100 个基点（即变化 1%）时合约价值的变动。两者相减为合约定价。式（39.7）的定价方式确保了 1 个基点的变化对应 25 美元的价值变动。

　　根据式（39.7），对于欧洲美元期货而言，当利率升高时，多头损失而空头获益。

三、凸度调整

描述（decribe）并计算（calculate）欧洲美元期货合约的曲率调整（☆☆）

　　利用欧洲美元期货可以对冲利率风险，锁定未来一段时期的利率水平，因此它与前文介绍的远期利率协议（FRA）有相似之处。然而，由于结算时间点的不同（期货合约每日结算，而远期合约是在合约到期时结算）造成了期货隐含的利率与实际远期利率之间存在差异，使得期货利率要高于远期利率。

　　为了消除上述差异，一种常用的方法是通过曲率调整期货利率得到远期利率，如下：

$$远期利率 = 期货隐含利率 - \frac{1}{2}\sigma^2 T_1 T_2 \tag{39.8}$$

其中，σ 是一年期标的利率的标准差，T_1 是期货合约的剩余期限，T_2 是合约标的利率的期限。

四、扩展 LIBOR 曲线

解释（explain）如何利用欧洲美元期货扩展 LIBOR 的即期收益率曲线（☆☆）

当欧洲美元期货利率经过凸度调整得到远期利率后，就能根据即期利率和远期利率向外扩展即期利率曲线。根据前面介绍的远期利率公式可得：

$$R_{forward} = \frac{R_2 T_2 - R_1 T_1}{T_2 - T_1}$$

可以反推得到：

$$R_2 = \frac{R_{forward}(T_2 - T_1) + R_1 T_1}{T_2} \tag{39.9}$$

备考小贴士

式（39.8）与式（39.9）了解即可。

第四节　利率期货对冲

计算（calculate）基于久期的对冲比率，使用利率期货构造基于久期的对冲策略（☆☆☆）

一、对冲比率的计算

利率期货的基本功能就是对冲利率风险，那么对冲比率（即根据风险敞口需要购买多少份利率期货）应该如何确定呢？

我们知道久期反映了债券对利率变动的敏感程度，于是只要购买一定数量的利率期货，使得持有资产的久期与利率期货头寸久期总和为零，这就能保证利率变化时资产组合的价值不发生变化（即对利率敏感性为0）。

接下来，我们就利用这个思路来确定需要购买利率期货的数量。令利率期货的久期为D_F，价格为F，价值为V_F，持有资产（主要为债券）的久期为D_P，价值为P。

假设对冲比率为N，那么当利率变动Δy时，期货头寸的价值变动为：

$$V_F D_F \Delta y \times N$$

同时，资产组合价值变动为：

$$P D_p \Delta y$$

如要完全对冲掉风险，两者变动应相等，即有：

$$V_F D_F \Delta y \times N = P D_p \Delta y$$

由此可得，对冲比率N应满足：

$$N = \frac{P D_p}{V_F D_F} \tag{39.10}$$

例题39.4

现有一债券组合价值 10 000 000 美元，用于对冲的国债期货合约报价为 108-24 美元。现券组合的久期为 15，而期货合约的久期为 12。那么，要使利率变化的影响最小需要多少期货合约对冲？

名师解析

由于国债期货的面值是 100 000 美元，报价是 108 - 24 美元。由于国债报价是 1/32 制的，因此国债期货价格为 108 + 24/32 = 108.75（美元）。

那么，一手国债期货合约的价值是：

$$\frac{108.75}{100} \times 100\ 000 = 108\ 750（美元）$$

根据久期对冲的式（39.10），对冲利率风险所需的国债期货手数N应满足：

$$N = \frac{10\ 000\ 000 \times 15}{108\ 750 \times 12}$$

$$= 114.94$$

$$\approx 115$$

二、局限性

解释（explain）基于久期的对冲策略的局限性（☆☆）

基于久期的对冲策略存在一定的局限性，主要体现在以下两个方面。

第一，当市场情况发生变化时，原有的对冲策略可能失效。比如，当市场环境发生变化时，最便宜交割债券发生了变化，那么基于原先的最便宜交割债券的对冲策略的效果就有可能降低。

第二，基于久期的对冲策略只对收益率曲线的平行移动（Parallel Shift）有效，当利率曲线非平行移动时，对冲策略就将失效。然而，多数实际情况恰恰是利率曲线非平行移动。

扫码做题 章节练习

第四十章

互　换

知识引导：互换是两方达成的在未来交换现金流的合约，是一种重要的场外衍生品。合约中约定了现金流的交换时间与计算方法。如果现金流是由利息产生的，就是利率互换；如果现金流来自于股票等权益组合的收益，则是权益互换；如果现金流来自不同的货币，则是货币互换。本章将主要讨论标准利率互换和货币互换。

考点聚焦：学习本章内容后，考生应能解释标准利率互换的机制并计算相应的现金流；解释标准利率互换是如何转换资产和负债的性质并计算现金流；解释中介机构在互换市场的作用；描述支持利率互换存在的比较优势观点；解释标准利率互换中的折现率是如何计算的；基于两个同时的债券头寸计算标准利率互换的价值；通过 FRA 计算标准利率互换的价值；解释货币互换的机制并计算现金流；基于两个同时的债券头寸计算货币互换的价值；基于 FRA 计算货币互换的价值；描述互换中的信用风险；识别其他类型的互换，包括股权互换、商品互换、波动率互换和跨货币互换。

本章框架图

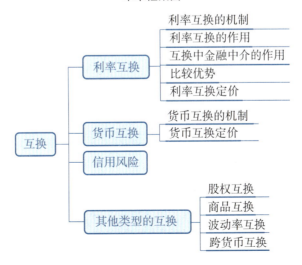

第一节 利率互换（Interest Rate Swap）

解释（explain）标准利率互换的机制并计算相应的现金流（☆☆）

一、利率互换的机制

在标准利率互换（Plain Vanilla Swap）中，一方同意向另一方支付以名义本金为基础按照固定利率产生的利息，称为定息支付方（Fixed – rate Payer）；而另一方同意支付在名义本金上按照约定的浮动利率产生的利息，称为浮息支付方（Floating – rate Payer）。

知识一点通

Vanilla 直译为香草，是英美最普通的一种冰激凌口味，故 Plain vanilla swap 即可直译为最普通常见的利率互换合约，也称为标准利率互换合约。这里需要特别指出的是，浮息支付方是按照期初的 LIBOR 利率进行支付。互换合约在执行过程中，本金无须交换，因此称为名义本金（Notional Principal）。在结算时，仅支付利息较大的一方进行付款，支付金额为两者利息的差额。

下面以一个具体的例子来阐明利率互换的过程以及支付现金流。

例题 40.1

假设万达公司和松下公司于 2018 年 1 月 15 日达成了一项为期两年的利率互换合约。合约名义本金为 10 000 000 元，规定每半年松下向万达支付 7% 的固定利息，而万达向松下支付以 LIBOR 为标准的浮动利息。如果六个月期的 LIBOR 利率如表 40.1 所示，请计算这一互换的现金流（见表 40.1）。

表 40.1　　　　　　　　　6 个月期的 LIBOR 利率

日　期	6 个月期 LIBOR
2018 年 1 月 15 日	6.0%
2018 年 7 月 15 日	6.8%
2019 年 1 月 15 日	7.2%
2019 年 7 月 15 日	7.6%
2020 年 1 月 15 日	7.8%

名师解析

这一互换合约可以用图 40.1 表示。

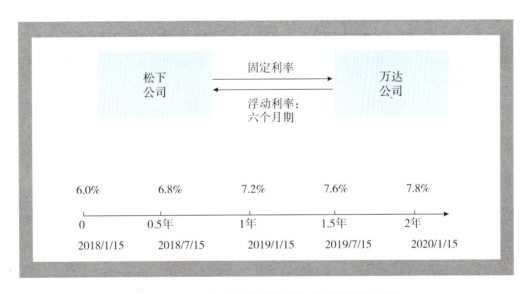

图 40.1　万达公司与松下公司两年期的利率互换合约

对于固息支付方而言，松下公司每一期都支付固定利息为：

$$10\ 000\ 000 \times 3.5\% = 350\ 000(元)$$

而对于浮息支付方而言，万达公司每一期末都按照期初的 LIBOR 利率来支付利息（这里需要注意的是，在期末支付时，LIBOR 是在期初就确定下来的）。

第一次支付发生在 2018 年 7 月 15 日，万达公司所应支付的利息为：

$$10\ 000\ 000 \times 6\% \times 0.5 = 300\ 000(元)$$

由于松下公司支付的利息更多，那么此次仅由松下公司向万达公司支付 50 000 元利息。

第二次支付在 2019 年 1 月 15 日，由松下公司向万达公司支付：

$$10,000\ 000 \times (7\% - 6.8\%) \times 0.5 = 10\ 000\ (元)$$

第三次支付在 2019 年 7 月 15 日，此时期初的 LIBOR 利率（7.2%）高于固定利率（7%），因此由万达公司向松下公司支付净息：

$$10\ 000\ 000 \times (7.2\% - 7\%) \times 0.5 = 10\ 000\ (元)$$

第四次支付在 2020 年 1 月 15 日，由万达公司向松下公司支付净息：

$$10\ 000\ 000 \times (7.6\% - 7\%) \times 0.5 = 30\ 000\ (元)$$

二、利率互换的作用

解释（explain）标准利率互换是如何转换资产和负债的性质并计算（calculate）现金流（☆☆）

利率互换的参与方能够通过利率互换来转换资产或负债的性质。

1. 通过利率互换改变负债的性质

例如，上一例子中的松下公司，假设它已有一笔本金为 10 万元、利率为 LIBOR + 20 个基点的贷款，那么进入上面的利率互换协议后，它共有三个现金流：

（1）向贷款人支付 LIBOR + 0.2。

（2）在互换合约中固定支付 7%。

（3）在互换合约中收入 LIBOR。

这三个现金流合并后，支付与收入的 LIBOR 抵消，合计松下公司支付利率为 7.2% 的现金流，见图 40.2。这样，通过进入互换合约的固息支付方，松下公司把浮动利率的负债转换成了固定利率的负债。而对于万达公司而言，作为互换合约的浮息支付方，通过互换合约可以将原有的固息负债转换为浮息负债。

2. 通过利率互换改变资产的性质

下面说明互换是如何转换资产性质的。假设万达公司有一笔 10 万元的投资，收益是 LIBOR - 10 个基点。在进入互换合约后万达公司共有三项现金流：

（1）一笔利率为 LIBOR - 0.1 的收入。

（2）在互换中支出 LIBOR。

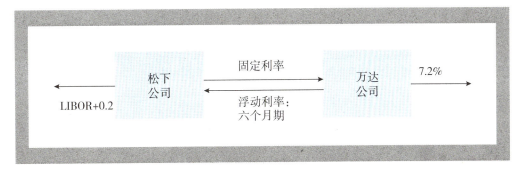

图 40.2 通过互换改变负债性质

（3）在互换中收入 7% 的固息。

综合三项现金流，支出与收入的 LIBOR 同样被抵消，万达公司净收入 6.9%。这样投资的浮息收入可以通过进入互换的浮息支付方来转换成固息收入。与此类似，投资资产的固息收入也能够通过进入互换的固息支付方来转换成浮息收入，见图 40.3。

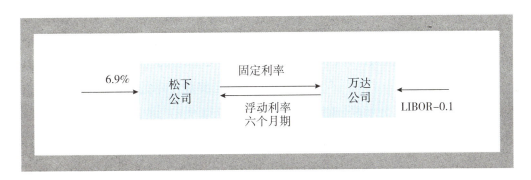

图 40.3 通过互换改变资产性质

三、互换中金融中介的作用

> 解释（explain）中介机构在互换市场中的作用（☆）

像前文提及的万达公司和松下公司这样的非金融公司之间不会直接进行利率互换。它们一般通过金融机构（如银行）开展互换交易，双方分别与银行达成标准互换合约。但是，银行在这一过程中要赚取几个点的价差（7.2% – 6.9%），见图 40.4。

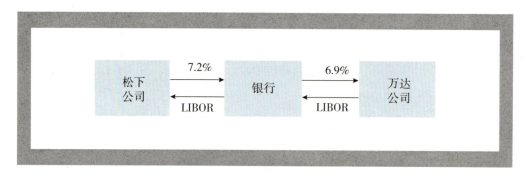

图40.4 存在金融中介的互换

四、比较优势

描述（describe）支持利率互换存在的比较优势观点（☆）

对于互换为何广受欢迎的一种解释是比较优势（Comparative Advantange）观点。因为互换的双方在获得贷款方面的优势不同，一方在固息贷款上具有相对优势，而另一方在获得浮息贷款方面具有相对优势（注意是相对优势而非绝对优势）。这样双方可以通过利率互换，使得有固息优势的公司获得较优的浮息贷款，而有浮息优势的公司能够获得较优的固息贷款。

我们通过一个例子来说明，X 和 Y 两家公司的借贷利率如表 40.2 所示。

表 40.2   X 公司与 Y 公司的贷款利率

公司	固定利率	浮动利率
X	8.5%	LIBOR + 2.2%
Y	5.5%	LIBOR

从表 40.2 中不难看出，Y 公司无论在固定利率上还是浮动利率上的贷款都具有绝对优势。然而，从相对优势的角度来看，对于 X 公司而言，它所付的固定利率比 Y 公司高 3%，而浮动利率仅比 Y 公司高 2.2%。因此，X 公司在浮动利率上具有相对优势，Y 公司在固定利率上具有相对优势。

如果 X 公司想要有固定利率的风险敞口，而 Y 公司想要获得浮动利率的风险敞口，那么，通过下面的利率互换可以使 X 公司获得更优的固定利率，而 Y 公司获得更优的浮动利率，见图40.5（在利率互换中，X 向 Y 支付固定利率6%，Y 向 X 支付浮动利率LIBOR，X 与 Y 公司分别按自己的比较优势利率贷款）。

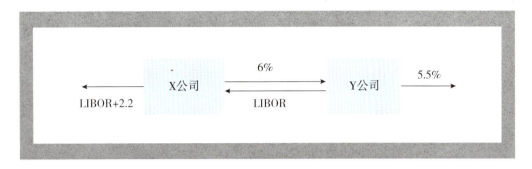

图 40.5　相对优势的互换

通过上面的利率互换，X 公司获得 8.2% 的固定利息贷款（低于 8.5%），而 Y 公司获得 LIBOR – 0.5% 的浮动利息贷款（低于 LIBOR）都要优于他们原本的贷款利率水平。

五、利率互换定价

互换中的固定利率水平被称作互换利率（Swap Rate）。由于浮动利率可随行就市变动，因此给互换合约定价，实际上需要确定固定利率水平。因此，互换利率即为利率互换中的固定利率。互换合约的定价思想仍然是无套利定价，即在合约订立时，互换双方支付的现金流的现值是相等的：

$$PV_{fix} = PV_{fl} \tag{40.1}$$

知识一点通

注意，在互换合约签订初期，双方支付现金流的现值是相等的。然而，随着时间的推移，在互换持续的时间内，双方的价值不一定相同，要么浮息支付方支付的现金流多于固息支付的现金流，要么相反。

1. 由债券价格计算互换价值

在利率互换中，本金是不进行交换的。为了定价，我们假设本金进行交换，这并不影响互换的实质与价值。此时，对固定利息的收入方而言，互换可以看作是固息债券多头与浮息债券空头的组合，故有：

$$V_{swap} = B_{fix} - B_{fl}$$

而对于浮息收入方，则是浮息债券多头与固息债券空头的组合，即有：

$$V_{swap} = B_{fl} - B_{fix}$$

在每一个结算日，浮息券支付利息后价值都回归到面值。

例题 40.2

现有一名义本金为 1 000 000 美元的互换，每半年交换一次现金流，剩余期限还有 18 个月。互换中规定的固定利率为 2.8%，当下的 LIBOR 为 2.6%，6 个月时为 2.65%，12 个月时为 2.75%。请根据以上信息计算对浮息支付方而言的互换价值，见图 40.6。

名师解析

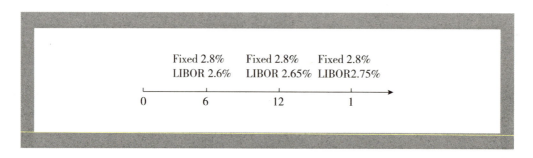

图 40.6　浮息支付方的互换价值

对于浮息支付方，互换可以看作固息债券的多头与浮息债券的空头的组合。其中，固息债券的票息：1 000 000 × 2.8% × 0.5 = 14 000（美元）

相应地，固息债券的价值为各期现金流的折现：

$$B_{fix} = 14\,000e^{-2.6\% \times 0.5} + 14\,000e^{-2.65\% \times 1} + (1\,000\,000 + 14\,000)e^{-2.75\% \times 1.5}$$
$$= 1\,000\,476（美元）$$

根据题目信息当前是结算日（因为每 6 个月结算一次，还有 18 个月到期），那么浮息债券的价值在付息后等于面值 1 000 000 美元（浮动利息每期根据市场调整，调整后即为面值）。

这样，对于浮息支付方而言，互换价值为：

$$V_{swap} = B_{fix} - B_{fl}$$
$$= 1\,000\,476 - 1\,000\,000$$
$$= 476(美元)$$

2. 利用 FRA 对互换定价

互换可以视作远期利率合约（FRA）的组合。每一次交换现金流都可以看作是一个 FRA 合约。如例 40.1 中，2018 年 7 月 15 日互换的现金流可以看作是 7% 的固定利率与 2018 年 1 月 15 日观察到的浮动利率交换的 FRA；2019 年 1 月 15 日互换的现金流可以看作是 7% 的固定利率与 2018 年 7 月 15 日观测到的 LIBOR 交换的 FRA，等等。因此，我们可以利用 FRA 对互换合约进行定价。

利用 FRA 对互换进行估值的步骤如下：

（1）由 LIBOR 即期利率计算每一段的远期利率。

（2）通过得到的远期利率计算每一次的互换现金流。

（3）对互换现金流进行折现，加总得到互换现值。

备考小贴士

利用 FRA 对互换定价仅了解概念和大致步骤即可，FRM 考试并不要求掌握计算。

第二节　货币互换（Currency Swap）

解释（explain）货币互换的机制并计算（calculate）现金流（☆☆）

解释（explain）汇率互换是如何用来转换资产和负债的并计算（calculate）相应的现金流（☆）

一、货币互换的机制

货币互换是另一种流行的互换形式。最为常见是固息与固息货币互换（Fixed‑for‑fixed Currency Swap）。在这一互换合约中，一种货币的本金和固定利息与另一种货币的本金和固定利息进行交换。合约中会指明两种不同货币本金的数量且在互换开始时两者在当前汇率下价值相等。

当然，货币互换也可采用一种货币本金与浮动利息和另一种货币本金与固定利息互换，或者一种货币本金与浮动利息和另一种货币本金与浮动利息互换。

> **知识一点通**
>
> 注意货币互换与利率互换的最大不同之处在于，货币互换涉及本金互换，而利率互换不涉及。

备考小贴士

考试中货币互换的计算题只会涉及两种货币都为固定利率的模式，重点掌握这种情况下的计算即可。

下面以一个具体例子来说明固息与固息货币互换合约的机制。

例题 40.3

假设苹果公司和阿里巴巴订立了一份为期两年的美元/人民币互换合约，开始日期是 2018 年 2 月 1 日，本金分别为 1 000 万美元和 6 300 万元人民币。期初阿里巴巴支付给苹果公司 1 000 万美元，苹果支付给阿里巴巴 6 300 万元人民币。苹果公司同意向阿里巴巴支付 3% 的美元固息，阿里巴巴向苹果公司支付 5% 的人民币固息，每半年交换一次。最后在 2020 年 2 月 1 日到期时再返还本金。这一货币互换协议如图 40.7 所示。

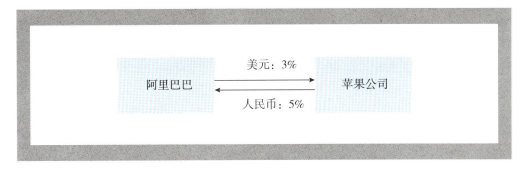

图 40.7　苹果公司与阿里巴巴的货币互换协议

名师解析

由于是固息，并且每半年支付一次，因此苹果公司支付给阿里巴巴的现金流
（如图 40.8）为：

$$10\ 000\ 000 \times 1.5\% = 150\ 000（美元）$$

而阿里巴巴每半年支付给苹果公司：

$$63\ 000\ 000 \times 2.5\% = 1\ 575\ 000（元）$$

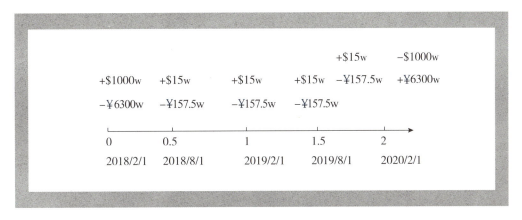

图 40.8　从苹果公司角度看现金流

二、货币互换定价

基于两个同时的债券头寸计算（calculate）汇率互换的价值（☆☆）

基于 FRA 流计算（calculate）汇率互换的价值（☆☆）

与利率互换相似，货币互换也可以分解成两种不同货币的债券组合或者一系列远期货币合约的组合，因此也可以利用债券或 FRA 的形式对其进行定价。

1. 以债券形式进行定价

假设收入美元并支付外币（如例题 40.3 中的苹果公司）互换价值为 V_{swap}，设 B_d 是收入的美元现值，B_f 是支付的外币现值，S_0 是期初的即期利率（外币兑美元），则期初的互换价值为：

$$V_{swap} = B_d - S_0 B_f \qquad (40.2)$$

在期初互换的价值应使双方的价值相等，即 $B_d = S_0 B_f + V_{swap}$。

2. 利用 FRA 对货币互换定价

每一次固息的外汇交换都可以看作是一个外汇远期合约，可以在假设远期汇率会实现的条件下进行定价。而整个互换就由这一系列远期汇率合约组成，因此其价值等于这一系列 FRA 价值的总和。

值得注意的是，货币互换在刚刚成交时的价值接近于 0，但是在互换过程中，由于固定利率的不同，每一个远期合约的价值并不为 0。对于支付高利率一方，交换利息现金流的外汇远期价值为负，而最后交换本金现金流的外汇远期价值为正；对于支付低利率的一方，交换利息现金流的外汇远期价值为正，而最后交换本金现金流的价值为负。

第三节　信用风险

描述（describe）互换中的信用风险敞口（☆）

互换合约由双方私下达成，是一种场外衍生品，因此存在较大的信用风险（Credit Risk）。在有金融中介参与的互换交易中，中介机构分别与两家公司签订了能够相互对冲的互换合约，向一方支付的现金流能被从另一方收到的现金流覆盖。然而，如果一方由于财务困境发生违约，中介机构仍需向另一方支付现金流，从而产生损失。

具体而言，由于利率互换不涉及本金交换，而货币互换包括本金的交换，因此利率互换带来的潜在损失远小于具有相同本金的贷款，而货币互换的潜在损失要高于利率互换。

当互换合约对于金融机构具有正价值时，即收到的现金流价值高于支付的现金流价值时，金融机构才会有信用风险敞口。而如果互换对于金融机构价值为负，即支付的现金流价值更多时，则没有风险敞口。

备考小贴士

注意，通常盈利的一方会担心对方违约（从而面临信用风险），而亏损的一方可能更希望对方违约。这里的知识点可能以计算题的形式出现，通过计算互换一方的收益，判断哪一方面临信用风险。

在互换中，除了信用风险，还包含由于利率、汇率变动带来的市场风险。其中，市场风险可以通过相互抵消的合约进行对冲，而信用风险则很难被对冲掉。

第四节　其他类型的互换

识别（identify）其他类型的互换，包括股权互换、商品互换、波动率互换和跨货币互换（☆）

互换是一种极为灵活的衍生品合约，金融市场上的互换类型多种多样。根据互换现金流的性质进行分类，除了常见的利率互换、货币互换外，互换还包括股权互换、商品互换、波动率互换以及跨货币互换等。

股权互换（Equity Swap），指某一方换出的现金流，与单一股票或股票指数收益相关。

商品互换（Commodity Swap），指某一方换出的现金流，与某种大宗商品价格或大宗商品指数相关。

波动率互换（Volatility Swap），指一方支付预先确定的固定波动率，而另一方支付这一时间段的实际波动率。

由于期权价值与波动率高度相关，故波动率互换广泛应用于期权以及结构化产品中，关于期权价值与波动率的关系，请参见后续章节与《估值与风险模型》。

跨货币互换（Differential Swap），指基于不同货币的浮动利率现金流进行交换。

扫码做题　章节练习

期权市场原理

知识引导：期权是一种特殊的金融工具，与前文介绍的远期、期货与互换合约有着本质性的区别。期权赋予持有者一种权利，持有者可以行使也可以放弃这种权利，而远期、期货与互换合约中权利与义务是对等的，这种权利和义务不可放弃。由于期权的存在极大地丰富了投资者对投资工具的选择，且利用期权可以构建各种各样的投资策略。本章将详细介绍期权产品的交易与收益特征以及场内期权市场是如何运作的。本章内容是之后关于期权性质、定价以及交易策略等内容的基础。

考点聚焦：学习本章内容后，考生应能描述期权的类型、头寸变化以及期权常见的标的资产；解释交易所交易的股票期权合约内容，包括非标准产品的合约内容；描述交易所交易期权的交易过程、佣金、保证金要求以及行权过程。

本章框架图

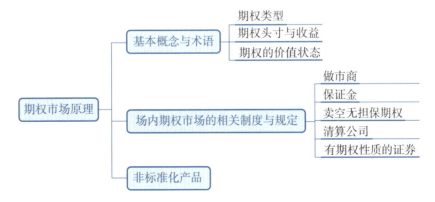

第一节　基本概念与术语

描述（describe）期权的类型、头寸变化以及期权的常见标的资产（☆☆）

一、期权类型

期权（Option）赋予了合约持有人在约定时间以约定价格交易标的资产的权利。其中，合约约定的价格称为执行价格（Exercise Price），约定时间称为到期日（Expiration Date）。与期货和远期不同，期权持有人可以选择执行或者不执行合约（即行权或不行权）。

1. 按权利类型分类

按照持有人的权利不同，期权分为两种类型，即看涨期权（Call Option）和看跌期权（Put Option）。看涨期权给予期权所有者以约定价格买入标的资产的权利，而看跌期权给予期权所有者以约定价格卖出标的资产的权利。

2. 按交割时间分类

按照交割时间的不同，期权分为两种类型，即欧式期权（European Option）和美式期权（American Option）。欧式期权到期才能执行，而美式期权在到期日前就可以选择是否执行（Early Exercise）。由于美式期权比欧式期权多了一些行权的灵活性，因而美式期权的价格应该至少不低于欧式期权的价格。换而言之，欧式期权的价格是美式期权价格的下限。

3. 按交易场所分类

按照交易场所的不同，期权分为两种类型，即交易所交易（Exchange Traded）和场外交易（Over the Counter）。交易所交易的期权受到交易所监管，较为标准化，流动性也较强。场外交易期权更多是根据机构客户的需要进行定制化的产品设计，这也导致这样的期权很难找到其他买家，使得这类期权的流动性较差。

4. 按照标的资产分类

根据标的资产的不同，期权可分为股票期权（Stock Option）、股指期权（Index Option）、外汇期权（Currency Option）、利率期权（Interest Option）以及商品期权（Commodity Option）等。期货期权（Futures Option）是一种标的资产为期货合约的期权，当所有者行权时，买入或卖出的是期货合约。

二、期权头寸与收益

在期权中，我们将要学习到四种期权的头寸。考生需要掌握计算这四种头寸的收益和利润以及对应图形。为方便叙述，下文将针对欧式期权展开探讨（美式期权的结论类似）并使用如下符号：S_T 表示到期日标的资产价格、X 表示期权执行价格，c_0 表示看涨期权的权利金，p_0 表示看跌期权的权利金。

1. 买入看涨期权（Long a Call）

买入看涨期权即看涨期权的多头。这意味着当期权可行权时可选择是否按约定的执行价格 X 买入价值 S_T 的标的资产。如果到期标的资产价格 S_T 高于执行价格 X，多头会选择行权并获益 $S_T - X$；如果届时标的资产价格低于行权价，多头将选择不行权，获益 0。故看涨期权买方的收益可归结为：

收益（Payoff）：$c_T = \text{Max}\ (0,\ S_T - X)$ (41.1)

如果将买方支付的期权费也考虑在内，则有：

利润（Profit）：$\pi = \text{Max}(0,\ S_T - X) - c_0$ (41.2)

图 41.1（a）显示的是看涨期权多头的收益与利润图。其中，横轴表示到期标的资产价格 S_T，纵轴表示看涨期权多头的收益。从式（41.1）中可以看出，当 $S_T < X$ 时，多头选择不行权，收益恒为 0；而当 $S_T \geq X$ 时，收益为 $S_T - X$，在图中为向上倾斜的直线。看涨期权多头的利润就是收益扣除期权费，故利润图实际上就是收益图形向下平移 c_0 个单位。从图中不难看出，看涨期权多头的收益不存在上限，只要 S_T 不断上升，收益也将持续上升，而其下限为 0。

2. 卖出看涨期权（Short a Call）

卖出看涨期权即为看涨期权的空头，它的交易对手方就是看涨期权的多头。注意期权市场亦是一个"零和博弈"的市场，故在不考虑交易成本的情况下，看涨期权的空头与多头收益或利润之和必定为 0。因此，看涨期权空头的收益与利润实际

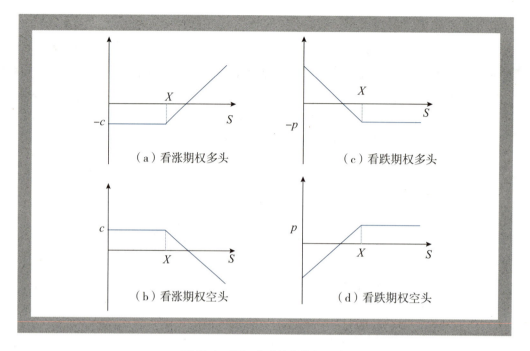

图41.1　期权头寸的收益与利润

上就是式（41.1）与式（41.2）上加上一个"负号"：

$$Payoff：-C_T = -Max（0，S_T - X）\qquad (41.3)$$

$$Profit：\pi = -Max(0，S_T - X) + c_0\qquad (41.4)$$

同理，看涨期权空头的收益与利润图形实际上就是多头图形关于横轴的对称图形，见图41.1（b）。从图中不难看出，看涨期权空头的潜在亏损是很大的。

知识一点通

可能有的考生会产生这样的疑惑：既然看涨期权的空头亏损这么大，为什么还会有人愿意卖出看涨期权呢？实际上，卖出看涨期权的风险是很大，但是若将卖出看涨期权与其他策略进行组合就能规避这样的风险。

---

3. 买入看跌期权（Long a Put）

买入看跌期权即看跌期权的多头。这意味着当期权可行权时，可选择是否按约定的执行价格 X 卖出价值 S_T 的标的资产。如果到期标的资产价格 S_T 高于执行价格 X，行权意味着以 X 的价格卖出实际上值 S_T 的标的资产，因而多头不会选择行权，获益为0；如果到期标的资产价格低于行权价，多头将选择行权，获益 $X - S_T$。故看跌期权买方的收益可归结为：

$$\text{Payoff：} P_T = \text{Max}\ (0,\ X - S_T) \tag{41.5}$$

如果将买方支付的期权费 p_0 也考虑在内，则有：

$$\text{Profit：} \pi = \text{Max}(0,\ X - S_T) - p_0 \tag{41.6}$$

图 41.1（c）显示了看跌期权多头的收益与利润图。从式（41.5）中不难看出，当 $S_T < X$ 时，多头选择行权，收益为 $X - S_T$，即向下倾斜的直线；而当 $S_T \geq X$ 时，收益恒为 0。看跌期权多头的利润就是收益扣除期权费，故利润图实际上就是收益图形向下平移 p_0 个单位。从图中可以看出，看跌期权多头的潜在损失是有下限的，其获得的收益也是有上限的（因为标的资产的价格最多跌至 0，不可能为负数）。购买看跌期权的作用与购买保险十分相似。

4. 卖出看跌期权（Short a Put）

卖出看跌期权即为看跌期权的空头，它的交易对手方就是看跌期权的多头。同样，由于"零和博弈"，故在不考虑交易成本的情况下，看跌期权的空头与多头收益或利润之和必定为 0。因此，看跌期权空头的收益与利润实际上就是式（41.5）与式（41.6）上加上一个"负号"：

$$\text{Payoff：} -P_T = -\text{Max}\ (0,\ X - S_T) \tag{41.7}$$

$$\text{Profit：} \pi = -\text{Max}(0,\ X - S_T) + p_0 \tag{41.8}$$

同理，看跌期权空头的收益与利润图形实际上就是多头图形关于横轴的对称图形，见图 41.1（d）。

> **知识一点通**
>
> 通过上文对四种头寸的收益与利润分析不难看出，买入看涨期权意味着对标的资产未来持上涨的观点；而买入看跌期权意味着对标的资产的未来持下跌的观点。此外，与远期、期货不同，期权的收益图是折现型，即非线性的（Non-linear）。

三、期权的价值状态

按期权的价值状态（Moneyness）不同，期权可以分为实值期权（In the Money）、平价期权（At the Money）与虚值期权（Out of the Money）。

当期权处于实值期权状态时，意味着期权持有人立刻行权可以获得正的收益；当期权处于平价期权状态时，意味着期权持有人立刻行权不赚也不亏；当期权处于虚值期权状态时，意味着期权持有人立刻行权只能获得负的收益。根据上述定义，不难得到看涨期权与看跌期权处于上述三种状态时，标的资产价格与执行价格的关系如表41.1所示。

表41.1　　　　　不同价值状态下标的资产价格与执行价格的关系

价值状态	看涨期权	看跌期权
实值期权（In the Money）	$S > X$	$S < X$
平价期权（At the Money）	$S = X$	$S = X$
虚值期权（Out of the Money）	$S < X$	$S > X$

第二节　场内期权市场的相关制度与规定

描述（describe）交易所交易期权的交易过程、佣金、保证金要求以及行权过程（☆）

场内期权市场的正常运行需要一些基本制度的保障，比如做市商制度、保证金要求以及清算制度等。

一、做市商（Market Maker）

做市商是场内期权市场的重要参与者，他们的参与确保了期权市场具有足够的流动性。做市商是双向报价的，在提供买价（Bid Price）的同时也提供卖价（Ask Price），这样可以对接市场上不同的买家与卖家，保证市场上交易的正常进行。做市商提供的卖价是高于买价的，这一差异成为买卖价差（Bid – ask Spread），做市商通过这一价差获利。不过，交易所一般规定了买卖价差的上限，以便于保持价格的连续性。

知识一点通

注意，做市商相当于中间商，做市商提供的买价也就是投资者的卖价（将期权卖给做市商），做市商提供的卖价也就是投资者的买价（向做市商购买期权）。

二、保证金（Margin Requirement）

与期货交易一样，期权交易也是一种保证金交易。投资者在进入期权头寸时，只要按照交易所要求缴纳一定标准的保证金即可。例如，在美国购买股票最高可以向经纪商借入购买价格 50% 的保证金，这就为投资者提供了一定的杠杆比例。然而，保证金余额也是根据标的资产价格的变动而变动的，当保证金余额低于一定标准时，需要追缴保证金。如不能达到要求的保证金数量，则会被交易所强制平仓。

三、卖空无担保期权

无担保期权（Naked Option）指没有用标的资产对冲的期权头寸。当市场情况发生变化，对于无担保期权的空头来说很可能损失巨大（回顾图41.1）。从风险管理角度出发，为了维持这样的空头头寸，交易所往往要求投资者在保证金账户存入卖空期权所得的期权费和标的资产当前价格一定比例的资金。

如果当前期权头寸已经使用标的资产进行对冲，这样的综合头寸实际风险会远

小于只卖空无担保期权。比如，备兑买入（Covered Call）就是卖出一个期权的同时卖方持有一个期权的标的资产。即使市场发生急剧变化，卖方也可以保证履约（把持有的现货标的资产交付买方即可）。有关备兑买入的内容，在后续章节中会详细介绍。

四、清算公司

期权清算公司（Options Clearing Corporation，OCC）负责期权合约的清算，市场上所有的期权头寸都会在清算公司记录，其功能是保证期权的卖方履行义务。

清算公司并不直接对接每一个投资者，而是通过会员（Members）机制对接经纪商（Brokers），再由经纪商对接投资者。为了保证履约，投资者在经纪商处设有保证金账户，而经纪商在会员处设有保证金账户，会员在清算公司处设有保证金账户。由此可见，清算是分层进行的。除此之外，会员为了保证履约需向清算公司缴纳一定的担保金。

五、有期权性质的证券

实务中，最常见的三类有期权特质的证券包括涡轮、员工股票期权和可转换债券。

1. 涡轮（Warrants）

涡轮即为 Warrants 的谐音，也可直译为"认股权证"，是一种期权。例如，许多非金融公司在发行债券的时候，经常通过在债券中附赠一个对于本公司股票的看涨涡轮，使得债券对于投资者更有吸引力。

2. 员工股票期权（Employee Stock Option）

员工股票期权是公司发行给员工的一种看涨期权，该期权在发行给员工时通常处于虚值状态，目的是在保证员工利益与股东一致性的同时，让员工永葆创业精神与奋斗活力。现在多数国家的会计准则都要求将员工股票期权在损益表中的费用记录为补偿费用。

3. 可转换债券（Convertible Bond）

可转换债券持有者拥有根据预先决定的价格和数量将债券转换成同一家公司股

票的权利。因此，实务中往往将可转债视为持有一份普通债券加上一份看涨期权进行分析。

虽然以上三种产品和期权极为相似，但是还有以下两个显著的不同之处。

第一，这三种产品的发行数量是已经预先决定的，并不会随市场情况变化而发生改变。而在交易所交易的期权数量往往会随着交易者的开仓和平仓发生改变。

第二，这三种产品在行权后是由公司发行对应股票数量予以交付，也就使得这些产品的行权会增加公司的流通股本，从而降低公司股价。但在期权交易中，期权的执行是由期权卖方进行履约，不会对公司股价造成影响。

第三节　非标准化产品

解释（explain）交易所交易的股票期权合约内容，包括非标准产品的合约内容（☆☆）

前文介绍的是标准化期权产品。当投资者有个性化需求时，传统标准化产品就很难满足其需要，此时要引入一些非标准化的期权产品，如各种奇异期权。一些需要掌握的非标产品会在本书其他章节中详细介绍，此处不再赘述。

扫码做题　章节练习

第四十二章

股票期权的性质

知识引导：在上一章我们介绍了期权的特征、分类以及看涨期权与看跌期权的多空头寸的收益特征并了解了期权市场运行的一些制度规则。本章转入期权的估值与定价的学习，我们以股票期权为例，主要介绍期权价格的影响因素以及看涨与看跌期权的平价关系。通过本章的学习，大家会对期权的价格特征有深入的认识。

考点聚焦：学习本章内容后，考生应识别影响股票期权价格的六个因素，描述这六个因素是如何影响欧式期权与美式期权价格的；识别并计算分红和不分红情况下的期权价格的上下限；解释看涨—看跌期权平价关系并用它对欧式期权和美式期权估值；解释美式看涨与看跌期权提前执行的特点。

本章框架图

第一节　股票期权价格的影响因素

识别（identify）影响股票期权价格的六个因素，描述这六个因素是如何影响欧式期权与美式期权价格的（☆☆☆）

为方便介绍，本章均以股票期权为例，即标的资产为股票的期权。但实际上，本章得到的大多数结论均适用于一般的期权。

影响股票期权价格的因素有六个，分别是：①当前股票价格；②执行价格；③到期时间；④股票价格波动率；⑤无风险利率；⑥股票分红。下面我们逐一分析这些因素是如何影响期权价格的。

一、当前股票价格：S_0（标的资产价格）

当前股票价格（标的资产价格）的高低会对看涨和看跌期权的价值产生影响。

对于看涨期权而言，当股票价格走高时，有利于看涨期权收益的增加（多头可按照事先约定的执行价格买入更加值钱的股票），从而看涨期权的价值增加，相应期权价格会提高。反之，股票价格降低，看涨期权的价格下降。

对于看跌期权而言，股票价格上升时，看跌期权的收益下降（多头可按照事先约定的价格卖出更加值钱股票），从而期权价格下跌。反之，股票价格降低，看跌期权的价格上升。

二、执行价格：K

对于看涨期权而言，提高执行价格，买入看涨期权的收益会减小（事先约定多头买入标的资产的价格上升了，意味着成本提高了），其价值会减少，价格会降低；反之，若降低执行价格，看涨期权的价值会增加，价格升高。

对于看跌期权而言，若提高执行价格，有利于看跌期权多头收益的增加（事先

约定多头卖出标的资产的价格上升了，意味着收益提高了），看跌期权的价格升高；反之，若降低执行价格，看跌期权的价格下降。

三、到期时间：T

到期时间对欧式期权和美式期权价格的影响存在差异。

对于美式期权而言，无论美式看涨期权还是看跌期权，其价格都是随着到期时间的增加而增加的。这是因为美式期权可以提前执行。提前执行意味着，对于到期时间较短的期权存在的执行机会，同样可以被到期时间较长的期权获得。所以，到期时间较长的期权拥有潜在更优执行的可能，这就使得到期时间长的美式期权价值更高。

对于欧式期权而言，到期时间长短与期权价格之间不存在确定性的关系，这是因为欧式期权必须到期才能执行，因而到期时间更长的期权不一定比到期时间短的期权产生更大的收益。

知识一点通

考虑这样一种情况，两个标的资产相同的欧式股票看涨期权。一个期权还有1个月到期，另一个期权还有3个月到期。然而，假设2个月后，标的股票将有大额股息支出（股息支出不利于看涨期权，见下文）。于是，在此情形下，3个月到期的欧式看涨期权价值反而不如1个月到期的期权。

四、股票价格波动率：σ

波动率是股票价格不确定性的一种表现，而期权的存在给予了期权所有者确定性。因此，价格波动越剧烈，期权给予所有者的保障就越有价值。

对于看涨期权而言，当波动率增加时，若价格低于执行价，无论价格下降多少，损失的只是期权费；若价格高于执行价，则涨得越高，收益越大。这样，涨期权对冲了价格大幅变动的不利影响，又能保证价格向有利方向变动时的收益最大化，因而波动越大，看涨期权价值越高。对于看跌期权，同理。

综上所述，股票价格波动率越高，期权价值越高（无论是看涨期权还是看跌期权）。

五、无风险利率：r

利率升高，则未来现金流的现值会减少。在保持其他因素不变的情况下，我们从这一点来分析利率变动对期权价值的影响。

对于看涨期权而言，现在付出期权费，未来有可能以低价买入股票，买入股票是现金流出，那么利率越高，未来流出的现金流现值就越小，这样看涨期权就更有价值。因此，看涨期权价格的变动与利率呈正向关系。

对于看跌期权，也是当前付出期权费，未来有可能以高价卖出股票，而利率越高，未来流入的现金流现值就越小，看跌期权的价值就越低。因此，看跌期权价格与利率变化呈反向关系。

六、股票分红：D

分红会使股票的价格下降，按照对股票价格的分析，价格下降会不利于看涨期权，使看涨期权价值降低；但是会有利于看跌期权，使看跌期权的价值增加。

下面我们通过表格总结以上六个因素对期权价格的影响，见表 42.1。其中，"＋"表示正向影响，"－"表示负向影响，"?"表示影响不明确。

表 42.1　　　　　六个因素对期权价格的影响

期权　影响因素	欧式看涨	欧式看跌	美式看涨	美式看跌
当前股票价格（S_0）	+	－	+	－
执行价格（K）	－	+	－	+
到期时间（T）	?	?	+	+
股票价格波动率（σ）	+	+	+	+
无风险利率（r）	+	－	+	－
股票分红（D）	－	+	－	+

第二节　看涨与看跌期权的平价关系

解释（explain）看涨—看跌期权平价关系并用它对欧式期权和美式期权估值（☆☆☆）

一、平价关系

本小节分析到期时间相同、执行价格相同的欧式看涨期权与看跌期权之间的关系。

假设持有期内股票没有分红，设看涨期权的期权费为 c，看跌期权的期权费为 p，两者的执行价格均为 K，到期时间为 T，无风险利率为 r。

我们构造一个投资组合——买入看涨期权、卖出看跌期权、同时借出现金 Ke^{-rT}，这样该组合在期初的价值为 $c - p + Ke^{-rT}$。

现在我们分情况讨论该组合在到期时的收益，分为以下两种情况。

当 $S_T < K$ 时，则看涨期权不执行，收益为 0；看跌期权执行，收益为 $S_T - K$（注意是卖出看跌期权）；加上现金头寸的价值（期初借出 Ke^{-rT}，期末收回 K），该组合期末价值为 S_T。

当 $S_T > K$ 时，则执行看涨期权，收益为 $S_T - K$；看跌期权不执行，收益为 0；加上现金头寸价值 K，该投资组合价值此时也为 S_T。表 42.2 列出了该投资组合在期初和期末的价值。

换而言之，这一组合的期末价值与持有股票的期末价值是相同的，那么在满足无套利的条件下，它的期初价值应该等于股票的期初价值，即有 $c - p + Ke^{-rT} = S$[①]，整理得：

$$c + Ke^{-rT} = p + S \tag{42.1}$$

这就是看涨期权与看跌期权之间的平价关系（Put – Call Parity）。

表 42.2　　　　　　　　　　　投资组合期初和期末收益

组合	期初成本	期末价值	
		$S_T < K$	$S_T > K$
买入看涨期权	c	0	$S_T - K$
卖出看跌期权	$-p$	$S_T - K$	0
借出现金	Ke^{-rT}	K	K
总计	$c - p + Ke^{-rT}$	S_T	S_T
买入股票	S	S_T	S_T

备考小贴士

观察式（42.1），公式左边可看作一份看涨期权加上一支零息债券，即 $c + B$，而公式右边可以看作一份看跌期权加上一支股票，即 $p + S$。$c + B$ 让人联想到 celebrity（名人、名流）这个单词，而 p. S 则为修改图片之意。联系在一起，"名人名流的照片都是修改过的"，是不是很好记忆呢？

知识一点通

当股票有分红时，可以将分红折现到期初，这样分红也是现金头寸的一部分。此时平价关系变为：

$$c + D_0 + Ke^{-rT} = p + S \tag{42.2}$$

---

① 买入股票价值 S。

二、期权的价值

期权费（Premium）是期权价值的体现。具体而言，期权费是由期权的内在价值和时间价值共同决定的。

其中，期权的内在价值（Intrinsic value）是由期权的收益决定的。对于看涨期权来说，其内在价值等于 $\max(S_t - K, 0)$；对于看跌期权，其内在价值等于 $\max(K - S_t, 0)$。

知识一点通

根据期权是否具有内在价值，可将期权状态划分为平价或在值（At the Money）、实值（In the Money）和虚值（Out of the Money）三种。当股票价格与执行价格相等时，称为平价或在值期权；当立刻行权收益大于零时，称为实值期权；当立刻行权收益小于零时，称为虚值期权。

除了由收益决定的内在价值外，期权价值还受到期时间的影响，因此期权还具有时间价值（Time Value）。

图42.1显示了期权价格与内在价值、时间价值的关系。如图42.1（a）所示，

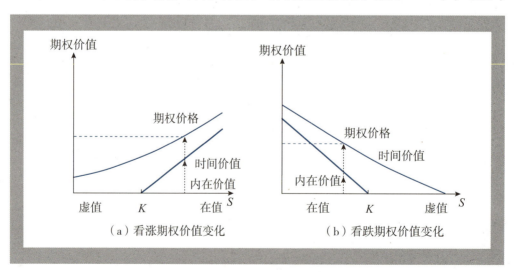

图 42.1　看涨期权与看跌期权的价值变化

看涨期权的期权价格随着横轴股价的上升而上升，而内在价值在 $S_T \geq K$ 时，与股价呈线性关系。最后，期权价格与内在价值的差值就是时间价值。

知识一点通

在图42.1（a）中，当股价趋于无穷时，内在价值趋近于期权价格，时间价值趋近于0。这意味着深度价内期权应该赶紧趁着股价高的好时机行权，不要再拖沓（故时间价值接近于0）。同理，考生可自行理解图42.1（b）中看跌期权的含义。

第三节　期权价格的上下限

识别（identify）并计算（calculate）分红和不分红情况下的期权价格的上下限（☆☆☆）

一、看涨期权价格的上下限

看涨期权赋予购买者以执行价格买入股票的权利。因此，无论如何看涨期权的价格（即期权费）不可能超过股票价格（否则购买期权者必定亏损）。于是看涨期权的上限为股票价格。

欧式看涨期权的价格要低于美式看涨期权（美式期权到期前任何时候都可行权，权利越大必然价格越高）。设欧式看涨期权的价格为 c_t，美式看涨期权价格为 C_t，股票价格为 S_t，则有：

$$c_t \leq C_t \leq S_t \tag{42.3}$$

而欧式期权的下限可以根据看涨看跌期权的平价关系得到。由于看跌期权的价格 $p_t \geq 0$，带入看涨看跌期权平价关系公式（42.1），可以得到看涨期权价格满足：

$$c_t \geq S_t - Ke^{-rT} \qquad\qquad (42.4)$$

二、看跌期权价格的上下限

看跌期权的价格要小于执行价格 K，即看跌期权上限为 K。这是因为当股票的价格将为 0 时，看跌期权收益最大为 K，看跌期权的售价不可能超过最大收益，否则必然无人问津。而美式看跌期权的价格要高于欧式期权价格。设欧式看跌期权的价格为 p_t，美式看涨期权价格为 P_t，执行价格为 K，则有：

$$p_t \leq P_t \leq K \qquad\qquad (42.5)$$

同样，通过看涨看跌期权的平价关系可以得到看跌期权的下限。由于看涨期权价格 $c_t \geq 0$，代入式（42.1）可得：

$$p_t \geq Ke^{-rT} - S_t \qquad\qquad (42.6)$$

第四节 美式期权的提前行权

解释（explain）美式看涨与看跌期权提前执行的特点（☆☆☆）

在到期之前，美式期权都可以选择行权。然而，对于期权购买者来说，是否会选择提前行权呢？这需要分情况讨论。

一、美式看涨期权的提前执行

对于没有股票分红的美式看涨期权而言，若提前执行，收益为 $S_t - K$。然而，根据看涨期权的上下限，美式期权价格 $C_t \geq S_t - Ke^{-rT}$，而 $Ke^{-rT} < K$。因此，美式看涨期权提前执行的收益小于期权价格，不应该提前执行。

而当股票有分红时，美式看涨期权是可以提前执行的，只要获得股票后得到的分红足够大，使得提前执行时具有正收益。

二、美式看跌期权的提前执行

对于美式看跌期权而言，提前执行的收益为 $K - S_t$，要大于看跌期权的价格下限 $Ke^{-rT} - S_t$，因此美式看跌期权是能够提前执行的。提前执行期权所有者会提前得到 K，而损失掉期权的时间价值，因此需要权衡利弊。当无风险利率变大时，提前执行有一定的吸引力，因为未来执行期权得到 K 折现到现在会更小；而如果有分红的话，提前执行会失去股票的分红收益，此时提前执行的收益会减少。

知识一点通

没有股票分红的美式看涨期权不应该提前执行，而美式看跌期权可以提前执行。当存在分红时，美式看涨期权由于有分红收益可以提前执行，而美式看跌期权由于会损失分红收益其执行的可能性降低。

扫码做题 章节练习

第四十三章

期权交易策略

知识引导：期权分为看涨、看跌两种类型，每种类型期权可按不同的行权价与到期时间挂牌交易，且每种类型的期权均可做多或做空。由此可见，期权是一种极为灵活的衍生品，大大丰富了投资者可选的交易策略种类。期权与标的资产之间、不同的期权之间可以形成各种各样的投资组合与交易策略，以应对不同的市场情形并获取期望利润。本章就常用的期权策略组合进行介绍，包括它们产生的利润以及在何种情形下适用。

考点聚焦：学习本章内容后，考生应能解释备兑看涨期权和保护看跌期权策略的动机；描述各种价差策略是怎样使用的并计算利润；描述组合策略的应用以及计算利润。

本章框架图

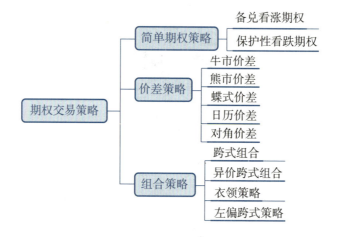

第一节　简单期权策略

解释（explain）备兑看涨期权和保护看跌期权策略的动机（☆☆☆）

我们首先介绍两种最简单的期权策略，在该策略组合中只包含标的资产与一个期权。备兑看涨期权与保护性看跌期权是两种最常见的简单期权策略。

备考小贴士

备兑看涨期权与保护性看跌期权的头寸构成均是标的资产＋期权。两者均是为了在一定程度上弥补标的资产价格下跌造成的损失。而在标的资产价格下跌时能够赚钱的简单期权策略无非两种：看涨期权的空头与看跌期权的多头。于是，标的资产＋看涨期权空头就构成了备兑看涨期权；标的资产＋看跌期权的多头就构成了保护性看跌期权。

一、备兑看涨期权（Covered Call）

备兑看涨期权策略采用标的资产加看涨期权空头的组合。这样在资产价格出现下跌时，通过获得期权费来减少损失；而在价格上涨时，可获得确定性的利润。图43.1 展示了各头寸利润的图形以及它们的组合利润。与之相对应，表 43.1 描述了在不同情况下各头寸利润以及组合的总利润。通过图、表我们可以看到备兑看涨期权策略的利润与看跌期权空头头寸是类似的，因此在缺少合适的看跌期权的情况下，这一策略可用于模拟看跌期权。

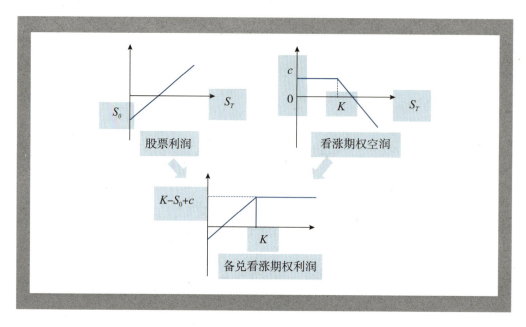

图 43.1　备兑看涨期权各头寸与组合利润

表 43.1　　　　　　　　　　　　　　备兑看涨期权利润

	$S_T < K$	$S_T > K$
股票多头	$S_T - S_0$	$S_T - S_0$
看涨期权空头	c	$c + K - S_T$
备兑看涨期权	$S_T - S_0 + c$	$K - S_0 + c$

备考小贴士

　　本章的所有策略都需要考生掌握利润计算与相关特征，但考生无须"死记硬背"最终的利润公式（见表 43.1 最后一行），而是可以通过"图像法"与"头寸法"两种方法掌握相关知识点。我们以备兑看涨期权为例，详细讲述这两种方法的运用，考生可自行运用这两种方法推导其他策略的相关结论。

　　"图像法"主要用于记忆策略的相关特征。备兑看涨期权由股票多头头寸与看涨期权空头头寸合并而成。股票多头头寸的图像为一条向上倾斜的直线，看涨期权空头头寸为一条向下倾斜的折线。两者图像合并后，向上倾斜与向下倾斜的部分相互抵消变为一条直线，向上倾斜与直线部分合并仍为向上倾斜，因此得到类似看跌期权空头头寸的图形。

　　"头寸法"主要运用于记忆策略利润的公式。备兑看涨期权由股票多头头寸与看涨期权空头头寸合并而成。因此，我们只需要分别计算出两个头寸的利润后加总即可得总利润。对于股票多头头寸而言，无论股价如何变化，其利润均为 $S_T - S_0$。而对于看涨期权空头头寸而言，则需要分类讨论。当 $S_T < K$ 时，看涨期权不会行权，空头稳赚期权费 c；而当 $S_T > K$ 时，看涨期权多头会行权，空头利润为 $c + K - S_T$。最后，将两个头寸利润加总就得到表43.1的最后一行。注意，"头寸法"无须记忆公式，只要记住头寸，分别计算其利润即可。

二、保护性看跌期权（Protective Put）

　　保护性看跌期权是标的资产与看跌期权多头的组合。很明显这一策略的目的在于使用看跌期权来应对资产价格下跌的风险，所以当预期资产价格将出现较大幅度下跌时，可采用这一策略。这一策略付出了期权费，却在价格下跌时能以较高价格卖出以降低损失。表43.2和图43.2给出了这一策略各头寸及总的利润情况，可以看到这一策略确实在下跌时能起到保护作用。

表 43.2　　　　　　　　　　　保护性看跌期权利润

	$S_T < K$	$S_T > K$
股票多头	$S_T - S_0$	$S_T - S_0$
看跌期权多头	$K - S_T - p$	$- p$
保护性看跌期权	$K - S_0 - p$	$S_T - S_0 - p$

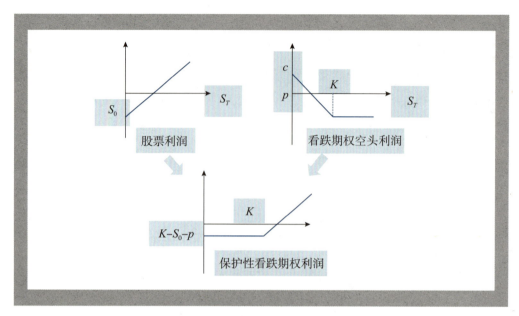

图 43.2　保护性看跌期权及各头寸的利润

第二节　价差策略（Spread Strategy）

描述（describe）各种价差策略是怎样使用的并计算（calculate）利润（☆☆☆）

　　同一类型的期权组合可以形成价差策略，这一组合同时买入和卖出执行价格不同或到期时间不同的同一类型期权，以获得想要得到的利润。

　　具体而言，若到期时间相同而执行价格不同，称为垂直价差（Vertical Spread），它包含牛市价差、熊市价差和蝶式价差三种。

　　日历价差（Horizontal Spread）是指到期时间不同而执行价格相同的期权的组合。

　　对角价差（Diagonal Spread）是执行价和到期时间都不同的同一类期权的组合。下面我们对垂直价差的具体三种策略——牛市价差、熊市价差以及蝶式价差进行详细介绍。

一、牛市价差（Bull Spread）

买入执行价低的看涨期权、卖出执行价高的看涨期权组成了牛市看涨期权价差策略。设两个期权的执行价分别为 K_1 和 K_2 且 $K_2 > K_1$，那么两个看涨期权的价格满足 $c_1 > c_2$。这一策略的利润如表 43.3 和图 43.3 所示，可以看到牛市价差策略的损失是有限的，为两个期权费之差；同时，利润也是有限的，为两个执行价格之差再减去净期权费。

表 43.3　　　　　　　　　　　　牛市看涨期权价差利润

	$S_T < K_1$	$K_1 \leqslant S_T < K_2$	$S_T \geqslant K_2$
看涨期权多头	$-c_1$	$S_T - K_1 - c_1$	$S_T - K_1 - c_1$
看涨期权空头	c_2	c_2	$c_2 + K_2 - S_T$
牛市看涨期权价差	$c_2 - c_1$	$S_T - K_1 + c_2 - c_1$	$K_2 - K_1 + c_2 - c_1$

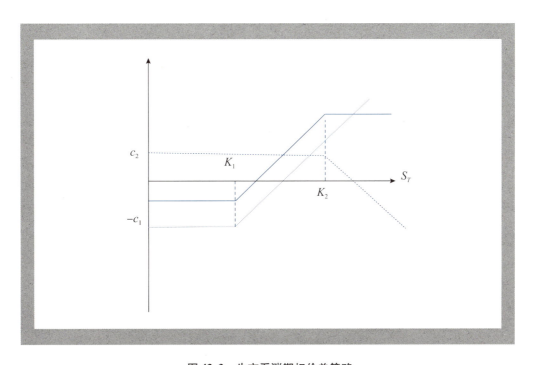

图 43.3　牛市看涨期权价差策略

同样，买入执行价较低的看跌期权、同时卖出执行价较高的看跌期权也可以构造牛市价差策略。假设两个基于相同资产、到期时间相同的看跌期权执行价分别为 K_1 和 K_2 且 $K_2 > K_1$。两者的价格分别为 p_1 和 p_2，那么 $p_2 > p_1$。由这两个看跌期权构造的牛市价差策略的利润如表 43.4 和图 43.4 所示。由看跌期权构造的牛市价差策略的利润和损失是有限的，损失的下限为两个执行价之差加上期权费的净利润，而利润的上限为两个期权费的净利润。

表 43.4　　　　　　　　　　牛市看跌期权价差利润

	$S_T < K_1$	$K_1 \leq S_T < K_2$	$S_T \geq K_2$
看跌期权多头	$K_1 - S_T - p_1$	$-p_1$	$-p_1$
看跌期权空头	$S_T - K_2 + p_2$	$S_T - K_2 + p_2$	p_2
牛市看跌期权价差	$K_1 - K_2 + p_2 - p_1$	$S_T - K_2 + p_2 - p_1$	$p_2 - p_1$

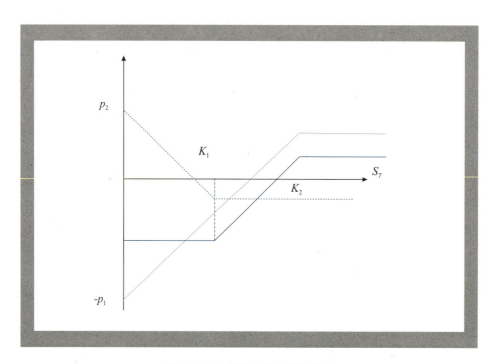

图 43.4　牛市看跌期权价差策略

综上所述，通过看涨期权或看跌期权构造的牛市价差策略都是在价格上涨时获得利润且利润是封顶的；而在价格下跌时发生损失且损失也是有限的。

备考小贴士

牛市价差策略同样可以通过"图像法"与"头寸法"来记忆。图 43.3 与图 43.4 的虚线头寸图像合并可得实线头寸图像。同样无须死记硬背利润公式，只需记住牛市价差策略的头寸组合然后分类讨论其利润再加总即可。这里需要指出的是，无论看涨期权还是看跌期权构成的牛市价差策略，都是买入执行价格低的期权、卖出执行价格高的期权。此外，由于两个期权的执行价格不同，分类讨论时要分三个区间讨论。

二、熊市价差（Bear Spread）

熊市价差策略也可以由看涨期权或者看跌期权构造。首先，我们看由两个看涨期权组成的熊市价差策略。它是通过卖出执行价较低的看涨期权同时买入执行价格较高的看涨期权组成的。设执行价分别为 K_1 和 K_2 且 $K_2 > K_1$，那么两个看涨期权的价格满足 $c_1 > c_2$。熊市看涨期权价差策略的利润如表 43.5 和图 43.5 所示。

表 43.5　　　　　　　　熊市看涨期权价差利润

	$S_T < K_1$	$K_1 \leq S_T < K_2$	$S_T \geq K_2$
看涨期权空头	c_1	$K_1 - S_T + c_1$	$K_1 - S_T + c_1$
看涨期权多头	$-c_2$	$-c_2$	$S_T - K_2 - c_2$
熊市看涨期权价差	$c_1 - c_2$	$K_1 - S_T + c_1 - c_2$	$K_1 - K_2 + c_1 - c_2$

下面我们看由看跌期权构造的熊市价差策略。它通过卖出执行价低的看跌期权、买入执行价高的看跌期权来实现。设执行价分别为 K_1 和 K_2 且 $K_2 > K_1$。两者的价格分别为 p_1 和 p_2，那么 $p_2 > p_1$，则由这两个看跌期权构造的熊市价差策略的利润如表 43.6 和图 43.6 所示。

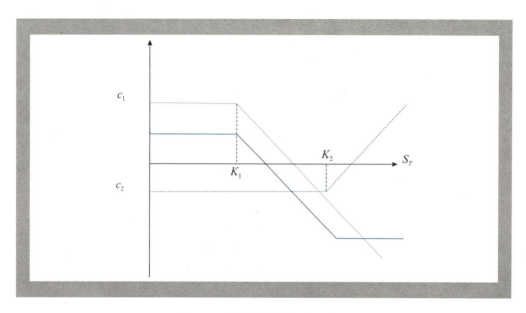

图 43.5　熊市看涨期权价差策略

表 43.6　　　　　　　　　熊市看跌期权价差利润

	$S_T < K_1$	$K_1 \leqslant S_T < K_2$	$S_T \geqslant K_2$
看跌期权空头	$S_T - K_1 + p_1$	p_1	p_1
看跌期权多头	$K_2 - S_T - p_2$	$K_2 - S_T - p_2$	$-p_2$
熊市看跌期权价差	$K_2 - K_1 + p_1 - p_2$	$K_2 - S_T + p_1 - p_2$	$p_1 - p_2$

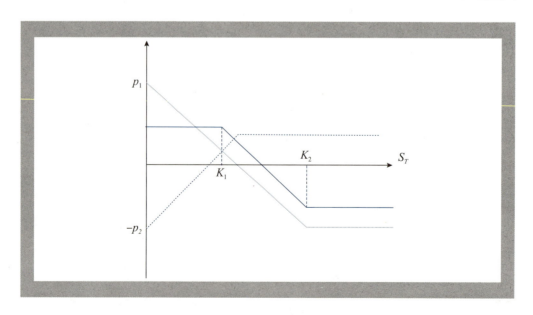

图 43.6　熊市看跌期权价差策略

备考小贴士

牛市价差策略与熊市价差策略的头寸方向相反，在牛市价差中是买低（执行价）卖高（执行价），而熊市价差中是卖低买高。牛市价差是价格上涨获得利润，而熊市价差是价格下跌获得利润，当然，两者的利润和风险都是有限的。由于记忆利润函数比较困难，容易混淆，考生只需记住以上特征和利润图形，知道采用何种期权搭建这种策略，再根据各头寸的利润推导利润函数。

三、蝶式价差（Butterfly Spread）

蝶式价差包含三个相同类型的期权头寸。由看涨期权构成的蝶式价差包括买入执行价低的看涨期权并且买入执行价格高的看涨期权，再卖出两个执行价格介于两者中间的看涨期权。假设这三个执行价格分别为 K_1、K_2 和 K_3，且 $K_1 < K_2 < K_3$，那么三者的价格满足 $c_1 > c_2 > c_3$。这样，这一价差组合的利润如表43.7和图43.7所示，可以看到蝶式价差在价格下跌和上涨时发生损失，而在价格变化不大时获得利润，因而这是一种低波动率时采取的策略。

表 43.7 看涨期权蝶式价差利润

	$S_T < K_1$	$K_1 \leqslant S_T < K_2$	$K_2 \leqslant S_T < K_3$	$S_T \geqslant K_3$
看涨期权多头（K_1）	$-c_1$	$S_T - K_1 - c_1$	$S_T - K_1 - c_1$	$S_T - K_1 - c_1$
2倍的看涨期权空头（K_2）	$2c_2$	$2c_2$	$2(K_2 - S_T) + 2c_2$	$2(K_2 - S_T) + 2c_2$
看涨期权多头 K_3	$-c_3$	$-c_3$	$-c_3$	$S_T - K_3 - c_3$
总利润	$2c_2 - c_1 - c_3$	$S_T - K_1 + 2c_2 - c_1 - c_3$	$2K_2 - K_1 - S_T + 2c_2 - c_1 - c_3$	$2K_2 - K_1 - K_3 + 2c_2 - c_1 - c_3$

同样由看跌期权也可以构造蝶式价差，也是通过买入执行价高和执行价低的看跌期权，同时卖出两个执行价居中的看跌期权来实现。由看跌期权构成的蝶式价差利润与看涨期权构成的蝶式价差类似，也是在价格上涨和下跌时发生损失，而价格

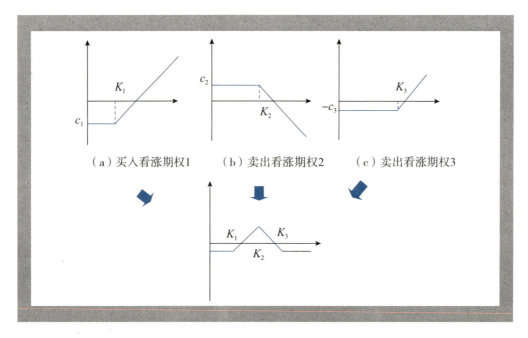

图 43.7　看涨期权蝶式价差策略

变化不大时利润为正。价差策略的损失和利润都是有限的，最大损失接近购买期权的净成本，而最大利润为相邻两个执行价之差减去策略成本。

例题 43.1

　　某投资者卖出 2018 年 6 月到期的 FENG & COMPANY 公司的执行价为 45 美元的看涨期权，价格为 3 美元；同时，他买入了 2018 年 6 月到期的 FENG & COMPANY 公司的执行价为 40 美元的看涨期权，价格为 5 美元。请问这是什么交易策略？这一策略的最大损失和利润为多少？

名师解析

　　首先，判断策略的类型。这一策略买入执行价低的看涨期权，同时卖出执行价高的看涨期权，为牛市价差策略。

　　由表 43.3 和图 43.3 可知，该策略的最大损失发生在股票价格低于较低执行价时，此时两个看涨期权都不执行，损失的是交易期权的净费用，为 5 - 3 = 2（美元）。

　　该策略的最大利润出现在股票价格高于较高执行价时，此时两个期权均执行，利润为两个执行价之差，为 $K_2 - K_1 = 45 - 40 = 5$（美元），成本为两个期权费之差

2 美元，则最大利润为 5 – 2 = 3（美元）。

前文已反复强调，计算此类题目无须记忆公式，把每个头寸的利润计算清楚即可。在表 43.3 的最后一行中，我们不难看出，除了 S_T 为未知变量外，其余字母均为不变的常数。因此，当 S_T 分别取到区间的上下限时，对应了该策略的最大值与最小值。

例题 43.2

考虑一个蝶式期权策略，该策略买入一个执行价为 50 美元的看跌期权，价格为 7 美元，并买入一个执行价为 37 美元的看跌期权，价格为 2 美元，同时卖出两个执行价为 42 美元的看跌期权，价格为 4 美元。如果到期时资产价格为 33 美元，请计算这一策略的利润。

名师解析

可以看出这是一个由看跌期权组成的蝶式价差策略。当前资产价格低于组合中看跌期权的执行价，因此三个看跌期权均执行。

买入执行价为 50 美元的看跌期权的利润为 50 – 33 = 17（美元）。

买入执行价为 37 美元的看跌期权的利润为 37 – 33 = 4（美元）。

卖出两手执行价为 42 美元的看跌期权的利润为 2 × (33 – 42) = – 18（美元）。

这一策略的期权费用为 2 × 4 – 7 – 2 = – 1（美元）。

综上所述，这一蝶式价差策略的利润为 17 + 4 – 18 – 1 = 2（美元）。

备考小贴士

从 FRM 考试角度来看，牛市价差、熊市价差和蝶式价差可能考计算和图形，所以平时需要深入理解与掌握。

四、日历价差（Calendar Spread）

日历价差策略利用的是行权价格相等、到期时间不同的同种期权并且买入到期时间长的、卖出到期时间短的。图 43.8 为日历价差的利润图像，表 43.8 为标的价格不同时期的利润情况。

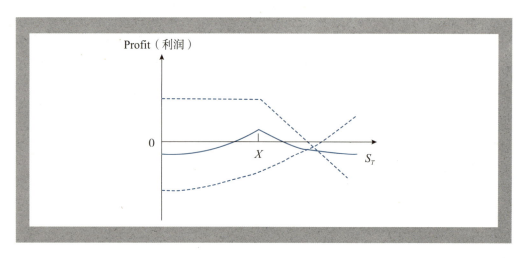

图 43.8　日历价差利润

表 43.8 日历价差利润表

	$S_{T_1} \to 0$	$S_T = X$	$S_{T_1} \to \infty$
Short C（T_1，X）	C_1	C_1	$C_1 - (S_{T_1} - X)$
Short C（T_2，X）	$- C_2 + TV$	$- C_2 + TV$	$(S_{T_1} - X) - C_2 + TV$
Total	$\to C_1 - C_2$	$C_1 - C_2 + larger\ TV$	$\to C_1 - C_2$

五、对角价差（Diagonal Spread）

对角价差采用行权价格与到期时间均不相同的同类期权，该策略了解即可。图 43.9 展示了对角价差策略的利润。

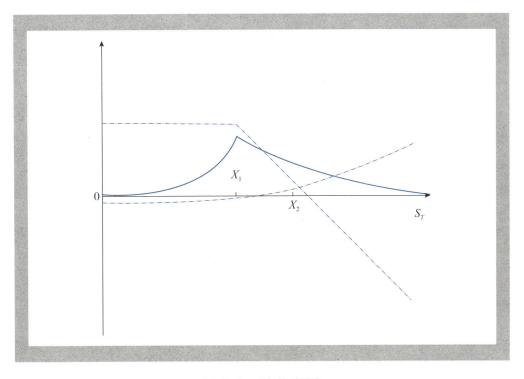

图 43.9　对角价差利润

备考小贴士

无论日历价差还是对角价差，在 FRM 考试中都不会作为计算题的重点考查对象，只要大致熟悉图形即可。

第三节　组合策略（Combination Strategy）

描述（describe）组合策略的应用以及计算（calculate）利润（☆☆☆）

由看涨期权和看跌期权同时构成的策略称为组合策略。常见的组合策略包括跨

式组合以及异价跨式组合等。

一、跨式组合（Straddle）

跨式组合是由相同执行价和到期时间的看涨期权与看跌期权构成的组合。买入跨式组合是指同时买入看涨期权和看跌期权。假设两个期权的执行价格均为 K，则买入跨式组合的利润如表43.9和图43.10所示。可以看到，买入跨式组合在价格大涨和大跌时能获得较大利润，但价格"波澜不惊"时却会遭遇严重亏损。因此，在不清楚价格变动方向而波动率较大时，可以采取这种策略。

表 43.9 买入跨式组合利润

	$S_T < K$	$S_T \geq K$
看涨期权多头	$-c$	$S_T - K - c$
看跌期权多头	$K - S_T - p$	$-p$
异价跨式组合	$K - S_T - p - c$	$S_T - K - c - p$

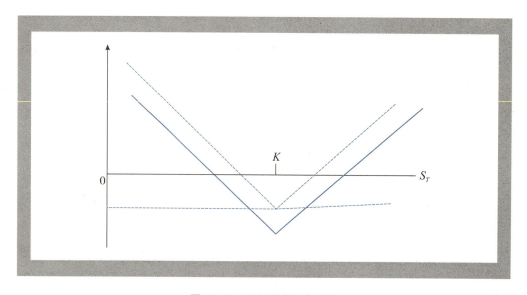

图 43.10 买入跨式组合利润

二、异价跨式组合（Strangle）

异价跨式组合（Strangle），又称扼式组合，是由相同到期时间而执行价不同的看涨期权与看跌期权组成。假设执行价格分别为 K_1 和 K_2，且 $K_2 > K_1$。通过买入执行价为 K_1 的看跌期权与买入执行价为 K_2 的看涨期权来构造异价跨式组合，其利润如表 43.10 和图 43.11 所示，当资产价格在两执行价之间时，亏损最大为两个期权的期权费；而当价格低于较低的执行价或高于较高的执行价时，会产生正的利润。

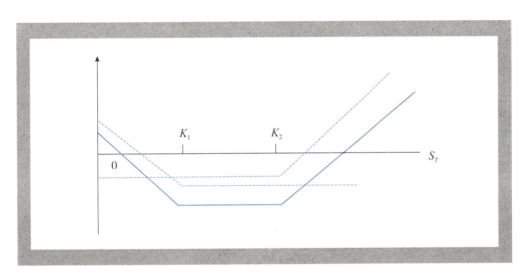

图 43.11　买入异价跨式组合利润

表 43.10　　　　　　　　　　　　买入异价跨式组合利润

	$S_T < K_1$	$K_1 \leqslant S_T < K_2$	$S_T \geqslant K_2$
看涨期权多头	$-c$	$-c$	$S_T - K_2 - c$
看跌期权多头	$K_1 - S_T - p$	$-p$	$-p$
牛市看涨期权价差	$K_1 - S_T - p - c$	$-c - p$	$S_T - K_2 - c - p$

三、衣领策略（Collar）

衣领策略是在持有标的资产的同时买入一个看跌期权来覆盖资产价格下跌的损失，同时卖出一个看涨期权以获得期权费。假设看跌期权的执行价格为 K_1，看涨期权的执行价为 K_2，且 $K_2 > K_1$。衣领策略的利润如表 43.11 和图 43.12 所示，从图中可以看出衣领策略的损失和利润都是有限的，有效减少了价格下跌所造成的损失。

表 43.11   衣领策略组合利润

	$S_T < K_1$	$K_1 \leqslant S_T < K_2$	$S_T \geqslant K_2$
股票多头	$S_T - S_0$	$S_T - S_0$	$S_T - S_0$
看涨期权空头	c	c	$K_2 - S_T + c$
看跌期权多头	$K_1 - S_T - p$	$-p$	$-p$
牛市看涨期权价差	$K_1 - S_0 - p + c$	$S_T - S_0 + c - p$	$K_2 - S_0 + c - p$

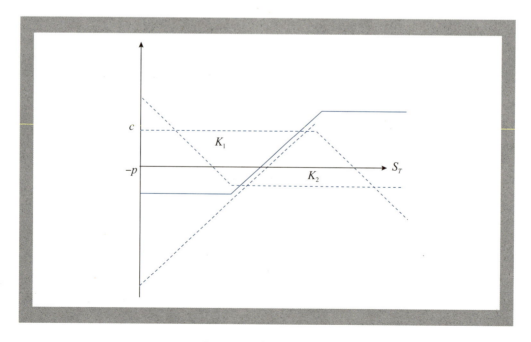

图 43.12　衣领策略利润

例题 43.3

某投资经理想要对冲所持有的债券组合的利率风险。他想买入一个看跌期权，执行价低于现在组合的价格以应对利率上升，并且他想卖出一个看涨期权，执行价高于组合的价格来降低持有看跌期权的成本。请问这位经理采用的是什么策略？

A. 熊市价差

B. 异价跨式组合

C. 衣领策略

D. 跨式组合

名师解析

此策略为衣领策略，衣领策略在持有资产的同时买入看跌期权以应对资产价格下跌的风险，同时卖出看涨期权来获得期权费以降低成本。

例题 43.4

下列关于期权策略的描述哪几个是不正确的？

A. 买入异价跨式策略是指同时买入执行价格相同的看涨期权与看跌期权。

B. 卖出牛市价差可以通过卖出较低执行价的看涨期权并买入较高执行价的看涨期权来实现。

C. 垂直价差由到期时间不同的期权组成。

D. 买入蝶式价差可以通过买入两个执行价格不同的看跌期权同时卖出两个执行价格相同的看跌期权来实现。

名师解析

此题的答案是 A 和 C 不正确。

A. 异价跨式策略由执行价不同的看涨和看跌期权构成，且两者的头寸方向相同。

C. 垂直价差是由到期时间相同而执行价不同的同一类型的期权构成，常见的垂直价差策略包括牛市价差策略、熊市价差策略以及蝶式价差策略。

B. 是正确的。牛市价差可以通过买低（执行价）卖高（执行价）的同一类期权来实现，那么卖出牛市价差的头寸方向与之相反，所以 B 是正确的。

D. 是正确的。蝶式价差是通过买两端（高低执行价）卖二倍数量中间（执行

价）的一类期权组成。

四、左偏跨式策略（Strip）

左偏跨式策略是由相同执行价和到期时间的一个看涨期权与两个看跌期权构成的组合。假设三个期权的执行价格均为 X，则买入左偏跨式组合的利润如表 43.12 和图 43.13 所示。这种策略包含两部分预期：第一，未来价格波动率较大。第二，未来价格下跌可能性更高。

表 43.12 左偏跨式策略组合利润

	$S_T < K$	$S_T \geqslant K$
1 个看涨期权多头	$-c$	$S_T - K - c$
2 个看跌期权多头	$2(K - S_T) - 2p$	$-2p$
条式组合	$2(K - S_T) - 2p - c$	$S_T - K - c - p$

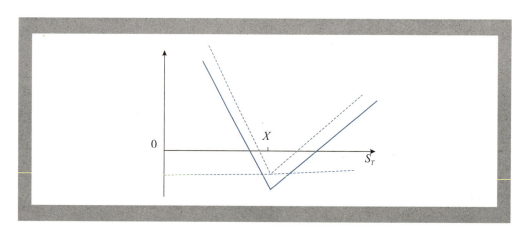

图 43.13　左偏跨式策略的利润

当然，买入左偏跨式组合在价格大涨和大跌时能获得较大利润，价格下跌尤其利润丰厚。但倘若价格"波澜不惊"，其亏损程度将甚于普通跨式策略。

五、右偏跨式策略（Strap）

右偏跨式策略是由相同执行价和到期时间的两个看涨期权与一个看跌期权构成

的组合。假设三个期权的执行价格均为 X，则买入右偏跨式组合的利润如表 43.13 和图 43.14 所示。这种策略包含以下两部分预期：第一，未来价格波动率较大。第二，未来价格上涨可能性更高。

表 43.13　　　　　　　　　　右偏跨式策略组合利润

	$S_T < K$	$S_T \geq K$
2 个看涨期权多头	$-2c$	$2(S_T - K) - 2c$
1 个看跌期权多头	$K - S_T - p$	$-p$
带式组合	$K - S_T - p - 2c$	$2(S_T - K) - 2c - p$

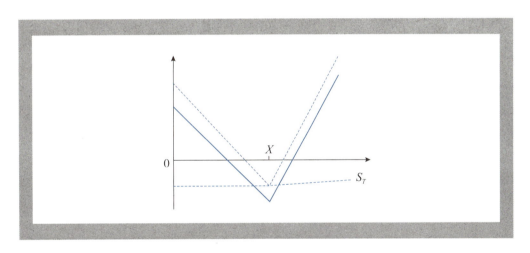

图 43.14　右偏跨式策略的利润

当然，买入右偏跨式组合在价格大涨和大跌时能获得较大利润，价格上涨尤其利润丰厚。但倘若价格"波澜不惊"，其亏损程度将甚于普通跨式策略。

备考小贴士

从 FRM 考试角度上看，衣领策略、跨式策略、异价跨式策略、左偏跨式和右偏跨式策略需要掌握计算与图形，请及时且深入理解、掌握。

六、利率顶策略（Cap）

利率顶策略是由固定收益证券看跌期权搭建的组合。所谓利率顶，即保证利率不会上涨超过某个限度，比如8%。根据前文我们知道，固定收益证券价格与利率反向相关，所谓利率不超过某个限度，即固定收益证券价格不低于某个限度。通过建立一组固定收益证券看跌期权的多头头寸，既保证这些固定收益证券的价格不会低于行权价，也保证了利率不会上涨超过某个限度。

如图43.15所示，当利率较低，低于行权利率（即固定收益证券价格高于行权价格）而不能行权时，该策略无法行权，会损失期权费；随着利率上升，固定收益证券价格逐渐下跌，此时如果行权，其收益将逐渐增加。所以，该策略的图形类似于普通看涨期权，可行权之前（低利率期）会损失期权费，可行权之后（高利率期）会随着利率的上升而带来行权利润的上升。

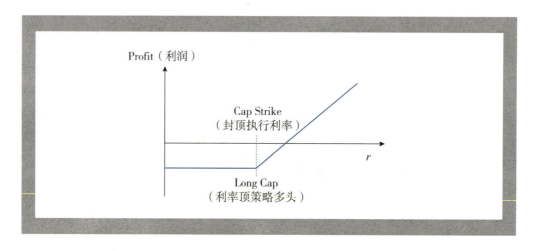

图43.15　利率顶策略的利润

七、利率底策略（Floor）

利率底策略是由固定收益证券看涨期权搭建的组合。所谓利率底，即保证利率不会下跌低于某个限度，比如3%。根据前文我们知道，固定收益证券价格与利率反向相关，所谓利率不低于某个限度，即固定收益证券价格不高于某个限度。通过建立一组固定收益证券看涨期权的多头头寸，既保证这些固定收益证券的价格不会高于行权价，又保证利率不会下跌低于某个限度。

如图 43.16 所示，当利率较高，高于行权利率（即固定收益证券价格低于行权价格）而不能行权时，该策略无法行权，会损失期权费；随着利率下跌，固定收益证券价格逐渐上升，此时如果行权，其收益将逐渐增加。所以，该策略的图形类似于普通看跌期权，可行权之前（高利率期）会损失期权费，可行权之后（低利率期）会随着利率的下跌而带来行权利润的上升。

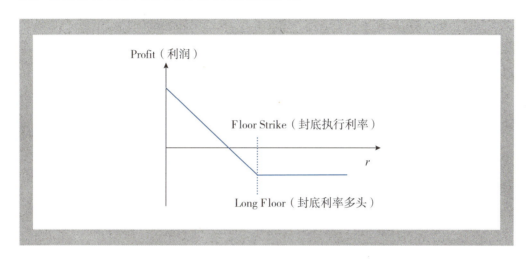

图 43.16　利率底策略的利润

本章展示了一些常用的期权交易策略，由此可以看到期权这一衍生品的灵活性。通过期权与标的资产之间以及期权与期权之间的不同组合，可以在不同市场环境下为交易者提供想要实现的利润。因此，期权在现代金融市场中深受交易者的欢迎，其应用也越来越广泛。

扫码做题　章节练习

第四十四章

奇异期权

知识引导：期权市场上产品形式灵活，除了欧式期权和美式期权这一类标准的传统期权外，为了满足一些投资者的特殊需求，期权市场上还存在一些非标准化的期权，称为奇异期权。虽然奇异期权的成交量远低于标准期权产品，但由于其具有灵活性、定制性与高收益性等特点，成为了期权市场的重要组成部分。本章将对奇异期权与标准期权进行比较并介绍几种常见的奇异期权的特征与收益。

考点聚焦：学习本章内容后，考生应能定义并对比奇异衍生品与标准衍生品；描述驱动奇异衍生品发展的一些因素；解释任何衍生品是怎样转换成零成本的产品的；描述标准美式期权是怎样转换成非标准美式期权的；识别并描述缺口期权、远期生效期权、复合期权、任选期权、障碍期权、两值期权、回望期权、喊价期权、亚式期权、资产交换期权、彩虹期权以及篮子期权的特征与收益；描述并对比波动率和方差互换；解释静态复制期权的基本前提以及它是怎样应用到奇异期权对冲的。

本章框架图

```
                          ┌─ 标准期权与奇异期权
                          │
                          │                      ┌─ 非标准美式期权
                          │                      ├─ 缺口期权
                          │                      ├─ 远期生效期权
                          │                      ├─ 复合期权
                          │                      ├─ 任选期权
                          │                      ├─ 障碍期权
  奇异期权 ───────────────┼─ 几种常见的奇异期权 ─┼─ 两值期权
                          │                      ├─ 回望期权
                          │                      ├─ 喊价期权
                          │                      ├─ 亚式期权
                          │                      ├─ 资产交换期权
                          │                      └─ 涉及多种资产的期权
                          │
                          ├─ 波动率互换与方差互换
                          │
                          └─ 奇异期权对冲
```

第一节　标准期权与奇异期权

定义（define）并对比（compare）奇异衍生品与标准衍生品（☆）

描述（describe）驱动奇异衍生品发展的一些因素（☆）

前文介绍的欧式期权和美式期权具有定义标准、意义明确等特点，因而又被称为标准期权（Plain Vanilla Option）。这一类期权在市场上交易活跃，一般交易所内交易的期权都属于此类。

奇异期权（Exotic Option）是出于特殊需要而设计的非标准化产品，通常在场外市场进行交易。设计奇异期权的目的多样，有的是为了满足特殊的对冲需求，有的是出于税务、法律或监管等考虑而设计的。与标准期权相比，它的交易量小，但更为灵活，对于衍生品交易商而言，这类产品往往能产生更高的盈利。

第二节　几种常见的奇异期权

描述（describe）标准美式期权是怎样转换成非标准美式期权的（☆☆）

识别（identify）并描述（describe）缺口期权、远期生效期权、复合期权、任选期权、障碍期权、两值期权、回望期权、喊价期权、亚式期权、资产交换期权、彩虹期权以及篮子期权的特征与收益（☆☆）

一、非标准美式期权（Nonstandard American Options）

标准美式期权在有效期内任何时刻均可执行，而且执行价是唯一的。这些特点经过如下一些变化就形成了非标准美式期权。

第一，提前执行时间仅限于有效期内的某些特定日期。这一类期权被称为百慕大期权（Bermudan Option）。

第二，提前执行仅限于有效期内的某个时间段，比如在刚开始的一段时间里期权不能提前执行。

第三，执行价格可以变化。

> **知识一点通**
>
> 公司发行的认股权证（Warrant）常具有以上特征。例如，某五年期的认股权证，在第 3 年到第 5 年的某些特定日期才能行使，在第 3 年的执行价格为 40 元，在第 4 年的执行价为 45 元，而在第 5 年的执行价为 50 元。

二、缺口期权（Gap Option）

缺口期权是一种欧式期权，它设定了两个价格，一个是执行价，另一个是触发价。假设 K_1 为执行价，K_2 是触发价，S_T 为标的资产到期价格。对于看涨期权，$K_2 > K_1$，当 $S_T > K_2$ 时方可行权；对于看跌期权，$K_2 < K_1$，当 $S_T < K_2$ 时，方可行权。缺口期权的收益如表44.1所示。

表 44.1 　　　　　　　　　　缺口期权收益

	$S_T \leq K_2$	$S_T > K_2$
看涨期权	0	$S_T - K_1$
看跌期权	$K_1 - S_T$	0

> **知识一点通**
>
> 以看涨缺口期权为例，如果到期时，S_T 高于触发价 K_2（而非执行价），那么多头会选择行权，其收益为 $S_T - K_1$（而非减去触发价）；如果到期时，S_T 低于或等于触发价 K_2，则多头不能行权，收益为 0。

三、远期生效期权（Forward Start Option）

远期生效期权是在未来的某时才开始有效的期权。例如，在 2018 年 2 月购买的 2018 年 8 月开始生效的 3 个月期的欧式看涨期权，其到期时间是在 2018 年 11 月。员工股票期权也可以看作远期生效期权，在典型的员工股权激励计划中，公司明确承诺在未来某时刻向员工发放股票期权。

四、复合期权（Compoud Option）

复合期权是在期权之上的期权，也就是说其标的资产是一个期权。具体而言，它可细分为以下四种类型。

一是基于看涨期权的看涨期权（A Call on a Call），它给予投资者在未来某时以一定价格买入某一看涨期权的权利。

二是基于看跌期权的看涨期权（A Call on a Put），它给予投资者在未来某时以一定价格买入看跌期权的权利。

三是基于看涨期权的看跌期权（A Put on a Call），它给予投资者在未来某时以约定价格卖出某一看涨期权的权利。

四是基于看跌期权的看跌期权（A Put on a Put），它给予投资者在未来某时以约定价格卖出某一看跌期权的权利。表 44.2 总结了这四种复合期权的性质。

表 44.2   **复合期权性质**

	自身性质	标的资产	买卖方向
基于看涨期权的看涨期权	看涨期权	看涨期权	买入
基于看跌期权的看涨期权	看涨期权	看跌期权	买入
基于看涨期权的看跌期权	看跌期权	看涨期权	卖出
基于看跌期权的看跌期权	看跌期权	看跌期权	卖出

> **知识一点通**
>
> 复合期权的自身性质以及买卖方向取决于本身是什么类型的期权，而不取决于基于什么类型的期权。自身为看涨期权，那么赋予的权利就是买入（无论基于看涨还是看跌期权）；自身为看跌期权，那么赋予的权利就是卖出。

五、任选期权（Chooser Option/As – you – like – it Option）

选择者期权也称为任选期权（As – you – like – it option）。该期权的特点是持有人在一段时间后有权选择持有的是看涨期权还是看跌期权。假设在 T_1 时刻持有人具有选择权，那么此时期权的价值为看涨期权与看跌期权价格的最大值，即：

$\max(c,p)$。其中，c 为看涨期权价格，p 为看跌期权价格。

六、障碍期权（Barrier Option）

障碍期权中设定了一定的障碍价格水平。当标的资产价格达到障碍价时期权才开始生效或者失效。

根据达到障碍价后是否有效，障碍期权可细分为敲入和敲出期权两类。敲入期权（Knock – in）是达到规定价格水平后开始生效，而敲出期权（Knock – out）是触及约定价格后就失效。

更进一步分析，根据价格走势以及触及障碍价后是否有效分为下跌—敲出、下跌—敲入、上涨—敲出和上涨—敲入四种情形，见图44.1。

图44.1中，价格走势的实线部分表示期权在有效期内，虚线部分表示失效。在每一种情形下又可以分为看涨和看跌两种类型的期权，比如下跌—敲出期权包含下跌—敲出看涨期权和下跌—敲出看跌期权。

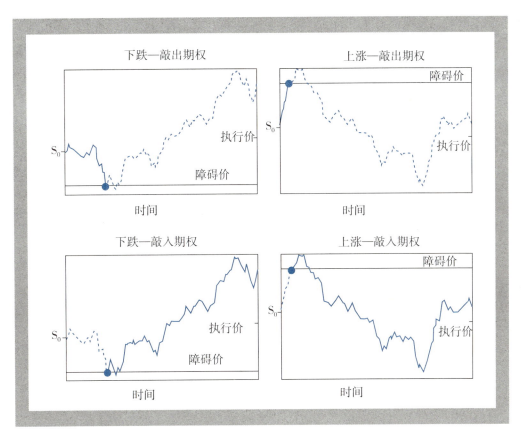

图 44.1　障碍期权的四种情形

知识一点通

以图44.1中的第一幅图为例，假设存在一向下敲出看涨期权，且标的资产的价格走势如图所示。于是，只要标的资产价格高于约定的障碍价，看涨期权就与标准看涨期权无异，多头可以自行选择行权时间。然而，一旦标的资产价格低于障碍价，就触发了敲出事件，即看涨期权从此失效。由此可见，障碍期权赋予购买者的权利时效低于普通期权（要触发一定条件后才生效或失效），因此障碍期权的价格通常低于对应的普通期权，以此吸引投资者。

七、两值期权（Binary Option）

两值期权是一种收益不连续的期权。当资产价格达到执行价后，选择行权所获

得的收益为固定数量金额或资产，而资产价格未达到执行价，则收益为 0（故称为两值期权，收益只有两种情况）。例如，现金或空手看涨期权（Cash – or – nothing Call Option），假设执行价为 K，固定收益为 Q，则收益如图 44.2 所示。

由于两值期权收益不连续，因此较难通过两值期权实现对冲目的。

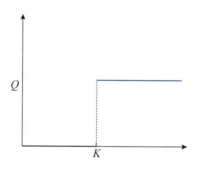

图 44.2　现金或空手看涨期权收益

八、回望期权（Lookback Option）

回望期权，又称俄式期权，其收益与存续期内资产价格的最大值和最小值有关。回望期权分为浮动回望看涨期权（Floating Lookback Call）、浮动回望看跌期权（Floating Lookback Put）、固定回望看涨期权（Fixed Lookback Call）和固定回望看跌期权（Fixed Lookback Put）四种。

浮动回望式期权，用存续期内标的资产价格的最大值与最小值替代执行价格。具体而言，浮动回望看涨期权的收益等于标的资产的最终价格超出存续期内最低价格的价差。浮动回望看跌期权的收益等于存续期内标的资产的最高价与资产最终价的价差。

固定回望式期权，用存续期内标的资产价格的最大值和最小值替代标的资产的最终价格（执行价格为常数 K）。具体而言，固定回望看涨期权的收益等于区间内最高价与执行价的价差，而固定回望看跌期权的收益等于执行价与最低价的价差。

假设 S_{max} 为有效期内资产价格的最大值，S_{min} 为最小值，S_T 为资产到期时的价格，K 为执行价。表 44.3 将这四种期权的收益与欧式期权进行了对比。

表 44.3　　　　　　　　　回望式期权与欧式期权收益对比

期权种类	期权收益	期权种类	期权收益
浮动回望看涨	$\max(0, S_T - S_{min})$	浮动回望看跌	$\max(0, S_{max} - S_T)$
固定回望看涨	$\max(0, S_{max} - K)$	固定回望看跌	$\max(0, K - S_{min})$
欧式看涨	$\max(0, S_T - K)$	欧式看跌	$\max(0, K - S_T)$

通过表 44.3 我们可以看到回望式期权的收益要高于对应的欧式期权，因而回望式期权的期权费更高。

九、喊价期权（Shout Option）

喊价期权与欧式期权较为相似，不同之处在于期权持有者在持有期内可以向期权的卖出方"喊价"一次。当期权到期时，期权持有者的收益为普通期权收益与喊价时期权内含收益的最大值。

> **知识一点通**
>
> 假设某喊价式看涨期权的执行价格为 40 美元，持有者在标的资产价格为 60 美元时喊价。那么，在到期时若资产价格高于 60 美元，则收益为资产价格减去执行价（普通期权收益高于喊价结算的收益）；若资产价格低于 60 美元，则收益为 20 美元（普通期权收益低于喊价结算的收益）。

十、亚式期权（Asian Option）

亚式期权的收益取决于持有期内资产价格的平均值，因此亚式期权又被称为平均价格期权（Average Price Option）。

假设这一平均值为 S_{avg}，执行价格为 K，则亚式看涨期权的收益为：$\max(S_{avg} - K, 0)$。

相应地，亚式看跌期权的收益为：$\max(K - S_{avg}, 0)$。

知识一点通

一般而言，亚式期权的价格比标准的欧式期权便宜，也可能更适合公司的需要。例如，某外贸公司在未来一年内会陆续收到美国进口商支付的美元现金流且时间不确定，那么能够对冲未来一年内平均汇率水平的衍生品更能满足其需求。

十一、资产交换期权（Exchange Option）

资产交换期权是到期时有权把一种资产换成另一种资产的期权，其形式非常多样。例如，收购要约（Stock Tender Offer）提供了将一种股票转换成另一种股票的权利。

十二、涉及多种资产的期权

1. 篮子期权（Basket Option）

篮子期权的标的是一个投资组合，该投资组合中可能包含股票、股指、货币等不同类型的资产。篮子期权的价值与整个资产组合价值的变动相关。

2. 彩虹期权（Rainbow Option）

普通期权的价值仅与一个不确定因素相关（即标的资产价格），而彩虹期权因为具有一系列的标的资产，其价值与多个风险因素有关（风险因素的数量被看成彩虹的色彩数，故称之为彩虹期权）。

彩虹期权的价值通常取决于一系列标的资产中的最好或最差表现的资产，同时它的价值往往与一系列标的资产间的相关性有密切关系。彩虹期权一个典型的例子就是国债期货合约的空头对交割券的选择权。如前面章节所述，在国债期货中，空头能够从一系列满足条件的可交割券中选择一个进行交割，而这一选择权的价值与所有可交割券的价值均相关，因而属于彩虹期权。

例题 44.1

下列哪种期权有强烈的路径依赖性？

A. 亚式期权

B. 两值期权

C. 美式期权

D. 欧式看涨期权

名师解析

答案为 A。亚式期权的收益取决于有效期内资产价格的均值，因而与资产变动的路径有关。两值期权和欧式看涨期权的收益仅与期末资产价格有关，美式期权的收益只与执行时的资产价格相关，均不存在路径依赖。

例题 44.2

已知当前股票价格为 100 美元，有四个基于此股票的障碍期权，哪个障碍期权不会从股票价格上涨中收益？

A. 障碍价 90 美元、执行价为 110 美元的下跌—敲出看涨期权

B. 障碍价 90 美元、执行价为 110 美元的下跌—敲入看涨期权

C. 障碍价为 110 美元、执行价为 100 美元的上涨—敲入看跌期权

D. 障碍价为 110 美元、执行价为 100 美元的上涨—敲入看涨期权

名师解析

答案为 B。

A. 是下跌—敲出期权，障碍价格为 90 美元，当前价格 100 美元。因此价格上涨不会触及障碍价，期权是有效的，看涨期权在价格上涨时会获益。

B. 是下跌—敲入期权，当触及 90 美元的障碍价后才生效，因而在价格上涨时，B 所对应的期权始终不会生效，因而也无从获取收益。

C. 是上涨—敲入看跌期权，当价格上涨至 110 美元时有效。对于标准欧式或美式期权而言，股价越高，看跌期权价值越低。但是，障碍期权的首要问题是使其生效或者避免失效，所以随着价格上涨，生效的概率大大提高，故而 C 也可以从股价上涨中获益。

D. 是上涨—敲入看涨期权，当价格触及 110 美元时生效，此时能以 100 美元买入价格高于 110 美元的股票，可获得收益。

例题 44.3

在其他条件相同的情况下，以下哪种期权比当前在值的标准期权成本高？

Ⅰ回望式期权　　　Ⅱ障碍期权　　　Ⅲ 亚式期权　　　Ⅳ任选期权

A　Ⅰ与Ⅱ　　　B　Ⅰ与Ⅲ　　　C　Ⅱ与Ⅳ　　　D　Ⅰ与Ⅳ

名师解析

答案为 D。判断期权成本高低的依据就是期权赋予购买者权利的大小，权利越大则价格越高。

表 44.3 列出了回望期权的收益，其收益水平要比同等情况下的欧式期权要高，因而费用也要高。任选期权给予了持有者在一段时间后选择看涨还是看跌的权利，因而价值更高、费用更贵。

亚式期权的收益取决于有效期内资产价格的均值，而均值的波动率要小于期末价值，因而亚式期权的价值低于欧式期权。障碍期权的价值要低于欧式期权。以欧式看涨期权为例，它可以看作是障碍价相同的上涨—敲入看涨期权和上涨—敲出看涨期权的组合，因而每一个障碍期权的价格要低于相应的欧式期权。

第三节　波动率互换与方差互换

描述（describe）并对比（compare）波动率和方差互换（☆☆）

波动率互换（Volatility Swap）指将一段时间内已实现的波动率与事先约定的固定波动率进行交换的合约。

方差互换（Variance Swap）指将一段时间内已实现方差与事先约定的方差进行交换的合约。注意，方差实际上就等于波动率的平方。方差互换可以用看涨期权和看跌期权复制，因而方差互换比波动率互换更容易定价和对冲。

第四节　奇异期权对冲

解释（explain）静态复制期权的基本前提以及它是怎样应用到奇异期权对冲的（☆）

　　有些奇异期权如障碍期权、两值期权等，由于收益不连续因而对冲起来比较困难。而有些奇异期权比如亚式期权，对冲起来则相对容易。这是因为随着时间的推移，在更多历史资产价格被观测到的情况下，资产价格的平均值就越确定，期权的价值越确定则对冲也相对越容易。

　　对于障碍期权、两值期权这类收益不连续的期权，我们可以采用静态期权复制（Static Option Replication）的方法来进行对冲，具体而言，可采用市场上交易活跃的产品组合（如标准期权）来近似地复制奇异期权。标准期权的产品组合在边界上（断点附近）的价值与奇异期权相同，因此可通过卖空该组合来进行对冲。

扫码做题　章节练习

第四十五章

商品远期与期货

知识引导：商品与金融资产有很多明显的区别，所以本章将专门介绍商品远期与期货，包括其特征、定价和对冲策略。商品的储存成本、租赁率、便利收益等都是其远期定价的重要影响因素。在学习本章之前，建议先回顾一下前面《远期与期货定价》的内容，将更有利于对本章的理解。

考点聚焦：学习本章内容后，考生应掌握商品的相关概念、商品远期的基本均衡定价公式、商品远期定价的影响因素、商品远期的套利交易、主要的商品远期与期货产品、基差风险、条状对冲、叠状对冲以及交叉对冲。但总体来说，本章不是 FRM 一级考试的重点章节，其中最重要的内容是商品远期与期货定价，但该部分的核心内容也已经涵盖在第三十八章当中。

本章框架图

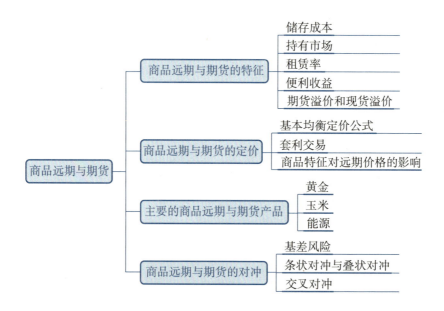

第一节 商品远期与期货的特征

应用（apply）商品的相关概念，如储存成本、持有市场、租赁率、便利收益等（☆）

一、储存成本（Storage Cost）

诸如大豆和纸浆等大宗商品，其储存成本相较其价值较大，这是实物资产和金融资产的显著区别。此外，有些商品在储存的过程中会产生消耗（如基本金属氧化等现象），这也应被算入储存成本当中。

二、持有市场（Carry Market）

持有市场是指远期价格补偿了商品拥有者所付出的储存成本的商品，如咖啡豆和天然气，这些商品通常都是先被储存然后再被使用或消费。而另外一些商品，受仓储条件和成本所限，如石油和纸浆等，则通常是边生产边使用的。

三、租赁率（Lease Rate）

商品的卖空者需要借入商品，所以需要向商品借出者支付租赁费用，该部分费率即租赁率。

四、便利收益（Convenience Yield）

拥有现货可能会给持有人带来商业上的好处。例如，对于纸厂而言，纸浆是纸张生产的原材料，拥有纸浆储备要比纸浆期货合约要方便得多，储备的纸浆可直接用于纸张生产，能避免存货短缺带来的生产停滞。这种非货币性的收益就被

称作便利收益。

五、期货溢价和现货溢价（Contango，Backwardation）

期货溢价（Contango）也叫作期货升水，是指期货价格高于现货价格的情况，也指远期期货的价格高于近期期货的价格；现货溢价（Backwardation）也叫作期货贴水，是指期货价格低于现货价格的情况，也指远期期货的价格低于近期期货的价格。

第二节　商品远期与期货的定价

一、基本均衡定价公式

解释（explain）商品远期的基本均衡定价公式（☆☆）

解释（explain）如何去构建一个合成商品头寸并用此去解释远期价格和预期未来现货价格的区别（☆）

我们可以通过买入一份商品远期合约和一支零息债券合成一个商品头寸，即合成商品（Synthetic Commodity）。假设商品期货的价格和零息债券的面值皆为 $F_{0,T}$（下标 0 和 T 表示站在 0 时期时、期限为 T 的远期合约的价格）。

在 0 时刻，买入远期合约不需要支付任何费用，而购买零息债券需支付 $e^{-rT}F_{0,T}$（也就是债券面值的折现值，其中 r 为无风险利率），等同于购买现货的花费。

到了 T 时刻，远期多头寸价值 $S_T - F_{0,T}$、债券多头寸价值 $F_{0,T}$、总头寸价值 S_T，等同于商品在 T 时刻的价值，即：

$$S_T - F_{0,T} + F_{0,T} = S_T \tag{45.1}$$

知识一点通

这里有一点需要特别指出，无论多头还是空头，进入远期或期货合约是不需要支付任何费用的。这与购买期权和股票是不同的。这是因为，远期与期货相当于一份合同，权利与义务是对等的，签合同是不需要费用的。而期权则不同，只有权利没有义务，故要支付期权费。

备考小贴士

"合成商品"的含义是在不考虑交易成本的情况下，通过远期＋零息债券的头寸可以模拟购买商品所获得的收益与成本。考生应熟悉合成商品的头寸构成。

假设商品的预期未来价格的现值为 $E(S_T)e^{-\alpha T}$（其中 α 代表折现率），它应该等于债券现值 $e^{-rT}F_{0,T}$。这是因为两者都表示投资者为在 T 时刻获得商品而愿意在 0 时刻支付的金额，故有：

$$e^{-rT}F_{0,T} = E(S_T)e^{-\alpha T} \tag{45.2}$$

等式两边同时乘以 e^{rT}，即可得：

$$F_{0,T} = E(S_T)e^{(r-\alpha)T} \tag{45.3}$$

该等式可以解释远期价格和预期未来现货价格之间的关系。

知识一点通

式（45.3）表明远期（期货）合约具有预测未来现货价格的功能，即通常所说的"价格发现"的功能。投资者可利用流动性较好的远期与期货合约价格判断未来现货价格的走势。关于式（45.3），业内有个非常形象的比喻，远期（期货）价格犹如人在放风筝，虽然短期内会有所偏离，但式（45.3）犹如风筝的线，最终将会二者收在一起。

二、套利交易

在前面章节中，我们介绍了远期的无套利定价公式：

$$F_{0,T} = S_0 e^{rT} \qquad (45.4)$$

当上式左右两边不相等时，便产生了套利机会，套利交易方式主要有以下两种。

1. 现货持有套利

当 $F_{0,T} > S_0 e^{rT}$ 时，可以通过买入现货、卖出远期来套利，这种套利交易被称为现货持有套利（Cash – and – carry Arbitrage），具体操作如下。

（1）在期初，以无风险利率 r 借入资金、以现货价格 S_0 购买商品并一直持有该商品；签订远期合约的空头头寸，该远期合约约定期末以 $F_{0,T}$ 的价格卖出商品。

（2）在期末，按远期约定卖出商品赚得 $F_{0,T}$，归还资金借出者 $S_0 e^{rT}$。

所以，在现货持有套利中，套利者的收益为 $F_{0,T} - S_0 e^{rT}$。

例题 45.1

玉米的现货价格为 1 600 元/吨，一年远期价格为 1 700 元/吨，投资者可以以 5% 的利率借入或借出资金（连续复利），忽略储存成本、便利收益和租赁率，投资者有套利机会吗？如果有，该套利交易的收益是多少？

名师解析

根据远期的无套利定价公式，一年的玉米远期合理价格为：

$$S_0 e^{rT} = 1\ 600\ e^{5\%} = 1\ 682\ (元)$$

但玉米远期的市场价格为 1 700 元，所以 $F_{0,T} > S_0 e^{rT}$，投资者可以进行现货持有套利。

（1）在期初，以 5% 的利率借入 1 600 元、买入 1 吨玉米并签订远期合约的空头头寸，该远期合约约定一年后以 1 700 元/吨的价格卖出 1 吨玉米。

（2）在期末，按远期约定卖出 1 吨玉米赚得 1 700 元，归还资金借出者 1 600 $e^{5\%}$，即 1 682 元。

所以，该投资者的套利收益为 $1\,700 - 1\,682 = 18$（元）。

2. 反向现货持有套利

当 $F_{0,T} < S_0 e^{rT}$ 时，可以通过买入远期、卖出现货来套利，这种套利交易被称为反向现货持有套利（Reverse Cash – and – carry Arbitrage），具体操作如下。

（1）在期初，借入现货并卖掉赚得 S_0，把这笔资金以无风险利率 r 借出；签订远期合约的多头寸，该远期合约约定期末以 $F_{0,T}$ 的价格买入商品。

（2）在期末，收回借出的现金和利息共计 $S_0 e^{rT}$；按远期约定以 $F_{0,T}$ 的价格买入商品并把商品还给借出者。

所以，在反向现货持有套利中，套利者的收益为 $S_0 e^{rT} - F_{0,T}$。

例题 45.2

玉米的现货价格为 $1\,600$ 元/吨，1 年远期价格为 $1\,650$ 元/吨，投资者可以以 5% 的利率借入或借出资金（连续复利），忽略储存成本、便利收益和租赁率，投资者有套利机会吗？如果有，该套利交易的收益是多少？

名师解析

根据远期的无套利定价公式，一年的玉米远期合理价格为：

$$S_0 e^{rT} = 1\,600\, e^{5\%} = 1\,682\,(\text{元})$$

但玉米远期的市场价格为 $1\,650$ 元，所以 $F_{0,T} < S_0 e^{rT}$，投资者可以进行反向现货持有套利。

（1）在期初，借入 1 吨玉米并卖掉赚得 $1\,600$ 元，把这笔资金以 5% 的利率借出；签订远期合约的多头寸，该远期合约约定一年后以 $1\,650$ 元/吨的价格买入 1 吨玉米。

（2）在期末，收回借出的现金和利息共计 $1\,600\, e^{5\%}$，即 $1\,682$ 元；按远期约定以 $1\,650$ 元的价格买入 1 吨玉米并把玉米还给借出者。

所以，该投资者的套利收益为 $1\,682 - 1\,650 = 32$（元）。

备考小贴士

套利的关键就是不使用自有资金的低买高卖；现货持有套利中的第一步是借钱买现货，现货放身边；反向现货持有套利中是借现货卖掉，现金存银行。

三、商品特征对远期价格的影响

1. 租赁率

定义（define）租赁率并解释（explain）它是如何决定商品远期与期货价格的（☆☆☆）

租赁率之于商品远期非常类似分红率之于金融远期。对于商品远期空头方来说，如果在期间可以把持有的商品借出，便可获得租赁率为回报。所以，租赁率是一种收益率，在远期定价中，应该在无风险利率的基础上被减掉，即：

$$F_{0,T} = S_0 e^{(r-\delta)T} \tag{45.5}$$

其中 δ 即租赁率，当然只有在商品被借出的情况下才会产生租赁率。

例题 45.3

玉米的现货价格为 1 600 元/吨，无风险利率 5%，租赁率 3%，计算玉米的一年远期价格（利率皆为连续复利率）。

名师解析

根据式（45.5），有：

$$F_{0,T} = S_0 e^{(r-\delta)T} = 1\ 600 e^{(5\%-3\%)} = 1\ 632\ (元)$$

2. 储存成本

计算（calculate）有储存成本的商品远期价格（☆☆☆）

对于商品远期空头方来说，如果在合约期间一直持有该商品，则会产生储存成本。储存成本通常以储存费率 λ 的形式表示，λ 是商品价值的一定比例且为一个连续复利率。储存费率可以看成是负向收益率，在远期定价中，应该在无风险利率的基础上被加入，即：

$$F_{0,T} = S_0 e^{(r+\lambda)T} \tag{45.6}$$

如果储存成本是具体的金额，那么有：

$$F_{0,T} = S_0 e^{rT} + \lambda(0,T) \tag{45.7}$$

其中 $\lambda(0,T)$ 是储存成本的终值。

例题 45.4

玉米的现货价格为 1 600 元/吨，月度无风险利率 0.5%（连续复利），月度储存成本为 10 元/吨，计算玉米的 3 月期远期价格。

名师解析

首先计算储存成本的终值：

$$\lambda(0,T) = 10 + 10\, e^{0.005} + 10\, e^{0.005\times2} = 30.15（元）$$

接下来计算远期价格：

$$F_{0,T} = S_0 e^{rT} + \lambda(0,T) = 1\,600\, e^{0.005\times3} + 30.15 = 1\,654.33（元）$$

3. 便利收益

阐明（illustrate）储存成本和便利收益对商品远期价格的影响（☆☆☆）

对于有商业需求的商品远期空头方来说，如果在期间一直持有该商品，则会带来便利收益。便利收益通常以便利收益率 c 的形式表示，c 是商品价值的一定比例，且为一个连续复利率。便利收益率是一种收益率，在远期定价中，应该在无风险利率的基础上被减掉，即：

$$F_{0,T} = S_0 e^{(r+\lambda-c)T} \tag{45.8}$$

备考小贴士

在远期定价中，记住"加成本，减收益"：储存成本属于成本，所以应该加上；租赁率和便利收益属于收益，所以应该减去。

第三节　主要的商品远期与期货产品

识别（identify）影响黄金、玉米、电力、天然气和石油远期价格的因素（☆☆）

一、黄金

黄金（Gold）是与金融资产最相似的商品，同时具备商品属性与投资属性。从历史数据来看，黄金的远期价格是随着期限的递增而稳定上升的。卖空在黄金市场中是常见操作，所以租赁率是黄金远期定价需要考虑的因素。近年来，黄金租赁率经常为负，意味着黄金借出者反倒要付出租赁率，这主要是由于黄金储存需求的大幅增加导致储存成本显著上升。

二、玉米

在供给端，玉米（Corn）每年秋收一次，大约是从 9 月到 11 月；然而，在需求端，需求要持续整年。因此，玉米需要储存，从而储存成本便是影响玉米远期定价的重要因素。收获季节之间需要储存玉米，所以玉米远期价格由于考虑储存成本而上升；但在秋收时期，由于不需要储存，所以玉米远期价格会下降。

三、能源

1. 电力

电力（Electricity）难以被储存，所以电力需要在生产后被立刻使用，否则就会被浪费。电力价格由每个时点的市场供求决定，电力的供应相对稳定，而电力需求则并不持续，不同时段、不同季节的需求都不相同，所以电力价格的波动幅度相对较大。由于电力无法储存，也就无法套利，所以电力远期价格的波动幅度比金融远期要大得多。

2. 天然气

天然气（Natural Gas）的储存成本、运输成本很高，且由于冬天需要使用天然气取暖，其需求具有很强的季节性，所以天然气的价格在冬天偏高、夏天偏低。天然气远期价格在秋季就开始稳步上升，主要是由于在秋季需要储存天然气以保证冬季的大量需求，而储存成本的上升直接导致远期价格的上升。

备考小贴士

玉米的供给随季节波动、需求相对稳定；而天然气的供给相对稳定、需求随季节波动。

3. 石油

计算（calculate）商品价差（☆☆）

石油（Oil）的储存与运输要比天然气容易得多。石油远期的价格从长期来看比较平稳，短期受到供求冲击会有一定波动。

我们习惯上把未经加工处理的石油称为原油，原油经过提炼可以产出成品油，主要是汽油（Gasoline）和燃料油（Heating Oil）。原油价格与等量原油提炼出的汽油和燃料油总价之间的价差被称为裂解价差（Crack Spread），裂解价差又有"5—3—2""3—2—1""2—1—1"等模式。例如，"3—2—1"是指3加仑的原油可以提炼出2加仑的汽油和1加仑的燃料油。一个炼油厂可以通过远期或期货合约同时锁定原材料价格和产出品价格，即在买入石油期货的同时卖出汽油和燃料油期货，且这三种期货的交易量应与该炼油厂的提炼比例相匹配。

除了裂解价差以外，还有一种常见的商品价差，叫作压榨价差（Crush Spread）。大豆（Soybean）经压榨可以产出豆粕（Soybean Meal）和豆油（Soybean Oil），大豆价格与等量黄豆压榨出的豆粕和豆油总价之间的价差被称为压榨价差。

FRM 一级中文教材

> **知识一点通**
>
> 裂解是一种化学变化，如通过原油产出汽油和燃料油；压榨是一种物理变化，如通过黄豆产出豆粕和豆油。

例题 45.5

某炼油厂计划使用期货合约去锁定 1 年后的原材料和产出品价格，已知 1 年原油期货价格 60 美元/桶，1 年汽油期货价格 70 美元/桶，1 年燃料油期货价格 65 美元/桶。计算 3—2—1 的裂解价差。

名师解析

$$(2 \times 70) + (1 \times 65) - (3 \times 60) = 25（美元）$$

通过期货合约，该炼油厂可以锁定 25/3 美元/桶原油的利润，或 8.3 美元/桶的利润。

第四节　商品远期与期货的对冲

一、基差风险（Basis Risk）

解释（explain）基差风险是如何在对冲商品价格风险时产生的（☆☆）

基差风险是指对冲工具与被对冲资产之间价格波动不同步所带来的风险。基差（Basis）是被对冲资产的现货价格与用来对冲的期货价格之间的差值，即：

基差 = 现货价格 – 期货价格

导致基差风险的主要原因有如下两方面。

第一，对冲工具标的资产与被对冲资产不完全一致，如使用原油期货去对冲汽油的价格风险。

第二，对冲工具的期限与被对冲资产的买入或卖出时间不匹配，对冲者可能需要在对冲工具到期前将其平仓。

商品期货与金融期货都会面临基差风险，但由于商品存在储存运输成本和质量等级差别，其承受基差风险的可能性会更高。

备考小贴士

基差 = 现货价格 − 期货价格；产生基差风险的主要原因是资产或期限的不匹配。

二、条状对冲（Strip Hedge）与叠状对冲（Stack Hedge）

评价（evaluate）条状对冲和叠状对冲的区别，解释（explain）这些区别是如何影响风险管理（☆☆）

假设某能源公司在未来 1 年内每 3 个月都要出售 10 000 桶原油，为了对冲原油的价格风险，该公司有以下两种对冲方法。

第一种，在当下同时签订四份期货合约，合约期限分别为 3、6、9、12 个月，合约中的原油数量皆为 10 000 桶。

第二种，每隔 3 个月签订一份新的期货合约，即 0、3、6、9 个月时分别签订一份合约，合约的期限皆为 3 个月，合约中的原油数量分别为 40 000 万桶、30 000 万桶、20 000 万桶、10 000 万桶。

第一种对冲方法被称为条状对冲，即对不同时点的头寸采用一一对应的对冲合约。

第二种对冲方法被称为叠状对冲，即对不同时点的头寸采用同一对冲合约且不断向前滚动对冲。

与条状对冲相比，叠状对冲的优点在于：使用的是流动性更好的短期合约，所以交易费用更低；其缺点在于：叠状对冲中存在期限不匹配的情况，所以基差风险更高。

> **知识一点通**
>
> 条状对冲在 0 时刻同时签订多份合约；叠状对冲在 0 时刻只签订一份合约，但每隔一段时间会重新签订。

三、交叉对冲（Cross Hedging）

举例说明交叉对冲，特别是使用原油期货去对冲航空煤油和天气衍生品的应用（☆）

交叉对冲是指对冲工具标的资产与被对冲资产不一致的对冲交易。例如，某航空公司想要对冲其面临的航空煤油价格风险，但市场上并没有航空煤油期货合约，所以该公司会使用原油期货合约去对冲。由于航空煤油与原油是不同的，所以两者的价格波动不会完全同步。

再例如，很多商业活动对天气极其敏感，如农产品的产量受季节影响、滑雪场会受到暖冬的冲击、饮料公司会受到冷夏的冲击等，所以天气衍生品便应运而生。温度指数期货（Degree – day Index Futures）就是一种常见的天气衍生品，被用来对冲气温不确定性带来的风险。但由于天气与实际被对冲头寸有所区别，所以这也是一种交叉对冲，也会包含相对较大的基差风险。

扫码做题　章节练习

第四十六章

交易所、场外衍生品、DPC和SPV

知识引导：随着现代金融业的发展，衍生品市场逐渐成熟壮大。无论作为风险管理工具还是投资替代工具，衍生品的广泛使用已成为现代金融世界的特征之一。然而，从体量上看，场外产品市场仍然占据衍生品市场的主体地位。这些通过经纪商、做市商联接的衍生工具，其安全性始终令人置疑。相比之下，集中化交易的场内模式不仅仅是一种更规范、透明和安全的交易范式，同时也对传统的场外模式产生了深远影响。如何将场内交易方式中的成功经验推广到场外交易，这是衍生品市场未来发展的趋势之一。

考点聚焦：本章为非重点章节，考生对本章知识有所了解即可。我们会从交易所产生的历史与源头谈起，深入探讨交易所产生的原因与背后的逻辑并将这些逻辑运用到场外衍生品交易范式中，研究何种交易模式能够更有效解决场外衍生品的种种弊端，革故鼎新，让大规模衍生品交易得以在"后危机时代"稳健前行。

本章框架图

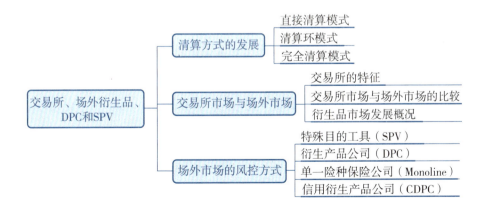

第一节　清算方式的发展

解释（explain）以降低风险为目的的清算发展（☆☆）

清算（Clearing）流程包括在交易双方之间进行交易对账（Reconcile）和处理合约（Resolve）。从业务流程角度看，清算位于交易执行之后、结算（Settlement）之前。从历史发展角度看，清算方式有以下三种。

一、直接清算（Direct Clearing）模式

直接清算，即在没有第三方直接参与的情形下，买卖双方直接进行双边清算。

具体而言，双方可以直接商议确定交易条款，一方交钱，一方交货，直接完成清算。这种清算模式必然会使交易双方承担对手方的风险敞口。

为了尽量降低对手方风险，在直接清算中，净额结算（Payment of Differences）往往较为常见。相比于全额结算，在净额结算模式下，即便某一方违约，另一方的损失也相对较小。

> **知识一点通**
>
> 净额结算，即由互相支付中需要支付更多金额的主体将差额支付给另一方的过程。比如 A 需要向 B 支付 100 单位、每单位 105 美元的款项，而 B 需要向 A 支付 100 单位、每单位 102 美元的款项。在全额结算模式下，A 向 B 支付 10 500 美元，B 向 A 支付 10 200 美元。如果 A 或者 B 出现违约，对应的违约金额会相对较大；在净额结算模式下，A（需要支付更多金额的主体）向 B 支付差额 10 500 - 10 200 = 300 美元，此时即便 A 或者 B 出现违约，对应的违约金额也相对较小，详见图 46.1。

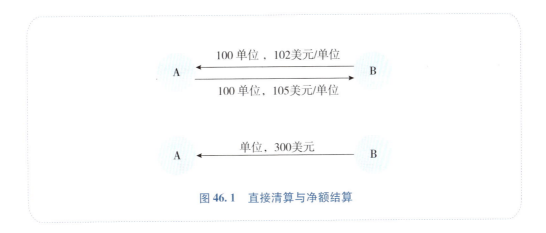

图 46.1　直接清算与净额结算

此外，完善的标准化合约和争议裁决方式也能降低直接清算过程中的风险。

二、清算环（Clearing Rings）模式

在市场发展的早期阶段，仅需要直接清算即可满足市场交易活动。随着市场的发展，双边交易愈发普遍，整个市场中充斥着各色各样的直接清算。此时，如关闭交易头寸或提高流动性等交易需求就会日益显著，可替代性就成为交易中备受关注的焦点。

知识一点通

想象一个人口不多的小镇，大家各自安居乐业，由于商贸数量有限，所有的商贸往来仅需要真正买家与卖家直接交易即可完成。随着经济的发展，大规模的协作带动了愈加复杂的清算模式。比如办公室装修业务，某公司需要支付工程队装修款，而工程队也需要支付五金行材料费。随着更多交易主体被裹挟进日益繁多的直接清算，他们亟需采用新的清算模式来简化复杂的交易结构，及时关闭自身交易头寸以及提高整体交易的流动性。此时，公司先支付装修款给工程队，工程队再支付材料费给五金行的方式就显得过于烦琐。如果五金行同意，工程队可以置身事外，让公司直接将钱款支付给五金行。

通过上文介绍，清算环的特征基本可以归纳为以下几点。

第一，通过减少交易步骤，清算环可以成为一种非正式降低对手方风险和提高

流动性的方式。

第二，为了实现清算"环"（即允许由第三方替代原先债务人完成偿付），"环"中各方参与主体必须接受替代给付，而不能强行坚持必须由原先债务人亲自完成偿付。

第三，这种在整体上更具优势的清算模式，并非对所有参与主体都有好处。

例如，图46.2显示了D如何通过清算环结构而成功"脱身而出"。按照原有的债务清算关系，C需要向D支付120元，D需要向B支付120元。在纳入清算环后，D"置身事外"，只需要求C直接向B支付120元即可完全解决这两桩债权债务关系，其流动性提高不言自明。然而，需要指出的是这种支付模式并不是对每一方来说都是好事。如果D信用状况良好，而C朝不保夕，B又不得不接受这种情况下的由C替代支付，则这种清算环相比起之前的直接清算，对B反而是更糟糕的安排。所以，如果不加筛选，某些参与主体可能会拒绝参与清算环，而会选择退化到更为原始的直接清算路径中。

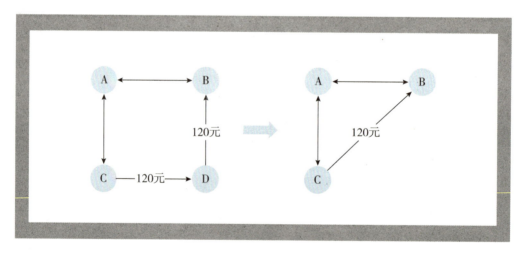

图46.2　清算环与替代给付

因此，清算环必须严格筛选参与者的资质。通过严格的筛选标准，符合标准的参与者被吸纳进参与清算环的"小圈子"，彼此信任对方的信用状况，也愿意接受对方的替代给付。

历史上，行会和商会就发挥着这样的功能。换言之，只有所有参与清算环的主体能够彼此信任和彼此监督，才能实现所谓的提升流动性并降低对手方风险的目的。因此，随着"小圈子"的扩大，每个参与主体需要深度了解潜在对手方的数量也在日益上升。限于每个参与主体的信息处理能力，"小圈子"能够容纳的参与者数量一定也是有限的。这也意味着，清算环的清算模式无法满足大规模交易与复杂交易主体模式的交易需求。

三、完全清算（Complete Clearing）模式

清算环模式虽然能降低对手方风险，但是无法消除对手方风险。清算环中的每个主体都暴露在对手方风险之下，而且存在严重的"多米诺骨牌"效应，即当某个交易者违约，可能会引发一连串后续违约，进而引发整体系统性崩溃。完全清算（又称为中心化模式）则可以很好地解决这个问题。中心化模式，即存在一个交易中心作为中央对手方，所有其他交易方都仅需和这个交易中心进行交易。这个交易中心负责控制整个交易体系的信用风险，其他交易方仅需判断这个交易中心是否安全可靠。

这种安排有以下两个优势。

第一，可以大幅度减轻普通交易方的信息处理压力，为更多的交易方参与提供了可能。

第二，通过特定主体来全面控制对手方风险，能够将对手方风险全部消灭，让各个交易方不必担心信用风险问题。

事实上，时至今日，衍生品市场中还未出现过正规期货交易所违约的事件。例如，在我国由证监会批准的几家正规期货交易所从未出现过交易所违约事件。而那些违规进行变相期货交易的交易所，系统性风险事件不时发生（如著名的泛亚金属交易所事件）。

在衍生品场内交易中（尤其是期货交易），这个交易中心被称为清算所（Clearing House）。清算所成为所有交易方的法律交易对手方，即所有买家的卖家和所有卖家的买家。

作为普通交易者，只要信得过清算所，即可以在完全不了解其他交易方的情况下放心参与交易。例如，上海期货交易所的铜期货，我们只要信得过就可以放心参与交易，而不必担心其他参与者是否资信状况真正良好。

如图46.3所示，按照左图中原有的债务清算关系，应由B向A支付60元，由D向B支付120元，由C向D支付120元，由A向C支付150元。转变为完全清算模式后，将改由中央清算所来完成。每个交易主体无须考虑实际交易对手方，仅需考虑自身与中央清算所完成清算即可。

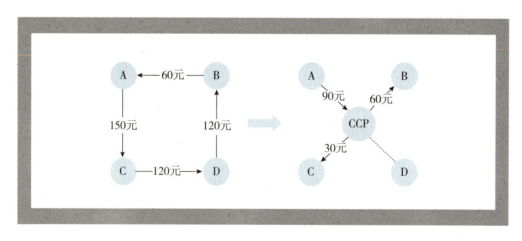

图46.3　完全清算与清算所

比如A虽然应该从B那里收60元并同时向C支付150元，但在清算所模式下，他只要考虑净支付150 − 60 = 90元，然后将其支付给清算所即可。至于如何了结A与B以及A与C的债权债务关系，A无须考虑，只需将其交给中央清算所处理即可。

完全清算与其他清算模式有本质区别：其他模式从本质上都是双边清算模式，即场外交易模式，而完全清算是中心化的交易所结构。

如图46.4所示，左图的双边清算模式错综复杂，过分地联结可能会引发风险接连爆发的"多米诺骨牌"效应；而右图的完全清算模式则完全无须有此担忧，全部的风控均由中央清算所负责。中央清算所会通过一系列的清算制度确保合约顺利履约。

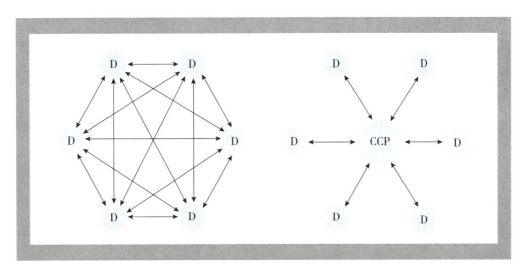

图46.4　完全清算与其他清算

第二节　交易所市场与场外市场

一、交易所的特征

描述（describe）交易所如何得以缓解对手方风险（☆）

衍生品交易所与股票或债券交易所类似，都是标准化金融工具集中交易的场所。在交易所交易的金融工具的主要特征已经在合约中注明，故而买卖双方仅需协定交易价格。

由于交易所交易具有集中化交易、标准化产品、交易规则透明与安全程度高等特点，能够极大地提高市场效率和流动性。一种金融工具得以从场外交易走向场内交易，势必经历漫长的变迁历程，这个过程中发生的众多变化，如前文所述的清算模式的改变，也是金融工具变迁历程的一部分。

交易所的最大优势在于可以缓解对手方风险，即交易过程中对手方可能违约这种信用风险。具体来说，产品标准化（Product Standardization）、交易渠道提供（Trading Venue）和信息披露报告服务（Reporting Services）三种方式正是交易所实现缓解对手方风险的手段。

1. 产品标准化

通过对到期期限、最小价格变动单位、可交割种类或等级、交割地点与机制等条款的标准化设定，买卖双方只要协定价格即可交易。由于价格之外的因素都有合约的规范限定，买卖双方可以产生稳定的心理预期，进而减少对交易标的和交割过程的后顾之忧。这种稳定的预期则可以吸引更多的交易者参与交易，从而增加产品的流动性。

2. 交易渠道提供

无论是实体场地还是电子交易平台，交易所将提供集中化的交易平台以供投资者使用。但提供交易渠道的同时，交易所也会要求参与交易的主体遵守交易所的相关规定，所以，这也会起到筛选合适交易主体的作用。同时，集中化、大规模交易也有助于发挥衍生品价格发现的功能。

3. 信息披露报告服务

相比于场外市场，交易所市场的信息透明度大幅提升。这主要得益于交易所会对各种交易参与者有一定的交易信息披露要求（例如，满足一定条件的交易者要披露其持仓量等）。

二、交易所市场与场外市场的比较

比较（compare）交易所市场与场外市场（☆☆）

表46.1总结归纳了交易所交易与场外交易的相关特征。

表 46.1 交易所市场与场外市场

	交易所市场	场外市场
条款与合约期限	（1）无论到期期限、合约规模和行权条件，均为标准化状态 （2）合约期限同样标准化，而且往往以短期为主	（1）合约条款灵活，可由交易双方自由协商谈判确定 （2）存在长达数年的长期合约
流动性	通常情况下流动性更好	流动性有限，对于复杂和非标准化合约，流动性往往较差
信用风险	由中央清算所保证	存在双边信用风险

三、衍生品市场发展概况

比较（compare）各种不同类别的衍生品并解释（explain）各类衍生品所包含的风险（☆）

20 世纪 80 年代后，随着金融管制逐渐放松，金融创新和金融工程逐渐进入大众视野。于是，根据客户需求量身定做的场外衍生工具也同样进入了大规模、高速发展阶段。

相比场内衍生工具，场外工具因其定制化优势，迎来了更加快速的发展。如图 46.5 所示，尽管在 2008 年金融危机后，场外衍生工具的存量有轻微下降，但在随后几年又很快"收复失地"。

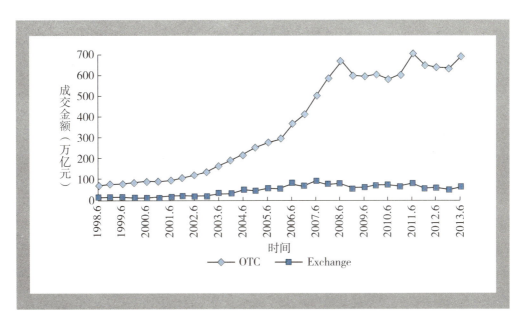

图 46.5　衍生品名义本金规模：场内与场外工具对比

规模庞大的衍生品市场业已成为当代金融不可扭转的时代趋势，无论场内还是场外衍生品，其名义本金数额均以百万亿元计！从整体上看，衍生品市场的庞大规模对于国民经济的影响，堪称举足轻重。

从类别上看，场外衍生品主要包含五大类，分别是利率衍生品、外汇衍生品、

权益衍生品、大宗商品衍生品和信用衍生品。当然，不属于以上这五类的场外产品同样存在，只是规模相对较小。

在这五大类场外衍生品中，利率衍生品一枝独秀，占据了整个场外衍生品市场近84%的比重，详见图46.6。

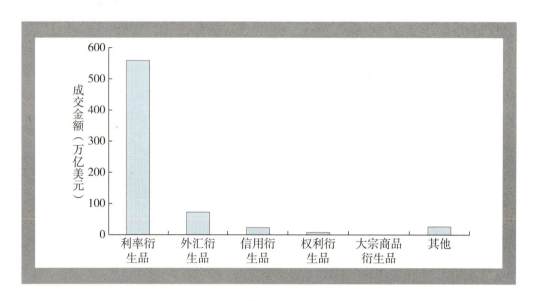

图46.6　2013年6月场外衍生品名义本金情况

场外衍生品最大的风险莫过于系统性风险，即一个微不足道的违约可能导致一连串的重大违约，也就是所谓的"星火燎原"。为了避免出现这类危机，我们不仅要在制度层面进行有效规划，降低产生"星星之火"的可能性，同样也需要关注出现"星星之火"后大面积蔓延的风险控制。

传统方法更强调降低出现"星星之火"的可能，比如宏观审慎性监管、资本充足率要求、保证金制度（Margin）以及净额结算（Netting）。在下一节中，我们将着重探讨如何防控风险的传播和蔓延。

第三节　场外市场的风控方式

识别（identify）场外市场的风险并解释（explain）如何缓解这些风险（☆☆）

一、特殊目的工具（Special Purpose Vehicle，SPV）

特殊目的工具又称为特殊目的实体（Special Purpose Entity，SPE）或特殊目的公司（Special Purpose Company，SPC），是一种为了避免财务风险而设立的法律实体。

> **知识一点通**
>
> 新闻报道中谈及中国公司海外上市时搭建的 VIE（Variable Interest Entities，可变利益实体）架构，其实就是一种 SPV。作为特殊设定的法律实体，SPV 可以是公司法人，也可以是有限合伙组织结构。

在场外衍生品交易中，对手方风险永远是交易过程中普遍担心的风险，原因如下。

首先，即便在交易前积极开展尽职调查，由于金融控股公司本身结构的复杂性，也会使得深入尽职的调查存在难度。

其次，由于衍生品天然存在的高杠杆性，交易者的潜在既得利益往往较大，因此对于对手方能否正常履约必须格外关注。

基于以上两个原因，场外衍生品市场亟需一种新的制度安排和交易结构。这种交易结构试图实现即便对手方母公司出现破产清算等问题时，对手方的清算能力依旧可以保全，即不会因此而丧失偿付能力，导致交易参与者蒙受损失的功能。

> **知识一点通**
>
> 比如，A 从 B 手里买期权，正待行权，但由于 B 的母公司破产，所以 B 的资产被清算。尽管此时 A 持有的期权已经是深度价内状态（Deep in - the - money），但由于 B 已经无力履约，所以 A 的既得利益将面临严重损失。当然，A 一定会预期到这种风险，所以 A 也会在交易之前考虑这种风险。如果 B 并不能化解 A 的担心和疑虑，A 极有可能停止此类交易，转而采用其他交易方式。所以，如果没有安排合理的风险管理制度，场外衍生品市场将遭到破坏。

SPV 在制度上可以实现风险隔离，即使母公司破产，也不至于影响到 SPV 的资产，更不会损害 SPV 的支付能力。换而言之，SPV 可以保证在母公司破产时，SPV 交易对手方可以获得优先的清偿顺序。

基于这种制度安排，交易者更愿意尝试与 SPV 进行衍生品交易，这也是 SPV 在控制对手方风险方面取得的积极效果。

不过，SPV 在实践中往往会产生法律风险，即部分国家的法律并不认可 SPV 的偿付顺序。如果法律并不认可 SPV 的制度安排，很有可能在母公司破产时，依旧按照对待子公司合并报表的方式直接清算 SPV 的财产，这样也就无法达到 SPV 之前预设的效果。所以，SPV 有时也被认为只是把对手方风险转变成法律风险。这种潜在的不足也呼唤着更合适的工具"横空出世"。

二、衍生产品公司（Derivatives Product Companies，DPC）

衍生产品公司，顾名思义就是专门经营衍生品业务的公司，其作用也是为了管理对手方风险。这类公司自身往往有 AAA 的高信用评级，由一家或多家银行设立，作为与这些设立者彼此破产隔离的机构而存在。DPC 解决了 SPV 在法律上可能难以被认定为独立子公司的问题，切实实现了法律范畴内的优先偿付。

为了保证 DPC 的安全性，往往在设立 DPC 时严格设定危机处理工作流程，即如果遇到特定的危机情况（如母公司破产或者衍生品市场出现剧烈波动），都有预案可以针对性解决此类问题。

然而，DPC 也并非完美无缺。由于 DPC 的信用状况与其设定的母公司存在不可分割的联系，所以这种机制现在也逐渐被弃用。

> **知识一点通**
>
> DPC 要维持其高评级，其中重要的一环就是维持稳定的现金流。为了确保现金流持续流入，DPC 必须拥有稳定的客户服务与开拓能力。在客户源获取方面，DPC 其实非常依赖于作为其母公司的大型银行。如果这些银行真的出现破产或重组问题，无力继续向 DPC 供应资源，那么即使应急机制已十分完善，业务衔接与开拓也将遇到重大挑战。所以，DPC 与母公司之间唇亡齿寒的关联也成为 DPC 脆弱性的重要表现之一。

最后，再来讨论 DPC 能够获得和维持 AAA 评级的原因。能够获得 AAA 评级，DPC 往往需要最小化市场风险、获得母公司支持以及采用信用风险管理和操作风险指引三种方式。

最小化市场风险，即需要 DPC 有效管理风险敞口，采用风险对冲等策略，避免自身存在过多风险敞口。

获得母公司支持，即需要从母公司获取相关资源，实现自身正常有序发展。

信用风险管理强调优化对手方选择、采取保证金制度（Margin）和盯市制度（Mark‑to‑market）以尽量减少对手方违约的潜在可能性；操作风险指引侧重于对员工和系统安全的强化，避免出现系统漏洞以及内外部人员欺诈等风险问题。

备考小贴士

DPC 的目标是在法律认可的范畴内，通过优先偿付，降低对手方风险。DPC 虽然避免了法律风险，但 DPC 与母公司之间不可分割的联系仍旧存在风险。

三、单一险种保险公司（Monoline Insurance Companies，MIC）

单一险种保险公司最初是为地方政府债券提供信用增级服务。随着时间发展，这类公司也逐渐演变为一种现代意义上管理信用风险的工具。究其本质，这类公司是自身拥有高评级的金融担保公司，通过使用信用互换（Credit Swap）这种金融工具来为客户提供信用保证服务。

随着时代的发展，信用保证工具逐渐从过去风靡一时的信用互换发展成为当前更受欢迎的单一列名信用违约互换（Single Name CDS）。于是，单一险种保险公司也逐渐进入了单一列名信用违约互换和结构化金融产品的市场，以便实现更好的分散化和获取更高的利润。

> **知识一点通**
>
> 单一列名信用违约互换，即针对特定债务工具发行人和其特定信用等级（如 Unsecured Senior）债券的信用违约互换。如果该发行人的信用等级或更高信用等级的任一债券违约，则信用违约互换的多头（信用保险购买方）均可以获得空头（信用保险出售方，如此处的 Monoline）的赔付。结构化金融产品即在传统金融工具（如债券）中添加衍生品，根据客户需要，它是具有特定收益风险结构的金融工具。

四、信用衍生产品公司（Credit Derivatives Product Companies，CDPC）

信用衍生产品公司由衍生产品公司派生出来，通过进一步专业化改造，仅针对信用风险业务展开经营活动。随着信用风险管理工具市场越来越集中于信用违约互换类产品，如单一列名 CDS、指数 CDS（Index CDS）以及场内信用指数互换（CDX）等，CDPC 渐渐拥有了和单一险种保险公司类似的商业模式。

> **知识一点通**
>
> CDPC 往往是只经营信用衍生产品的公司，业务范围要比 DPC 更加狭窄，但对业务深度和专业度的要求更高。

为了获得 AAA 的评级，无论是单一险种保险公司还是信用衍生产品公司，都需要充分的资本准备金以应对潜在损失。资本准备金的数量往往基于模型估算的潜在损失额，而潜在损失额又与这些公司所提供的信用风险保护结构有关。此外，虽然自身具有高杠杆的特征，而且其产品（CDS）也具有相当程度的风险，但单一险种保险公司和信用衍生产品公司在正常市况下都无须缴纳保证金，这是由于它们往往具有 AAA 的信用评级。

知识一点通

如果是场内期权的空头方，为了保证多头行权时他们具备履约能力，交易所往往要求空头方缴纳保证金，而且随着期权价值的提高会要求进一步追加保证金，这都是场内期权的风控措施。虽然 CDS 与 Put Option 类似，而 Monoline 和 CDPC 都是期权空头，但因为其自身信用等级高，所以即便没有保证金，市场交易者也不用过分担心违约风险。

备考小贴士

Monoline 和 CDPC 都克服了 DPC 过分依赖母公司的问题，借助单一信用产品（CDS 类产品）和极高的评级，从而实现场外交易不需要缴纳保证金。

扫码做题　章节练习

第四十七章

集中清算的基本原则

知识引导：集中清算是当今场内交易的主流清算模式。2008 年金融危机后，欧美国家陆续将这一清算模式从场内交易推广到场外交易中，旨在提高场外衍生品交易的透明度与安全性。本章将对集中清算制度包括其运行机制、对场外衍生品交易的影响以及对金融市场的影响等进行介绍。

考点聚焦：学习本章内容后，考生应能够举例说明中央对手方的运行机制；描述中央集中清算场外衍生品的优缺点；对比集中清算和双边市场的保证金要求，解释保证金如何缓解风险；介绍双边市场和替代给付以及净额结算；评价集中清算对金融市场的影响。

本章框架图

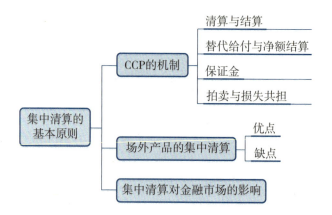

第一节　CCP 的机制

举例说明中央对手方的运行机制（☆）

CCP 是中央对手方（Central Counterparty）的简称。在存在中央对手方的清算模式中，清算所将介入到所有交易中，成为交易双方的共同对手方，代替一方向另一方履行合约义务，这一方式称为替代给付（Novation）。

在这种模式下，即便一方出现违约，中央对手方仍要向守约的一方履约，同时会对违约方采取一定的惩罚措施，以减少违约造成的损失。这样，交易者在进行衍生品交易时，就无须担心对手方的信用问题。

在详细介绍中央对手方清算机制之前，我们先明确一下清算的含义。

一、清算（Clearing）与结算（Settlement）

在衍生品交易达成之后，需要先经过清算，再最后结算。当衍生品交易达成时，意味着买卖双方同意在约定时间以约定价格买卖标的资产或交换现金流；在最后结算时，买卖双方完成合约规定的义务。

清算则是交易和结算中间的过程。清算过程中，清算所将根据交易状况重新匹配参与者的合约头寸，以便最后进行结算。在结算时，出现损失的一方有可能拒绝履约，从而产生对手方风险（Counterparty Risk）。为了降低这一风险，清算所引入了保证金制度和头寸净额结算。

二、替代给付与净额结算

比较（compare）并对比（contrast）双边市场在替代给付和净额结算的使用（☆☆）

在替代给付的模式中，中央对手方介入交易，成为所有买方的卖方和卖方的买

方。于是，原本每对交易者之间的交易头寸都将转换成与清算所之间的交易头寸。由于中央对手方具有较高的信用，因此，在同一产品上不同交易的头寸可以以净额的方式与中央对手方进行结算，这一净额结算方式也称为净额结算（Netting）。

采用净额结算的模式能够有效减少保证金数额，提高资金的利用效率，从而降低因资金不足造成的违约风险。图47.1展示了CCP清算的替代给付与净额结算模式。假设A、B、C三方参与了同一衍生品合约的交易，图47.1（a）展示了在双边市场上，三者交易的方向和数量。当中央对手方以替代给付的方式参与到A、B、C三者的交易中时，他们的合约对手方变为CCP，这样A向B购买的40手合约就转变为A向CCP购买了40手合约与CCP向B购买了40手合约。B与C、C与A之间的交易转化与之类似，如图47.1（b）所示。由于CCP是所有人的对手方，掌握了各方的交易头寸后就可以合并抵消（Offsetting）以取得各方的头寸净额，如图47.1（c）所示。

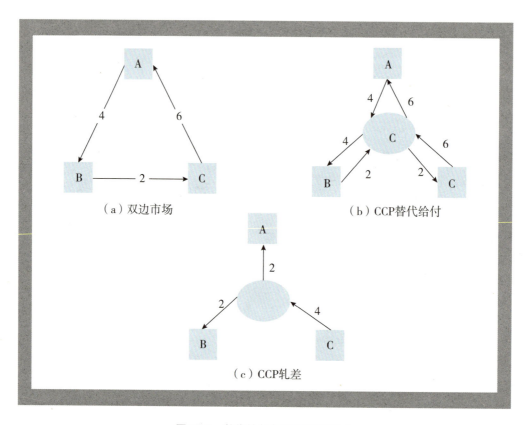

图47.1 替代给付与净额结算模式

三、保证金

> 对比（compare）集中清算和双边市场的保证金要求，解释（explain）保证金是如何缓解风险的（☆☆）

保证金制度是衍生品交易的一种风险管理制度，前文已做过介绍。这一制度通过向交易者收取一定数额的保证金来减少违约带来的损失。保证金分为初始保证金（Initial Margin）和变动保证金（Variation Margin）两种。初始保证金在交易开始时收取，用来覆盖违约造成的损失。变动保证金每日按照头寸的盈利和亏损情况计提，用于保证存在充足的保证金。保证金的设置用于应对交易头寸的市场风险，即价格变动造成的损失，与参与者的信用等级无关。信用优良的机构与信用等级较低的机构缴纳的保证金完全相同。

> **知识一点通**
>
> 可能有些参与过期货交易的考生会对以上所述内容有所疑惑。实际上，我国期货交易中，许多期货品种规定的交易保证金并没有分为初始保证金和变动保证金。另外，我国期货交易的保证金会随着品种、阶段、持仓量、交易情况（是否连续出现涨跌停板等）的变化而发生变化。

四、拍卖与损失共担

值得指出的是，中央对手方制度只是转移了对手方风险，并不能完全消除对手方风险。为了进一步减少会员违约对市场造成的不良影响，清算所引入了以下两种制度。

一是破产会员头寸拍卖制度。当某一会员发生违约时，清算所会将其头寸面向其他清算会员拍卖，这样违约会员的交易头寸就会转移给未违约会员，从而有效降低违约造成的损失。

二是违约基金制度。违约损失由违约者承担是合情合理的违约处理方式。为了

达到这一目的，清算所要求清算参与者必须缴纳一定数额的违约基金（Default Fund）用于覆盖未来违约造成的损失。此外，清算所自身也向违约基金注资。当发生违约时，先用违约方自身缴纳的违约基金来弥补损失，不能弥补的部分则通过清算所注资的违约基金来覆盖。换言之，如果违约影响较大，违约方自身资源不足以弥补，则损失由所有清算参与人共担。

第二节　场外产品的集中清算

描述（describe）中央集中清算场外衍生品的优缺点（☆☆）

近年来，场外衍生品在金融衍生品市场中的地位越来越重要，其交易金额已远远超过场内衍生品。由于场外衍生品交易周期长，且传统上采取双边清算的模式，因而存在较大的信用风险。如果规模较大的场外衍生品交易商发生违约，甚至可能严重影响整个金融市场的稳定。由于集中清算机制能够有效转移信用风险，减少违约造成的损失，在2008年金融危机后，欧美国家陆续要求场外衍生品同样采取集中清算模式。

一、优点

场外衍生品引入集中清算模式有助于提高市场的透明度、安全性以及流动性。

第一，采取集中清算能够提高场外衍生品市场的透明度（Transparency）。由于CCP作为所有交易的对手方，因而能清晰地了解市场上的所有交易头寸和风险水平。

第二，场外集中清算有助于降低参与者的交易成本，提高市场效率。由于清算所对会员头寸进行净额结算，从而能够显著降低保证金水平，提高结算效率和资金的利用率。

第三，采用集中清算能够提高场外市场交易的安全性。集中清算的风险控制措施比双边清算更为严格，集中清算采用损失共担的模式，参与者必须缴纳初始保证金与变动保证金以覆盖违约造成的损失。当违约者自身资源不足时，清算所采用违约基金分担违约损失，从而减少了系统性风险发生的可能性。

第四，采用集中清算有助于提高市场的流动性。在集中清算中，交易者面对的是中央对手方，而无须担心对手方的信用水平，这有助于鼓励投资者参与场外衍生品交易，从而提高市场的流动性。

二、缺点

虽然集中清算是现今公认的一种效率和安全性高的清算模式，但它的损失共担机制也造成了一些潜在的问题。

首先，这一机制会带来道德风险（Moral Hazard）。由于损失共担，清算参与者可能会降低对自身的风险管理的要求，且由于中央对手方的存在，参与者不再注重对其他参与者信用风险水平的考察。

其次，集中清算也会带来逆向选择问题（Adverse Selection）。这一问题通常由信息不对称造成。当清算参与者对产品的了解程度高于清算所时，清算所可能会低估产品的风险，导致风控措施不充分，进而带来潜在的风险。

再次，集中清算的标准化要求会造成清算交易与非清算交易之间的重大差异，这种差异被称为分歧（Bifurcation）。这会造成投资者现金流波动过大，从而造成对冲头寸的错配。

最后，集中清算存在顺周期性（Procyclicality）。所谓顺周期性指经济货币政策或风控措施的调整与经济状况正相关。中央集中清算的顺周期性体现在其风控要求上。以保证金水平的设置为例，当经济运行平稳时保证金要求水平较低，而当市场波动变大或出现经济危机时，保证金要求水平会显著提高。然而，当经济出现危机时，资金流动性困难的投资者往往更渴求低保证金水平以渡过难关，高水平的保证金要求反而会进一步加剧违约风险，更加不利于市场的稳定。

第三节　集中清算对金融市场的影响

评估（assess）集中清算对金融市场的影响（☆☆）

通过对以上集中清算机制以及场外衍生品集中清算优缺点的讨论，可以清楚看到集中清算能够提高市场的透明度和运行效率，但也存在潜在的问题。因此，我们需要辨证地看待集中清算对金融市场的作用。

第一，集中清算提高了市场透明度，通过多边净额结算提高了市场的运行效率，并且采用了风险共担的模式有效降低了大型违约出现时的市场风险。然而，集中清算也存在顺周期性的问题，在市场不稳定时期采取更为严格的保证金制度会进一步加剧市场的不稳定。

第二，集中清算并不是降低了对手方风险而是分散和转移了这一风险，将对手方的信用风险转换为流动性、操作和法律风险。

第三，集中清算对于一些周期长、复杂性高、流动性低的场外衍生品交易而言并不一定合适。多边净额结算以及保证金等风控措施的实现有一定代价。强制进行集中清算可能不利于场外衍生品市场的创新。

第四，集中清算机制有助于提高场外衍生品交易的安全性，但并不能保证市场的稳定性。在集中清算时，中央对手方的作用极其重要，任何一方的违约风险都要经过它转移和分散，以致当它自身发生问题时，可能会带来巨大的系统性危机。

备考小贴士

本章的内容以理解记忆为主，考生要牢记CCP的替代给付、多边净额结算模式以及保证金制度与损失共担的风控机制，了解集中清算的优点以及可能存在的问题。

扫码做题　章节练习

第四十八章

集中清算的风险

知识引导：集中清算是当今金融市场上普遍采用并被广泛推荐的一种先进清算模式。然而这一清算模式也并非完全安全，其自身也存在一些风险。本章将对集中清算中存在的风险进行分类介绍。

考点聚焦：本章知识点同样以定性记忆为主。学习本章内容后，考生应能够识别并解释 CCP 面临的风险；识别并区分清算会员的风险与非清算会员的风险；识别并评价之前 CCP 失败的教训。

本章框架图

```
                                          ┌─ 违约风险
                                          │
                                          ├─ 非违约损失事件
                                          │
                          ┌─ CCP面临的风险 ─┼─ 模型风险
                          │               │
                          │               ├─ 流动性风险
                          │               │
集中清算的 ─────────────────┤               ├─ 操作风险与法律风险
  风险                     │               │
                          │               └─ 其他方面的风险
                          │
                          ├─ 清算会员与非清算会员的风险
                          │
                          └─ CCP的失败教训
```

第一节　CCP 面临的风险

识别（identify）并解释（explain）CCP 面临的风险（☆☆）

中央对手方面临的风险包括违约风险、非违约损失事件风险、模型风险、流动性风险、操作风险和法律风险等。下面对这些风险进行一一介绍。

一、违约风险（Default Risk）

违约风险是 CCP 面临的最主要风险。违约风险不仅包括违约带来的资金损失，还包括由此产生的其他方面问题，具体如下。

1. 造成其他会员的违约或财务困境

某清算会员发生违约很可能不是独立事件。在场外衍生品市场中，不同会员间联系非常密切，因此，一个会员违约很可能产生"多米诺骨牌效应"，对其他会员造成严重的财务困难甚至违约。

2. 拍卖失败

在上一章里我们介绍过在违约发生时 CCP 有权对违约方的头寸进行拍卖。然而，若没有会员愿意以合理的价格承接违约会员的头寸，那么就不得不动用违约基金来共担违约造成的损失。损失共担会给其他会员造成财务方面的压力，极端情况下可能导致其他违约的发生。

3. 会员退出

有的会员可能不愿意承担其他会员违约造成的损失，这样它可能会提出退出申请。退出会员的初始保证金和违约基金份额将被返还，同时退出将对 CCP 的声誉造成一定的负面影响。

知识一点通

如果大家真的"分行李"，则会导致会员不断地退出，最后会导致清算所"人去楼空"。

4. 声誉上的影响

为了弥补会员违约造成的损失，CCP 采取的损失共担措施可能对其他未违约会员以及他们的客户来说不公平，这会对 CCP 的公正性造成恶劣影响。

二、非违约损失事件（Non－default Loss Event）

CCP 还可能遭受非违约事件带来的损失，包括会员欺诈、操作风险、法律风险和投资风险。例如，清算系统出错造成的损失（操作风险）、CCP 的某些机制可能不被一些国家的法律认可（法律风险）、CCP 自身的投资失败（投资风险）等。

值得注意的是，非违约事件和违约事件之间存在一定关联。如果违约造成了市场动荡，那么会员可能会由此产生欺诈行为，CCP 的投资和操作风险也更大。同时，大规模的违约也可能造成法律风险。

三、模型风险（Model Risk）

CCP 使用风险模型来计算保证金水平。在场内，变动保证金通过每日盯市（Mark－to－market）计算。然而，对于场外衍生品而言，有些交易并不活跃，其价格无法通过盯市获得。那么，CCP 会通过估值模型计算场外衍生品的价格来确定变动保证金。但是，对于那些交易非常不活跃的场外衍生品，很难保证模型的准确性和稳健性。于是，当出现较大亏损时，模型计算出的保证金很可能无法覆盖损失水平。

同样，初始保证金也通过模型测算，也可能遭受模型误设的风险。例如，对波动率、相关性、尾部风险的估计有误都会造成初始保证金估算得不准确，保证金不足以覆盖平仓损失。

四、流动性风险（Liquidity Risk）

在集中清算中，大量的资金经过 CCP 流转，如保证金的收取与返还等。一般 CCP 会将会员存放的保证金、抵押品等资源进行短期投资以提高资金使用效率。然而，为了履行其义务，CCP 必须能够及时抽调资金来处理违约等问题。如果 CCP 的资金流动性出现问题，将对整个系统造成巨大影响。

五、操作风险（Operational Risk）与法律风险（Legal Risk）

操作风险指 CCP 的系统出现问题造成某些功能无法正常运行的风险，这一风险波及面广、影响恶劣，属于系统性风险。

法律风险指 CCP 的某些机制不受法律认可的风险，比如某些国家的法律并不认可净额结算，那就只能采取全额结算模式进行结算。

六、其他方面的风险

CCP 还面临其他方面的风险，包括结算风险（Settlement Risk）、外汇风险（FX Risk）、托管风险（Custody Risk）、集中度风险（Concentration Risk）、主权风险（Sovereign Risk）以及错路风险（Wrong－way Risk）。

> **知识一点通**
>
> 上述风险基本可从其名称中判断出所涉及的风险类别。这里只对两个较为特殊的风险进行介绍，考生了解即可。集中度风险是指风险头寸过多地集中于某些参与者手中，这些参与者一旦违约就将引起连锁反应。错路风险是指收取的保证金水平和会员的信用水平之间存在不合理的关系，导致两者并不匹配。诚然信用水平低的会员应该多缴保证金以策万全，但对这些会员而言，又何来资金用来缴纳更多的保证金呢？

第二节　清算会员与非清算会员的风险

识别（identify）并区分（distinguish）清算会员的风险与非清算会员的风险（☆☆）

清算会员直接与 CCP 对接清算与结算业务。那么 CCP 面临风险时，会直接影响到清算会员。例如，由于模型风险导致初始保证金不足以覆盖平仓损失，于是清算会员必须参加拍卖，就有可能需要接收违约会员头寸或者进入风险共担模式，从而损失缴纳的违约基金。

非清算会员的清算与结算业务是通过清算会员来实现的，那么当清算会员和 CCP 遇到风险时，非清算会员很可能也会被动遭受损失。此外，非清算会员之间也存在风险的相互影响。

第三节　CCP 的失败教训

识别（identify）并评价（evaluate）之前 CCP 失败的教训（☆☆）

一些边缘性的中央对手方曾发生过倒闭事件。例如，1974 年法国的商品清算基金（CLAM）主要清算产品为白糖期货。由于当时白糖期货暴跌，导致大量结算会员无法支付保证金，导致该清算基金关闭，同时买方交易所关闭。1983 年，吉隆坡商品交易所（KLCCH）的主要交易产品为棕榈油，由于棕榈油价格暴跌，引发数个交易成员无法支付保证金，从而该交易所关闭。1987 年 10 月 19 日（即所谓的"黑色星期一"），美国股市崩盘，使得全球股市受到影响，香港股市下跌 11%，香港期货交易所的许多会员无法支付保证金，当时的有关部门连续拨款两次才渡过难关。当然，在 1987 年以前，结算机构的风险管理制度还不完善，无法与现在相提并论。

近年来，也出现过中央对手受损的案例。2008 年，香港中央结算有限公司是

唯一一家由于雷曼兄弟公司（Lehman Brothers，简称雷曼）违约受到损失的中央对手方。在雷曼倒闭时，该公司对雷曼公司的账户进行平仓，导致 1.57 亿港币的损失。损失中大部分是借款利率损失。从风险管理角度来看，造成损失的原因有两个：第一，香港中央结算有限公司不收初始保证金；第二，流动性风险控制不够。还有一个案例是 2013 年 12 月韩国证券期货交易所（KRX）的乌龙指事件。该事件涉及一份 3 960 亿韩元的股指合同，由于期权权限输入错误，造成韩交所联合补偿基金 426 亿韩元的损失。联合补偿基金是由韩交所结算会员提供的，此次事件直接导致结算会员的损失。

从前文介绍的 CCP 风险案例中可总结出以下几条经验。

第一，应该尽可能地控制操作风险。这一风险影响整个市场的稳定，而通过提高安全意识和采取审慎的工作态度能够很大程度地缓解这一风险。因此，采取安全审慎措施避免操作风险发生是 CCP 的职责。

第二，提高变动保证金的计算频率（即动态保证金收取模式，如一天计算多次）。这样在市场波动剧烈的情况下，CCP 能够及时确定合理的保证金水平以应对发生的风险。

第三，初始保证金和违约基金必须设置充足。这两者都是用来覆盖违约损失的，只有在充足的情况下才能有效地处理违约，维护市场的稳定。

第四，CCP 需对会员头寸进行有效监测以避免过度集中。头寸过度集中于某几个会员手中会产生逼仓风险，危害市场的公平运作。

第五，CCP 需有能力获取外部的流动性支持。在金融危机面对大规模违约时，来自外部（如银行甚至央行）的注资对于维护市场的正常运作至关重要。

扫码做题　章节练习

第四十九章

外汇风险

知识引导：金融服务业的国际化趋势必然会涉及非本国货币的投资。货币作为商品交换的一般等价物，其自身也是一种商品，因而也有其价格。本币相对于外币的价格可以通过汇率得以体现。然而，由于汇率的波动性使得金融机构在进行以外币计价的资产与负债交易中，常常面临价值变动的风险。本章着重研究以外币计价的风险敞口度量以及如何更有效地管理外汇风险。

考点聚焦：通过本章的学习，考生应能够计算金融机构的总体外汇风险敞口、以外币投资的潜在收益或损失以及利用远期合约来进行资产负债表表外对冲；描述在外汇市场中，掌握无套利假设下的利率平价定理，会运用该理论计算远期外汇汇率，理解名义利率与实际利率的关系。

本章框架图

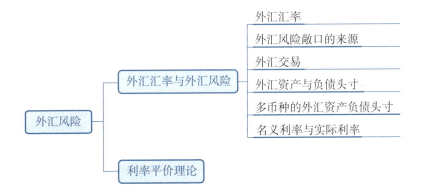

第一节　外汇汇率与外汇风险

一、外汇汇率

如果说利率是资金的价格，那么外汇汇率（Foreign Exchange Rate）便是以另一种货币表示的一个国家的货币价格。

> **知识一点通**
>
> 例如，中国某公民到美国旅行过春节，需要到中国银行兑换 5 000 美元，当日银行的外汇汇率报价为 $1 = ¥6.323，意味着兑换 5 000 美元需要花费 6.323 × 5 000 = 31 615 元。

1. 外汇汇率的报价方式

外汇汇率的报价方式通常包括以下两种。

一种是直接报价/标价法（Direct Quote），是以本币表示一单位外币的汇率报价法。我国使用的便是直接标价法，如"知识一点通"所举的 $1 = ¥6.323。

另一种则是间接报价/标价法（Indirect Quote），是以外币表示一单位本币的汇率报价法。欧共体使用的便是间接标价法：€1 = $1.2376（这里欧元为本币）。

> **知识一点通**
>
> 很多考生不习惯外汇的报价方式。其实，货币无非是一种商品，外汇标价和正常商品售价其实是一回事。我们习惯于报价苹果 10 元/kg，意味着一斤苹果卖 5 元。外汇的直接标价为 $1 = ¥¥6.323，即 1 美元兑换 6.323 元人民币。这意味着我们用人民币（本币）去给 1 美元标价（故称为直接标价法），这和用人民币给苹果标价是一回事。类似思路可以理解间接法（用外币给本币进行标价）。

备考小贴士

由于 FRM 考试主要以美国市场为蓝本，所以考试中多以美元作为本国货币。具体题目需要认真读题来确定何种货币作为本币、何种作为外币。

2. 外汇交易（Foreign Exchange Transactions）类型

外汇交易通常包括即期外汇交易与远期外汇交易两种交易类型。

即期外汇交易（Spot Foreign Exchange Transactions）是交易双方以当前外汇市场现价也就是按即期汇率即刻完成货币的交换。

远期外汇交易则是现在达成的、在未来某一天以约定的汇率（即远期汇率）交割的协议。远期外汇交易可将未来货币交换时的汇率予以锁定，规避将来汇率波动带来的风险。

二、外汇风险敞口的来源

解释（explain）金融机构是如何改变其净头寸以降低外汇风险（☆）

计算（calculate）金融机构的总体外汇风险敞口（☆☆☆）

外汇风险（Foreign Exchange Risk）是由于汇率发生不可预测的变动，进而改变以外币计价的资产或负债的本币价值而产生的风险。

知识一点通

例如，2014 年某投资者在英国购置房产，之前英镑一直比较稳定，因此收益较好。2017 年打算出售房产，但遭遇了英国脱欧导致的英镑汇率大跌。原有的收益由于英镑的大跌，最终兑换成人民币的收益也将大幅下跌甚至遭遇亏损。又比如，某些发展中国家为了发展经济，以美元等外币向国外银行举债，但国内经济

发展遇挫导致本币汇率急跌，最终需要偿还更多的本币方能了结外债，这也给这些国家的经济发展带来了更大困难。

汇率变动产生的风险还隐含本币的升值或者贬值对本国进出口贸易以及本国公民消费倾向的影响。假设美国进口法国的葡萄酒，该葡萄酒在法国售价 120 欧元/瓶，如果外汇汇率为 €1 = \$1.2，那么在美国该葡萄酒的售价则为 \$144 美元/瓶；如果外汇汇率变为 €1 = \$0.89，则意味着美元发生了升值，那么法国葡萄酒在美国的售价则变为 \$106.8 美元/瓶。可见，本币（相对于其他货币）的升值使出口商品变得昂贵而外国进口商品变得相对便宜，本国消费者会更愿意购买进口商品，这不利于本国出口；反之，本币的贬值意味着本国商品对国外消费者而言更便宜而国外商品对本国消费者则变得昂贵，本国消费者会更偏向于购买本国商品。

外汇风险也可以被解释为由于汇率的不利变动而导致投资者因外汇损失而不得不平仓的风险。

金融机构总的外汇风险敞口能够通过一个以本币计量的敞口净头寸（Net Position Exposure）来衡量，其公式可表现为：

$$净敞口_i = (外汇资产_i - 外汇负债_i) + (外汇购买_i - 外汇出售_i)$$

$$= (外汇资产净值_i - 外汇购买净值_i) \tag{49.1}$$

其中，i 代表第 i 种货币；外汇资产、外汇负债均是以外币计价。正的敞口净头寸（A Positive Net Exposure Position）指的是金融机构对某一种（本币外）货币总多头头寸净值（即该金融机构已购买的某种外币量大于已出售量，即外汇净购买），将面临该外币兑本币贬值的风险；而负的敞口净头寸（A Negative Net Exposure Position）则指金融机构对某一种外币的空头头寸净值（即金融机构已出售的某外币量大于已购买量，即外汇净出售），将面临外币兑本币升值的风险。

例题 49.1

假设美国银行月度头寸情况：拥有资产 €1 972 000M，负债 €1 654 700M，已购买外汇 €4 789 100M，已出售外汇 €4 895 000M，求该银行欧元净敞口是多少？

A. € 211 400M

B. € – 546 500M

C. € 138 600M

D. € 205 600M

名师解析

答案为 A。

根据式（49.1），外汇净敞口或者叫总体外汇风险敞口 =（1 972 000M – 1 654 700M）+（4 789 100M – 4 895 000M）= € 211 400M。

备考小贴士

本题中外汇购买净值 = 4 789 100 M – 4 895 000 M = –105 900M，即负的敞口净头寸。这意味着该银行要对外支出欧元。因此，该银行担心未来欧元升值而不是贬值。

由此可见，如果金融机构不能保持资产 = 负债的均衡头寸，那么便会遭遇由于外币兑美元的汇率波动而产生的风险。外汇汇率波动性越大，外汇净敞口对金融机构外汇投资组合的影响就越大。美元（本币）兑外币的损失/收益 = 以美元（本币）衡量的国外货币 i 的净敞口乘以美元（本币）对外币 i 的汇率波动率。金融机构的外币净敞口越大，外汇汇率波动也越大，那么金融机构的美元本币收益或损失也会越大。

三、外汇交易（FX Trading Activities）

辨别（identify）并描述（describe）不同类型的外汇交易行为（☆）

金融机构在外汇市场主要有以下四种交易行为。

第一种，通过外币的买卖使客户能够参与国际贸易。

第二种，通过外币的买卖使客户在海外实体或金融投资中获得投资份额乃至影响力。

以上两种交易行为中，金融机构扮演中介的角色，为客户服务并收取一定费用，但金融机构自身不需考虑外汇风险。

第三种，通过外币买卖对冲来抵消所面临的外汇风险敞口。例如，金融机构可以采取一国外汇汇率的空头头寸来抵消同一国外汇汇率的多头头寸。

第四种，通过预测外汇汇率的未来走势进行投机性的外币买卖。

四、外汇资产与负债头寸

辨别（identify）外汇交易收益与损失的来源（☆）

1. 外汇交易收益与损失的来源

大多数外汇交易的赢利与损失源于敞口头寸（Open Position）或对某一种货币的投机性操作。

知识一点通

敞口头寸指由于没有及时对冲而形成对某种货币过多买入或过多卖出的现象。

金融机构的外汇风险敞口还源于外币计价资产与外币计价负债组合的不匹配。如前面所讨论的，金融机构外汇多头头寸意味着某外币计价的资产超过其负债；外汇空头头寸意味着某外币计价的负债远过其资产。

2. 外汇投资风险、回报率与对冲

计算（calculate）金融机构对特定外币潜在的美元收益或损失敞口（☆☆☆）

利用远期合约来解释（explain）资产负债表对冲（☆）

计算（calculate）以外币投资的潜在收益或损失（☆☆☆）

外汇投资风险可以通过资产负债表内与表外对冲予以缓解。

资产负债表表内对冲（On‐balance‐sheet Hedging）指通过调整资产负债表结构对冲外汇风险，即金融机构寻找与某外币资产到期日和金额相匹配的负债进行相互抵消的方法。例如，假设某金融机构拥有 1 亿外币资产，那么他就需要寻找到期日相同的 1 亿同种外币负债进行对冲。注意，进行对冲的资产与负债必须是同种货币，且期限一致。然而，这样的要求一般极难实现，因此就需要资产负债表表外对冲。

资产负债表表外对冲又称为远期对冲（Hedging with Forwards），是金融机构保持资产负债表处于非对冲（不匹配）的状态，利用远期或期货将风险转嫁，从而锁定价值。

我们通过以下案例对外汇投资风险、回报率以及对冲进行较为直观的分析。

例题 49.2

世纪银行在美国发行 2 000 万美元的可转让存款凭证（Negotiable Certificates of Deposit）为其贷款组合融资。使用 50% 的资金用于在英国 1 年期贷款，利率为 12%；剩余的 50% 资金用于本国的 1 年期贷款，利率为 8%。该银行的资产负债账户如表 49.1 所示。

表 49.1　　　　　　　　　　　世纪银行资产与负债账户

资产		负债	
US 贷款（1 年期）	$10M（8%）	US 存款凭证（1 年期）	$20M（7%）
UK 贷款（1 年期）	$10M（12%）		

假设 2018 年年初（$T=0$），银行出售 1 000 万美元兑换英镑的即期汇率为 1.42USD/GBP。

（1）如果 1 年后（$T=1$），即期汇率保持不变，那么该银行在英国的贷款投资的美元收益为：

A. USD7 040 000

B. USD7 890 000

C. USD11 200 000

D. USD12 000 000

名师解析

答案为 C。考生应首先熟悉汇率 1.42USD/GBP 的报价形式，代表 1 英镑 GBP 可兑换 1.42 美元（实务中，有部分金融终端对 USD/GBP 的解读是相反的，但我们书中统一用上述方式进行解读）。

在 $T=0$ 时，银行以即期汇率出售 1 000 万美元换得 USD10 000 000/1.42 = GBP 7 042 254。

一年后（$T=1$）贷款到期，银行获得英镑贷款本息和为：GBP 7 042 254 × （1 +0.12） = GBP 7 887 324。

由于即期汇率不变，该英镑收益转换成美元收益为：GBP7 887 324 × 1.42 = USD 11 200 000。

（2）如果 1 年后（$T=1$），汇率下降到 1.38USD/GBP（英镑贬值），求该银行的资产组合的加权回报率是多少？

A. 1.41%

B. 2.82%

C. 5.41%

D. 8.42%

名师解析

答案为 D。如前题，在 $T=0$ 时，银行以即期汇率出售 1 000 万美元换得 USD 10 000 000/1.42 = GBP 7 042 254。

一年后（$T=1$）贷款到期，银行获得英镑贷款本息和为：GBP 7 042 254 × （1 +0.12） = GBP 7 887 324。

该英镑收益转换成美元收益，以 1.38USD/GBP 计算：GBP7 887 324 × 1.38 = USD11 200 000 = USD 10 884 507。

美元回报率 = （10 884 507 – 10 000 000）/10 000 000 = 8.845%。

组合的加权回报率 = （50% × 0.08） + （50% × 0.08845） = 8.42%。

（3）假设银行在外汇市场使用 1 年期远期以汇率 USD1.40/GBP 对冲英镑贷款，在这种情况下，求银行贷款组合的回报率是多少？

A. 8.37%

B. 9.21%

C. 9.79%

D. 10.11%

名师解析

答案为 B。如前题，在 $T=0$ 时，银行以即期汇率出售 1 000 万美元换得英镑：USD 10 000 000/1.42 = GBP 7 042 254。同时，出售 1 年期英镑（即 1 年后英镑的本息和）兑美元的远期合约，远期汇率为 USD1.40/GBP。

1 年后英镑的本息和为：GBP 7 042 254 × （1 + 0.12）= GBP 7 887 324。

1 年后交割远期合约，出售英镑转换成美元，以远期汇率 USD1.40/GBP 计算，可得：GBP 7 887 324 × 1.40 = 11 042 254（美元）。

美元回报率 = （11 042 254 – 10 000 000）/10 000 000 = 10.42%。

组合的回报率 = （50% × 0.08）+ （50% × 0.1042）= 9.21%。

备考小贴士

本题与题（1）、题（2）不同的是，它属于资产负债表表外对冲，即利用远期对冲的外汇交易，因此，资产负债表 T 账户未发生任何变化。

（4）世纪银行不通过发行 1 000 万美元的存款凭证融资用于投资贷款利率为 12% 的英国 1 年期贷款，而是发行等价的 1 000 万美元 1 年期利率为 10% 的英镑存款凭证。世纪银行在美国发行 1 000 万美元存款凭证用于投资本国的 1 年期贷款，利率为 8%。这样世纪银行的资产负债表资产与负债便发生了内部的变化，T 账户变化如表 49.2 所示。

表 49.2　　　　　　　　　　世纪银行资产与负债变化

资产		负债	
US 贷款（1 年期）	$10M（8%）	US 存款凭证（1 年期）	$10M（7%）
UK 贷款（1 年期）	$10M（12%）	UK 存款凭证（1 年期）	$10M（10%）

假设 2018 年年初（$T=0$），银行出售 1 000 万美元兑换英镑的即期汇率为 USD 1.42/GBP。

如果 1 年后（$T=1$），即期汇率保持不变，那么该银行贷款组合的回报率是多少？

A. 8.67%

B. 9.87%

C. 10%

D. 12.36%

名师解析

答案为 C。在 $T=0$ 时，银行以即期汇率出售 1 000 万美元换得英镑：USD 10 000 000/1.42 = GBP 7 042 254。1 年后英镑的本息和为：GBP 7 042 254 ×（1 + 0.12）= GBP 7 887 324。以 USD1.42/GBP 计算，转换为美元收益可得：GBP 7 887 324 ×1.42 = USD11 200 000。

1 年后，还需偿还英镑存款凭证：GBP 7 042 254 ×（1 +0.1）= GBP 7 746 479.4。

以 USD1.42/GBP 计算，转换为美元收益可得：GBP 7 746 479.4 ×1.42 = USD 11 000 000。

美元成本率 =（11 000 000 – 10 000 000）/10 000 000 =10%。

（负债类）组合成本率 =（50% ×0.07）+（50% ×0.1）=8.5%。

美元回报率 =（11 200 000 – 10 000 000）/10 000 000 =12%。

（资产类）组合的回报率 =（50% ×0.08）+（50% ×0.12）=10%。

备考小贴士

本题与题（1）~题（3）不同处在于，它属于资产负债表内对冲的外汇交易，即资产负债表中的资产与负债变化来抵消外汇风险。因此，很明显的特征就是世纪银行的资产负债表 T 账户发生了变化。通过 10M 英镑存款凭证的负债抵消 10M 英镑贷款的资产，且期限相同、货币相同。

五、多币种的外汇资产负债头寸

解释（explain）为什么多币种资产负债头寸的多样化可以降低投资组合的风险（☆）

以上的例题我们使用的是匹配或不匹配的外汇资产负债组合针对一种外汇头寸的情况。然而，在实践中，金融机构持有的都是多种货币的资产负债头寸。正所谓"不要把鸡蛋放在同一个篮子里"，多币种的投资战略可通过资产与负债在多个市场的分散化，从而较好地降低整个组合风险和相应成本。有时多币种组合的收益甚至可以抵消单一货币资产负债不匹配而产生的风险。

六、名义利率与实际利率

描述（describe）名义利率与实际利率之间的关系（☆）

名义利率与实际利率的关系可以通过以下公式体现：

$$名义利率（r_i）= 实际利率（rr_i）+ 预期的通货膨胀率（i_i^e） \qquad (49.2)$$

式（49.2）表明，名义利率等于要求的真实回报率加上对预期通货膨胀率的补偿。实际利率反映的是对资金供给与需求的关系，当市场对资金的供给与需求相等时，实际利率即为相应的市场均衡利率。预期通货膨胀率则反映了融出方对融入方的额外需求，以补偿融出方因贷款期间通货膨胀对其贷款本金价值的侵蚀。该公式又被称为费雪方程式。

备考小贴士

注意式（49.2）中，等式右边的第二项是预期通货膨胀率，而不是历史通货膨胀率。这是因为未来一年的通货膨胀率还是未知的，只能预期。考试中不要代错公式。

第二节 利率平价理论

描述（describe）在外汇市场中，无套利假设是如何引导出利率平价理论并使用该理论计算远期外汇汇率（☆）

在第一节中我们提过，远期外汇合约可以通过锁定未来交割汇率来降低外汇现货市场的风险。两种货币之间的远期汇率由即期汇率以及两种货币之间的利率差额所决定。利率平价理论将即期汇率、利率和远期汇率紧密联系在一起。其公式可表示为：

$$1 + r_t^D = \frac{1}{S_t} \times (1 + r_t^F) \times F_t \tag{49.3}$$

式（49.3）中 r_t^D 代表投资本国货币的利率，r_t^F 代表投资国外货币所得的利率。S_t 为即期汇率（使用直接标价法），F_t 为远期汇率。

利率平价理论使用连续复利表示的话，公式为：

$$F_t = S_t \, \mathrm{e}^{(r_t^D - r_t^F)T} \tag{49.4}$$

利率平价理论描述的是即期和远期汇率市场同时处于均衡的状态，即是建立在无任何套利机会的前提下的，这便意味着金融机构投资本国货币与投资外国货币的回报率是相同的，无法从外汇投资中获得超额的利润。当市场不均衡或者说当式（49.3）不等，那么便意味着套利机会产生。

> **知识一点通**
>
> 这里举一个具体例子来帮助考生理解式（49.3）。假设投资者手中有 1 美元（本例中美元为本币，人民币为外币），他有两种投资方式：一是手持本币美元，存在美国的银行中一年，最终 1 美元变成 $1 + r_t^D$ 美元；二是立刻将 1 美元兑换成 $\frac{1}{S_t}$ 元人民币（即期汇率为 s_t），存在中国的银行，一年后变为 $\frac{1}{S_t} \times (1 + r_t^F)$ 元，最后再按远期汇率 F_t 将其又兑换成美元，其价值为 $\frac{1}{S_t} \times (1 + r_t^F) F_t$。根据无套利定价原理，两种投资方式的最终收益应相同，故有式（49.3）。

例题 49.3

某分析师正在研究美元和欧元之间的汇率，给出下列关于美元/欧元汇率和各自国内无风险利率的信息：

目前美元/欧元即期汇率：€1 = $1.08；

目前美元计价的一年无风险利率：每年 4%；

目前欧元计价的一年无风险利率：每年 7%。

根据利率平价理论，计算一年远期美元/欧元汇率是多少？

A. 0.78

B. 0.82

C. 1.05

D. 1.29

名师解析

答案为 C。根据利率平价理论，式（49.3）可得：$1 + 4\% = 1/1.08 \times (1 + 7\%) \times F_t$，故 $F_t = 1.05$。

换而言之，合理的远期汇率应保证将 1 美元存在美国一年所获得的收益等同于将 1 美元兑换成欧元后，在欧洲银行存放一年，再兑换成美元所获得的收益。

扫码做题　章节练习

第五十章

公司债券

知识引导：公司债券是公司为融资需要而发行的一种债务工具。发行人承诺按照事先约定的时间及时足额还本付息。本章将就公司债券的相关内容进行较为详尽的探讨。

考点聚焦：通过对本章内容的学习，考生能够了解债券契约、债券到期日、债券清偿的概念；能够掌握主要的债券类型，即抵押债券、抵押信托债券、设备信托凭证、次级和可转换公司债券以及担保债券；了解公司债券在到期前可清偿的机制并能够区分信用违约风险与信用利差风险之间的差别；理解事件风险、高收益债券；理解违约率与清偿率并能够区分发行人违约率和金额违约率之间的差别。

本章框架图

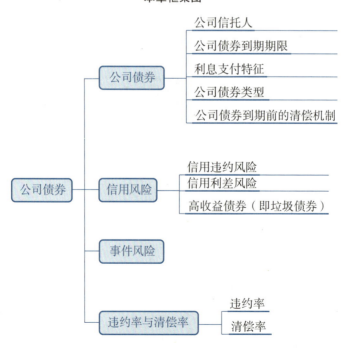

第一节　公司债券（Corporate Bond）

公司债券作为一种固定收益工具，要求发行人在指定日期支付事先约定的利息并在到期日偿还本金。公司债券是发行公司对债券持有者的一种承诺，具有法律效力。如果在规定期限未能及时足额偿付本息，那么公司在法律上便构成了违约，债券持有人可通过诉讼强制要求公司履行承诺。正是因为存在这样的契约性约束，债券持有人通常比普通股及优先股股东享有对公司收入和资产的优先索偿权。

知识一点通

> 如无特别说明，美国公司债一般默认面值为 1 000 美元，每半年付息一次；欧洲债则是每年付息一次。

下文将就公司债券的一些基本特征展开讨论。

一、公司信托人（The Corporate Trustee）

描述（describe）债券契约并解释在债券契约中公司信托人的角色（☆）

公司债券发行人的承诺与债券购买者的权利会详细列示在合同条款中，这类条款通常被称为契约（Indenture）。然而，对于一般投资者而言，理解契约中晦涩的法律术语已相当困难，更勿论督促公司履约了。因此，实务中通常引入第三方——公司信托人来解决这些问题。具体而言，公司信托人作为债券持有人的利益代表，承担信托责任（Fiduciary Duty）。公司信托人的信托责任包括对债券发行人是否履行契约中的各项条款进行监管、每当发行新债时确保不超过契约约定本金金额、对所有已发行债券进行跟踪、当公司违反契约时及时采取行动维护债券持有人利益等。

> **知识一点通**
>
> 实务中，信托人通常是拥有信托部门的大型公司、具有执行信托人职责专业人士的金控平台、商业银行或普通信托公司。值得指出的是，信托人的劳务报酬由债券发行人支付，且信托人也只能在契约约定范畴内行事，这就有可能存在潜在的委托代理问题。

例题 50.1

下列哪项职责最不可能是公司信托人在债券发行中所起的作用。

A. 解释契约中的法律专业用语

B. 确定重置债券的利率

C. 保持跟踪公司发行的债券数量

D. 监督公司的活动，确保公司遵守契约中的协议

名师解析

答案为 B。公司信托人是对管理基金（如退休金计划、信托基金等）、债务证券保管服务、资产证券化进行独立的监管，因此，并不包含对重置债券利率的确定。

二、公司债券到期期限

解释（explain）债券的到期日以及它对债券清偿的影响（☆）

债券到期日（Maturity）指的是发行人根据契约约定履行义务的日期，即发行人必须在到期日偿付本金以及期间的全部应计利息。债券到期期限越长，公司就有更多时间清偿发行的债券。但是要注意的是，有些情况下，债券可能会在到期日之前就被清偿，这部分内容将在第四节详细讨论。

三、利息支付特征

描述（describe）利息支付分类的主要类型（☆）

描述（describe）零息债券并解释（explain）原始发行折价与再投资风险之间的关系（☆）

传统债券是以实体证券的形式呈现，即在票面正反面印有（契约）条款的简要说明，譬如到期期限、面值以及计算利息的息票率都会出现在债券票面上。这类债券被称为记名债券（Registered Bond）。利息支付代理人或信托人有责任在债券到期日将债券本金支付给记名的债券持有人。目前，越来越多的记名债券证书是以记账形式（Book‐entry Form）即无纸化形式发行出售。

> **知识一点通**
>
> 最早的时候，债券是以实体证券的形式存在。并且，证券上会有事先分割好的小纸片，这些小纸片被形象地称为"票息"（Coupon）。每到付息日，债券持有者可将小纸片撕下，凭着纸片领取当期票息。

公司债券（国内发行的）根据利息支付主式可分为附息债券、浮动利率债券和零息债券三大类型。

1. 附息债券（Straight‐coupon Bond）

附息债券也称为固定利率债券（Fixed‐rate Bond），是最常见的一种付息方式。在美国，附息债券一般每半年支付一次利息，到期还本付息。附息债券的具体形式多种多样，如下所示。

在美国发行的附息债券多数以美元支付利息。然而，有些债券也可以其他货币支付本金和利息。以外币发行的债券给投资者提供了组合多样化的渠道，但也存在额外的风险，如汇率风险亦随之增加。

（1）参与分红债券（Participating Bond），此类债券持有人除了获得固定利息以外，还能分享发行人的利润（红利分配）或某些资产的增值（通常会设定一个阈值，超过阈值才能分享）。

（2）收益债券（Income Bond），承诺支付约定的利率，但付息条件是发行人有足够的利润以及根据契约约定的可用于利息支付的收入。

2. 浮动利率债券（Floating – rate Bond）

浮动利率债券的利率在到期期限内会随市场利率浮动而变化。许多浮动利率债券参照的浮动利率为伦敦银行间同业拆借利率（LIBOR）。

3. 零息债券（Zero – coupon Bond）

零息债券在持有期内不支付任何利息收益，到期按面值偿还本金。由于零息债券期间不支付利息，故通常折价销售，因此又称为贴现债券。票面面值与发行价之间的差额称为原始发行折扣（Original – issue Discount），这个折扣其实就相当于贷款资金的贷款利息。

知识一点通

例如，三个月美国短期国库券是零息债券，其面值为 1 000 美元，贴现售价为 965 美元。所以，投资者以 965 美元购买 100 份该国债，三个月到期该债券以面值 1 000 美元/份进行偿付，投资者获益 35 × 100 = 3 500（美元）。本例题中，原发行折价 = 1 000 – 965 = 35（美元）。

零息债券最主要的优势就是无再投资风险（期间没有收到利息，自然就不存在将利息进行再投资的风险）。许多零息债券具有可转换（即转换成其他债券或股票）、可赎回（即发行人在债券到期前可提前赎回）和可回售（债券投资者可在债券到期前出售给发行人）的特征。在破产清算时，零息债券的持有者可以要求索赔原始发行价格加上在破产申请日期内代表应计利息和未付利息的增值（而不是以面值 1 000 美元索赔）。

零息债券的一种变形即延期付息债券（Deferred – interest Bond，DIB），一般都是由投机级发行人发行的次级债券。在延期期间，发行方不支付任何利息，延期结束后每半年支付一次利息直至到期。

例题50.2

当公司破产时，该公司发行的零息债券持有人能够获得的索赔是以下哪一个？

A. 债券面值

B. 债券的发行价格

C. 发行价格加应计利息

D. 没有，因为零息债券总是无担保的

名师解析

答案为 C。在破产清算时，零息债券的持有者可以要求索赔原始发行价格加上在破产申请日期内代表应计利息和未付利息的增值，而不是以面值 1 000 美元索赔。

四、公司债券类型

辨别（identify）以下与公司债券有关的证券类型：抵押债券、抵押信托债券、设备信托证书、次级和可转换公司债券以及担保债券（☆☆）

1. 抵押债券（Mortgage Bond）

抵押债券是由一个或多个资产（通常为不动产）作为抵押担保的债券。当债券发行人发生违约时，抵押债券持有人有权要求对抵押品清算进而获赔，以弥补违约造成的损失。抵押债券赋予债券持有人对债券发行人所有财产的优先抵押权/留置权（Lien），从而为债券持有人提供了额外保障。因此，同等条件下，抵押债券的发行人能够以比无抵押债券更低的利率筹资。

2. 抵押信托债券（Collateral Trust Bond）

抵押信托债券是由金融资产（如股票或其他债券）担保的债券。对于没有大型固定资产的服务型公司而言，可将持有证券包括股票（优先股、普通股）、票据、债券或其他所拥有的债务工具作为抵押品。抵押信托债券的清算流程与抵押债券基本相同。

3. 设备信托凭证（Equipment Trust Certificates）

设备信托凭证/债券是一种允许公司拥有某项资产并在一段时间内支付该项资产购买费的债务工具。

发行这种凭证的公司主要是铁路公司、卡车运输公司和航空公司等运输行业的企业，而融资所得的资金则用于购买特定的设备如铁路机车、重型卡车和飞机等实

物并以此作为抵押品。相比起抵押债券和抵押信托债券，设备信托凭证的抵押品往往具有较强的产生现金流的能力，故其价值更加稳定。

知识一点通

设备信托凭证的实际操作与融资租赁非常类似。假设某铁路公司欲从制造商处订购一批铁路机车。制造商先将铁路机车的合法所有权转让给信托人，信托人再将其租赁给订购的铁路公司，同时出售相当于购买价格80%的设备信托凭证用于融资，将出售设备信托凭证获得的资金支付给制造商。铁路公司以购买价格剩余的20%作为初始租金支付给信托人，由信托人支付给制造商。信托人随后定期从铁路公司收取租金以红利的形式向凭证持有人定期支付利息与本金。等到期本金支付完毕，信托人将设备以某名义价格出售给铁路公司，其所有权也由信托人转移到铁路公司，租赁契约终止。

例题 50.3

在其他情况均相同时，下列哪种债务工具的利率最低？

A. 设备信托凭证

B. 抵押债券

C. 次级债券

D. 优先级债券

名师解析

答案为 A。次级和优先级债券是普通信用工具，以公司信用作为债券的担保，故利率相对较高，排除 C 与 D。抵押债券虽然以抵押品作为担保，但抵押品产生现金流的能力相对不确定。相比之下，设备信托凭证中由信托人持有的设备是可直接用于生产的，现金流产生能力相对稳定，故利率最低。

4. 无担保债券（Debenture Bond）

无担保债券是一种没有特定抵押担保物的债务工具，所以其偿付本息的安全性仅以发行人的信誉作为担保，故而又被称为信用债券。无担保债券的持有人比抵押债券持有人承担更大的风险，因而往往要求较高的利率。一般只有信用等级较高的企业才能发行信用债券。

无担保债券可分为次级债券（Subordinated Debentures）与可转换债券（Convertible Debentures）两种类型。

许多公司都会发行次级债券。"次级"指清偿顺序处在有担保债券、无担保债券以及部分一般债权人之后。因此，次级债券的发行人必须提供较高的利率或者为投资者提供一些特殊条款（如可转换股票的条款）。

可转化债券为持有人提供将债券转换为发行人股票的选择权。一旦发行人公司的股票价格出现显著上升，可转债持有人可以将所持有的债券转换为价值更高的股票。由于转换权的存在，可转债发行人支付的利率自然比普通债券低。此外，如果允许债券可转换为发行人公司以外其他公司的普通股，则被称为可交换债券（Exchangeable Bond），它是可转换债券的一种变形。

5. 担保债券（Guaranteed Bond）

担保债券指为其他公司发行的债券进行担保，即由第三方提供保证的债券。值得一提的是，担保并不意味着没有任何风险（担保人也存在违约风险）。当担保债券的发行人因破产等原因而违约，则由第三方（即担保人）支付利息和本金。担保债券的利率一般比非担保债券要低。

6. 内嵌期权债券

内嵌期权债券（Embedded Option Bond）可以看作是期权加债券的组合，内嵌期权债券的价值则是债券价值与期权价值的总和。内嵌期权债券主要表现为以下两种形式。

（1）可赎回债券（Callable Bond），指债券发行人可在债券到期日前赎回已发行的债券，也就是在到期日前向债券持有人偿付利息和本金，提前解除双方的债务关系。可赎回债券由不可赎回债券的多头头寸与看涨期权的空头头寸构成，其价值等于（无期权）普通债券价值减去看涨期权的价值。赎回通常在利率下降时发生，目

的是发行人为了以更低的成本进行融资。由于可赎回债券赋予债券发行人权利（对债券持有人不利），可赎回债券的利率会比不包含期权的债券要高。

知识一点通

相比提前获得本息偿付的债券持有人，赎回条款对债券发行人更有利。假设公司发行该债券时的融资成本为8%，几个月后融资环境变化，融资成本仅需要4%，那么公司自然会将之前的债券提前赎回，按目前4%的低利率发行新的债券，以低成本债代替高成本债。

（2）可回售债券（Putable Bonds），指债券持有人可在到期日前将债券回售给债券发行人。可回售债券由不可赎回债券多头头寸与看跌期权多头头寸构成，其价值等于（无期权）普通债券价值加上看跌期权的价值。回售通常在利率上升时发生，目的是债券持有人希望以更高的利率投资。由于可回售债券赋予债券持有人权利（对债券发行人不利），利率比不包含期权的债券要低。

例题 50.4

可赎回债券的投资可以被分解为：
A. 非可赎回债券中的多头头寸和看跌期权中的空头头寸
B. 非可赎回债券中的空头头寸和看涨期权中的多头头寸
C. 非可赎回债券中的多头头寸和看涨期权中的多头头寸
D. 非可赎回债券中的多头头寸和看涨期权中的空头头寸

名师解析

答案为 D。对于投资人而言，投资可赎回债券相当于投资普通债券并出售看涨期权给发行人。故而，可赎回债券可被分解为普通债券多头加上看涨期权空头。

例题 50.5

以下关于可回售债券的描述哪一个是正确的？
A. 可回售债券比类似的非可回售债券具有更大的市场风险
B. 可回售债券比类似的非可回售债券具有更大的信用风险

C. A 和 B 都对

D. A 和 B 都不对

名师解析

答案为 B。可回售债券持有人有权将债权回售给发行人，这一做法降低了债券持有人面临的市场风险，但同时增加了债券的信用风险（债券发行人有可能拒绝履行其购回债券的义务）。

五、公司债券到期前的清偿机制

描述（describe）公司债券在到期前可被清偿/赎回的机制（☆）

公司债券到期前的清偿机制主要包括赎回条款、偿债基金条款、维修与替换基金、通过出售资产和其他手段赎回以及要约收购。

1. 赎回条款（Call Provisions）

许多公司债券都会包含赎回条款，赋予债券发行人在到期前以固定价格全部或部分赎回债券的权利。其特点与前文所述的可赎回债券完全一致。

2. 偿债/沉淀基金条款（Sinking – fund Provisions）

传统的偿债基金条款指发行人定期将现金存入偿债基金，以确保债券到期时有足够的资金进行偿付。

知识一点通

例如，一支十年期的债券，每年提取本金的 10% 放入专有账户由第三方托管，至十年期到期时，便有足够的资金偿付本金。

传统偿债基金的做法存在一个缺陷，即偿债基金通常也被用于投资以赚取收益。然而，一旦涉及投资，风险便伴随而至，这对资金的风险管理有一定要求。因此，在现代实践中对偿债基金条款进行了改良，偿债资金不再以资金的形式存入资金池，而是由发债公司在债券到期前定期赎回一些债券。

> **知识一点通**
>
> 接之前十年期债券的例子,更现代的做法不再是每年留存本金的 10% ,而是每年赎回初始发行价值的 10% 。假设公司初始发行债券的价值为 10 亿美元,则每年需要赎回价值 1 亿美元的债券。这样十年期到期时便有足够的资金用于偿付持有人本金。该条款对债券持有者更有利,避免了本金无法偿付的风险。

3. 维护与替换基金 (Maintenance and Replacement Funds,M&R)

维护与替换基金(M&R)条款在公共事业行业中使用较多。公共事业投资的特点是其初始投资额较大,之后边际成本较小。维护与替换基金与房屋贷款条款中要求房主维护和保持房屋良好状态非常类似,中国农村中小学校舍的维修改善基金便属于维护与替换基金。

由于一些实物资产如供水管道、电缆或天然气管道等会受到折旧的影响,维护与替代基金有助于维护债券抵押财产的经济价值与可使用状态。维护与替换基金会要求公用事业公司确定每年满足基金所需的金额和任何缺口,通常是调整后总营业收入的一定比例。要求的费用与实际维修费用之间的差额便是缺口额。该缺口可以是现金也可以是额外资产。如果是现金便可用于债务的偿付。

> **知识一点通**
>
> 维护与替换基金不同于偿债基金。前者有助于维持债券担保抵押资产的价值,而后者旨在维持发行人的偿付能力。两者虽针对性不同,但都是以避免债券发行人出现偿付问题为目标,故而对债券持有人更为有利。

4. 通过出售资产和其他手段赎回

抵押债券有抵押品作为担保。从债券持有人的角度出发,自然希望抵押品的完整性得以维持,不要随意出售抵押品。因此,债券契约中通常会加入原抵押品松绑(允许出售)与替代抵押品(提供新的资产作为抵押品)这两项安全性条款,这将有利于发行人获得资金如期偿付债券本金。

> **知识一点通**
>
> 例如，某公司抵押债券的抵押品为一批海鲜，离保质期到期还有六天，如果不马上将其出售，非但抵押品会遭受损失还会有额外的储藏费用。如果在债券契约中有原抵押品松绑以及替代抵押品条款，那么公司便可尽早出售这批海鲜以获取资金并寻找其他资产作为抵押品。

5. 要约收购（Tender Offers）

在债券到期日前，公司可以执行要约收购，提出回购特定已发行债券的要约。要约收购可针对部分或全部的目标债券进行，要约收购的通知将收购价格（通常高于市场价格）以及收购时间窗口发给债券持有人，如果届时参与回购的债券持有人太少，公司可以提高收购价格并延长收购窗口。

目前，要约收购已使用固定价差而非固定价格以执行收购。此时，收购价格等于债券距到期日剩余现金流的现值（如果是可转换债券，该固定价差则是债券距下一个转换日剩余现金流的现值）。该现值所使用的折现率是无风险利率加上固定价差。固定价差要约收购消除了在邀约期间公司与债券持有人的利率风险。

> **知识一点通**
>
> 假设某债券价格为 $90，其利率为 5%，无风险利率为 2%，那么价差为 5% −2% =3%。公司的固定价差则会设定任何一个比 3% 低的利率，譬如设定固定价差为 1.5%。那么，折现率则变为 2% + 1.5% = 3.5% < 5%，利率下降，债券价格必然上升，因此，要约收购以高于 $90 的价格收购债券。

例题 50.6

下列哪种方法是到期前偿付债券中对债券持有人最不利的？

A. 要约收购

B. 赎回条款

C. 偿债基金条款

D. 维护与替代基金

名师解析

答案为 B。要约收购是一种优势性赎回，它总是为债券持有人提供优惠的条件。赎回条款会降低发行人的财务成本，因此会损害债券持有人的利益。偿债基金和维护与替代基金则是保持现金流更加稳定可靠的制度安排。

第二节　信用风险

区分（distinguish）信用违约风险与信用利差风险（☆☆）

相比于国债，公司债券具有一定的信用风险。信用风险通常可细分信用违约风险和信用利差风险。

一、信用违约风险（Credit Default Risk）

信用违约风险指债券发行人无法履行其债务义务的风险，即发行人是否按照债券契约规定按时支付利息和本金。

实务中，对信用违约风险的衡量主要依赖于信用评级机构给出的债券评级。目前主要的三大评级机构分别为标准普尔（Standard & Poor's）、穆迪（Moody's）以及惠誉（Fitch Rating）。三大评级机构使用的评级符号基本相似，例如信用违约风险最小的公司债券级别为 AAA（标准普尔与惠誉）或 Aaa（穆迪）。债券评级在 BBB 或以上的债券代表投资级债券；BBB 级以下的则为投机级债券或高收益/垃圾债券。

二、信用利差风险（Credit Spread Risk）

信用利差（Credit Spread）指公司债券的收益率与到期日相同的国债收益率之间的差额。信用利差既受宏观经济因素（如经济周期等）的影响，又受发行特定因素（如发行公司的经营状况以及前景等）的影响。利差越大意味着债券收益率越高、债券的价格则越低。

信用利差风险指因为信用利差的变化而引起公司债券价格波动的风险。如果信用利差扩大，相对于国债，公司债就会下跌，进而给投资者带来风险。

由此可见，信用风险不仅仅是指违约风险，还包括利差扩大带来的风险（评级的下调也会引起利差的扩大）。

三、高收益债券（即垃圾债券）

> 定义（define）高收益债券，描述（describe）高收益债券发行人的类型以及高收益债券特有的一些支付特征（☆）

如前文所述，高收益债券或称垃圾债券，即被信用评级公司评定为投机级（BBB 以下）的债券。垃圾债券的特征为"双高"：高期望收益率、高违约风险。

1. 高收益债券类别

并非所有发行高收益债券的发行人都濒临违约或破产，具体来说，高收益债券的发行人主要包括以下三类。

（1）首次发行人（Original Issuers），主要指刚起步的、成长中的发行公司。如创业公司，其财务实力相对薄弱，故需要发行高收益债券方能获得融资。我们在第二节中提到过的投资级发行人的次级债券也可归于此类。

（2）堕落天使（Fallen Angels），指那些原先具有投资级别的公司由于财务状况恶化而被重新评级为投机级别的公司。

（3）重组和杠杆收购（Restructurings and Leveraged Buyouts），重组和杠杆收购会全面彻底改变公司的业务，进而改变公司资产收购状况。比如，杠杆收购（LBO），指公司 A 利用收购目标公司 B 的资产作为债务抵押，从而实现收购公司 B 的策略。公司 A 为了进行收购，通过被收购公司 B 发行大量的垃圾债券融资，由公司 B 的资产和未来现金流及收益作抵押并用之来偿付本息。公司 A 通过经营使公司 B 增值并通过财务杠杆增加投资收益。杠杆收购是一种获取或控制其他公司的方法。

2. 高收益债券的支付特征

为了缓解高收益债券利息支付的负担，高收益债券有时会加入延期票息结构（Deferred Coupon Structures）的支付特征，即允许发行人在3~7年不需要支付现金利息。延期息票结构又可细分为延期利息债券、重置债券以及实物支付债券。

（1）延期利息债券（Deferred-interest Bonds），这些债券以深度折价卖出（例如面值1 000美元，仅以600美元予以出售），在初始阶段不支付利息。因此，有时该债券也可被叫作零息债券。这类债券的发行人通常为一开始资金紧张无力支付利息的创业型公司。

（2）重置债券（Set-up Bonds），这类债券是支付利息的，但初始的利率较低，随后逐渐上涨。

（3）实物支付债券［Payment-in-kind（PIK）Bonds］，此类债券给予发行者选择使用现金支付或使用同等其他金融工具支付利息的权利。

3. 商人风险（Businessman's Risk）

商人风险指的是在投资级底部（Baa和BBB）或处于投机等级类别（Ba和BB）顶部评级债券的风险。从长期看，高收益债券应提供比普通债券更高的收益回报率；但从短期看，其回报率具有不稳定性，产生巨大损失的可能性仍然存在。

第三节　事件风险

描述（describe）事件风险并解释导致公司债券发生事件风险的因素（☆）

事件风险（Event Risk）指在债券契约中没有提及，但由于如资本缩水、兼并、重组、收购、杠杆收购和股票回购等事件的发生导致公司的资本结构发生实质性变化（如杠杆大大上升、股本减少）的风险。这类变化常会带来不良后果，如债券持有人的安全性下降、债务质量等级下降或被列入投机级等。

知识一点通

例如，上海宝钢收购武汉武钢成为中国宝武公司便是典型的事件风险。在收购前，上海宝钢债券的安全性较好，收购后，宝钢便会有所贬值，其债券价值也随之下跌。此收购对于宝钢来说就是事件风险，对宝钢债券持有人造成了不利的影响。

第四节　违约率与清偿率

本节我们把注意力转向公司债券的发行人履行其对持有人义务时的执行力。执行力主要包括违约率与清偿率两个方面。

一、违约率（Default Rate）

定义（define）并区分（distinguish）发行人违约率和金额违约率（☆☆）

定义（define）清偿率并描述（describe）清偿率和资历之间的关系（☆）

违约率可以由不同的方式进行衡量。衡量方式可分为发行人违约率和金额违约率两种。

（1）发行人违约率（Issuer Default Rate），指一年内发生违约的发行人总量除以累计发行人总量。该比率用来衡量发行主体无法偿付的情况并可以反映整体的经济水平。

（2）金额违约率（Dollar Default Rate），指在给定日历年内，违约的所有债券的票面价值除以年内所有债券的面值总额。该比率用于衡量遭受损失的数额，即危害的严重程度。

二、清偿率（Recovery Rate）

公司债券的清偿率指当债券违约后，债券持有人所获得的偿付金额占总负债金

额的比率。衡量违约后的负债金额相对困难，因为当违约发生并进行清偿时，较难确定合适的折现率，从而导致计算剩余现金流的现值也比较困难。

根据实务记录，我们得到一些结论：通常期限较长的债券，其平均清偿率为38%；清偿率与债券的发行规模无关；清偿率通常在经济衰退期明显较低；清偿率与违约率是紧密相关的，两者存在着反向关系，即清偿率越高、违约率越低。

扫码做题　章节练习

第五十一章

按揭贷款与按揭贷款支持证券

知识引导：资产支持证券是固定收益市场的重要组成部分，而按揭贷款支持证券则是资产支持证券中极为重要的一类。本章从了解按揭贷款入手，阐述证券化流程，对资产支持证券的估值与定价进行介绍，分析影响其价格的重要因素。由于这类固定收益工具的标的资产具有提前还款权，因此对其进行估值定价时也需要充分考虑提前还款带来的影响。利用 OAS 或蒙特卡洛模拟法能够较好地对含权债券进行定价与估值。

考点聚焦：从按揭贷款到按揭贷款支持证券，我们需要了解资产支持证券如何产生，同时了解这类工具的相关特征（提前还款权、资产池、平均利息率等）。关于证券化的内容、证券化过程与一些重要的资产支持证券类别都需要格外重视。此外，提前还款模型、固定利率转手证券的交易方式及美元滚动交易，都需要进一步了解。最后，我们将了解资产支持证券的估值与定价。本章内容的专业性相对较强，而且普遍以美国市场为蓝本，因此生词较多、难度较大。多数考生在初次接触时会感觉一头雾水，需要反复学习强化才能全面掌握。

本章框架图

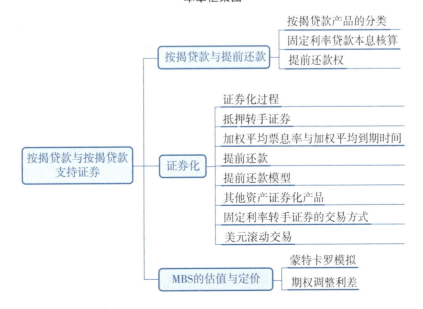

第一节　按揭贷款与提前还款

一、按揭贷款产品的分类

描述（describe）各种按揭贷款产品（☆）

按揭贷款（Mortgages）又称住房抵押贷款（Residential Mortgage Products），在个人贷款业务中占据着核心位置（在美国，个人按揭贷款占据了社会总贷款额的80%左右）。本章中谈及的资产证券化均是指基于个人住房贷款的资产证券化产品。

在美国，如果贷款能同时满足贷款最大限额、最低首付比例以及提供必要文件（如提供财产证明或收入证明）的要求，即符合美国三大住房贷款机构（房利美、房地美和吉利美）的相关标准。这类贷款称为"标准贷款"（Conforming Loan）或"机构贷款"（Agency Loan）。三大住房贷款机构以这些标准贷款作为资产池，进而发行按揭贷款资产支持证券（Mortgage Backed Securities，MBS），或称为机构按揭贷款证券化资产支持证券（Agency MBS）。由于进入资产池的贷款本身风险较低，所以生成的 MBS 也具有低风险的特征。

而那些不满足相关标准的贷款则被称为"非标准贷款"（Non‑conforming Loan）或"非机构贷款"（Non‑agency Loan）。这类贷款往往构成三大机构以外的私人机构所发行的按揭贷款支持证券的基础资产。这些贷款的额度或许超过限额或者在某一个或几个方面未能符合"三大住房贷款机构"的标准。因此，以此类相对高风险的贷款作为资产池生成的 MBS 往往也具有更高的违约风险。

如表 51.1 所示，根据发行人和资产池的不同，我们可以把 MBS 分成两大类：机构 MBS 和非机构 MBS。

表 51.1   MBS 按发行人不同进行分类

分类		发行主体
机构 MBS	政府相关机构	政府支持的企业（国企）：房利美、房地美
		联邦机构：吉利美
非机构 RMBS	私人机构	如高盛、摩根、野村等

二、固定利率贷款本息核算

计算（calculate）固定利率按揭贷款每月还款额以及其中的本息（☆）

按揭贷款还款模式中最常见的一类就是等额本息还款模式（Fixed – rate and Fully Amortized Mortgage Loan），即如果不提前还款也不发生违约时，能够以相等数额支付每月的还款（即我国俗称的"月供"）。每月还款额的计算，可以利用金融计算器中"知四求一"的算法。我们通过下面的一道例题进行说明。

例题 51.1

冯老师贷款 1 000 万元购买了陆家嘴某小区高层住宅一套。按照上海农商银行的贷款合同，这笔贷款为 30 年等额本息贷款，年利率为 3.6%。请问冯老师月还款额是多少？第一个月的还款额中，本金和利息各是多少？

名师解析

房贷属于按月还款模式，需要在到期时全部还清。根据题设，该笔贷款对应的已知条件如下（注意将年化利率、期限转化为月份）：

$$PV = 10\ 000\ 000 \quad FV = 0 \quad I/Y = 3.6\%/12 = 0.3\% \quad N = 30 \times 12 = 360$$

由此可得：$PMT = -45\ 464.54$

计算器的使用请参看《数量分析》科目的相关章节。

因此，冯老师每月需要支付月供 45 464.54 元。

其中，第一个月还款之前，剩余未偿还本金为 1 000 万元，则对应的利息为

$$10\ 000\ 000 \times 0.3\% = 30\ 000（元）$$

因此，第一个月的月供中，本金偿还额度为 45 464. 54 − 30 000 = 15 464. 54（元）。

三、提前还款权

描述（describe）按揭贷款提前还款权（☆）

按照美国市场惯例，按揭贷款是固定利率贷款，同时借款人拥有提前偿还贷款的权利。

在例题 51. 1 中，冯老师每月月供为 45 464. 54 元，如果冯老师因彩票中奖获得一大笔资金，他也可以选择一次性全部还清贷款或者提前归还部分本金。这种提前还款的权利类似于可赎回债券发行人拥有的提前赎回权，在利率下降时，这种权利的价值就会增加。

知识一点通

实际上，在我国按揭贷款采用浮动利率，因此借款人提前还款的现象相对不普遍。这里为了方便举例，例题 51. 1 的题设遵从美国的惯例。

续例题 51. 1，假若市场利率下降到 0. 6%，冯老师选择一次性还清之前的贷款并采用新的年利率 0. 6% 再次贷款。此时，每月月供额能从之前的 45 464. 54 元下降到 30 359. 66 元，月节余 15 104. 88 元（考生作为练习自行计算）。故而，利率下跌尤其大幅度下跌时，借款人往往会选择提前还款并以更低的市场利率再融资。

在低利率时期提前还款，可以有效减少借款人的还款负担，同时也减少了银行等金融机构基于贷款合同的既得利益。因此，部分银行会限制提前还款，比如对提前还款者征收罚息等。

> **知识一点通**
>
> 提前还款罚息政策在不同的银行亦不同，往往与提前还款期相关。比如，贷款后一年内提前还款，征收 2% 罚息；1～2 年，征收 1% 罚息；二年以上，不征收罚息。这些政策设定的目的是尽量避免借款者提前还款，形式虽有区别，目标却基本一致。

第二节　证券化

一、证券化过程

概括（summarize）按揭贷款资产证券化流程（☆☆）

在银行的资产负债表上，住房抵押贷款属于资产类，可在未来产生现金流流入（借款人向银行归还的利息和本金）。因此，此类资产非常适合作为资产证券化的标的资产，具体步骤如下所示。

第一步，购房人向房企购买房产，但由于自有资金不足，故向银行举借资金。银行放款后，形成对购房人的债权，在日后有权利收取这笔贷款的本金和利息。

第二步，银行将房贷卖给某特殊目的机构（Special Purpose Vehicle，SPV），特殊目的机构将房贷的现值以现金形式支付给银行。

第三步，特殊目的机构把许多房贷汇集在一起，形成一个资产池（Mortgage Pool），以此资产池作为基础资产，发行 MBS。其他投资人则向特殊目的机构购买 MBS 份额，如图 51.1 所示。

经过以上三步，按揭贷款即被构造成为一种特殊的证券化资产——按揭贷款支持证券（Mortgage - backed Security，MBS）。证券化后，当借款人未来归还房贷的本金和利息时，这些现金流就会直接进入特殊目的机构。随后，特殊目的机构会按照投资者持有的 MBS 份额进行分配。

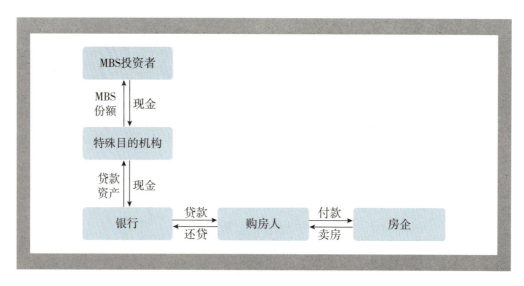

图51.1　资产证券化过程

此外，由于银行已经把贷款资产卖给了特殊目的机构，这些贷款产生的现金流从此完全和银行脱离关系。无论银行是否破产，都不会影响到 MBS 投资人获得现金流偿付的能力，见图51.2。

换而言之，特殊目的机构具备破产隔离（Bankruptcy Remote）的优势。所谓破产隔离，指即便银行破产仍不会影响到 MBS 投资人获得现金流的能力。

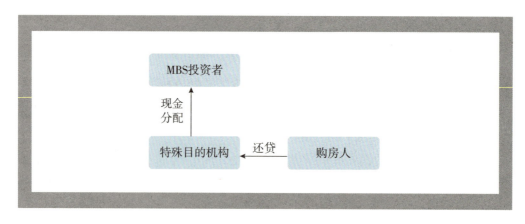

图51.2　证券化后的现金流

二、抵押转手证券

概括（summarize）按揭贷款资产池构成（☆☆）

机构按揭贷款证券化资产支持证券（Agency RMBS）主要分为三大类，分别是抵押转手证券（Mortgage Pass – through Security，MPS）、担保抵押证券（Collateralized Mortgage Obligations，CMO）和剥离证券（Strips）。本小节先介绍抵押转手证券。

抵押转手证券属于最简单的资产支持证券。如图 51.3 所示，MPS 资产池（Mortgage Pool）的现金流来源是借款人每月归还的房贷，包括利息、按期应该偿还的本金以及提前归还的本金（Prepayment）。这些现金在扣除服务费、管理费后将直接流向 MPS 的投资人。每一个 MPS 投资人面临的收益与风险均相同。

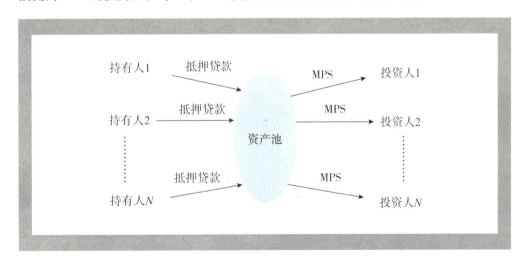

图 51.3　MPS 资产池

三、加权平均票息率与加权平均到期时间

计算（calculate）加权平均票息率和加权平均到期时间（☆☆）

如表51.2所示，MPS中有一些非常重要的专业术语需要我们特别留意。其中，加权平均票息率（Weighted Average Coupon Rate，WAC）和加权平均到期时间（Weighted Average Maturity，WAM）的权重均为每笔房贷的价值除以所有房贷的价值。

表51.2　　　　　　　　　　　　　MPS 的相关术语

术　语	解　析
过手收益率（Pass－through Rate）	MPS 投资人收到的票息率是扣除了服务费和管理费后的净收益率，也叫 Net Coupon / Net Interest
加权平均票息率（Weighted Average Coupon Rate，WAC）	资产池里所有房贷利率的加权平均值
加权平均到期时间（Weighted Average Maturity，WAM）	资产池里所有房贷的剩余到期时间加权平均值

例题 51.2

假定某 MPS 的资产池由四笔房贷构成，它们的特征如表51.3所示，计算其 WAC、WAM。

表51.3　　　　　　　　　　某 MPS 的资产池由四笔房贷特征

	贷款利率（%）	资产价值（百万美元）	剩余到期月份（月）
1	2	1.5	300
2	3	0.8	250
3	3	1.2	100
4	4	1.0	200

名师解析

WAC 与 WAM 的权重相同。计算权重我们只需计算每笔房贷所占比例即可。

所有房贷的总价值：1.5 + 0.8 + 1.2 + 1.0 = 4.5（百万美元），根据定义可得：

WAC = 2% × （1.5/4.5） + 3% × （0.8/4.5） + 3% × （1.2/4.5） + 4% × （1.0/4.5） = 2.89%

WAM = 300 × （1.5/4.5） + 250 × （0.8/4.5） + 100 × （1.2/4.5） + 200 × （1.0/4.5） = 216（月）

四、提前还款

计算（calculate）提前还款率（☆☆）

1. 提前还款率

衡量提前还款风险的指标主要有两个：一是每月提前还款率（Single Monthly Mortality Rate，SMM）；二是每年提前还款率（Conditional Prepayment Rate，CPR）。

其中，SMM 即每月提前还款额占当月末未偿付本金余额的比重，其具体公式如下：

$$SMM = \frac{当月提前还款额}{本月月初未偿还余额 - 本月按期应偿还本金} \tag{51.1}$$

CPR 即为年化后的 SMM。例如 $CPR = 4.75\%$，这意味着每年年初末偿付余额中，4.75% 的部分将被提前偿还。

> **知识一点通**
>
> 式（51.1）的分子是本月提前还款额，即超过预定额度的还款量。如按照计划本月应归还 10 000 元，实际归还 13 000 元，则提前还款额为 3 000 元。分母是月初按揭贷款余额减去按计划本月归还额，即按计划月末未偿付余额。

根据定义，我们可以得出 SMM 和 CPR 的换算公式：

$$SMM = 1 - (1 - CPR)^{\frac{1}{12}} \tag{51.2}$$

$$CPR = 1 - (1 - SMM)^{12} \tag{51.3}$$

在美国，提前还款速率存在一种通用基准。该基准由证券业与金融市场协会制定，称为公共证券联合会提前还款参照标准（Public Securities Association Prepayment Benchmark，PSA）。该基准由一系列月度公布的 CPR 组成。CPR 随着时间推移而逐渐增大，直到某个阈值后固定。这意味着提前还款速率在初期低、后期高，随着时间的推移逐渐增加，但存在最大值。

在该基准中，100PSA 代表标准的提前还款速率，其含义是 CPR 从第一个月开

始，每个月增加0.2%，直到第30个月增加到6%后就不再增加。注意，如果提前还款速率大于100PSA，如170PSA，意味着提前还款速率是标准模型的1.7倍，即比标准模型更快；如果提前还款速率小于100PSA，如73PSA，意味着提前还款速率是标准模型的73%，即比标准模型更慢。

由于提前还款的存在，MBS的生命周期可能比名义上的到期时间更短。我们通过平均生命周期（Weighted Average Life，WAL）来度量其实际投资期限。不难看出，WAL主要取决于预测的提前还款速率，且PSA越大，WAL越短；反之亦然。

2. 提前还款风险分类

提前还款风险可进一步分为缩期风险（Contraction Risk）和扩期风险（Extension Risk）。

当利率下降的时候，会产生缩期风险。由于利率下降，大量借款人会以低利率再融资以偿还过去的贷款，因此，提前还款速率会比预估得更快，这时WAL也比发行初期预估得更短，从而发生缩期风险。

当产生缩期风险时，对MBS的持有人不利，原因如下所示。

一是提前收回的资金只能以低利率再投资。

二是利率下降时，尽管MBS价格会上升，但由于提前还款权利是一个对于MBS投资人不利的条款，含有提前还款权利的MBS价格上升幅度小于同等条件下没有提前还款权的资产。

当利率上升的时候，会产生扩期风险。由于利率上升，而此时借款人依旧能按照原始合同里较低的利率还款，故提前还款速率会比预估得更慢，WAL比预估得更长，从而发生扩期风险。值得注意的是，扩期风险并不是违约风险，只是提前还款速率变慢。

五、提前还款模型

描述（describe）影响提前还款的因素（☆☆）

提前还款虽然原因众多，但在建模过程中，我们需要进行有效的筛选。一般而言，需要纳入考量的提前还款因素可归为以下四种。

一是提前偿还高息贷款，以低息再融资。这种原因的核心动机就是降低融资成本。在次贷危机前的降息周期中，美国借款人低息再融资的动机十分明显。

二是出售房产从而提前还款。如果借款人在按期还清贷款之前需要出售房产，则必须提前偿还贷款。在美国，出于此原因而提前还款的人群所占比例为 10%。

三是未能按时偿付本息，被迫出售房产（抵押品）来一次性清偿贷款。次债危机中，美国信用危机事件频发。由于房产价值下降，很多借款人，尤其是资信状况相对较差的借款人，由于无力或不愿还债，从而被迫出售房产来偿付贷款。因此，被迫清偿问题往往需要结合房价变化来分析。

四是有闲置资金，借款人提前偿付部分贷款。借款时间较长而且未偿付余额较低时，部分有闲置资金的借款人可能选择提前还款。

六、其他资产证券化产品

1. 担保抵押证券（Collateralized Mortgage Obligations，CMO）

担保抵押证券是把 MPS 按照时间分层后的一类证券。如图 51.4 所示，把 MPS 汇在一起形成新的资产池，然后再进行分层。

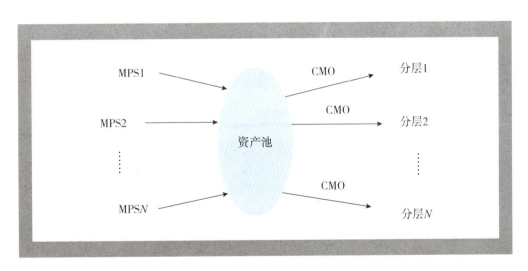

图 51.4　CMO 资产池

知识一点通

时间分层主要针对如 MPS 这类含有提前还款风险的证券，通过分层使不同级别的证券具有不同类型的提前还款风险（Prepayment Risk）。需注意，分层只能重新分配风险，并非消除风险。其结果是使得某些层的风险更高、某些层的风险更低。

传统意义上，CMO 即为顺序支付的 CMO（Sequential-pay CMO）。如图 51.5 所示，每一层（Tranche）的投资人同时收到利息，但是本金会首先归还第一层（Tranche 1），直到第一层的投资人收回全部本金后，才开始归还第二层的投资人，最后归还第三层的投资人的本金。

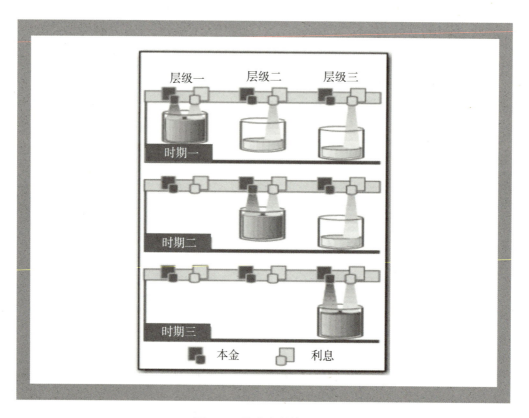

图 51.5　顺序支付的 CMO

知识一点通

三个层别的提前还款风险迥然不同。第一层的投资人最先收到本金，所以其扩期风险最低、缩期风险最高。例如，提前还款速率从100PSA上升到120PSA时，提前归还的本金也会首先分配给第一层投资人。相反，第三层的投资人缩期风险最低、扩期风险最高。

2. 计划摊销级与支持级结构（Planned Amortization Class Tranches and Support Tranches/Companion Tranches）

传统 CMO 中各个层都无法充分规避风险，这就为进一步改良风险分配机制提供了条件。现代 CMO 中最常见的就是计划摊销级与支持级的结构。在这个结构中，层级类别分为 PAC 层与支持层。

PAC 层的投资人在某个提前还款速率的范围内不承担提前还款风险，全部由支持层（Support）来承担。因而，支持层的期望收益也相应地更高。但是如果提前还款速率在范围之外，PAC 层也要承担超过支持层承担能力部分的提前还款风险。所以，支持层提供的保护是有限的。

知识一点通

例如，在 80PSA – 160PSA（这个范围称为 PAC Collar 或者 PAC Band，具体数值由当时发行时的市场状况决定），PAC 层不承担任何提前还款风险。这意味着，提前还款速率变快，只要不超过 160PSA，提前还的资金仍然首先分配给支持层；提前还款速率变慢，只要不低于 80PSA，支持层将暂停收到本金直到 PAC 能够正常收到计划中的本金。因此，只要 CPR 在 80PSA – 160PSA，PAC 层就能按正常计划归还本金，不会受到提前还款速率变动的影响。但是，如果超过了这个范围，比如 CPR 成为 200PSA，那么 PAC 层需要吸收超过上限 160PSA 以外的提前还款风险，即承担 40PSA 的提前还款风险。虽然 PAC 层无法保证其绝对避险，但是由于有支持层充当安全垫，PAC 层的提前还款风险还是被大大降低了。

3. 纯利息证券（Interest – only Strip，IO）和纯本金证券（Principal – only Strip，PO）

与传统 MPS 现金流分配模式不同，纯利息证券和纯本金证券属于按照现金流来源（源自利息或源自本金）进行分类的资产证券化模式。

需注意，提前归还本金会降低未偿付余额，从而进一步影响到利息支付额度。所以，这类资产证券化产品，无论是 IO 还是 PO，其价格往往比原先的 MPS 有更大的波动性。

七、固定利率转手证券的交易方式

概括（summarize）特定资产池模式和 TBA 模式（☆☆）

固定利率转手证券，如前文提及的 MPS，在实践中有两种交易方式：特定资产池（Specified Pools）和交易后揭晓（To Be Announced，TBA）。

特定资产池模式即通常的交易模式。在交易前，资产池的特征如资产、负债和提前还款率等都清晰明确。交易价格也依据这些清晰可辨的特征来决定。

交易后揭晓模式是一种新兴交易模式，这种交易模式下，交易的资产池并不是某个特定的资产池，而是一类资产池，比如 FNMA 发行、资产面值为 100 万美元、30 年期、2.15% 固定利率房贷资产池。至于真正交易时，其交易标的性质细节如何，只有到结算时才能最终确认。为了保证前后一致性，这种模式下的交易标的资产池往往都被严格监管，只有特定主体发行的资产池才能被允许采用这种交易模式。

相比特定资产池模式，TBA 由于只确认资产池类别，而不具体限定某一个特定标的，因而可交割种类更多、流动性也更好。

八、美元滚动交易

描述（describe）美元轮交易以及美元轮定价（☆）

美元滚动交易（Dollar Roll Transaction）类似于回购交易（Repo Transaction），是一种短期抵押融资的方式。

在回购交易中，融资方首先卖掉自身持有的某种证券并约定在未来特定时间，以更高的价格买回这种证券。回购交易的本质就是融资方以这些证券为抵押品的短期贷款。此类交易中，未来买回证券的价格在卖出证券时已经约定好，不会因为未来资产价格的改变而改变。

在美元滚动交易中，融资方首先卖掉自身持有的某种证券，但仅仅约定在未来的特定时间，以市场价格买回同类证券。因此，美元滚动交易不仅仅是短期抵押贷款，还可以基于对提前还款率的预判，看多或看空特定资产池。

> **知识一点通**
>
> 　　如果某投资者认为 2018 年 5 月到期的 2.56% 固定利率的 FHLMC 可能会在某个月份内有较多超预期的提前还款，那他可以选择美元滚动交易。通过卖出 1 单位的 2018 年 5 月到期 2.56% 固定利率的房利美证券，在一个月后买入 1 单位 2018 年 6 月到期的 2.56% 固定利率的房利美证券，这样就能避开"还款高发月"，即避开某券种价格暴跌的时段。

第三节　MBS 的估值与定价

MBS 类似含权债券，无法通过 YTM 或者即期利率与远期利率估值。于是，对 MBS 的估值与定价，必须考虑包含期权这个因素。这里简要介绍两种估值与定价的方法。

一、蒙特卡罗模拟

描述（describe）蒙特卡罗模拟在 MBS 估值时的步骤（☆）

蒙特卡罗模拟法非常适用于含权证券的估值与定价。对 MBS 估值，需要将路径依赖（Path – Dependent）考虑在内。换而言之，利率变化的路径和利率最终取值都会影响到 MBS 的价值，而路径依赖恰好是蒙特卡罗模拟的特点。

使用蒙特卡罗模拟法对 MBS 估值时，往往有以下四个步骤。

一是根据发生频率和时间跨度，产生足够多的利率变化路径。

二是分析每种路径下的现金流情况。比如，利率较低时，可能由于提前还款，会导致更短的现金流分布周期。

三是在每种路径情况下，基于上一步骤分析出的现金流，从最末期开始，对现金流进行折现，直至最初期。这样就可以算出该情况下这种证券的现值。

四是将各种情况下的现值求平均值，得到证券的价值。

二、期权调整利差（Option Adjusted Spread，OAS）

定义 OAS，解释其不足及应用。

1. 期权调整利差的定义与应用

收益率利差，即两个不同债券的收益率之差。

债券的收益率可以分解为两个部分：基准收益率和利差。基准收益率通常采用国债收益率度量，利差就是债券收益率超过基准收益率的部分，又称基准利差。

基准收益率反映了宏观经济因素，例如 GDP（国内生产总值）、CPI（国民生产总值）和银根松紧情况等，宏观因素影响整个市场的所有债券；利差反映了微观因素，例如某只债券的信用风险、流动性风险和税收情况等，微观因素影响某个特定的债券。

以国债的即期利率曲线为基准的利差称为 Z – Spread，Z – Spread 可以通过下列公式计算而得：

$$PV = \frac{PMT}{(1 + z_1 + Z)^1} + \frac{PMT}{(1 + z_2 + Z)^2} + \cdots + \frac{PMT + FV}{(1 + z_N + Z)^N} \qquad (51.4)$$

其中，z_i 表示国债的各期即期利率，Z 表示恒定的 Z – Spread。

如果需要衡量含权债券的利差，则需要从总体利差中剔除期权的价值，这种利差称为期权调整利差（Option – Adjusted Spread / OAS）：

$$OAS = Z – Spread – Option\ Value(\%) \qquad (51.5)$$

知识一点通

一支可赎回债券（Callable Bond），对于发行人而言，它的期权价值大于零，所以其 OAS 小于 Z – Spread；一支可回售债券（Putable Bond），对发行人而言，它的期权价值小于零，所以 OAS 大于 Z – Spread。

MBS 存在借款人提前还款风险，即类似可赎回债券，亦需要采用 OAS 作为其利差的衡量工具。

除了作为利差的衡量工具，OAS 还具有均值复归（Mean Reversion）的性质。如果某个板块 OAS 短期偏高或者偏低，则往往意味着存在有利可图的投机机会。

2. 期权调整利差的不足

OAS 虽然可以分析含权债券的利差，其适用性高于 Z – Spread，亦可作为投机方向的指引，但其依旧存在一定的局限性。具体局限性主要包括以下三条。

一是如果模型存在错误（Misspecified Model），则计算出的 OAS 也会存在错误，从而无法正确指引相对价值。尤其当 OAS 本身取值相对极端（存在较大的正值或负值）时，建模更容易发生错误。

二是 OAS 本身暗含一段时间利差维持不变的假设，但实际上 OAS 会随着时间的推移而变化。

三是提前还款率与 OAS 建模息息相关，但 MBS 的提前还款率难以准确估计。与公司发行可赎回债券相比，个人贷款提前还款更加"不理性"、难以预测。此时准确估测 MBS 提前还款率更加困难。

扫码做题 章节练习

扫码看勘误

问题反馈邮箱：book@gaodun.com。

持证无忧系列

FRM
一级 中文教材

▽上

风险管理基础 数量分析

高顿财经研究院 ◎编著

中国财富出版社

图书在版编目（CIP）数据

FRM 一级中文教材：全3册/高顿财经研究院编著.—北京：中国财富出版社，2018.4
（2019.3重印）

ISBN 978 - 7 - 5047 - 6629 - 8

Ⅰ.①F⋯　Ⅱ.①高⋯　Ⅲ.①金融风险—风险管理—资格考试—自学参考资料
Ⅳ.①F830.9

中国版本图书馆 CIP 数据核字（2018）第 075228 号

策划编辑	李彩琴	责任编辑	戴海林　杨白雪		
责任印制	梁　凡　郭紫楠	责任校对	杨小静　卓闪闪	责任发行	王新业

出版发行	中国财富出版社		
社　　址	北京市丰台区南四环西路 188 号 5 区 20 楼	邮政编码	100070
电　　话	010 - 52227588 转 2048/2028（发行部）	010 - 52227588 转 321（总编室）	
	010 - 52227588 转 100（读者服务部）	010 - 52227588 转 305（质检部）	
网　　址	http://www.cfpress.com.cn		
经　　销	新华书店		
印　　刷	常熟市文化印刷有限公司		
书　　号	ISBN 978 - 7 - 5047 - 6629 - 8/F · 2873		
开　　本	787mm×1092mm　1/16	版　　次	2018 年 5 月第 1 版
印　　张	60.5　彩插　3	印　　次	2019 年 3 月第 3 次印刷
字　　数	1124 千字	定　　价	298.00 元（全 3 册）

主要编委会成员名单

冯伟章　徐思远　徐　望　孙　洁
俞　译　牛　嘉　孙娅雯

主要内容校对

陈柳依　龚圆圆　杨翔文　尹　航

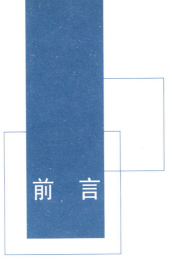

前　言

　　在金融领域，风险与回报是同一个硬币的两面，管理风险本质上就是对收益回报的管理。遗憾的是，风险管理并未受到重视。2007年由美国次级债引发的全球金融危机，让资本市场经历了20世纪以来最严重的一次金融风暴。随后爆发的欧债危机对资本市场乃至全球经济都产生了深远的影响。在这两次危机中，许多曾经卓越的金融机构都因为在风险管理上的失败，退出了历史舞台。此类惨痛的教训使得金融从业者越发认识到风险管理的重要性，行业对金融风险管理人才的需求从未如此迫切！

　　FRM（Financial Risk Manager）是全球金融风险管理领域的权威国际资格认证，由"全球风险专业协会"（Global Association of Risk Professionals，GARP）设立。FRM分为两个级别，以全英文形式进行考试。自FRM考试引进中国以来，迅速在业内获得广泛认可，每年报名参考的人数呈井喷式增长。同时，许多金融机构在招聘风险管理人才时，通过FRM考试已成为重要的甄选依据。

　　然而，通过FRM考试，对于大部分的中国考生是一个极大的挑战，"读不懂"、"学不完"是非常普遍的现象。报名时的雄心万丈，很快就消失殆尽，甚至在刚拿到指定的参考书后，就将其束之高阁了。

　　作为财经教育的领跑者，高顿财经以帮助广大学员通过FRM考试为己任。高顿财经研究院的数十名FRM研究员和讲师，以多年的教学研究成果为基础，倾心打造了这套《FRM一级中文教材》。本教材严格依据协会考纲编写，为中国考生量身打造，充分考虑了中国考生的学习与思维习惯，衷心希望这套图书能帮助广大考生取得更好的成绩，顺利通过考试。

高顿财经研究院

2018年3月

CONTENTS

01
Part

第一部分 风险管理基础

考情分析：风险管理基础是 FRM（Financial Risk Manager，金融风险管理）一级考试的第一门科目，约占 20%。这门科目作为 FRM 的第一门课程主要以概述为主，需要掌握的理论性知识主要集中在"组合管理"部分的相关章节，涉及一定的计算。但由于考核题型为单项选择，故难度相对较低。考生在学习本部分内容时，应对风险管理的一些常识性知识有所了解，对概念性的知识点需要理解并能够辨析，着重掌握计算题的解题思路。这门科目设置的目的是让考生能够较快地进入"FRM 状态"，也为之后的三门课程的学习打下基础。

本部分一共十四个章节，包含四个部分。一是"风险管理框架"，主要介绍风险管理、企业风险管理以及公司治理的相关内容（第一章到第六章）。二是"组合管理"，主要介绍资本资产定价模型以及套利定价理论（第七章到第九章）。三是"风险管理失败案例"，主要介绍风险管理失败与金融危机之间的关系（第十章到第十三章）。四是"行为准则"，主要介绍 GARP（Global Association of Risk Professionals，全球风险管理协会）行为准则（第十四章）。

本部分框架图

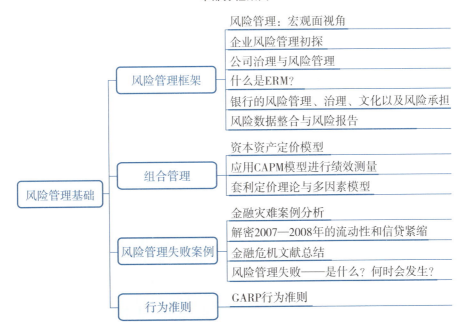

第一章

风险管理：宏观面视角

知识引导： 风险管理是指通过对风险的辨别、衡量和分析，选择最有效的工具和方法，主动地、有目的地、有计划 地控制风险，是以最小的成本争取获得最大安全保证的管理方法。当企业面临市场开放、法规解禁、产品创新时都会使得业绩的波动程度提高，从而增加经营的风险性。目前，风险管理已发展成为企业管理中一个具有相对独立职能的管理领域，在企业经营和发展目标方面，风险管理和企业的经营管理、战略管理同样具有十分重要的意义。

考点聚焦： 本章作为开篇章节对风险以及风险管理做了一个较为简单的宏观面介绍。通过本章的阅读，考生应对风险的概念及风险管理涉及的流程步骤有初步的了解。本章考查的知识点较少，主要是理解风险、预期损失与非预期损失的概念，理解风险与回报之间的权衡关系，了解风险管理的过程，掌握风险的衡量方法，能够辨别风险所属的类别。

本章框架图

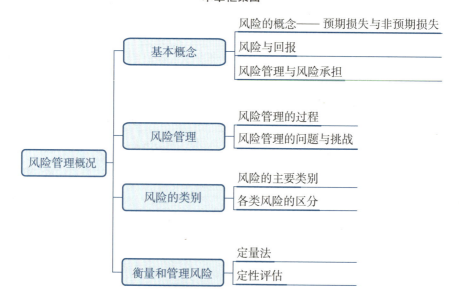

第一节　风险管理的基本概念

金融市场变幻莫测，存在诸多不确定性。长期来看，没有分析师能够在预测股票价格、市场利率等方面永远正确。尽管如此，由不确定性所引起的金融风险是能够被有效管理的。更确切地说，现代风险管理理念是建立在识别并估量风险的基础上，根据风险可能造成的后果采取相应的措施。现代风险管理较为重要的一方面就是在各种情况下对风险进行管理，确保采取商业行为所承担的风险能够被正确地弥补。

一、风险的概念

辨别（distinguish）预期损失与非预期损失并分别举例（☆☆）

从广义上讲，是指未来收益不确定的部分（Uncertainty）。

> **知识一点通**
>
> 考生应注意，这里的不确定性既包括了未来遭受损失的可能性，也包括了未来获得收益的可能性。如果一个投资项目注定遭受损失，那么投资者一开始就不会选择投资，也就不存在风险。

深入理解风险的概念必须区分预期损失与非预期损失。

预期损失（Expected Loss）指一个实体机构在正常业务过程中预期会遭受的损失。预期损失是可预测的，因此通常被视为业务成本的一部分，也就是说该成本已包含在提供给客户的产品和服务的定价中。例如，坏账、价差、佣金等。非预期损失/意外损失（Unexpected Loss）考虑的是一个实体机构在正常业务过程中无法预计到的损失。由于不确定性的存在，非预期损失通常很难被事前预测。例如，一些自然灾难、金融危机爆发等。

> **知识一点通**
>
> 举个通俗的例子，在经营餐馆的过程中，难免会有服务员打碎餐盘、客户退单等事情发生。这类事件所造成的损失，经营者可根据经验或历史数据有所预期并将这些成本部分转嫁给消费者（如提高定价），这就是预期损失。然而，由于意外因素导致餐馆发生火灾，这类事件导致的损失就是非预期损失。

在经济金融中，真正的风险是指那些完全没有预期到而突然产生的成本。

> **知识一点通**
>
> 我们需要特别注意的是风险与损失并非同义概念。如果以年预算来考量，我们可以发现日常生活所预期的一些成本会非常巨大，譬如食物、按揭贷款的支付、教育费用等。尽管这些成本不容忽视，但对我们的日常生活并不构成威胁，这是因为这些成本能够被合理预期并已被考虑在我们的生活计划内。对我们生活真正带来风险的是那些预料之外的天灾人祸。

二、风险与回报

解析（interpret）风险与回报间的关系（☆☆）

正所谓"天下没有免费的午餐"，风险与回报之间存在着一种权衡关系（Trade off）。如果一个人想获得更高的平均回报率，相应地，他必须承担更高的风险。值得指出的是，风险和回报并非永远是一种正比关系。当金融市场是有效的时候，从资产类别的层面上来说，金融产品的风险和收益是呈正比关系的，即高风险资产的预期收益率高于低风险资产的预期收益率。然而，在个体的层面，可能存在着一些高收益但是低风险的投资机会。风险与回报之间的这种权衡关系是不透明的，且是可变的。例如，对于非公开发行的证券而言，这类证券的定价与公开交易证券相比不太稳定，投资者难以量化风险与收益之间的取舍关系。

知识一点通

风险与回报之间的权衡关系到底是什么？实际就是企业对于未来风险与回报的权衡。在某些情况下，相对有效的市场有助于明确投资者对既定风险回报率的需求。譬如，在债券市场中，虽然债券价格相对于信用风险是一个很好的风向标，但受流动性风险和税收等外界因素影响，往往会混淆和误导价格信号，使得风险与回报间的权衡关系不明确、不透明。

三、风险管理（Risk Management）与风险承担（Risk Taking）

解释（explain）风险的概念并比较（compare）风险管理与风险承担的区别（☆）

企业在面临风险时，必须承担风险并对风险进行管理。

风险管理是指企业如何主动地选择适合它们所能承受的风险类型和水平。值得指出的是，不能简单地认为风险管理仅仅是企业面临风险的消极性防御措施。风险管理是企业在既定的风险环境下，将风险可能造成的不良影响最小化的管理过程，它实际是将一部分风险转移，同时包含了一定的风险承担。

风险承担是为了获得更高的收益而增加了自身对风险的容忍度。

需要注意的是，风险管理和风险承担并不是对立的。风险承担并不意味着放弃对风险的管理，两者之间是一种权衡关系，只有将二者有效结合才能推动企业乃至整个经济体健康高效的运作。

四、风险管理的过程

描述（describe）风险管理过程（☆☆）

图 1.1 显示了风险管理的过程，它主要包括以下五个步骤。

第一步，辨别风险敞口（Identify Risk Exposure）。

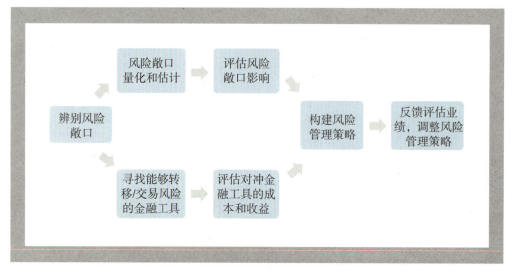

图 1.1　风险管理的过程

第二步，对风险敞口进行量化和估计（Measure and Estimate），同时寻找能够转移或交易风险的金融工具。

第三步，评估风险敞口带来的影响并评估对冲金融工具的成本和收益。

第四步，构建风险管理策略，如进行风险避免（Risk Avoid）、风险转移（Risk Transfer）、风险降低（Risk Mitigate）或者风险保留（Risk Keep）。

第五步，将业绩评估的结果反馈到相应部门，相应部门根据评估结果对风险管理策略进行调整。

知识一点通

风险敞口指未受保护的风险。如企业 A 向企业 B 贷款了 1000 万元。如果企业 B 未对这 1000 万元采取任何保护措施，那么风险敞口就是 1000 万元（即企业 A 违约后给企业 B 造成的损失）。

具体而言，风险管理的流程如下：一是企业需要识别自身面临的所有风险敞口，如信用风险、市场风险、法律风险等。二是使用各种计量模型衡量风险敞口的规模并评估其对金融机构的影响，同时寻找能够转移风险的适当工具，如期权、期货等衍生品工具。三是评估风险敞口的影响，也就是使用有限的资源来弥补最大的风险敞口，转移风险使用的手段通常能有效地降低风险但会产生一定的成本，因此需要对成本与收益予以取舍。

在前三个步骤的基础上，便能构建一组风险降低策略，包括以下四点。

1. 避免风险策略（Risk Avoid）

为了避免风险，完全不交易。

2. 转移风险策略（Risk Transfer）

将风险转移给其他主体。例如，为了避免珠宝失窃，购买失窃赔付的保险，则将风险转移给了保险公司。

3. 降低风险策略（Risk Mitigate）

在一定程度上降低风险。上例中，没有对珠宝进行百分百保险，如果发生失窃，能够在一定程度上降低损失，但风险仍然存在。

4. 保留风险策略（Risk Keep）

为了一定回报而承担一些不会构成威胁的风险。

最后，风险管理者需要定期对使用的风险策略予以评估并随着市场的变化而及时进行动态的调整。

五、风险管理的问题和挑战

辨别（identify）在风险管理过程中产生的问题和挑战（☆☆）

1. 风险管理的问题

风险管理过程中存在的问题主要有以下两个方面。

一是难以正确地识别风险。由于风险本身的不确定性很强，企业在实务中很难完全捕捉到所有风险。因此，企业如何准确地辨别风险是风险管理过程中的关键问题。

二是难以寻求有效的风险转移的方法。在实践中，风险转移的成本可能较高或者尚且不存在有效的风险转移方法。例如，实务中，很多企业会运用期权或期货转移风险。然而，期权费成本可能很高，且期货期权品种有限，不能满足所有实体企

业风险管理的需求。

2. 风险管理面临的挑战

风险管理过程中面临的挑战主要有以下四个方面。

一是在经济体中，风险在有意愿且有能力的经济参与者中分布不均匀，这就导致每个人交易风险的意愿不同，难以平衡。

二是风险管理不能预防市场扰动，也不能杜绝财务会计造假的问题。

三是一些复杂的衍生品交易策略往往过高估计实体企业的财务状况及自身所能承受的风险水平。

四是风险管理只涉及风险转移，并不能消除整体风险。

3. 利益冲突（Interest Conflicts）对风险管理的影响

解释（explain）利益冲突如何影响风险管理（☆☆）

如前所述，在金融市场以及众多商业行为中，如果想得到较高的收益回报相应就需要承担较高的风险。因此，企业必须在未来的收益与不确定的风险之间进行理性的权衡。对于那些风险管理和风险治理文化较差的机构来说，决策者往往会夸大未来可能的回报而低估潜在的风险。这种现象被称为"风险管理的利益冲突"。

导致利益冲突出现可能是因为激励机制不合理。例如，企业经理人的薪酬体系与利润率挂钩，但经营亏损对经理人却没有任何影响。于是，经理人就会倾向于过度冒险，从而使企业承担没有必要的风险。

第二节　风险的类别

描述（describe）并区分（differentiate）风险的主要大类，解释（explain）各类风险是如何产生的并评估（assess）各类风险对企业的潜在影响（☆☆）

一、风险的主要类别

风险通常分为两大类：金融风险（Financial Risk）和非金融风险（Non – financial Risk），见图 1.2。

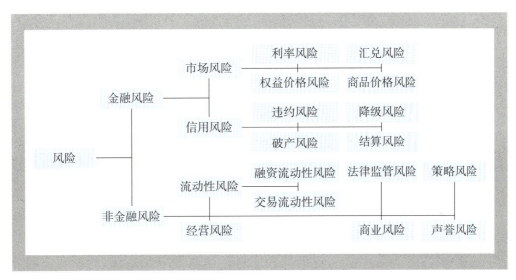

图 1.2 风险的主要类别

金融风险主要包括市场风险和信用风险，而市场风险又可细分为利率风险、权益价格风险、汇兑风险以及商品价格风险；信用风险则包含违约风险、破产风险、降级风险以及结算风险。

非金融风险主要涵盖六种风险，包括流动性风险、操作性风险、法律监管风险、商业/经营风险、策略风险以及声誉风险。其中，流动性风险具体又可细分为融资流动性风险和交易流动性风险。

备考小贴士

考生应记住除了市场风险与信用风险，其他风险都是非金融风险。而市场风险与信用风险是最容易辨认的，见下文。

二、各类风险的区分及相应解释

1. 市场风险（Market Risk）

市场风险是指由市场风险因子变动而导致损失的风险。市场风险因子包括利率的变动、汇率的变动以及权益或大宗商品价格的变动。相应地，市场风险主要由四种风险构成：利率风险、股权价格风险、外汇风险以及商品价格风险。

利率风险（Interest Risk）：由利率变动所导致的市场风险最常见的形式就是由于市场利率上升而导致固定收益证券（如债券等）价值下降的风险。

股权价格风险（Equity Price Risk）：由股票价格变动产生的风险。

外汇风险（Foreign Exchange Risk）：又称外汇敞口，是指一定时期的国际经济交易当中，以外币计价的资产（或债权）与负债（或债务），由于汇率的变动而引起其价值涨跌的可能性。

商品价格风险（Commodity Price Risk）：商品价格风险与利率风险、外汇风险有着较大区别，对大多数大宗商品来说，市场参与者直接接触特定商品的市场份额非常有限，而交易市场都掌控在少数供应商手中，这些供应商有意将市场价格的波动性夸大，从而影响交易的流动性，导致价格大幅度的变动。另外一些能影响商品价格波动的因素还包括储存商品的便利性以及成本的变化。

2. 信用风险（Credit Risk）

信用风险指由于交易对手方未能履行合约义务或在合约期间违约风险增加而造成经济损失的风险。

信用风险主要又可分为以下四类。

违约风险（Default Risk），指债务人无力履行或拒绝履行其偿还利息或本金支付义务带来的风险。

破产风险（Bankruptcy Risk），指经济主体的资产不足以偿还其负债所带来的风险。它是对违约的借款人或交易对手的抵押或托管资产实际接管的风险。在公司破产的情况下，接管的抵押资产的价值往往低于贷款的价值。

降级风险（Downgrade Risk），指因借款人或交易对手的信誉度恶化而带来的风险。一般来说，企业信用评级恶化往往是由评级机构（如美国标准普尔、穆迪或惠誉）对其信用评级下降以及借款人的风险溢价或信用利差上升所导致的。

结算风险（Settlement Risk），指由交易结算时的现金流交换而产生的风险。通常由于对方违约、流动性约束或业务问题会造成结算执行的失败。我们日常网购中的"货到付款"便是规避结算风险的一种有效措施。

知识一点通

考生应注意辨别违约风险与结算风险。结算风险可以说是一种特殊的违约风险，区别在于结算风险发生的时点是在交易双方交割结算的时候。例如，2008 年 9 月 15 日，雷曼兄弟向法院申请破产保护。几乎同时，德国国家发展银行按照与雷曼兄弟的外汇掉期协议，向雷曼公司即将被破产冻结的账户汇入 3 亿欧元。这就是结算风险的一个典型例子。

3. 流动性风险（Liquidity Risk）

流动性风险是指因市场成交量不足或缺乏愿意交易的对手而导致未能按合理价格交易资产产生的风险。

流动性风险主要由融资流动性风险和交易流动性风险构成。

融资流动性风险（Funding Liquidity Risk），该风险与公司为展期债务，满足交易对手现金、保证金和抵押品要求以及满足资金提取而筹集资金的能力相关。融资流动性风险可通过储备现金或现金等价物等手段得以缓解。

知识一点通

通俗地说，融资流动性风险指需要还债时出现现金不足的风险。融资流动性风险并不是指当事人还不起债，而是现金不足。例如，一个在上海拥有十套房产而没有现金存款的人突然面临银行催债，不得不马上低价变卖房产。

交易流动性风险（Trading Liquidity Risk），通常简称为流动性风险，它是指机构由于流动性出现问题，希望通过变卖资产尽快获得资金，但由于市场买卖双方无法配对，故只能以低于市场价格出售或高于市场价格购买来进行交易而产生损失的风险。

知识一点通

注意，交易流动性风险并不是指资产卖不出去，而是指资产无法快速以合理的价格出售。

4. 操作风险（Operational Risk）

操作风险是指由一系列业务缺陷，包括系统不足、管理失败、错误控制、欺诈和人为错误而造成的潜在损失。在银行业，操作风险往往还包括由自然（如地震）和人为灾害及其他非财务风险而引起的损失。在过去十几年里，衍生品交易中产生的大量损失事件大多是由操作失败导致的。例如，2013 年 8 月 16 日的光大证券"乌龙指事件"，当日大批权重股价格突然急剧上升，后被证明是光大证券的交易员在下单时多按了一个零。

5. 法律和监管风险（Legal and Regulatory Risk）

法律风险通常牵涉法律诉讼、争端等风险；而监管风险又称合规风险，它是指因违反法律监管条例等而产生的风险。法律和监管风险可以由各种原因造成，且与操作风险和声誉风险密切相关。根据巴塞尔协议Ⅱ，法律和监管风险被归类为操作风险。

知识一点通

法律风险与合规风险有所不同。例如，某投资者购买了一栋房产后，发现该房产存在产权纠纷而被诉讼，这属于法律风险；而投资者在购买房产后，政府突然出台相关规定，明确规定该房产五年内不得出售，这属于合规风险。

6. 经营风险（Business Risk）

经营风险又称商业风险，指企业对产品需求、产品价格或生产和交付产品成本的不确定性，它是企业在生产经营过程中，由于供、产、销各个环节的不确定性因素导致企业资金运作迟缓和企业价值变动。

7. 战略风险（Strategic Risk）

战略风险是指对于某重大投资的成功和盈利情况具有很大的不确定性，这也是企业整体损失的不确定性。战略风险因素是对企业发展战略目标、资源、（核心）

竞争力、企业效益产生重要影响的因素。

8. 声誉风险（Reputation Risk）

从风险管理的角度来看，声誉风险由两部分组成：第一，企业有意愿且有能力履行对对手方或债权人的承诺；第二，企业是公平的经销商并完全遵循道德规范。

备考小贴士

对各风险种类的辨别是重要考点。

例题

A 银行贷款给民营制造 B 企业，目前贷款余额为 100 万美元并将 B 企业所拥有的土地和厂房作为抵押。由于经济低迷，B 企业遭遇了 10 年经营历史上的第一次损失，目前正处于现金流困难的状态。此外，作为抵押品的土地和厂房最近的估价仅为 80 万美元。根据所提供的信息，A 银行所面临的风险是下列哪项？

　　A. 破产风险和违约风险

　　B. 破产风险和结算风险

　　C. 违约风险和降级风险

　　D. 违约风险、降级风险和结算风险

名师解析

答案为 A，破产风险和违约风险。事实上，贷款抵押资产的价值（80 万美元）已经低于贷款数额（100 万美元），如果 B 企业违约，那么用于清算的抵押品价值已不足以弥补 A 银行的损失。资产损失和现金流困难意味着违约风险大幅上升。降级风险不适用于本题，因为 B 企业向 A 银行的贷款并不是公开交易，所以不可能牵涉评级机构的评级。而结算风险在这里也不适用，因为在交易结束时不需要交换现金流，故该风险不会产生。本题中，只要 B 企业偿还所欠贷款余额给 A 银行，贷款则被结清。

第三节　衡量和管理风险

评估（evaluate）和应用（apply）用于衡量和管理风险的工具和步骤，包括量化方式评估以及企业风险管理（☆☆☆）

风险的衡量方法主要分为定量法和定性法。定量法主要是通过数学模型计算衡量风险的系数指标；而定性法则是通过模拟情景测试的方式预测可能遭受的最大损失。

一、定量法（Quantitative Measure）

风险的定量分析方法主要有两种：在险价值衡量法以及敏感性系数风险衡量法。

1. 在险价值（Value at Risk，VaR）

在险价值（VaR）指在一定显著性水平下，即在一定置信度（Confidence Interval）下，某金融资产或证券组合价值在未来特定时期内可能遭受的最大损失。

> **知识一点通**
>
> 这里强调一下，VaR 是在给定的置信水平和持有期限内预期的最大损失量。因此，时间区间和置信度是 VaR 的前提条件，两者缺一不可。例如，假设某投资公司持有的证券组合在未来 1 天内，置信度为 95% 的 VaR 值为 220 万元。这意味着该公司持有的证券组合在一天内，损失超过 220 万元的概率为 5%，或者说有95% 的概率该公司持有的证券组合在下一个交易日内的损失在 220 万元以内。

2. 敏感性系数风险衡量法（Sensitivity Risk Measure）

敏感性系数风险衡量法主要是指测试单一风险因子发生微小变化下资产组合价值的变化。常见的敏感系数包括以下几种。

权益头寸敏感性的度量指标——β 值（Beta）。β 值是一种评估证券系统性风险的工具，用以度量一种证券或一个投资组合相对于市场的变化程度。如果某资产的 β 值 >1 则意味着该资产对于市场的敏感度大于整个市场的平均水平。相反，如果资产的 β 值 <1，那么该资产对于市场的敏感度小于整个市场的平均水平。

固定收益头寸敏感性的度量指标——久期（Duration）和凸度（Convexity）。

久期是指利用加权平均数的形式计算的债券平均到期时间。它是债券在未来产生现金流的时间加权平均值，其权重是各期现金流现值在债券价格中所占的比重。凸度是对债券价格曲线弯曲程度的一种度量，是指在收益率变动时久期的变化幅度。

期权头寸敏感性的风险指标：Δ 值（Delta 值）、γ 值（Gamma 值）、υ 值（Vega 值）等。

Δ 值（Delta 值）：又称对冲值，指期权价格对标的资产价格的敏感性，用以衡量标的资产价格变动时期权价格的变化幅度。

γ 值（Gamma 值）：是期权 Δ 值对标的资产价格的敏感性，它反映了标的资产价格对 Δ 值的影响程度，为 Δ 变化量与标的资产价格变化量之比。

υ 值（Vega 值）：是指期权价格对标的资产价格波动的敏感性。它衡量标的资产价格波动率变动时，期权价格的变化幅度。

备考小贴士

有关 VaR、久期、凸度、期权的希腊字母值的概念在第三门科目与第四门科目的相关章节中会详细介绍，这里考生只需有个初步了解即可。

二、定性评估（Qualitative Assessment）

风险的定性评估方法主要是情景分析法，当使用的情景是较为极端的情况时，这种情景分析被称为压力测试。

1. 情景分析法（Scenario Analysis）

情景分析法提供了一种由多个风险因素发生显著变化对投资组合价值产生影响的估计方法，情景分析法在假定某种现象或趋势将持续到未来的前提下，对预测对象可能出现的情况或引起的后果做出预测。

情景分析法主要包括历史情景法和假设情景法。

（1）历史情景法（Historical Scenario Approach），根据过去历史已经发生的风险因素的一系列变化进行情景分析。譬如，假设历史上某国的通货膨胀率达到过10%，那么分析师就可以假设历史重演，假定当下通货膨胀率变为10%时，对资产组合价值的分布进行评估分析。

（2）假设情景法（Hypothetical Scenario Approach），使用的不仅是过去已经发生的因素变化，而是一组假设的风险因素变化对资产组合产生的影响。譬如，假设房价暴跌50%，对银行的信贷业务以及银行资本有何影响予以测试。

知识一点通

2008年的金融危机之所以难以事先预测，就是美国历史上从未出现过房价如此暴跌的情形。因此，要成功预测2008年的金融危机就必须使用假设情景法，而不能使用历史情景法。

---

2. 压力测试（Stress Testing）

压力测试是检测一个或多个风险因素在极端变化情况下对企业资产组合的影响，即度量资产组合在"压力"下的表现。

扫码做题　章节练习

第二章

企业风险管理初探

知识引导：企业风险管理流程由董事会、管理层等主导实施，属于战略制定层面，目的在于识别那些影响企业的潜在风险，在企业可容忍范围内控制并管理这些风险，为企业目标的实现提供合理的保证。

考点聚焦：本章对企业风险管理流程做了一个初步概述，考生通过本章的学习掌握对冲风险的利弊并熟悉风险管理流程的每个步骤。

本章框架图

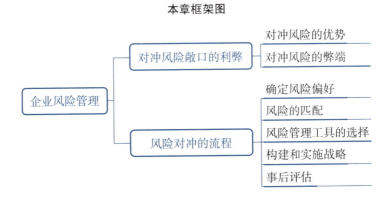

第一节　对冲风险敞口的利弊

对冲（Hedge），业内通常也称之为"套期保值"，但 Hedge 一词本义上并不含有保值的意思，故译为"对冲"更为恰当。具体而言，对冲是为了转移现有头寸[①]（Position）中的价格风险，而对行情相关的资产进行方向相反、数量相同的交易。其中，"行情相关"是指影响两种资产价格行情的市场供求关系存在一致性，若其中一种资产的供求关系发生变化，会同时影响两种资产的价格，且价格变化的方向一致。"方向相反"是指两笔交易的买卖方向相反，这样无论价格向什么方向变化，总是一盈一亏，总体头寸的风险得以降低。

评估（evaluate）对冲风险敞口的优缺点（☆）

一、对冲风险的弊端

对冲风险的弊端主要包含以下六个方面。

（1）根据 MM 理论，无论是公司还是个人投资者都能够以同样的成本执行相同的财务交易和风险管理，因此，根据该理论，风险管理交由公司层或由个人投资者进行并没有任何区别。然而，该理论成立的假设条件要求市场是完美的，即意味着市场上没有交易成本、税收且收集信息也没有成本。然而，这些假设条件在现实中通常是不成立的。

> **知识一点通**
>
> MM 理论是 1958 年 Franco Modigliani（莫迪利尼亚）和 Merton Miller（米勒）（简称 MM）两位教授在《美国经济评论》上发表的关于风险管理的理论分析。

[①] 头寸是金融市场中的常用术语。通俗地讲，当投资者在市场上买入某种资产后，就拥有了该资产的长头寸。

（2）对冲风险实际上是一种零和博弈（Zero - sum Game），公司的盈利或现金流不会产生长期的增长。

> **知识一点通**
>
> 零和博弈指参与博弈的双方，在严格竞争下，一方收益必然意味着另一方损失，博弈各方的收益和损失相加总和永远为"零"。对冲即是建立方向相反、数量相同的头寸，两种头寸盈亏相抵，故可近似看成零和博弈。

（3）过度使用对冲会导致管理层忽视公司核心业务的发展。任何企业的经营必然伴随着风险，一味规避风险，会在降低风险的同时降低收益。因此，企业必须在风险与回报、风险承担与风险对冲之间予以权衡，避免错失投资机会。

（4）对冲通常需要专业的技能和知识，如果管理团队中缺少这些专业人员，可能会导致对冲的结果出现问题。

（5）风险管理策略存在一定的合规成本（Compliance Cost）：包括信息披露、会计计量与管理规范产生的相应成本。例如，有些场内对冲交易要求信息必须公开透明，因此信息披露可能会产生相应的成本（比如，市场上投资者可能会根据此信息交易，从而抬高交易价格等）。

（6）使用有缺陷的对冲策略来对冲，可能会给公司带来比实际风险更大的损失。

二、对冲风险的优势

对冲风险的优势一般包含以下五个方面。

（1）良好的风险管理可以通过降低收入/现金流的波动率，从而达到降低资本成本、加快公司增长速度的效果。

（2）良好的风险管理是企业经营良好的必要条件。它会使公司的利益相关者（包括股东、管理层、供应商、消费者等）对企业充满信心。公司股价较为稳定，市场对其的投资兴趣自然也较高。

（3）对冲可以使管理层更好地控制其财务业绩，以符合董事会以及其他利益相关方的要求。

（4）对冲作为降低风险的一种行为，能对企业的内部运行产生协同效应。譬如，对于一个纸张生产企业来说，通过使用纸浆期货可以锁定其将来原材料的价格，从而稳定成本，保障企业经营的平稳发展。

（5）通过使用掉期和期权等衍生工具进行风险对冲，可能比通过购买保险进行风险管理的成本要低。

知识一点通

风险管理的方式主要有两种，一种是通过购买保险等形式汇拢资金形成资金池，从而对风险予以控制。这种方式通常针对的是发生概率低，但损失严重的风险。另一种则是利用衍生品等金融工具进行风险对冲，将风险转嫁给第三方，这种方式通常针对的是发生概率高，但损失较小的风险。

第二节 风险对冲的流程

解释（explain）确定公司风险偏好及其商业目标的考量和程序步骤（☆☆）

解释（explain）公司如何决定是否对冲特定风险因素，包括董事会的角色以及风险匹配的过程（☆）

风险对冲主要包括五个步骤：第一步确定企业的风险偏好；第二步匹配风险；第三步选择风险管理工具；第四步构建与实施策略；第五步事后效果评估。

简言之，风险对冲过程就是根据董事会确定的风险偏好目标对风险进行匹配。如果无法精准匹配，则需权衡成本与收益来选择适当的风险对冲工具，然后构建实施风险对冲策略，最后进行绩效评估。

一、确定风险偏好

1. 风险偏好（Risk Appetite）

在确定风险和回报的目标之前，企业不应该针对风险管理采取任何措施。这是因为在董事会没有明确目标的情况下，风险管理者可能会过度对冲风险，这有可能导致较高的成本并产生其他不利影响。因此，对于企业来说，构建风险管理框架的第一步是根据董事会的决议来确定公司的风险偏好。

风险偏好指企业对于风险的容忍度，即其承担风险的意愿。风险偏好可以通过定量或定性的方式来度量。例如，VaR 方法就可用于衡量在给定的时间段以及置信水平下，企业愿意承担的最大损失。

备考小贴士

风险偏好的概念是历年考核的重点。

2. 企业如何确定风险偏好

企业必须综合以下几个方面，最终确定风险偏好。

（1）董事会必须与管理层充分沟通，然后再设定企业的风险偏好。

（2）企业的风险偏好与其经营战略之间要有一定的逻辑关系，确保设定的风险偏好与企业战略保持一致。

（3）董事会在为企业设定风险偏好时，必须要考虑债券持有人与股东之间存在的潜在利益冲突。

知识一点通

通常债券持有人都是风险规避者，他们对风险的容忍度有限，因此他们不希望企业承担过多的风险；与此相反，股东追求的是股权价值的最大化，自然希望承担更高的风险。因此，董事会在制定风险偏好时必须综合考虑两者的诉求。

3. 董事会的职能和作用

在决定是否对冲特定的风险因素时，董事会主要在以下四个方面发挥作用。

（1）制定清晰明确的目标，明确可操作、可监控的措施。董事会需要在公司所面临的众多风险中判断哪些需要对冲、哪些可成为战略业务的一部分。在目标明确以及具体可行的基础上，确定企业的风险偏好。

（2）董事会应预先设定风险偏好目标的达标标准，以便用于后续的审查。

（3）董事会应声明其风险目标是为了对冲会计利润还是经济利润、短期利润还是长期利润。

> **知识一点通**
>
> 会计利润又称为账面利润，指企业在一定会计年度的经营成果，它是企业的净收益，等于销售收入减去会计成本，会计成本主要是显性成本；而经济利润等于销售收入减去机会成本，机会成本属于隐性成本，是由于选择最优方案而放弃次优方案所付出的代价。

（4）董事会为管理层所设定的风险管理目标都应明确其时间跨度。

二、风险的匹配（Mapping the Risk）

在风险匹配过程中，企业通常将那些会对其经营状况造成最大威胁的风险敞口一一列出，注明每一风险敞口可能带来的潜在损失以及损失发生的概率。随后，企业必须对每一风险敞口进行识别：哪些风险敞口需要对冲、哪些风险敞口需要自我承担。这一步的识别是很关键的，直接影响到下一步风险管理工具的选择。

> **知识一点通**
>
> 例如，某跨国铜贸易商的董事会对其下一年面对的汇率风险进行匹配。根据其在各国铜贸易的进出口业务，董事会即可确定各项资产与负债对不同汇率变动的敏感性。在这个过程中，董事会还须进一步区分已形成的订单以及可能形成的订单并将现金流产生的时间一一匹配。

三、风险管理工具

评估（assess）风险管理工具的影响（☆）

运用（apply）适当的方法来对冲操作风险和金融风险（包括价格、外汇以及利率风险）（☆）

1. 风险管理工具的种类

用于对冲风险的金融工具通常可分为两类：交易所交易（Exchange Traded，又称为场内交易）以及场外交易（Over the Counter，OTC）。

交易所交易属于公开交易，其交易工具主要以期货、期权等金融衍生品为主，交易所交易产品非常标准化，因此，无法根据客户实际情况而定制。但在交易所交易的金融工具都具有流动性强、无违约风险、透明度高、监管严格的优点。

相反，场外交易由交易双方私下签订合约或协议，可以根据客户需求量身定制，灵活性较强。OTC 工具如远期、互换、期权等往往缺乏交易所产品的价格透明度以及流动性的优势。除此之外，由于场外交易不受管制，签约双方面临的信用违约风险较大。

例题

下列哪一种关于交易所交易和场外交易（OTC）金融工具的陈述是正确的？

A. 交易所交易金融工具有更大的流动性

B. 交易所交易金融工具有定制化的特点

C. 场外交易金融工具有更大的价格透明度

D. 相比于交易所交易，场外交易的信用风险更低

名师解析

答案为 A。交易所交易属于公开交易，交易的金融工具具有流动性强、价格透明度高、基本无违约风险、合约规范标准化、实施保证金制度监管等特点；而场外交易属于私人交易（透明度较差），交易的金融工具流动性较弱、价格透明度低、有一定的信用（违约）风险。

2. 风险管理工具的选择

企业在选择风险管理工具时必须对各种工具进行多方面的比较（包括但不限于收益、成本、便利性）。根据不同种类的风险，应遵循以下原则。

定价风险（Pricing Risk），可以利用远期合约或期货合约来对冲。

外汇风险（Foreign Currency Risk），可以通过远期外汇或货币期权合约来对冲。

利率风险（Interest Rate Risk），可以通过远期利率协议、利率期货、利率期权或利率互换来对冲。

四、构建和实施策略

在制定对冲策略之前，企业必须获得与自身相关的信息、市场数据并确定统计工具和模型。构建对冲策略的过程中，必须考虑以下三个因素。

1. 静态与动态对冲策略的选择

静态对冲策略在构建完成后就不会改变，优点是易于实施和监控，缺点是对市场变动视而不见；动态对冲策略则具有较好的灵活性，它会随市场的变化而变化，缺点是需要持续监控和经常调整。

2. 确定对冲策略实施的时间窗口

对冲策略的时间窗口必须与风险敞口存续的时间窗口保持一致。

3. 使用衍生品对冲时会出现较为复杂的财务会计问题

不同国家对衍生品在财务报表中的计量要求不同。总体而言，自2008年金融危机后，随着2010年《多德—弗兰克法案》的颁布，各国对衍生品在财务报表中披露与计量的要求趋于严格。

五、事后评估（Performance Evaluation）

企业必须定期（通常为一年）对风险管理系统进行评估。主要评估风险管理目标是否实现，而不是某一特定交易是否盈利。最后，董事会还须明确原风险管理目标是否需要调整。

知识一点通

　　某一特定交易是否盈利不是判断风险管理是否成功的标准。例如，某咖啡豆生产企业为了对冲未来咖啡豆价格下降的风险，卖出了咖啡豆期货合约。如果未来咖啡豆现货价格不降反升，这个对冲策略看上去会显得不明智（如果不对冲，现货头寸收益反而更多）。然而，我们必须从企业整体上评估对冲风险策略，通过这个对冲策略，我们锁定了未来的收益，消除了咖啡豆价格不确定性带来的影响，这个对冲策略仍然是明智的。

扫码做题　章节练习

第三章

公司治理与风险管理

知识引导：公司治理风险不同于管理风险，公司治理风险更多涉及的是由制度设计层面导致的风险，管理风险涉及的则是由于管理人员的决策失误或者其他客观及非人力因素而导致企业遭受损失的风险。经营状况暂时较好、短期财务绩效不错的公司也会由于治理风险不善而导致公司最终破产。

考点聚焦：本章从董事会层面对公司治理以及风险管理做了一个初步概述，考生通过本章的学习应能够理解公司治理中董事会的角色与职责，了解公司治理与风险管理的最佳方案，明确公司风险偏好与其经营策略之间的关系并理解实施风险管理的不同机制、各职能部门的独立性以及审计委员会的角色和职责。

本章框架图

```
                                    ┌─ 公司治理的最佳方案
                ┌─ 公司治理与风险管理的最佳方案 ─┤
                │                   └─ 风险管理的最佳方案
公司治理与风险管理 ─┤
                │                   ┌─ 风险咨询总监
                │                   ├─ 风险管理委员会
                └─ 风险管理机制 ──────┼─ 审计委员会
                                    ├─ 薪酬委员会
                                    └─ 实践中的作用和职责
```

第一节　公司治理与风险管理的最佳方案

比较（compare）和对比（contrast）公司治理与风险管理的最佳方案（☆☆）

评价（assess）公司风险偏好与其经营策略之间的关系，包括激励的作用（☆☆）

公司治理（Corporate Governance）指由各公司管理的一种内部控制体系和流程，它提供了一个机构中不同群体的权利、角色和职责的框架。公司治理的核心是管理并使股东与其他利益相关者（Stakeholders）之间的内部利益冲突最小化。

知识一点通

公司治理主要涉及公司战略发展的顶层设计，因此执行者主要与董事会相关，不涉及具体制度细则制定等细枝末节的工作。

一、公司治理的最佳方案（Best Practice）

公司治理的最佳方案通常应考虑以下五个方面。

（1）董事会需保持其与管理层的独立性。董事会的多数成员应由对公司业务有基本了解的独立人士构成。通常首席执行官（Chief Executive Officer，CEO）不应再同时担任董事会主席。

知识一点通

注意这里是说 CEO 不再同时兼任董事会主席，而不是说不能同时成为董事。这一要求主要是为了避免 CEO 的权力过于集中，从而使得董事会制定相关政策时丧失客观独立性。

（2）董事会需要顾及所有利益相关者的切身利益。例如，董事会需兼顾股东和

债券持有人的利益，平衡可能存在的利益冲突。

（3）在部署商业策略时，董事会应有清晰的决策并确保与公司的经营战略保持一致性，通过对相关信息的披露，确保风险对管理者和利益相关者的透明度。

（4）董事会应时时警惕代理人风险（Agency Risk），管理层可能为了追求个人利益最大化使得公司承担了过多的风险，从而偏离了利益相关者的目标。

> **知识一点通**
>
> 管理层是公司股东的代理人，即公司股东委托管理层代管公司，这就有可能产生"委托代理风险"。倘若激励机制设计不当，管理层的目标就有可能与股东的目标不一致。例如，管理层希望自己手下员工越多越好，可能会盲目地扩张招人。又如，如果管理层的薪酬与公司利润单向挂钩（即公司盈利时参与分成，但亏损时没有惩罚），就有可能导致管理层过度激进。

（5）董事会应设置首席风险官（Chief Risk Officer，CRO）一职。CRO 的主要职责是将公司治理的责任与公司的风险管理目标相结合。

二、风险管理的最佳方案

制订风险管理的最佳方案时通常应考虑以下七个方面。

（1）董事会应要求实质大于形式（Demand Substance Over Form）。例如，董事会应专注于公司的经济绩效而不是会计账面的表现。

> **知识一点通**
>
> 这里典型的反例就是著名的"安然事件"。安然公司曾是世界上知名的能源商品公司之一，其财务报表上显示的年度营业额一度高达一千多亿美元。然而，这家资产规模达千亿美元级的"巨无霸"最终被证实存在财务造假，在几周内就宣告破产。

（2）董事会应促进公司形成稳健的风险管理目标。

（3）董事会应建立强有力的道德标准，并建立伦理委员会，督促公司在运营管理过程中遵循该标准。

（4）董事会确保员工获得鼓励和报酬补偿的方式是基于风险调整（Risk-adjusted Performance）的业绩，并符合股东的利益。

（5）只要相关交易在公司风险偏好范围内，并与公司整体的经营策略保持一致，董事会应予以批准。

（6）董事会需设有风险委员会，并保持其与审计委员会的独立性。但为了确保风险管理与公司总体目标保持一致，应至少有一名董事会成员同时在两个委员会任职（即风险咨询顾问，见第二节）。

（7）董事会需确保公司的风险管理计划能将公司的风险偏好与经营战略相结合，保持逻辑上的一致性。例如，应为公司能够识别、评估和管理相关风险配备适当的基础设施；薪酬激励制度的构建应基于企业风险调整后的回报，并与利益相关者的长远利益保持一致。

总体而言，风险管理与公司治理最佳方案是密不可分的。如果没有优秀的风险管理和风险度量标准，董事会就无法监测和控制公司的财务状况。

知识一点通

美国信孚银行早在 20 世纪 70 年代就推出了基于风险调整的业绩考核机制。例如，假设一年下来外汇交易员与债券交易员均获利 1000 万美元，那么该如何评价两人的绩效呢？经过计算，外汇交易员管理头寸下的 VaR 值为 1500 万美元，而债券交易员管理头寸下的 VaR 值为 2000 万美元，那么两人经风险调整后的获利比例分别为 10/15 与 10/20。因此，在考虑占用资金以及风险承担后，外汇交易员的资金使用效率更高。

备考小贴士

注意以上涉及的最佳方案（Best Practice）均是指推荐做法，而非法律上的强行要求。

第二节　风险管理机制

> 辨别（distinguish）实施风险管理的不同机制（☆☆）

企业在构建风险管理体制时，通常会设置以下与风险管理相关的职位与职能部门。

一、风险咨询总监（Risk Advisory Director）

> 评估（evaluate）在公司治理中董事会的角色与职责（☆☆）

如前所述，风险咨询总监是董事会成员，同时在风险委员会和审计委员会兼职，为公司的风险治理提供咨询意见。

具体而言，风险咨询总监提供的咨询建议包括以下方面：风险偏好与风险管理政策；内部控制、财务报表与披露；公司的关联方和关联方交易；定期的风险管理报告和审计报告以及行业内的公司治理和风险管理的最佳做法。

二、风险管理委员会（Risk Management Committee）

风险管理委员会作为董事会下属，其主要职责包括以下两点。

一是识别、衡量和监控金融风险。超过规定限额或在规定限额范围内但超过一定审批门槛要求的信贷项目，需要向风险管理委员会申请并被审批。此类规定一般事先由董事会制定。

知识一点通

例如，假定某公司规定：在单一项目上的风险敞口不能超过 100 万元，30 万元以下的投资可由项目经理自行决策。于是，如果单一项目投资风险敞口超过 30 万元但低于 100 万元就必须交由风险管理委员会审批。如果存在风险敞口超过 100 万元，但特别优质的投资项目，也可以提交风险管理委员会进行专门讨论，以判断是否可做特殊处理。

二是根据当前的经济情况，实时监测公司的银行贷款和投资组合，确保其风险在可控范围内。

三、审计委员会（Audit Committee）

评价（assess）公司审计委员会的角色和职责（☆☆）

审计委员会主要对公司财务等经营状态予以监管。其主要职责包括以下四点。

（1）负责公司财务和监管报告的准确性。

（2）确保公司行为符合监管、法律、合规和风险管理等活动的最低标准并进一步促使公司相关行为达到行业内的最佳规范。

（3）确保审计委员会成员具备足够的财务能力，从而能够客观独立地履行自身职责。

（4）审计委员会的工作虽然与管理层相关联，但仍需要保持其独立性。

知识一点通

审计委员会的工作与风险管理密切相关。财务造假是实务中最常见的风险，但审计委员会的职责不仅仅限于审核财报质量，公司的合规性、产品质量审核等有可能影响财务报表可靠性的行为均属于审计委员会的权责范畴。

四、薪酬委员会（Compensation Committee）

顾名思义，薪酬委员会主要负责薪酬设计，为保证激励相容，需要注意以下几个方面。

（1）薪酬委员会应保持与管理层的独立性。

（2）激励薪酬计划应与股东和其他利益相关者的长期利益保持一致并与风险调整后的资本收益相符，即将风险管理纳入业绩目标和薪酬的决策中。

> **知识一点通**
>
> 短期内，财务数据是较为容易造假的。如果薪酬激励仅与短期业绩挂钩，无疑将诱使管理层对财务报表进行人为操控。

（3）以股权为基础的薪酬计划（Stock – based Compensations）有助于使高管与股东的利益保持一致，但它不是解决管理层与股东利益潜在冲突的"万能药"。其中存在的最大问题在于收益的不对称性。股东对风险的容忍度一般是有限的，然而以股权为激励的薪酬计划往往会诱使管理层愿意承担较大的风险，以博取高收益。

> **知识一点通**
>
> 由于以股权为基础的薪酬激励计划存在不对称性，实务中通常会引入"回拨条款"（Claw Back Provisions）。"回拨条款"通常会约定在特殊情况下追回管理层之前得到的部分薪酬，从而在一定程度上实现管理层与公司的"荣辱与共"。

五、各职能部门在风险管理中的相互依赖性

说明（illustrate）公司在风险管理中各职能部门的相互依赖性（☆）

在风险管理中，各职能部门既是相互独立的，也是相互依赖（Interdependence）的。

一方面，从董事会层面来看，风险管理中各职能部门是相对独立运作的，其流程如下。

（1）由上层董事会风险委员会（Risk Committee of the Board）每年设定风险偏好。

（2）高级风险委员会（Senior Risk Committee）决定每年市场风险承受能力，并任命首席风险官。

（3）首席风险官（CRO）监控企业所承担的风险。

（4）业务主管（Heads of Business）负责具体的交易活动。

（5）业务部门经理（Business Unit Manager）负责具体的业务风险以及业绩。

另一方面，在董事会层级以下，风险管理中各职能部门的运作又是相互依赖的，在以下五个步骤间反复循环。

（1）由高级经理（Senior Manager）批准业务计划并设定风险容忍度。

（2）由交易室高管（Trading Room Management）建立和管理风险敞口。

（3）由操作部门（Operations）负责交易的达成和交割，建立逐日盯市制度。

（4）由相关部门确定融资（Finance）需求，管理业务计划的流程。

（5）由相关部门实施风险管理（Risk Management），包括制定相关政策、审查合规性、管理风险委员会等。

知识一点通

在上述五个步骤的循环中，所有的交易数据都必须被准确地记录并以适当的方式保存。其中操作部门创建和维护风险管理日志的工作极为重要。

扫码做题　章节练习

第四章

什么是企业风险管理

知识引导：企业风险管理（ERM），也称"全面风险管理"，是指由企业董事会、管理层和其他员工共同参与、制定企业战略并识别可能对企业造成潜在影响的事项，同时在其风险偏好范围内管理风险，以达到企业最终目标的过程。

考点聚焦：本章对企业风险管理做了一个较为详细的介绍。通过本章的阅读，考生需要掌握企业风险管理的定义，了解 ERM 的益处与成本以及公司采用 ERM 的动因，理解首席风险官（CRO）的角色和职责，能够辨别 ERM 的各组成部分。

本章框架图

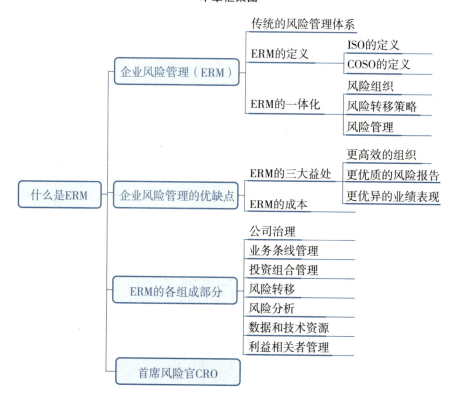

第一节　企业风险管理（Enterprise Risk Management，ERM）

现代金融市场瞬息万变，金融市场的风险也是动态且相互影响的，而不是静止或相互割裂的。相应地，在如今全球一体化的背景下，企业运作也需要更为全面的风险管理手段。

一、传统的风险管理体系

在传统的风险管理体系中，不同种类的风险往往由不同的部门进行评估与管理。例如，市场风险由与市场运营相关的部门管理、操作风险由合规部门管理等。这种管理体系的优点在于相关部门仅需专注于某一类特定风险的管理，且相关部门往往比较熟悉该类风险的特性。然而，这种风险管理体系也存在许多缺陷，主要包括以下几点。

（1）传统的风险管理体系忽视了风险之间的相互关联性（Interdependent）。由于风险是动态且相互依赖，某种风险发生变化往往会影响到另一种风险。

> **知识一点通**
>
> 例如，2015 年，中国发生了"股灾"，连续多个交易日出现了"千股跌停"的现象。在"股灾"发生的初期，市场主要体现的是市场风险，而到后期"千股跌停"则主要是流动性风险。如果证券投资公司将市场风险与流动性风险割裂开来管理，就有可能遭到致命打击（等到流动性风险突然"翘尾"时，已来不及管理）。

（2）传统的风险管理体系往往对风险的相互依赖性以及动态的本质不予关注，从而导致公司过度对冲。

> **知识一点通**
>
> 例如，某对外贸易公司计划在下个月进口100吨氧化铝，以美元结算，便会面临支付美元的汇率风险。同时，该公司恰好又计划在下个月出口50吨精炼铜，同样以美元结算，从而面临收取美元的汇率风险。如果将这两笔业务涉及的美元汇率风险割裂来看，会增加两笔风险敞口。然而，从公司整体的角度来看，一个业务涉及支付美元，另一业务涉及收取美元，汇率风险敞口实际上是可以相互抵消的。

（3）在传统风险管理体系下，各职能部门往往会根据自身需要使用不同的方法来评估和衡量风险，从而导致管理层对公司整体面临的风险无法形成统一的度量。

> **知识一点通**
>
> 如果没有一个核心的、自上而下的风险管理系统，公司的高级管理层和董事会获得的信息将是来自不同部门、使用不同的测量方法而得到的零散信息，这样根本无法全面了解公司的实际情况，也就无法准确考量公司情况、提出合理建议并做出有效的决策。

二、ERM 的定义

描述（describe）企业风险管理（ERM），比较（compare）和对比（contrast）ERM 的不同定义（☆）

由于风险的不确定性，风险管理往往会与预期结果有所偏离，而企业风险管理（ERM）的目标便是使这样的偏差最小化。具体而言，企业风险管理（ERM）是一种综合的、一体化的（Integrated），为实现经营目标而使风险最优化、企业价值最大化的风险管理框架。

由于 ERM 的理念较新，关于 ERM 的定义，业内尚未形成一个被普遍接受的标准。较为常见的定义主要有以下两个。

（1）ISO 31000（国际标准化组织）的定义：风险是指"对目标产生的影响不确定"，而风险管理指的是"协调机构或组织的相关活动以控制风险"。

（2）COSO（全美反舞弊性财务报告委员会）2004 年给出的定义：企业风险管理是指董事会、管理层和其他人员在制定整体企业战略时，在企业风险偏好范围内，识别并管理可能影响主体的潜在风险事件，为主体目标的实现提供合理保障。

例题

董事会正在评估一家资产管理公司新的 ERM 计划的实施情况。下面哪个陈述与众多 ERM 定义相一致并最适合涵盖公司的 ERM 定义和目标？

A. ERM 试图通过保险公司转移大部分有重大影响的风险敞口来降低成本

B. 新的 ERM 计划的主要目标应该是降低收益波动性

C. ERM 计划应与公司的操作部门分开管理

D. ERM 计划应提供一个整体战略来管理整个公司的风险

名师解析

答案 D。一个有效的 ERM 计划应在多个层面上整合，从公司整体的角度出发，并与公司的操作部门相结合。

三、ERM 的一体化

ERM 的核心思想是一体化（Integration），主要表现在以下三个方面。

（1）企业风险管理要求一个完整的、一体化的组织。

（2）企业风险管理要求一体化的风险转移策略。风险转移策略是在交易的或单一的风险水平上执行，这往往会使投资组合的风险无法被充分分散。因此，会导致过度的对冲和购买保险。

（3）企业风险管理要求将一体化的风险管理融入到公司的经营流程中。

知识一点通

企业风险管理要求公司无论在转移风险还是日常经营上都必须进行一体化管理。摩根大通是最早采用 ERM 风险管理体系的商业银行之一，以 2004 年的数据为例，其外汇交易头寸的 VaR 值为 2800 万美元、股票交易头寸 VaR 值为 2000 万美元、固定收益交易头寸的 VaR 值为 5700 万美元、大宗商品交易头寸的 VaR 值为 800 万美元。如果直接把这些资产类别的 VaR 加总，应为 1.13 亿美元。然而，基于一体化管理，考虑相关性以及分散效果后计算出的总体 VaR 值仅有 7200 万美元，减少了约36%。由此可见，一体化的 ERM 系统确实可以避免许多过度对冲的头寸。

第二节　企业风险管理的优缺点

比较（compare）ERM 的益处以及成本，描述（describe）公司采用 ERM 的初始动因（☆☆）

一、ERM 的三大益处（Benefits）

ERM 的三大益处可以简单概括为更高效的组织、更优质的风险报告以及更优异的业绩表现。

1. 更高效的组织（Increased Organizational Effectiveness）

ERM 要求任命首席风险官和建立企业风险职能来提供自上而下（Top-down）的协调，从而使不同的职能部门能够协调而高效地工作。更高效的风险组织意味着不仅能更好地解决公司面临的单一问题，而且还能考虑这些风险之间的相互依存关系。

2. 更优质的风险报告（Better Risk Reporting）

在传统的风险管理框架下，各部门各自为政，容易出现风险报告缺失或相互矛盾的情况。在 ERM 体系下，会对各风险报告进行定级，从整个企业范围的角度判定哪些风险报告必须优先处理，直接送达高级管理层与董事会。除此之外，ERM 体系还能提高整个组织的风险透明度。

3. 更优异的业绩表现（Improved Business Performance）

构建 ERM 体系有助于优化管理决策，如资本配置、产品开发和定价以及兼并和收购。这将使得损失减少、收益的波动性降低、盈利的增加、股东价值提高等。

知识一点通

ERM 的好处不仅仅限于降低了风险，企业通过构建 ERM 体系的过程，也能进一步了解其经营过程中面临的风险与回报，辨别哪些风险可以承担、哪些风险需要规避，从而提升企业效率，改善经营业绩。

二、ERM 的成本

对于大多数的企业来说，采用 ERM 体系在资本和人力资源方面都很昂贵，而且相当耗时。ERM 的整个过程可能要持续几年，并需要得到高级管理层和董事会的持续支持。

第三节　ERM 的各组成部分

辨别（distinguish）ERM 项目的各组成部分（☆☆）

一个成功的风险管理程序可以分为七个主要部分，见图4.1。

1. 公司治理（Corporate Governance）

从顶层角度来看，确保董事会和管理层建立适当的组织过程和公司控制，以衡量和管理整个公司的风险。

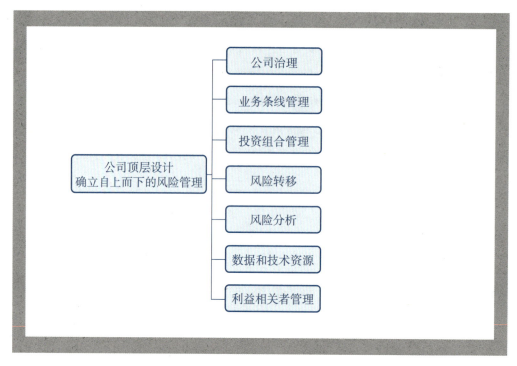

图 4.1　ERM 的组成部分

2. 业务条线管理（Line Management）

从业务纵向上来看，将风险管理有效融入到公司的整个经营活动链中（包括业务发展、产品和客户关系管理、定价等）。在追求新的业务和增长机会时，业务条线管理可确保经营战略与公司风险政策的一致性。

3. 投资组合管理（Portfolio Management）

在公司的投资组合管理上，ERM 要求加总风险敞口，结合多样化效应并根据既定风险限额监控风险的集中度。在管理投资组合的过程中，只有把机构面临的所有风险视为一个整体，自然对冲的多样化效应才能被充分捕捉。更重要的是，投资组合管理功能提供了一个风险管理和股东价值最大化之间的直接链接。

4. 风险转移（Risk Transfer）

通过系统地评估，降低那些被认为风险过大的风险敞口或根据成本收益分析，通过衍生品、保险等工具将风险转移至第三方机构。

5. 风险分析（Risk Analytics）

提供风险度量、分析和报告等工具来量化公司的风险敞口以及跟踪外部驱动因素。

6. 数据和技术资源 (Data and Technology Resources)

提供分析和报告过程的数据和技术资源。

7. 利益相关者管理 (Stakeholders Management)

及时与公司的利益相关者沟通并报告企业的风险信息，从而确保企业的整体利益得以实现。

第四节　首席风险官 (Chief Risk Officer, CRO)

描述 (describe) 首席风险官 (CRO) 的角色和职责，评估 (assess) CRO 应如何影响其他高层管理者 (☆)

企业风险管理 (ERM) 由首席风险官发起并负责。首席风险官属于企业高层管理人员，负责企业核心的整体风险管理，其主要职责包括以下几点。

（1）全面负责企业风险管理。

（2）为企业所面临的各方面风险建立一个一体化的风险管理框架。

（3）制定风险管理政策，包括通过特定的风险限制、量化公司的风险偏好。

（4）构建风险度量指标并撰写风险报告。

（5）根据各业务部门面临的风险分配资本。通过业务活动和风险转移策略最优化公司的风险投资组合。

（6）将公司的风险信息传达给主要的利益相关者。

（7）开发分析、系统和数据管理能力以支持风险管理项目。

CRO 向首席执行官（CEO）或首席财务官（CFO）报告。但当公司领导人之间发生严重利益冲突时（代理人风险），这容易使公司内部产生摩擦。

为解决这一问题，可构建 CRO 与董事会或董事会风险委员会之间的虚线报告制度（Dotted-line reporting），即在极端情况下，虚线可以转换成实线（Solid Line），这样 CRO 可越过 CEO 或 CFO 直接向董事会报告。

知识一点通

受激励机制的影响，CEO可能会更关注业绩发展而忽视风险，而通常CRO的组织关系隶属于CEO。因此，为了保证CRO履行自己的职责，在极端风险事件发生或者可能发生的情形下，应当允许CRO"越级打小报告"，而不用担心自己会因此"丢掉饭碗"。

扫码做题 章节练习

第五章

银行的风险管理、治理、文化以及风险承担

知识引导： 很多人可能会认为良好的风险管理就是减少风险的暴露。然而，这种风险管理的观点忽略了这样一个事实：任何一个主体所能获得的收益在很大程度上取决于其愿意承担的风险。规避较高风险的同时也意味着错过了较高的收益，从而在有些情况下可能并不利于企业价值最大化这个目标。因此，从股东的角度来看，良好的风险管理不能仅仅是更有效地降低风险。那么良好的风险管理究竟意味着什么呢？它是如何实现的？它的局限性是什么？怎样才能使它更有效呢？本章从银行的角度出发来提供了这一系列问题的答案。

考点聚焦： 本章以银行为主体，研究银行的风险管理、风险治理、文化以及风险承担。通过本章的阅读，考生能够掌握银行用来确定最优风险水平的方法，理解如果银行承担了相比其最优风险水平过少或过多的风险意味着什么，掌握风险管理增加银行价值的方法以及银行风险管理的结构性挑战和局限性（包括 VaR 在设定限制中的使用），了解银行的治理、激励结构和风险文化对其风险状况和业绩的潜在影响。

本章框架图

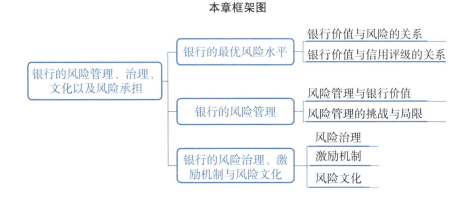

银行是金融系统中非常重要的一类金融机构。本章主要是从银行的角度出发，探讨风险管理、治理、文化以及风险承担。

备考小贴士

据不完全统计，FRM 会员以及报名参加 FRM 考试的考生中有将近一半的人从事与银行业相关的工作。FRM 考试中许多关于风险管理的知识都是特别针对银行的。

第一节　银行的最优风险水平

描述（describe）银行承担了相比其最优风险水平过少或过多风险的含义（☆☆）

评估（assess）银行可用来确定风险敞口最优水平的方法，解释（explain）各银行的最优风险水平为何会不同（☆☆）

一、银行价值与风险的关系

毋庸置疑，企业的风险管理必须为"企业价值最大化"这个目标服务。因此，有效风险管理的前提是弄清楚风险与企业价值之间的关系。对于银行而言，其承担的风险和企业价值并非简单的线性关系，两者之间的关系是凹的（Concave），见图 5.1。[①] 更进一步，从理论上讲，银行存在一个最优风险水平（Optimal level of Risk），在这个最优风险水平下，银行的价值实现了最大化。良好的风险管理意味着企业已形成一个有效的流程以确定自身的最优风险水平并确保企业在运营过程中不偏离这个最优风险水平。确定自身最优风险水平的过程实际上也是确定银行风险偏好（Risk Appetite）的过程。

---

① 这里默认假定了银行的风险可由其信用评级所反映。有关信用评级的描述见下文。

知识一点通

对于银行而言，风险并非越多越好或越少越好，风险与企业价值的关系可近似看成开口向下、凹向原点的二次函数，即如果银行在选取项目时承担的风险较小，那么相应获得的收益也较低，从而企业价值也只能处于较低的水平。相反，如果银行承担了过多的风险，当投资项目失败时有可能导致银行陷入财务危机，从而引发流动性问题。

备考小贴士

如何理解两个变量之间的关系是"凹"的或"凸"的？这是许多考生容易混淆的地方。记忆技巧是以"原点"为基准，如果两个变量呈现的图像是凸向原点的，则称为"凸的"；反之，两个变量呈现的图像是凹向原点的（如图 5.1 所示），则称为"凹的"。凹在数学上的定义实际上是二阶导数小于零，即斜率值是递减的。

二、银行价值与信用评级的关系

每个银行面临的风险通常可由其信用评级来反映。信用评级越高，意味着该银行面临的风险越低。如前文所述，风险与银行价值呈现出凹函数的关系。同理可得，信用评级也并非越高越好。最高信用等级 AAA 意味着违约风险最低，但这会要求银行放弃许多有价值的风险投资项目。对于银行个体而言，存在一个使得银行价值最大化的最优信用评级水平。而且对于不同银行而言，最优信用评级水平通常是不同的，这取决于该银行的具体业务偏向，见图 5.1。

具体而言，对于每家银行，其最优信用评级水平取决于自身业务的性质。例如，一家以传统业务（如揽存、贷款等）为主的银行很可能比一家更多涉及金融资产交易活动的银行的最优信用评级水平更高。又如，对于一家涉及期限较长的衍生品合约交易的银行而言，自身信用评级较高更有利于业务的开展。

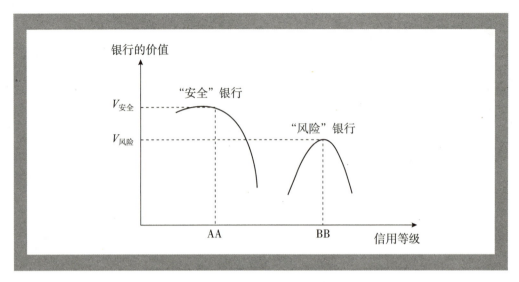

图 5.1　银行价值作为银行风险的函数

> **知识一点通**
>
> 　　信用评级是指独立的第三方信用评级中介机构根据债务人如期足额偿还债务本息的能力和意愿，采用简单的评级符号表示其违约风险和损失的严重程度。目前国际上公认的最具权威性的信用评级机构有三家：标准普尔公司（S&P，以下简称标普）、惠誉（Fitch）和穆迪（Moody's），其中标准普尔公司和惠誉共用一套评级标识体系，穆迪有另外一套标识体系。在标普和惠誉的评级体系下，AAA 级别是最高的信用评级（在 AAA 级别中还可进一步细化分级，这里不再展开）。

　　在图 5.1 中，我们简单地将银行分为了两类：A 银行从事的总体业务相对偏"安全"，B 银行从事的总体业务相对偏"风险"。可以看出，对于银行 A 而言，最优信用评级水平较高，为 AA，而对于 B 银行而言，最优信用水平则相对较低，为 BB。

第二节　银行的风险管理

解释（explain）风险管理能增加或减少银行价值的方式（☆）

一、风险管理与银行价值

风险管理可以通过以下方式增加银行的价值。

一是当风险管理带来的增量价值（Incremental Value）超过固定成本，那么银行的价值会增加。

二是采用 ERM 体系管理风险，即如果所有的业务部门都被要求从整个银行的角度而不是单一的部门角度出发来管理风险，这样会使得银行的价值上升。

知识一点通

上述两点其实与前面章节讲述的内容有所重合。风险管理有其成本，因此风险管理并不是"事无巨细"都要插上一脚，而必须进行成本收益分析。此外，风险管理必须从全局的角度出发，从而避免一些过度对冲的头寸或者忽视了一些联动风险。

反之，如果风险管理过程较为"僵化"或"死板"，一些创造价值的项目可能被风控部门"误杀"，那么风险管理就会减少银行价值。

二、风险管理的挑战与局限

描述（describe）有效风险管理的结构性挑战和局限，包括 VaR 在设定限制中的使用（☆☆）

尽管从理论上讲风险管理有诸多好处，然而在实务操作中，银行的风险管理面临许多挑战与局限，主要体现在以下四个方面。

1. 风险度量技术的局限性

首先，银行难以做到对所有风险头寸的实时监控，从而也无从对一些突发风险事件迅速做出最优调整。

其次，对风险头寸的度量难以达到非常精确，由此计算出的"最优风险水平"

未必是理论上的真正"最优"。

最后，风险头寸的度量会受到各种行为偏差的影响。

2. 对冲（Hedging）可能受到限制

对冲是银行最常用的风险管理手段之一。然而，由于种种原因可能导致对冲无法实现或达不到预期效果。例如，一些特定的风险可能没有相应的金融工具可以对冲。

> **知识一点通**
>
> 这里举个对冲受限的例子。例如，某跨国银行同时涉及美元与新西兰元的业务，从而面临美元汇率风险与新西兰元的汇率风险。其中，美元汇率风险可以通过美元期货或其他美元衍生品轻而易举地对冲掉，但新西兰元风险就没有这么好"搞定"了。由于新西兰元是小币种，一般期货交易所均不会发行相关期货品种，其他相关衍生品也有可能存在流动性不足的问题。如果该银行变相利用澳元期货来对冲就有可能达不到预期的对冲效果（澳元是流通性较高的币种，且其汇率与新西兰元存在一定程度的联动性）。

3. 风险承担者视角的局限性

在银行主动选择承担相应风险时，可能由于以下两个方面导致风险管理受限。

第一，由于激励（Incentive）机制设计的不合理，可能会变相鼓励风险承担者去承担那些对他们自身有价值却并不能增加银行价值的风险。风险承担者甚至可能为了牟利而承担那些会破坏银行价值的风险。

第二，当缺少精确的风险度量工具时，上述问题将更加严重。

> **知识一点通**
>
> 银行的许多风险投资项目难以用某一指标进行精准量化，在这种情形下，是否投资该项目其实受人为判断的影响因素较大。此时，如果激励机制设计不当，风险承担者就倾向于人为地低估风险。历史上诸多银行破产的风险案例都可归于此类情形。

以上风险管理面临的三个方面限制意味着银行必须对风险进行严格的监控和管理，为此，大型银行或机构会任命首席风险官（CRO）来负责风险管理部门。

4. VaR 度量指标存在限制

如今，银行通常使用在险价值（即 VaR）作为设定风险限额的度量指标。然而，这个指标本身就存在着一定的限制和挑战。

首先，企业范围内的 VaR 不可能解释银行所有的风险，尤其是操作风险。诸如"光大乌龙指"之类的事件（交易员输入数据时多按了一个零）是很难用 VaR 指标来量化其风险大小的。

其次，为了获得银行整体的在险价值，将不同风险的在险价值进行加总时需要考虑风险之间的相关性。然而在实践中，通常缺少足够的数据对相关系数矩阵进行精确的估计。假设银行配置 N 种资产，就必须估计 $N(N-1)/2$ 个两两资产间的相关系数，需要用到的数据量是很大的。

最后，不同类型的风险可能服从不同的概率分布。例如，市场风险的分布一般具有肥尾与对称性的特点，而信用风险和操作风险的分布通常具有肥尾和左偏的特点。

第三节　银行的风险治理、激励机制与风险文化

评估（assess）银行的治理、激励结构和风险文化对其风险状况和业绩的潜在影响（☆）

一、风险治理

银行对其风险与业绩的治理是比较难以量化评估的，这主要体现在以下三个方面。

第一，用于评估治理好坏的数据往往是有限的或者说时间长度是不足的。

第二，由于银行不同业务之间千差万别，难以用统一的标准对其业绩进行评估。

第三，强有力的风险治理并不一定就会产生优异的业绩结果，这给评估风险治

理带来了难度。由于风险即不确定性，有的时候业绩较差纯粹只是"运气不好"，并不能将此"归罪于"风险治理。同时，由于这种随机因素的存在，也给风险治理的评估带来了难度。

二、激励机制

激励机制设计时必须考虑以下两点。

一是应当基于员工对整个公司的贡献，而不能只考虑其对单个部门的贡献。这与 ERM 一体化管理的思想是一致的。

二是应当基于风险调整后的回报设计激励机制，避免出现过度承担风险的现象。

三、风险文化

良好的企业风险文化能够促进企业风险管理取得成效。一个积极向上的企业风险管理文化应当具备以下特征。

一是能够促使企业进行风险管理时更加具有一致性、业绩表现波动更小。

二是拥有诚信可靠的管理者的企业往往会获得更多的利润，企业估值也会更高。

扫码做题　章节练习

第六章

风险数据整合与风险报告

知识引导：2008 年，由美国次贷危机引发的金融危机在全球范围内蔓延。许多银行，尤其是欧美银行出现巨额亏损并纷纷倒闭。对于银行业而言，在这次金融危机中得到最深刻的教训之一就是银行提高信息技术与构建数据架构的重要性。当时许多银行缺乏快速准确地采集数据并获取集团层面和不同业务领域以及不同法律实体之间的风险水平和风险集中度的能力，因而无法从集团层面对风险进行有效的管理，最终给银行自身乃至整个金融体系的稳定性带来了严重的后果。为加强银行这方面的能力，金融危机后，巴塞尔委员会提出了相关原则，旨在提高银行的风险数据整合能力和风险报告的有效性。

考点聚焦：本章并非重点章节，所有考点的重要性均仅为 1 颗星，考生需要了解有效风险数据整合与报告的潜在好处；知悉与风险数据整合和风险报告做法相关的主要治理原则；能辨别促进有效风险采集和风险报告做法的数据体系结构和 IT（信息技术）基础结构的特征；理解强大风险数据整合能力的特征以及这些特征是如何相互作用的；理解有效风险报告实践的特征。

本章框架图

本章分为两个部分：一是讲述如何将风险数据整合；二是如何将整合后的风险数据形成风险报告。

第一节　风险数据整合（Risk Data Aggregation）

解释（explain）有效风险数据整合与报告的潜在好处（☆）

一、基本定义

风险数据整合（Risk Data Aggregation）是指根据银行风险报告的要求，定义、收集和处理风险数据，用于衡量银行在其风险容忍度/偏好下的风险管理效果。具体内容包括分类、合并或分解数据集。

二、有效风险数据整合的好处

首先，有效的风险数据整合有助于更好地预防问题。如果风险数据被整合为一个整体而不是相互孤立的，那么预测企业现有和潜在的问题就会变得容易很多。

其次，稳健的风险数据整合框架将有助于银行和监管者更容易地辨别风险，并制定让公司恢复财务健康的措施。

再次，提高银行整合风险数据的能力有助于增强银行应对金融危机或倒闭风险的能力。

最后，有效的风险数据整合有助于提高银行总体运营效率，降低损失的可能性，从而提高其盈利能力。

知识一点通

巴塞尔委员会认为，从长远来看，改进风险数据整合能力和风险报告规范所能获得的收益将超过由银行承担的初始投资成本。在2007—2009年的全球金融危机中，许多银行的风险数据整合能力是不足的，无法迅速根据金融市场的变化整合相应数据、了解集团层面面临的风险从而做出应对。在实操过程中，有些风险从单笔业务或单个部门的角度来看是容易被忽视的，只有经过数据整合才能更容易地辨别集团层面面临的风险。这种数据整合的需求和能力在金融危机时期对于跨国集团尤为重要。

近年来，国内兴起了互联网金融模式，其中重要的一环也是通过对风险数据的整合克服我国传统商业银行的缺点：加强风险数据存储与管理的规范性，统一风险数据标准，形成以数据为基础、计量模型为工具、风险指标为决策依据的大数据风险管理体系。

三、风险数据整合的原则

描述（describe）与风险数据整合和风险报告实践相关的主要治理原则（☆）

辨别（identify）能促进有效风险采集和风险报告实践的数据体系结构和IT基础结构的特征（☆）

备考小贴士

下文将介绍11条有关风险数据与撰写风险报告的相关原则。这些原则都是符合基本认知的，考生备考上无须死记硬背，有印象即可。注意在这11条原则中，有些原则对风险数据整合与风险报告都适用。

1. 强化风险治理与构建基础设施

银行必须将构建风险治理框架与基础设施建设放在重要的位置上，这是贯彻其

他原则的前提保障。

原则1：治理（Governance）——银行应在巴塞尔委员会规定的原则与指导意见下，加强其风险数据整合能力并规范风险报告。其中，风险数据整合应作为整个风险管理框架的一部分。

原则2：数据架构和IT基础设施——银行应设计、建设和维护数据架构和IT基础设施，保证其不论在正常时期还是压力或危机时期都能全力支持风险数据整合和风险报告。

> **知识一点通**
>
> 风险数据整合和风险报告应纳入银行长期发展规划中。银行应建立完整的数据分类与结构，统一风险数据标准。欲实现以上构想，必须有硬件上和制度上的支持。

2. 完善风险数据整合的能力

描述（describe）一个强大风险数据整合的特征并展示（demonstrate）这些特征是如何相互作用的（☆）

原则3：准确性和真实性（Accuracy and Integrity）——银行应确保其生成的风险数据不论在正常时期还是在压力或危险时期下都准确、可靠。

具体而言，为保证风险数据的准确性与可靠性，风险数据应与会计数据相一致，保证数据来源的权威性与可靠性并进行控制。风险数据整合应在高度自动化的基础上进行，以尽量减少人工操作发生错误的可能性，并记录、解释整个风险数据采集过程。

> **知识一点通**
>
> 风险数据整合的高度自动化并非完全排斥手动系统，而是在两者之间进行适当的权衡。如果在数据整合过程中需要更专业的判断，那么可适时进行人工干预。但对于大多数流程而言，还是应当依靠高度自动化过程来减少操作风险。

原则 4：完整性（Completeness）——银行应能识别并整合整个集团的所有重大风险数据。数据可来源于业务条线、法人、资产类型、行业、区域分行，用于识别和报告风险敞口、风险集中度和新产生的风险。

> **知识一点通**
>
> 完整的风险数据包括但不限于：①对大型公司借款人的累计信贷风险；②交易对手的信用风险敞口，如衍生产品交易的风险；③交易风险、头寸、操作权限以及地区和行业市场集中度的数据；④流动性风险指标，如现金流量/结算和融资资金；⑤操作风险指标，如系统的可用性、未经授权的访问。

原则 5：及时性（Timeliness）——银行应能在符合准确性、真实性、完整性等原则的要求下，及时生成整合过的最新风险数据。

具体而言，及时性的标准取决于以下三个方面。

一是被测量风险的性质和潜在波动性。

二是特定风险对银行整体风险状况的影响程度。

三是满足银行在正常、压力或危机时期下风险管理报告发布频率的要求。

原则 6：适应性（Adaptability）——银行整合后的风险数据应满足广泛的查询和临时风险管理报告要求，具体包括以下三个方面。

一是风险数据与风险报告应适应压力与危机情况发生下的特别要求。

二是风险数据与风险报告应适应不断变化的内部需求。

三是风险数据与风险报告应满足监管要求。

> **知识一点通**
>
> 具体而言，适应性要求包括：第一，风险数据整合的程序是灵活可变的，便于突发事件下快速决策；第二，风险数据整合能满足使用者的定制化需求；第三，风险数据整合能够衡量商业组织的发展和银行风险属性的外部影响因素；第四，风险数据整合能够与监管框架相结合。

第二节　风险报告（Risk Reporting）

描述（describe）有效风险报告实践的特征（☆）

一、风险报告的定义

撰写风险报告是为了有效地进行风险管理，确保正确的信息在正确的时候提交给正确的人。

具体而言，风险报告应包含准确的内容，并在适当的时间内提交给相应的决策者。此外，基于风险数据的风险报告应该是准确、清晰且完整的。

二、风险报告的原则

原则7：精确性（Accuracy）——风险管理报告应当精准呈现采集的风险数据，并确切地反映风险。报告应当被核对和验证。

原则8：综合性（Comprehensive）——风险管理报告应当涵盖集团内的所有重大风险领域。

报告的深度和广度应当与银行业务的规模和复杂性、风险状况以及报告使用者的要求保持一致。

原则9：清晰性与实用性（Clarity and Usefulness）——风险管理报告呈现信息的方式应当清晰、简明。

具体而言，风险报告应既易于理解同时又涵盖内容全面以供投资决策。此外，风险报告提供的信息应满足不同使用者的个性化需求（Tailored to the Needs of the Ecipients）。

原则10：频率（Frequency）——董事会和高级管理层（或其他报告使用者）应当设定风险管理报告编写和发送的频率。

具体而言，风险报告的频率应当满足以下需求：报告使用者的个性化需求；符合风险报告自身的自然属性；适应风险变化的速度；与风险报告的重要性相符。特别地，在企业出现危机期间，应增加风险报告的发布频率。

原则11：发送（Distribution）——风险管理报告应当发送给相关的人员（该给的人不能漏掉，不该给的人不能给），并且应当包含报告使用者定制的有意义信息，同时应注意保密（Confidentiality）。

为方便考生复习记忆，我们将风险数据整合与风险报告的原则汇总如表6.1所示。注意，表6.1中我们将风险数据整合与风险报告类似的原则放在了同一行，便于考生比较记忆。

表6.1　　　　　　　　　　　风险数据整合与风险报告原则汇总表

风险数据整合原则	风险报告原则
原则1：治理	
原则2：数据框架与IT基础设施	
原则3：准确性和真实性	原则7：精确性　原则9：清晰性与实用性
原则4：完整性	原则8：综合性
原则5：及时性	原则10：频率
原则6：适应性	
	原则11：发送

总体而言，风险数据整合与风险报告各原则之间是相辅相成的，以便银行能有效地管理风险，从而更好地维持银行自身以及整个金融体系的稳定。

扫码做题　章节练习

第七章

资本资产定价模型

知识引导：资本资产定价模型（CAPM）定量地给出了风险资产的收益与其风险特征之间的关系。通俗地讲，CAPM 模型研究的核心问题是为补偿投资者所承担的系统性风险，理论上投资者要求获得多少收益率合理，投资者可根据该收益率进行资本预算或资产价值评估。本章第一部分主要介绍马科维茨（Markowitz）提出的均值—方差模型，该模型以数理的方式解释了分散化投资的原理以及构建资产组合的原理。本章第二部分介绍夏普（Sharpe）等人如何以马科维茨理论为基础，进一步发展形成了资本资产定价模型（Capital Asset Pricing Model，CAPM），该模型是现代金融市场价格理论的核心支柱。

考点聚焦：本章为重点考核章节，通过本章的学习，考生应能描述 CAPM 模型的假设条件，理解模型推导过程和组成部分；使用该模型计算并解释单一资产或者投资组合的 β 值、期望收益；理解资本市场线。

本章框架图

```
                                      ┌─ 收益与风险的度量
                        现代投资组合理论 ├─ 马科维茨有效前沿
                       ┌              └─ 资本配置线（CAL）
资本资产定价模型 ┤
    （CAPM）    │                      ┌─ 系统性与非系统性风险
                       └  CAPM模型      ├─ 资本市场线（CML）
                                      └─ 证券市场线（SML）
```

第一节　现代投资组合理论（Modern Portfolio Theory）

在现代投资组合理论出现之前，著名英国经济学家凯恩斯将金融投资过程比作选美，投资人根据个人对各资产"美"的衡量来做出投资决策。1952 年，美国经济学家马科维茨（Harry Markowitz）在其论文《资产选择：有效的多样化》中，首次提出使用过去持有期收益率的算术平均数来表示资产的期望收益率，用其方差（或标准差）来表示该资产的风险，以量化的方式展示了投资组合为何能有效地分散风险。马科维茨也因此获得 1990 年诺贝尔经济学奖。

现代投资组合理论告诉我们"不要把所有的鸡蛋都放在同一个篮子里"，否则一旦篮子掉了，鸡蛋就全部碎了。对于个人投资者而言，应将资金按比例分散投资于股票、债券、基金、房地产等各类资产中，而不是全部投资于单一资产上。由此投资者便因分散投资而获得降低风险的好处。

本节接下来将从收益与风险的度量、有效前沿、资本配置线三个方面来阐述投资者构建资产组合的过程。

一、收益与风险的度量

我们通常用持有期收益率度量资产在过去某一个阶段的收益。然而，在投资一个资产之前，我们并不能确切知道该资产未来价格和期间收益（如股利、利息等），因此也就无法确切知道该资产在未来某一阶段的持有期收益率。马科维茨提出用资产或资产组合过去收益的算术平均数来度量风险资产或资产组合的预期收益率 $E(R)$，即根据过去收益的平均情况来估计未来收益的大小。同时，他将风险定义为风险资产或资产组合过去收益的方差 σ^2（Variance）或标准差 σ（Standard Deviation），即根据过去收益波动情况来估计未来收益的不确定性。

具体而言，某资产或资产组合的持有期收益 R 等于其期末价格 P_1 加上持有期间收益 D_1 减去期初价格 P_0，然后除以期初价格，即：

$$R = \frac{P_1 + D_1 - P_0}{P_0}$$

1. 单一风险资产的预期收益率和风险的度量

严格来说，单一风险资产 i 的预期收益率是该资产未来所有可能出现的收益率 R 与其出现的概率 P 之间乘积的总和，即期望收益 $E(R_i)$ 等于未来收益率分布的期望。假设过去收益率的分布与当前的分布是一致的，我们可以把过去已经发生的收益率看作当前收益率的抽样，且这些收益率出现的概率相同，于是有：

$$E(R_i) = \sum_{i=1}^{n} R_i P_i = \frac{R_1 + R_2 + \cdots + R_n}{n} \tag{7.1}$$

其中，R_i 表示过去第 i 期的收益率。

如第一章所述，风险就是指资产收益率的不确定性。由于我们假设收益率的分布保持不变，于是根据历史数据得到的收益率的方差即可作为度量风险的指标。具体而言，方差指数据集中每个数据与均值间距离平方的算术平均值，应用在收益率上即反映了收益率的不确定性，其公式如下：

$$\sigma^2 = \frac{\sum_{i=1}^{N} (X_i - \mu)^2}{N} \tag{7.2}$$

其中，σ^2 表示方差，X_i 为数据集中的某一数据，μ 为均值，N 为数据集中数据的个数，下同。

由于方差的单位是收益率的平方，为方便解释与计算，我们有时也用标准差（即将方差开平方根）作为度量风险的指标，其公式如下：

$$\sigma = \sqrt{\frac{\sum_{i=1}^{N} (X_i - \mu)^2}{N}} \tag{7.3}$$

知识一点通

本章需要用到统计学中的一些基本概念，感觉有困难的考生可先阅读《数量分析》科目的相关章节后再阅读本章。这里举个例子以方便考生理解均值和方差的概念。假定有两种资产 A 与 B，其过去三期的收益率如表 7.1 所示。

表 7.1　　　　　　　　　资产 A 与资产 B 三期的收益率表

	资产 A	资产 B
时期 1	− 20%	5%
时期 2	0	5%
时期 3	35%	5%
平均收益率	5%	5%

无须数学定义，单凭直觉我们从表中也不难看出：尽管资产 A 与资产 B 的平均收益率均为 5%，但资产 A 的风险较大，资产 B 的收益率较为稳定。这种风险就可通过方差来度量：通过将过去每期收益率减去均值后平方，即可度量过去每期收益率偏离均值的程度；再将其求和后取平均即可度量资产过去三期收益率波动的程度。通过式（7.2）不难求得，资产 A 的方差为 0.0517，资产 B 的方差为 0，资产 A 的风险更大。

2. 资产组合（Portfolio）的预期收益率与风险的度量

资产组合（Portfolio）是指两种或两种以上资产构成的资产头寸。以两种风险资产 A、B 为例，假使 A 资产初始投资权重为 w_A（即 A 资产初始投资额度占初始投资额度的比值，下同），其收益率为 R_A，B 资产初始投资权重为 w_B，其收益率为 R_B，投资组合初始投资额为 P_0，则投资组合的收益率 R_P 为：

$$R_P = \frac{(P_0 w_A)\ R_A + (P_0 w_B)\ R_B}{P_0} = w_A R_A + w_B R_B \tag{7.4}$$

其中，$w_A + w_B = 1$。

> **知识一点通**
>
> 式（7.4）的含义非常直观。假设投资者手头有100万元，其中20万元投资股票，收益率为50%；80万元投资债券，收益率为5%。那么，对于该投资者而言，投资组合收益显然不是简单的（50% + 5%）/2 = 27.5%，而必须考虑到每种资产的投资权重。虽然股票资产的收益高达50%，但实际投资的金额只有20万元，收益10万元，占原总资产的比例为10%。因此，符合实际情形的投资组合收益率应为：20% × 50% + 80% × 5% = 14%。

投资组合的方差较为复杂，其公式如下：

$$\sigma_P^2 = w_A^2 \sigma_A^2 + w_B^2 \sigma_B^2 + 2 w_A w_B \rho_{AB} \sigma_A \sigma_B \tag{7.5}$$

其中，ρ_{AB} 代表资产 A 与资产 B 之间的相关系数，其他符号同上。

> **知识一点通**
>
> 相关系数 ρ_{AB} 反映资产 A 与资产 B 收益率之间的相关性，其取值范围在 -1 到 1 之间。相关系数 ρ_{AB} 的绝对值越高，表明资产 A 与资产 B 收益率之间的联动性越高；若 $\rho_{AB} > 0$，说明资产 A 与资产 B 的收益率倾向于同方向变动；反之，若 $\rho_{AB} < 0$，则说明资产 A 与资产 B 的收益率倾向于反方向变动。例如，由于同属于一个行业，工商银行与农业银行的股票收益率走势高度相关，ρ_{AB} 大概率大于 0；而石油生产企业与航空公司股票收益率之间的相关系数 ρ_{AB} 大概率小于 0。这是因为当石油价格上升时，石油生产企业获益而航空公司的成本上升，对两者股票的影响是相反的。[①]

当 $\rho_{AB} = +1$ 时，将式（7.5）左右两边开根号后，利用完全平方和公式变形可得：

$$\sigma_P = \sqrt{w_A^2 \sigma_A^2 + w_B^2 \sigma_B^2 + 2 w_A w_B \rho_{AB} \sigma_A \sigma_B} = w_A \sigma_A + w_B \sigma_B \tag{7.6}$$

$\rho_{AB} = +1$ 意味着两个资产收益率之间的变化是完全正相关的，即资产 A 与资产 B 收益率间的变化方向相同并呈线性关系。且通过式（7.6）可以看出，由这两个

[①] 从数学的角度上来讲，上述关于相关系数的描述并不是十分准确的，这里主要让考生对相关系数有个直观上的认识，以便后文叙述。有关相关系数的严格数学定义，请参看《数量分析》的相关内容。

风险资产构成的投资组合的标准差等于各资产的标准差的加权平均。

当 $\rho_{AB}<1$ 时，由式（7.5）可得：

$$\sigma_P = \sqrt{w_A^2\,\sigma_A^2 + w_B^2\,\sigma_B^2 + 2w_A\,w_B\,\rho_{AB}\sigma_A\sigma_B} < \sqrt{w_A^2\,\sigma_A^2 + w_B^2\,\sigma_B^2 + 2w_A\,w_B\,\sigma_A\,\sigma_B}$$

即 $$\sigma_P < w_A\,\sigma_A + w_B\,\sigma_B \tag{7.7}$$

式（7.7）表明，只要 $\rho_{AB}<1$，资产组合的标准差就一定小于各风险资产标准差的加权平均。换而言之，在投资组合 A 中增配与其非完全线性正相关的资产 B（即 $\rho_{AB}<1$），必然可降低投资组合的方差，并且 ρ_{AB} 越小，组合方差降低的程度越大。这就是通常所说的"分散化投资可以降低风险"，与前文所述的"不要将鸡蛋放在同一个篮子里"相印证。

为了更加直观地理解，我们建立一个直角坐标系，横轴表示风险资产或资产组合的标准差，纵轴表示预期收益率。于是，坐标系中的每一点对应某一风险资产或资产组合的预期收益率与标准差，见图7.1。

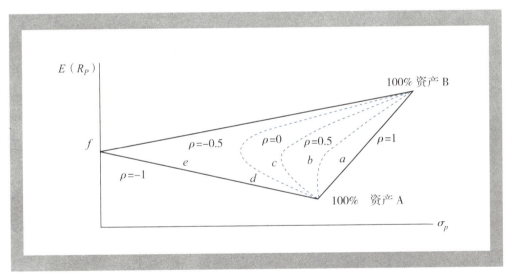

图7.1　资产组合的预期收益率与标准差

具体而言，在图7.1中，A 点与 B 点分别代表将100%资金投资资产 A 或资产 B 的期望收益和标准差。一般而言，在给定 ρ_{AB} 取值的情况下，根据式（7.4）和式（7.5），即可计算出任意投资权重（w_A，w_B）下资产组合相应的预期收益率与标准差。将每一个（w_A，w_B）对应的（σ_P，$E(R_P)$）这些点标注在这个直角坐标系中，就可以得到资产组合的可行集。换而言之，资产组合的可行集包含了所有（w_A，w_B）所构

造的投资组合对应的期望收益和标准差（假定$0 \leqslant w_A$，$w_B \leqslant 1$，即不存在卖空头寸）。

尤其当$\rho_{AB} = 1$时，从式（7.4）与式（7.6）中不难看出，按权重（w_A，w_B）进行配置资产组合的均值与方差恰好落在 A、B 两点所在的直线上，即资产组合的可行集为一条直线。

而当$-1 < \rho_{AB} < 1$时，分散投资具有降低风险的效用，资产组合的可行集变为一条凸向原点的曲线。且ρ_{AB}值越小，分散化投资降低风险的效果越明显，曲线的弯曲程度也越大。

当$\rho_{AB} = -1$时，资产 A 与资产 B 完全负相关，式（7.5）可变化为：

$$\sigma_P^2 = w_A^2 \sigma_A^2 + w_B^2 \sigma_B^2 - 2w_A w_B \sigma_A \sigma_B \rightarrow \sigma_P = |w_A \sigma_A - w_B \sigma_B| \qquad (7.8)$$

由此可见，此时资产组合的可行集为一条直线。这样两个风险资产构成的投资组合的风险能够被最大幅度地降低甚至消除。

二、马科维茨有效前沿（Efficient Frontier）

图 7.1 显示了由两种资产构建的资产组合可行集。一般而言，假设市场上存在 N 种可供投资的风险资产，同理，可构造包含 N 种风险资产的资产组合可行集。由于包含 N 种资产，此时资产组合的可行集不再仅是一条直线或曲线了，而是由密密麻麻的散点形成的一个区域，见图 7.2 中实线与虚线围成的区域。

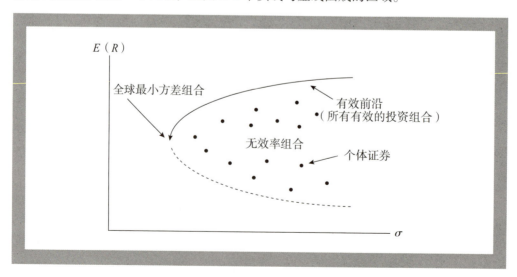

图7.2　全球最小方差组合与有效前沿

> **知识一点通**
>
> *N* 种资产构建的资产组合可行集可看成两种资产可行集的不断累加。当 *N* 趋近于无穷时，在直线的不断累加下，可行集就形成了区域。

假定投资者都是厌恶风险的，那么对于风险厌恶者来说，同样的期望回报水平下他们更偏好风险较小的资产组合。于是，在 *N* 种资产构建的可行集中，风险厌恶者更加偏好落在可行集左侧边界上的资产组合。这是因为左侧边界内的任意一点所代表的资产组合对于风险厌恶者来说都不是最优的，我们都能沿着水平线往左找到期望收益相同但标准差更低的资产组合，如图 7.2 所示。我们将资产组合可行集的左侧边界称为最小方差前沿（Minimum – variance Frontier）。

> **知识一点通**
>
> 投资市场有三类投资者，分别为风险厌恶者、风险中性者、风险偏好者，因为大多投资者为风险厌恶者，所以本章也是在风险厌恶的假设下阐述投资者选择投资组合的过程。因为投资者的风险偏好类型并非考点，故不展开讨论。风险厌恶者在选择投资机会时，偏好风险—收益图中左上侧的风险投资组合，这些投资组合具有风险小、收益高的特征。

在图 7.2 中，我们将资产组合可行集中方差最小的点称为全球最小方差组合（Global Minimum Variance Portfolio）。全球最小方差组合将最小方差前沿分成上下两部分：上部分用实线表示，下部分用虚线表示。风险厌恶的投资者只会选择实线部分的资产组合。这是因为在给定的风险水平下，实线部分资产组合的预期收益率高于虚线部分资产组合的预期收益率。我们将实线部分称为马科维茨有效前沿或风险资产有效前沿（Efficient Frontier）。

> **知识一点通**
>
> 马科维茨有效前沿不仅是在一定回报水平下提供最小方差（最低风险）的风险资产投资组合，同时也是在一定风险水平下提供最高回报（预期收益率）的风险资产投资组合。

三、资本配置线（Capital Allocation Line，CAL）

通过前文讨论，我们得到了由 N 种风险资产构成的资产组合的有效前沿。接下来，我们将讨论当市场提供无风险资产后，风险厌恶的投资者又会做出怎样的投资策略。

为方便讨论，我们先假设投资者仅在风险资产组合与无风险资产之间进行配置。其中，风险资产组合的期望收益率为 $E(R_{\text{risky}})$，标准差为 σ_{risky}，无风险资产的收益率为 $R_{\text{risk-free}}$，标准差为 0。通过同时配置风险资产组合与无风险资产，投资者又形成了新的投资组合 P，该投资组合的预期收益率记为 $E(R_P)$，标准差记为 σ_P，根据式（7.4）与式（7.5）有：

$$E(R_P) = w_{\text{risky}}E(R_{\text{risky}}) + w_{\text{risk-free}}R_{\text{risk-free}} \tag{7.9}$$

$$\sigma_P = w_{\text{risky}}\sigma_{\text{risky}} \tag{7.10}$$

$$w_{\text{risky}} + w_{\text{risk-free}} = 1 \tag{7.11}$$

联合以上三式，便可求解出投资组合 P 的风险（标准差）与收益（预期收益率）的函数关系式，即有：

$$E(R_P) = R_{\text{risk-free}} + \frac{E(R_{\text{risky}}) - R_{\text{risk-free}}}{\sigma_{\text{risky}}}\sigma_P \tag{7.12}$$

为简化表述，记风险资产组合的期望收益率和标准差分别为 $E(R_i)$、σ_i，无风险资产收益率为 R_f，则式（7.12）可简化为：

$$E(R_P) = R_f + \frac{E(R_i) - R_f}{\sigma_i}\sigma_P \qquad (7.13)$$

将式（7.13）绘制在风险—收益图中，便可得到一条以无风险利率 R_f 为截距且穿过点（$E(R_i)$，σ_i）的直线，我们称这条直线为资本配置线（CAL），见图7.3。

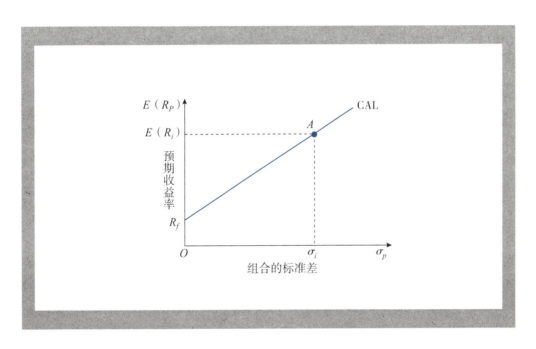

图7.3　资本配置线

在图7.3中，点（$E(R_i)$，σ_i）将该条资本配置线分为两部分。

资本配置线上处于该点左侧的部分表示：投资者将资本部分投资到无风险资产中，剩下的投资到风险资产中，即 $0 < w_{risky} < 1$；右侧部分表示某一投资者借入无风险资本连同自有资本全部投入到风险资产中，即 $w_{risky} > 1$。

截距点表示投资者将全部资金投入到无风险资产中，点（$E(R_i)$，σ_i）表示投资者将全部资金投入风险资产 i 中。风险厌恶的投资者根据自己的风险偏好在资本配置线上进行选择，即决定多大比例投资风险资产、多大比例投资无风险资产。

知识一点通

实际上，资产组合的可行集中存在无数种风险资产组合方式，连接点 $(0, R_f)$ 和这些风险资产组合便可得到无数条资本配置线，如图7.4所示。不难发现，风险水平一定的时候，位于上方的资本配置线比下方资本配置线提供的投资组合预期收益率更高。因此，对于风险厌恶的投资者，只要条件允许，一定会选择上方的资本配置线去配置自己的资本。通过资本配置线的构造过程，可知所有资本配置线具有相同的纵截距，但位于上方的资本配置线的斜率更大。

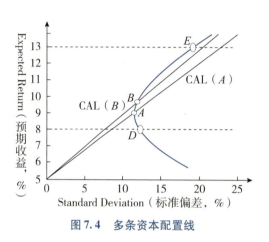

图7.4　多条资本配置线

我们用夏普比率（Sharpe Ratio，SR）表示资本配置线的斜率，则有：

$$SR = \frac{E(R_P) - R_f}{\sigma_P} \tag{7.14}$$

夏普比率 SR 表示投资者在承担单位风险条件下所要求的超额收益。该比率被广泛运用于甄别投资机会和评价投资绩效，我们将在下一章中详细讲解。

风险厌恶的投资者在选择资本配置线时，倾向于 SR 更大的资本配置线，然而，受限于资产组合的可行集，SR 不可能无限增大。最优资本配置线（Optimal CAL）将在与有效前沿相切时取得，见图7.5。这是因为，斜率大于该资本配置线的斜率的投资机会是无法实现的（落在可行集之外），而斜率小于该资本配置线的斜率的投资机会是非有效的。特别地，我们称切点 P 为最优风险组合（Optimal Risky Portfolio）。

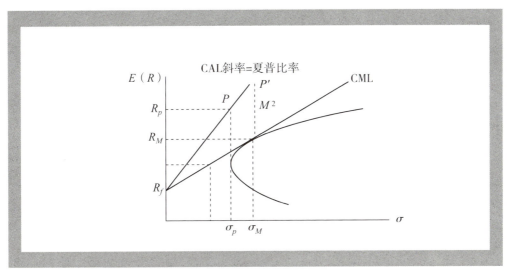

图 7.5　最优资本配置线

知识一点通

　　细心的读者会发现最优资本配置线 CAL（P）上的资产组合，除 P 点外都位于有效前沿之上。换而言之，在同样风险水平下，最优资本配置线上的资产组合的预期收益率高于有效前沿上的资产组合的预期收益率。因此，当加入无风险资产后，理性的风险厌恶投资者将仅在 CAL（P）上选择资产组合，而非在有效前沿上选择资产组合。

第二节　资本资产定价模型（CAPM）

　　CAPM 模型是基于风险资产预期收益均衡基础上的预测模型。该理论是在马科维茨的现代投资组合选择理论基础上，由夏普（Sharpe）、林特纳（Lintner）、特利诺（Treynor）、莫森（Mossin）等几位经济学家独立提出。该理论定量给出了为弥补投资者所承担的系统性风险需要给予多少报酬率补偿并给出了关于有价证券在不确定性条件下金融决策的规范分析框架，在投资决策及公司金融方面广泛使用。

一、系统风险与非系统风险

解析（interpret）β 值并会计算（calculate）单一资产以及投资组合的 β 值（☆☆☆）

任何风险资产的总风险由系统性风险和非系统性风险组成。

1. 系统性风险与非系统性风险

所谓非系统性风险（Unsystematic Risk）又称公司特有风险或可分散风险，是指总风险中扣除了系统风险以外的那部分偶发性风险，这种风险可以通过资产组合的多样化来分散或消除。

形成非系统风险的因素主要包括某股票所属公司经营管理水平、公司所属产业和行业的沉浮、公司的人事变动、人为因素（垄断、买空、卖空）造成的某种证券的供求失衡。

系统性风险（Systematic Risk）又称为不可分散风险或市场风险，它是由宏观政治和经济因素导致的风险，不以投资人的意志为转移，投资者无法通过投资组合分散化来减少和消除。如图 7.6 所示，随着横轴投资组合中资产数量的上升，非系统性风险呈递减趋势，而系统性风险不会随投资组合内风险资产数量的增加而减少，因此呈现的是水平趋势。

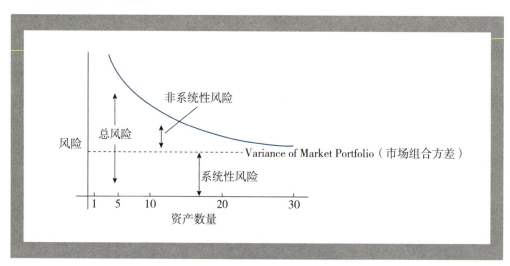

图7.6　系统性风险与非系统性风险

造成系统风险的主要宏观因素有经济周期的循环与波动，货币供给量、国内生产总值增长、通货膨胀率和利率水平的波动，大选、战争等重大政治事件，某项关系到整个经济活动的政策变动如财政金融政策、国有化政策等。

2. β 值

系统性风险可以通过资产的 β 值来衡量，β_i 表示风险资产 i 的收益率对整个市场宏观条件的敏感系数。其公式为：

$$\beta_i = \frac{\text{Cov}(R_i, R_M)}{\sigma_M^2} = \frac{\sigma_i \sigma_M \rho_{iM}}{\sigma_M^2} = \rho_{iM} \frac{\sigma_i}{\sigma_M} \tag{7.15}$$

$$\beta_M = \frac{\text{Cov}(R_M, R_M)}{\sigma_M^2} = \frac{\sigma_M^2}{\sigma_M^2} = 1 \tag{7.16}$$

知识一点通

式（7.15）与《数量分析》部分章节中的回归方程斜率的公式是一致的，考生需要记忆。此外，式（7.16）表明，市场组合的 β 值为 1。

投资组合的 β 值 β_P 与投资组合预期收益率的计算方法类似，即每个风险资产对市场不确定性的敏感系数 β_i 与每个风险资产占整个组合的投资比例 w_i 的乘积总和。公式表达为：

$$\beta_P = \sum w_i \beta_i = w_1 \beta_1 + w_2 \beta_2 + \cdots + w_n \beta_n \tag{7.17}$$

例题 7.1

已知市场收益的估计标准差为 15%，如果资产 A 的标准差为 20%，它与市场风险的相关系数为 0.5，那么该资产的 β 值为多少？

名师解析

应用式（7.15），我们可以得到资产 A 的 β 值为：

$$\beta_i = \rho_{iM} \frac{\sigma_i}{\sigma_M} = 0.5 \times \frac{0.2}{0.15} = 0.67$$

例题 7.2

假设某投资者的投资组合 P 包含三个风险资产 A、B 和 C，见表 7.2 所示根据下

列各资产的投资比例以及 β 值，求该投资组合的 β 值。

表7.2　　　　　三个风险资产 **A**、**B** 和 **C** 的投资比例及 β 值

资　　产	投资比重	β_i
A	20%	0.3
B	35%	1.2
C	45%	0.8

名师解析

应用式（7.17），我们可以得出投资组合 P 的 β 值为：

$$\beta_P = w_1\beta_1 + w_2\beta_2 + w_3\beta_3 = 0.2 \times 0.3 + 0.35 \times 1.2 + 0.45 \times 0.8 = 0.84$$

二、资本市场线（Capital Market Line，CML）

解析（interpret）资本市场线（CML）（☆☆☆）

假设所有投资者的预期具有同质性，那么所有投资者都具有相同的风险投资组合有效前沿和相同的最优风险投资组合，即市场投资组合 M。所有的投资者都依据市场投资组合 M 按比例复制自己的风险资产组合。市场投资组合不仅在有效前沿上，而且市场投资组合也是相切于最优资本配置线的资产组合，我们因此得到了一条资本市场线（CML）。

知识一点通

所有投资者会根据自己的风险偏好，合理地选择市场组合 M 和无风险资产的投资比例。任一投资者的最优风险组合 P 中风险资产将按市场组合 M 中各风险资产的比例复制，这便是存在无风险借贷条件下的两基金分离定理（Two Funds Separation Theorem）。

资本配置线上的所有投资者的最优风险资产组合 P 不过是市场资产组合 M 的一部分。因此，资本市场线是一种特殊的资本配置线，它包括了无风险资产和市场组

合所有可能的组合。

资本市场线 CML 的方程式：

$$E(R_C) = R_f + \frac{E(R_M) - R_f}{\sigma_M}\sigma_C \tag{7.18}$$

CML 是一条以无风险利率 R_f 为截距、$\dfrac{E(R_M) - R_f}{\sigma_M}$（夏普比率）为斜率、通过市场投资组合 M 的直线，如图 7.7 所示。

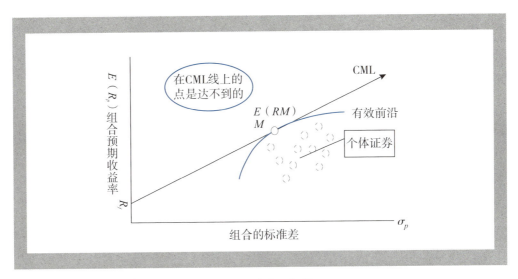

图 7.7　资本市场线

资本市场线仅描述了有效投资组合的预期收益率与其风险之间的关系。那么始终位于资本市场线下方的非有效投资组合或单个风险证券怎么选择？以下的 CAPM 模型便给出了答案，那就是证券市场线。

三、CAPM 模型——证券市场线

本小节将阐述 CAPM 模型的证券市场线，给出严格的 CAPM 模型假设以及证券市场线的一般形式。通过 CAPM 模型将单个证券和证券组合的系统性风险和非系统性风险进行分解。

描述（describe）CAPM 模型的假设（☆☆☆）

1. CAPM 模型的假设

就像任何经济模型一样，理论研究之前，首先要对相关经济条件做出假设，抓住研究问题的主要矛盾，忽略次要矛盾，才能简化分析，得出结论。CAPM 模型假设的核心是所有投资者使用资产组合理论进行投资决策，投资决策基于相同期限的、分布相同的风险资产收益分布，在执行投资策略时，市场不存在市场摩擦。具体假设内容主要有以下十项。

假设一：不存在任何交易费用（包括佣金、服务费等）。

假设二：资产是无限可分割的。假设二意味着不管投资者资金量有多少，哪怕只有1元也可以将其进行分散化投资。

假设三：没有任何税收费用，即政府不对任何投资的利息收入、红利收入、资本利得等征收税费。假设三意味着投资者并不在意投资回报的形式，即对利息、红利等回报形式没有特别偏好。

假设四：投资者是价格接受者，他们的交易行为对资产价格不产生影响。

假设五：根据均值—方差权衡准则，投资者只需根据组合的预期收益率和标准差来做出投资的决定。

假设六：允许无限地卖空，即允许配置权重小于零。

假设七：以相同的固定无风险利率借入或贷出任意额度的资金。

假设八：投资者的投资期限只考虑一个相同的单期投资持有期。

假设九：所有投资者具有相同的预期或信念，即所有投资者的预期收益率、方差以及相关系数矩阵都相同。

假设十：所有资产都是可交易的，包括人力资本等。所有投资者都依据包含所有可交易资产的市场投资组合（Market Portfolio，M）按比例复制自己的投资组合。

> **知识一点通**
>
> 不难看出，以上十个假设条件在实际操作中基本都是不成立的。尽管如此，这并不影响该模型对资产价格的充分描述。

CAPM 模型的假设是易考核点，考生要会判断所给描述是否属于 CAPM 的假设。

2. CAPM 模型——证券市场线（Security Market Line，SML）

理解（understand）CAPM 模型的组成部分以及推导过程（☆☆☆）

证券市场线 SML 用于说明所有投资组合和单种风险证券预期收益率与其风险间的关系。SML 的方程式为：

$$E(R_i) = R_f + \beta_i [E(R_M) - R_f] \qquad (7.19)$$

其中 $E(R_i)$ 为风险资产 i 的预期收益率，$E(R_M) - R_f$ 是市场风险溢价，β_i 是风险资产 i 的系统性风险，$\beta_i [E(R_M) - R_f]$ 是资产 i 系统性风险调整后的风险溢价。CAPM 模型的组成部分就是证券市场线的组成部分。

CAPM 模型的组成部分，考生需掌握 SML 的式（7.19）以及式中每一项的含义。

证券市场线（SML）是一条以无风险利率 R_f 为截距、市场风险溢价为斜率的直线，见图 7.8。注意，风险收益图的纵坐标仍然是预期收益率，而横坐标不再是总风险 σ，而是系统性风险 β。

证券市场线的不严格推导如下。

图 7.8 显示，风险资产或组合的预期收益率与 β 之间存在着线性关系，截距无风险资产收益率为 R_f，$\beta = 0$；市场组合 M 的预期收益率为 $E(R_M)$，$\beta_M = 1$。这两点连成的直线具有以下方程形式：

$$E(R_i) = a + b\beta_i \qquad (7.20)$$

将截距点代入式（7.20），我们可以得到 $R_f = a$；将 M 点代入上式，我们可以得

到 $E(R_M) = a + b$。

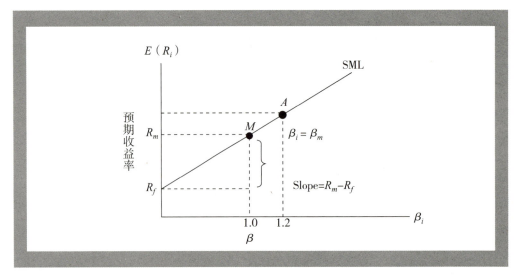

图7.8 证券市场线

最后，将 R_f 与 $E(R_M)$ 代入式（7.18）替换掉 a 与 b，我们得到式（7.19），如下：

$$E(R_i) = R_f + \beta_i(E(R_M) - a) = R_f + \beta_i[E(R_M) - R_f]$$

证券市场线代表的就是 CAPM 模型，或者说 CAPM 模型的表现形式就是 SML。

证券市场线为评估投资业绩提供了基准。当市场是均衡的，那么任何资产或投资组合代表着其市场实际价格与理论市场均衡的价格相等，都会处于 SML 上。

处于 SML 下的任何资产或投资组合代表着资产价值被高估。

处于 SML 上的任何资产或投资组合代表着资产价值被低估。

应用（apply）CAPM 模型计算（calculate）某资产的预期收益率（☆☆☆）

例题7.3

某分析师对以下三个股票进行了预测，见表7.3所示。已知 $R_f = 7\%$，$E(R_M) = 15\%$，请问这些股票是处于市场均衡价格还是高于或者低于市场均衡价？在 SML 图中将它们画出。

表7.3　　　　　　　　　　　　三个股票的预测情况

股票	今日价格	一年后的预期价格	一年内的期望现金股利	β 值
A	25	27	1	1
B	40	45	2	0.8
C	15	17	0.5	1.2

名师解析

首先根据 CAMP 模型：$E（R_i）=R_f+\beta_i[E(R_M)-R_f]$ 得到市场均衡价格，而预测的价格则是持有期收益率/回报率 $R=\dfrac{P_{1-}P_0+D_1}{P_0}$。

表7.4　　　　　　　　　三个股票的预测收益率及必要收益率

股票	预测收益率	必要收益率（CAPM）
A	$（27-25+1）/25=12.0\%$	$0.07+1.0\times（0.15-0.07）=15.0\%$
B	$（45-40+2）/40=17.5\%$	$0.07+0.8\times（0.15-0.07）=13.4\%$
C	$（17-15+0.5）/15=16.6\%$	$0.07+1.2\times（0.15-0.07）=16.6\%$

股票 A：预测的收益率 < CAPM 理论市场均衡，因此，该股票高估了市场价格（处于 SML 下方），我们可以出售或者卖空该股票从而赚取差价。

股票 B：预测的收益率 > 理论市场均衡，因此，该股票低估了市场价格（处于 SML 上方），我们可以购买该股票从而赚取差价。

股票 C：预测的收益率 = 理论市场均衡，因此，该股票合理估计了市场价格，该股票被正确标价（无任何套利机会）。

例题7.4

假设 S&P 500 的预期收益率为7.6%，波动率为0.8%。假设基金 A 的预期收益率为8.3%，波动率为8.8%并基于 S&P 500 指数。如果无风险利率为每年2.0%，那么根据 CAPM 模型，基金 A 的 β 值为多少？

A. 0. 81

B. 0. 89

C. 1. 13

D. 1. 23

名师解析

答案为 C。由于本题中基金 A 与 S&P 500 收益之间的相关系数或协方差均未知，因此根据 CAMP 模型，使用式（7.16），我们可得：

$8.3\% = 2.0\% + \beta_i \times (7.6\% - 2.0\%)$；$\beta_i = (8.3\% - 2\%) / (7.6\% - 2\%) = 1.13$。

3. 资本市场线与证券市场线的区别

资本市场线 CML 与证券市场线 SML 的区别体现在以下三个方面。

一是当 CML 处于均衡时，充分分散/有效的投资组合都处于 CML 这条直线上，而各单一资产都处于资本市场线的下方。对 SML 来说，金融市场的均衡意味着所有合理定价的单个资产或由风险资产和无风险资产构成的投资组合全都处在 SML 上。

二是在 CML 的几何图形中，衡量风险的指标是方差或标准差 σ，它是对资产总风险的衡量；而在 SML 的几何图形中，衡量风险的指标是 β 值，它仅衡量系统性风险。

三是 CML 的斜率是市场组合的夏普比率而 SML 的斜率为市场风险溢价。最后 CML 应用于资产的配置，而 SML 应用于证券的选择，任何未处于 SML 上的资产都有套利机会。

CML 与 SML 的区别见表 7.5。

表 7.5　　　　　　　　　　资本市场线与证券市场线的区别

	CML	SML
范围	所有有效投资组合	所有被正确定价的风险资产或投资组合
横轴	总风险（σ）	系统风险（β）
斜率	市场组合的夏普比率	市场风险溢价
应用	用于资产配置	用于证券选择

扫码做题　章节练习

第八章

应用CAPM模型进行绩效测量

知识引导：在衡量资产组合的业绩时，仅仅关注收益率回报是不够的，还必须同时考虑风险。因此，资产组合业绩的计量指标都是将风险和收益同时考虑在内的。最早的一些指标是由上一章中介绍的资产组合理论和 CAPM 模型发展出来的。本章主要介绍六个不同的计量指标及其使用范围，包括夏普比率、特雷诺比率、詹森阿尔法、索提诺比率、追踪误差以及信息比率。这些指标同时考虑了投资收益率与风险这两个因素，计算经风险调整后的收益率水平。

考点聚焦：本章为考核重点章节之一，考生需要掌握六个绩效测量指标的定义、计算以及适用场景。

本章框架图

CAPM模型的应用 — 绩效衡量指标
- 夏普比率
- 特雷诺比率
- 詹森阿尔法
- 索提诺比率
- 追踪误差
- 信息比率

业绩度量（Performance Measurement）

计算（calculate）、比较（compare）并评估（evaluate）特雷诺比率、夏普比率和詹森阿尔法（☆☆☆）

一、夏普比率（Sharpe Ratio）

夏普（1966）的文献中定义了报酬—波动性比率，之后该比率被称为夏普比率。其计算公式为：

$$S_P = \frac{E(R_P) - R_f}{\sigma_P} \tag{8.1}$$

其中，$E(R_P)$代表组合的预期收益率，R_f为无风险利率，σ_P为组合的标准差。

式（8.1）中分子是资产组合与无风险资产相比得到的超额收益（Excess Return）或者风险溢价（Risk Premium），即$E(R_P) - R_f$。分母代表资产组合的总风险（Total Risk），用标准差度量σ_P。通常夏普比率越高，代表组合的业绩越好，吸引力也越大。实际上，在第七章中我们已经学过资本配置线（CAL），该直线的斜率就是夏普比率，见图8.1。

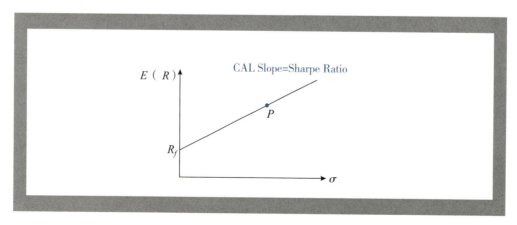

图8.1　资本配置线CAL斜率——夏普比率

当市场处于均衡时，组合的夏普比率与市场组合的夏普比率是相等的，即

$$\frac{E(R_P) - R_f}{\sigma_P} = \frac{E(R_M) - R_f}{\sigma_M}$$

知识一点通

由于夏普比率使用标准差度量总风险（同时包含系统性风险与非系统性风险），因此，夏普比率适用于评估那些非充分分散组合的业绩。此外，夏普比率还适合评估个人总资产投资的组合绩效。目前，夏普比率在业内使用得较为广泛，许多理财产品与基金都使用夏普比率来衡量业绩。

备考小贴士

考生应注意，考题中如果给出超额收益（Excess Return）或者风险溢价（Risk Premium）指的是 $E(R_P) - R_f$，而不是 $E(R_P)$，代入 CAPM 模型时无须再减去 R_f。这是很多考生容易出错的地方。

例题8.1

某分析员在评估墨西哥股权组合的绩效，该组合以 IPC 指数为基准。分析员收集的有关组合与基准指数的信息如表8.1所示。

表8.1　　　　　　　　　　　有关组合与基准指数

组合的预期收益率	6.6%
组合收益的波动率	13.1%
IPC 指数的预期收益率	4%
IPC 指数收益的波动率	8.7%
无风险年利率	1.5%
β 值	1.4

求该组合的夏普比率为多少？

A. 0.036

B. 0.047

C. 0.389

D. 0.504

名师解析

答案 C。运用式（8.1），我们可得 $S_P = \dfrac{E(R_P) - R_f}{\sigma_P} = \dfrac{6.6\% - 1.5\%}{13.1\%} = 0.389$。考生应注意，题目中的波动率（Volatility）指的是标准差，而不是方差（Variance）。此外，夏普比率是用标准差而非 β 值度量风险。

二、特雷诺比率（Treynor Ratio）

特雷诺比率是以资产组合的系统性风险作为组合绩效调整的因子，反映组合承担单位系统性风险所能获得的超额收益。该比率值越大，承担单位系统性风险所获得的超额收益越高，组合越具吸引力。特雷诺比率的公式表示为：

$$T_P = \frac{E(R_P) - R_f}{\beta_P} \tag{8.2}$$

特雷诺比率可以直接从 CAPM 模型中得到，同时它也是证券市场线 SML 的斜率，见图 8.2。

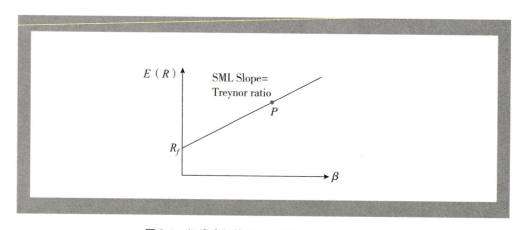

图 8.2　证券市场线 SML 斜率——特雷诺比率

将 CAPM 模型进行移项处理后可得下式：

$$\frac{E(R_P) - R_f}{\beta_P} = E(R_M) - R_f \tag{8.3}$$

式（8.3）可以这么理解：等式左边代表资产组合的特雷诺比率，等式右边代表市场组合的特雷诺比率（市场组合的$\beta_M = 1$）。因此，我们可以通过比较资产组合与市场组合的特雷诺比率是否相等来判断该资产组合是否获得了合理的回报率。

> **知识一点通**
>
> 由于特雷诺比率用β值度量风险，即仅考虑组合的系统性风险，而不考虑非系统性风险。因此，特雷诺比率适合用于评估已充分分散投资的资产组合业绩。此外，如果个人投资者总体上已将其投资充分分散化，其中的部分资产组合也可用特雷诺比率衡量（总体上的非系统性风险已被分散掉）。

备考小贴士

注意区分特雷诺比率与夏普比率：一个是用β值度量风险，一个是用标准差度量风险。

三、詹森阿尔法（Jensen's Alpha）

詹森阿尔法是指资产组合超过 CAPM 理论预期的超额收益。换而言之，詹森阿尔法是组合实际收益率与根据 CAPM 模型计算出的用于弥补系统性风险的理论收益率之间的差额，即：

$$\alpha_P = E(R_P) - \{R_f + \beta_P[E(R_M) - R_f]\} \tag{8.4}$$

詹森阿尔法（α_P）是建立在 CAPM 模型基础上的。其中，$R_f + \beta_P[E(R_M) - R_f]$是模型预测的组合收益率，$E(R_P)$是组合的实际收益率。$\alpha_P$衡量的是实际收益率与

理论收益率之间的额外收益。

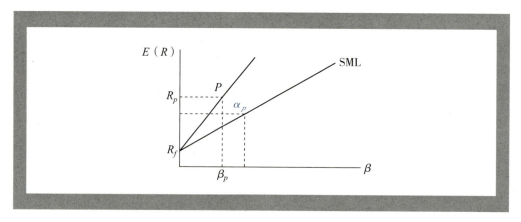

图 8.3   詹森阿尔法——α_P

从图 8.3 看，詹森阿尔法表示当使用 β 系数作为衡量资产组合风险时该资产组合与证券市场线的相对位置。图 8.3 中，落在证券市场线上的点代表根据 CAPM 模型得到的理论收益率，而落在该线上的 P 点则代表该组合的实际收益率，两者的差额便是詹森阿尔法。具体而言，如果詹森阿尔法大于零，则意味着该组合落在 SML 线的上方；反之，则落在下方。当然，詹森阿尔法越大，说明资产组合的业绩越好。

知识一点通

由 CAPM 模型得到的理论预期收益是已经过风险调整的。因此，如果一个资产的实际收益率高于 CAPM 理论预期的收益率，这样的资产就被称为有"正的 α"或者"超额收益"。投资者时刻在寻找有较高 α 值的投资品种。在实务中，我们经常听到的"阿尔法策略"指的就是詹森阿尔法。

例题 8.2

资产组合 A 的预期收益率为 8%，波动率为 20%，β 值为 0.5。假设市场的预期收益率为 10%，波动率为 25%。假设无风险利率为 5%，组合 A 的詹森阿尔法为多少？

A. 0.5%

B. 1.0%

C. 10%

D. 15%

名师解析

答案 A。利用詹森阿尔法的计算式（8.4）有：

$\alpha_P = E(R_P) - \{R_f + \beta_P[E(R_M) - R_f]\} = 8\% - 5\% - 0.5 \times (10\% - 5\%) = 0.5\%$

知识一点通

下面我们从公式角度理解一下夏普比率、特雷诺比率与詹森阿尔法的关系以及用途。

1. **特雷诺比率与詹森阿尔法指标之间的关系**

根据 CAPM 模型有：

$$E(R_P) - R_f = \alpha_P + \beta_P[E(R_M) - R_f]$$

两边同除 β_P 得到：$\dfrac{E(R_P) - R_f}{\beta_P} = \dfrac{\alpha_P}{\beta_P} + [E(R_M) - R_f]$

故有：

$$T_P = \frac{\alpha_P}{\beta_P} + [E(R_M) - R_f] \tag{8.5}$$

由此可见，特雷诺比率与詹森阿尔法这两个指标之间存在着线性关系。

2. **夏普比率与詹森阿尔法指标之间的关系**

根据 β 的公式 $\beta_P = \dfrac{\rho_{PM}\sigma_P\sigma_M}{\sigma_M^2}$，如果组合是充分分散的，那么相关系数 ρ_{PM} 将非常接近 1，故有：

$$E(R_P) - R_f = \alpha_P + \frac{\sigma_P}{\sigma_M}[E(R_M) - R_f]$$

两边同除 σ_P 得到：$\dfrac{E(R_P) - R_f}{\sigma_P} = \dfrac{\alpha_P}{\sigma_P} + \dfrac{[E(R_M) - R_f]}{\sigma_M}$

故有：

$$S_P = \frac{\alpha_P}{\sigma_P} + \frac{[E(R_M) - R_f]}{\sigma_M} \tag{8.6}$$

由此可见，夏普比率与詹森阿尔法指标存在着近似的线性关系。

3. 夏普比率与特雷诺比率之间的关系

夏普比率与特雷诺比率的公式非常相似，仅是分母上对风险的度量指标不同。因此，当资产组合是充分分散时，资产组合与市场组合的相关系数接近于1。于是，我们可以使用 β 的近似值，即 $\beta_P = \dfrac{\sigma_P}{\sigma_M}$，从而特雷诺比率则可写成 $T_P = \dfrac{E(R_P) - R_f}{\sigma_P}\sigma_M$，故有：

$$S_P = \frac{T_P}{\sigma_M} \tag{8.7}$$

注意，上文讨论的三组关系中，只有特雷诺比率与詹森阿尔法指标之间的关系是严格的数学关系。其他二组都是近似关系并且只对充分分散的组合才成立。

为便于考生辨析，表8.2归纳了夏普比率、特雷诺比率与詹森阿尔法三个指标各自的特征。这三个指标都允许我们在既定期限对资产组合进行排序，指标越高，代表组合的吸引力越大。

表 8.2   夏普比率、特雷诺比率与詹森阿尔法的特征

指 标	风险度量指标	来 源	使 用
夏普比率	总风险（σ）	组合理论	不同风险水平的资产组合排序 没有充分分散化的资产组合 包含个人投资者全部财富的资产组合
特雷诺比率	系统风险（β）	CAPM	不同风险水平的资产组合排序 充分分散化的资产组合 仅包含个人投资者部分财富的资产组合
詹森阿尔法	系统风险（β）	CAPM	对具有相同 β 的资产组合排序

具体而言，夏普比率建立在马科维茨组合理论之上，使用标准差 σ 衡量组合的总风险；特雷诺比率建立在 CAPM 模型理论基础上，使用 β 值来衡量组合的系统性风险。虽然这两个指标可以对不同风险的组合进行排序筛选，但夏普比率适用于非充分分散的组合、特雷诺比率适用于充分分散的组合。詹森阿尔法建立在 CAPM 模型基础上，使用 β 值来衡量组合的系统性风险，可以对相同 β 值的组合进行排序筛选。

四、索提诺比率（Sortino Ratio）

计算（calculate）和解析（interpret）追踪误差、索提诺比率以及信息比率（☆☆）

索提诺比率是一种衡量资产组合相对表现的方法，与夏普比率十分相近。不过，索提诺比率使用最小可接受收益率（Minimum Acceptable Return，MAR）取代了夏普比率中的无风险利率。顾名思义，最小可接受收益率是投资者可接受的最低收益率水平。索提诺比率使用半标准差（Semi - standard Deviation，SSD）[①] 代替了夏普比率所使用的总标准差，以区别不利和有利的风险波动性。

$$SOR = \frac{E(R_P) - MAR}{\sqrt{\frac{1}{T} \sum_{R_P < MAR}^{T} (R_P - MAR)^2}} = \frac{E(R_P) - MAR}{SSD} \qquad (8.8)$$

其中，半标准差 SSD 在这里衡量的是那些低于最小可接受收益率的收益率波动性，用于度量收益率的下行风险。索提诺比率更适合衡量回报不对称的组合绩效，该比率越高，表明组合承担相同单位下行风险能获得更高的超额收益率。

> **知识一点通**
>
> 例如，某投资组合历史收益率数据为3%、5%、-6%、10%、15%，最小可接受收益率为5.5%。那么半标准差仅计算5%、3%、-6%这三个低于最小可接受收益率偏离5.5%的平方和均值。

备考小贴士

式（8.8）只需要掌握第二个等号后的比率。

[①] 标准差衡量的是资产或组合的总风险波动性，包括高于或低于预期（平均）收益率的波动性，我们称为上行或下行标准差。对于投资者来说，更关注的自然是风险波动性下行部分，这部分又被叫作半标准差。

例题8.3

假设投资者只关心系统性风险，以下四个衡量指标中，哪个是用于衡量具有与市场组合风险收益 β 值不同的基金排序的最佳指标？

A. 特雷诺比率

B. 夏普比率

C. 詹森阿尔法

D. 索提诺比率

名师解析

答案 A。资产组合的系统性风险是市场固有的风险，因此不能被充分分散化。在这种情况下，应寻求一种仅基于系统风险的基金业绩衡量指标，而这正反映在 β 系数中并定义为：$\beta_P = \dfrac{\rho_{PM}\sigma_P\,\sigma_M}{\sigma_M^2}$。$\rho_{PM}$ 是组合与市场组合之间的相关系数。对充分分散的资产组合（通常只包含系统性风险），其相关系数接近于 1，因此，β 可以近似为一个更简单的等式：$\beta_P = \dfrac{\sigma_P}{\sigma_M}$。

以上任何一种情况，β 都解释了资产组合的波动性对市场的波动性敏感度，它仅捕获系统性风险。因此，特雷诺比率是正确的比率，用于弥补系统性风险的超额收益率，其公式是：$T_P = \dfrac{E(R_P) - R_f}{\beta_P}$。

五、追踪误差（Tracking Error，TE）

追踪误差是指积极管理的组合收益率与基准收益率（大盘指数收益率）之间差异的标准差，反映了组合管理的风险，其公式为：

$$TE = \sigma_{(R_P - R_B)} \qquad\qquad (8.9)$$

其中，R_B 代表基准组合的收益率，R_P 代表积极管理的组合收益率。追踪误差值 TE 越低意味着组合的风险与基准组合风险越接近。一般情况下，跟踪指数的基金都会要求追踪误差维持在一个事先固定的水平之下。在这样的限制水平下，组合必须根据市场的变动而不时地再平衡。而再平衡以及交易成本的出现对于组合绩效有一定的负面影响，由 α 衡量的额外收益必须足够弥补组合所承担的额外风险，我们就需要使用另一个指标信息比率来核查。

例如，某投资组合历史收益率数据为3%、5%、－6%，基准组合收益率对应时期收益率为5.5%、10%、15%。那么追踪误差就是指3%－5.5%、5%－10%、－6%－15%这组数据的标准差。

六、信息比率（Information Ratio，IR）

信息比率，有时又称为绩效评估比率（Appraisal Ratio），是指组合超额风险带来的超额收益，用于衡量某一资产组合优于一个特定指数的风险调整超额报酬，其公式如下：

$$IR = \frac{E(R_P) - E(R_B)}{\sigma_{(R_P - R_B)}} \text{或} IR = \frac{\alpha_P}{\sigma(e_P)} \tag{8.10}$$

其中α_P为詹森阿尔法，代表组合的超额收益；$\sigma(e_P)$为超额收益的标准差，也就是追踪误差。

信息比率主要用于基准管理，它允许我们判断管理者偏离限定基准而承担额外风险是否能够被足够的收益所弥补。换而言之，信息比率实际上可用于考察基金经理的投资技巧，即在相同公开信息的条件下，基金经理相比于基准能获取多少风险调整后的超额回报。

值得指出的是，信息比率没有把系统性风险考虑在内，因此，它不适合用于比较充分分散组合与分散程度较低的组合之间的绩效差异。

例题8.4

某分析员正在分析两个商品基金的历史绩效追踪见表8.3所示，以Reuters/Jefferies－CRB®指数为基准。分析员分别收集了两个基金的月收益数据并决定使用信息比率（IR）来评估哪个基金能更有效地获得更高的收益，显示其结果。请问每个基金的信息比率是多少？结论又是怎样的？

表8.3	两个商品基金的历史绩效追踪		
	Fund 1	Fund 2	Benchmark Return
Average Monthly Return	1.4888%	1.468%	1.415%
Average Excess Return	0.073%	0.053%	0
Standard Deviation of Return	0.294%	0.237%	0.238%
Tracking Error	0.344%	0.341%	0

A. 信息比率：基金 1 = 0.212，基金 2 = 0.155；基金 2 的信息比率低，因此表现得更好

B. 信息比率：基金 1 = 0.212，基金 2 = 0.155；基金 1 的信息比率高，因此表现得更好

C. 信息比率：基金 1 = 0.248，基金 2 = 0.224；基金 1 的信息比率高，因此表现得更好

D. 信息比率：基金 1 = 0.248，基金 2 = 0.224；基金 2 的信息比率低，因此表现得更好

名师解析

答案 B。根据式（8.10），我们知道信息比率的计算方式有两种：使用超额收益比超额风险 $\dfrac{\alpha_P}{\sigma(e_P)}$ 或超额收益比追踪误差 $\dfrac{E(R_P) - E(R_B)}{\sigma_{(R_P - R_B)}}$。本题超额风险和超额收益均未知，故使用第一个公式。表格中的其他数据为干扰项。

基金 1 的信息比率为：$IR = 0.00073/0.00344 = 0.212$；基金 2 的信息比率为：$IR = 0.00053/0.00341 = 0.155$。信息比率越高，绩效表现越好。

扫码做题　章节练习

第九章

套利定价理论与多因素模型

知识引导：实证研究发现，除了市场因素之外，影响资产价格的因素还有很多。1976 年罗斯在其经典论文《资本资产定价的套利理论》中提出了一种新的资产定价模型——套利定价理论（APT 理论）。这一理论扩展了 CAPM 模型，探讨了非市场因素对资产价格的影响。

考点聚焦：本章为考核重点章节，考生需要掌握多因素模型，会分别应用单因素模型和多因素模型计算单一资产的预期收益率；理解充分分散组合的特性以及多样化对组合残值风险的影响；掌握如何建立一个对冲多因素风险的组合；了解并能应用法玛—弗伦奇（Fama－French）三因素模型预测资产的收益率。

本章框架图

第一节　因素模型

描述（describe）多因素模型的输入数据，包括因子β（☆☆☆）

风险资产的收益率受众多因素的影响。CAPM 模型表明，投资者仅对其承担的系统风险要求补偿。实际上，系统风险是由整体市场宏观因素波动造成的。沿用这一思路，经济学家使用因素模型来解释影响风险资产收益率的共同变动机制。因素模型提供了一种分解资产收益风险的有效方法，有助于投资者预期合理收益率并区分资产的不同风险特征。

多因素模型（Multi‑factor Model）

通常来说，影响风险资产收益变动的因素可分为两类。

一类是公共因素，通常为宏观经济因素（Macroeconomic Factor）。例如，经济周期、基准利率水平的变动等。宏观经济因素的变动会对每一风险资产的收益率或多或少产生影响。因此，由这类因素变动带来的收益的不确定性称为系统风险。通常，我们假定公共因素的期望值为零。

另一类是公司特有因素（Firm‑specific Factor）。例如对于某个公司股票来说，公司研发取得成功、管理层变动等特有因素均可能造成股价波动，进而引起收益率的变动。这些因素的变动与公司个体密切相关，其带来的收益的不确定性称为非系统性风险。

1. 单因素模型（Single‑factor Model）

单因素模型假设资产收益率的变化仅与一个因素相关，即每一风险资产都在一定程度上受该因素水平影响，从而可以用这一因素的变动解释所有风险资产收益的共同变动。

具体而言，单因素模型的公式为：

$$R_i = E(R_i) + \beta_i F + e_i \tag{9.1}$$

其中，R_i 为资产 i 的实际收益率；F 表示公共因素偏离预期值的离差，其期望值为 0；β_i 表示资产 i 对公共因素的敏感程度；e_i 为该资产特有的干扰项。

式（9.1）表明资产 i 的实际收益率 R_i 等于它的期望收益率 $E(R_i)$ 加上一项受未预期到的宏观经济事件影响的随机变量 $\beta_i F$（期望值为零），再加上另一项反映公司特有事件的随机变量 e_i（期望值为零）。

知识一点通

注意模型中 F 表示的是偏离预期值的程度。如果 F 等于 0，代表公共因素的影响没有偏离预期值，那么 R_i 就等于其预期收益率加上公司特有因素带来的影响。换言之，在资本市场中，通常认为只有未被市场预期的冲击才会对资产价格产生影响，而那些被预期到的冲击早已被市场消化体现在其价格中了。

知识一点通

实际上，CAPM 就是一个特殊的单因素模型，其中 $F = [E(R_M) - R_f]$。

2. 多因素模型

单因素模型将所有引起资产收益波动的宏观因素归结为市场组合收益，这种模型设定过于笼统，有时不能很好地解释风险资产的风险特征。多因素模型将公共因素进一步细分，使用两个或两个以上因素来解释所有风险资产收益的共同变动。

一般而言，假定资本市场中有 k 个共同因素引起风险资产收益的共同变化（例如基准利率水平、通货膨胀率等）。将单因素模型进行拓展，可得多因素模型公式：

$$R_i = E(R_i) + \beta_{i,1}F_1 + \beta_{i,2}F_2 + \cdots + \beta_{i,k}F_k + \varepsilon_i \tag{9.2}$$

其中，R_i 为资产 i 的收益率，$E(R_i)$ 为资产 i 的预期收益率，F_k 表示第 k 个公共因素，其对应系数 $\beta_{i,k}$ 度量了资产 i 收益对该因素 F_k 的敏感程度。因此，该系数又被称为因子载荷（Factor Loading）或因子 β（Factor Beta）。

知识一点通

一个投资组合的某个因子 β 为零时，该投资组合的收益率将不受该因子影响。这也将为我们提供一种规避某种风险因素波动风险的策略。对于想要规避风险的投资者来说，需要构建一个相反的因子 β 来抵消特定风险的影响。

值得指出的是，与单因子模型相同，式（9.2）中的 F_k 代表的是未预期到的因素变化，而不是因素本身。为加深考生理解，这里举一个具体的例子。

假设公共因素仅有两个：GDP 增长率和基准利率水平。R_A 为高级珠宝季度股票收益率，G_t 表示 GDP 的季度增长率，I_t 表示基准利率水平。根据过去 16 个季度的数据，进行线性回归可得该股票的证券特征线的回归方程：

$$R_A = 0.015 + 2.5\,G_t - 0.4\,I_t + e_A \tag{9.3}$$

再进一步假定，经济分析师对未来 GDP 的季度增长率、基准利率水平以及 A 公司的期望收益率分别预测为 2%、3% 和 5.3%。那么，根据多因素模型，A 公司的收益率还可以表述为：

$$R_A = 0.053 + 2.5\,F_G - 0.4\,F_i + e_A \tag{9.4}$$

实际上，式（9.4）可由式（9.3）变形得到。其中，$F_G = G_t - 2\%$，$F_i = I_t - 3\%$，$5.3\% = 1.5\% + 2\% \times 2.5 - 3\% \times 0.4$。

知识一点通

这里需要特别指出的是，考生不要将式（9.3）与式（9.4）弄混了。式（9.3）表示股票收益率的证券特征线，可通过过去真实数据回归而得（详见《数量分析》科目的相关内容）。式（9.4）才是多因素模型，F_G 与 F_i 代表未预期到的因素变动。式（9.4）中的截距项 5.3% 表示基于目前各因素水平下该股票的期望收益，分析师一般会通过其他模型加上自己理性判断的方式获得，本章第二部分将阐述如何基于套利定价模型获得风险资产的期望收益率。

分别使用单因素模型和多因素模型计算（calculate）单一资产的预期收益率（☆☆☆）

例题9.1

假定某公司股票去年的收益率为 5%。该股票收益率无法被两因素模型解释的部分为 3%。使用表 9.1 给定的信息，计算该公司股票的预期收益率是多少？

表 9.1   某公司股票信息

因　素	实际水平（%）	预期水平（%）	贝塔因子
利率的变动	2.0	0.0	−1.5
GDP 的增长率	1.0	4	2.0

名师解析

解此类题目的关键在于将题目中给出的数据与公式中的变量相对应，不要代错。5% 为公司股票实际收益率 R_i，3% 为公司特有因素 ε_i，F_i 为未预期到的因素变动，代入式（9.2），我们可以得到：

$$5\% = E(R_i) + 2 \times (1\% - 4\%) - 1.5 \times (2\% - 0\%) + 3\%$$

故有：

$$E(R_i) = 11\%$$

例题 9.2

某分析员正在预测股票 A 对各宏观因素的敏感性。以下是已知的预测信息：$\beta_{\text{Industrial Production}} = 1.3$，$\beta_{\text{Interest Rate}} = -0.75$。工业生产增长率为 3%，利率为 1.5%，股票 A 的预期收益率为 5%。经济研究院预测下一年的经济活动会有所加速，预计 GDP 会增长到 4.2%，利率增长 25 个基点到 1.75%。根据这一预测，股票 A 下一年的预期收益率会是多少？

A. 4.8%

B. 6.4%

C. 6.8%

D. 7.8%

名师解析

答案 B。同样注意代入未预期到的因素变动，代入多因素模型有：

$$R_i = E(R_i) + \beta_{\text{Industrial Production}}（GDP）+ \beta_{\text{Interest Rate}}（IR）$$
$$= 5\% + 1.3 \times (4.2\% - 3\%) - 0.75 \times 0.25\% = 6.37\%$$

第二节　套利定价理论

描述（describe）充分分散组合的特性并解释（explain）多样化对组合残值风险的影响（☆☆☆）

在因素模型中，实际资产收益率被分解为三部分：期望收益率 $E(R_i)$、系统因素带来的额外收益率 $\beta_i F$ 以及自由风险带来的收益 e_i，那么资产的期望收益率又该如何决定？本小节主要阐述在无套利条件下，市场处于均衡状态时，充分多元化的投资组合的期望收益率该如何确定并给出无套利定价理论的证券市场线。

一、套利（Arbitrage）

金融资产的定价模型通常都是基于"无套利机会"（No Arbitrage Opportunity）这个假设的。无风险套利定价的原理源于"一价定律"（Law of One Price），即如果两种金融工具在未来的现金流相同，那么这两种金融工具的价格就应当相同。换而言之，市场上不存在"空手套白狼"的机会。

如果市场上相同或类似的资产定价出现偏差，就存在赚取无风险利润的套利机会。投资者可通过同时买入和卖出等量的类似资产来赚取价差。当大量投资者发现并参与到这个套利机会中时，则会有一个很强的压力使得套利机会消失，从而市场恢复到均衡状态。因此，当市场处于均衡状态时必须满足"无套利条件"，我们可以利用这个条件得到资产的合理价格。

二、套利定价理论（Arbitrage Pricing Theory，APT）

如同资本资产定价模型，套利定价理论预测了与风险预期收益相关的证券市场线（SML），但其得到 SML 的方式与众不同，APT 理论研究的对象是充分分散的资产组合。

APT 基于三个基本假设：

一是模型能描述证券收益率；

二是市场上有足够的证券来分散风险；

三是完善的证券市场不允许任何套利机会存在，即"无套利条件"。

下面将从单因素模型出发，逐步推导出套利定价模型。

1. 公共因素风险与实际收益率

如果一个资产组合是充分分散的，那么它的公司特有风险（即非系统性风险）将可以被分散，只剩下系统风险（即公共因素风险 F）。具体而言，当我们构建一个包含 n 只股票的资产组合，每只股票对应的权重为 w_i，那么组合的收益率可表示为：

$$R_P = E(R_P) + \beta_P F + e_P \tag{9.5}$$

其中，$\beta_P = \sum \beta_i w_i$ 是 n 只股票 β_i 的加权平均值。该组合的非系统性部分 $e_P = \sum e_i w_i$ 是 n 个股票公司特有风险的加权平均值，与 F 无关。

于是，资产组合的方差为：

$$\sigma_P^2 = \beta_P^2 \sigma_F^2 + \sigma^2(e_P) \tag{9.6}$$

其中，σ_f^2 是因素 F 的方差，而 $\sigma^2(e_P)$ 反映资产组合的非系统性风险，可进一步分解为：

$$\sigma^2(e_P) = \sum w_i^2 \sigma^2(e_i) = \sum \left(\frac{1}{n}\right)^2 \sigma^2(e_i) = \frac{1}{n}\sigma^2(e_i) \tag{9.7}$$

不难看出，当组合中股票数量 n 变大时，非系统方差趋于 0，非系统性风险被充分分散。

在单因素模型下，对于充分分散组合，其 $E(e_P) = 0$，且由（9.7）式推出 $\sigma^2(e_P)$ 趋于 0。因此，实际上对于充分分散的资产组合，可以在单因素模型中省略 e_P 这一项，则有：

$$R_P = E(R_P) + \beta_P F_P \tag{9.8}$$

建立直角坐标系，横轴为公共因素 F，纵轴为收益率。对比式（9.1）与式（9.8），不难看出，对于单个风险资产 A 而言，其实际收益率将分布在直线 $R_P = E(R_P) + \beta_P F_P$ 上下，其误差项为 e_P。而对于充分分散化的投资组合 B 而言，其实际收益率就恰好落在直线 $R_P = E(R_P) + \beta_P F_P$ 上，见图9.1。

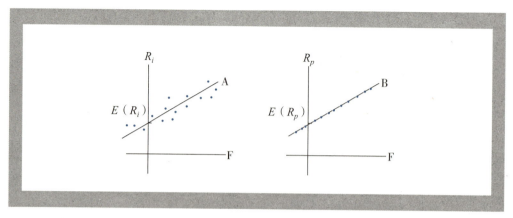

图9.1　单个风险资产 A 和充分分散化资产组合 B

2.β 值相同的充分分散化资产组合

根据式（9.8）以及 ATP 的三个假设条件，β 相同的充分分散化资产组合的期望收益率必须相同。

我们通过举例对上述结论进行说明。例如，以单因素模型为例，假设两个充分分散的资产组合 A 和 B 有：$\beta_A = \beta_B = 0.5$，$E(R_A) = 12\%$，$E(R_B) = 10\%$。根据单因素模型，无论系统因素 F 如何波动，A 资产与 B 资产的实际收益率之差始终为 $R_B - R_A = (E(R_A) + \beta_A F) - (E(R_B) + \beta_B F) = 2\%$，即组合 A 的收益将永远比组合 B 收益高 2%（$e_A = e_B = 0$）。在此情形下，套利者可卖空组合 B 获得资金，后将所获资金投资组合 A，便能获得 2% 的无风险回报。精明的套利者将会充分利用这个套利机会，直至两个资产组合的期望收益率一致，见图9.2。

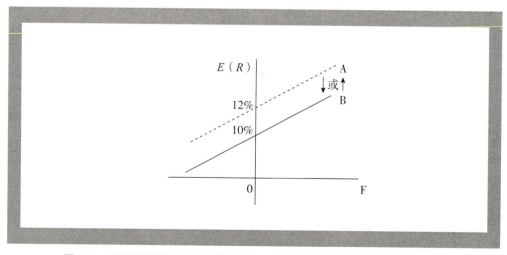

图9.2　β 值相同的资产组合预期收益必然相等 $E(R_A) = E(R_R) = 12\%$

3. β 值不同的充分分散化资产组合

同样，根据式（9.8）以及 ATP 的三个假设条件，β 值不相同的充分分散化资产组合的期望收益率也必须相同。

我们通过图像来说明上述结论。建立直角坐标系，此时横轴为 β 值（而非 F），纵轴为充分分散化资产组合的期望收益率 $E（R_P）$，见图 9.3。在图 9.3 中，由于 A 与 D、B 与 C 形成了两条不同的证券市场线，市场上存在套利机会。套利者可以通过卖空 D 组合买进 A 组合获得无风险收益 R_{f_1}（组合 1），同时套利者也可以通过卖空 C 组合买进 B 组合获得无风险收益 R_{f_2}（组合 2）。只要 $R_{f_2} > R_{f_1}$，精明的套利者就会不断卖出构造的组合 1 去买进组合 2，最终导致收益率趋于一致。

以上叙述表明，通过套利行为将把两条不同的证券市场线逐渐并拢为一条，见图 9.4。图 9.4 中的直线方程为：

$$E(R_P) = R_f + \beta_P E（R_{P^*} - R_f） = R_f + \beta_P \lambda \tag{9.9}$$

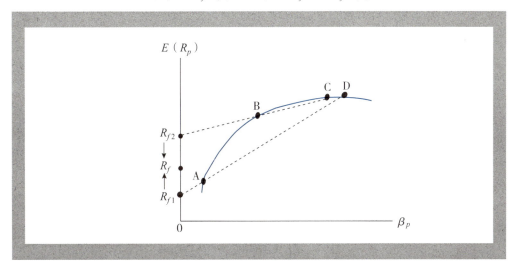

图 9.3　存在套利机会条件证券市场线

式（9.9）与图 9.4 表明，在无套利条件下，单因素模型的证券市场线，P^* 组合的 β 因子为 1，称为纯因子（Pure Factor）组合，表示该因素波动每增加一个单位，投资组合的期望收益增加一个单位。λ 表示纯因子组合的收益相对于无风险收益的溢价，表示投资组合每增加一单位 β 风险时投资者需要的额外补偿。可以证明，所有充分分散化的投资组合的期望收益都满足式（9.9）。

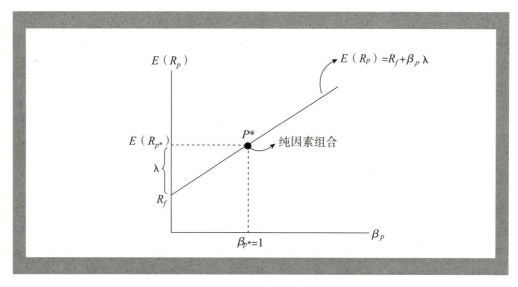

图9.4　无套利条件下单因素的证券市场线

4. APT 多因素证券市场线

解释（explain）如何建立一个对冲多因素风险的组合（☆☆☆）

将式（9.9）扩展到多因素模型下，便得到无套利模型的多因素证券市场线。资产组合或单个风险资产 i 的期望收益率与风险因子的关系为：

$$E(R_P) = R_f + \beta_{P_1} RP_1 + \beta_{P_2} RP_2 + \cdots + \beta_{P_k} RP_k = R_f + \beta_{P_1}\lambda_1 + \beta_{P_2}\lambda_2 + \cdots + \beta_{P_k}\lambda_k$$

$$(9.10)$$

其中，β_{P_j} 为投资组合对因素 j 的敏感度，λ_j 是因素 j 的风险溢价或纯因子组合因素 j 的风险溢价。

备考小贴士

以上推导过程理解起来有一定难度，从考试角度来看，考生主要从计算题的角度准备即可。

例题 9.3

已知无风险利率为 5%，根据表 9.2 所示的信息，使用 APT 模型计算投资组合的预期收益率。

表 9.2　　　　　　　　　　　　　　某投资组合的信息

	风险因子 1	风险因子 2
因子 β	1.8	0.9
因子风险溢价	1.5%	2%

名师解析

使用式（9.10），我们可以得到：

$$E(R_P) = R_f + \beta_{P1}\lambda_1 + \beta_{P2}\lambda_2 = 5\% + 1.8 \times 1.5\% + 0.9 \times 2\% = 9.5\%$$

三、法玛—弗伦奇三因素模型（Fama – French Model）

描述（describe）并应用（apply）Fama – French 三因素模型预测资产的收益率（☆☆☆）

前文介绍的多因素模型存在一个缺点即如何确定风险因素。如果模型中引入上百个系统风险因素，那么该模型也就失去了意义。我们通常寻找那些投资者最为关注的且共同影响风险资产的要素作为系统风险要素。

其中一种识别公共因素的方法就是用公司特征来代替系统性风险。大量特征检验发现有些公司特征（如公司规模、账面—市值比率）可用于预测公司的股票平均收益率，因此将其作为共同风险因素纳入模型。这种方法最典型的研究成果就是法玛和弗伦奇的三因素模型，它不论是在实证研究还是业界都得到了广泛认可。

$$R_i - R_f = \alpha_i + \beta_{iM}(R_M - R_f) + \beta_{iSMB}SMB + \beta_{iHML}HML + e_i \qquad (9.11)$$

其中，$(R_M - R_f)$ 与前文的单因素模型类似，SMB 代表小减大，即市值小的股票投资组合比市值大的股票投资组合多出的投资组合收益；HML 为高减低，即由高账面—市值比的股票投资组合比低账面—市值比的股票投资组合高出

的收益。

在该模型中，$(R_M - R_f)$用于测量宏观经济因素的系统性风险。选中 *SMB* 与 *HML* 这两个公司特征变量的原因是通过长期的实证研究发现，公司市值和账面—市值比可用于预测平均股票收益。通常，高账面—市值比的公司更容易陷入财务危机，而小公司对商业条件变化更加敏感。因此，尽管 *SMB* 和 *HML* 这两个变量明显不是相关风险因素的代理变量，但这些变量可近似地代替未知的基本变量，从而反映宏观经济风险因素的敏感度。

扫码做题　章节练习

第十章

金融灾难案例分析

知识引导：金融风险管理的最基本目标之一就是避免那些会威胁到公司生存的各种灾难。本章将针对过去历史上已发生的影响较大的灾难事件进行梳理并总结经验教训。根据发生的成因，可将金融灾难事件划分为三大类：一是对风险头寸规模和风险性质严重误判而导致的风险事件；二是市场出现事先未预期的大幅波动而导致巨大损失的案例；三是由公司客户所持有的头寸发生信用风险所导致的风险事件。

考点聚焦：本章根据导致金融灾难的三个主要成因，分别列举了经典的案例。考生需要掌握导致以下风险管理案例的关键因素以及从中所吸取的教训，这些案例包括大通曼哈顿银行、Kidder Peabody（基德尔·皮博迪）公司、巴林银行、爱尔兰联合银行、瑞士联合银行、法国兴业银行、长期资本管理基金、德国金属公司、美国信孚银行以及摩根大通集团、花旗集团与安然公司。其中，巴林银行与长期资本管理基金的案例需重点掌握。

本章框架图

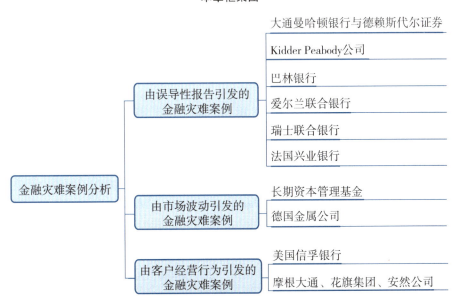

第一节　由误导性报告引发的金融灾难（Financial Disaster）案例

分析（analyze）导致以下风险管理案例的关键因素以及从中所吸取的教训（☆☆）

本节将介绍由误导性报告引发金融灾难的案例。这些案例存在一个共性：在所有案例中，都存在相关人员在不同程度上有意地提供了错误信息。正是这些错误信息导致公司对自身风险敞口大小和性质做出了错误判断，最终引发"多米诺骨牌"效应，风险爆发并传导到其他公司。

反思这类案例时，应思考两方面的问题：一是相关人员为什么有动机提供错误信息；二是为什么这种错误信息不能被及时发现。

知识一点通

对于第一个问题，其实不同案例的情况大同小异，主要原因就是道德风险（Moral Hazard），即由于薪酬体系设置得不合理，相关人员有动机过度冒险。而对于第二个问题，不同案例情形各不相同。

一、大通曼哈顿银行（Chase Manhattan）与德赖斯代尔（Drysdale）证券

案例简介

该案例发生在 1976 年，Drysdale 是当时新成立的一家证券公司。由于当时的计算机技术还不够发达，Drysdale 利用美国政府债券抵押品市场价值计算的缺陷，通过其持有的政府证券成功地从大通曼哈顿银行（以下简称大通银行）借入 3 亿美元的无抵押借款（Unsecured Borrow）。这一数额远远超过了 Drysdale 公司被允许的贷款数额（该公司的注册资本仅为 2000 万美元）。

Drysdale 利用这笔借款投入债券市场的隔夜交易，然而交易头寸发生了亏损，公司没有现金用以偿还借款，就此破产，几乎损失了所有 3 亿美元的无抵押借款。大通银行由于承担 Drysdale 公司大多数证券的代理业务而受到牵连。尽管大通银行认为自己只是在此交易中充当代理人的角色，并非以银行的名义直接担保，但证券借贷的法律文书并不支持这个观点。最终，大通银行因此承担了几乎所有的损失。

> **知识一点通**
>
> 此案例中，Drysdale 显然是蓄意违规借款，而大通银行看上去比较"无辜"。虽然大通的财务运营并没有受到 3 亿美元规模亏损的威胁，但此次事件严重影响了其声誉和股票估值。最后，大通银行被 JP Morgan（摩根大通集团）并购，变成了现在赫赫有名 JP 摩根大通。

失败原因剖析

（1）Drysdale 公司利用了美国证券市场存在的漏洞，借入无抵押借款，大通银行也应承担对贷款审查不力的责任。

（2）对自身承担的职责不明确。大通银行允许如此大规模的借贷被建立，主要是由于经验不足的管理人员确信大通银行仅仅是充当 Drysdale 公司和大量债券贷出者之间的中介角色；然而借款协议中的措辞让法院判定大通银行承担连带责任。

教训

（1）在债券借贷中，需采用更加精确的方法来计算抵押品价值。

（2）提供新产品服务时必须强调流程控制的重要性且需获得公司内部主要风险管理审批机制的事前批准。

二、Kidder Peabody 公司

案例简介

1992—1994 年，Kidder Peabody 公司政府债券总部的一名交易员 Joseph Jett（约瑟夫），利用公司交易和会计系统的漏洞，虚假报告一系列交易，伪造利润高达 3.5 亿美元。

> **知识一点通**
>
> 虽然虚夸利润并未导致 Kidder 遭受任何实际的现金损失，但如此大规模的盈余误报使得客户对 Kidder 的母公司通用电气（General Electric，GE）的管理能力产生了质疑，最终 GE 不得不将 Kidder 转售给惠普公司。

失败原因剖析

（1）公司的会计系统在计量政府债券交易时没有考虑到远期合约的现值。这就使得交易员可以在现货市场购买债券并以远期价格交割（通常远期价格 > 现货价格），从而"产生利润"。

（2）然而，在实际交割与会计计量的期间，当购买债券的财务成本被计量时，这种虚构出来的"利润"就又"消失了"。

教训

对大额预期外的利润（Large Unexpected Profit）应彻底调查并确认利润的来源，定期检查模型和系统的适用性。

三、巴林银行（Barings）

> 分析（analyze）导致以下风险管理案例的关键因素以及从中所吸取的教训（☆☆☆）

案例简介

1993—1995 年，英国巴林银行驻新加坡分行的初级交易员 Nick Leeson（尼克·里森）未经授权在日本股市的利率期货以及期权上构建了大量的投机性头寸，却在报告中以虚设的账户掩盖自己的投机行为，最终导致约 12.5 亿美元损失。曾经风光一时的巴林银行因此事件最终宣告破产。

Leeson 先后采用了两种策略。

第一种策略：他判断当时日本股市处于震荡市，即认为日经 225 指数波动较小，于是构建了关于日经 225 指数的空头跨式期权（即看涨期权短头寸 + 看跌期权短头寸）。

> **知识一点通**
>
> 　　空头跨式期权将在日经指数波动较小时盈利，而在波动率较大时亏损。然而，Leeson 判断错误，第一个策略一直亏损。屋漏偏逢连夜雨，1995 年 1 月日本突发地震，股市随后暴跌，Leeson 的空头跨式期权头寸因此产生了巨额亏损。有关跨式期权的相关知识点将在第三门科目《金融市场与产品》中详细介绍。

　　第二种策略：由于最初判断日本股市处于震荡市，Leeson 想利用日经 225 指数期货合约在不同交易所交易的价差进行套利（在价格相对较低的交易所进行外汇期货长头寸交易，同时在另一个价格相对较高的交易所进行对冲的短头寸交易）。[①]

> **知识一点通**
>
> 　　套利策略的基本思想非常简单，即同一种物品销售的价格应当相同。比如，如果同种苹果在一个市场上价格为 10 元/千克，而在另一个市场上价格 8 元/千克；那么，投资者可通过按 8 元/千克的价格在一个市场上买入，在另一个市场上按 10 元/千克价格卖出，从中获利。套利策略本身是一种相对较为稳妥的策略，然而 Leeson 随后改变了这种策略。

　　由于 Leeson 第一种策略的头寸遭受过巨大损失，为了弥补损失，Leeson 改变了第二种策略，即不再按照"长头寸＋短头寸"的期货套利策略，而是赌日经 225 指数上涨，试图在短时间内弥补第一个策略带来的损失。于是，他采取了在两地交易所同方向购买的"长头寸＋长头寸"期货交易，并通过多个账户的操作，同时控制了前后台部门，隐瞒亏损。1995 年 1 月日本地震，日经 225 指数持续大幅下跌，两种策略最终导致了巨额的损失。

失败原因剖析

　　（1）巴林银行允许 Lesson 身兼两职，同时拥有交易主管和后台风控部门主管的

---

　　① 简单地说，长头寸表示买入，短头寸表示卖出。

双重身份。在这种体制下，无疑为 Lesson 后来"监守自盗"创造了职权上的便利。由于掌握完全的前后台控制权，Lesson 可由自己全权决定交易策略，同时又可利用后台隐藏损失（他将所有交易产生的盈利归入标准交易账户，而将任何亏损隐藏到旧的错误账户）。

（2）实际上，Lesson 伪装的"低风险策略"产生了"巨额收益"，这是非常可疑的。但公司不仅没有任何质疑或审查，伦敦总部还为其转入了 3.54 亿美元的保证金。此外，公司内部的政治权力的斗争使得高级管理层对 Lesson 的监督较为松散，从而导致交易亏损被隐瞒。

教训

（1）公司必须有一个独立的交易后台，交易和结算岗位必须权责分离。

（2）公司应构建完善的监管控制系统，对任何超预期的利润（或损失）的来源进行彻底调查。

（3）公司还需要对任何大规模的未预期的现金流动进行彻底的调查。

例题 10.1

根据以上巴林银行的案例，回答以下问题：

1. 以下哪项正确地描述了 Leeson 交易失败的原因？

A. 他的利润是伪造的，但实际损失不到 1000 万美元

B. 他的实际头寸是非定向的套利，但基差风险导致了失败

C. 他的实际头寸是非对冲定向投注，赌日经指数会上升（日经指数净长头寸）

D. 他的实际头寸是非对冲定向投注，赌日经指数会下降（日经指数净短头寸）

名师解析

答案为 C。起初 Leeson 确实只进行了低风险、收益有限的套利交易，然而之后他未经许可进行了非对冲的定向投机操作（赌日经指数会上涨，进行了"长头寸 + 长头寸"的期货交易）。

2. 以下哪项可以说是巴林银行管理中最为失败的因素？

A. 他们没有对所有可能的工具实施职能限制

B. 他们允许 Leeson 既是首席交易员，又是清算部门负责人

C. 头寸应每日现金结算（保证金会暴露出损失）

D. 他们没有聘请顾问来实施培训，以建立风险意识和推广风险文化

名师解析

答案为 B。巴林银行最不可思议的管理违规行为就是 Leeson 被允许同时兼任前台交易与后台清算的主管。

3. 在巴林银行案例中，出现了以下哪个事件风险？

A. 1995 年科比地震

B. 1997 年亚洲动乱

C. 1998 年俄罗斯债券拖欠

D. 2001 年 9 月 11 日的恐怖袭击

名师解析

答案为 A。日本 1995 年的阪神淡路大地震又被称为科比地震，对 Leeson 赌日经指数会上涨的投机性交易是致命的一击。

4. 以下哪个不属于巴林案件中所吸取的教训？

A. 独立的交易办事处是绝对有必要的

B. 需要调查未预期的利润来源

C. 需要调查大量的未预期到的现金流动

D. 需要对年度奖金补偿附上追回条款

名师解析

答案为 D。追回条款并非巴林案件所吸取的教训。

四、爱尔兰联合银行（Allied Irish Bank，AIB）

案例简介

1997—2002 年，爱尔兰联合银行的外汇期权交易员 John Rusnak（约翰·鲁斯纳克）进行了大量未经授权的交易。他通过伪造大量凭证隐瞒损失并通过向后台施压使其忽视对伪造头寸的损失。Rusnak 的违规行为最终导致了 6.91 亿美元的亏损，给 AIB 的声誉造成了重大影响，股票价格随之下降。

知识一点通

　　Rusnak 本应进行小规模的套利。如前所述，套利交易必然涉及一买一卖。然而，实际上 Rusnak 却构建了大规模、单方向的头寸，并将单向头寸伪装成套利头寸。具体而言，他的操作手法就是通过报单后撤单来伪造虚构的交易（伪造真实单向交易的反方向头寸）。为了掩盖其虚假交易，他在公司系统中输入虚假的头寸，通过计算在险价值（VaR）以误导主管对其实际交易头寸规模的了解。此外，由于公司不太注重风控部门，他还通过对后台工作人员施压，使得后台人员不敢审核那些虚假交易头寸。

失败原因剖析

　　（1）由于公司对后台风控人员不够重视，导致 Rusnak 成功地威胁了后台员工，使其不敢对虚假交易进行审核。

　　（2）AIB 自身对外汇衍生品交易缺乏经验，完全依赖 Rusnak 的专业知识，以致无法发现 Rusnak 的违规交易行为。

　　（3）由于 Rusnak 担任操作部门的主管，借助职务之便操纵前台交易。因此，可疑的交易和交易利润都完全被忽视。

教训

　　本案例与巴林银行的教训较为相似。其特点主要是公司应避免参与其不熟悉的领域，不要过度依赖个人的专业知识和廉洁自律。

备考小贴士

　　注意本案例中 Rusnak 并非身兼两职，而是向后台部门施压；而在巴林银行的案例中，Leeson 同时身兼交易部门与风控部门的主管。

五、瑞士联合银行（Union Bank of Switzerland，UBS）

案例简介

　　1997 年，瑞士联合银行的衍生品交易由于缺乏内部控制，当年损失为 4 亿～7

亿美元。1998 年，由于公司持有大量美国长期资本管理基金的股权，又损失近 7 亿美元。[①] 该事件导致瑞士联合银行在 1997 年年底被迫与瑞士银行（SBC）合并。

失败原因剖析

（1）公司的高级风险管理主管同时兼任衍生证券分析师，这违反了风险监督独立性的基本原则。

（2）当时英国税法变更，影响了一些长期股票期权价值的计量，使得衍生品交易头寸在报表上"很难看"。

（3）公司大量持仓日本银行认股权证，却没有充分建立对冲头寸。

（4）使用过时的相关系数矩阵，从而导致对股权组合的定价不正确。

（5）由于构建的模型存在缺陷，导致其长期期权组合产生损失。

教训

公司风险监督必须保持独立性，公司需对投资实质和压力测试深入了解。

六、法国兴业银行（Société Générale）

案例简介

2008 年 1 月因一名初级交易员 Jérôme Kerviel（科维尔）未经授权进行违规操作，法国兴业银行遭受了高达 71 亿美元损失的重创，巨大的损失严重损害了法国兴业银行的声誉。

2007 年到 2008 年年初，Kerviel 未经授权，逐渐建立了一个大规模衍生品头寸（投资欧洲股指期货），并通过创造虚假的反向远期交易，隐瞒这些未经授权头寸的规模和风险。为了避开后台部门的监控，Kerviel 摸清了后台部门的审核流程以及交易确认的时段，从而总能在交易确认前取消其虚拟交易。当 Kerviel 的诈骗行为被发现时，Kerviel 已完成了接近 1000 笔的虚拟交易。由于东窗事发之时正逢全球金融危机，欧洲股市暴跌，致使此欺诈案产生损失的规模远远超过了巴林银行的倒闭案。

---

① 长期资本管理基金的失败案例将在下文阐述。

失败原因剖析

（1）对不正常交易的取消关注不足，应当建立严格的程序来审核被取消的交易信息。

（2）银行的交易系统不能仅仅评估净头寸，必须同时关注净头寸和总头寸。如果出现净头寸规模不大，却产生了非正常的高额经纪佣金现象，可能是虚假交易的一个警告信号。

（3）抵押担保账户的报告系统薄弱。

（4）违反银行的休假政策。在构建虚假头寸期间，Kerviel为了避免东窗事发从未休假。强制休假制度是银行的必要预防措施。在强制休假期间，休假交易员的仓位将交由另一个交易员管理。这种制度有助于及时发现违规交易。

（5）缺乏适当的监督管理制度。

（6）Kerviel的助理并未对其欺诈交易行为采取任何行动。

（7）对预期外收益的报告缺乏调查体系。

教训

（1）本案与爱尔兰银行的案例类似，当事人都通过取消交易来构建虚假头寸。因此，机构应当设置对交易取消的监管制度，对任何异常金额的取消交易予以标记并审核。

（2）在本案例中，由于Kerviel所在部门更换负责人，在一段时期内Kerviel近乎处于"无人监管"的状态。因此，当部门处于领导更替阶段时，监管部门更应当加强监管。

（3）本案例中，Kerviel的交易助理并未及时反映Kerviel的欺诈行为。部分原因是交易助理的业绩评价与未来职业发展与交易员的密切相关，因而容易受到来自交易员方面的施压。

（4）必须确保强制休假制度予以执行。

（5）在控制报告中必须监测和突出总头寸，不能仅关注多空头寸抵销后的净头寸。

（6）对现金和抵押品的要求应监管到个人交易员层面。

（7）任何超预期的损益表都需要由管理层和监控部门识别和调查。

第二节　由市场波动引发的金融灾难案例

第二类金融灾难案例是由未预期的市场波动引起的。与第一类案例不同，在第二类案例中，并不存在刻意隐瞒或伪造的头寸，而纯粹是由于市场波动导致的风险。

> **知识一点通**
>
> 对于第二类案例，我们必须思考这样一个问题：为什么在头寸已知的情况下，仍然爆发了金融灾难呢？为什么当损失超出可接受的范围时，这些头寸没有被及时平仓？这主要是因为构建相关头寸时忽视了流动性风险。

一、长期资本管理基金（Long-Term Capital Management，LTCM）

分析（analyze）导致 LTCM 风险管理案例的关键因素以及从中所吸取的教训（☆☆☆）

案例简介

美国长期资本管理基金成立于1994年，由原所罗门兄弟债券部门的负责人梅里韦瑟筹建，招募了两位后来1997年的诺贝尔经济学奖得主、著名的期权定价公式提出人舒尔茨与默顿。这个管理团队在当时被称为"梦幻组合"。在公司创建的最初几年，该团队也确实拿出了出色的成绩单。然而，1998年5月到9月，在短短的150天内，公司的资产净值下降90%，出现43亿美元巨额亏损。最终，美联储出面组织安排，以美林、摩根为首的14家国际性金融机构注资36.5亿美元购买了LTCM的90%股权，共同接管了该公司。

与第一类案例不同，长期资本管理基金的每一个投资决策都是由所有合伙人共同决定的，这就消除了"流氓交易员"的可能性。公司的基本投资理念是"长期来

看，同一证券在不同市场间的不合理价差必然会消失"，并由此制定了"通过电脑精密计算，发现不正常市场价差，利用杠杆放大收益"的投资策略流程。具体而言，公司的主要策略如下。

相对价值策略（Relative Value Strategies）：长期来看，相似证券之间的价差将趋于回复至历史均值水平。如果短期之内，相似证券之间的价差偏离平均历史水平，则存在价差套利机会。

信贷利差策略（Credit Spread Strategies）：长期来看，两个债券之间的信贷利差（不同债券收益率之差）将趋于回复到平均历史水平。如果短期之内，信用利差偏离平均历史水平，则存在信用利差的套利机会。

股票波动策略（Equity Volatility Strategy）：长期来看，股票期权的波动趋于回复到长期的平均水平。当隐含的股票期权波动率较高时，便做空波动率。

1997 年亚洲金融危机爆发，根据以上三种策略，LTCM 认为市场对金融危机过度反应，导致美国政府债券与发展中国家之间利率相差过大，利差将减小逐步恢复至历史平均水平。然而，出人意料的事情发生了。1998 年秋天，俄罗斯主权债务违约，从而信用利差进一步上升而非下降，导致 LTCM 遭受了巨大损失。此外，市场波动性的陡然上升也导致了 LTCM 的巨额亏损。

失败原因剖析

（1）利差和期权波动率的大幅度上升造成了 LTCM 在短短一个月内损失了 44% 的本金，为了维持保证金账户，导致公司面临严重的现金流动性问题。

（2）尽管 LTCM 前几年的收益率看上去似乎不错，实际上这是借助高杠杆进行大规模交易的结果（28 倍杠杆）。由于高杠杆的存在，市场未能如预期波动时，LTCM 没有足够的现金维持保证金，强制清算加速了其损失和维持保证金的增加（交易流动性风险）。

（3）LTCM 所使用的估值模型和交易模型均有一定的缺陷。其投资模型的假设前提都是在历史统计基础上得出的，然而过去并不能代表未来。此外，公司采用的传统 VaR 模型低估了金融资产的肥尾现象。

（4）尽管 LTCM 的投资是全球性范围的，资产类别与交易策略也是不同的，然而，策略都是以信贷利差和市场波动性会下降的假设为前提。风险多样化的缺乏使公司最终遭受了市场风险。

（5）LTCM 对监管部门的报告披露不够完善，尤其缺乏对衍生品头寸和交易策略的完整披露。

教训

（1）公司应熟悉投资策略的风险，特别是流动性风险。

（2）在建立衍生品头寸时，公司应不仅满足初始保证金的需求，还应注意潜在的清算成本与被强平的风险。

（3）推动交易对手最大限度地披露其交易策略和头寸等信息。

（4）在评估信用风险时，应使用压力测试，特别是突出强调市场风险和信用风险的综合测试。

例题 10. 2

根据 LTCM 案例回答下列问题。

1. 在 LTCM 起初最为成功的几年，以下哪项最恰当地描述了当时使用的策略？

A. 相对价值

B. 事件驱动

C. 不良债务

D. 全球宏观

名师解析

答案 A。LTCM 的基本投资理念是"长期来看，同一证券在不同市场间的不合理价差必然会消失"，并由此制定了"通过电脑精密计算，发现不正常市场价差，利用杠杆放大收益"的投资策略流程。由此不难看出，LTCM 主要是挖掘相对价值。

2. 下列哪个选项是正确描述长期资本管理公司的？

A. 一些 LTCM 雇员被起诉欺诈

B. 美国政府（公共）资金用于救助长期资本管理公司

C. 公司采用在险价值（VaR）模型

D. 监管和审计警告 LTCM 存在杠杆问题

名师解析

答案 C。LTCM 采用了在险价值（VaR）模型，但是他们没有一整套相对应的压力测试。LTCM 属于第二类案例，不存在员工欺诈行为，故 A 错误。LTCM 最后是由美联储牵头联合 14 家银行注资救助的，而非政府资金，故 B 错误。监管部门没有警告 LTCM 的杠杆存在问题，故 D 错误。

3. 下列每一项都是直接或间接导致 LTCM 面临破产的原因，除了：

A. 所罗门兄弟平仓

B. 长期资本管理公司寻求新的股权

C. 俄罗斯债务违约

D. 利差收窄

名师解析

答案 D。选项 A，所罗门兄弟与 LTCM 有着类似的仓位，因此，它的平仓使得 LTCM 的情况更糟；选项 B，LTCM 寻求新的股权导致了两个问题，一是谣言使价格进一步下跌，二是 LTCM 被迫披露其仓位信息；选项 C，俄罗斯债务违约是事件风险的导火线；选项 D，利差（趋同）是他们的策略，"质量飞升"导致的仅仅是暂时的分歧。

4. 以下哪项不是从 LTCM 案例中所得到的教训？

A. 更好地使用压力测试评估信用风险

B. 如果交易对手的主要业务是交易，那么需要初始保证金

C. 需要在遵守、披露和资本要求方面培训新的人员

D. 流动性风险需要将内生和外生的都包括在内

名师解析

答案 C。

二、德国金属公司（Metallgesellschaft，MG）

分析（analyze）导致 MG 风险管理案例的关键因素以及从中所吸取的教训（☆☆）

案例简介

1991 年德国金属公司美国子公司 MGRM 运用石油期货进行套期保值。由于没能充分地理解所选择的套期保值策略存在的风险和收益，在石油价格暴跌后，公司未能备有充分的现金以满足交易所要求的准备金，最终导致了该套期保值交易的提前清算，给 MG 公司带来了 1.33 亿美元的损失。

知识一点通

1993 年，MGRM 出售了大量远期供货合同，合同内容基本上是在未来 5 ~ 10 年以固定价格向需求方供应原油、加热油和汽油。由于出售了长期的远期供货合同，MGRM 公司担心未来石油价格上涨，于是公司又在期货市场上建立了石油期货的长头寸以期规避价格上涨带来的损失。

按理来说，MGRM 公司同时拥有石油远期的短头寸和石油期货长头寸，无论未来价格上涨还是下跌，风险均可控。然而，问题出在了流动性上。MGRM 和客户的远期供货合同均长达 5 年或 10 年，而石油期货合约最长的期限只有 36 个月，这就造成了期限不统一的问题。在这种情况下，MGRM 不得不采用展期滚月的策略来应付：即一开始持有较近月份合约的多头，随着交割日的来临，将这些头寸平仓的同时再买入后面的合约。

然而，这种滚动策略只有在即期石油期货价格等于远期期货价格的情况下才是没有成本的。如果市场上的近期合约价格低于远期合约价格，即市场处于现货贴水（Contango）的状况时，展期就会引起亏损。例如，1993 年石油价格大跌，石油市场进入了现货贴水阶段。MGRM 公司的多头石油期货合约（近月合约）头寸亏损，而远期供货合约期限长流动性差盈利无法兑现，公司又缺乏现金流满足保证金，造成的损失高达 13 亿美元。

失败原因剖析

该公司遭受的金融灾难源于收益与损失的期限结构不对称，最终由于流动性问题导致亏损。

（1）市场从现货升水（现货价格 > 期货价格）转变为现货贴水（期货价格 > 现货价格），从而产生了基差风险并造成滚动收益的损失。①

（2）油价下跌导致了期货多头即刻损失了 9 亿美元，但对冲抵销交易的收益却要经过多年才能实现（远期合约的短头寸），这便导致了资金的流动性风险。

（3）德国会计标准要求公司报表必须显示已实现的期货损失，但不能确认还未实现的远期收益。这就使得公司的报表"非常难看"，从而导致其信用评级被降低，信用风险无形中上升，最终引发连锁反应。

（4）公司建立的仓位规模太大，以致缺乏流动性来避免强行平仓。

教训

（1）公司应构建适当的流动性风险控制管理措施。

（2）风险评估应基于合理假设的压力测试，对准备金以及仓位数量加以限制。

第三节　由客户经营行为引发的金融灾难案例

> 分析（analyze）导致以下风险管理案例的关键因素以及从中所吸取的教训（☆）

对于第三类金融灾难案例，公司内部管理并不存在问题，主要是由于公司客户发生信用风险事件而导致了金融灾难。

一、美国信孚银行（Bankers Trust，BT）

案例简介

宝洁公司和吉普森公司曾寻求美国信孚银行的帮助以降低融资成本，美国信孚银行便提供了衍生品交易策略，承诺以"低概率遭受大损失"来换取"高概率降低融资成本"的交易。美国信孚银行为两家公司设计的衍生品结构非常

---

① 有关基差风险的相关知识点将在《金融市场与产品》科目中详细阐述。

复杂，市场上缺乏类似的产品可供比较。两家公司被告知该产品是为其特别定制的，但他们对该产品的详情如风险等并不了解。1994 年，美联储一再提高利率，宝洁和吉普森蒙受了巨大损失。于是，两家公司起诉了美国信孚银行。两家公司提供了一段录音证据，录音中美国信孚银行的工作人员吹嘘自己是如何利用复杂的结构愚弄客户以及如何操纵了宝洁和吉普森的报价。最终，美国信孚银行被判败诉。

知识一点通

金融市场变幻莫测，亏损本身是一件很正常的事。但录音证据表明，美国信孚银行完全是本着愚弄客户的思想去设计产品的。这件丑闻严重损害了美国信孚银行的声誉，其首席执行官被迫辞职，该银行最终被德意志银行收购。

失败原因剖析

（1）美国信孚银行的金融衍生工具结构过于复杂，没有充分告知客户收益与风险性质。

（2）工作人员在电话沟通中不合适的言语被公布。

教训

（1）公司需与客户进行公平交易并确保信息的充分沟通。

（2）公司需注重外部沟通过程中的严谨性。

二、摩根大通（JP Morgan）、花旗集团（Citigroup）、安然（Enron）

案例简介

2001 年的安然财务造假事件震惊全球。作为导致破产过程的一部分，安然被揭露多年来一直从事可疑的会计做法以隐瞒从投资者和贷款人处所获得的借款规模。同时，摩根大通与花旗集团两家金融巨头被指控协助参与安然的财务造假。

安然利用原油期货合约进行变相的借贷，为实现这一目的，安然进入石

油期货领域，但这些特殊的期货合约并不涉及任何石油价格的变动。安然公司以将来的交割价出售石油获得现金，然后同意以固定价格将这些石油回购，中间的交易对手方通过空壳公司来完成。因此，所谓的期货合约实际是安然公司收取预收款并以现金偿还的类似银行借贷的协议。这样做的目的在于，安然公司不必在公开声明中以贷款的形式报告这一情况，这使公司看起来更适合投资。

教训

实际上，上述过程的参与者——摩根大通和花旗集团都清楚地知道安然的真正意图，但仍然"协助"安然完成了相关交易。最终，两家公司被判支付2.86亿美元的"协助欺诈"赔款并同意制定新的控制措施，以确保其客户与投资者之间衍生品交易的信息透明度。

扫码做题　章节练习

第十一章

解密2007—2008年的流动性和信贷紧缩

知识引导：2007 年在美国开始的信贷危机，迅速从金融市场传导到实体经济，蔓延至全球，引发了自大萧条以来最严重的金融危机。在这次金融危机中，多家大型知名金融机构倒闭，美国股市蒸发了约 8 万亿美元的市值，对全球金融行业后续发展与改革产生了深远的影响。本章旨在解密此次金融危机，从制度与机制的角度解释发生在抵押贷款市场的损失是如何被放大、扩散，从而引爆全球金融危机的。此外，本章还将深度解析金融危机爆发后的一系列现象，包括市场的反应、政府的应对措施等。

考点聚焦：通过本章的阅读，考生需要了解导致房地产泡沫的关键因素，理解银行业发展趋势如何导致流动性紧缩和流动性危机，了解银行创建担保债务凭证（CDO）以及信用违约掉期（CDS）的目的和用途，掌握证券化和结构化产品是如何被投资者群体利用的，了解金融危机是如何引发一系列全球金融和经济后果的，能辨别资金流动性和市场流动性，理解流动性消失是如何导致金融危机的，了解交易对手信用风险的提高如何创造额外的融资需求并引发可能的系统性风险。

本章框架图

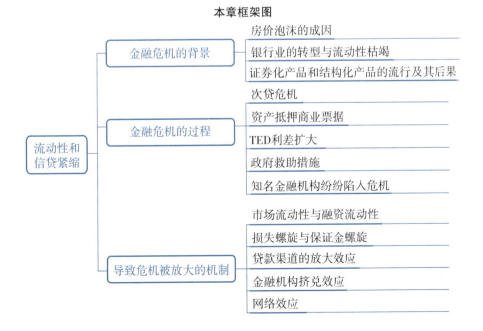

第一节　金融危机的背景

> 描述（describe）导致房地产泡沫的关键因素（☆）

一、房价泡沫的成因

2008 年金融危机爆发前，美国房价飙升，其增速远远超过 20 世纪末的十年。造成房价泡沫的原因主要有以下三个方面。

1. 低利率环境

造成低利率环境的原因可以分为两个方面：一是自格林斯潘任美联储主席以来，美联储一直采取宽松的利率政策；二是国外尤其是亚洲国家资本的大量流入，压低了信贷利率。

2. 避免通缩

2000 年网络泡沫破灭，美联储担心经济会陷入通货紧缩，因而没有采取措施遏制住房泡沫的膨胀。

3. 银行业的转型

银行业的经营模式经历了一次重大的转型。银行业的"贷款并持有"的传统经营模式逐渐转变为"贷款后分配"（Originate – to – distribute）的经营模式。在传统模式中，发放贷款的银行将持有贷款直至贷款被收回；而在新型的"贷款后分配"模式中，银行将不同贷款打包在一起后分档，然后以证券化（Securitization）的方式将其再销售出去。这种打包证券的再销售导致许多资本流入美国，压低了利率，进而推高了房价。

二、银行业的转型与流动性枯竭

> 解释（explain）银行业的发展趋势导致了流动性紧缩，评估（assess）流动性危机的诱因（☆☆）

在金融危机爆发之前，美国银行业的发展体现出两个趋势：第一，如前文所述，银行转向"贷款后分配"的经营模式。这种模式的好处在于银行不用将贷款计入资产负债表，通过打包贷款将其出售给各种投资者，以此转移风险。第二，银行更为依赖短期金融工具来为其持有的资产融资，这导致银行资产负债期限不匹配，一旦融资流动性出现问题就容易陷入困境。银行业的这两方面的转变，为接下来流动性危机的爆发埋下了祸根。

1. 证券化过程（Securitization）

解释（explain）银行如何创建债务抵押债券（☆）

解释（explain）信用违约掉期的目的和用途（☆☆）

当时美国银行业的一个趋势是"贷款后分配"的经营模式。在这种模式中，银行创造了被称为债务抵押债券（Collateralized Debt Obligation，CDO）的结构性产品。构建CDO主要有以下两个步骤。

第一步，银行将各类贷款打包卖给特殊目的机构（Special Purpose Vehicle，SPV）。第二步，再由SPV打包贷款切分成不同的份额（Tranche）卖给不同风险偏好的投资者。具体而言，份额通常可分为三类，安全级别从高到低分别为高级份额（Senior Tranche）、中层份额（Mezzanine Tranche）与股权份额（Equity Tranche/Tox Waste）。其中，高级份额安全级别最高，收益率最低，信用评级为AAA；股权份额安全级别最低、收益率最高；中层份额位于两者之间，见图11.1。

当打包贷款产生现金流时，将以瀑布（Waterfall）的形式分配给不同份额：首先现金流应优先分配给高级份额，直到该份额所有约定回报都满足后才会流向中层份额，在中层份额的所有约定回报都满足后才会最后流向股权份额。反之，当打包贷款本金产生损失时，先由股权份额承担；当损失比率超过股权份额占比时，才将侵蚀到中层份额，最后才是高层份额。

为了对冲购买CDO份额的风险，投资者通常会再购买信用违约掉期/互换（Credit Default Swap）。由于信用违约掉期的交易对手方违约概率通常较小（尤其是高级份额的信用违约互换），由份额与相应CDS组成的头寸被认为是风险极低的。然而，随后发生的金融危机推翻了这个事实。

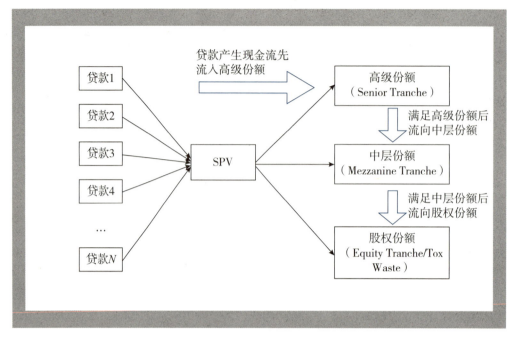

图 11.1 债务抵押债券现金流示意图

知识一点通

　　信用违约互换（CDS）可类比保险。（CDS）的买方将定期向卖方缴纳固定的"保护费"，以此换来卖方的"保护"——当 CDS 的标的债券违约时，卖方将按合约支付给买方相应的金额。

---

2. 期限错配

　　银行业的第二种趋势是期限错配，期限错配主要体现在以下三个方面。

　　第一，银行资产与负债端的期限错配。在银行的负债端，投资者通常偏爱短期资产，故银行面临投资者的短期提现需求；而在银行的资产端，银行贷款投资的项目则期限较长，通常在几年甚至十年以上。

　　第二，影子银行系统同样存在期限不匹配。影子银行系统主要由表外投资工具（Off－balance－sheet Vehiles）和管道（Conduits）组成。表外投资策略主要通过短期票据来融资，并投资于长期资产。这就使得银行面临着融资流动性风险（Funding Liquidity Risk）即一旦投资者突然停止购买商业票据，银行就有可能面临流动性危机。

> **知识一点通**
>
> 虽然表外的期限错配不会体现在资产负债表中，但这只是让报表看起来"漂亮"了一些，实际上银行仍然承担着由这种期限错配带来的流动性风险。

第三，投资银行存在着大量的期限错配，这主要是由于投资银行过度依赖回购（Repo），尤其是隔夜回购来融资。

三、证券化产品和结构化产品的流行及其后果

描述（describe）证券化和结构化产品是如何被投资者群体利用的，及它们增加使用的后果（☆☆）

1. 原因

在金融危机爆发前夕，证券化与结构化的金融产品在市场上得到迅速发展，其主要原因如下。

第一，结构化金融产品可迎合不同投资群体的需求，并促使抵押贷款的利率、公司贷款利率和其他贷款利率下降。

第二，机构投资者可通过结构化金融产品间接持有那些原本依据监管要求不得持有的资产。例如，按照监管要求，一些货币市场基金和养老基金只能投资 AAA 级的固定收益产品，而将 BBB 债券打包后证券化，这些机构就可以投资于其中的高级份额（高级份额的评级通常是 AAA）。值得指出的是，这种"打擦边球"的行为并没有降低银行的信用风险。

第三，通过监管套利获取评级（Regulatory and Ratings Arbitrage）。根据《巴塞尔协议 I》，银行的资本充足率至少要维持在8%以上。然而，通过前文所说的表外投资工具，银行可通过结构化产品把一些打包债务放置表外，从而获取 AAA 的评级。实际上，这种表内转表外的行为并不能降低银行的真实信用风险。

第四，金融机构以及评级机构对结构化金融产品的建模过于乐观。这些模型均是根据历史数据，如抵押贷款违约率等数据构建的。由于第二次世界大战以来，美国还未经历过全国范围内的房价暴跌，因此模型认为美国地区间的房价相关性不高，

从而分散化投资能带来风险的降低。

第五，结构性产品通常可以获得比公司债更高的评级。造成这一现象的原因可能是评级机构对结构性产品评级的收费更高。银行通过和评级机构"合作"，可确保结构化金融产品刚好达到 AAA 评级的最低要求。

2. 后果

证券化与结构化金融产品的泛滥最终导致了借贷标准的降低，从而进一步推高了房价。由于通过结构性产品可将大部分风险转嫁给其他的金融机构，银行仅仅在风险转移出去之前的几个月里面临短时期的风险。这就导致银行并没有充分的动机对贷款人进行严格的审查，而是只想着不断通过证券化、结构化将贷款转手卖出赚钱。

随着，贷款审查的标准不断降低，一些抵押贷款经纪人开始提供优惠利率、无证明抵押贷款、叠罗汉式抵押贷款（Piggyback Mortgages，两种抵押贷款的结合，无须首付）。甚至，一些所谓的"三无"人员（NINJNA，通忍者的缩写，表示 No Income、No Job、No Asset）也能获得贷款。

> **知识一点通**
>
> 在住房价格一直上涨的前提下，银行并不担心这些"三无人员"违约。即便贷款人违约，银行只要将抵押的房子没收就好了。然而，这一切都是建立在房价上涨的前提下，如果房价暴跌，贷款人违约，银行就只能拿回资不抵债的房子，而不能进行追索（这和中国的相关法规是不同的，在美国抵押贷款违约仅能拿抵押品赔付，而不能对违约人的其他财产进行追溯）。

第二节　金融危机的过程

描述（describe）金融危机是如何引发一系列全球性金融和经济后果的（☆☆）

一、次贷危机（Subprime Mortgage Crisis）

此次金融危机始于 2007 年 2 月开始的次贷危机。2007 年 2 月，次级债务违约初现端倪，ABX 指数开始暴跌。根据 ABX 指数显示，到 2007 年年底，即便是 AAA 级的 CDO 份额损失已高达 80%，并且随着危机的蔓延，该类 CDO 的价值计划跌至 0。

> **知识一点通**
>
> ABX 价格指数以信用违约互换 CDS 的价格为基础（即保护费的价格上升了）。ABX 价格指数的下跌，意味着为某一评级的一揽子抵押债券提供违约保险的成本就会增加。

随着 ABX 指数下降，UBS 受次级债拖累，被迫对其对冲基金清盘。随后，穆迪、标准普尔和惠誉接连下调各类次级债的各份额的评级，引发市场恐慌。随后公布的相关经济数据显示，美国新房销售年度同比下降 6.6%，美国最大的房屋建筑商也报告了当季亏损。从那时起到 2008 年年末，住房价格及销售量持续下跌，次贷危机全面爆发。

二、资产抵押商业票据（Asset–backed Commercial Paper，ABCP）

随着危机的蔓延，市场开始对结构性产品的定价以及评级的可靠性产生疑虑，从而导致短期 ABCP 市场发行量大幅萎缩、流动性枯竭（截至 2009 年 1 月，ABCP 市场的发行量下降了将近 50%）。

2007 年 7 月德国工业贷款银行（IKB）由于无法将 ABCP 展期，从而无力提供它所承诺的信贷额度。同年 7 月底，美国房屋抵押投资公司因无力为各项贷款融资宣布破产。8 月，法国巴黎银行冻结了三家投资基金的赎回权。这些事件的发生，表明市场流动性紧张，金融机构彼此之间不愿意互相拆借。

三、TED 利差扩大

伦敦同业拆借利率（LIBOR）是确定银行间拆借利率的平均参考利率。利差衡量的是两种有着不同风险的债券之间的利率差别。所谓的 TED 利差是 LIBOR 利率与无风险的美国国库券利率之间的差额。通常银行对无担保贷款收取很高的利率，这就会抬高 LIBOR 利率。然而，在金融危机中，恐慌迅速蔓延，即便是对于信用良好的个人与机构，银行也不愿意放贷，于是 TED 利差扩大。通常情况下，TED 利差在 30—50 个基点，而在此次金融危机中，TED 利差最高时达到 450 个基点。

四、政府救助措施

在金融危机期间，政府采取了一系列的应急救助措施。例如，为了避免流动性危机进一步蔓延，美联储在 2007 年 8 月降息 0.5 个百分点，并扩大抵押资产的范围、延长贷款期限，但收效甚微。

此外，2007 年 12 月，美联储创新性地推出期限拍卖工具（Term Auction Facility，TAF），通过竞拍的形式为银行机构提供抵押贷款。这个措施虽取得了一定的效果，但仍然不能扭转金融危机的趋势。

备考小贴士

有关政府措施的有效性将在下一章详细展开讨论。

五、知名金融机构纷纷陷入危机

1. 贝尔斯登（Bear Stearns）

2008 年 3 月，由于利差不断扩大，凯雷资本（美国凯雷投资集团）损失严重，无法满足追加保证金，其抵押资产被扣押。由于贝尔斯登是凯雷的债权人之一，从而市场传言其也陷入困境。

同一月份，纽约联邦储备银行推出定期证券借贷工具（TSLF）。允许投资银行用机构债券和其他担保相关债券同财政债券进行为期不超过 28 天的掉期。这本是政府救助市场的举措，却被市场误读为美联储已经知晓投资银行贝尔斯登可能陷入困境而为其提供帮助，进一步坐实了之前的市场流言。

随后，惊弓之鸟的市场再次误读高盛与贝尔斯登之间的行为，导致贝尔斯登遭到很多对冲基金客户和其他交易对手方撤资，流动性危机急剧恶化。

由于贝尔斯登与各种交易对手大约有 1.5 亿笔交易。如果其倒闭对市场无疑是致命的打击。最终，纽约联邦储备银行促成了摩根大通以 2.36 亿美元收购贝尔斯登。

2. 政府特许机构：房地美（Fannie Mae）和房利美（Freddie Mac）

房地美和房利美是两家公开交易的政府特许机构，美国大部分抵押贷款都由这两个机构进行证券化。2008 年 6 月中旬，由房地美和房利美发行的机构债券与国库券的利差再度拉大，"两房"发行的未偿还债券已超过了 1.5 万亿美元，房地美和房利美的问题全面爆发。同年 9 月政府不得不接管房地美和房利美。

3. 雷曼兄弟（Lehman Brothers）、美林（Merrill Lynch）和美国国际集团（AIG）

雷曼兄弟在前文所述的贝尔斯登事件中已元气大伤。随后，它严重依赖美联储的一级交易商信贷工具而没有发行足够的新股来增强其资产负债表。随着雷曼的股价持续下跌，国家控股公司韩国发展银行决定不再购买该公司，雷曼的股价更是一落千丈。美国财政部和美联储决定不使用纳税人的钱提供担保，尤其是雷曼及其客户和交易对手曾有充足的时间来应对流动性短缺。最终雷曼兄弟不得不申请破产。

由于雷曼在全球都有交易对手方，雷曼兄弟的倒闭使得金融危机迅速蔓延到了全球。在雷曼兄弟破产后，感受到压力的美林宣布以 500 亿美元的价格出售给美国银行。

不久后，大型跨国保险公司美国国际集团（AIG）披露其面临严重的流动性短缺。与许多投资银行类似，AIG 在信用衍生品业务（包括信用违约掉期）上的头寸巨大。到 2008 年 9 月，AIG 的股价在连续多天下滑后，其跌幅已超过 90%。由于美国国际集团在信用衍生品业务中的关联太大，美联储迅速组织了 850 亿美元的救助计划，购买了美国国际集团 80% 的股份。

第三节　导致危机被放大的机制

通过回顾此次金融危机的全过程，我们发现，当市场上流动性出现问题时，一个不大的冲击就会被放大，最终导致一场全面的金融危机。那么究竟是什么样的市场机制导致微小的冲击会被放大呢？本节将介绍四种导致冲击被放大的机制，但在此之前，我们有必要先区分融资流动性和市场流动性这两个概念。

一、市场流动性与融资流动性

> 辨别（distinguish）融资流动性和市场流动性的区别，解释（explain）流动性消失是如何导致金融危机的（☆☆）

流动性可进一步细分为市场流动性与融资流动性两类。

1. 市场流动性（Market Liquidity）

市场流动性指通过出市场出售资产的难易程度。如果市场参与者不得不压低价格出售资产时，市场流动性较低。换而言之，市场流动性的高低取决于找到交易对手的相对难易程度。

市场流动性可以在以下三个方面得到体现。

一是买卖价差（Bid－ask Spread），即做市商卖出资产（即投资者向做市商买入资产）的价格（Ask Price）与做市商买入资产（即投资者向做市商卖出资产）的价格（Bid Price）之间的差额。如果买卖价差过高，说明做市商做市意愿较低，市场流动性较差。

二是市场深度（Market Depth），即交易者在不影响价格的情况下可以卖出（买入）的资产份额。市场深度越深，不影响价格的买卖份额越高。

三是市场弹性（Market Resiliency），即价格短暂下探后再弹回的时间。弹回时间越短，说明市场弹性越好。

知识一点通

市场深度较深的市场可类比大海，一个石头扔进大海不会对市场价格产生影响，投资者的交易成本也较小。市场弹性较好的市场可类比弹簧，尽管受到一定的外界压力时会收缩，但最终能迅速反弹回原先水平。

2. 融资流动性（Funding Liquidity）

融资流动性是指投资者从资金所有者手中融资的难易程度。融资流动性高意味着投融资活动能够顺利进行，我们称市场上"充斥着大量的流动性"（Awash with Liquidity），融资就能够顺利进行。

市场上融资流动性的高低可以从以下三个方面得以体现。

一是保证金（Margin）/资产估值折扣（Hair cut）变动风险。保证金或资产估值折扣变大时，意味着融资流动性较低。

知识一点通

通常而言，当杠杆交易者，比如券商、对冲基金或投资银行在购买一项资产时，不是直接按资产价格付款购买，而是以这项资产为抵押来进行短期融资。但他们不能按照资产价格全额借款，其中一部分资金必须"自掏腰包"（即资产价格和它作为抵押品的价值之差的部分）。自掏腰包的这部分金额即称为保证金或资产估值折扣。

例如，某资产价值100万元，抵押价值80万元。那么，杠杆交易者要通过该资产融资100万元，必须自掏腰包20万元，并把该资产按80万元抵押给交易对手方。这20万元的差额就是保证金或资产估值折扣。这个数额会根据市场每日状况有所变动。

二是展期风险（Roll Risk）。展期风险是指短期融资展期难和展期成本高的风险。许多金融机构都依赖于发行短期商业票据或回购协议来偿还其长期债务，一旦短期融资出现困难就会影响整个机构的资金周转，从而爆发流动性风险。

三是赎回风险（Redemption Risk），即银行的活期存款或诸如对冲基金之类的股

东提取资金的风险。如果银行出现挤兑、基金份额购买者集中赎回，那么金融机构同样将面临流动性风险。

> **知识一点通**
>
> 总体来看，市场流动性是指出售资产以获取全部现金流的难易程度；而融资流动性是利用某一资产发行债券、股票或其他金融协议产生现金流的难易程度。

理解了两种流动性风险后，下文将介绍四种导致微小冲击引发流动性迅速枯竭的作用机制。

二、借款方——损失和保证金的螺旋效应

第一种导致冲击被放大的机制体现在借款人的资产负债表上，由于损失和保证金的螺旋效应将导致损失被进一步放大，下面逐一进行分析。

1. 损失螺旋（Loss Spiral）

损失的螺旋效益是指对杠杆投资者来说，由于资产价值下降而使资本净值受侵蚀的速度快于资产总值，从而影响融资流动性。

> **知识一点通**
>
> 例如，某投资者按20%的保证金购买价值100万元的资产。这意味着，该投资者必须动用20万元的自有资金，并且外借80万元，其杠杆比率是5。该投资者相当于用20万元自有资金（加贷款）购买了价值100万元的资产。假设此时该资产的价值下降至90万元，那么投资者的自有资本将被侵蚀10万元，仅剩10万元。此时，若保持杠杆率不变（1:5），投资者必须将总资产价值减少到50万元。换言之，这意味着投资者不得不在资产价值下跌时，抛售50万元的资产。投资者因此蒙受损失，这损失还因为杠杆效应被放大，并且资产的出售会进一步打压价格从而引发更多的抛售。这种连环效应即为损失螺旋。

2. 保证金螺旋/资产估值折扣螺旋 （Margin Spiral/Haircut Spiral）

保证金/资产估值折扣会进一步强化损失螺旋。在上文"知识一点通"的例子中，杠杆率是始终保持不变的。当保证金或资产估值折扣提高时，意味着杠杆率下降，投资者将在原有的基础上，抛售更多头寸以降低杠杆率，所受损失进一步被螺旋放大。

随着资产价格的大幅下跌，信贷紧缩，银行将极度"惜贷"，提高保证金和资产估值折扣。更高的保证金和资产估值折扣迫使杠杆率降低引发更多的资产出售，从而形成一个恶性循环。

三、放贷方——贷款渠道的放大效应

当放贷方的财务状况恶化时，就会收紧放贷。我们具体探讨两种机制：监管中的道德风险和预防性惜贷。

1. 监管中的道德风险 （Moral Hazard）

大多数贷款由银行充当中介，从而也由银行承担审核贷款的责任。然而，为了获取更多的利润，银行有可能不负责地放贷，道德风险就由此出现。

2. 预防性惜贷 （Precaution Hoarding）

当贷款人担心他们可能会遭受暂时的冲击时，又会走向另一个极端——预防性惜贷。此时，银行将不是对贷款审批过宽，而是过度监管，即便信用记录很好、赢利能力较强的企业也得不到贷款。而此时正是企业最需要资金渡过难关的时刻。

由于道德风险与预防性惜贷的存在，微小冲击通过贷款渠道也会被进一步放大。

四、金融机构的挤兑效应（Runs on Financial Institutions）

挤兑现象是指当银行出现经营问题时，每个存款或投资者都有动机最先从银行提兑，从而引发了"挤兑现象"。

"挤兑现象"的产生主要可归结为两个方面的原因。

第一，如果银行的经营恶化是由于其投资项目盈利产生了问题，那么在这种情形下，先提兑者将先拿到资金，而后提兑者有可能一分钱都拿不到。

第二，如果银行的经营恶化是由于融资流动性所导致，那么在这种情形下，为了满足流动性需求，银行不得不以低价变卖其长期资产。由于资产以低于公允价值的价格出售，这将侵蚀银行资产，后提兑者有可能一分钱都拿不到。

在这两种情形下，每个投资者均有动机最早去银行提兑，这就会引发一连串的抢占行为，给社会效率带来负面影响。

五、网络效应（Network Effect）

分析（analyze）交易对手信用风险的提高如何创造额外的融资需求并引发可能的系统性风险（☆）

上文中，我们分别阐述了借款方与放贷方中放大冲击的机制。然而在现实中，大多数金融机构往往同时既是贷款者也是借款者。现代金融架构是金融债务相互交织的一个网络，这就会产生网络效应，一个微小的冲击也将通过网络迅速被放大并传播。

知识一点通

我们通过一个例子来说明对手方的信用风险是如何通过网络被放大的并产生额外的融资流动性问题与潜在的系统性风险。

假设 A 公司与 B 公司达成了一项利率互换协议，双方都同意对某一浮动利率和某一固定利率之间的利差进行掉期。具体而言，假定根据当时市场利率状况，A 公司应支付 B 公司资金 100 万元，B 公司应支付 A 公司资金 90 万元。在正常市场状况下，两笔支付可以相互抵销，即 A 公司支付给 B 公司资金 10 万元即可（Netting Agreement）。但是，如果市场出现冲击，导致 A 公司出现信用风险，此时 B 公司就不会同意两笔支付相互抵销了。在实际情况中，会比这个例子更复杂，可能是由 A、B、C、D 等多个公司形成了相互抵销支付的网络。但是，只要其中一家公司出现信用危机，就会使得抵销支付不可行。所有公司要么要准备多余的资金应付流动性风险，要么购买 CDS 产品寻求保护。但是，在信用危机时期，CDS 的产品价格也会非常昂贵。这就是在此次金融危机中实际发生的情况。如何解决网络效应扩散交易对手方信用风险的问题？最好的方法就是构建中央对手方（Clearing House）。这会在第三门科目《金融市场与产品》中进行详细阐述。

扫码做题　章节练习

第十二章

金融危机文献总结

知识引导：本章选取了十六篇文献，从不同角度阐述了金融危机中导致风险形成的机制、短期债务市场的恐慌、政府应对危机所采取的应对措施以及金融危机对全球经济产生的深远影响。为了方便考生备考，本书并不对所有文献进行一一罗列，而是对不同文献的相关观点进行总结归纳，感兴趣的考生可自行阅读原版文献。由于同样是分析2007—2009年的金融危机，所以本章部分内容与上一章是有所重合的。

考点聚焦：通过本章的阅读，考生需要掌握的内容：引发金融危机的触发点和系统脆弱性以及它们对危机的贡献；了解短期债务的主要脆弱性（特别是回购协议和商业票据）；了解雷曼倒闭对全球金融市场的影响；理解导致最近金融危机的历史背景；会区分金融危机的两个主要恐慌时期，了解每个时期的市场状况；掌握政府对金融危机的政策反应以及短期影响，了解金融危机对企业和实体经济的全球影响。

本章框架图

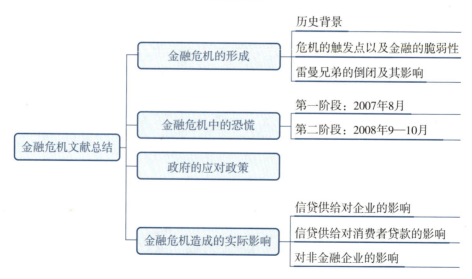

第一节　金融危机的形成

一、历史背景[①]

描述（describe）导致最近一次金融危机的历史背景（☆）

此次金融危机发生前，最明显的一个现象就是信贷规模的加速上升。这一现象可以从以下两个角度来解释。

1. 公共部门与私人部门的债务规模激增

要完全理解此次金融危机，首先需要定义什么是银行危机。根据定义，发生以下两种情况之一就可认为银行危机发生。

一是银行出现挤兑现象，导致多个金融机构被关闭、合并或接管。

二是即便没有发生银行挤兑，一个重要的金融机构被关闭、合并、接管或接受了大规模的政府援助，那么这也将是其他金融机构发生一系列类似后果的导火索。

结合此次金融危机，在银行危机爆发前，美国的外债急剧增加。研究表明，银行危机往往与主权债务危机有密切的联系。

2. 信贷规模与金融危机之间的联系

相关研究表明，信贷规模以及信贷的结构往往与金融危机的爆发有着密切联系。具体而言，信贷供给（Credit Supply）的变化是预示金融危机的有效指标。

知识一点通

在实证研究中，信贷供给通常用指标 BL/GDP 或 BA/GDP 表示。其中，BL 表示 Bank Loans，为银行所有未偿还贷款的总和；BA 表示 Bank Asset，为银行所有资产。早期文献中，也有用 M2/GDP 表示信贷供给（M2 为货币供给），但现在已基本不再使用。实证数据显示，在金融危机爆发前夕，指标 BL/GDP 与 BA/GDP 大幅上升，但 M2/GDP 没有明显的变化。

[①] 本部分内容的结论主要来自以下作者的论文：Reinhart 和 Rogoff（2011）与 Schularick 和 Taylor（2013）。

综上所述，我们可以得到这样一个结论：银行危机在债务危机广泛扩大的过程中发挥了非常重要的加速作用。政府和金融中介机构的债务加速（信贷供给增加）是导致金融危机的重要因素。

二、危机的触发点（Trigger）以及金融的脆弱性（Vulnerability）[①]

区分（distinguish）导致金融危机的触发点和脆弱性以及它们对危机的贡献（☆☆）

描述（describe）短期债务的主要脆弱性，特别是回购协议和商业票据（☆☆）

如前所述，在金融危机之前，市场上出现了信贷繁荣、房价急剧上涨以及全球对外贸易的不平衡的现象。要理解金融危机的发生，必须区分金融危机的触发点以及金融的脆弱性。

1. 金融危机的触发点

次级贷款造成的损失或者说市场对这些损失的预期是金融危机的触发点，但触发点本身不是解释金融危机的理由。

2. 金融的脆弱性

金融系统的脆弱性在很大程度上是由于经济体中金融部门发生变化而造成的。此次金融危机中，金融部门最大的变化就是影子银行的出现，这也是金融脆弱性的主要根源。

从载体上看，金融系统的脆弱性主要体现在短期债务工具上，尤其是回购协议。回购协议（Repurchase Agreement）是指以有价证券做抵押的短期融资协议。回购协议市场并不是一个小市场，相关数据显示回购协议市场在现代经济体中的规模颇大。由于美国短期债务市场的混乱造成了全球市场美元短缺，进而影响了外汇互换市场。2008年9月雷曼兄弟的倒闭极大地加剧了这个问题。

[①] 本小结的相关结论来自Bernanke（2010）与IMF（2010）。其中，Bernanke（伯南克）为当年的美联储主席，同时也是学术大牛。

三、雷曼兄弟的倒闭及其影响

评估（assess）雷曼倒闭对全球金融市场的影响（☆）

2008 年 9 月美国第四大投资银行雷曼兄弟由于受次贷危机影响，公司出现巨额亏损，在谈判收购失败后宣布申请破产保护。雷曼兄弟的倒闭对全球金融市场以及金融危机的蔓延产生了深远的影响。随着雷曼兄弟的倒闭，市场信心跌至冰点，越来越多的金融机构面临违约风险，由此产生的危机迅速蔓延到各个市场和国家，全球金融海啸全面爆发。

更糟糕的是，雷曼的倒闭引发了货币市场共同基金的挤兑，以致国财政部不得不宣布对货币市场共同基金进行临时担保。全球市场对美国和欧洲金融体系持稳的信心全失，由此引发的动荡导致了银行流动性降低，最终波及美国的实体经济，并在全球范围内扩散。

第二节　金融危机中的恐慌①

此次金融危机所产生的恐慌主要经历两个阶段。

第一阶段：2007 年 8 月（ABCP 恐慌）。

第二阶段：2008 年 9—10 月（雷曼破产）。

回购市场（Repo market）的变动链接了两次恐慌阶段。

一、恐慌的第一阶段（2007 年 8 月）

区分（distinguish）金融危机的两个主要恐慌时期并描述（describe）每个时期的市场状况（☆☆）

---

① 本小节结论主要来自 McCabe（2010），Covitz、Liang 和 Suarez（即将发表）以及 Gorton 和 Metrick（即将发表）等。

第一阶段的恐慌主要体现在资产抵押商业票据（ABCP）上。如上一章所述，ABCP 是由金融中介机构（特殊目的工具，Special Purpose Vehicle）发行，通过捆绑房贷、信用卡和其他贷款为抵押，将长期金融资产融资转换成了资产负债表外的票据融资工具，并在市场公开出售。

随着货币市场共同基金（MMFs）成为 ABCP 的主要持有者，ABCP 市场与金融体系的其他部门密切相关。

> **知识一点通**
>
> 几十年来，商业票据（CP）一直是企业融资的重要手段。对商业票据的大量需求催生了"资产抵押商业票据"（ABCP），金融中介大量利用 ABCP 融资购买长期金融资产。

然而，在一定情况下，资产抵押商业票据 ABCP 项目也会发生挤兑。当商业票据到期而贷款者不愿再融资时（相当于银行的存款者集中提现），那么 ABCP 项目将遭受挤兑。如果项目中不能发行新的票据，那么就必须依靠银行集团的支持，否则就会被迫出售资产用于应付挤兑。2007 年年底，大约 40% 的 ABCP 项目被挤兑并且不能在传统的短期市场里获得融资。ABCP 市场在 2007 年后半年里，下跌了 3500 亿美元。大多数项目依靠银行集团的后援资金支持来弥补亏损，这使得银行的资产负债表因而受到了巨大的影响，并进一步导致出售资产的价格下跌。

二、恐慌的第二阶段（2008 年 9—10 月）

2008 年 9 月 15 日，雷曼兄弟的破产对 MMFs 来说是一个巨大的冲击。由于 MMFs 持有大量 ABCP，这使得危机迅速在市场间蔓延开来。此外，持有雷曼商业票据的主要储备基金（Reserve Primary Fund）不能再维持其价值，从而导致与其类似的基金也出现挤兑现象，进而严重扰乱私人信贷市场、造成流动性短缺。

回购市场在危机蔓延的过程中也发挥了至关重要的作用。回购抵押品的保证金/资产抵押折扣持续上升，导致流动资金撤出金融体系。2007 年年初，大多数抵押品的保证金/资产抵押折扣已接近于零。在第一阶段 ABCP 恐慌时，保证金/资产抵押折扣开始稳步上升。自 2007 年 7 月至雷曼破产前夕，保证金/资产抵押折扣已上升了 25%。雷曼兄弟破产后，保证金/资产抵押折扣上升至 45% 左右。

第三节　政府的应对政策①

> 评估（assess）政府对金融危机的政策反应并回顾（review）其产生的短期影响（☆☆）

国际货币基金组织（IMF）把危机分成了三个阶段。

第一阶段（雷曼兄弟事件前）：2007 年 6 月 1 日至 2008 年 9 月 15 日；

第二阶段（全球金融危机第一阶段）：2008 年 9 月 15 日至 2008 年 12 月 31 日；

第三阶段（全球金融危机第二阶段）：2009 年 1 月 1 日至 2009 年 6 月 30 日。

在这三个时期，各国政府采取了五种不同政策，包括利率削减、流动性支持、资本重组、流动性保障以及资本购买。本小节将分别讨论这五类政策的内容与效果。

1. 利率削减政策（Interest Rate Cut）

利率削减政策可通过 ESI（Economic Stress Index，经济压力指数）和 FSI（Financial Stress Index，金融压力指数）的短期反应来评估其有效性。

ESI 是一个置信衡量（商业和消费者）、信用价差以及非金融公司的股票价格的综合指标。FSI 则是银行信贷、利差和股票价格的综合衡量指标。

所有地区的中央银行在三个危机时期都削减了利率，但没有发现降息对 ESI 产生短期影响的证据，只有有限的证据证明降息对 FSI 有正面影响。

2. 流动性支持（Liquidity Support）

央行的流动性支持对银行间利差以及在第一阶段（雷曼兄弟倒闭前）对广泛的 FSI 指标有着显著的正面影响。在后一阶段，可能是由于该政策已被预期，也可能是更多地担心清偿能力问题而不是流动性问题，央行宣布的流动性支持政策没有了之前可观的效果。

---

① 本小节结论主要来自 IMF（2009）。

3. 资本重组、流动性保障、资本购买（Recapitalizations，Liquidity Guarantees，Asset Purchases）

IMF 同时关注 FSI 以及相关国家国内银行的信用违约掉期（CDS）指数来衡量其他财政部的政策资本重组、流动性保障与资本购买的短期影响。

在这几种干预中，资本重组被发现特别有效，它在危机第一阶段与第二阶段期间显著改善了几乎所有国家银行的 CDS 息差。在使用 FSI 衡量的情况下，这些结果就不明显了。

流动性保障以及资产购买也同样显示出较弱的结果，但 2009 年英国的资产保护计划和瑞士政府购买 UBS 资产这两个显著成功的案例除外。总的来说，流动性支持在危机早期阶段（雷曼倒闭前）是安抚银行同业信贷市场的有效镇静剂。在后期阶段，资本注入则成为了最有效的政策。

第四节　金融危机造成的实际影响[①]

> 描述（describe）金融危机对企业和实体经济的全球性影响（☆☆）

短期债务的挤兑引发了金融中介机构的恐慌，尤其是在雷曼公司破产后。当中介机构开始囤积现金和停止放贷时，信心的普遍丧失、对交易对手的偿付能力和对流动性的担忧波及了实体经济。金融危机的实际影响是全球性的。以下从三个方面阐述金融危机造成的影响。

一、信贷供给对企业造成的实际影响

银团贷款（Syndicated Loans）市场在过去三十年里是为大型企业提供贷款的主要渠道。银团贷款市场除了包括商业银行外，还包括如投资银行、机构投资者、对

[①]　本小节结论主要来自 Ivashina 和 Scharfstein，Puri、Rocholl 和 Steffen（2011），Campello、Graham 和 Harvey（2010）。

冲基金、共同基金、保险公司以及养老基金的金融（中介）机构。研究表明，银团贷款在 2007 年年中便开始减少并随着 2008 年第 9 月开始的银行业恐慌而加速下降。2008 年第四季度的贷款量较前一季度下降 47%，较 2007 年信贷繁荣时的峰值下降了 79%。

二、信贷供给对消费者贷款的影响

相关研究表明，在德国，由于美国次级贷款使德国地方银行遭受了不同程度的风险，消费者对贷款的需求总体下降；与消费者贷款相比，房贷所受的影响更大。

三、对非金融企业的影响

相关实证研究探讨了 2008 年金融危机对北美、欧洲、亚洲的 39 个国家非金融企业的实际影响，得到以下结论：虽然所有公司都削减了开支和股息支付，现金持有量和雇员人数均有所下降，但信贷受限制的公司①受这些政策的影响更大。

总体而言，银行削减了信贷供应，信贷需求也同样下降；而信贷供给的减少对信贷限制的企业有着更为显著的影响。

扫码做题　章节练习

---

① 信贷受限制的公司指金融危机使其业务受到很大影响或受到一定影响的公司。

第十三章

风险管理失败

知识引导： 风险管理最基本的理念之一就是发生损失并不等于风险管理失败。风险是不可能被根除的，因而损失也是不可避免的，即便最完善的风险管理体制也无法保证不发生损失。那么，既然不能从损失上判断风险管理的成败，甄别风险管理失败的标准是什么呢？风险管理失败的类型又有哪些？本章将对这两个问题进行回答。

考点聚焦： 通过本章的阅读，考生需要了解巨大财务损失为何不是风险管理失败的例证，会辨别风险管理失败的实例，理解风险管理失败在以下几个领域中是如何产生的：对已知风险敞口的衡量、风险敞口的辨别、风险的沟通、风险的监管，掌握风险度量的作用以及已存在的风险度量的缺点。

本章框架图

- 风险管理失败
  - 何谓风险管理失败
    - 风险管理者扮演的角色
    - 风险管理失败的界定
  - 风险管理失败类型
    - 已知风险的误量
    - 忽略风险而误量
    - 风险沟通失败
    - 监控和管理风险失败
    - 风险度量与风险管理失败

第一节　何谓风险管理失败

解释（explain）巨大的财务损失为何不是风险管理损失的例证（☆）

分析（analyze）和辨别（identify）风险管理失败的实例（☆☆）

即便最完善的风险管理也不能避免损失。风险管理最基本的理念之一就是不能将损失等同于风险管理失败。那么如何定义风险管理失败呢？

一、风险管理者扮演的角色

要定义风险管理失败，首先要定义风险管理在企业运营中扮演的角色。在一个典型的企业中，风险管理所扮演的角色必须承担以下职责：

第一，评估企业所面临的风险。

第二，与决策的部门进行充分沟通。

第三，管理并监督风险以确保企业所承担的风险符合企业偏好。

> **知识一点通**
>
> 这里值得指出的是，企业是否承担某一风险是由董事会和高层管理人员所决定的，而不是风险管理经理的职责。风险管理经理的职责仅限于确保决策层明确企业面临的风险及当企业决定其风险偏好后，监管企业的行为符合其确定的风险偏好。

具体而言，在确定企业的风险偏好后，风险管理经理必须判断企业的每一笔业务是否符合企业的风险偏好以及该业务需要占用多少风险资本（这个风险资本的计算是经过风险调整后的）。在分配风险资本时，企业应指定风险度量标准。当风险衡量超过企业的风险容忍度时，风险就应当被降低；相反，当风险衡量相对于企业的容忍度过低时，那么企业将提高风险。由于企业通常更关注的是未预期到的损失，

因而业内最常用的风险衡量指标就是在险价值（VaR）。

需要注意的是，如果企业风险偏好变得更加激进，在原有风险偏好下不能产生利润的行为，在现有风险偏好下可能会变得有利可图。但如前所述，是否改变风险偏好，这不是风险管理经理的职责。

二、风险管理失败的界定

正如前文所指出，风险管理是否失败不能单从是否产生损失来界定。而且，即便在明确风险管理职责的前提下，有些情况下也很难确定损失是由风险管理失败造成的。这里借用第十章中介绍的长期资本管理公司 LTCM 案例进行分析。

LTCM 基金在成立初期表现其实非常出色：1994 年成立后的 10 个月内，投资者获利 20%，1996 年获利 43%，1997 年获利 17%。然而，1998 年 8—9 月，继俄罗斯以卢布计价的债务违约和世界资本市场危机的发生，LTCM 的对冲基金失去了超过 70% 的资本。

此案例中，LTCM 超过 70% 的资本损失是否就代表了风险管理的失败？这个问题的答案是需要深入讨论的。

从风险偏好的角度来说，当 LTCM 的基金管理者／合伙人做出投资决策时，他们对基金未来所有可能性（收益）结果的实际分布是知悉的。因此，他们完全知道未来基金盈利与损失的分布情况。发生损失只不过是事先已知的小概率事件了。因此，既然管理者知晓所面临的风险并决定承担，至少从这个角度来看，不存在风险管理失败一说。

那么，这是否就意味着 LTCM 在任何方面都不存在任何风险管理失败呢？要回答这个问题，需要了解风险管理失败的类型。

第二节　风险管理失败的类型

解释（explain）风险管理失败在以下几个领域中是如何产生的：对已知风险敞口的衡量、风险敞口的辨别、风险的沟通、风险的监管（☆☆）

上一节中，我们明确了风险管理的职责。实际上，在履行风险管理职责的每一个过程中出现纰漏，都有可能导致风险管理失败。

首先，风险管理的第一步是衡量风险。在衡量风险时会出现两种错误：已知的风险可能被错误地计量、有些风险被认为不重要而可能被忽略。其次，风险被衡量后，就必须与企业领导层进行沟通，从而决定与企业投资战略相符的风险承担。因此，与管理层沟通失败也属于风险管理的失败。在管理层决定风险承担后，风险管理者必须监控并管理企业的风险，包括实施适当的风险缓解行动、对冲风险或拒绝一些提议的交易或项目。最后，风险管理者在使用适当的风险度量标准时，也可能会出现错误。

综上所述，我们可将风险管理失败归为以下六种：一是对已知风险的错误衡量或估算。二是忽略了相关风险。三是与高层管理层沟通风险失败。四是风险监控（Monitoring）失败。五是管理风险失败。六是使用不当的风险度量（Risk metrics）。

下文将逐一讨论每一种风险管理失败的类型（风险监控与管理风险失败归在一起讨论）。

一、对已知风险的错误衡量（Mismeasurement of Known Risk）

在度量风险时，风险管理者试图确定收益的分布情况，从而评估产生巨大损失相对应的概率。此外，每个交易头寸的回报都有一个既定的分布，这些头寸之间的相关性在风险管理中极为重要。这是因为通过大类资产配置可以带来多样化投资的好处，风险会随着资产之间相关性的降低而降低。然而，无论头寸自身的分布还是头寸之间的相关性都是有可能出现衡量误差的。

> **知识一点通**
>
> 实务中，收益分布与相关性是很容易估计错误的。例如，造成 LTCM 巨大损失的原因之一就是错误地假设资产收益率的概率分布为正态分布，忽视了金融资产收益率肥尾的现象。又如，许多模型中资产间的相关系数都是依赖于历史数据估计而得出的。然而，当金融危机发生的时候，资产之间的相关系数会陡然上升，使用原有的相关系数会大大低估风险。

二、忽略相关风险

忽略相关风险存在三种不同的形式，以下分别展开讨论。

1. 忽略已知风险（Ignored Known Risk）

第一种形式是忽略已知的风险，即企业知道风险的存在也可能因为种种原因忽略它。

例如，1998 年 8 月俄罗斯主权债务违约事件发生之前，长期资本管理公司 LTCM 并非完全没有意识到持有俄罗斯国债存在风险。LTCM 不仅对违约风险进行了对冲并且同时对冲了卢布的汇率风险。自然地，LTCM 认为在对汇率和违约风险对冲后，自己的相关头寸是完全没有风险的。其实不然，由于对冲汇率风险时，LTCM 是与俄罗斯银行签订的远期合约。当俄罗斯主权债务违约时，俄罗斯银行自然也违约了，LTCM 忽视了对手方违约风险。

2. 信息收集错误（Mistakes in Information Collection）

第二种形式是信息收集错误，虽然企业已知某种风险但该风险并没有被风险模型捕获。如果风险没有被考虑到其中，那么这些被忽视的风险就不会被适当地监管。而一般没有被监管的风险都容易被人为地放大（没人管，自然就"乱来"了）。

3. 未知的风险（Unknown Risk）

第三种形式则是未知风险的存在。大多数未知的风险并不会造成风险管理问题。只有在一种情况下，未知风险会导致风险管理失败：如果风险管理者已知该未知风险，他们采取的最优行为会有所不同。

实际上，不论风险管理者如何寻找未知风险，始终会有一些风险是不可知的。无论多么完美的风险管理模型都不能捕获所有的风险。因此，企业必须储备一些资金来应对未知风险的发生。

三、风险沟通失败（Communication Failure）

风险管理者从事风险管理并非为了自身，而是为了让高层管理人员做出最佳战略决策，从而使股东的价值最大化。企业必须选择最优的风险水平确保所承担的风险能为股东创造价值。

因此，风险管理必须向董事会和管理高层提供及时的信息以确保高层在做出战略决策时充分考虑到相应的风险因素。为了让董事会与高层理解企业的风险情况，有效的风险沟通过程是非常重要的。否则，即便企业具有完美的风险管理系统，但由于风险管理者不能与董事会以及高层进行有效的沟通，致使上层对整体风险缺乏了解，那么这样的风险系统可能在企业风险管理执行时出现弊大于利的情况。

四、监控和管理风险的失败（Failures in Monitoring and Managing Risk）

风险管理者必须持续监控企业所承担的风险。此外，他们还必须为了企业目标，对冲并缓解已知的风险。对于典型的非金融企业，风险通常变化缓慢。但对金融企业，即使企业不改变现有的头寸，其风险也会时时发生变化。

如果资产的风险特征变化（证券的风险因子对市场条件相对敏感，如利率、汇率等）非常迅速，捕获这些变化并进行适当对冲调整将是极大的挑战。同时，监测和管理风险的行为有可能改变风险的性质，确保一个变量的确定性可能会给另一个变量带来不确定性。

风险监管和控制的有效性主要依赖于机构的文化以及激励制度。如果员工的薪酬受其如何承担风险的影响，那么他们会更明智地承担风险。文化和激励制度糟糕的企业其最优的风险模型会明显不如有良好员工激励计划（与企业承担的风险相挂钩）的企业有效。

监控和管理风险如果过于谨慎也可能会扼杀交易部门的创新。各机构面临的是一种权衡取舍：企业员工应该有一定程度的灵活性，而企业的管理层也可正确地决定对一些持续性的风险不予以监控和管理。

五、风险度量与风险管理失败（Risk Measures and Risk Management Failure）

评价（evaluate）风险度量的作用并分析已存在的风险度量的缺点（☆☆）

风险度量（Risk Metrics）用于辅助风险管理，使管理者有一个既定的目标，最

常见的做法是设定一个每日 VaR 的水平标准。然而，每日 VaR 指标本身也存在缺陷，主要体现在以下三个方面。

1. VaR 无法捕捉发生概率很小的灾难性损失

例如，UBS 瑞士联合银行集团 2006 年的年度报表显示，它的损失从未超过其每日的 VaR；与此相反，其 2007 年的年度报表显示它的损失超过每日 VaR 的 29 倍。2007 年的结果表明当经济发生根本性变化时，会使得风险管理者难以以每日的频率跟踪风险。高层管理者不能只关注每日 VaR，更应关注长期风险。

此外，每日 VaR 不能度量损失究竟超过预设分位数点的程度。例如，假设某一企业具有一个 5% 水平下 1000 万元的每日 VaR 的度量标准。这意味着企业有 5% 的概率其损失大于 1000 万元。然而，这个超过 1000 万元的损失究竟是 1500 万元还是 15 个亿，VaR 并不能告诉我们。显然，后者造成的损害大于前者（用条件 VaR 的度量指标可以解决这个问题）。

2. VaR 的时间段选择与资产流动性不符

由于每日 VaR 的度量标准假设资产能够被迅速出售或对冲，这样企业在一天内基本上能够限制其损失。然而，市场的流动性（如 1998 年、2007 年）会突然下降，因此每日 VaR 便失去了其意义。为了度量风险，企业必须站在更长的时间段内以更综合的视角审视风险。业内通常标准是以一年为基本时间单位进行全面风险管理。

3. VaR 假设损失的分布随时间推移是互不相关的，而事实上危机的产生会改变给定时期段收益分布的性质

例如，在我国 2015 年经历的股灾中，有一段时间内天天呈现出千股跌停的现象，即一天的巨大损失导致了流动性的突然翘尾，进而导致第二天的巨大损失。

扫码做题　章节练习

第十四章

GARP行为准则

知识引导：FRM 考试是由全球风险专业协会（Global Association of Risk Professional，下文简称 GARP 协会）举办的。GARP 协会成立于 1996 年，总部位于美国，旨在提升全球范围内的金融风险管理标准。为了实现这一目的，GARP 协会建立了 GARP 行为准则，规范会员的行为，规定了"哪些事情可以做""哪些事情不能做"以及"在具体情形下，该怎么做"。

考点聚焦：本章并非重点章节，考生需要掌握在风险管理中，每个 GARP 会员在职业操守和道德行为、利益冲突、信息保密性等方面的职责以及一些普遍接受的做法，了解各种违反 GARP 行为准则的潜在后果。

本章框架图

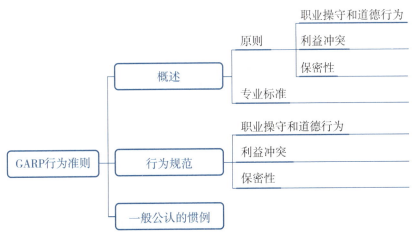

第一节 概 述

描述（describe）各种违反 GARP 行为准则的潜在后果（☆）

GARP 行为准则旨在提升行业内最高水平的道德操守和披露要求，并为个人从业者和风险管理行业人士提供指导和支持。

行为准则是由 GARP 成员统一坚持和实施的原则、专业标准和规范。一旦违反 GARP 准则的行为被正式确认，其后果可能会导致被暂时或永久取消 GARP 协会的会员资格，也可能包括被暂时或永久取消违反者对已获得的 FRM 头衔或任何其他 GARP 协会授予资质的使用权。

知识一点通

考生应注意，GARP 行为准则是对道德层面的要求，而不是法律层面的要求。因此，GARP 行为准则一般比当地的法律法规要求更严格（业内最高水平的道德操守）。同样，会员违反 GARP 行为准则，GARP 协会采取的措施也仅限于取消 FRM 头衔或剥夺会员资格，不会涉及法律手段。

备考小贴士

本部分内容偏向于多记忆，但考生无须对所有规定死记硬背。一般情况下，考生可通过常理判断是否违反 GARP 协会的行为准则。对于一些相对"特别"的规定，考生可以单独记忆。下文将对一些有可能存在"陷阱"的规定进行说明。

例题

下列哪一项是一旦违反 GARP 行为准则的行为被正式确认发生后的潜在后果？

A. 对发生违反行为的 GARP 成员的雇主发出正式通告

B. 暂停该成员在风险管理行业的工作

C. 取消 GARP 成员使用 FRM 头衔

D. 参加道德培训

名师解析

答案：C。根据 GARP 行为准则，一旦违反准则的行为被正式确认，其后果可能会导致被暂时或永久取消 GARP 协会的会员资格，也可能包括被暂时或永久取消违反者的头衔使用权，包括已获得的 FRM 头衔或任何其他 GARP 协会授予的资质。

第二节　基本原则

描述（describe）在风险管理中，每个 GARP 会员在职业操守和道德行为、利益冲突、信息保密性等方面的职责以及一些普遍接受的做法（☆）

1. 职业操守和道德行为（Professional Integrity and Ethical Conduct）

GARP 成员的行为必须诚实、正直，能够胜任（Competence）风险专业领域的工作，维护风险管理行业的声誉。

知识一点通

在行业竞争中，GARP 成员应避免牺牲诚信。例如，风险测评过程中，通过变相的评估测量方法，使得业绩"看起来较好"。

2. 利益冲突（Conflicts of Interest）

GARP 成员有责任确保所有相关团体的利益，且不有意地进行直接或间接涉及实际或潜在利益冲突的风险管理服务，除非已经对受实际或明显利益冲突影响的各方进行了充分披露。GARP 成员应承诺充分披露并管理任何不可避免的冲突。

> **知识一点通**
>
> 通俗地讲，会员应尽量避免利益冲突，如果实在避免不了，就应当充分披露。

3. 信息保密性（Confidentiality）

GARP 成员将采取一切合理的预防措施防止有意和无意的泄露机密信息。

一、行为规范（Rules of Conduct）

行为规范对上述三个原则进行了具体规定。

1. 职业操守和道德行为

·GARP 成员应当专业、道德并诚信地对待现有的或潜在的雇主、客户、公众和金融服务行业人员。

> **知识一点通**
>
> 注意诚信不仅是针对现有客户的，对潜在客户也要做到。通俗地讲，不能用花言巧语把潜在客户变为实际的客户。

·GARP 成员在提供风险服务时，应运用合理的判断，保持思想和方向的独立性。GARP 成员不得提供、索取或接受任何礼物、补偿或可被合理预期损害自己或他人独立性和客观性的报酬。

> **知识一点通**
>
> 独立客观不是自己认为独立客观就行了，必须他人也认可才行，即被"合理预期"会损害独立客观的事情不能做。例如，某分析师的亲属在一上市公司任职高管，该分析师写分析报告推荐该股票。此时，并不是该分析师自己认为推荐该股票是独立客观的就够了，该分析师必须回避或充分披露亲属关系这个事实。

·GARP 成员必须采取合理的预防措施，以确保成员的服务不被用于不当、欺诈或非法的目的。

·GARP 成员不得歪曲投资建议、投资行动或其他专业活动。

·GARP 成员不得从事任何涉及不诚实或欺诈、任何对其诚信与正直或对风险管理专业能力产生负面影响的行为。

·GARP 成员不得参与或从事任何会损害 GARP 协会、FRM 头衔诚信的行为；不得参与或从事任何会损害 FRM 资格获得或由 GARP 提供的其他证书使用权考核的诚信或有效性的行为。

·GARP 成员应注意在道德行为和习俗方面的文化差异，并根据当地风俗避免任何可能出现的不道德行为。如果两者出现冲突，GARP 成员应寻求应用更高的标准。

知识一点通

例如，根据当地文化风俗，中东地区某些国家金融借贷是不允许有利息的。那么 GARP 成员在当地开展业务就必须遵从当地习俗。又如，假设某国家法律没有要求在进行投资时出现利益冲突需要披露，但 GARP 会员必须遵守更严格的要求（即 GARP 行为准则）。

2. 利益冲突

·GARP 成员在任何情况下都应公正行事，必须向所有受影响方充分披露任何实际或潜在的冲突。

·GARP 成员应充分公正地披露所有合理预期的、可能损害其独立性和客观性或妨碍其对雇主、客户和潜在客户行使职责的事项。

3. 保密性

·除非事先得到同意，GARP 成员不得利用工作的机密信息图谋不恰当的目的，必须保持其工作、雇主或客户的信息机密性。

·GARP 成员不得利用保密信息获取个人利益。

二、一般公认的惯例（General Accepted Practices）

（1）GARP 成员应以勤奋的态度独立地执行和履行所有的服务和任务。GARP

成员应收集、分析和发布具有高水准的专业客观性风险信息。

（2）GARP成员应熟知目前被普遍接受的风险管理做法并应明确注明任何与其使用相背离的信息。

（3）GARP成员应确保沟通的所有信息均是事实数据而无任何虚假信息。

（4）GARP成员应对陈述的分析和建议做一个事实与观点之间的明确区别。

知识一点通

事实与观点是不同的。例如，某上市公司的财务报表数据显示其今年利润率为30%，这是一个事实。某分析师预测该公司明年利润率将为50%，这是一个观点，属于个人判断。事实与观点必须用明晰的语言予以区分，否则可能会误导投资者。

扫码做题 章节练习

02
Part

第二部分 数量分析

考情分析：数量分析是 FRM 一级考试的第二门科目，约占 20% 的比例。由于数量分析这门科目牵涉很多高等数学的知识，导致很多非理科出身或者以往数学成绩不好的考生对本部分内容望而生畏。这其实是完全没有必要的。在 FRM 中涉及的数量知识本身难度确实不低，但考试要求掌握的程度并不高。平均 2 分钟就必须解出一道选择题的考试形式决定了不可能深入考查高深的数学知识。一言以蔽之，数量部分"虽然学的是理科的知识，但运用的是文科的考法"。考生在学习本部分内容时应注重对基本概念的理解以及相似概念的辨析，掌握计算题的固定解题模式，忽略定理的证明过程。这门科目设置的根本目的是让考生掌握其他科目学习的基本数学工具，理解相关数学知识的原理与基本思想。

本部分一共 16 个章节，涉及五个学科：一是"概率论"，主要介绍事件概率以及事件之间的关系（第十五章与第十六章）；二是"统计学"，主要介绍如何用统计量与分布描述数据集的特征，如何通过抽样数据推断总体特征（第十七章到第十九章）；三是"计量经济学"，主要介绍如何运用线性回归模型研究变量之间的关系（第二十章到第二十三章）；四是"时间序列分析"，主要介绍如何研究经济金融中的时间序列数据（第二十四章到第二十九章）；五是"模拟"，主要介绍如何运用计算机模拟的方法对相关问题进行情景分析（第三十章）。

本部分框架图

第十五章

概 率 论

知识引导：概率论是一门研究随机现象规律的学科，最早起源于 17 世纪数学家布莱士·帕斯卡（Blaise Pascal）对赌注分配问题的思考。随着中心极限定理、大数定律的提出以及测度论方法的引入，概率论实现了公理化，成为了一门严谨的数学学科。如今，概率论与以其为基础的数理统计学相结合，在风险管理领域中有着广泛的应用。

考点聚焦：本章知识点较为零散，虽不是重点章节，但本章涉及的概率论基本概念是理解后续章节的基础。考生应熟悉独立事件、互斥事件以及遍历事件的概念，掌握条件概率、联合概率的计算，了解概率密度函数以及累积概率密度函数的定义。

本章框架图

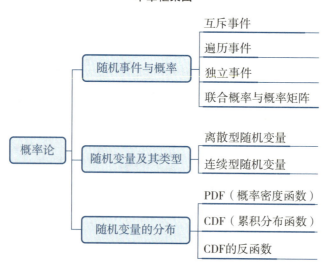

第一节 随机事件与概率

一、基本概念

1. 随机变量 (Random Variable)

自然界与社会实践中产生的现象可分为确定性现象与随机现象两类。相对于确定性现象，随机现象产生的结果不止一个且无法事先预知哪个结果会发生。概率论的主要研究对象是随机现象。为方便研究，我们将随机现象可能产生的结果定义为一个变量，称为随机变量。随机变量一般用大写字母 X、Y、Z 表示。例如，掷骰子得到的点数，记为 X；某一时段来银行办理业务的人数，记为 Y；一只股票第二天的收盘价，记为 Z 等。

2. 结果 (Outcome)

随机变量的可能取值称为结果，结果的某一具体取值一般用小写字母表示。随机变量的所有可能结果组成的集合称为样本空间，用大写希腊字母 Ω 表示。

3. 事件 (Event)

随机变量部分结果组成的集合称为随机事件，简称为事件，一般用大写字母 A、B、C 表示。注意，事件本质是一个集合，可以是样本空间的任意子集。当这个集合中任意一个结果发生就称该事件发生。例如，随机变量 X 表示骰子掷出来的点数，事件"掷出偶数点"可以用事件 $A = \{2，4，6\}$ 表示，当掷出2点、4点或6点任一结果发生时，就代表事件 A 发生了。

4. 概率的定义

概率的定义是建立在事件的基础上的，事件 E 发生的概率记为 $P(E)$。任一事件 E 的概率必须满足以下两个性质。

· 任一事件 E 的概率必须在 0 到 1：$0 \leqslant P(E) \leqslant 1$

· 一组互斥且遍历事件的概率和为 1：$\Sigma P(E_i) = 1$

知识一点通

从上述定义可以看出，P（E）实际上是一个把事件映射到概率的函数，这个函数的自变量是事件，因变量是事件发生的概率值。

二、事件的类型

辨析（distinguish）独立与互斥事件（☆☆）

学习概率论时，维恩图（也称文氏图）是极其有用的工具，见图15.1。在维恩图中，长方形方框代表整体样本空间 Ω，即所有可能结果的集合；圆形代表某个具体的事件 A，如果某个结果 w_1 落在圆形内，代表事件 A 发生了；反之，结果 w_2 落在圆圈外，代表事件 A 没有发生。圆形 A 的面积可以近似看成事件 A 发生的概率。了解维恩图将有助于理解与记忆接下来要学习的相关概率公式。

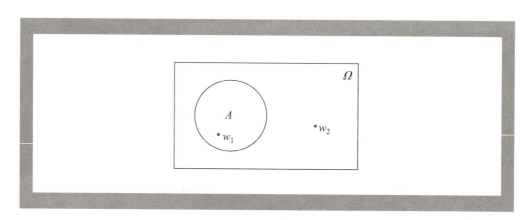

图15.1　维恩图示意

1. 互斥事件（Mutually Exclusive Event）

一组不可能同时发生的事件称为互斥事件。例如，掷骰子中，事件 A "掷出偶数点"与事件 B "掷出奇数点"为互斥事件，因为掷出的点数不可能既是奇数又是偶数。为方便理解，可以把互斥事件比喻为一对仇人，两者永不相见，一人出现时另一人绝不会出现。

2. 遍历事件（Exhaustive Event）

一组包含随机变量所有可能结果的事件称为遍历事件。例如，掷骰子中，事件 A "掷出偶数点" 与事件 B "掷出奇数点" 同样为遍历事件，因为掷出的点数要么是奇数要么是偶数，不可能有其他情形。

例题 15.1

掷骰子中，若事件 A 为 "掷出偶数点"，事件 $B = \{1, 2, 3, 5\}$。事件 A 与事件 B 是互斥事件还是遍历事件？

名师解析

事件 A 与事件 B 不为互斥事件。因为当掷出 2 点时，事件 A 与事件 B 同时发生；事件 A 与事件 B 为遍历事件，因为样本空间 $\{1, 2, 3, 4, 5, 6\}$ 中的任一结果都要么包含在事件 A 中、要么包含在事件 B 中。

3. 独立事件（Independent Event）

如果一个事件的发生不会影响到另一个事件发生，则称这两个事件独立；反之，如果一个事件的发生会影响到另一个事件发生，则称这两个事件不独立（Dependent Event）。

> **知识一点通**
>
> 例如，把 "明日华盛顿下雨" 记为事件 A，"明日中国 A 股上涨" 记为事件 B。事件 A 与事件 B 应该是独立的，即华盛顿是否下雨不会影响中国 A 股市场的涨跌。然而，如果把 "明日美联储加息" 记为事件 C，则事件 C 与事件 B 就不再是独立的了。美联储加息是重要的全球宏观事件，尽管发生在美国，有可能通过各种影响因素传导到中国的股票市场上，从而影响当日中国股市的涨跌。

例题 15.2

互斥事件是否为相互独立的事件？

名师解析

互斥事件不独立。独立事件指一件事情的发生不会影响到另一件事情的发生。如前所述，如果事件 A 发生，事件 B 就肯定不会发生。既然为互斥事件，事件 A 发

生实际上为判断事件 B 是否发生提供了信息（A 发生了，B 一定不会发生），因此 A 与 B 就不是独立事件。

三、乘法法则与加法法则

定义（define）计算（calculate）条件概率，辨析（distinguish）条件概率与无条件概率（☆☆）

1. 条件概率（Conditional Probability）

条件概率指在已知某事件 B 发生的情况下，事件 A 发生的概率，记为 $P(A|B)$。注意，条件概率与之前学的无条件概率 $P(A)$ 是不同的。例如，事件 A 代表股票 S 明天上涨的概率，事件 B 代表美联储加息。无条件概率 $P(A)$ 就是指在不知道任何信息的情况下，明天股票 S 上涨的概率；而 $P(A|B)$ 是指已知美联储加息的情况下，明天股票 S 上涨的概率。如果按照通常的判断，加息是对股市的不利因素，那么已知美联储加息的情况下，估计股票 S 上涨的概率 $P(A|B)$ 应当低于没有任何信息下估算的 $P(A)$。

> **知识一点通**
>
> 条件概率的表达式为 $P(A|B)$，本质上仍然是事件 A 的概率，只不过是估算事件 B 发生后事件 A 的概率，相当于原先的样本空间发生了变化，事件 B 的发生为判断事件 A 发生的概率剔除掉了一些样本点。

独立事件可以利用条件概率来定义：$P(A|B) = P(A)$ 或 $P(B|A) = P(B)$，即事件 A 的无条件概率与条件概率相等，这就意味着事件 A 与事件 B 相互独立。

> **备考小贴士**
>
> 条件概率的计算是常考点，具体计算将在后续章节结合贝叶斯公式一起学习。

2. 联合概率（Joint Probability）与乘法法则（Multiplication Rule）

联合概率是指一组事件同时发生的概率。以两个事件为例，事件 A 与事件 B 同时发生的概率为联合概率，记为 $P(AB)$。计算联合概率必须用到乘法法则：

$$P(AB) = P(A \mid B)P(B) \tag{15.1}$$

乘法法则在实际运用中更常以式（15.2）的形式出现，用于计算条件概率：

$$P(A \mid B) = \frac{P(AB)}{P(B)} \tag{15.2}$$

对于独立事件来说，由于 $P(A \mid B) = P(A)$，根据式（15.2）有 $P(AB) = P(A)P(B)$。因此，$P(A \mid B) = P(A)$ 与 $P(AB) = P(A)P(B)$ 均可以用于定义独立事件，可以视为等价。

知识一点通

理解与记忆式（15.2）可以借助维恩图。如在图 15.2 中，估算概率 $P(A \mid B)$。由于已知事件 B 发生了，于是在计算事件 A 的概率时，概率空间就不再是原先的整个概率空间 Ω，而是缩小到了事件 B 所在的圆形。然而，在圆形 B 中，事件 A 发生的结果实际上就是事件 A 与事件 B 交集的那些结果。因此，用联合概率 $P(AB)$ 除以事件 B 的概率就可以得到条件概率 $P(A \mid B)$ 了。

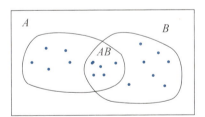

图 15.2　乘法法则与加法法则的维恩图

例题 15.3

假设美联储加息的概率为 40%。如果美联储加息，则经济进入衰退的概率为 70%。求经济进入衰退且美联储加息的概率？

名师解析

事件 R 表示经济进入衰退，事件 I 表示美联储加息。本题可以直接代公式计算，$P(IR) = P(R/I)P(I) = 0.7 \times 0.4 = 0.28$。

需要注意的是，在解题过程中考生需要注意区分题目条件中给出的是条件概率还是联合概率。一般以 if、given 开头的句子，给出的是条件概率；如果是以 and 连接两个事件，则一般给出的是联合概率。

3. 加法法则（Addition Rule）

加法法则适用于计算事件 A 或事件 B 发生的概率，记为 $P(A+B)$。只要事件 A 或者事件 B 其中一个发生，就代表事件 $(A+B)$ 发生，其公式如下：

$$P(A+B) = P(A) + P(B) - P(AB) \tag{15.3}$$

知识一点通

式（15.3）也可以通过图 15.2 来理解。$P(A) + P(B)$ 为圆形 A 与圆形 B 面积相加，由于两个圆形有重叠部分 $P(AB)$，相当于 $P(AB)$ 的面积被加了两次，故扣除一个后就表示 $A+B$ 的概率。

四、联合概率（Joint Probability）与概率矩阵（Probability Matrices）

定义（define）联合概率，描述（describe）概率矩阵并运用概率矩阵计算（calculate）联合概率（☆）

实际运用中，我们常用概率矩阵来表示联合概率。

例题 15.4

某分析师预测未来经济状况与利率变化的概率如表 15.1 所示，求表中空格 X 与 Y 的数值。

经济状况	利率变化		总　计
	利率上升	利率下降	
景气	14%	Y	20%
一般	X	30%	50%
较差	6%	24%	30%
总计	40%	60%	100%

表 15.1　　　　　　　　　　　未来经济状况与利率变化的概率

名师解析

　　在概率矩阵中，每个格子中的数字代表行列事件同时发生的联合概率。例如，经济景气且利率上升同时发生的概率为 14%。此外，概率矩阵中第一行数据加总表示经济景气的概率为 20%（不论利率上升还是下降），于是根据 $Y + 14\% = 20\%$，可反解出 $Y = 6\%$；同理，第一列数据加总为 $14\% + X + 6\%$，表示利率上升的概率为 40%（不论经济状况如何），可反解出 $X = 20\%$。最后，表格中所有数据加总应为 100%。

第二节　离散与连续随机变量及其概率分布

描述（describe）并辨析（distinguish）连续与离散型随机变量（☆）

　　随机变量可以依据结果分布状况分为离散型随机变量与连续型随机变量。

一、离散型与连续型随机变量

1. 离散型随机变量（Discrete Random Variable）

　　当随机变量的可能取值结果是可数（Countable）的时候，则称其为离散型随机变量。可数（Countable）具有两层含义：随机变量的可能取值要么是有限的，要么是可列的。例如，在抛骰子实验中，骰子的点数 X 的可能取值是有限的，即 {1，2，3，4，5，6}，故随机变量 X 是离散的。又如，记某一天内来某银行办理业务的人数为随机变量 Y，Y 的可能取值虽然是无限多个的，但可以逐个列出，即 {0，1，

2，…|，因此随机变量 Y 也是离散的。这里需要注意，一天内来银行办理业务的人数可以是任意大的非负整数，只是较大正整数的取值概率极小而已。

2. 连续型随机变量（Continuous Random Variable）

当随机变量的可能取值可以充满某个区间 (a, b) 时，则称其为连续型随机变量。例如，某一天某地的降水量 Z 的取值范围为 $[0, +\infty)$，则 Z 为连续型随机变量。

连续型随机变量有如下一些特殊规定与性质：

·连续型随机变量的取值范围通常为某一区间，即便该区间存在上下界，其可能取值仍然为无穷多个。

·由于连续型随机变量的可能取值结果是无穷多个，相应地，每一点对应的概率可以近似看成为 $P(Z=z) = \dfrac{1}{\infty} = 0$。

·在研究一些问题时，可以把离散变量近似看成连续型随机变量。例如，某股票当天收盘价为 10 元，假设 10% 的涨跌停板，第二天收盘价 P 的取值范围为 $[9, 11]$。然而，由于交易所要求股票报价的最小单位为"分"，即股票报价最多精确到两位数，不可能是 10.001 元。因此 P 的取值是一个有限且可列的离散随机变量，即 |9.00，9.01，9.02，…，10.00|。为了研究方便，通常将 P 看成是连续型随机变量。

定义（define）并辨析（distinguish）PDF、CDF 以及 CDF 的反函数（☆）

根据离散概率分布函数计算（calculate）概率（☆）

二、概率密度函数（Probability Density Function，PDF）

概率密度函数（PDF）即对某个随机变量的所有可能取值及其对应概率进行描述。

对于离散型随机变量而言，描述其概率分布最简单并且最直观的方法就是通过表格的方式，把每一可能取值对应的概率逐一列出（见表 15.2）。其中当随机变量 X 取值 x_i 时对应的概率为 $P(x_i)$，且有 $\sum P(x_i) = 1$。

表 15.2　　　　　　　　　　　离散型随机变量的概率分布

随机变量 X	$X = x_1$	$X = x_2$	⋯	$X = x_n$	⋯
取值概率	$P(x_1)$	$P(x_2)$	⋯	$P(x_n)$	⋯

有时 $P(x_i)$ 可以用函数形式写出，则 $P(x_i)$ 即为离散型随机变量的概率函数。例如，假定随机变量 X 可能取值为 $\{1，2，3，4，5\}$，概率密度函数为 $P(x) = x/15$，那么 $X = 3$ 的概率就是 $3/15 = 20\%$。此外，不难看出 $P(x)$ 非负且有 $1/15 + 2/15 + \cdots + 5/15 = 1$，$P(x)$ 符合概率的基本定义。

对于连续型随机变量而言，由于其取值不可列，因此无法用逐一列示的方法来描述连续型随机变量的概率分布。实际上，在研究连续型随机变量时，我们更关注的是随机变量在某一区间内的概率，而不是某一点的概率。例如，研究第二天股价恰好是 10.02 元还是 10.03 元是没有意义的，实践中往往更关注的是第二天股价在 [10.00，10.30] 范围内的概率是多少。

知识一点通

由于连续型随机变量取任意一单点的概率为 0，所以在研究连续型随机变量时，区间是开区间还是闭区间是无所谓的。

要计算区间概率就要引入连续型随机变量的概率密度函数（Probability Density Function，PDF）。

连续型随机变量的 PDF 的形成过程可参看图 15.3。例如，统计全中国人的身高分布，可以用直方图来表示。当统计身高区间间隔为 1 厘米时，比如身高处于 ［160，161］的中国人有多少，总体直方图类似图 15.3 的左上图；当身高间隔减少到 1 毫米时，总体直方图则变为图 15.3 的右上图，统计密度变密了；当身高间隔无限接近于 0 时，就生成了连续型随机变量的概率密度函数。

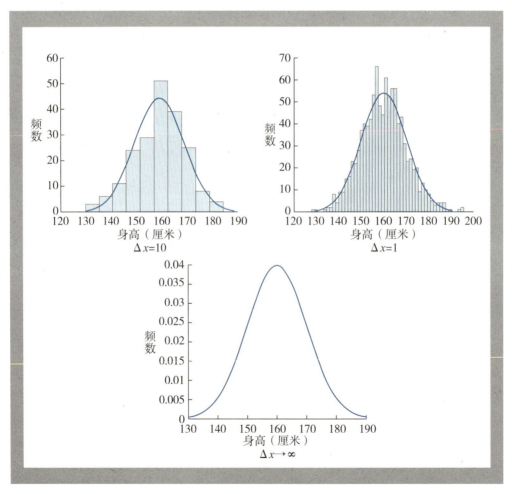

图 15.3　连续型随机变量概率密度函数的形成过程

连续型随机变量的 PDF 有以下两个性质考生需要注意。

·概率密度函数通常用 $f(x)$ 表示，函数图像与 x 轴上区间 ［x_1，x_2］围成的面积即代表随机变量 X 在区间 ［x_1，x_2］内的概率。

·概率密度函数 $f(x)$ 非负且与 x 轴围成的面积为 1（与概率的定义相对应）。

备考小贴士

实际上，区间概率为 $\int_{x_2}^{x_1} f(x) \, dx$，但 FRM 考试不会涉及积分相关内容，考生对此有所了解即可。

三、累积分布函数（Cumulative Distribution Function，CDF）

累积分布函数（CDF），顾名思义，代表"累积"的概率，即随机变量 X 小于某特定值 x 的概率，通常记为 $F(x) = P(X \leq x)$。由累积分布函数的定义可直接得到 CDF 的几条性质。

·累积分布函数是有界的，即 $F(-\infty) = P(X \leq -\infty) = 0$，$F(\infty) = P(X \leq \infty) = 1$。

·累积分布函数是单调递增的，即如果 $x_1 \leq x_2$，则 $F(x_1) \leq F(x_2)$。

·$P(x_1 < X \leq x_2) = P(X \leq x_2) - P(X \leq x_1) = F(x_2) - F(x_1)$。

知识一点通

这几条性质是显而易见的。对于有界性，累积概率密度函数反映的是事件 $[X \leq x]$ 的概率，既然是概率取值肯定不会超出 $[0，1]$ 的区间；对于递增性，假设对于某随机变量而言，$P[X \leq x] = 0.5$，那么 $P[X \leq 6]$ 至少是大于等于 0.5 的，因为 $P[5 \leq X \leq 6]$ 的概率是大于等于 0 的。

连续型概率密度函数 PDF 与累积分布函数 CDF 的关系，见图 15.4。

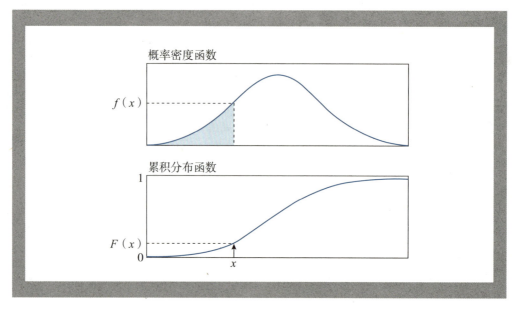

概率密度函数

$f(x)$

累积分布函数

1

$F(x)$

0

x

图 15.4　概率密度函数与累积分布函数的关系

图 15.4 的上图为概率密度函数 $f(x)$，下图为累积分布函数 $F(x)$。其中，$F(x)$ 单调递增，且上界为 1，下界为 0。由于 $F(x) = P(X \leqslant x)$，因此 $F(x)$ 在下图中的取值实际上就是上图中 $f(x)$ 函数与区间 $(-\infty, x)$ 围成的面积。

四、累积分布函数的反函数（Inverse Cumulative Distribution Function）

累积分布函数的反函数其实就是反函数的定义，只不过运用在累积分布函数上而已。具体而言，CDF 是将某一事件（比如，$X \leqslant a$）映射到某一概率 p 的函数，那么 CDF 的反函数即是将某一概率 p 映射至某一事件的函数：

$$F(a) = p \Leftrightarrow F^{-1}(p) = a \quad \text{s.t. } 0 \leqslant p \leqslant 1$$

扫码做题　章节练习

第十六章

贝叶斯分析

知识引导：本章的主题很明确，即探讨如何利用贝叶斯公式计算条件概率。贝叶斯本人是一位牧师，他为了证明上帝的存在，在研究概率论统计原理的过程中得到了贝叶斯公式。贝叶斯公式在贝叶斯逝世后得到了广泛运用。此外，本章还简要地介绍了贝叶斯学派与频率学派对概率估算的基本原理。

考点聚焦：利用贝叶斯公式计算条件概率是考试重点，不仅在 FRM 一级中出现，在二级中仍然会以别的形式继续考查，考生一定要掌握。此外，贝叶斯公式中的分母实际上是运用全概率公式得到的，考生也应掌握。

本章框架图

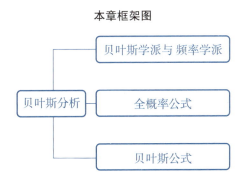

第一节 贝叶斯学派与频率学派

比较（compare）贝叶斯学派与频率学派（☆）

确定某一事件概率的方法通常有两种，分别是频率法则与贝叶斯法则。

一、频率法则（Frequentist Approach）

频率法的基本思想是通过历史数据来估算事件发生的概率。例如，假定根据历史数据显示，2000 只股票在过去 10 年中，有 12000 个样本点是分红的（样本容量为 $2000 \times 10 = 20000$ 个）。那么，按照经验概率的估算方法，股票 S 今年分红的概率就应当是 $12000/20000 = 60\%$。频率法的优点在于计算简单，适用于对数据量较大的事件进行概率估计。

二、贝叶斯法则（Bayesian）

贝叶斯法则依据个人主观判断来估计事件发生的先验概率。例如，在媒体上我们经常可以看到类似的报道"专家估计人类在未来 20 年内登上火星的概率为 30%"。诸如此类事件，要么没有历史数据，要么数据量很小，事件概率就只能通过个人主观判断估计。

> **知识一点通**
>
> 两种估算概率的方法各有优劣。频率法则适用于存在大量历史数据或存在客观规律的事件概率估计，而贝叶斯法则则在数据量小、事件发生受主观因素影响大时更能发挥作用。例如，假设中国男足与阿根廷男足明天要进行一场足球比赛，需要我们计算中国男足获胜的概率。如果运用频率法则，我们会得出中国男足获胜概率是百分之一百（两个球队在历史上仅交手过一次，中国男足以 1:0 的比分击败了当年的世界冠军阿根廷男足）。显然，在数据量较小的情况下，运用频率法则估算概率是极其不靠谱的。如果运用贝叶斯法则，则可综合考虑两队实力、主客场、天气因素等，得出中国男足获胜的概率极低，这更符合实际情况。

第二节 贝叶斯公式

描述（describe）贝叶斯定理并运用（apply）定理计算条件概率（☆☆☆）

运用（apply）贝叶斯定理解决多于两种结果的情景分析并计算（calculate）后验概率（☆☆☆）

一、全概率公式（Total Probability Rule）

全概率公式运用非常广泛。实务中，通常我们关注的某一事件可能很复杂，直接去求该事件的概率可能无从入手，然而通过全概率公式可以把复杂的事件通过简单事件进行拆分后再求解其概率。全概率公式如下：

$$P(B) = \sum_{j=1}^{n} P(A_j) P(B \mid A_j) \tag{16.1}$$

其中，事件 A_1，A_2，$\cdots$，A_n 互斥且遍历。

> **知识一点通**
>
> 全概率公式的含义也可以通过维恩图来理解，见图 16.1。事件 B 概率可以看成是圆形 B 的面积，而整个样本空间可以通过互斥且遍历的事件 A_1，A_2，$\cdots$，A_n 来进行拆分。相应地，圆形 B 的面积也可以拆分成 B 分别与 A_1，A_2，$\cdots$，A_n 交集的面积。进一步，每一部分交集的面积实际上就是联合概率 $P(A_iB)$，利用乘法法则又可以将 $P(A_iB)$ 写成 $P(A_i)P(B \mid A_i)$，最后把所有 $P(A_iB)$ 加总就可以得到式（16.1）了。

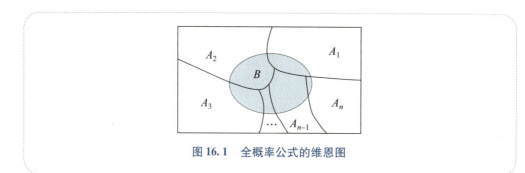

图 16.1　全概率公式的维恩图

例题 16.1

假设美联储加息概率 $P(I)$ 为 0.4。如果美联储加息，经济陷入衰退的概率为 0.7；反之，如果不加息，经济进入衰退的概率为 0.1。求经济陷入衰退的无条件概率。

名师解析

美联储加息用事件 I 表示，经济衰退用事件 R 表示。因此题目已知条件可以转换为：$P(I)=0.4$，$P(R\mid I)=0.7$，$P(R\mid I^c)=0.1$（I^c 表示事件 I 的补集，即美联储不加息）。通过公式可求得：

$$P(R)=P(R\mid I)\times P(I)+P(R\mid I^c)\times P(I^c)=0.70\times0.40+0.10\times0.60=0.34$$

通过这道题可体会全概率公式的含义：要直接求经济衰退的概率可能无从入手，可以通过美联储是否加息，把经济衰退分成两种情况来讨论。相对而言，经济学家判断经济是否衰退有了前提条件，估算概率便更容易些。

理解（interpret）并利用贝叶斯公式进行计算（Calculate）（☆☆☆）

二、贝叶斯公式（Bayes' Formula）

由乘法法则以及全概率公式即可推导出著名的贝叶斯公式。贝叶斯公式由英国数学家同时也是神父的贝叶斯得出。贝叶斯最早想用贝叶斯公式证明上帝的存在。然而，在贝叶斯逝世后，贝叶斯公式出乎意料地得到了广泛运用，其思想对统计学的发展产生了深远影响。这个著名的公式如下：

$$P(A \mid B) = \frac{P(B \mid A)}{P(B)} \times P(A) \tag{16.2}$$

其中，事件 A 是研究问题中所关注的概率，如果得到了新的信息 B，可以依据新的信息来更新对事件 A 概率的估计，即 $P(A \mid B)$。于是，$P(A)$ 称为先验概率（Prior Probability），$P(A \mid B)$ 称为后验概率（Updated Probability）。公式中分母 $P(B)$ 概率实际上是用全概率公式计算而得的。

知识一点通

伊索寓言里有个著名的"狼来了"的故事。故事中，小孩喊了三次"狼来了"，前两次村民信以为真，上山后却发现小孩在撒谎。第三次狼真的来了，小孩再怎么喊也没有村民前来帮忙了。这个故事里，小孩可信就是事件 A，小孩撒谎就是事件 B。[①] 在小孩撒谎前，村民根据小孩以往的行为，对小孩的可信度有个先验估计，即 $P(A)$。村民依据小孩可信度的高低来决定是否要相信小孩的话。当小孩第一次撒谎后，根据新的信息 B，村民就会对小孩可信度进行更新，即 $P(A \mid B)$。当小孩第三次撒谎时，由于前两次的不良记录，村民对小孩的可信度已更新到极低的数值，自然就不会去救小孩了。

通过下面具体的例题可以对贝叶斯公式有更深入的理解。

例题 16.2

测谎仪可以用于检测嫌犯是否撒谎。已知嫌犯撒谎的概率是 0.7。如果嫌犯撒谎，测谎仪测出其撒谎的概率为 0.9；如果嫌犯没有撒谎，测谎仪测出嫌犯撒谎的概率为 0.2。问测谎仪测出嫌犯撒谎的情况下，嫌犯撒谎的概率是多少？

名师解析

很多同学在学习贝叶斯公式时都觉得很复杂，不清楚概率公式中哪个事件是条

[①]　可信度高的人也有可能撒谎，只不过概率较低。

件，哪个事件是要求的概率。其实我们可以通过画图的方式来快速解题，见图 16.2。

第一步，我们得知嫌犯撒谎概率为 0.7，于是把样本空间划分为两块长方形，左边面积为 0.7，右边面积为 0.3。

第二步，在已知嫌犯撒谎的情况下测谎仪测出嫌犯撒谎的概率是 0.9。故将左边的长方形按 9∶1 的比例分割为两块，上方的面积就是 $0.7 \times 0.9 = 0.63$，表示嫌犯撒谎且测谎仪测出嫌犯撒谎的概率。同理，根据条件把右侧的长方形按 2∶8 的比例分割成两块。

第三步，题目求已知测谎仪测出撒谎情况下嫌犯真实撒谎的概率。现已知测谎仪测出嫌犯撒谎，说明结果必然落在图 16.2 中（1）与（2）方框中，在此情形下，计算嫌犯撒谎的概率实际上就是（1）的面积占（1）与（2）面积的和的比重。无须利用贝叶斯公式，我们就可得出答案 0.63∕（0.63 + 0.06）＝ 0.913。

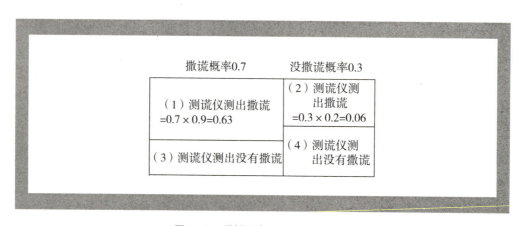

图 16.2　嫌疑犯与测谎仪的概率图

在上述解法中，计算图 16.2 中（1）的面积时，我们运用的其实就是乘法法则。记事件 A 表示嫌犯撒谎，事件 B 表示测谎仪测出撒谎。那么（1）的面积实际上就是 $P(AB)$。根据乘法法则可以得出 $P(AB) = P(A) \times P(B \mid A) = 0.7 \times 0.9 = 0.63$，这其实就是我们计算（1）面积的过程（已知嫌犯撒谎概率是 0.7，撒谎的前提下测谎仪测出撒谎的概率是 0.9，所以嫌犯撒谎且测谎仪测出撒谎的概率就应该是两者的乘积）。而（1）的面积除以（1）与（2）面积的和，实际上就是贝叶斯公式，推导如下：

$$P(A \mid B) = \frac{(1)}{(1)+(2)} = \frac{P(AB)}{P(AB)+P(A^cB)} = \frac{P(A) \times P(B \mid A)}{P(A) \times P(B \mid A) + P(A^c) \times P(B \mid A^c)}$$

以上推导过程中，（1）与（2）的面积分别是 $P(AB)$ 与 $P(A^cB)$，$P(AB)$ 与 $P(A^cB)$ 再分别利用乘法法则展开，就可以得到最右边的等式了。而最右边等式实际上就是贝叶斯公式，其分母就是 $P(B)$ 利用全概率公式的展开。

例题 16.3

市场上的所有基金经理可归为三类：表现不佳的、表现中游的以及表现优异的。表现不佳的基金经理有 25% 的概率业绩超过市场；表现中游的基金经理有 50% 的概率业绩超过市场；表现优异的基金经理有 75% 的概率业绩超过市场。根据经验数据，市场上有 60% 的基金经理属于中游，20% 的基金经理属于表现不佳，20% 的基金经理属于表现优异。假设已知某基金经理连续两年业绩超过市场，这个基金经理属于表现不佳的概率是多少？

名师解析

这道题可以用例题 16.2 中的画图法解决，也可以用公式法解答。我们这里用公式法解析，考生可自行练习用画图法解本题。

首先，分别用字母 U、I、O 表示表现不佳（Underperformers）、中游（In-line）以及表现优异（Outperformed）的基金经理；字母与数字组合 $2B$ 表示连续两年业绩超过市场（Beat the Market）。

于是，根据题设条件有：$P(U) = 20\%$、$P(I) = 60\%$、$P(O) = 20\%$。

此外，$P(2B \mid U) = 0.25 \times 0.25 = 1/16$、$P(2B \mid I) = 0.5 \times 0.5 = 1/4$、$P(2B \mid O) = 0.75 \times 0.75 = 9/16$。题目欲求 $P(U \mid 2B)$。

利用全概率公式，用 U、I、O 三个互斥且遍历的事件去拆分事件 $2B$，可以求得连续两年超过市场的概率为：

$P(2B) = 20\% \times (1/16) + 60\% \times (1/4) + 20\% \times (9/16) = 27.5\%$

再利用贝叶斯公式可得：

$$P(U \mid 2B) = \frac{P(2B \mid U)}{P(2B)} \times P(U) = \frac{\left(\frac{1}{16}\right)}{27.5\%} \times 20\% = 4.55\%$$

备考小贴士

例题 16.2 与例题 16.3 是考试中的常见题型，无非背景数字稍做改变。考生一定要掌握求解方法。

扫码做题　章节练习

第十七章

基本统计量

知识引导：金融市场的数据庞大且复杂。在分析海量数据时，往往需要通过一些统计量来描述数据集的关键特征，如均值、方差等。本章探讨了衡量数据集最常见的一些统计量，包括均值、离散程度、偏度与峰度，涵盖从一阶到四阶的原矩与中心矩。

考点聚焦：本章主要介绍描述数据的四类统计量。考生在学习过程中，注意体会各统计量所刻画的不同数据特征。多数考生可能已经对均值与方差的概念有所了解，备考时应多关注中位数、众数、调和平均、偏度与峰度的相关概念及性质辨析。本章主要介绍如何构造不同统计量以反映数据集不同方面的特征信息，包括中心趋势（均值、中位数、众数）、离散程度（方差与标准差）、偏度与峰度四个维度。

本章框架图

第一节　中心趋势

理解（interpret）并运用（apply）随机变量的均值、中位数与众数（☆）

计算（calculate）离散型随机变量的均值、中位数与众数（☆）

中心趋势是常见的描述数据集特征的统计量，反映了数据的集中程度，包括算术平均、中位数与众数。

备考小贴士

FRM 官方考纲只要求考生掌握离散型随机变量均值与方差的计算，对连续型随机变量的相关统计量在计算上没有要求。事实上，整个 FRM 考试中都不会涉及任何有关微积分的计算。

一、算术平均（Arithmetic Mean）

算术平均是最常见的均值计算方法，其定义非常直观，即将所有数据加总后除以数据的个数，计算公式如下：

$$\mu = \frac{\sum_{i=1}^{N} X_i}{N} \tag{17.1}$$

知识一点通

实际上，式（17.1）是总体均值的公式。有关总体与样本的概念，在第十九章中会有详细讲解。

算术平均的优点在于易于理解并利用了数据集中所有数据的信息；其缺点在于容易受极端值影响。例如，计算 5 只股票的平均年化收益率，假定其中 4 只股票年化收益率均为 0，剩余一只为 100%。若单看算术平均值为 20%，是一个收益率不错的组合，但实际上这个算术平均值受到极端值 100% 的影响较大，多数股票年化收益率仅为 0。

二、中位数（Median）

中位数指一组按升序或降序排列的数据中位于中间位置的数。假定数据集中共有 n 个数据，已按升序或降序排列。当 n 为奇数时，则中位数为处于 $(n+1)/2$ 位置的数；当 n 为偶数时，则中位数为处于 $n/2$ 与 $(n+2)/2$ 两个位置上的数的平均值。

例如，对于 |2，5，7，11，14| 这组数据中，由于数据总数为奇数，故位置处于第 $(5+1)/2=3$ 位的数，即位于正中间的数 7 为中位数。又如，对于 |3，7，9，10，15，20| 这组数据来说，由于数据总数为偶数，因此位于正中间的数有两个，即 9 和 10，中位数即为两者的平均值 $(9+10)/2=9.5$。

中位数只考虑位于中间位置的数，而不考虑极端值的大小，因此在数据集中存在极端值的情况下，中位数比算术平均值更能反映数据特征。同样地，中位数的缺点在于，只利用了位于中间位置的数据而忽视了数据集中其他数据提供的信息。

三、众数（Mode）

顾名思义，众数是指数据集中出现频率最高的数。例如，数据集 |2，4，5，5，7，8，8，8，10，12| 中，8 出现次数最多，故众数为 8。

备考小贴士

从英文上看，mode 的一个含义是"流行"，与 modern 同义，考生可以从这个角度来记忆 mode 的含义并与 median 做区分（最流行的就是最多的）。

关于众数, 有两个规定需要留意。

一是众数可以不止一个。例如, 数据集 $\{2, 3, 3, 3, 4, 5, 6, 6, 6, 8\}$ 中, 数据 3 与 6 在数据集中均出现了 3 次, 因此两者都是众数。

二是如果数据集中所有数据都不相等时, 则这个数据集不存在众数。①

四、加权平均 (Weighted Mean)

加权平均的概念在现代资产组合管理理论中被广泛使用。例如, 一个资产管理规模为 100 亿元的基金, 其中 40 亿元资金配置债券, 60 亿元资金配置股票。假定债券年化收益率为 10%, 股票年化收益为 20%, 那么应该如何计算该基金资产组合的年化收益率呢? 这就涉及如何对债券与股票收益率平均。直接计算算术平均值显然是不合理的, 因为两者的配置比重不同。一个自然的想法就是以配置资金占比为权重, 计算加权平均收益率 = $60/100 \times 20\% + 40/100 \times 10\% = 16\%$。

一般地, 如果资产组合中有 n 个资产, 则加权平均公式为:

$$\overline{X}_W = \sum_{i=1}^{n} w_i R_i = w_1 R_1 + w_2 R_2 + \cdots + w_n R_n \qquad (17.2)$$

其中 $w_1 + w_2 + \cdots + w_n = 1$, w_i 即为资产 i 的配置占比, R_i 为资产 i 的收益率。不难发现, 算术平均实际上是加权平均 $w_i = 1/n$ 时的特例。

理解 (interpret) 并计算 (calculate) 离散型随机变量的期望 (☆☆)

五、期望 (Expectation)

算术平均值衡量数据集的集中程度。然而, 对于随机变量来说, 某一时刻的取值并不确定, 已知的仅是其有可能的结果及相应概率。一个很自然的想法就是以概率为权重求加权平均。

例如, 假定一个彩票中奖概率是 20%, 如果中奖, 奖金为 2000 元; 不中奖, 奖

---

① 注意, 此时不是有多个众数, 而是不存在众数。这是数学上的规定, 并没有特别的原因。

金为 0。在不考虑成本的情况下，买彩票的期望收益应该是 $20\% \times 2000 + 80\% \times 0 = 400$ 元，这就是期望的内在含义。具体分析，随机变量的期望是以概率为权重，所有可能结果的加权平均，记为 $E(X)$：

$$E(X) = P(x_1) x_1 + P(x_2) x_2 + \cdots + P(x_n) x_n \qquad (17.3)$$

例题 17.1

已知经济处于繁荣、正常以及衰退的概率分别为 0.25、0.5 以及 0.25。资产 X 在经济繁荣、正常以及衰退的情况下的收益率分别为 22%、8% 以及 -10%，求资产 X 的期望收益？

名师解析

资产 X 的期望收益其实就是在经济三种状况下的收益率的加权平均，即 $0.25 \times 22\% + 0.5 \times 8\% + 0.25 \times (-10\%) = 7\%$。

期望的相关性质：对于任意常数 c，有 $E(cX) = cE(X)$。

这个性质比较好理解，相当于对随机变量 cX 求期望时，每一个可能取值都乘以了常数 c，而对应的概率不变，自然就有 $E(cX) = cE(X)$。

第二节　离散程度

仅仅了解数据的中心位置是远远不够的。正如进行投资时，只关注资产平均收益率而忽视资产本身风险，就有可能遭受灾难性的后果。"天下没有免费的午餐"，高收益必然伴随着高风险。基金经理在评估某一资产时，既要关注该资产的平均收益，也要衡量该资产的风险，即资产偏离平均收益率的程度，简称离散程度（Dispersion）。

计算（calculate）随机变量的方差与标准差（☆☆）

一、方差与标准差（Variance and Standard Deviation）

离散程度最常见度量指标就是方差。方差是指数据集中每个数据与均值间距离

平方的算术平均值，见公式（17.4）。

$$\sigma^2 = \frac{\sum\limits_{i=1}^{N} (X_i - \mu)^2}{N} \qquad (17.4)$$

知识一点通

同样式（17.4）是总体方差，样本方差的公式将在后续章节讲述。

总体方差的算术平方根即为总体标准差：

$$\sigma = \sqrt{\frac{\sum\limits_{i=1}^{N} (X_i - \mu)^2}{N}} \qquad (17.5)$$

方差与标准差均反映了数据的离散程度，两者的区别主要体现在量纲上。由于标准差的量纲与期望均值的量纲相同，更便于理解。例如，假定某证券公司人均年薪 20 万元，方差为 25 万^2，标准差 5 万元。显然，相比于方差的单位为万^2，标准差 5 万元更便于直观理解。

备考小贴士

考试中计算方差时，考生无须按照公式计算，BA II 计算器可计算数据集的均值、方差与相关系数，具体使用方法可参看计算器的相关章节。

计算（calculate）并理解（interpret）两个随机变量之间的协方差与相关系数（☆☆☆）

二、协方差（Covariance）

在现代资产配置理论中，了解不同资产之间收益率的联动关系非常重要，协方差与相关系数就是衡量这种关系的度量。我们先通过一个例子来体会下资产之间联动的重要性。

例题 17.2

某基金经理考虑手头 100 万元资产的配置，可选择的公司有两个：太阳镜公司与雨伞公司。两个公司的盈利状况与来年下雨的状况密切相关，为简便分析，假定来年天气就两种情况：下雨偏多与天晴偏多，两者概率均为 50%。如果来年下雨偏多，那么投资雨伞公司的资产将上升 60%，而太阳镜公司将下降 50%；反之，来年天晴偏多，雨伞公司将减少 50%，太阳镜公司则将上升 60%，见表 17.1。问基金经理应该如何配置才能保证稳定的收益？

表 17.1　　　　　　　　　雨伞公司与太阳镜公司的收益表

	雨伞公司	太阳镜公司
下雨（50%）	160 万元	50 万元
天晴（50%）	50 万元	160 万元
期望收益	105 万元	105 万元

名师解析

从表 17.1 中可以看出，如果将 100 万元资产全配置雨伞公司或者太阳镜公司，其期望收益均为 105 万元，但是资产价值的方差非常大，要么 160 万元，要么 50 万元。但如果基金经理选择太阳镜与雨伞公司各配置 50 万元，资产组合期望值虽然仍为 105 万元，但不论来年下雨偏多还是天晴偏多，资产的价值均为 105 万元不变。

为什么在资产分散投资后就能保证来年收益稳定在 105 万元不变呢？原因在于雨伞公司与太阳镜公司的收益率是完全负相关的。来年如果下雨偏多，虽然太阳镜公司亏损了，但是雨伞公司是盈利的；同理，如果来年天晴偏多，虽然雨伞公司亏损了，但太阳镜公司是盈利的。因此，两家公司各投 50 万元，来年不管下雨还是天晴，基金经理的收益都是确定的，避免了单独投资一家公司带来的巨大风险。

协方差就是用来度量上述不同随机变量之间的联动性，其公式如下：

$$\text{Cov}(X, Y) = E[X - E(X)][Y - E(Y)] = E(XY) - E(X)E(Y)$$

$$(17.6)$$

如果随机变量 X 与 Y 之间是正相关的，那么当 X 大于其均值时，Y 也倾向于大

于其均值，协方差为正数。反之，如果 X 与 Y 之间是负相关的，协方差为负数。当 $X = Y$ 时协方差公式实际上就是方差。

> **知识一点通**
>
> 协方差作为资产之间联动性的度量衡仍然存在一些缺陷。协方差的取值范围是负无穷到正无穷，没有考虑量纲。例如，基金经理想比较 A 股票与 B 股票之间联动性高还是 C 股票与 D 股票之间联动性高。然而，A 股票与 B 股票是小盘次新股，收益率波动较大；而 C 股票与 D 股票是传统行业的大盘股，收益率波动较小。如果计算协方差，极有可能 A 与 B 之间协方差高于 C 与 D 之间协方差，但我们并不能因此说明 A 与 B 之间的联动性就一定高于 C 与 D，前者数值高有可能只是因为 A 与 B 方差较高。因此，需要引入相关系数的概念以剔除量纲导致的影响。

三、相关系数（Correlation Coefficient）

相关系数改进了协方差的缺点，将协方差除以资产 i 与资产 j 的标准差，剔除了量纲的影响，可以直接用于比较两组资产组合之间联动性的高低。相关系数的具体公式如下：

$$\rho_{X,Y} = \frac{\text{Cov}\ (X,\ Y)}{\sigma_X \sigma_Y} \tag{17.7}$$

考生在准备考试中，需要重点掌握相关系数的以下几个性质。

一是由于除以了 X 与 Y 的标准差，所以相关系数的取值范围在 -1 到 $+1$。当相关系数为 1 时，称为完全正相关（Perfect Positive Correlation），表示 X 与 Y 之间存在斜率为正的线性关系[1]；当相关系数为 -1 时，称为完全负相关（Perfect Negative Correlation），表示 X 与 Y 之间存在斜率为负的线性关系。值得注意的是，相关系数不是斜率，只要相关系数绝对值为 1，那么两个变量之间就存在线性关系，而斜率可以是负无穷到正无穷之间的任意数。

---

① 如果 Y 与 X 之间存在线性关系，则有 $Y = aX + b$，a 为斜率。

二是相关系数绝对值越高，意味着 X 与 Y 的线性关系越强，但并没有完全的线性关系，见图 17.1 中相关系数为 0.8 的情形。

三是如果变量 X 与 Y 的相关系数为 0 时，意味着 X 与 Y 之间不存在线性关系。这里需要特别注意，相关系数为 0 时，实际上有两种情形：第一，X 与 Y 之间不存在任何关系，见图 17.1 中间；第二，X 与 Y 之间存在非线性关系。例如 $Y = X^2$，此时 X 与 Y 的相关系数仍然为 0。换言之，相关系数为 0 只能说明变量之间不存在线性关系，但变量间是否有非线性关系是不确定的。

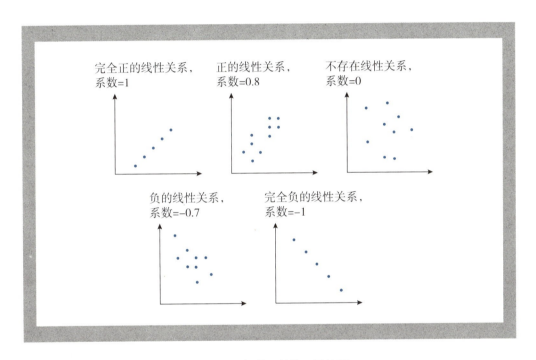

图 17.1　相关系数的不同情形

第三节　偏度与峰度（Skewness and Kurtosis）

理解（interpret）统计分布的偏度与峰度（☆☆）

一、偏度（Skewness）

仅靠均值和方差还不足以全面衡量投资收益率的分布。以方差为例，虽然方差衡量了每个数据偏离均值的程度，但并没有体现数据中大于 $\overline{X}$ 数多还是小于 $\overline{X}$ 数多。这就需要引入偏度（Skewness）的概念以反映数据分布的对称性。偏度公式如下：

$$Skewness = \frac{E[X-\mu]^3}{\sigma^3} \tag{17.8}$$

考生无须记忆式（17.8）的公式，只需了解偏度是有关 $X-\mu$ 的 3 阶矩，反映的是数据分布的对称性。因此，当偏度大于 0 时，说明相对而言 X 右边偏离 μ 的值较多，数据分布呈现出右偏（Right Skewed，也称正偏，Positively Skewed）；当偏度小于 0 时，说明相对而言 X 左边偏离 μ 的值较多，数据分布呈现出左偏（Left Skewed，也称负偏，Negatively Skewed）。图 17.2 中的左图与右图分别展示了左偏与右偏数据分布的图形。考生应当注意，判断数据分布是左偏还是右偏，主要是观察分布图形的"尾巴"，而不是"肩膀"。如果分布图形的左边尾巴较长即为左偏；分布图形的右边尾巴较长，即为右偏。管理学中经常提及的"长尾理论"，其实就是指数据的左偏与右偏。

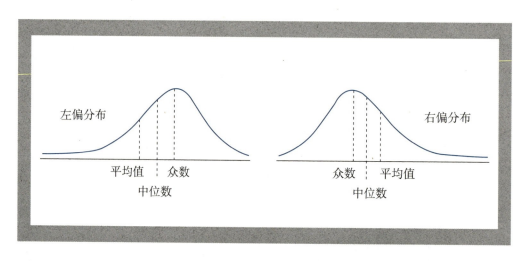

图 17.2　左偏（左图）与右偏（右图）的数据分布

有关偏度的另一重要考点就是判断左偏或右偏时，平均值、中位数与众数的相对位置，见图 17.2。[①] 左偏时，分布的平均值 < 中位数 < 众数；右偏时，分布的众数 < 中位数 < 平均值。

知识一点通

考生可以依据分布图形来记忆这三个统计量的相对位置。以左偏为例，先画出左偏图形。众数就是分布图中最高点对应的数值；[②] 由于数据左偏，说明平均值被极端的负值拉低了，所以平均值落在众数的左边；而中位数始终落在平均值与众数之间。因此，当数据左偏时，平均值 < 中位数 < 众数。类似地，可以记忆右偏时三者之间的相对位置。

二、峰度（Kurtosis）

偏度衡量的是尾巴的长度是偏向左边还是右边，峰度（Kurtosis）则进一步衡量了尾部的厚度。峰度的公式如下：

$$\text{Kurtosis}（K）= \frac{E\left[（X-\mu）^4\right]}{\sigma^4} \tag{17.9}$$

同偏度一样，峰度的公式考生也无须记忆，只需了解峰度是有关 $X-\mu$ 的 4 次方表达式，衡量尾部厚度。峰度值高说明 X 偏离 μ 的极端值较多，尾部较厚；反之，峰度越低说明 X 偏离 μ 的极端值较少，尾部较薄。实际运用中，通常将正态分布[③]的峰度作为基准。正态分布的峰度为 3，若峰度高于 3，则称为高峰（Leptokurtic），图形上相比于正态分布呈现出尖峰肥尾（More Peak And Fat Tail），见图 17.3；若峰度低于 3，则称为低峰（Platykurtic），图形上相比于正态分布呈现出矮峰瘦尾（Less Peak and Thin Tail）。

[①] 实际上，图 17.2 中的相对位置必须要求分布是单峰才行，但一般情况下考试中不做区分。

[②] 对于连续分布，众数就定义为概率分布的最高一点。之所以特别定义是因为连续分布中任意一点的概率均为 0。

[③] 正态分布是最基本的连续分布，在下一章将有详细介绍。

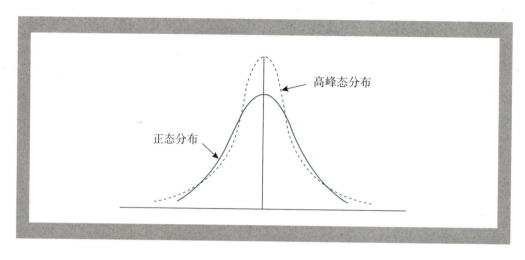

图17.3　正态分布与高峰态分布

　　很多考生不理解为什么高峰态分布相比于正态分布是尖峰肥尾的。肥尾的特征可以直接从峰度的定义中看出的（极端值较多）。而尖峰的特征其实是基于特定条件的，即考查分布与正态分布方差相等。由于肥尾的分布在尾部较厚，导致部分 $(X-\mu)^2$ 数值较大，为了保证总体方差 $(X-\mu)^2$ 相同，考查的数据分布必须有更多的靠近 X 的 μ，因此在图形上就会呈现出尖峰。

　　此外，由于比较时通常习惯于以 0 为基准，于是定义超峰度（Excess kurtosis）= 峰度 -3。正态分布的超峰度为 0，称为平峰（Mesokurtic）。高峰态的超峰度大于 0，低峰态的超峰度小于 0，见表 17.2。

表 17.2　　　　　　　　　高峰态与低峰态

	高峰（Leptokurtic）	平峰（Mesokurtic）	低峰（Platykurtic）
样本峰度	>3	=3	<3
超峰度	>0	=0	<0

备考小贴士

在备考过程中，考生应注意两点。一是看清题目是求峰度还是超峰度（Excess kurtic），两者对应的基准点是不同的；二是 Leptokurtic、Mesokurtic、Platykurtic 几个专业术语相对不常见，考生应正确记忆。考生可以通过字母表顺序记忆（L、M、P 对应高峰、平峰与低峰）。

例题 17.3

一个分析师分析资产 A 与资产 B 的收益率分布状况，同一时期偏度与峰度数据如表 17.3 所示。

表 17.3　　　　　　　　　　资产 A 与资产 B 的收益率分布表

资　产	偏　度	峰　度
A	− 1.3	1.5
B	0.7	3.7

分析师依此判断资产 A 收益率比正态分布更加尖峰，资产 B 收益率分布左侧有长尾。以下哪项描述是正确的？

A. 分析师关于资产 A 与资产 B 的描述均正确

B. 分析师关于资产 A 与资产 B 的描述仅对了一个

C. 分析师关于资产 A 与资产 B 的描述均不对

名师解析

资产 A 的峰度为 1.5 小于 3，所以相比于正态分布是矮峰瘦尾。注意如果题目给出的是超峰度，则结论完全不同，考生一定要认真读题。资产 B 的偏度大于 0，所以资产 B 收益率应该是右偏。因此，分析师两个判断均错误，选 C。

理解（interpret）协偏度与协峰度的概念（☆）

三、协偏度（Coskewness）与协峰度（Cokurtosis）

正如我们可将方差的概念推广到 3 阶与 4 阶，同样也可将协方差的概念推广到 3 阶与 4 阶，即协偏度与协峰度。下面通过一个实例说明协偏度所度量的随机变量特征。

例题 17.4

假设 A、B、C、D 四个基金在如下不同时期的收益率如表 17.4 所示。

表 17.4 　　　　　　基金 A、B、C、D 在不同时期的收益率

时　期	A	B	C	D
1	0.1%	− 3.7%	− 15%	− 15%
2	− 3.7%	− 15%	− 7%	− 7%
3	− 15%	3.9%	0.1%	− 3.7%
4	− 7%	− 7%	− 3.7%	15%
5	3.90%	0.1%	3.9%	0.1%
6	7%	7%	7%	7%
7	15%	15%	15%	3.9%

名师解析

这个表格中的数据是刻意设置的，目的是为了表明协偏度的作用。实际上，基金 A、B、C、D 的 7 个时期的收益率数据是相同的，只不过打乱了顺序且发生在不同的时期。因此，对于四个基金来说，均值、方差、偏度与峰度都是相等的，且基金 A 与 B 之间的协方差等于基金 C 与 D 的协方差。

如果我们分别以等权重比例配置 A 与 B，构成一个资产组合；或以等权重比例配置 C 与 D，构成另一个资产组合。加权平均后，我们可以得到如下收益率。

表 17.5	基金 A + B 与基金 C + D 在不同时期的收益率	
时　　　期	A + B	C + D
1	− 1.80%	− 15.00%
2	− 9.35%	− 7.00%
3	− 5.55%	− 1.80%
4	− 7.00%	5.65%
5	2.00%	2.00%
6	7.00%	7.00%
7	15.00%	9.45%

　　注意，进行这样的资产配置后，A + B 组合与 C + D 组合的均值与方差仍然相同，但是偏度与峰度是不同的。例如，A + B 组合的最差收益率是 − 9.35%，而 C + D 的最差收益率达到了 − 15.00%。这是因为基金 C 与基金 D 在时期 1 同时经历了最差收益率；而基金 A 与基金 B 虽然最差收益率也都是 − 15%，但是发生的时期是错开的。从这点来看，A + B 的组合相对更优。

　　基金 A + B 的收益率与基金 C + D 的收益率分别绘制如图 17.4、图 17.5 所示。从图中可以看出基金 A + B 呈现出右偏，因为基金 A 与基金 B 的最好收益率发生在同一时期，而最差收益率发生在不同时期；基金 C + D 呈现出左偏，因为基金 C 与基金 D 的最好收益率发生在不同时期，而最差收益率发生在同一时期。

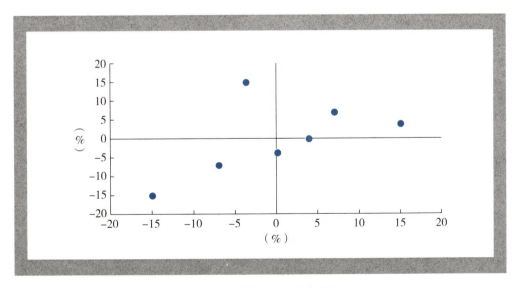

图 17.4　基金 A + B 的收益率

基金 A + B 与基金 C + D 的这种不同特征可以用协偏度刻画。以基金 A 与基金 B 为例，其协偏度有两个，计算公式如下：

$$S_{AAB} = E[\,(A - \mu_A)^2(B - \mu_B)\,]/\sigma_A^2\,\sigma_B \qquad (17.10)$$

$$S_{ABB} = E[\,(A - \mu_A)(B - \mu_B)^2\,]/\sigma_A\,\sigma_B^2 \qquad (17.11)$$

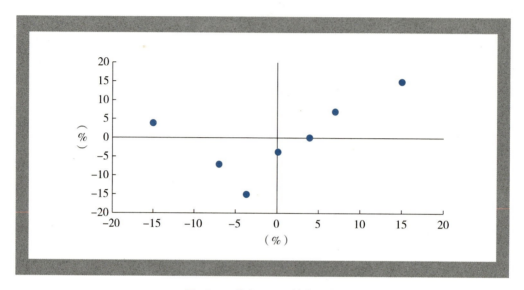

图 17.5　基金 C + D 的收益率

通过式（17.10）与式（17.11）可以分别计算出基金 A + B 与基金 C + D 的协偏度，如表 17.6 所示。

表 17.6　　　　　　　　基金 A + B 与基金 C + D 之间的协偏度

	A + B	C + D
S_{XXY}	0.99	− 0.57
S_{XYY}	0.57	− 0.99

可以看出基金 A + B 的协偏度大于零，基金 C + D 的协偏度小于零；与偏度一样，我们更偏好正偏的基金而不是负偏的。

知识一点通

协偏度与协峰度有一个致命的缺点：当自变量个数增加时，需要计算的协偏度与协峰度数量呈几何倍增加。因此，这两个概念在实务中使用较少。

备考小贴士

很多考生对协偏度和协峰度的概念非常陌生，这两个概念在实务中也使用得较少，原版书对协峰度的概念甚至没有过多的介绍。因此，从备考角度来说，考生只需对上述例题有个初步了解即可。

四、中心矩（Central Moment）与原矩（Raw Moment）

对于随机变量 X，如果其 k 次幂的期望存在，定义 X 的 k 阶原矩为：

$$m_k = E\left(X^k\right)$$

如果 $(X - E(X))$ 的 k 次幂的期望存在，定义 X 的 k 阶中心矩为：

$$\mu_k = E\left[(X-\mu)^k\right]$$

从原矩与中心矩的定义不难看出，均值是 X 的 1 阶原矩、方差是 X 的 2 阶中心矩、偏度是 X 标准化后的 3 阶中心矩、峰度是 X 标准化后的 4 阶中心矩。

扫码做题　章节练习

第十八章

概率分布

知识引导：本章主要介绍常见的概率分布。概率分布的定义其实并不复杂，用于刻画随机变量可能结果对应的概率分布状况。例如，抛硬币试验中，随机变量 $X=1$ 表示正面朝上，对应概率为 50%；随机变量 $X=0$ 表示反面朝上，对应概率为 50%。这其实就是一个概率分布，衡量了抛硬币所有可能结果对应的概率。然而，实际研究中许多随机变量的可能取值都是无穷多的，仅靠列举法是无法穷尽的，这就需要利用本章学习的概率分布函数来完整刻画常见随机变量类型的概率分布。

考点聚焦：本章将涉及的概率分布较多，包括伯努利分布、二项分布、泊松分布、均匀分布、正态分布、学生 t 分布以及对数正态分布。学习过程中，考生需要了解每种分布的定义、适用情形以及特殊性质。

本章框架图

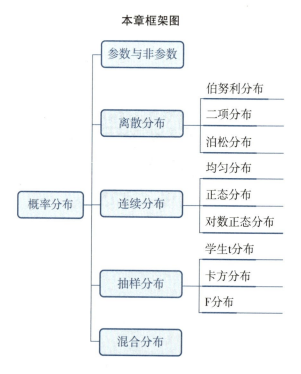

第一节　参数分布（Parametric Distribution）

概率分布可分为参数分布与非参数（Nonparametric）分布（简称"非参分布"）两种。参数分布可以用数学解析式描述，并由相关参数完全刻画其形状。相反，非参数分布不能用数学解析式描述，其中最常见的一种形式就是根据历史数据形成的概率分布。

参数分布的优点在于比较好处理分析，缺点则是必须做出相应的假设条件，有可能和真实数据不符。非参数分布的优点在于与历史数据相符，但缺点在于根据历史数据形成的非参分布比较特殊，不易于得出一般的结论。

备考小贴士

本章接下来的内容就将介绍各种各样的参数分布。非参分布在本门课程中不会深入涉及，考生对其基本思想有所了解即可。

辨析（distinguish）以下概率分布的关键特征：均匀分布、伯努利分布、二项分布、泊松分布、正态分布、对数正态分布、卡方分布、学生 t 分布与 F 分布（☆☆☆）

第二节　离散分布

一、伯努利分布（Bernoulli Distribution）

伯努利分布又称两点分布，是指随机变量 X 只有两个可能的取值结果 1 与 0。当 $X = 1$ 时代表"成功"，对应概率为 p；当 $X = 0$ 时代表"失败"，对应概率为

$1-p$。最典型的伯努利分布就是抛硬币试验，硬币正面朝上表示"成功"，即 $X=1$ 对应概率为 50%；硬币反面朝上表示"失败"，即 $X=0$ 对应概率为 50%。

知识一点通

这里的"成功"与"失败"仅是相对而言。例如，在抛硬币试验中，同样可以定义硬币朝下的事件表示"成功"，$X=1$。此外实际上任何事件都可以被归为两类，从而定义成伯努利分布。掷骰子试验中，虽然掷出来骰子的可能点数有 6 种，但仍然可以定义为伯努利分布。例如，将"掷出来骰子的点数为偶数"定义为"成功事件"，$X=1$；"掷出来骰子的点数为奇数"定义为"失败事件"，$X=0$。甚至可以定义"掷出来骰子点数为 1"为"成功事件"，"掷出来 1 之外的点数"为"失败事件"。总之，根据研究需要可具体定义伯努利分布中的"成功事件"。

二、二项分布（Binomial Random Variable）

二项分布的定义是基于伯努利分布的。如果将伯努利分布中的事件"成功"或"失败"看成一次试验的话，进行 n 次伯努利试验并且假定：①不同试验是相互独立的；②每次试验的成功概率均为 p。

随机变量 X 代表 n 次伯努利试验中成功的次数，二项分布则是度量 n 次伯努利试验成功次数为 $X=x$ 的概率（x 为 0 到 n 之间的任意整数），通常记为 $B(n, p)$。其中，n 与 p 为二项分布的两个参数。接下我们来通过两道例题来掌握二项分布的概率计算。

备考小贴士

注意随机变量 X 可以取 0，意味着 n 次试验一次都没有成功。考试中，如果要计算 $P(X \leqslant x)$ 的概率，切记不要漏掉 $X=0$ 的可能性。

例题 18.1

抛 n 次硬币，假定正面朝上的概率为 50%，x 次正面朝上的概率是多少？

名师解析

已知在 n 次抛硬币中，x 次正面朝上，则有 $(n-x)$ 次反面朝上。因此，如果不考虑成功失败的顺序，n 次事件中成功 x 次、失败 $n-x$ 次的概率为：$(50\%)^x$ $(50\%)^{(n-x)}$。然而，这个概率没有考虑组合。例如，抛 3 次硬币中有 1 次正面朝上，正面朝上可以出现在第一次、第二次或第三次任意一次试验中，总共有 $C_3^1 = 3$ 种组合。于是，考虑组合后，n 次事件中成功 x 次的概率应为：$C_n^x 0.5^x 0.5^{n-x}$。

一般地，定义随机变量 X 为 n 次伯努利试验中成功的次数，每次成功的概率为 p，则 $P(X=x)$ 的概率为：

$$P(x) = C_n^x p^x (1-p)^{n-x} = \frac{n!}{(n-x)!\,x!} p^x (1-p)^{n-x} \qquad (18.1)$$

对于伯努利分布来说，进行一次伯努利试验成功的概率为 p，不难求出如果随机变量服从伯努利分布，其均值与方差分别为 p 及 $p(1-p)$。而对于二项分布来说，相当于进行 n 次伯努利试验，其均值与方差分别为 n 乘以伯努利分布的均值与方差，即 np 及 $np(1-p)$，如表 18.1 所示。[①]

表 18.1 伯努利分布与二项分布的均值与方差

	均 值	方 差
伯努利分布	p	$p(1-p)$
二项分布	np	$np(1-p)$

二项分布的应用非常广泛，很多事件的概率计算都可以转换为求 n 次伯努利试验成功 x 次的相应概率。

例题 18.2

假设有 10 道选择题，每题有 3 个选项，如果全靠猜测，考生至少答对 9 道题的概率是多少？

名师解析

在全靠猜测的情况下，做 10 道选择题相当于进行 10 次伯努利试验，每次成功的

---

① 利用均值与方差的定义即可求得两个分布的均值与方差，考生可作为练习自行尝试计算。

概率为 1/3。考生在答此类题目时一定要注意题目所求概率。例如此题是求至少（At Least）答对 9 道题的概率，即 $P(X=9)+P(X=10)$，而不仅仅是 $P(X=9)$。

利用二项分布概率公式（18.1），可分别求得：

$$P(9) = \frac{10!}{(10-9)! \; 9!}(1/3)^9(1-1/3)^{10-9} = 0.0003387$$

$$P(10) = \frac{10!}{(10-10)! \; 10!}(1/3)^{10}(1-1/3)^{10-10} = 0.00001694$$

注意，数学上规定 0！＝1。所求概率为 $P(X=9)+P(X=10)=0.036\%$。考生不妨自己求一下如果全靠猜测，通过 FRM 考试的概率为多少，答案几乎可以认为通过概率为 0。

三、泊松分布（Poisson Distribution）

泊松分布是一种常见的离散分布，通常用来度量单位时间内（也可以是单位面积、单位产品）某一事件成功次数所对应的概率。例如，泊松分布可用于度量以下事件的概率：单位时间内某银行接待客户的数量、单位时间内客服接到的电话数量等。泊松分布的概率分布如下：

$$f(x) = P(X=x) = \frac{\lambda^x e^{-\lambda}}{x!} \tag{18.2}$$

式（18.2）说明了单位时间某一事件成功 x 次的概率，其中成功次数为随机变量 X。泊松分布是由唯一参数 λ 定义的，记为 $X \sim P(\lambda)$，λ 表示单位时间内平均成功的次数。

可以证明服从泊松分布的随机变量均值与方差都等于 λ，即：

$$E(X) = VaR(X) = \lambda \tag{18.3}$$

> **知识一点通**
>
> 很多考生容易把二项分布与泊松分布弄混。二项分布指进行 n 次伯努利实验，成功 x 次的概率，x 的取值范围是 0，1，2，…，n；而泊松分布指单位时间内的成功次数 x，x 的取值范围是 1，2，3，…一直到无穷大。区别两者的一个方法就是看随机变量 X 的取值是否可以到无穷大。

備考小贴士

式（18.2）是需要记忆的。这里提供一个记忆技巧：一个人（即 λ）背着 x 在跑路，突然一箭射中 λ，λ 大叫了一声 e（即表明 e^{-λ}），把背着的 x 扔到了地上，x 非常地吃惊（即分母为 x!）。

例题 18.3

一客服中心平均每小时接到 2 个电话，求该客服中心在 8 小时内接到 20 个电话的概率是多少？

名师解析

这道题目利用泊松分布直接求概率即可得答案。但这里有个易错点，很多考生以为一个小时就是单位时间，于是假设 λ=2 去求解，这样是错误的。单位时间是看题目最后问的时间段。对于本题来说，单位时间是 8 个小时。已知一个小时平均接到 2 个电话，那么 8 个小时应当平均接到 16 个电话，故 λ=16。代入式（18.2），即可求得 $P(X=20) = \dfrac{16^{20}e^{-16}}{20!} = 5.59\%$。

第三节 连续分布

一、均匀分布（Uniform Distribution）

均匀分布是最简单的连续分布。所谓"均匀"主要是针对 PDF（Probability Density Function）与 CDF（Cumulative Probability Density Function）而言。具体而言，均匀分布的概率密度函数 PDF 为：

$$f(x) = \begin{cases} \dfrac{1}{b-a} & \text{for } a < x < b \\ 0 & \text{otherwise} \end{cases} \tag{18.4}$$

均匀分布的 PDF 图形分别可见图 18.1 的左图。可以看出，均匀分布的 PDF 在 $[a, b]$ 间为一常数 $1/(b-a)$，超出这一范围取值均为 0。联系 PDF 的定义，如果随机变量 X 服从均匀分布，则随机变量 X 在 $[x_1, x_2]$ 之间的概率即为区间 $[x_1, x_2]$ 与 PDF 围成的面积，而这一面积实际就是长为 (x_2-x_1)、高为 $1/(b-a)$ 的矩形面积，即有：

$$P(x_1 \leqslant x \leqslant x_2) = \frac{x_2-x_1}{b-a} \tag{18.5}$$

利用式（18.5）可计算服从均匀分布的随机变量 X 落在任意区间的概率。

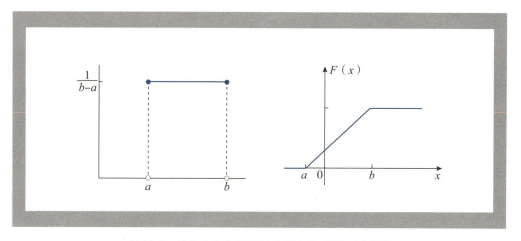

图 18.1 均匀分布的 PDF（左图）与 CDF（右图）

利用式（18.5）即可推导出均匀分布的累积分布函数。根据 CDF 的定义，$F(x)$ 为 $P(X \leqslant x)$。当 x 在 a 与 b 之间时，$P(X \leqslant x)$ 为 $(x-a)/(b-a)$。而随机变量 X 在 $[a, b]$ 范围之外概率均为 0，故 CDF 图形可见 18.1 的右图，其表达式为：

$$F(x) = \begin{cases} 0 & \text{for} \quad x \leqslant a \\ \dfrac{x-a}{b-a} & \text{for} \quad a < x < b \\ 1 & \text{for} \quad x \geqslant b \end{cases} \tag{18.6}$$

二、正态分布（Normal Distribution）

正态分布可以说是概率论与数理统计中最重要的一个分布，同时也是在金融研究中运用最广泛的一个分布。下一章中要学习的中心极限定理表明，如果一个随机变量由大量微小且独立的随机变量叠加而成，那么该随机变量可以认为近似服从正态分布。因此，在现实生活中，很多随机变量的概率分布都可以用正态分布描述或近似描述。

正态分布的概率密度函数 PDF 是一条钟形曲线，即中间高两端低，左右关于其均值对称，两端无限延伸，见图 18.2。

有关正态分布的 PDF，重点掌握以下几点性质。

一是正态分布的 PDF 完全可由其均值和方差刻画，通常记为 N（μ，σ^2）。其中 μ 表示均值，σ^2 表示方差。

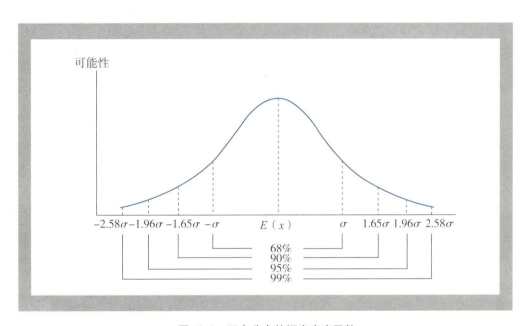

图 18.2　正态分布的概率密度函数

二是根据 PDF 函数图形，靠近均值 μ 附近的概率密度较大，而两端极大值或极小值的概率密度较小。

三是正态分布的偏度为 0，峰度为 3。

四是服从正态分布的且相互独立的随机变量的线性组合仍然服从正态分布，即如果随机变量 X 与随机变量 Y 独立且均服从正态分布，则 $Z = aX + bY$ 也服从正态分布，其中 a，b 为常数。且有：

$$Z = aX + bY \sim N\ (a\mu_X + b\mu_Y,\ a^2\sigma_X^2 + b^2\sigma_Y^2)$$

五是如果随机变量 X 服从正态分布，则有：

·X 的取值落在 $[\mu-\sigma,\ \mu+\sigma]$ 的概率约为 68%；

·X 的取值落在 $[\mu-1.65\sigma,\ \mu+1.65\sigma]$ 的概率约为 90%；

·X 的取值落在 $[\mu-1.96\sigma,\ \mu+1.96\sigma]$ 的概率约为 95%；

·X 的取值落在 $[\mu-2.58\sigma,\ \mu+2.58\sigma]$ 的概率约为 99%，见图 18.2。

备考小贴士

考生应注意上述四个区间对应的标准差倍数 1、1.65、1.96、2.58 以及对应的概率是需要记忆的并注意与后面学到的单尾检验做区分。

如前所述，正态分布的 PDF 完全可以由其均值与方差所刻画。为了考察任一正态分布 N $(\mu,\ \sigma^2)$ 有关事件的概率，需要引入标准正态分布。定义均值为 0、方差为 1 的正态分布为标准正态分布（Standard Normal Distribution），通常称为 Z 分布。接下来将证明，任一正态分布 N $(\mu,\ \sigma^2)$ 都可以通过线性变换转换为标准正态分布。于是，通过标准正态分布表就可以计算任一正态分布 N $(\mu,\ \sigma^2)$ 相关事件的概率了。

例如，已知随机变量 X 服从正态分布 N $(\mu,\ \sigma^2)$，则可以证明 $\dfrac{X-\mu}{\sigma}$ 服从标准正态分布 Z $(0,\ 1)$。因此有：

$$P\ (X\leqslant x)\ =P\ (\frac{X-\mu}{\sigma}\leqslant\frac{x-\mu}{\sigma})\ =\Phi\ (\frac{x-\mu}{\sigma}) \tag{18.7}$$

其中，$\Phi\ (x)$ 代表标准正态分布的 CDF。式（18.7）的第一个等号利用了不等号两边同减一个数、同除以一个正数不改变不等号方向的性质；第二个等号利用了 $\dfrac{X-\mu}{\sigma}$ 服从标准正态分布的性质。

例题 18.4

已知上市公司的 EPS 服从均值为 4、标准差为 1.5 的正态分布，即 N $(4,\ 1.5^2)$。如果随机抽取一家上市公司，计算该公司 EPS 小于 3.7 的概率。

名师解析

要计算正态分布相关事件的概率，第一步必须将随机变量标准化为 Z 分布，即标准正态分布。

$$P（EPS<3.7）=P（\frac{EPS-4}{1.5}<\frac{3.7-4}{1.5}）=P（Z\leqslant\frac{3.7-4}{1.5}）=\Phi（-0.2）$$

第二步是查表，表 18.2 给出了标准正态分布表的部分内容。需要注意的是，表中给出的是 $P（Z\leqslant z）$ 的概率，表的第一列表示小写 z 的第一位小数，第一行表示的是小写 z 的第二位小数。例如，表 18.2 的第三行第二列的数值为 0.5793，其对应行为 0.2，对应列为 0，其含义就是 $P（Z\leqslant 0.20）=0.5793$。

表 18.2　　　　　部分标准正态分布表——$P（Z\leqslant x）=\Phi（x）$

Z	0	0.01
0.1	0.5298	0.5438
0.2	0.5793	0.5832
0.3	0.6179	0.6217

此题中要求的概率是 $P（Z\leqslant -0.2）$，而查表所求的概率是 $P（Z\leqslant 0.2）$。这里需要利用正态分布的对称性来转化。由于正态分布的对称性，$P（Z\leqslant -0.2）=P（Z\geqslant 0.2）$，因此有 $\Phi（-0.2）=P（Z\leqslant -0.2）=1-P（Z\leqslant 0.2）=1-\Phi（0.2）=1-0.5793=0.4207$。

三、对数正态分布（Lognormal Distribution）

虽然正态分布广泛地运用于金融领域，但其并不适用于描述资产价格的分布。这是因为，资产价格不可能为负数，而正态分布的取值范围却是在负无穷到正无穷之间的。这就需要引入对数正态分布的概念。

对数正态分布（Lognormal Distribution）定义为：对于随机变量 X 来说，如果 $\ln（X）$ 服从正态分布，那么就称 X 服从对数正态分布。

知识一点通

对数正态分布的定义可以这么记忆，如果随机变量 X 取完对数后服从正态分布，那么随机变量 X 就是服从对数正态分布的。考试中有可能换一种形式定义对数正态分布，即 X 服从正态分布，则 e^X 就是服从对数正态分布的。这是因为 $\ln e^X = X$，X 是服从正态分布的。

有关对数正态分布，考试要求考生掌握以下几点性质。

第一，对数正态分布的概率密度函数是非负的，见图18.3。

第二，对数正态分布的概率密度函数是正偏的。

第三，对数正态分布是用来衡量资产价格的，而正态分布主要是用来衡量收益率的。

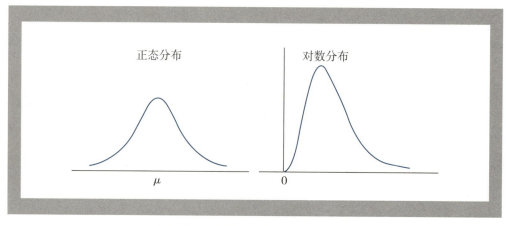

图 18.3　对数正态分布的概率密度函数

第四节　抽样分布

抽样分布主要是指样本统计量所服从的分布，本质上也是连续分布。

一、学生 t 分布（Student's t – Distribution）

t 分布是统计学中非常重要的一类分布，它是由英国统计学家哥赛特

（Willian Seely Gosset）发现的。当时哥赛特在一家酿酒厂担任检验师，在对酿酒数据进行分析时，哥赛特发现当样本容量较小时，实验数据并不服从正态分布，其概率分布形状与正态分布类似但尾部更厚。哥赛特以"Student"为笔名，发表了相关研究结果，因此后人将此分布称为学生 t 分布。t 分布具有划时代的意义，它打破了以往人们局限于正态分布的认知，开创了小样本统计推断的时代。我们将在后面两章中深入学习 t 分布在抽样检验中的作用，本章先对 t 分布的特征做一个基本介绍。

（1）t 分布的概率密度函数完全可以由一个参数刻画：自由度（Degrees of Freedom，df），通常记为 t（df）。其中 df 代表自由度，为正整数 $n-1$。其中，n 表示样本容量。[①]

（2）t 分布的概率密度函数也是一条钟形曲线，左右对称，但尾部比正态分布更厚（即偏度 =0，峰度 >3）。

（3）当 t 分布的自由度趋近于无穷时，t 分布的概率密度函数会无限趋近于正态分布的概率密度函数，见图 18.4。

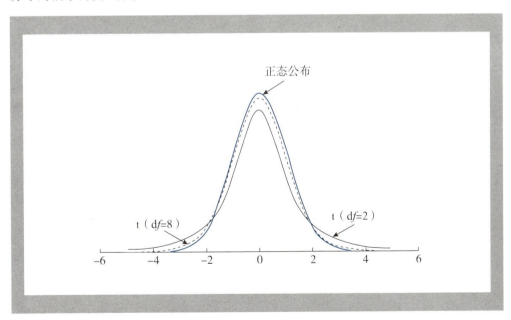

图 18.4　不同自由度的 t 分布

---

① 从考试角度看，考生无须了解 t 分布概率密度函数 PDF 的具体表达式，只需知道其有且仅有一个参数自由度即可。

> **知识一点通**
>
> 从图18.4中可以看出，当t分布自由度上升时，其概率密度函数尾部变薄，更接近于正态分布，这与性质3的结论是相符的。

有些考生可能会注意到，t分布与正态分布相比是矮峰肥尾的，这似乎与上一章学到的峰度大于三对应尖峰肥尾不符。这里需要注意，尖峰肥尾的结论是建立在方差相同的前提下的（详见第十七章相关内容），而图中t分布的方差与正态分布的方差是不同的，所以没有出现尖峰肥尾。

二、卡方分布（Chi – Square（χ^2）Distribution）

假设 k 个随机变量 Z_1，Z_2，$\cdots$，Z_k 独立同分布且服从标准正态分布，则称 $\chi^2 = Z_1^2 + Z_2^2 + \cdots + Z_k^2$ 服从自由度为 k 的 χ^2 分布，记为 χ^2（k）。

卡方分布的图形如图18.5所示，为非负右偏分布，且随着自由度的增加趋近于正态分布。在后面章节中我们将看到卡方分布可以用于检验单个总体的方差。

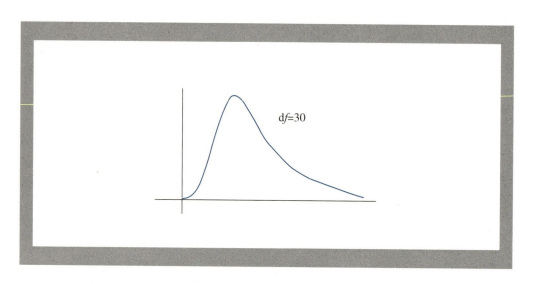

图18.5 卡方分布的概率密度函数

与 t 分布一样，卡方分布的 PDF 也完全可由自由度一个参数刻画。在 FRM 中仅在两个地方用到卡方分布，其中一处就是下一章介绍的用于检验单个总体方差，其自由度为 $n-1$，n 为样本容量，另一处为时间序列中有关白噪声的假设检验。

三、F 分布

假设 X_1 服从 $\chi^2(m)$ 分布，X_2 服从 $\chi^2(n)$ 分布，且 X_1 与 X_2 独立，则称统计量 F 服从 F 分布，F 公式为：

$$F(m, n) = \frac{\chi^2(m)/m}{\chi^2(n)/n} \tag{18.8}$$

注意 F 分布有两个自由度。此外，由于 χ^2 分布为标准正态分布的平方和，所以 F 分布非负，其概率密度函数图形见图 18.6。同样，在后面章节我们将看到，F 分布可用于检验两个总体的标准差是否相等。

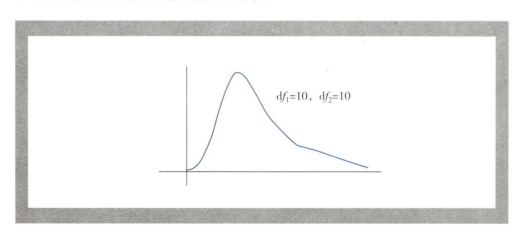

图 18.6　F 分布的概率密度函数

细心的考生会发现，实际上对数正态分布、卡方分布以及 F 分布的概率密度函数图形非常相似，都是右偏且落在第一象限。

F 分布还具备这样一个性质：自由度为 $n-1$ 的 t 统计量的平方相等于 F（1，$n-1$）分布。

> **知识一点通**
>
> 理解上述性质必须用到 t 分布构成的公式。然而，该公式考纲并没有要求，考生只需对此性质做了解即可。

第五节　混合分布

描述（describe）混合分布并解释（explain）混合分布的构造与特征（☆）

设想这样一种情形：某只股票的收益率服从正态分布。不过其在80%的情形下，服从波动率较低的正态分布；而在20%的情形下服从波动率较高的正态分布。这就意味着，在一般情形下，该股票的波动率较低；倘若出现一些极端事件，股票服从的正态分布波动率将大幅上升。此时，就可以用混合分布刻画其概率密度函数：

$$f(x) = \sum_{i=1}^{n} w_i f_i(x), \quad \sum_{i=1}^{n} w_i = 1 \qquad (18.9)$$

其中，w_i 表示概率，所有 w_i 求和等于1，$f_i(x)$ 表示对应概率下的概率密度函数。

> **知识一点通**
>
> 混合分布非常灵活，同时具备参数分布与非参分布的特征。其中，式（18.8）中 w_i 是根据经验数据得到的，是非参的；而 $f_i(x)$ 为参数分布。于是 $f_i(x)$ 个数的选择就存在一种权衡：更多的 $f_i(x)$ 可以更准确地符合历史数据，但更多的 $f_i(x)$ 意味着更多的 w_i 是根据经验数据得到，过去的数据未必能预测未来的情形。

通过混合分布可以构造出各种奇形怪状的概率密度分布，见图 18.7。通过加权均值不同的两个分布可以得到不同偏度的分布，见图 18.7 左图；通过加权均值相同但方差不同的分布可以得到不同峰度的分布；此外，通过加权均值差异显著的分布可以得到双峰分布，见图 18.7 右图。混合分布可以用于衡量低频高损（Low - frequency，High Severity）的事件（如巨灾险）。

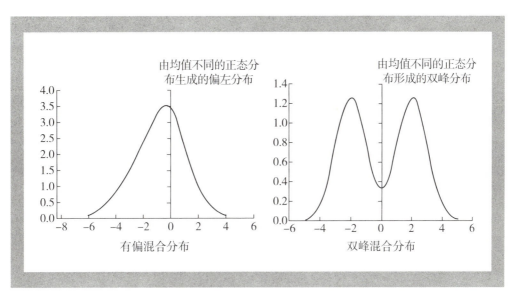

图 18.7　混合分布示例

扫码做题　章节练习

第十九章

假设检验与置信区间

知识引导：本章是关于推断性统计学的相关内容。与描述性统计学不同，推断性统计学的基本思想是"以小见大"，即通过分析抽样样本的特征来推断总体的特征。具体而言，抽样分析分为点估计和区间估计两种方法，本章重点介绍如何构造置信区间。此外，假设检验是推断性统计学的另一重要内容。在进行经济金融分析时，基金经理通常根据自己的分析框架形成对市场的观点或判断。与自然科学不同，在社会科学研究中不存在绝对成立的规律。因而，在检验基金经理的假设是否成立时，我们主要是从统计意义上判断原假设是否成立。换言之，假设检验的基本思想就是"小概率事件不会发生"，考生在学习过程中应用心体会这一点。

考点聚焦：置信区间计算与中心极限定理是考试的重点内容。考生应掌握在给定显著性水平及相应条件下，如何选择统计量并构建置信区间。关于假设检验，考生不仅要掌握假设检验的基本思想与步骤，而且要熟知相关概念并进行辨析。如原假设与备择假设的设立、如何判断单尾检验与双尾检验是否拒绝、第一类错误与第二类错误的区别等都是重要考点。

本章框架图

```
                                      ┌─ 无偏性
                        统计量的三大准则 ─┼─ 有效性
                                      └─ 一致性

                        中心极限定理

                        区间估计
假设检验与置信区间
                        假设检验

                        均值与方差的假设检验

                        回测
```

第一节　样本均值与样本方差

计算（calculate）并理解（interpret）样本均值与样本方差（☆☆）

一、推断性统计学的基本思想

在概率论中，我们通常假设概率分布是已知的，相关推断均是基于已知分布进行的。然而，在研究实际问题时，由于各种原因，总体分布通常是未知的。例如，研究中国人的身高分布，出于成本上的考虑，不大可能对研究对象全体逐一进行调查。又如，某灯泡厂想检验产品的平均寿命，如果调查对象是该厂生产的所有灯泡，这意味着每个灯泡都要用到坏为止才能知道其寿命，那就没有产品可供出售了。于是，在这种情况下就必须运用抽样统计的方法来推断总体分布，其过程可参见图 19.1。

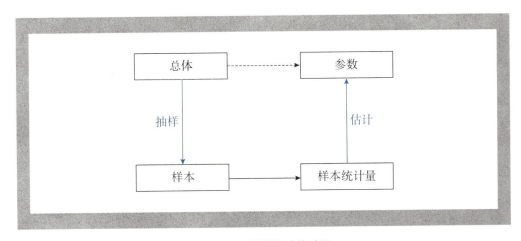

图 19.1　抽样估计的过程

在统计问题中，把研究对象的全体称为总体（Population）。例如，研究中国人的身高，那么所有中国人的身高就是总体。用于衡量总体特征的统计量称为参数（Parameter），通常用希腊字母表示。比如，全中国人的平均身高记为 μ。如果抽样

（Sampling）1000万中国人的身高，这1000万个身高数据称为样本（Sample），由样本数据计算出来的平均身高称为样本统计量（Sample Statistic），通常用大写字母表示，记为$\overline{X}$，并以此来估计总体的参数μ。

> **知识一点通**
>
> 考生应当注意区分参数与样本统计量的概念。在实际问题中，总体参数一般是未知的，所以通过抽样调查得到的样本统计量来估计总体参数。

数据抽样后，下一步就要利用样本对总体参数进行估计。这里有必要再次强调总体参数与样本统计量的区别。首先，总体参数是一个未知的常数。如全中国人平均身高是总体参数，一般情况下是未知的，否则就不需要抽样来估计了。虽然未知，但全中国人平均身高这是客观存在的常数，不会因为我们采用不同的抽样与估计方法而改变。相反，样本统计量是一个随机变量，因而存在概率分布。这对理解区间估计、中心极限定理等概念至关重要。例如，样本均值$\overline{X}$的计算是依赖于抽样样本的。只要抽样是随机的，那么每次抽样计算而得的$\overline{X}$自然也是随机的。

二、样本均值与样本方差

最常用的总体参数就是均值与方差，而样本统计量就是对均值和方差的估计。

均值最常见的计算方法就是算术平均，即将所有数据加总后除以数据的个数。总体均值与样本均值的公式分别如下：

$$\mu = \frac{\sum\limits_{i=1}^{N} X_i}{N} \tag{19.1}$$

$$\overline{X} = \frac{\sum\limits_{i=1}^{n} X_i}{n} \tag{19.2}$$

其中，式（19.1）为总体均值（Population Mean）的公式，式（19.2）为样本均值（Sample Mean）的公式。

备考小贴士

一般而言，总体参数用希腊字母表示，如总体均值 μ，总体个数用大写字母 N 表示；样本统计量用英文大写字母加上横线表示，如样本均值 $\overline{X}$，样本容量用小写字母 n 表示。考生在考试中应注意从符号表示上判断统计量是对应总体还是样本。

方差是指个体数据与总体均值间距离平方的算术平均值，用来度量数据的离散程度。总体方差与样本方差公式如下：

$$\sigma^2 = \frac{\sum\limits_{i=1}^{N}(X_i - \mu)^2}{N} \tag{19.3}$$

$$s^2 = \frac{\sum\limits_{i=1}^{n}(X_i - \overline{X})^2}{n-1} \tag{19.4}$$

知识一点通

考生应注意总体方差与样本方差公式的区别。样本方差用 s^2 表示，其分母为 $n-1$ 而不是 n。分母为 $n-1$ 的原因可以从两个方面来理解：一方面是出于确保样本统计量的无偏性，另一方面是为了调整自由度。有关无偏性和自由度的概念后续章节中会接触到，考生注意公式即可。

总体方差与样本方差各自取算术平方根即可得总体标准差与样本标准差：

$$\sigma = \sqrt{\frac{\sum\limits_{i=1}^{N}(X_i - \mu)^2}{N}} \tag{19.5}$$

$$s = \sqrt{\frac{\sum\limits_{i=1}^{n}(X_i - \overline{X})^2}{n-1}} \tag{19.6}$$

点估计方法指利用样本统计量来估计总体参数。例如，估计所有中国人的平均身高（即总体参数 μ），通过抽样调查了 1000 万中国人的身高取平均值，

以样本均值$\overline{X}$来估计μ。其中，$\overline{X}$就是通过点估计方法计算出来的样本统计量，其公式为$\sum\limits_{i=1}^{n} x_i/n$。

三、统计量的判断标准（Desirable Properties of Estimator）

在谈及均值时，我们很自然地认为用样本均值$\overline{X}$去估计总体均值。其实，点估计并没有限制如何构造样本统计量。举一个极端的例子，假定只抽样了 2 个数据，如果按照之前的思路，应该用样本均值即$(X_1+X_2)/2$去估计总体均值。然而，为什么不能用样本统计量$\frac{1}{3}X_1+\frac{2}{3}X_2$来估计总体均值呢？回答这一问题就涉及不同样本统计量间优劣的判断标准。

判断不同统计量的优劣可以从以下三个维度出发见，如表 19.1 所示。

表 19.1 样本统计量的三大判断标准

判断标准	含义
无偏性（Unbiasedness）	样本统计量期望等于总体参数
有效性（Efficiency）	在无偏统计量中，方差最小
一致性（Consistency）	当样本容量增大时，样本统计量逼近总体的概率上升

1. 无偏性（Unbiasedness）

无偏性指样本统计量的期望值等于总体参数。例如，假设用$\overline{X}$去估计总体均值μ，无偏性指：

$$E(\overline{X})=\mu \tag{19.7}$$

> **知识一点通**
>
> 满足无偏性的统计量是相对较好的样本统计量。前文已指出，$\overline{X}$是一个随机变量。因此，如果$\overline{X}$是无偏的，这表明：虽然一次抽样计算出来的样本均值$\overline{X}$可能会与总体均值μ有差异，但总体来说随机变量$\overline{X}$的期望值等于总体参数μ。例如，抽样1000万中国人计算出来的平均身高$\overline{X}$一般不会恰好等于13亿中国人的平均身高，但随机变量$\overline{X}$的期望值是等于真实平均身高的。

2. 有效性（Efficiency）

满足无偏性的样本统计量通常有很多，若要在所有无偏的统计量中进一步筛选就需要引入有效性的概念。有效性指在所有无偏样本统计量中，方差最小的样本统计量。以 $\overline{X}$ 为例，如果 $\overline{X}$ 是有效的，则表明：

$$\mathrm{Var}\ (\overline{X}) \leqslant \mathrm{Var}\ (\widehat{X}) \tag{19.8}$$

其中，$\widehat{X}$ 表示其他任意满足无偏性的样本统计量。

知识一点通

考生需要注意有效性是建立在无偏性基础上的，即最有效的样本统计量是在所有无偏样本统计量中方差最小的，而不是所有样本统计量中方差最小（即有可能存在有偏的样本统计量的方差更小）。仍然以估计全中国人平均身高为例，如果 $\overline{X}$ 是最有效的样本统计量即表明：尽管抽样 1000 万中国人计算出来的平均身高 $\overline{X}$ 可能不会恰好等于 13 亿中国人的平均身高，但是如果进行多次反复抽样，在所有无偏统计量中，$\overline{X}$ 偏离全中国人真实平均身高的程度最小。

---

3. 一致性（Consistency）

一致性指随着样本容量的上升，样本统计量逼近总体参数的概率也会上升。例如，抽样调查 100 个中国人计算出来的平均身高会与全中国人平均身高差很多。但如果增加样本容量，抽样 100 万人、1000 万人甚至 1 亿人计算出来的样本平均身高肯定会越来越接近全中国人的真实平均身高。

知识一点通

一致性通常是对样本统计量最基本的一个要求。如果某个样本统计量即便在抽样范围不断扩大时也不能趋近总体参数，那么说明这个样本的构造方法本身有误。

理解判断样本统计量优劣的三个标准之后，我们再来看本节初提出的问题：为什么样本均值 $\overline{X}$ 是估计总体参数 μ 的最优统计量？详细证明这一点超出本书的范围，但我们可以用一个极端的例子来体会三个判断标准的含义。

例题 19.1

抽样 2 个数据，依据样本统计量的判断标准，$(X_1 + X_2)/2$ 与 $\frac{1}{3}X_1 + \frac{2}{3}X_2$ 哪个样本统计量估计总体均值 μ 更优？假定 X_i 独立同分布，即 $E(X_i) = \mu$、$\mathrm{Var}(x_i) = \sigma^2$、$i = 1, 2$。

名师解析

分别从无偏性、有效性两个角度进行判断。[1]

从无偏性上看：

$$E\left(\frac{1}{2}X_1 + \frac{1}{2}X_2\right) = \frac{1}{2}E(X_1) + \frac{1}{2}E(X_2) = \frac{1}{2}\mu + \frac{1}{2}\mu = \mu$$

$$E\left(\frac{1}{3}X_1 + \frac{2}{3}X_2\right) = \frac{1}{3}E(X_1) + \frac{2}{3}E(X_2) = \frac{1}{3}\mu + \frac{2}{3}\mu = \mu$$

因此，两个样本统计量都是无偏的，从无偏性上区分不出优劣。

然而，从有效性上看：

$$\mathrm{Var}\left(\frac{1}{2}X_1 + \frac{1}{2}X_2\right) = \frac{1}{4}\mathrm{Var}(X_1) + \frac{1}{4}\mathrm{Var}(X_2) = \frac{1}{4}\sigma^2 + \frac{1}{4}\sigma^2 = \frac{1}{2}\sigma^2$$

$$\mathrm{Var}\left(\frac{1}{3}X_1 + \frac{2}{3}X_2\right) = \frac{1}{9}\mathrm{Var}(X_1) + \frac{4}{9}\mathrm{Var}(X_2) = \frac{1}{9}\sigma^2 + \frac{4}{9}\sigma^2 = \frac{5}{9}\sigma^2$$

因此，$\mathrm{Var}\left(\frac{1}{2}X_1 + \frac{1}{2}X_2\right)$ 小于 $\mathrm{Var}\left(\frac{1}{3}X_1 + \frac{2}{3}X_2\right)$，从有效性上看前者更优。

实际上，如果每个个体都是独立同分布且随机抽样，就没有理由赋予第二个抽样的样本点更多的权重。推广到样本容量为 n 的情形，用样本均值 $\overline{X}$ 估计总体参数 μ 更有效。

第二节 中心极限定理（Central Limit Theorem）

描述（describe）中心极限定理及其运用在独立同分布随机变量上的含义（☆☆☆）

---

[1] 由于只抽样了 2 个数据，一致性在这里无须考虑。

中心极限定理是概率论中最重要的定理之一，它为置信区间构建与假设检验奠定了理论基础。由于样本均值$\overline{X}$是一个随机变量，因而也存在概率分布。中心极限定理就是对$\overline{X}$的概率分布进行描述的。

中心极限定理：对于任意均值为μ、方差为σ^2的总体，假设简单随机抽样计算出的样本均值为$\overline{X}$，样本容量为n。当n较大时（$n \geqslant 30$），$\overline{X}$近似服从均值为μ、方差为$\dfrac{\sigma^2}{n}$的正态分布。

中心极限定理成立的条件非常弱，结论却非常强。我们将中心极限定理归纳为如下三个条件与三个结论。

条件1：抽样必须是简单随机抽样。

条件2：总体的均值与方差均有限，不为无穷大。

条件3：样本容量超过30。

结论1：样本统计量$\overline{X}$服从正态分布。

结论2：样本统计量$\overline{X}$的均值为μ。

结论3：样本统计量$\overline{X}$的方差为$\dfrac{\sigma^2}{n}$。

知识一点通

注意$\overline{X}$的方差为$\dfrac{\sigma^2}{n}$，而不是σ^2。这个性质可通过方差的性质证明，但考试对证明不做要求，这里就不再赘述。考生可以这样理解记忆：$\overline{X}$是抽样的平均数，是已经经过求平均平滑后的随机变量。因此，$\overline{X}$的方差肯定是低于总体本身的方差σ^2的，由于是n个数求平均，所以其对应系数为$1/n$。

第三节　区间估计（Confidence Interval Estimate）

构建（construct）并理解（interpret）置信区间（☆☆☆）

参数估计的方法包括点估计与区间估计两种。

一、点估计（Point Estimate）

点估计方法指利用样本统计量来估计总体参数。例如，估计所有中国人的平均身高（即总体参数 μ），通过抽样调查了 n 个中国人的身高取平均，以样本均值 $\overline{X}$ 来估计 μ。其中，$\overline{X}$ 就是通过点估计方法计算出来的样本统计量，其公式为 $\sum_{i=1}^{n} x_i / n$。

二、区间估计的基本概念

点估计方法给出了总体参数的一个具体估计数值，但并没有回答这个数值的估计精度如何。例如，抽样调查全中国人平均身高，点估计方法计算出样本均值为 170 厘米。然而，全中国人的平均身高有可能是 170.01 厘米，也有可能是 172 厘米。点估计方法并没有告诉我们任何有关估计量精度的信息。引入置信区间的概念就可以判断样本统计量的精度。

区间估计指估计未知总体参数的区间范围。例如，给定概率水平 $(1-\alpha)$，估计出来的置信区间（Confidence Interval）以 $(1-\alpha)$ 的概率覆盖未知的总体参数。其中，α 称为显著性水平（Significance Level），$(1-\alpha)$ 称为置信水平。例如，估计中国人平均身高，假设 5% 显著性水平下的置信区间为 $[168，172]$。这个置信区间的含义是区间 $[168，172]$ 有 95% 的概率覆盖了全中国人平均身高。

> **知识一点通**
>
> 考生应注意置信区间关于置信水平与显著性水平的两种表述，95% 置信水平的置信区间与 5% 显著性水平的置信区间是完全等价的。

置信区间的宽度是与置信水平正相关、与显著性水平负相关的。例如，无须任何估计，我们就能以 100% 的把握确定中国人的平均身高在 $[0，+\infty]$。但这个 100% 置信水平的置信区间没有任何意义，无法提供任何有关总体参数的信息。随着置信水平的降低，置信区间宽度变窄，其代价是置信区间覆盖总体参数的把握度下降了。例如，假定 90% 与 99% 置信水平下的置信区间分别为 [170，171] 与 [165，175]。显然，99% 的置信区间 [165，175] 给我们的信息太模糊了，身高波动范围高达 10 厘米。然而，要让置信区间提供的信息更精确，范围由 [165，175] 缩小到 [170，171]，就必须以降低把握度为代价。

知识一点通

很多辅导书中对置信区间定义描述是这样的：95% 置信水平的置信区间意味着总体参数有 95% 的概率落在该区间内。这种描述其实是不准确的，至少不符合教材里所属学派的观点。总体参数是一个客观存在的确定常数，因而不存在以 95% 的概率落入某个区间的说法（要么 100% 落入，要么 100% 不落入）。事实上，从下文的公式中可以看出，置信区间的上下限是基于样本统计量计算而得的随机变量。每次抽样计算出来的置信区间都是不同的（随机变动的是置信区间而不是总体参数）。故 95% 置信水平下的置信区间含义是基于抽样数据构造的置信区间有 95% 的概率覆盖总体均值。换言之，如果进行了 100 次抽样，相应构造了 100 个置信区间，其中大约有 95 个区间包含了总体均值。

三、置信区间的估计方法

置信区间的一般公式为：

$$\text{点估计量} \pm \text{置信因子（Reliability factor）} \times \text{标准误} \tag{19.9}$$

其中，置信因子的取值取决于总体分布与置信水平 $1-\alpha$。在考试中，考生只需计算总体分布为正态分布时总体均值 μ 的置信区间即可。具体而言，根据总体方差是否已知来进行分类讨论。

1. σ^2 已知时，计算 μ 的置信区间（假设总体服从正态分布）

此时，式（19.9）变为：

$$\overline{X} \pm z_{\frac{\alpha}{2}} \frac{\sigma}{\sqrt{n}} \tag{19.10}$$

其中，$z_{\frac{\alpha}{2}}$ 表示标准正态分布下 $\frac{\alpha}{2}$ 的分位数。

式（19.10）可以这样理解：通过中心极限定理已知 $\overline{X}$ 服从 $N\left(\mu, \dfrac{\sigma^2}{n}\right)$，将其标准化后服从标准正态分布 Z。利用正态分布的对称性，$\overline{X}$ 有 $1-\alpha$ 的概率落在以 μ 为中心点，分别向上和向下移动 $z_{\frac{\alpha}{2}}\dfrac{\sigma}{\sqrt{n}}$ 单位的区间内。将上述区间写成不等式后变化即可得置信区间。

对应第十七章关于标准正态分布的几个关键值如表 19.2 所示。

表 19.2　　　　　　　　　　　正态分布的置信因子

置信区间	置信因子
90% 置信区间	$z_{\frac{\alpha}{2}} = 1.65$
95% 置信区间	$z_{\frac{\alpha}{2}} = 1.96$
99% 置信区间	$z_{\frac{\alpha}{2}} = 2.58$

2. σ^2 未知时，计算 μ 的置信区间（假设总体服从正态分布）

此时，式（19.9）变为：

$$\overline{X} \pm t_{\frac{\alpha}{2}}\frac{s}{\sqrt{n}} \tag{19.11}$$

其中，$t_{\frac{\alpha}{2}}$ 表示自由度为 $n-1$ 的 t 分布下 $\dfrac{\alpha}{2}$ 的分位数。

当总体方差未知时，按照式（19.10）就无法计算置信区间了。此时，只能用样本方差代替总体方差。用样本方差代替总体方差后，标准化后的 $\overline{X}$ 就不再服从正态分布，而是服从学生 t 分布，因而改用式（19.11）构建置信区间。

式（19.10）与式（19.11）考试中是要求计算的，考生在记忆公式时应注意以下几点。

一是根据总体方差是否已知，判断用正态分布还是 t 分布构造置信区间。

二是分位数是 $\frac{\alpha}{2}$ 而不是 α。

三是标准误是 $\frac{\sigma}{\sqrt{n}}$ 或 $\frac{s}{\sqrt{n}}$ 而不是 σ 或 s。题目中如果给出总体标准差（Standard Deviation），则计算置信区间时必须除以 $\sqrt{n}$；如果题目中给出的是标准误（Standard Error），则给出的值已经是 $\frac{\sigma}{\sqrt{n}}$ 或 $\frac{s}{\sqrt{n}}$，计算置信区间时无须再除以 $\sqrt{n}$。

四是当 t 分布自由度变大时，概率密度函数趋近于正态分布。因此，有些时候考题中并不会直接给出 t 分布的分位数，只要 $n \geqslant 30$ 时就可利用标准正态分布的分位数代入置信区间公式近似计算。

表 19.3　　　　　　　　　　　　　　　置信因子的选择

总体分布	总体方差	样本容量小于 30	样本容量 $\geqslant$ 30
正态分布	已知	z - 统计量	z - 统计量
正态分布	未知	t - 统计量	t - 分布 *
非正态分布	已知	不可得	z - 统计量
非正态分布	未知	不可得	t - 分布 *

注：表中 * 表明，此情形下 z - 统计量理论上也可行，但用 t 统计量更好。

从表 19.3 可以看出，判断采用 z 统计量还是 t 统计量可以从 3 个维度出发，一共存在 8 种情况。3 个维度包括总体是否为正态分布、总体方差是否已知、样本容量是否大于等于 30。后两个维度前文已有描述，现对第一个维度进行简要讨论。根据中心极限定理，即便 X 分布非正态，当总体方差已知且样本容量超过 30 时，$\overline{X}$ 标准化后仍然服从正态分布；若总体方差未知则服从 t 分布。当然，当样本容量不足 30 时，则无法运用中心极限定理，置信区间不可得。

例题 19.2

某研究机构对上市公司的市盈率进行抽样调查，样本容量为 41。市盈率样本均值为 19.0，样本均值的标准误为 6.6。假设上市公司市盈率总体服从正态分布，计算置信水平为 95% 的置信区间。

名师解析

计算置信区间的第一步先判断总体方差是否已知。此题中仅给出了标准误为6.6，而总体方差只字未提，因而要用式（19.11）计算置信区间。

第二步计算 t 分布的分位数。本题样本容量为41超过了30，可以认为此时 t 分布接近于正态分布，95% 置信水平下 t 分布分位数近似为1.96。

最后一步代入式（19.11）计算：$19 \pm 1.96 \times 6.6$，即95% 置信水平下上市公司市盈率的置信区间为 $[6.06, 31.94]$（这里题目给出的是标准误，因此无须再除以 $\sqrt{41}$）。

利用式（19.10）与式（19.11）可以给出置信区间宽度的影响因素，如表19.4所示。

表 19.4 置信区间宽度的影响因素

影响因素	置信区间宽度（正态分布）	置信区间宽度（t分布）
显著性水平 α	负相关	负相关
样本容量 n	负相关	负相关
自由度	无	负相关
总体/样本标准差	正相关	正相关

知识一点通

从公式可以看出，置信区间宽度即2倍的 $z_{\frac{\alpha}{2}}\frac{\sigma}{\sqrt{n}}$ 或 $t_{\frac{\alpha}{2}}\frac{\sigma}{\sqrt{n}}$。故有：①当显著性水平 α 上升时，z 分布或 t 分布落在中间区域 $1-\alpha$ 的概率就越小，因此分位数的绝对值也就越小，置信区间也越窄；②当样本容量 n 上升时，$\frac{\sigma}{\sqrt{n}}$ 或 $\frac{s}{\sqrt{n}}$ 就越小，置信区间就越窄；③当 t 分布自由度上升时，t 分布逼近正态分布，由于原本 t 分布更加肥尾，逼近正态分布后则尾部变薄，分位数绝对值变小，置信区间越窄；④总体或样本标准差变大，则 $\frac{\sigma}{\sqrt{n}}$ 或 $\frac{s}{\sqrt{n}}$ 就越大，置信区间变宽。

第四节 假设检验（Hypothesis Test）

构建（construct）合适的原假设与备择假设，并计算（calculate）合适的统计量（☆☆☆）

区分（differentiate）单尾与双尾检验并辨识（identify）合适运用（☆☆☆）

理解（interpret）在给定置信水平下假设检验的结果（☆☆☆）

一、假设检验的基本思想

本节直接从一个例子出发来体会假设检验的基本思想与步骤。

例题 19.3

某牛奶生产商在一份研究报告中声称"中国人的平均身高不高于 160 厘米，因而必须普及大众日常饮用牛奶的习惯"。假设所有中国人的平均身高服从正态分布 $N(\mu, \sigma^2)$，如何检验牛奶商关于中国人身高的观点是否成立？

名师解析

本例就是一个关于假设检验的问题，接下来我们将围绕这个例子来介绍假设检验的基本思想与步骤。

本题不是一个参数估计问题，必须采用假设检验的方法。假设检验（Hypothesis Testing）与参数估计（Estimation）的思想是不同的。参数估计指利用抽样数据对总体参数进行直接估计并得出总体参数的具体估计值；而假设检验则分为假设与检验两步，先形成一个对总体参数的假设，然后再利用抽样数据判断这个假设是否成立。

在例题 19.3 中，参数估计是通过抽样调查部分中国人身高来计算出样本均值 $\overline{X}$ 并以此估计全中国人平均身高 μ；而假设检验则是先形成一个命题，如"中国人平均身高 μ 不高于 160 厘米"，然后通过抽样数据判断该命题是否成立。

如何检验例题 19.3 中的命题是否成立呢？一个"笨"办法就是把所有中国人的身高都量一遍，然后计算平均值，这样就可以准确判断命题是否成立了。显而易

见，这个方法的成本太高不可行，我们还是要利用抽样数据来进行判断。假设检验的基本思想是"单次抽样中小概率事件不会发生"。这是什么意思呢？假定抽样调查了1万个中国人，计算出来平均身高为180厘米。根据这组抽样数据，我们基本可以判断"中国人平均身高不高于160厘米"的命题是"错误"的。因为，如果中国人的平均身高真的低于160厘米，抽样1万人的平均身高是180厘米就应该是个小概率事件，而假设检验的基本思想是"在单次抽样中小概率事件不会发生"，因此只能是假设本身错了。

知识一点通

在真实世界中小概率事件当然是有可能发生的，假设检验仅是从统计学意义上判断假设是否成立。在抽样过程中，有可能抽样的1万人刚好是身高偏高的人，但这样的概率实在是太小了，因而我们更倾向于认为是假设本身不成立。

在上述过程中，我们假设抽样样本均值为180厘米，这可以很显然地判断出牛奶商的命题不成立。然而，如果抽样样本的均值是161厘米时，结论就没有那么明显了。161厘米仅仅高出命题中的假设数据1厘米，这1厘米的差距完全有可能是抽样误差所导致的。在类似情况下，如何判断命题是否成立就必须利用到概率分布与显著性的其他相关信息，这将在下文中详细讨论。

二、假设检验的步骤

通过前文描述，我们可将假设检验的步骤归纳如下。

第一步，建立需检验的假设。

第二步，选择合适的检验统计量，并确定其服从的概率分布。

第三步，选择判断假设是否成立的显著性水平。

第四步，给出决策准则（Decision Rule），即拒绝域（Rejection Region）的形式。

第五步，收集数据，并计算样本统计量。

第六步，做出判断。

第七步，根据判断进行投资决策。

上述每一步骤的具体内容，将在下文展开介绍。

三、原假设（Null Hypothesis）与备择假设（Alternative Hypothesis）

假设检验的第一步就是建立假设。通常将被检验的假设称为原假设（Null Hypothesis），记为 H_0；当原假设 H_0 被拒绝时而接受的假设称为备择假设（Alternative Hypothesis），记为 H_A 或 H_1。原假设与备择假设通常成对出现。在例题 19.3 中，原假设与备择假设可以用如下方式表示：

$$H_0: \mu \leqslant 160 \quad \text{vs.} \quad H_1: \mu > 160$$

假设检验一般有两种结果：第一种是原假设"不正确"，称为拒绝（Reject）原假设；第二种是原假设"正确"，称为无法拒绝（Can Not Reject）原假设。

知识一点通

在建立原假设与备择假设时，有几个细节需要留意。

一是当原假设"正确"时，一般称"无法拒绝原假设"而不是"接受原假设"。这是因为此时原假设并不是数学意义上的恒成立，只是统计意义上的成立。

二是当假设涉及不等式时，习惯将等号放在原假设（由于 FRM 经常涉及 VaR 的检验，因此有的时候把等号放在备则假设上也是没有错的）。

三是在构建原假设与备择假设时，习惯将想要得到的结论放在备择假设。

四、检验统计量（Test Statistic）及其分布

利用抽样样本检验原假设是否成立通常是通过一个统计量来完成的，这个统计量称为检验统计量（Test Statistic）。检验统计量通常服从某个概率分布，于是可以通过计算检验统计量是否超过某一关键值判断是否拒绝原假设。在本书中，检验统计量通常以式（19.12）的形式出现：

$$检验统计量 = \frac{样本统计量 - H_0 成立时的总体参数}{样本统计量的标准差} \tag{19.12}$$

如例题 19.3 中，检验统计量就可以通过样本均值 $\overline{X}$ 来构建。由中心极限定理，$\overline{X}$ 服从正态分布 $N(\mu, \sigma^2/n)$，按照式（19.12）标准化后就服从标准正态分布。

五、显著性水平（Significance Level）与关键值（Critical Value）

有了检验统计量后，结合显著性水平就可以计算出关键值（Critical Value）及拒绝域（Rejection Region）。关键值是指判断是否拒绝原假设的临界值。拒绝域是使得原假设被拒绝的样本观测值所组成的区域。

在例题 19.3 中，假设显著性水平为 5%，$\overline{X}$ 标准化后服从标准正态分布，那么检验统计量的关键值就是 1.65。

备考小贴士

许多考生在这里会产生疑惑，正态分布的 95% 置信水平下的置信区间对应标准差不是 1.96 倍标准差吗？为什么这里的关键值是 1.65 而不是 1.96？这需要结合下一知识点来理解，即单尾检验与双尾检验。

六、双尾检验（Two-tailed Test）与单尾检验（One-tailed Test）

假设检验通常有三种基本形式。

第一种基本形式：$H_0: \theta = \theta_0$ vs. $H_A: \theta \neq \theta_0$

第二种基本形式：$H_0: \theta \leqslant \theta_0$ vs. $H_A: \theta > \theta_0$

第三种基本形式：$H_0: \theta \geqslant \theta_0$ vs. $H_A: \theta < \theta_0$

其中，θ 表示总体参数，θ_0 表示当 H_0 成立时总体参数的取值。

第一种形式称为双尾检验，第二种与第三种形式称为单尾检验。无论是单尾还是双尾检验所采用的检验统计量都是相同的，差别主要体现在拒绝域上。因此，区分单尾检验与双尾检验对确定关键值（Critical Value）以及拒绝域（Rejection Region）至关重要。

知识一点通

　　先来看双尾检验的拒绝域。同样以调查中国人身高为例。如果原假设是 $\mu = 160$，那么在 5% 的显著性水平下的拒绝域应该是什么呢？既然我们假设中国人身高等于 160 厘米，那么抽样调查计算而得的 $\overline{X}$ 与 160 相比，既不能太高也不能太低，否则就要拒绝原假设。于是，拒绝域应该落在 x 轴左右两边。那么，究竟偏离 160 多少才算高呢？这就要利用检验统计量的分布和显著性水平了。$\overline{X}$ 标准化后服从标准正态分布，5% 显著性水平意味着两个极端的面积各为 2.5%，中间区间 $[160 - z_{2.5\%}\sigma, 160 + z_{2.5\%}\sigma]$ 与概率密度函数围成的面积就应该是 95%，关键值是 $z_{2.5\%} = \pm 1.96$。换言之，如果根据式（19.12）计算出来的检验统计量大于 1.96 或小于 1.96 时，就应该拒绝原假设，见图 19.2。

　　细心的考生可能已经发现，对于双尾检验来说，其本质上和置信区间是一回事。双尾检验中，区间 $[160 - z_{2.5\%}\sigma, 160 + z_{2.5\%}\sigma]$ 实际上就是基于抽样数据计算的置信区间。

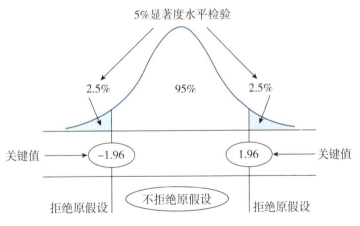

图 19.2　双尾检验示意图

　　再来看单尾检验的拒绝域。例题 19.3 中的原假设是 $\mu \leq 160$，是单尾检验的一种，那么在 5% 的显著性水平下的拒绝域应该是什么呢？既然我们假设中国人身不高于 160 厘米，那么抽样调查计算而得的 $\overline{X}$ 与 160 相比就不能太高，否则就要拒绝原假设，但较低的 $\overline{X}$ 是符合原假设的。因而拒绝域的形式应该是落在 x 轴右边。$\overline{X}$ 高多少才算高呢？由于显著性水平是 5%，这意味着拒绝域面积应该是 5%。值得注意的是，单尾检验拒绝域的形式是落在 x 轴右侧，即右侧的面积是

5%，其对应分位数点是 $z_{5\%} = 1.65$ 而不是 $z_{2.5\%} = 1.96$（1.96 对应的是左右侧面积和为 5%），这与双尾检验是不同的，见图 19.3。

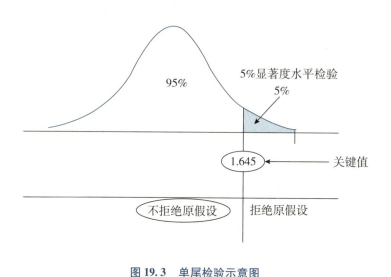

图 19.3　单尾检验示意图

备考小贴士

在计算单尾检验中，很多考生都会在选择分位数点时犯这类错误，应特别注意。

七、p 值（p-value）

除了比较检验统计量与关键值，另一种判断是否拒绝原假设的方法就是 p 值（p-value）。p 值指基于抽样结果可以拒绝原假设的最小显著性水平。换言之，p 值实际上就是检验统计量与 x 轴和 PDF 围成的面积。根据 p 值定义，如果 p 值很小，说明检验统计量与 x 轴围成的面积很小，即检验统计量的绝对值很大，就越有理由拒绝原假设。简言之，p 值越小，就越要拒绝原假设。在给定显著性水平 α 的情况下，如果 $p \leq \alpha$，则拒绝原假设；如果 $p > \alpha$ 则无法拒绝原假设。

例如，在图 19.4 中，我们要进行显著性水平为 5% 的双尾检验。已知 p 值 = 2.14%，这就意味着关键值在左侧（右侧）对应的尾部面积为 1.07%，即检验统计量的绝对值大于 $z_{2.5\%}$，应该要拒绝原假设。当然，我们也可以直接利用 p 值进行判断，p 值 = 2.14% < 5%，因此应该要拒绝原假设。

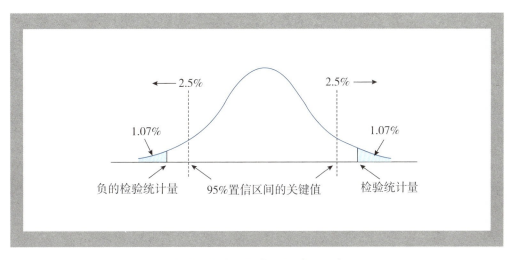

图 19.4　利用 p 值判断是否拒绝原假设

知识一点通

在实操中，计算机统计软件会直接计算出 p 值。可以看出，采用 p 值的方法无须计算检验统计量且可以更加直观地判断在各种显著性水平下是否需要拒绝原假设。

解释（explain）检验统计量、第一类错误与第二类错误、置信区间与假设检验的关系（☆☆）

八、第一类错误（Type I Error）与第二类错误（Type II Error）

虽然假设检验的基本思想是"单次抽样中小概率事件不会发生"，但在真实世界中，小概率事件是有可能发生的。因而，我们在判断假设检验是否成立时就有可能犯错误。检验时可能犯的错误可归为两类：一是当原假设 H_0 真实成立时，我们却拒绝

了原假设，称为第一类错误（Type I Error），也称为"拒真概率"；二是当原假设 H_0 不成立时，我们却接受了原假设，称为第二类错误（Tpye II Error），也称为"受伪概率"。

> **知识一点通**
>
> 　　为方便考生区分这两类错误，我们可以通过一个形象的例子来进行记忆理解。区分两类错误的口诀是"拒真受伪"。其中，"拒真"代表第一类错误，"受伪"代表第二类错误。我们可以想象这样一个场景，一个男孩向一个女孩表白，女孩是否应该接受男生呢？女生之所以犹豫，是担心犯两种错误：第一，如果这个男孩是真心却拒绝了他，即"拒真"第一类错误；第二，如果这个男孩是所谓"渣男"却接受了他，即"受伪"第二类错误。

　　两类错误的判断可归纳为表 19.5。

表 19.5　　　　　　　　　　　假设检验的两种错误

决策	真实情形	
	H_0 正确	H_0 错误
没有拒绝 H_0	正确决策	第二类错误（犯错概率 $=\beta$）
拒绝 H_0 接受 H_A	第一类错误（犯错概率 $=\alpha$）	正确决策（Power of Test：$1-\beta$）

　　表 19.5 中，有几个关于概率的标识考生需要特别注意。通常我们将犯第一类错误的概率记为 α，这里的 α 实际上就是假设检验中的显著性水平；犯第二类错误的概率记为 β。此外，当原假设 H_0 正确时决策接受原假设，当原假设 H_0 错误时拒绝原假设都表明决策者做出了正确的抉择没有犯错。特别需指出，我们将决策者不犯第二类错误的概率称为统计检验力（Power of Test），记为 $1-\beta$。

> **备考小贴士**
>
> 　　考生在考试中遇到 Power of Test 的描述时，应当注意其指的是 $1-\beta$ 而不是 β 或 $1-\alpha$，这是个易错点。

第五节　均值与方差的假设检验

在实务中，对总体均值或方差的检验非常常见。在本节中，均假设总体服从正态分布。考生应重点掌握单个正态总体或两个正态总体下分别应使用什么类型的检验统计量去检验有关均值与方差的假设。

一、单个正态总体均值的检验（Hypothesis Test Concerning a Single Mean）

单个总体均值的检验即将总体均值与某一常数做比较，原假设与备择假设如下：

$$H_0 : \mu = \mu_0 \ \text{vs.} \ H_A : \mu \neq \mu_0$$

$$H_0 : \mu \leqslant \mu_0 \ \text{vs.} \ H_A : \mu > \mu_0$$

$$H_0 : \mu \geqslant \mu_0 \ \text{vs.} \ H_A : \mu < \mu_0$$

前文我们已经指出：

第一，当总体方差已知时，检验单个总体均值采用 z 统计量。

第二，当总体方差未知时，用样本方差替代总体方差，采用 t 统计量。

第三，当总体方差未知，但样本容量足够大时也可以采用 z 统计量。

上述三种情形下，z 统计量与 t 统计量的公式如下：

$$z = \frac{X - \mu_0}{\dfrac{\sigma}{\sqrt{n}}} \tag{19.13}$$

$$t_{n-1} = \frac{X - \mu_0}{\dfrac{S}{\sqrt{n}}} \tag{19.14}$$

$$z = \frac{X - \mu_0}{\dfrac{s}{\sqrt{n}}} \tag{19.15}$$

二、单个正态总体方差的检验（Hypothesis Test Concerning a Single Variance）

单个总体方差的原假设与备择假设如下:[1]

$$H_0: \sigma = \sigma_0 \quad vs. \quad H_A: \sigma \neq \sigma_0$$

$$H_0: \sigma \geqslant \sigma_0 \quad vs. \quad H_A: \sigma < \sigma_0$$

$$H_0: \sigma \leqslant \sigma_0 \quad vs. \quad H_A: \sigma > \sigma_0$$

在此情形下，应采用卡方（Chi-Square）统计量，其公式如下:

$$\chi^2_{n-1} = \frac{(n-1) \ s^2}{\sigma_0^2} \tag{19.16}$$

其中，χ^2_{n-1} 表示卡方统计量，自由度为 $n-1$。

三、两个正态总体方差的检验（Hypothesis Test Concerning Equality of Two Variances）

当检验两个不同总体方差是否相等时，原假设与备择假设为:

$$H_0: \sigma_1 = \sigma_2 \quad vs. \quad H_A: \sigma_1 \neq \sigma_2$$

此情形下要使用 F 分布，其公式如下:

$$F = \frac{S_1^2}{S_2^2} \quad \text{with } df \text{ of } (n_1 - 1, \ n_2 - 1) \tag{19.17}$$

其中，F 分布自由度为 df，n_1 表示来自第一个总体抽样的样本容量，n_2 表示来自第二个总体抽样的样本容量，S_1^2 表示来自第一个总体抽样的样本方差，S_2^2 表示来自第二个总体抽样的样本方差。一般情况下，我们将较大的样本方差放在分子上，即 $S_1^2 > S_2^2$。

现将本节内容归纳为表 19.6。

---

[1] 由于 σ_0 为常数，此处方差的检验与标准的检验实际上是一回事，下同。

表 19.6　　　　　　　　　　　不同情形下的检验统计量

检验类型	不同情形	检验统计量	服从分布
均值检验	单个正态总体，方差已知	$z = \dfrac{X - \mu_0}{\dfrac{\sigma}{\sqrt{n}}}$	$N\ (0,\ 1)$
	单个正态总体，方差未知	$t_{n-1} = \dfrac{X - \mu_0}{\dfrac{S}{\sqrt{n}}}$	$t\ (n-1)$
方差检验	单个正态总体	$\chi_{n-1}^2 = \dfrac{(n-1)\ s^2}{\sigma_0^2}$	χ_{n-1}^2
	两个正态总体	$F = \dfrac{S_1^2}{S_2^2}$	$F\ (n_1-1,\ n_2-2)$

第六节　回测（Backtesting）

表明（demonstrate）VaR 回测的过程并会计算（calculate）超过阈值的次数（☆☆）

回测指对运用模型得出的预测值进行检验，其具体内容在其他科目中会详细介绍。在这里考生主要了解其与二项分布的关系即可。

例如，根据 VaR 模型，每个时期的 VaR 值可以看成一个伯努利实验。假设置信水平为 95% 的单日 VaR 表明：当天损失超过阈值的概率为 5%。假设每天超过阈值的事件相互独立，那么 n 天内超过阈值的概率分布实际上服从二项分布，即每天进行一次伯努利实验，成功的概率为 5%，一共进行 n 次实验。于是，我们可以利用二项分布的公式来计算给定天数内，VaR 值超过阈值的次数相对应的概率了。具体计算与二项分布概率计算相同，此处不再赘述。

扫码做题　章节练习

第二十章

一元线性回归

知识引导： 从本章开始直到第二十三章，都属于计量经济学的范畴，主要介绍线性回归的方法。在客观世界中，变量之间的关系通常可以分为两种：一类为函数关系，另一类为相关关系。存在函数关系的变量可以用明确的数学公式来表示，是恒定不变的。例如，在勾股定理中，直角三角形的两条直角边的平方和等于斜边的平方；又如电路中的欧姆定律 $U = IR$ 等。然而，在社会科学中，变量之间往往呈现的是相关关系而非明确的函数关系。例如，考察收入与消费之间的关系。我们大概知道收入越高的人往往消费越多，但这两个变量之间无法用确定的函数解析式表达。线性回归方法从均值意义上确定变量之间的线性表达式，寻求隐藏在数据背后的相关关系。

考点聚焦： 本章有关一元线性回归得出的结论多数都可以扩展到多元线性回归。回归系数的含义与公式、可决系数 R^2、模型的基本假设条件均是常考点，考生应给予高度重视。

本章框架图

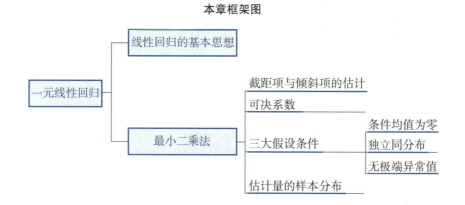

第一节　线性回归的基本思想

解释（explain）计量经济学中的回归分析如何度量因变量与自变量之间的关系（☆）

在经济或社会研究中，经常面对这样一类问题：评价宏观经济政策的效果、预测宏观经济变量或是检验经济理论。例如，提高个人所得税率对财政收入的影响、工作经验对工资收入的影响。诸如此类问题均可以归结为这样一个一般的问题：考察自变量 X 的变化对因变量 Y 的影响。本章学习的线性回归方法即假设 Y 与 X 之间存在线性关系，那么线性方程中的斜率即反映了 X 变化一个单位对 Y 的影响。回归分析主要围绕如何估计这个斜率展开。

本章以及后续章节的相关概念，我们都通过这样一个实例来说明。高顿教育集团需要对是否扩大培训师资团队做出决策。如果增加聘用老师数量，那么就会降低每个老师需要教授的学员数量，实现"小班授课"。此时，培训机构就面临这样一个权衡，增加培训老师数量无疑要增加公司成本，然而小班授课可能可以大幅提升学员成绩。因此，公司管理层需要知道减少班级规模对于学员成绩的影响，以判断是否值得增聘培训老师，即：

$$\beta_{\text{Classsize}} = \frac{\text{change in testscores}}{\text{change in classsize}} = \frac{\text{Testscore}}{\text{Classsize}} \tag{20.1}$$

式（20.1）表示每一单位的班级规模变化对学员最终考试分数的影响，即线性关系中的斜率。然而，影响学员最终考试成绩的因素并不仅仅只有班级规模，两个同样规模的班级最终的平均成绩极有可能不同。这可能受到学员背景的影响，也有可能受到考试当天学员发挥状态的纯随机因素影响。因此，我们在线性方程中加入"other fators"，表示其他因素，见式（20.2）。

$$\text{Testscore} = \beta_0 + \beta_{\text{Classsize}} \times \text{Classsize} + \text{other factors} \tag{20.2}$$

理解（interpret）样本回归方差中的回归系数、参数、斜率、截距项与残差项（☆☆）

描述（describe）线性回归方程的关键特征（☆）

一般地，总体一元线性回归方程（Population Regression Function）可写成如下表达式：

$$Y_i = \beta_0 + \beta_1 X_i + u_i \qquad\qquad (20.3)$$

其中，Y_i 为因变量（Dependent Variable），也称被解释变量（Explained Variable）或回归子（Regressand）；X_i 为自变量（Independent Variable），也称解释变量（Explanatory Variable）或回归元（Regressor）；β_0 是截距项（Intercept），β_1 是斜率项（Slope），μ_i 为误差项或残差项（Error Term 或 Residual）。

> **知识一点通**
>
> 　　根据总体线性回归方程（20.3），我们可以预测班级规模为 x_i 的考试成绩，即为 $Y_i = \beta_0 + \beta_1 x_i$。这个预测可能与最终真实考试成绩有误差，即为 u_i，见图20.1。在图20.1中，横轴为班级规模，纵轴为测试分值。可以看出，总体上班级规模越小，考试成绩越高。但也存在一些特殊班级，例如图右上角的点，虽然班级规模很大，但总体成绩也不错。这也说明预测值 $\hat{Y_i} = \beta_0 + \beta_1 x_i$ 是会存在误差 u_i 的。当 u_i 大于 0 时，真实值 Y_i 大于预测值，考试成绩被低估；反之，真实值小于预测值，考试成绩被高估。
>
>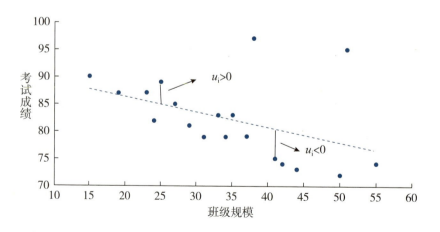
>
> **图20.1　总体线性回归线与实际数据的散点图**

备考小贴士

考生应注意，变量上加小帽子符号的都表示预测值。例如，$\widehat{Y_i}$ 表示利用总体回归直线预测的值，与真实 Y_i 存在差异。

实际上，总体回归函数（Population Regression Function）是固定而又未知的（否则就无须做回归了），理解这一点很重要。每通过采集一次样本，就可估计出一个样本回归函数（Sample Regression Function），即通过估计截距项 $\widehat{\beta_0}$ 与斜率 $\widehat{\beta_1}$ 确定样本回归线。

知识一点通

总体回归线与样本回归线的区别类似于总体与样本的区别。基于抽样估计出来的样本回归线肯定是与总体回归线不同的。抽样不同，估计出来的斜率与截距也是不同的。因此，$\widehat{\beta_0}$ 与 $\widehat{\beta_1}$ 本质上也是随机变量，与总体回归线的 β_0 与 β_1 存在着误差。

第二节　最小二乘法

定义（define）OLS 方法并计算（calculate）截距项与斜率（☆☆☆）
理解（interpret）OLS 方法计算出来的结果

一、最小二乘法（OLS Method）的基本思想

估计样本回归函数最常用的方法就是最小二乘法（Ordinary Least Squares），其基本思想是寻找一条直线均匀地穿过实际数据，使得直线上的点与实际数据之间的

误差平方和最小，即

$$\min_{\beta_0,\beta_1} \sum \hat{u}_i^2 = \sum_{\beta_0,\beta_1} \left[Y_i - \beta_0 - \beta_1 X_i \right]^2 \qquad (20.4)$$

确定一条直线，只需知道斜率项与截距项。因此，最小二乘法就是要找到 β_0 与 β_1 使得直线上的点 $\beta_0 + \beta_1 X_i$ 与实际值 Y_i 之差的平方和最小。通过求导可得，使得 $\sum \hat{u}_i^2$ 最小的 $\hat{\beta}_0$ 与 $\hat{\beta}_1$ 公式为：

$$\hat{\beta}_1 = \frac{\sum_{i=1}^{n} (x_i - \overline{X})(Y_i - \overline{Y})}{\sum_{i=1}^{n} (x_i - \overline{X})^2} = \frac{\text{Cov}(X, Y)}{\text{Var}(X)} \qquad (20.5)$$

$$\hat{\beta}_0 = \overline{Y} - \hat{\beta}_1 \overline{X} \qquad (20.6)$$

于是，利用最小二乘法估计出来的 $\hat{Y}_i = \hat{\beta}_0 + \hat{\beta}_1 x_i$ 为实际值 Y_i 的估计值或称为拟合值，两者之间存在的误差记为残差项 $\hat{u}_i$。通常通过调整截距项 $\hat{\beta}_0$ 始终可以保证 $E(u_i) = 0$，即回归直线均匀穿越实际值，高估与低估的误差可以相互抵消。

> **知识一点通**
>
> 式（20.5）是通过求导而得。在已经计算出 $\hat{\beta}_1$ 的情况下，利用回归直线一定穿越点 $(\overline{X}, \overline{Y})$ 的性质可得公式（20.6）（实际上，对公式（20.3）两边同时求和后取平均，利用 $E(u_i) = 0$ 即可发现回归直线穿越点 $(\overline{X}, \overline{Y})$）。

备考小贴士

考生无须掌握两个公式的推导过程，但一定要记住这两个公式，此处是一个重要考点。

例题 20.1

某分析师想要研究某一股票 A 与沪深 300 指数收益率之间的关系。根据历史数据，该分析师得到以下数据：

沪深 300 指数的年化平均收益率为 3%；

股票 A 的年化平均收益率为 7%；

沪深 300 指数的年化波动率为 12%；

股票 A 与沪深 300 指数收益率之间的协方差为 6%。

假设分析师用同样的历史数据进行了回归，回归方程为

$$R_A = \beta_0 + \beta_1 R_{300} + u_i$$

根据最小二乘法，分析师得到的具体回归方程应该是以下哪一个？

A. $R_A = -0.051 + 4.17 R_{300} + u_i$

B. $R_A = -0.051 + 0.43 R_{300} + u_i$

C. $R_A = 0.051 + 4.17 R_{300} + u_i$

D. $R_A = 0.051 + 0.43 R_{300} + u_i$

名师解析

答案为 A。本题考查最小二乘法的斜率与截距公式。解题中考生应注意题目中的波动率（Volatility）是标准差的概念而非方差，故有：

$$\widehat{\beta_1} = \frac{\text{Cov}\ (X,\ Y)}{\text{Var}\ (X)} = \frac{0.06}{0.12 \times 0.12} \approx 4.17$$

随后，我们利用回归直线一定通过 $(\overline{X},\ \overline{Y})$ 点的性质有：

$$0.07 = \widehat{\beta_0} + 4.17 \times 0.03$$

因此有 $\widehat{\beta_0} = -0.051$。

考生应注意有的时候考题中给出的不是年化波动率而是日波动率，此时必须先利用平方根法则将日波动率转化为年化波动率后再计算（平方根法则在后续章节中会介绍）。

理解（interpret）并解释（explain）ESS、TSS 与 RSS、SER 与 R^2（☆☆☆）

二、可决系数 R^2（Coefficient of Determination）

在进行线性回归时，我们最关注的问题之一就是模型是否能充分描述数据？这就需要构造指标——可决系数 R^2，用于判断模型的好坏。本小节将讲述如何构造 R^2 以及如何运用 R^2 判断模型的"好坏"。

运用 OLS 方法，可将实际观测值 Y_i 写成拟合值与残差项之和，即：

$$Y_i = \widehat{Y}_i + u_i \tag{20.7}$$

类似地，可以将样本的总变异也进行分解，分别定义总平方和（Total Sum of Squares，TSS）、解释平方和（Explained Sum of Squares，ESS）与残差平方和（Sum of Squared Residuals，SSR）。

$$TSS = \sum_{i=1}^{n} (Y_i - \overline{Y})^2 \tag{20.8}$$

$$ESS = \sum_{i=1}^{n} (\widehat{Y}_i - \overline{Y})^2 \tag{20.9}$$

$$SSR = \sum_{i=1}^{n} (\widehat{u_i})^2 \tag{20.10}$$

其中，TSS 表示样本总体的变异程度，即度量了实际值 Y_i 的分散程度（实际上如果将 TSS 除以 $(n-1)$ 就是样本方差）；同理，ESS 度量了拟合值 $\widehat{Y}_i$ 的分散程度。SSR 度量了残差 u_i 的分散程度。可以证明，实际值 Y_i 的分散程度可以分解为 OLS 模型估计出来的 $\widehat{Y}_i$ 与残差 $\widehat{u_i}$ 的分散程度之和，即：

$$TSS = ESS + SSR \tag{20.11}$$

将式（20.11）同时除以 TSS 可得 $1 = ESS/TSS + SSR/TSS$，由此可定义可决系数 R^2（Coefficent of Determination）：

$$R^2 = ESS/TSS = 1 - SSR/TSS \tag{20.12}$$

R^2 表示拟合值 $\widehat{Y}_i$ 的变异程度与样本总体变异程度之比，其含义为样本 Y_i 可以被模型中变量 X 解释的程度（注意 $\widehat{Y}_i = \widehat{\beta}_0 + \widehat{\beta}_1 x_i$）。根据定义可以直接看出，$R^2$ 位于 $[0,1]$ 区间内。如果 $R^2 = 1$ 意味着 OLS 模型给出了一个完美的解释；反之，$R^2 = 0$ 意味着 OLS 完全解释不了样本总体的变异。一般来说，R^2 在 0 与 1 之间，越接近于 1 说明模型解释得越好。

> **知识一点通**
>
> R^2 越高意味着 ESS 占 TSS 比例越高，SSR 占 TSS 比例越小。换言之，我们将原先放在"垃圾桶"残差项 u_i 部分的东西纳入到模型中的解释变量里了，ESS 上升，从而模型可解释的部分也越多了，模型"变好"。

此外，对于一元线性回归，R^2 有个很重要的结论：

$$R^2 = r^2 \qquad (20.13)$$

其中，r 表示 Y 与 X 的相关系数。

知识一点通

注意式（20.13）只在一元线性回归中成立，多元线性回归没有这个结论。

备考小贴士

考生无须掌握公式（20.13）的推导过程，但其结论很重要，在解题过程中会经常用到。

例题20.2

假定分析师对同一个因变量 Y 分别选取了两个不同的自变量 X 进行了两个简单线性回归。第一个回归方程得到的结果中 R^2 为 0.5，斜率项估计值为 1.5；第二个回归方程得到的结果中 R^2 为 0.8，斜率项的估计值为 0.8。以下哪个选项描述正确？

A. 与第二个回归方程相比，第一个回归方程解释力度更强

B. 第一个回归方程中，自变量与因变量之间的相关系数为 1.5

C. 第二个回归方程中，自变量与因变量之间的相关系数为 0.8

D. 以上均不正确

名师解析

答案为 D。R^2 反映回归模型的解释力度，根据两个模型的 R^2，第二个模型解释力度更高，故 A 选项错误。此外 R^2 同时等于自变量与因变量之间的相关系数的平方。B 选项错误，回归方程的斜率并不代表相关系数，这点考生应注意。C 选项错误，R^2 开根号后才为相关系数。

定义回归的标准差（Standard Error of Regression，SER）为残差项 u_i 的标准差，度量实际观测值偏离回归线的程度。根据定义，SER 公式为：

$$SER = \sqrt{\frac{SSR}{n-2}} = \sqrt{\frac{1}{n-2}\sum_{i=1}^{n}\widehat{u}_i^2} \qquad (20.14)$$

SER 越小，意味着残差项的波动越小，模型也越好。

> **知识一点通**
>
> 根据定义，SER 有两层含义：一是残差的标准差，二是表示实际值偏离回归线的程度。这里需要注意的是，与标准残差公式不同，式（20.14）中分母除以（$n-2$）而不是（$n-1$）。这是因为，在线性回归中，截距项与自变量 X 的斜率减少了两个自由度。

描述（describe）OLS 方法的三大假设条件（☆☆☆）

三、OLS 方法的三大假设条件

任何模型都有其成立的假设条件。为了保证 OLS 方法估计出来的回归系数 $\widehat{\beta}_0$、$\widehat{\beta}_1$ 具有良好性质，对回归模型做出如下三大假设条件。

假设 1（零条件均值）：给定解释变量的任何值，残差项的期望值为 0，即

$$E(u_i \mid X = x_i) = 0 \qquad (20.15)$$

> **知识一点通**
>
> 考生应了解假设 1 中的条件均值为 0 与前文所说的 $E(u_i) = 0$ 是不同的。前者是条件均值，后者是无条件均值。

假设 1 可以通过图 20.2 来理解。图中横轴为班级大小，纵轴为考试成绩。回归直线表明，班级规模越小考试成绩越好。然而，对于某个给定班级规模而言，比如 $X = 25$，同样 25 人的小班，不同班级的考试成绩仍然有可能不同（与当天的考试发挥有关）。假设 1 表明，尽管不同的 25 人制班级考试成绩可能有所不同，但总体来看误差的条件期望 $E(u_i \mid X_i = 25) = 0$。换言之，25 人制班级的期望分数是落在回

归直线上的，即 $E(Y \mid X_i = 25)$ 可以把 $X_i = 25$ 代入回归直线来预测。

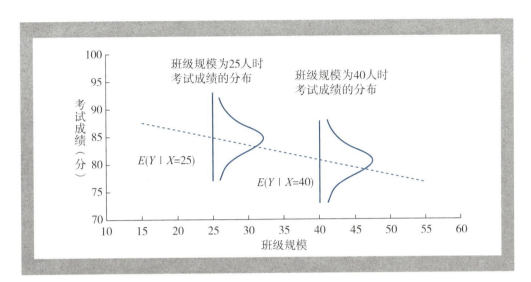

图 20.2　条件均值为零

假设 2（独立同分布）：观测值 (X_i, Y_i) 是独立同分布（Independently and Identically Distributed，IID）的。

如果样本观测值来源于同一单个总体，那么观测值 (X_i, Y_i) 就是独立同分布的。假设 2 这个条件要求我们在进行抽样调查时，抽取的样本观测值必须是完全随机不相关的并且是来源于同一总体，这样利用 OLS 方法估计出来的回归系数才是可靠的。

知识一点通

不妨设想下这样一个不随机的抽样：我们非随机地抽取重点学校重点班级（班级人数较多）的考生以及非重点学校的小班考生。将两者成绩一对比，得出的结论是班级人数多考生成绩好。这个结论显然是错误的，因为成绩好不是因为班级大，可能是因为重点学校的学生基础相对好。造成这个错误的原因就是非随机抽样，即违反了假设 2。

假设 3：样本中不存在极端值（Large Outliers）

极端异常值会导致 OLS 方法估计出来的回归系数有误。这个假设是比较好理解的。如果我们恰好随机抽样了一个班级规模较大，但该班级所有考生当天全部超常

发挥的观测点，就有可能得出错误结论（班级越大分数越高），见图20.3。图20.3中，坐标轴右上方存在一个极端异常值。在使用 OLS 方法时，为了让回归线均匀穿过各观测值，回归直线不得不向上倾斜。然而，倘若去掉了这个单一的异常值，回归直线实际上是略微向下倾斜的。因此，使用 OLS 估计回归线时必须假定样本中不存在极端异常值。

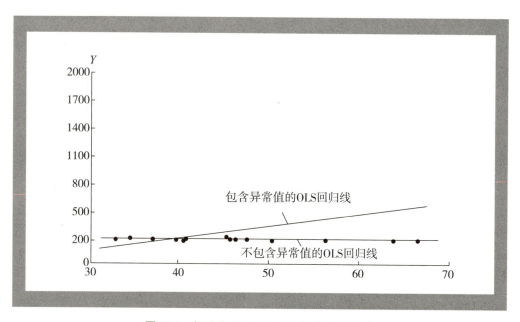

图20.3　极端值对 OLS 回归系数估计的影响

知识一点通

学过计量经济学的考生可能会发现，我们这里学的三大假设条件与别的计量经济学书中有所不同。其实，不同计量经济学教材做出的假设条件本质上是相通的。从应试角度来说，考生应以 FRM 里的三大假设条件为准。三大假设条件的作用我们将在下一章中学习。

总结（summarize）OLS 估计量的优点（☆☆）

描述（describe）OLS 估计量以及估计量服从的抽样分布，并解释（explain）一致估计量的一般特征（☆）

四、OLS 估计量的样本分布

如前文所述，每通过采集一次样本，利用 OLS 方法均可估计出一个不同的样本回归函数。因此，样本估计量$\hat{\beta}_0$与斜率$\hat{\beta}_1$本质上也是随机变量，因而也存在样本分布。回归系数的样本分布比较复杂，但当样本容量足够大时，逼近正态分布。

如果模型满足 OLS 方法的三大假设条件，则估计量$\hat{\beta}_0$与$\hat{\beta}_1$是无偏的，即有：

$$E(\hat{\beta}_0) = \beta_0, \ E(\hat{\beta}_1) = \beta_1 \qquad (20.16)$$

此外，$\hat{\beta}_0$与$\hat{\beta}_1$的方差$\sigma^2(\hat{\beta}_0)$与$\sigma^2(\hat{\beta}_1)$会随着 n 与自变量 X 的方差$\sigma^2(X)$的增加而减少。

> **知识一点通**
>
> 考生无须掌握原版书中关于$\sigma^2(\hat{\beta}_0)$与$\sigma^2(\hat{\beta}_1)$的公式，但需要了解样本估计量的方差会随着样本容量与自变量方差的增大而减小这个性质。前者较好理解。样本容量增加，回归直线的估计自然更加准确，估计量的方差也自然会减小。

然而，自变量方差$\sigma^2(X)$增加为什么会减少样本统计量的方差呢？当自变量 X 变异较小时，散点较为集中比较不容易确定直线斜率；而当 X 变异程度较大、散点较为分散时，斜率相对较为容易确定，估计量也相对较为准确。例如，考查中国人收入对消费的影响。这里 Y 为消费，X 为收入。如果 X 方差较小，这意味着回归结果只反映了某个收入层次人群的收入与消费关系；只有 X 方差较大时（低收入、中产阶级、富裕阶级都包含在内），才能反映全中国人收入与消费的关系，由此估计出来的斜率系数也会越小。

扫码做题 章节练习

第二十一章

一元线性回归的假设检验与区间估计

知识引导：本章对一元线性回归模型进一步说明，主要讲述了回归过程中回归系数的检验与置信区间的构建，并对一些细节问题处理进行了交代，比如二值变量与异方差。此外，本章还讲述了高斯—马尔可夫定理，以说明为什么我们会采用 OLS 得到的估计量而不是别的估计方法。

考点聚焦：本章知识点较为零碎，以定性结论为主，需要考生记忆。考生重点掌握回归系数的检验、异方差的定义及影响、高斯—马尔可夫定理的结论及其局限性。

本章框架图

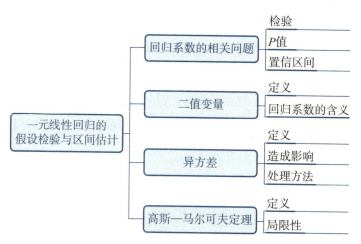

第一节　回归系数的检验与置信区间

理解（interpret）回归系数的假设检验（☆☆）

理解（interpret）p-value（☆☆）

一、回归系数的假设检验

同上一章的例子，当高顿教育集团在决策是否缩小班级授课规模时，集团需要考察的是回归方程中斜率 β_1 是否显著不为零。要回答这个问题，就要用到假设检验相关方面的知识。

一般有：

$$H_0: \beta_1 = \beta_{1,0} \quad \text{vs.} \quad H_1: \beta_1 \neq \beta_{1,0} \tag{21.1}$$

上一章中，我们学到当样本容量增大时，$\widehat{\beta_1}$ 的样本分布趋近于正态分布。然而，一般情况下 β_1 的标准差是未知的，改用样本标准误替代总体标准化后服从 t 分布，即：

$$t = \frac{\widehat{\beta_1} - \beta_{1,0}}{SE\,(\widehat{\beta_1})} \tag{21.2}$$

同样，可计算该统计量的 p 值，表示给定 t 统计量，能拒绝原假设的最小显著性水平：

$$p\text{-value} = \Pr\,(\,|Z| > |t^{act}|\,) \tag{21.3}$$

> **知识一点通**
>
> 在线性回归中，我们最常关注的是 β_1 是否为零，即选取的解释变量对被解释变量是否具有最基本的解释作用。此时，式（21.2）t 统计量计算可以简化为 $\widehat{\beta}_1/SE\,(\widehat{\beta}_1)$。

对于 p 值来说，p 值越小，说明回归系数越显著不为零。

例题 21.1

高顿教育集团对其全国 30 个分校近 5 年间开设的 528 个班级的班级规模与考试成绩进行了统计，得到如下回归方程：

$$\widehat{Test\ score} = 334.2 - 3.14Classszie \tag{21.4}$$

$$(13.4)\quad(0.25)$$

问缩小班级规模是否能在 5% 的显著性水平上提高最终成绩？

名师解析

考生应注意式（21.4）为通常统计软件显示线性回归结果的方程。回归系数下方的括号代表对应回归系数的标准差。例如，Classsize 对应的回归系数为 −3.14，其对应方差为 0.25，则 t 统计量为 $(-3.14-0)/0.25 = -12.56$。由于样本容量大于 30，t 分布接近正态分布，而 $|-12.56| > 1.96$，说明在 5% 的显著性水平下，减少班级规模可以有效提高考生成绩。

回归系数 β_1 的单尾检验与回归系数 β_0 的检验、β_1 的双尾检验类似，这里不再赘述。

计算（calculate）并理解（interpret）回归系数的置信区间（☆）

二、回归系数的置信区间

以 95% 置信水平下 $\widehat{\beta_1}$ 的置信区间为例，根据式（21.2）可计算置信区间如下：

$$\left[\,\hat{\beta_1} - 1.96SE(\hat{\beta_1}),\ \hat{\beta_1} + 1.96SE(\hat{\beta_1})\,\right] \tag{21.5}$$

其中，关键值取 1.96 是因为当样本容量足够大时，t 分布逼近正态分布。

以上置信区间包括两层含义：一是置信区间包括了所有$\hat{\beta_1}$在 5% 显著性水平下双尾检验无法拒绝的数值；二是如果反复进行随机抽样，每次都计算出$\hat{\beta_1}$及置信区间，那么其中 95% 的置信区间会包含总体真值β_1。

此外，当自变量变动Δx时，y的置信区间变为：

$$\left[\,\hat{\beta_1}\Delta x - 1.96SE(\hat{\beta_1})\times\Delta x,\ \hat{\beta_1}\Delta x + 1.96SE(\hat{\beta_1})\times\Delta x\,\right] \tag{21.6}$$

第二节　二值变量（Binary Variable）

一、基本定义

到目前为止，我们接触到的解释变量都是连续的。实际上，对于一些定性的变量也可以运用回归模型。例如，调查对象性别是男还是女，属于城镇户口还是非城镇户口等。此类二值信息可以用二值变量来刻画，二值变量也称为虚拟变量或哑变量（Dummy Variable）。

例如，高顿教育集团想判断是否在香港地区考试的考生成绩显著比内地高，可假设D_i哑变量：

$$D_i = \begin{cases} 1, & \text{如果该考生属于香港地区} \\ 0, & \text{如果该考生不属于香港地区} \end{cases}$$

二、二值变量回归系数的含义

一般地，含有哑变量的总体回归方程为：

$$Y_i = \beta_0 + \beta_1 D_i + u_i \tag{21.7}$$

其中，D_i表示二值变量。这里需要指出的是，由于D_i是非连续的，因此β_0与β_1的含义与之前所学有所不同，考生需要注意。

具体而言，我们利用上例解释系数β_0与β_1的含义：

当 $D_i = 0$ 时，表示考生属于非香港地区，式（21.7）变为：

$$Y_i = \beta_0 + u_i \tag{21.8}$$

根据线性回归的基本假设 $E(u_i \mid D_i) = 0$，故式（21.8）两边取期望值可得 $E(Y_i \mid D_i = 0) = \beta_0$，即 β_0 表示非香港地区考生的平均成绩。

同理，当 $D_i = 1$ 时，式（21.7）可简化为：

$$Y_i = \beta_0 + \beta_1 + u_i \tag{21.9}$$

故 $E(Y_i \mid D_i = 1) = \beta_0 + \beta_1$，即 $\beta_0 + \beta_1$ 表示香港地区考生的平均成绩。因此，系数 $\beta_1 = E(Y_i \mid D_i = 1) - E(Y_i \mid D_i = 0)$，表示香港地区考生的平均分与非香港地区考生平均分之差。如果 β_1 显著大于 0，就表明香港地区考生成绩显著高于内地考生。

备考小贴士

考生应注意 β_1 并不代表香港地区考生的平均分，而是香港地区考生平均分与内地考生平均分之差。考试中有可能在这一点上以辨析的方式进行考查。

例题 21.2

某分析师想通过以下模型判断职场上是否存在对女性的性别歧视。其中，因变量为年收入、自变量 D_i 为性别的二值变量，取 1 时表示女性，取 0 时表示男性。

$$Income_i = \beta_0 + \beta_1 D_i$$

以下哪个说法是正确的：

A. 当 β_1 显著大于 0 时，表示职场上不存在对女性的性别歧视

B. β_1 表示职场上女性的平均收入

C. β_1 表示职场上女性与男性平均收入的差异

D. $\beta_0 + \beta_1$ 表示职场上男性的平均收入

名师解析

答案为 C。注意本题中二值变量取 1 时表示女性，取 0 时表示男性。故 β_0 表示男性的平均收入，而 $\beta_0 + \beta_1$ 表示女性的平均收入，β_1 表示女性平均收入与男性平均收入的差异。

第三节　异方差（Heteroskedasticity）与同方差（Homoskedasticity）

评估（evaluate）同方差与异方差（☆☆）

一、异方差与同方差的定义

目前，我们有关回归分析的假设仅涉及残差的条件均值，即 $E(u_i \mid X) = 0$。更进一步，如果残差关于 X 的条件方差是常数，即 $\mathrm{Var}(u_i \mid X) = \sigma^2$（$\sigma^2$ 为常数），则称回归分析符合同方差（Homoskedasticity）假设条件；如果 $\mathrm{Var}(u_i \mid X)$ 不是常数，而是关于 X 的函数，则称残差项是异方差的（Heteroskedasticity）。

> **知识一点通**
>
> 实际上，异方差还可分为条件异方差与非条件异方差。但 FRM 考试对此没有严格区分，考生只需了解异方差即指 $\mathrm{Var}(u_i \mid X)$ 会随着 X 变动而变动的即可。

异方差的含义可以利用图 21.1 说明。在经验数据分析中，很多情况下是数据不满足同方差假设的。例如，图 21.1 中横轴代表个人收入，纵轴代表个人消费。一般而言，收入越高，消费越多，这也反映在图 21.1 中的线性回归直线上。然而，在不同收入水平下，个人消费的变动幅度是不同的，即给定 X 的情况下，$\mathrm{Var}(u_i \mid X)$ 并非常数。当收入较低的情况下，消费波动较小，这是因为对于"穷人"来说，不论个体情况如何都必须有一定的基本日常消费；而当收入较高的情况下，消费的波动较大，这是因为不同"富人"消费习惯差异很大，既有很"败家"乱消费的"富二

代"存在，也有吝啬至极的"葛朗台"。因此，我们从散点图中可以很明显地看出异方差存在。

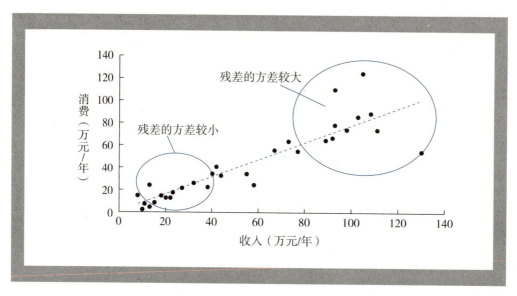

图21.1　异方差示意图

二、异方差造成的影响

如果回归数据中存在异方差性的话，对回归系数有什么影响呢？以下两个结论至关重要。

一是即便存在异方差，OLS方法得到的回归系数仍然是无偏（Unbiased）、一致（Consistent）且渐进服从正态分布的。

二是只有在同方差的情况下，OLS方法得到的回归系数是有效的；否则，如果存在异方差，则回归系数不是有效的。

> **知识一点通**
>
> 很多考生容易弄混第一条性质。实际上，同方差假设不是OLS回归的三大基本假设之一。因此，异方差并不影响回归系数的无偏性，仅影响方差的估计，故回归系数不再是有效的了。有关无偏、有效的定义请参看前面章节。

此外，由于异方差的存在，将导致对回归系数的方差估计不准确，进而导致 t 检验统计量估计有误（参看式（21.2），回归系数的方差位于分母）。因此，异方差将导致对回归系数的统计推断不准确。具体而言，如果回归系数的标准差较小，则更容易犯第一类错误；反之，如果回归系数的标准差过大，则更容易犯第二类错误。

知识一点通

如果回归系数标准差过小，则根据式（21.2）计算出来的 t 统计量就会过大。较大的 t 统计量更容易得出拒绝原假设的结论，于是增加了犯"拒真"错误的可能性，从而加大了第一类错误的概率。反之，如果回归系数标准差过大，则根据式（21.2）计算出来的 t 统计量就会过小。较小的 t 统计量更容易无法拒绝原假设，于是增加了犯"受伪"错误的可能性，从而加大了第二类错误的概率。

三、异方差的处理方法

异方差的处理方法有两种。第一种是计算异方差稳健标准差（Heteroskedasticity – robust Standard Error）。不论实际数据是否存在异方差，利用稳健标准差进行统计推断都是有效的。第二种方法是加权最小二乘法（Weighted Least Square，WLS），即 OLS 方法的加强版，通过对不同观测值赋予不同权重，剔除异方差的影响。

备考小贴士

以上两种方法的具体操作比较复杂，FRM 原版书中没有详细展开讨论。备考中，考生只需对这两种方法的名称有所熟悉即可。

第四节　高斯—马尔可夫定理（Gauss – Markov Theorem）

决定（determine）OLS 估计量满足 BLUE 的条件（☆☆）

解释（explain）高斯—马尔可夫定理的局限以及 OLS 的备选项（☆☆☆）

运用（apply）并理解 t 统计量在小样本中的运用（☆）

一、高斯—马尔可夫定理

高斯—马尔可夫定理说明了为什么我们会使用 OLS 方法而不是其他方法来估计回归系数。高斯—马尔可夫定理证明了，当第二十章中的三大假设条件以及同方差假设条件满足的情况下，用 OLS 方法估计出来的$\widehat{\beta_1}$是最优线性无偏估计量（Best Linear Unbiased Estimator，BLUE）。其中，Best 表示有效性（Efficient）、Unbiased 表示无偏性、Linear 表示线性，也即定理表明，在所有线性估计量中，OLS 估计量是无偏的且方差最小的。

无偏性与有效性前文已有详细说明，这里解释下线性（Linear）的含义。如果估计量$\widehat{\beta_1}$是线性的，则一定能表示成因变量数据的一个线性函数，即：

$$\widehat{\beta_1} = \sum_{i=1}^{n} w_{ij} y_i \qquad (21.10)$$

其中，权重w_{ij}可以是所有自变量样本值的一个函数。

二、高斯—马尔可夫定理的局限性

高斯—马尔可夫定理的局限性主要体现在以下两个方面。

第一，在实务中，高斯—马尔可夫定理的假设条件往往不成立。例如，实际数据经常不满足同方差假设。

第二，即便所有假设条件都满足，仍然可能存在非线性的估计量比 OLS 估计量更有效。

知识一点通

考生一定要注意第二个局限性。高斯—马尔可夫定理仅说明了 OLS 估计量在所有线性估计量中是最有效的，并没有排除有可能有比 OLS 更有效的非线性估计量。这一性质在考试中一定要注意辨析。

例题21.3

某分析师利用 OLS 方法对以下模型进行线性回归：

$$\widehat{Y_i} = \widehat{\beta_0} + \widehat{\beta_1} x_i + \widehat{u_i}$$

关于通过 OLS 方法得到的统计量 $\widehat{\beta_1}$，以下哪些描述是正确的？

A. $\widehat{\beta_1}$ 在所有的估计量中方差最小

B. $\widehat{\beta_1}$ 有可能是一个一致但有偏的估计量

C. 在所有有偏的线性估计量中，$\widehat{\beta_1}$ 方差最小

D. 以上表述均有误

名师解析

答案为 D。根据高斯—马尔可夫定理，OLS 方法得到的 $\widehat{\beta_1}$ 是 BLUE 的。但考生一定要注意，$\widehat{\beta_1}$ 方差最小是有前提条件的，即 $\widehat{\beta_1}$ 在无偏和线性估计量中方差最小。换言之，有可能存在有偏或者非线性的估计量方差比 $\widehat{\beta_1}$ 更小。

扫码做题　章节练习

第二十二章

多元线性回归

知识引导： 本章通过遗漏变量偏误引出多元线性回归。一元线性回归最大的缺陷只考查了一个自变量 x 对 y 的影响，而把其他相关因素都放入了残差项并假设残差项条件均值为零，这通常是不现实的。多元线性回归允许引入多个影响因变量的因素，考查控制其他影响因素不变的情况下，某个自变量对因变量的偏效应。对于经济金融研究来说，多数情况下不得不使用非可重复的数据，因而多元线性回归的偏相关效应就显得至关重要。

考点聚焦： 在本章中，多元线性回归的许多概念仅仅是一元线性回归的拓展，考生尤其要注意理解多元线性回归独有的概念与一元线性回归的不同之处。如遗漏变量偏误、斜率系数的偏效应、调整 R^2 以及多重共线性等，这些都是常见考点。

本章框架图

- 多元线性回归
  - 遗漏变量偏误
    - 定义
    - 影响
    - 解决方法
  - 多元线性回归模型
    - 模型的基本概念
    - OLS估计量
  - 拟合优度
    - 回归的标准差
    - 可决系数 R^2
    - 调整 R^2
  - 多重共线性
    - 完全多重共线性及其影响
    - 不完全多重共线性定义及其影响
    - 多元线性回归的假设条件

第一节　遗漏变量偏误（Omitted Variable Bias）

定义（define）并理解（interpret）遗漏变量偏差并描述（describe）解决遗漏变量偏差的方法（☆☆）

一、遗漏变量偏误的定义

前两章中，在考察班级成绩时，我们只考虑班级大小，而把其他影响分数的重要因素都归入了残差项。这样的处理方式是有可能产生问题的。假设高顿教育的某个零基础班，所有学员在报班之前没有任何金融背景知识。在进行线性回归时，如果遗漏了这个影响因素，有可能会导致模型对班级大小回归系数的估计有偏误。这是因为，从数据上看，零基础班学员的最终成绩通常低于有专业背景的学员。如果零基础班班级规模较大的话，我们就有可能错误估计缩小班级规模对提高分数的影响。实际上，并不是由于较小的班级规模导致学员成绩平均较高，而是因为班级规模小的学员都具有金融学专业背景，这才导致平均分较高。

一般地，对于回归方程（22.1）而言，当同时满足以下两个条件时，我们称发生了遗漏变量偏误（遗漏了变量 x_2）：

$$y_i = \beta_0 + \beta_1 x_1 + u_i \tag{22.1}$$

条件1，遗漏的变量 x_2 与解释变量 x_1 相关性较高。

条件2，遗漏的变量 x_2 对被解释变量 y 有影响。

> **知识一点通**
>
> 这里一定要注意的是，必须两个条件同时满足才会存在遗漏变量偏误。若只满足一个条件，并不会产生遗漏变量偏误。

我们可以通过一个实例来说明。例如，假设遗漏的变量 x_2 表示考生考试当天的状态。显然此时遗漏变量 x_2 满足条件 2，但不满足条件 1，因而不会产生遗漏变量偏误。这是因为虽然考试当天状态会影响最终考试成绩，但和班级规模 x_1 没有任何联系。在这种情况下，遗漏变量 x_2 不会导致回归方程对班级规模的斜率系数 β_1 估计有误。

又如，如果遗漏的变量 x_2 表示每个班级学员的人均停车位。此时遗漏变量 x_2 满足条件 1，但不满足条件 2，因而不会产生遗漏变量偏误。这是因为，班级规模大自然人均停车位就少，但人均停车位与考生最终的考试成绩毫无关系，因此遗漏变量 x_2 不会导致回归方程对班级规模的斜率系数 β_1 估计有误。

二、遗漏变量偏误的影响

遗漏变量偏误带来的影响为以下三个方面。

第一，如果存在遗漏变量偏误，即便不断扩大样本容量，估计量 $\hat{\beta_1}$ 仍然无法收敛到总体回归方程的 β_1，即不满足一致性。

> **知识一点通**
>
> 如果存在遗漏变量偏误，意味着模型本身是错误的，故无论怎么扩大样本容量，估计量都是有偏误且不一致的。

第二，遗漏变量偏误的大小取决于解释变量与残差项的相关系数 ρ_{xu}。相关系数 ρ_{xu} 的绝对值越大，偏误就越大。

> **知识一点通**
>
> 性质 2 可以通过例子来理解。如果所有零基础班的班级规模都较大，那么遗漏变量专业背景造成的偏误自然很大；反之，如果只有部分零基础班的班级规模较大，那么遗漏变量专业背景所造成的偏误就相对较小。

第三，遗漏变量偏误既有可能导致 β_1 被低估，也有可能导致 β_1 被高估，这取决于解释变量与残差项是正相关还是负相关。

备考小贴士

对于性质3，考生只需知道β_1低估还是高估受相关系数ρ_{xu}正负号影响即可。考试通常不会要求考生具体判断高估还是低估。即便考到，也可以通过常识判断，无须依赖原版书中给出的复杂公式（见后文例题）。

三、遗漏变量偏误的解决方法

遗漏变量偏误的解决方法非常简单，把原本遗漏的变量纳入回归模型即可。

第二节　多元线性回归模型

辨析（distinguish）一元与多元线性回归（☆）

一、多元线性回归模型

多元线性回归模型就是在一元线性回归模型的基础上增加解释变量的个数，其模型如下：

$$Y_i = \beta_0 + \beta_1 X_{1i} + \beta_2 X_{2i} + \cdots + \beta_k X_{ki} + u_i \tag{22.2}$$

其中，解释变量x_{ki}有两个下标，第一个下标用于对自变量进行标号，第二个下标用于对数据观测值进行标号。

为了便于研究与理解，我们会将式（22.2）写成以下形式：

$$Y_i = \beta_0 X_{0i} + \beta_1 X_{1i} + \beta_2 X_{2i} + \cdots + \beta_k X_{ki} + u_i \tag{22.3}$$

其中，x_{0i} 恒取 1，称为常数回归元（Constant Regressor），β_0 称为常数项（Constant Term）。

> **知识一点通**
>
> 式（22.2）与式（22.3）两种形式是等价的。式（22.3）有助于理解为什么多元线性回归模型残差项的自由度是 $n-k-1$（k 个自变量加一个常数项被限制住了，故样本中还剩 $n-k-1$ 个可以自由变动）。

理解（interpret）多元线性回归斜率系数的含义（☆☆☆）

描述（describe）多元线性回归中的同方差与异方差（☆☆）

描述（describe）多元线性回归中的 OLS 估计量（☆）

二、偏效应（Partial Effect）

多元线性回归中的许多概念都是一元线性回归的拓展，比如 OLS 的基本思想、同方差与异方差的概念，仅需将一元的情况变成多元即可，这里不再赘述。

值得指出的是，在多元线性回归中，对自变量斜率的解释有所不同。例如，在式（22.2）中，β_1 的含义为：在保持 X_2，X_3，$\cdots$，X_k 不变的情况下，考察 X_1 变动一单位对因变量 Y 的影响，这种效应被称为偏效应（Partial Effect）。

> **知识一点通**
>
> 偏效应的重要特征在于保持其他自变量不变的情况下，考察一自变量对因变量的影响。这一特性非常重要！与自然科学不同，经济研究中我们是不能做实验的。例如，自然科学中，要想研究一种肥料对产出的影响，我们可以用两块试验田，保证两块试验田的土壤、降水、光照等因素不变，仅在施肥上有所不同。但在社会科学中，我们无法对人做实验。例如，想要考察学历对收入的影响。我们无法找到两组人，满足除了学历不同之外，颜值、工作经验、年龄等其他影响收入的因素都相同。因此，多元线性回归偏效应的这一特性使得我们能在非实验环境中去实现自然学家在可控实验中能做的事情，即保持其他因素不变。

第三节 多元线性回归的拟合优度

计算（calculate）并理解（interpret）多元线性回归中的可决系数 R^2（☆☆☆）

一、回归的标准差（SER）

SER 的定义与一元线性回归完全相同，表示残差的标准差越小，说明模型"越好"。但要注意的是，多元线性回归公式中的分母换成了 $n-k-1$（这是因为多元线性回归的自由度为 $k+1$）：

$$SER = \sqrt{\frac{SSR}{n-k-1}} = \sqrt{\frac{\sum_{i=1}^{n} \hat{u}_i^2}{n-k-1}} \tag{22.4}$$

> **知识一点通**
>
> 分母是 $n-k-1$ 的原因在于多元线性回归一共有 $k+1$ 个系数需要顾及（包括截距项），因此要扣除 $k+1$ 个自由度。

二、可决系数 R^2

可决系数 R^2 的定义、公式与一元线性回归的情形完全相同，即：

$$R^2 = \frac{ESS}{TSS} = 1 - \frac{SSR}{TSS} \tag{22.5}$$

尽管 R^2 表示 Y 的样本变异被 X 解释的部分，但在多元线性回归中有这样一个陷阱：我们在回归模型中增加任意一个解释变量，R^2 绝对不会下降，相反，通常都是上升的。这是因为，增加一个自变量相当于把原来存放在残差项中的一个因素

"倒了出来",残差项的平方和肯定不会上升,于是根据定义 R^2 肯定不会下降。例如,在回归模型中,增加学员身份证号码的最后一位数字与其最终考试成绩毫无关联,但如果把这个自变量加入回归模型中仍然能够提高 R^2。由此可见,R^2 不适合作为判断模型是否应该增加自变量的标准。

三、调整 R^2（Adjusted R^2）

由于只要将新的自变量加入模型,R^2 就会上升,因此一种纠错方法就是当新的自变量加入时,应给予 R^2 一定的惩罚。于是我们引入调整 R^2 的概念（有的时候简记为 $\bar{R}^2$）,其公式如下:

$$\text{Adjusted } R^2 = 1 - \left[\left(\frac{n-1}{n-k-1} \right) \times (1 - R^2) \right] = 1 - \left(\frac{n-1}{n-k-1} \right) \times \left(\frac{SSR}{TSS} \right) \quad (22.6)$$

其中,k 代表自变量个数。与 R^2 的定义相比,调整 R^2 多了一项因子 $\left(\frac{n-1}{n-k-1} \right)$（相当于 TSS 与 SSR 分别根据自由度进行调整）,具有以下三个特征。

一是由于 $\left(\frac{n-1}{n-k-1} \right)$ 始终大于 1,因此调整 R^2 一定比 R^2 小。

二是在特定情况下,调整 R^2 有可能小于零。

三是加入新的解释变量后,会同时产生两方面的效应,调整 R^2 既有可能上升也有可能下降。只有当加入新自变量的正效应超过负效应时,调整 R^2 才会上升,加入新自变量才是可取的。

第四节　多重共线性（Multicollinearity）

解释（explain）完全多重共线性与不完全多重共线性（☆☆☆）

一、完全多重共线性及其影响

在多元线性回归中,如果一个解释变量能由其他解释变量的线性组合所表达,则存在完全多重共线性（Perfect Multicollinearity）。

例如，在二元线性回归模型（22.7）中，如果选取的自变量 X_2 恰好是 X_1 的 2 倍，那么该模型就存在完全多重共线性。

$$Y_i = \beta_0 + \beta_1 X_{1i} + \beta_2 X_{2i} + u_i \tag{22.7}$$

在完全多重共线性的情况下，无法使用 OLS 估计系数。

需要特别注意，当自变量非连续时，如何选取二值变量来避免完全多重共线性的发生。例如，如果将考生所在区域分为东北、东南、西北、西南四个区域，每个考生都属于其中一个区域，因此可设置四个二值变量：North-east$_i$、Southeast$_i$、Northwest$_i$、Southwest$_i$。如果某考生属于东北地区，则 Northeast$_i$ = 1 时，其余三个二值变量都等于 0；类似地，如果考生属于东南地区，则 Southeast$_i$ = 1 时，其余三个二值变量都等于 0。由此可见，无论考生属于哪个地区，四个二值变量之和必然为 1。因此，如果将四个二值变量同时加入模型就会存在完全多重共线性（相当于常数回归元 x_{0i} 可以写成其他四个二值变量的线性组合）。

总而言之，对于 n 个二值变量，我们只能将 $n-1$ 个二值变量加入具有截距项的线性回归模型，否则就会出现完全多重共线性。我们将这种现象称为哑变量陷阱（Dummy Variable Trap）。

知识一点通

如果回归模型中不含截距项，则把 n 个哑变量都放入模型不会出现完全多重共线性。因为只有当截距项出现在回归模型中时，才会有常数回归元可以写成其他变量的线性组合，即 $x_{0i} = 1 = x_{1i} + x_{2i} + \cdots + x_{ni}$。

二、不完全多重共线性的定义及其影响

不完全多重共线性指两个或两个以上自变量之间高度相关，但相关系数不为 1。与完全多重共线性不同，不完全多重共线性不会影响 OLS 方法的使用，但会导致至少一个自变量的系数估计量有较大的方差。例如，对于式（22.7）模型来说，如果

X_1 与 X_2 相关系数较高，那么模型存在不完全多重共线性。只要线性回归的三大假设条件满足，不完全多重共线性就不会影响β_1系数估计的无偏性，但会导致较大的 Var (β_1)。

知识一点通

由于不完全多重共线性会导致较大的 Var (β_1)，因此 t 统计量相应会较小，不容易拒绝原假设，更容易犯第二类错误。

检验模型是否存在不完全多重共线性，主要从以下两个方面进行判断。

第一，单个系数的 t 统计量不显著，但是 F 检验显著并且 R^2 较高。

知识一点通

从单个变量上看不显著，但从总体模型上来看 F 检验显著且 R^2 高，说明几个变量之间高度线性相关，必须放在一起才能对模型有所解释，若将其强行拆分，单个系数的 t 检验都不显著。

第二，自变量之间的相关系数高于 0.7。

当模型存在不完全多重共线性时，可以通过去掉部分相关性较高的自变量或逐步回归分析（Stepwise Regression）的方法进行处理。

备考小贴士

不完全多重共线性的检验与解决方法，考生了解即可，一般情况下考试在这方面不会考得太深。

解释（explain）多元线性回归的假设条件（☆☆☆）

三、多元线性回归的假设条件

多元线性回归中 OLS 的假设条件实际上就是一元线性回归的三大假设条件再加上不存在完全多重共线性一条，具体如下。

一是残差项的条件均值为 0，即 $E（u_i \mid X_{1i}, X_{2i}, \cdots, X_{ki}）=0$。

二是数据 $(X_{1i}, X_{2i}, \cdots, X_{ki}, Y_i)$，$i = 1, 2, \cdots, n$ 是独立同分布的（i.i.d）。

三是不存在极端异常值。

四是不存在完全多重共线性。

例题

某分析师针对股票 S 的收益率、大宗商品黄金收益率以及美国 1 年期国债收益率这三个变量，分别进行了三次回归（均采用 OLS 方法估计系数），如表 22.1 所示。

表 22.1　股票 S 的收益率、大宗商品黄金收益率及美国 1 年期国债收益率三个变量的三次回归

模型	回归方程	β_0	β_1
回归 1	$Stock = \beta_0 + \beta_1 \times Gold$	− 0.0003	0.57
	$Standard\ Error$	0.0002	0.028
	$t - statistic$	− 1.5	20.36
	R^2	0.45	
回归 2	$Stock = \beta_0 + \beta_1 \times Bill$	− 0.0003	2.28
	$Standard\ Error$	0.0004	0.053
	$t - statistic$	− 0.75	43.02
	R^2	0.7	
回归 3	$Gold = \beta_0 + \beta_1 \times Bill$	0.0002	0.054
	$Standard\ Error$	0.0004	0.015
	$t - statistic$	0.50	3.6
	R^2	0.37	

根据上表信息，以下哪个选项是正确的？

A. 由于存在遗漏变量，回归 1 中黄金收益率的系数被高估了

B. 由于存在异方差，回归 2 中国债的系数被高估了

C. 回归 3 中的截距项显著不为 0

D. 由于多重共线性，导致回归 2 中的 R^2 较高

名师解析

答案为 A。本题非常综合，综合运用到了本章多方面的知识。选项 B 是错误的。这是因为违反同方差假设，只会影响到 OLS 估计系数的有效性，而不会影响无偏性，从而不存在高估、低估的说法。选项 C 是错误的，判断回归系数是否显著，考查的是 t 检验量。根据表格，回归 3 中截距项对应的 t 统计量值为 0.5，因此无法拒绝截距项为 0 的原假设。选项 D 是错误的，多重共线性的概念是在多元线性回归中才有的，指的是自变量之间相关性较高，而不是因变量和自变量之间的相关性。

为什么选项 A 是正确的呢？回归遗漏变量偏误的概念有两个条件：一是遗漏变量与自变量之间相关性较高；二是遗漏变量对因变量有影响。现在，我们怀疑在回归 1 中遗漏了变量 Bill，从而导致了遗漏变量偏误。因此，我们需要判断两个条件：一是遗漏变量 Bill 与回归 1 中的自变量 Gold 高度相关。这个条件成立，可以从回归 3 中 Gold 对 Bill 的回归系数明显看出；二是遗漏变量 Bill 对回归 1 中因变量 Stock 有影响。这个条件也成立，可以从回归 2 中 Stock 对 Bill 的回归系数明显看出。

最后，为什么遗漏变量 Bill 导致回归 1 中 Gold 系数被高估呢？我们可以通过常理来判断。通过回归 2 我们得知，遗漏变量 Bill 对股票收益率的影响是正的；而通过回归 3 我们得知，Gold 收益率与 Bill 收益率正相关。因此，当 Gold 收益率上升时，实际上对股价收益率上升的影响可分为两方面：一方面是 Gold 收益率上升促使股票收益率上升，另一方面是 Gold 收益率上升伴随着 Bill 收益率上升，而 Bill 收益率上升促使了股票收益率上升。于是，如果遗漏了 Bill 变量，相当于把 Bill 的因素归功于 Gold，导致 Gold 系数被高估。

扫码做题　章节练习

┌─────────┐
│ 第二十三章 │
└─────────┘

多元线性回归的假设检验与区间估计

知识引导：本章主要介绍多元线性回归的假设检验与区间估计。其中有些检验是多元回归特有的，如 F 检验、约束条件下的系数检验等。最后本章还讨论了模型选择偏误的问题，以及如何正确理解 R^2 与调整 R^2。

考点聚焦：多元线性回归中的 t 检验与置信区间构建与一元线性回归基本一致，考生应将重心放在多元线性回归特有的检验，如 F 检验上。此外，初学者容易误读或过分依赖 R^2，如何正确理解 R^2 与调整 R^2 也是容易出辨析题的考点。

本章框架图

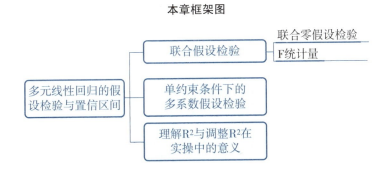

第一节　联合假设检验（Tests of Joint Hypotheses）

构建（construct）、运用（apply）并理解（interpret）多元回归中单个变量系数的假设检验与置信区间（☆☆）

构建（construct）、运用（apply）并理解（interpret）多元回归中多个变量系数的假设检验与置信区间（☆）

理解（interpret）F 统计量（☆☆）

多元线性回归中的单个变量的系数检验与置信区间构建与一元线性回归完全相同，这里不再赘述。

一、联合零假设检验

联合假设（Joint Hypothesis）指将两个或多个限制条件施加到回归系数上。例如，对于线性回归方程（23.1）来说：

$$Y_i = \beta_0 + \beta_1 X_{1i} + \beta_2 X_{2i} + \cdots + \beta_k X_{ki} + u_i \qquad (23.1)$$

$$\mathrm{H_0}: \beta_j = \beta_{j,0}, \ \beta_m = \beta_{m,0}, \ \cdots, \ 总共 \ q \ 个约束条件 \qquad (23.2)$$

$$\mathrm{H_1}: 上述 \ q \ 个约束条件中至少有一个不成立$$

> **知识一点通**
>
> 注意联合假设检验的备择假设是至少一个约束条件不成立，而不是所有约束条件都不成立。联合假设检验不等同于分别对 q 个系数做 t 检验。即便分别对每个系数做 t 检验均表明无法拒绝原假设 $\beta_j = \beta_{j,0}$，但仍然不能保证组合在一起的 q 个条件约束同时成立。

二、F 统计量

多元回归方程的联合假设检验必须采用 F 统计量。在 FRM 考试中，最常见的联合假设检验的原假设为所有斜率系数均为零，如式（22.3）。如果拒绝原假设，说明从总体来看，即便可能有部分解释变量不显著，但整个回归模型至少对因变量有一些解释力度。

$$\text{H}_0: \beta_1 = \beta_2 = \beta_3 = \cdots = \beta_k = 0 \ \text{总共 } k \text{ 个约束条件} \quad (23.3)$$

$$\text{H}_1: \text{上述 k 个约束条件中至少有一个不成立}$$

实际上，根据 F 分布的定义，F 统计量可以写成 SSR 或 R^2 的形式。这里通过举例来说明。假设多元线性回归有三个自变量，模型如下：

$$Y_i = \beta_0 + \beta_1 X_{1i} + \beta_2 X_{2i} + \beta_3 X_{3i} + u_i \quad (23.4)$$

对式（23.4）做如下联合假设检验：

$$\text{H}_0: \beta_1 = 0, \ \beta_2 = 0 \ \text{总共 2 个约束条件} \quad (23.5)$$

如果式（23.5）H_0 成立，那么式（23.4）可以简化为：

$$Y_i = \beta_0 + \beta_3 X_{3i} + u_i \quad (23.6)$$

我们称式（23.4）为不受约束模型（Unrestricted Model，缩写 ur），式（23.6）为受约束模型（Restricted Model，缩写 r）。根据模型（23.4）与模型（23.6）可分别计算出 SSR_{ur} 与 SSR_r，从而得出 F 统计量：

$$F = \frac{(SSR_r - SSR_{ur})/q}{SSR_{ur}/(n - k_{ur} - 1)} \quad (23.7)$$

其中，$SSR_r > SSR_{ur}$，原假设成立时，相当于把两个自变量丢进了残差项，有约束条件后的残差项平方和更大。利用 $TSS(1 - R^2) = SSR$，代入式（23.7）可得 F 统计量关于 R^2 的表达式：

$$F = \frac{(R_{ur}^2 - R_r^2)/q}{(1 - R_{ur}^2)/(n - k_{ur} - 1)} \quad (23.8)$$

备考小贴士

式（23.7）的证明需要用到 F 分布的定义，觉得理解有困难的考生对此处仅做了解即可，考到计算的可能性很小。

例题 23.1

假设某分析师利用过去 180 个交易日的数据，对影响某股票收益率的三个因素进行分析，利用 OLS 方法得到以下回归结果：

$$Y = 2 + 4X_1 + 6X_2 + 9X_3$$

已知该回归结果的 SSR 为 150、TSS 为 360。部分 t 分布表、F 分布表如表 23.1 所示。

表 23.1 部分 t 分布表、F 分布表

部分学生 t 分布表（单尾）		
自由度	$P = 0.05$	$P = 0.025$
176	1.654	1.974
180	1.653	1.973
部分 F 分布表（右尾面积为 0.05）		
	$df_1 = 3$	$df_1 = 5$
$df_2 = 176$	2.66	2.27
$df_2 = 180$	2.64	2.26
部分 F 分布表（右尾面积为 0.025）		
	$df_1 = 3$	$df_1 = 5$
$df_2 = 176$	3.19	2.64
$df_2 = 180$	3.19	2.64

如果要在 5% 的显著性水平下检验所有自变量系数同时为零的原假设，以下描述正确的为：

A. 由于 F 检验量大于 3.19，因而拒绝原假设

B. 由于 F 检验量大于 2.66，因而拒绝原假设

C. 由于 t 统计量小于 1.974，因而无法拒绝原假设

D. 由于 t 统计量大于 1.974，因而拒绝原假设

名师解析

本题答案为 B。此题考查联合检验。首先，从题干得知，原假设为所有自变量系数同时为 0，这是涉及多个系数的联合检验，因此必须用 F 分布，排除 C 与 D 选项。

其次，F 分布有两个自由度，分别为 k 与 $n - k - 1$，由于本题模型中有三个自变量，涉及 180 个交易日数据。故自由度为 3 和 176。由于 F 分布的拒绝域只存在于右尾（见概率分布的相关内容），右尾面积为 5%。因此对应关键值为 2.66。

最后，利用式（23.8）计算 F 统计量。当为不受约束模型时，根据题设条件，$R_{ur}^2 = 1 - 150/360 = 0.583$；当为约束条件模型时，所有回归系数均为 0，故 $R_r^2 = 0$。代入式（23.8）有：$F = (0.583/3) / (0.416/176) = 82.08 > 2.66$，因此拒绝原假设。

第二节　单约束条件下的多系数假设检验

理解（interpret）涉及多个系数的单个约束检验（☆）

理解（interpret）多系数的置信区间（☆）

识别（identify）多元线性回归中的遗漏变量偏误（☆）

有些情况下检验经济理论时，涉及单个约束条件下的多个系数。例如，根据经济理论，自变量 x_1 与自变量 x_2 对因变量的影响程度相同，则原假设与备择假设应设为：

$$H_0: \beta_1 = \beta_2 \quad H_1: \beta_1 \neq \beta_2 \tag{23.9}$$

式（23.9）中，只有一个约束条件，却同时涉及了两个回归系数（Testing Single，Restrictions Involving Multiple Coefficients）。要检验此类原假设通常有以下两种方法。

一是利用 $F_{1,\infty}$ 直接检验约束条件。

二是对回归模型进行变形后检验。

例如，对于如下模型进行式（23.9）的假设检验：

$$Y_i = \beta_0 + \beta_1 X_{1i} + \beta_2 X_{2i} + u_i \tag{23.10}$$

对于模型（23.10）来说，要检验约束条件式（23.9）可以适当变形，同时加上并减去 $\beta_2 X_{1i}$，则有：$\beta_1 X_{1i} + \beta_2 X_{2i} = \beta_1 X_{1i} - \beta_2 X_{1i} + \beta_2 X_{1i} + \beta_2 X_{2i} = (\beta_1 - \beta_2) X_{1i} + \beta_2 (X_{1i} + X_{2i}) = \lambda_1 X_{1i} + \beta_2 W_{2i}$；其中，$\lambda_i = (\beta_1 - \beta_2)$，$w_{2i} = x_{1i} + x_{2i}$。

要检验原假设式（23.9），重新对 x_{1i} 与 w_{2i} 做回归后，利用 t 统计量检验 $\lambda_i = 0$ 就相当于检验原假设 $\beta_1 = \beta_2$ 是否成立。

备考小贴士

多元线性回归中的多系数置信区间原理与单系数的置信区间构建相同，考试中不大可能出现，此处不展开论述。此外，遗漏变量偏误在前一章节已有详述，此处不再赘述。

第三节　理解 R^2 与调整 R^2 在实操中的含义

理解（interpret）多元线性回归中的 R^2 与调整 R^2（☆☆）

在上一章中我们已经学过，如果 R^2 与调整 R^2 接近 1 表明模型对因变量预测比较好。对于初学者来说，往往过度关注或依赖 R^2 与调整 R^2。在使用 R^2 与调整 R^2 时，应注意其有以下四个潜在的缺陷。

第一，R^2 与调整 R^2 上升并不意味着新增变量一定在统计上显现出来。

第二，较高的 R^2 与调整 R^2 并不意味着解释变量与被解释变量之间存在真正的因果关系。

第三，较高的 R^2 与调整 R^2 并不意味着模型就不存在遗漏变量偏误。

第四，较高的 R^2 与调整 R^2 并不意味着选取的自变量就是最合适的；同理，较低的 R^2 与调整 R^2 也并非意味着选取的自变量就是不合适的。

知识一点通

实操中，R^2 与调整 R^2 大小与具体数据及数据特征有关。对于有些横截面数据而言，0.4 的 R^2 可能已经足够大；而对于时间序列来说，自回归模型的 R^2 通常都会大于 0.9。

例题 23.2

在多元线性回归中，以下关于 R^2 或调整 R^2 的说法哪一个正确？

A. 如果 R^2 超过 0.9，意味着模型已选取了所有相关自变量。

B. 如果在模型中新增一个自变量后，R^2 上升，意味着这个自变量的系数显著。

C. 如果 R^2 超过 0.9，意味着自变量与因变量之间存在因果关系。

D. R^2 的高低不能为我们模型的自变量是否选择正确提供参考。

名师解析

正确答案 D。本题考查对 R^2 与调整 R^2 的正确解读。考生依据我们正文中 R^2 与调整 R^2 的四个缺陷即可选出正确答案。

扫码做题　章节练习

第二十四章

建模与预测趋势

知识引导：本章开始介绍时间序列方面的知识。时间序列与一般横截面数据的本质区别在于：时间序列是按照时间顺序排列的，时间序列通常具有趋势性，可以用线性或非线性模型去刻画。此外，在时间序列模型的选择上，可以用 MSE、s^2、AIC 以及 SIC 准则去判别。

考点聚焦：考生应了解时间序列的线性、非线性模型的估计与预测。此外，考生应当掌握本章关于模型选择四个标准的优劣，即 MSE、s^2、AIC 以及 SIC 准则。

本章框架图

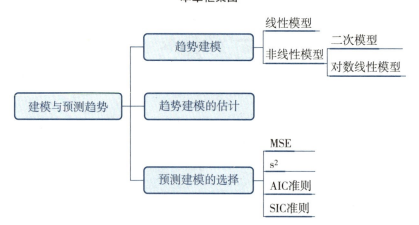

第一节　趋势建模（Modeling Trend）

描述（describe）线性与非线性模型（☆）

从本章开始到第二十九章将探讨时间序列。在此章节之前涉及的数据主要是横截面数据，即个体不同、时间点相同的截面数据，如全中国人的身高。而时间序列是按照时间顺序排列的，是个体相同但时间点不同的时间序列数据，是以时间为下标的随机变量。当我们得到一组时间序列时，就得到该随机变量一组可能实现的结果，记为 $\{\cdots, y_{-2}, y_{-1}, y_0, y_1, y_2, \cdots, y_t, \cdots\}$。

> **知识一点通**
>
> 注意，时间序列不是所有时间点的 y_1，y_2，$\cdots$，y_t，$\cdots$ 构成一个随机变量，而是 y_t 在每一个时间点 t 上都是一个随机变量。时间序列最直观的例子就是你自己。可以想象每一刻的自己都是个随机变量，服从某个分布。现在的自己就是一组已经实现的时间序列。如果时间能倒流，当时的高考多考了 20 分或少考了 20 分、可能会在另一个平行时空得到另一组完全不一样的实现结果。

时间序列会随着时间的变化而变化，通常可将其变化分解为三个部分：趋势性（Trend）因素、季节性（Seasonal）因素与周期性（Cycle）因素。本章主要讨论趋势性因素。在经济金融中，趋势是由偏好、技术、机构与人口共同作用产生的。我们主要关注确定性趋势（Deterministic Trend）的建模，即可以被预测到的趋势。趋势模型可以分为线性与非线性两种。

一、线性模型（Linear Trend）

线性趋势模型实际上就是将时间序列作为因变量，把时间（TIME）作为自变量进行回归，如下：

$$T_t = \beta_0 + \beta_1 TIME_t \qquad (24.1)$$

其中，$TIME$ 代表不同时期，取值 1，2，3，$\cdots$，$T-1$，T。β_1 表示回归斜率，大于零表示上升趋势、小于零表示下降趋势。在经济金融中，通常线性时间序列都呈现出向上趋势。

非线性的趋势模型分为二次模型与对数线性模型两种。

二、二次模型（Quadratic Trend）

二次模型实际上就是关于时间（$TIME$）的二次函数，即：

$$T_t = \beta_0 + \beta_1 TIME_t + \beta_2 TIME_t^2 \qquad (24.2)$$

当$\beta_2 = 0$ 时，式（24.2）就退化为线性模型。根据高中数学的二次函数知识，式（24.2）可以进一步写成$\beta_2 \left(TIME + \dfrac{\beta_1}{2\beta_2}\right)^2 + C$ 的形式。通过β_2 的正负号（开口是否朝上）以及对称轴 $x = -\dfrac{\beta_1}{2\beta_2}$ 可以判断式（24.2）的具体形状。

> **知识一点通**
>
> 注意当$\beta_1 > 0$，$\beta_2 > 0$ 或者$\beta_1 < 0$，$\beta_2 < 0$ 时，趋势是单调变化的。以$\beta_1 > 0$，$\beta_2 > 0$为例，此时二次函数开口向上，对称轴在负数区域，但是时间序列只考察正的时间范围，因此在第一象限中图像呈现出单调递增的形态（见图24.1）。
>
>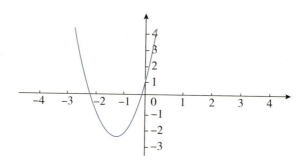
>
> 图 24.1　开口向上的二次模型

二次模型主要适用于局部逼近。这是因为很少有时间序列呈现出 U 形，通常是落在 U 形的一侧。

三、对数线性模型（Log – linear Model）

对数线性模型也称为指数趋势模型（Exponential Trend），在经济、金融以及商业中比较常见，用于度量增长率为常数的时间序列。例如，假设时间序列的增长率为常数 β_1，则对数线性模型为：

$$T_t = \beta_0\, e^{\beta_1 TIME_t} \tag{24.3}$$

式（24.3）两边同时取对数可得：

$$\ln(T_t) = \ln(\beta_0) + \beta_1\, TIME_t \tag{24.4}$$

由式（24.4）不难看出，对数线性模型这个名称的由来就是时间序列的对数形式是线性的。同样，根据 β_0 与 β_1 的符号，可以判断出式（24.3）的各种形状，见图 24.2。

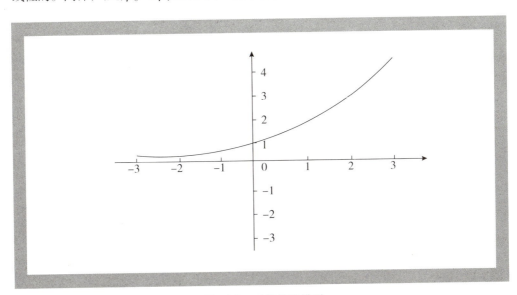

图 24.2 对数线性模型

> **知识一点通**
>
> 学过微积分的同学可将式（24.4）两边同时对 TIME 求导就能明白对数线性模型可以反映增长率为常数的时间序列了。其中，β_0 表示初始值，β_1 表示增长率，若 $\beta_1 > 0$，$\beta_2 > 0$，由此不难推出图 24.2。

尽管二次模型与对数线性模型都可以用于估计非线性的时间序列，但是前者更适用于估计二次模型的趋势，后者更适用于估计指数型的趋势。

例题 24.1

经分析师研究发现世界经济的增长率可以近似看成每年以固定增长率增长。那么，以下哪个时间序列趋势模型适用于估计 GDP？

A. $GDP_t = \beta_0 + \beta_1 (t) + \beta_2 t^2$

B. $\ln (GDPT_t) = \ln (\beta_0) + \beta_1 \ln (TIME_t)$

C. $GDP_t = \beta_0 + \beta_1 (t)$

D. $\ln (GDPT_t) = \ln (\beta_0) + \beta_1 TIME_t$

名师解析

本题答案为 D。对数线性模型适用于估计增长率为常数的时间序列。考生应注意记忆对数线性模型的公式，即取对数后为线性趋势模型。

第二节　趋势建模的估计

描述（describe）趋势模型的估计与预测（☆）

时间序列模型参数的估计仍然是采用 OLS 的基本思想，寻求参数 θ 使得 y_t 到 $T_t(\theta)$ 的距离平方和最小，与前文讲述的线性回归是一样的。

$$\hat{\theta} = \underset{\theta}{\text{argmin}} \sum_{t=1}^{T} (y_t - T_t(\theta))^2 \tag{24.5}$$

我们还可以运用回归模型预测时间序列。例如，在 T 时期时，预测 $T + h$ 期的 y_{T+h}：

$$\hat{y}_{T+h} = \hat{\beta}_0 + \hat{\beta}_1 \text{TIME}_{T+h} \tag{24.6}$$

第三节　预测建模的选择

比较（compare）并评估（evaluate）模型选择标准，包括 MSE、s^2、AIC 与 SIC（☆☆）

解释（explain）模型选择标准满足一致性的条件（☆☆）

前文已介绍了三种估计趋势的模型，那么在预测趋势时，有什么标准可用于判断哪种模型最好？接下来将介绍四种判断模型优劣的指标。

一、均方误差（Mean Squared Error, MSE）

第一种判断指标是均方误差（MSE），计算公式如下：

$$MSE = \frac{\sum_{t=1}^{T} e_t^2}{T} \tag{24.7}$$

其中，$e_t = y_t - \widehat{y_t}$ 代表残差项。

在选择模型时，我们肯定希望残差项的平方和越小越好，即 MSE 越小越好。然而，MSE 指标有一个致命的缺陷：通过选择 MSE 最小的模型等同于选择 R^2 最大的模型。因此，和 R^2 一样，只要往模型里加变量，R^2 一定上升，而 MSE 一定下降。例如，线性回归模型（24.1）的 MSE 一定大于二次模型（24.2）（因为线性回归模型少了一个平方项）。于是，按照 MSE 的标准，二次模型永远优于线性回归模型，实际情况却未必如此。

二、s^2

与引入调整 R^2 的思想一样，为了克服 MSE 的缺点，必须对增加的自变量进行

一定的惩罚。于是，引入新的判别标准 s^2，其公式如下：

$$s^2 = (\frac{T}{T-k}) \frac{\sum\limits_{t=1}^{T} e_t^2}{T}, 其中 \frac{\sum\limits_{t=1}^{T} e_t^2}{T} = MSE \qquad (24.8)$$

其中，k 代表模型自由度。式（24.8）引入惩罚因子 $(\frac{T}{T-k})$，于是，新增的自变量就不一定会减少 MSE 了，而是取决于正反两方面效应哪个更大。

三、AIC 准则（Akaike Information Criterion）

比起 s^2，AIC 准则进一步加大了惩罚力度，其公式如下：

$$AIC = e^{(\frac{2k}{t})} \frac{\sum\limits_{t=1}^{T} e_t^2}{T} \qquad (24.9)$$

AIC 以 MSE 为基础乘以惩罚因子 $e^{\frac{2k}{t}}$，相比于 $\frac{T}{T-k}$，指数函数形式的惩罚力度更大。

四、SIC 准则（Schwarz Information Criterion）

SIC 准则更进一步加大了惩罚力度，其公式如下：

$$SIC = T^{(\frac{k}{T})} \frac{\sum\limits_{t=1}^{T} e_t^2}{T} \qquad (24.10)$$

相比于 AIC，SIC 以幂函数的形式引入惩罚因子，惩罚力度更大。

五、综合对比

现将四种判断预测模型指标的特性总结如下，见表 24.1。

表 24.1 四种判断标准比较

判断指标	是否满足一致性（Consistent）	惩罚因子力度
MSE	不满足	最小
s^2	不满足	高于 MSE
AIC	不满足	高于 s^2
SIC	满足	最大

表 24.1 中，一致性（Consisitent）表示指标满足以下两个特征。

特征一，如果真实模型即数据生成过程（Data – generating Process，DGP）在备选模型之中，那么依据判断标准将真实模型选出来的概率应当随着样本容量的增大接近于 1。

特征二，如果真实模型不在备选模型之中，那么随着样本容量的增大，依据判断标准选中最接近真实模型的概率应该接近于 1。

四种判断标准中，只有 SIC 准则满足一致性的性质，因此 SIC 准则相比于其他三个准则最优。不过，虽然 AIC 准则不满足一致性，但是具备渐进有效性（Asymptotic Efficiency）的特征。

备考小贴士

非数学专业出身的考生要理解一致性与渐进有效性是有一定困难的，详细解释其含义超出了本书的范畴。从应试角度来说，考生甚至无须记忆四个判断标准的公式，只需记住表 24.1 的相关结论就足以应对考试。

例题 24.2

图 24.3 有关惩罚因子的图形中，哪一种指标符合一致性的要求？

A. SIC 指标

B. AIC 指标

C. s^2 指标

D. 以上均不是

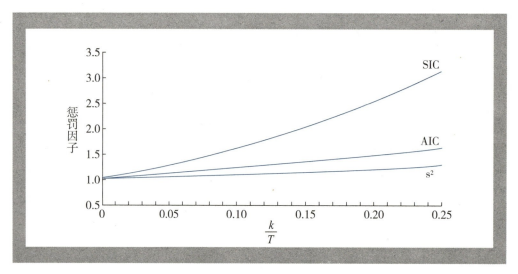

图 24.3　惩罚因子的图形

名师解析

　　本题答案为 A。考生应牢记四个指标当中，只有 SIC 指标满足一致性要求且 SIC 指标惩罚力度最大。

扫码做题　章节练习

第二十五章

建模与预测季节性因素

知识引导：如果时间序列是基于每月或每季度获得的，就有可能表现出季节性。例如，每逢春节，我国的固定资产投资就会减少。有些情况下，必须剔除季节性因素才能更好地研究问题。本章将阐述产生季节性因素的原因以及如何在建模中处理季节性因素。

考点聚焦：从知识体系上来说，本章不是重点，考生对一些基本概念有所留意即可。

本章框架图

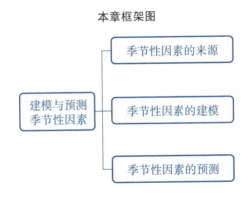

第一节　季节性因素的来源（Sources of Seasonality）

描述（describe）季节性因素的来源以及如何处理时间序列中的季节性因素（☆）

上一章讲述了趋势效应，这一章我们聚焦于"季节性因素"。"季节性因素"是指时间序列中每年在同一季节都会重复出现的类似走势，同样可分为确定的季节性因素与不确定的季节性因素。季节性因素源于气候、偏好和风俗习惯。例如，许多农作物的生产技术受气候变化的影响，产量呈现出明显的季节性因素；又如，人们偏好于夏天出门度假，于是旅游企业的收入呈现出季节性因素；再如，普遍企业习惯在春节前停产，于是国内生产总值（GDP）也呈现出季节性因素。

如图 25.1 所示，蓝线代表了我国从 2004 年起历年水力发电的月度数据。从图中不难看出，每逢每年 7 月、8 月都是水力发电的高峰，这有可能和 7 月、8 月洪涝或多种因素相关。

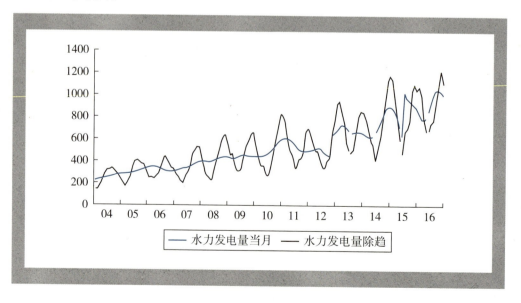

图 25.1　历年我国水力发电量（月度数据）

知识一点通

例如，预测服装销售量，对于商家来说，肯定希望把季节性因素包含在内，推测出什么时候是"旺季"与"淡季"。因此，数据无须季调。然而，对于宏观经济来说一般需要季调。比如，考察 GDP 环比增速，由于国庆节因素，每年 10 月份 GDP 环比增速一般较低。如果分析师不对数据进行季调，由此得出结论：过去的 10 月份我国经济陷入泥潭，应当执行刺激性政策，这显然是错误的。

例题 25.1

以下哪些数据需要进行季节性调整处理？

Ⅰ 全国固定资产投资增速　Ⅱ 某服装公司的月度销售额　Ⅲ 通货膨胀率

A．Ⅰ 和 Ⅱ

B．Ⅰ 和 Ⅲ

C．Ⅱ

D．均无须季节性调整

名师解析

答案为 B。宏观数据需要季节性调整，而商业数据无须季节性调整。Ⅰ 与 Ⅲ 为宏观数据，故答案为 B。

第二节　季节性因素的建模

解释（explain）如何用回归模型对季节性因素建模（☆）

季节性因素建模的最简单方法就是在回归模型中加入季节性二值变量（Seasonal Dummies）。例如，对于季度数据，可引入 4 个季度的二值变量；对于月度数据，可引入 12 个月份的二值变量；对于周数据，可引入 52 周的二值变量。纯季节性二值变量模型（Pure Seasonal Dummy Model）如下：

$$y_t = \sum_{i=1}^{s} \gamma_i D_{it} + \varepsilon_t \qquad (25.1)$$

其中，s 表示二值变量的个数，D_{it} 表示相应的二值变量。

知识一点通

需要注意的是，与一般的回归模型不同，式（25.1）中没有截距项。回忆我们在第二十二章中讲到的有关二值变量多重共线性的陷阱，故式（25.1）中可以加入 s 个二值变量。反之，如果式（25.1）中包含了截距项，则只能加入 $s-1$ 个二值变量，否则就会存在完全多重共线性。

例题 25.2

某分析师打算应用线性回归模型分析月份对某纸业公司销售额的影响。对应一年 12 个月，以下哪种模型会导致多重共线性?

A. 在不含截距项的模型中加入 12 个哑变量

B. 在含截距项的模型中加入 11 个哑变量

C. 在含截距项的模型中加入 12 个哑变量

D. 以上模型都不会导致多重共线性

名师解析

答案为 C。考生应注意，对于 s 个二值变量而言，如果线性回归模型中含截距项，那么模型中只能包含 $s-1$ 个二值变量，加入 s 个会导致多重共线性;如果模型中不包含截距项，则加入 s 个二值变量不会导致多重共线性。

季节性因素可以进一步扩展，纳入日期效应（Calendar Effects）。日期效应可分为假期变动（Holiday Variation）效应与交易日变动（Trading – Day）效应。

假期变动（Holiday Variation）效应指有些节假日的日期不固定。例如，中国的春节有的时候在 1 月，有的时候在 2 月;又如西方的复活节，日期每年也是不固定的。假期变动效应可以用二值变量 HDV_{it} 表示，等于 1 时表示该月份包含了特殊节日。

交易日变动（Trading – Day）效应指不同月份交易日天数不一样。交易日变动

效应用变量 TDV_{it} 表示，其数值表示当月的交易日天数。

把季节性、假期变动、交易日变动以及趋势同时纳入模型可得：

$$y_t = \beta_1 TIME_t + \sum_{i=1}^{s} \gamma_i D_{it} + \sum_{i=1}^{v_1} \sigma_i^{HD} HDV_{it} + \sum_{i=1}^{v_2} \sigma_i^{TD} TDV_{it} + \varepsilon_t \qquad (25.2)$$

备考小贴士

式（25.2）其实就是普通的回归方程，用 OLS 估计系数即可解。考生主要了解日期效应的分类与计量即可。

第三节　季节性因素的预测

解释（explain）如何构建 h 期后的预测（☆）

季节性因素的预测并不复杂，与普通时间序列预测的原理完全相同。在 T 时期，预测 T + h 期的时间序列，只需通过已估计出的系数以及 y_t，不断迭代式（25.2）即可。

扫码做题　章节练习

第二十六章

时间序列的周期性特征

知识引导：本章围绕时间序列中周期性因素的度量展开探讨。首先，本章引入了协方差平稳的概念。在时间序列中，平稳是一个很重要的概念，用于度量可以被预测的周期性因素。对于非平稳的时间序列进行回归，即便得出较高的 R^2 也是没有意义的，俗称"伪回归"。其次，本章介绍了一种特殊的平稳时间序列，即白噪声。最后，Wold 定理说明，任何平稳的时间序列都能由无穷多项白噪声的线性表达式表示，从理论上回答了如何度量周期性因素。

考点聚焦：本章的概念都比较抽象，是较难理解的。从考试角度来说，考生应注重满足协方差平稳时间序列定义的三个条件、满足白噪声定义的条件以及检验白噪声的 Q 统计量。除此之外，其他一些较为抽象的概念，了解即可。

本章框架图

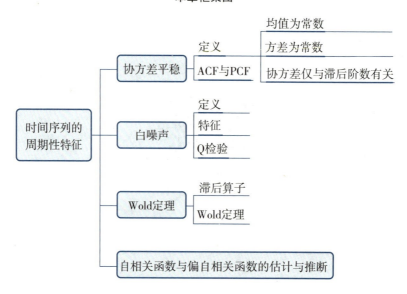

前面章节中，我们分别介绍了时间序列的趋势性因素以及季节性因素的度量。本章将主要介绍周期性因素。实际上，我们将时间序列中不能用趋势或季节解释的部分，均归为周期性因素。由于是"周期"变化的，我们希望能利用过去的周期变化模式预测其未来走势。一个典型的周期性时间序列图形可参见图 26.1，其中横轴表示时间。

在本章中，我们假定考察的时间序列可以从无穷远的过去延伸到无穷远的未来，即时间序列下标的取值范围为 $[-\infty, +\infty]$，记为：

$$\{\cdots, y_{-2}, y_{-1}, y_0, y_1, y_2, \cdots\}$$

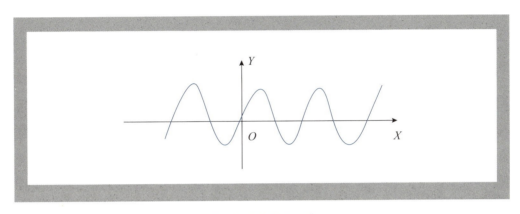

图 26.1　周期性时间序列

第一节　协方差平稳的时间序列（Covariance Stationary Time Series）

定义（define）协方差平稳、自协方差函数、自相关函数、偏相关函数与自回归（☆☆）

描述（describe）时间序列协平稳所需满足的条件（☆☆）

解释（explain）模型不满足协平稳的含义（☆）

一、基本定义与性质

一个杂乱无章、毫无任何规律的时间序列是无法被预测的。若想预测时间序列，一个至少要满足的前提条件是时间序列的"结构"是"稳定"的。协方差平稳（简称为"平稳"）给出了"结构稳定"的数学定义。满足以下三个条件的时间序列，称之为协方差平稳的时间序列。

条件1，均值有限且为常数，即 $E(y_t) = \mu$。

条件2，方差有限且为常数，即 $\text{Var}(y_t) = \sigma^2$。

条件3，协方差只与滞后阶数 τ 有关，与时期 t 无关，即 $\text{Cov}(y_t, y_{t-\tau}) = \gamma(\tau)$。

知识一点通

实际上，由于方差是协方差的特殊情况，条件3的成立隐含了条件2，只不过我们通常习惯写成三个条件。注意，在时间序列中，我们通常用 $\gamma(\tau)$ 表示滞后 τ 阶时间序列之间的协方差。

为什么要引入平稳的概念呢？这是因为时间序列与一般的横截面数据有所不同：若将未经处理的非平稳时间序列直接做回归容易出现"伪回归"的现象。例如，有人曾将全球经济增长速度与全球老鼠数量进行回归。由于两者都存在上升趋势，做出来的回归结果一定是显著且 R^2 很高的，但显然老鼠数量增长不能够解释经济增长。究其原因就在于未经处理的非平稳时间序列是不能直接做回归的。拿到一组时间序列，第一步就是判断其是否平稳。

根据定义中的条件3，不难推出平稳的时间序列的协方差函数具有对称性（都是滞后 τ 阶的协方差）：

$$\gamma(\tau) = \gamma(-\tau) \tag{26.1}$$

根据定义还可以看出，具有趋势的时间序列（即均值随着时间上升或下降，不为常数）不是平稳的时间序列。

知识一点通

有的考生可能会产生疑问：一般的经济数据都具有趋势，即均不平稳，那应当如何处理呢？实际上，对这类数据必须进行差分处理，将趋势消除后才能进行回归分析或判断协整关系。不过，这已超出了考试范畴。

二、自相关函数（Autocorrelation Function，ACF）

定义 y_t 与 $y_{t-\tau}$ 之间的相关系数称为自相关函数 $\rho(\tau)$（缩写为 ACF）：

$$\rho(\tau) = \frac{\gamma(\tau)}{\gamma(0)}, \quad \tau = 0, 1, 2, \cdots \tag{26.2}$$

其中，分子 $\gamma(\tau)$ 表示 y_t 与 $y_{t-\tau}$ 之间的协方差，分母 $\gamma(0)$ 表示 y_t 的方差。

三、偏相关函数（Partial Autocorrelation Function，PCF）

偏相关函数 $p(\tau)$ 定义如下：将 y_t 对 y_{t-1}，y_{t-2}，$\cdots$，$y_{t-\tau}$ 做线性回归（称为自回归，Autoregression），回归方程中自变量 $y_{t-\tau}$ 的系数即为偏相关系数。

> **知识一点通**
>
> 时间序列中，"自"（Auto）通常用于表示 y_t 与 $y_{t-\tau}$ 之间的关系，即现在的自己与过去的自己之间的关系，如自回归、自相关系数等。
>
> 注意 ACF 与 PCF 的区别。ACF 即相关系数定义的延伸，即 y_t 与 $y_{t-\tau}$ 之间的相关系数；PCF 与多元线性回归中所说的偏效应一样，即自变量 $y_{t-\tau}$ 的回归系数是在控制 y_{t-1}，y_{t-2}，$\cdots$，$y_{t-\tau-1}$ 不变的情况下，$y_{t-\tau}$ 变动一单位对 y_t 的影响（ACF 没有要求 y_{t-2}，$\cdots$，$y_{t-\tau-1}$ 不变）。

我们可将每一阶滞后的自相关系数 ACF 或偏相关系数 PCF 绘制成图形，从而可以一目了然地看出每一阶滞后 $y_{t-\tau}$ 对 y_t 的影响效应，见图 26.2。图中横轴表示滞后

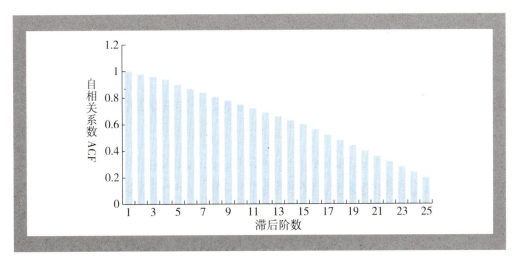

图 26.2　各阶 ACF 函数

阶数τ，纵轴表示对应滞后阶数的 ACF 数值。

> **知识一点通**
>
> 我们在 FRM 考试中接触到的所有协方差平稳时间序列都具备以下性质：其 ACF 与 PCF 随着滞后阶数τ的增加将趋近于零，即今天的我受昨天的我影响最大，而多年前的我对如今我的影响已经微乎其微了。我们将在下一章详细探讨这个性质。

第二节　白噪声（White Noise）

定义（define）白噪声并描述（describe）独立白噪声与正态白噪声（☆☆）

解释（explain）白噪声动态结构的特征（☆）

一、基本定义

本节与下一章将探讨如何建模去预测时间序列。在此之前，我们有必要对构建此类模型的基本元素有所了解，即白噪声。白噪声是一种特殊的时间序列，其定义如下。

假定时间序列$y_t = \varepsilon_t$，其中ε_t满足三个条件：

条件一，均值为 0。

条件二，方差为常数σ^2。

条件三，序列不相关，即 corr（ε_t，$\varepsilon_{t-\tau}$）$=0$。

我们则称y_t或ε_t是白噪声，记为 WN（0，σ^2）。

> **知识一点通**
>
> 对比白噪声与协方差平稳时间序列的三个条件，可以看出白噪声实际上就是一种特殊的协方差平稳时间序列。此外，考生应特别注意，白噪声仅要求序列不相关。序列不相关并不等同于相互独立，独立是更强的条件。另外，白噪声也并不要求其服从正态分布。

需注意，如果白噪声是独立的，则称为独立白噪声（Independent White Noise）；如果白噪声是服从正态分布的，则称为高斯白噪声（Gaussian White Noise）。

二、基本特征

图 26.3 显示了一白噪声时间序列走势。从图中可以看出，由于序列不相关，白噪声走势完全没有任何模式可循，是无法对其进行预测的。

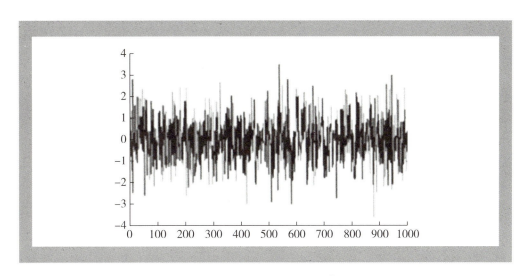

图 26.3 一组实现的白噪声

知识一点通

实际上，我们在学习回归方程时已经接触过白噪声了。回归模型中的残差项就是白噪声。如果残差项不是白噪声，这就说明残差项中还包含可以预测的部分，原回归模型就还有改善的空间。

根据白噪声序列不相关的性质，可直接推得当滞后阶数大于等于 1 时，白噪声的 ACF 与 PCF 函数均为 0，即：

$$\rho(\tau) = \begin{cases} 1, & \tau = 0 \\ 0, & \tau \geq 1 \end{cases} \qquad p(\tau) = \begin{cases} 1, & \tau = 0 \\ 0, & \tau \geq 1 \end{cases} \qquad (26.3)$$

例题 26.1

关于时间序列，以下哪个描述正确：

A. 对于协方差平稳的时间序列，任意 y_t 与 $y_{t-\tau}$ 的协方差均为不变的常数

B. 白噪声是非平稳的时间序列

C. 白噪声一定独立且服从正态分布

D. 以上描述均不正确

名师解析

答案为 D。协方差平稳的时间序列，协方差只与滞后阶数相关，但并没有要求一定是常数，故 A 选项错误。白噪声一定平稳，故 B 选项错误。白噪声不一定要是正态分布，且白噪声序列不相关但不一定独立，故 C 选项错误。

第三节　Wold 定理

解释（explain）滞后算子的使用（☆）

一、滞后算子（Lag Operator）

在正式引入 Wold 定理之前，我们先来了解一下时间序列中常用的一个算子——滞后算子 L。滞后算子 L 可以看成一种特殊的运算符，其作用是将时间序列 y_t 滞后一阶，如：

$$Ly_t = y_{t-1} \qquad (26.4)$$

有的时候，利用滞后算子把时间序列写成关于滞后算子多项式的形式（Polynomial in the Lag Operator），如：

$$\Delta y_t = (1 - L) \ y_t = y_t - y_{t-1} \qquad (26.5)$$

$$(1 + 0.9L + 0.6 L^2)y_t = y_t + 0.9 \ y_{t-1} + 0.6 \ y_{t-2} \qquad (26.6)$$

对于式（26.6），我们可将其等式左边有关 L 的多项式记为 $B \ (L)$。

描述（describe）Wold 定理（☆）

定义（define）一般线性过程（☆）

二、Wold 定理

许多时间序列都是协方差平稳的。即便对于一些不平稳的时间序列，我们将趋势线与季节性因素剔除后，多数也会变为协方差平稳。因此，我们需要构建对所有协方差平稳时间序列通用的模型。Wold 定理从理论上证明了这一模型的一般形式。

Wold 定理：假定 y_t 是任意均值为 0 且协方差平稳的时间序列，我们可将其写成如下一般表达式：

$$y_t = B(L)\varepsilon_t = \sum_{i=0}^{\infty} b_t\,\varepsilon_{t-i} \tag{26.7}$$

$$\varepsilon_t \sim WN\,(0,\ \sigma^2)$$

其中，$b_0 = 1 \,\mathrm{and} \sum_{i=0}^{\infty} b_i^2 < \infty$

知识一点通

Wold 定理是一个条件很弱但结论很强的定理，其结论表明任意均值为 0 且协方差平稳的时间序列都能写成无穷多项白噪声的线性组合。这是一个很神奇的结论，协方差平稳的时间序列竟然能用完全无法预测的白噪声来表示。注意，虽然定理有要求 y_t 均值为 0，但这不是个严格的条件。对于 y_t 均值为 μ 的平稳时间序列，我们只需将 $y_t - \mu$ 看成新的一组时间序列就能运用 Wold 定理将其展开。

备考小贴士

Wold 定理的证明超出了考试范围。考生只要对其结论有所掌握即可。

式（26.7）中白噪声 ε_t 也称为革新（Innovation），即在 t 期时间序列 y_t 是由过去无穷多项看似不起眼的革新项叠加而成的。另外，我们又称 $B(L)\varepsilon_t = \sum_{i=0}^{\infty} b_t\,\varepsilon_{t-i}$ 为一般线性过程（General Linear Process）。

三、滞后算子的有理式（Rational Distributed Lags）

式（26.7）中 $B(L)$ 的滞后阶数有无穷多阶。在实际运用中，我们不可能去估计无穷多个系数。这就要运用 Wold 定理的近似表达式，即 $B(L)$ 可写成以下形式：

$$B(L) = \frac{\theta(L)}{\varphi(L)} \tag{26.8}$$

其中，$\theta(L)$ 是关于 L 的 q 阶多项式，$\varphi(L)$ 是关于 L 的 p 阶多项式。

知识一点通

式（26.8）表明，无穷多项的 $B(L)$ 可以写成两个有限阶的有理多项式相除，于是我们只需估计 $p+q$ 个参数即可，而不是无穷多项系数。

第四节　自相关函数与偏自相关函数的估计与推断

计算（calculate）样本均值与样本自相关系数并描述（describe）Box – Pierce Q 统计量与 Ling – Box Q 统计量（☆）

描述（describe）样本偏自相关系数（☆）

一、样本均值、ACF 与 PCF 的估计

样本均值计算公式如下：

$$\bar{y} = \frac{1}{T} \sum_{t=1}^{T} y_t \tag{26.9}$$

根据相关系数的公式可推出，滞后阶 ACF 的估计公式如下：

$$\widehat{\rho}(\tau) = \frac{\dfrac{1}{T}\sum_{t=\tau+1}^{T}\left[\,(y_t - \bar{y})(y_{t-\tau} - \bar{y})\,\right]}{\dfrac{1}{T}\sum_{t=1}^{T}(y_t - \bar{y})^2} \tag{26.10}$$

对于偏相关函数，只需将 y_t 对 y_{t-1}、y_{t-2} 等做回归后对回归方程系数进行估计即可。

备考小贴士

不难看出，时间序列的样本均值估计与一般数据均值估计原理相同，只需将样本数据代入公式估算即可，这里不再详述。考试查考查计算的可能性很小，考生只需了解即可。

二、白噪声的检验

如何判断一个时间序列是否是白噪声要用到 Q 检验量，其基本思想是由于白噪声是序列不相关的，因而其任意阶的 ACF 都应当同时为 0。利用这个性质可构造出 Box – Pierce Q 统计量，其服从卡方分布：

$$Q_{BP} = T\sum_{\tau=1}^{m}\widehat{\rho}^{\,2}(\tau) \tag{26.11}$$

将式（26.11）稍做调整，可得 Ling – Box Q 统计量：

$$Q_{LP} = T(T+2)\left(\frac{1}{T-\tau}\right)\sum_{\tau=1}^{m}\widehat{\rho}^{\,2}(\tau) \tag{26.12}$$

知识一点通

根据其基本思想可以看出，Q 统计量的原假设是时间序列是白噪声，备择假设是时间序列不是白噪声。我们显然不可能检验所有滞后阶数的 ACF 是否同时为 0，只能选取 m 阶进行判断。可以证明，m 的选择应该位于 $\sqrt{T}$ 附近。

备考小贴士

考生无须记忆式（26.11）与式（26.12）复杂的公式，只需了解两个 Q 统计量均是用于检验时间序列是否是白噪声、原假设为时间序列是白噪声并且统计量是服从卡方分布的即可。FRM 一级数量考试中，只有两个地方涉及了卡方分布，一处是这里，另一处是用卡方分布检验单个总体的方差。

例题 26.2

某分析师利用 Q 统计量检验上证综指收益率的时间序列是否为白噪声。Box – Pierce Q 统计量值为 25.9，自由度为 24；Ljung – Box Q 统计量为 39.6，自由度为 24。已知在置信水平 95% 下，自由度为 24 的卡方分布的关键值为 36.41，以下哪个描述正确？

A. 95% 的置信水平下，根据两个 Q 统计量都认为收益率为白噪声

B. 95% 的置信水平下，BP 统计量认为是白噪声，LB 统计量认为不是白噪声

C. 95% 的置信水平下，两个统计量都将拒绝原假设

D. 95% 的置信水平下，BP 统计量认为不是白噪声，LB 统计量认为是白噪声

名师解析

答案为 B。考生应注意 Q 统计量对应的原假设是被检验的时间序列为白噪声，拒绝原假设得出的结论为时间序列不是白噪声。

扫码做题　章节练习

第二十七章

对周期性建模：MA、AR与ARMA模型

知识引导：本章主要探讨单变量时间序列的建模技术，主要介绍三个时间序列模型：MA 中文备注模型、AR 中文备注模型与 ARMA 中文备注模型。这些模型常被用于预测短期的资产收益率或用于验证市场有效性。虽然金融时间序列的结构往往会比这三个模型更加复杂，但这三个模型通常被看成研究时间序列的起点与参照。

考点聚焦：在本章学习过程中，考生应重点掌握 AR 与 MA 模型的基本特征。有些基本特征的数学推导是比较难的，例如，AR 与 MA 模型的 ACF 与 PCF 的图像。对于这些性质，考生主要掌握其结论，对于推导过程可以忽略。

本章框架图

第一节 移动平均模型（Moving Average Models，MA）

描述（descirbe）一阶移动平均过程并辨析自回归模型与移动平均模型（☆☆）

描述（describe）q 阶移动平均模型的特点（☆）

一、MA（1）过程

上一章中的 Wold 定理表明任何协方差平稳的时间序列都可以写成无穷多项白噪声的线性组合。于是，构建时间序列模型的一个很自然的想法就是用有限项的移动平均过程来近似模拟 Wold 定理的结论。另一种理解 MA 模型的方式是，时间序列的变动是由现在以及过去每期的冲击（Shocks）累积而成的。我们先从最简单的滞后一阶 MA（1）过程来体会 MA 模型的特点。MA（1）过程的模型如下：

$$y_t = \varepsilon_t + \theta\varepsilon_{t-1} = (1 + \theta L)\,\varepsilon_t;$$
$$\varepsilon_t \sim WN(0,\,\sigma^2) \tag{27.1}$$

从式（27.1）中可以看出，MA（1）过程中 t 期的时间序列受当期预期之外的冲击以及上期冲击的影响。

> **知识一点通**
>
> 式（27.1）中的 ε_t 是白噪声，表示当期不可观测的冲击，即预期之外的冲击。从经济理论上来说，市场只会对预期之外的冲击有所反应，而对预期之内的消息，市场在 t 期之前已经充分消化了，当冲击真正来临时，市场基本没有反应。

Q 的取值对 MA（1）过程取值的影响不大，这是因为 MA（1）模型只将最近一期的冲击纳入模型，而冲击 ε_t 是白噪声（均值为 0，方差恒定，造成的影响不大）。

二、MA（1）过程的 ACF 与 PCF

1. ACF 存在截尾现象（Cut Off）

根据 ACF 定义代入 MA（1）过程的公式可得：

$$\gamma(\tau) = E(y_t y_{t-\tau}) = E\left(\,(\varepsilon_t + \theta \varepsilon_{t-1})(\varepsilon_{t-\tau} + \theta \varepsilon_{t-\tau-1})\right)$$

$$= \begin{cases} \theta \sigma^2, & \tau = 1 \\ 0, & \text{其他} \end{cases} \tag{27.2}$$

将 $\gamma(\tau)$ 标准化后可得：

$$\rho(\tau) = \frac{\gamma(\tau)}{\gamma(0)} = \begin{cases} \dfrac{\theta}{1+\theta^2}, & \tau = 1 \\[2ex] 0, & \text{其他} \end{cases} \tag{27.3}$$

> **知识一点通**
>
> 从备考的角度来看，式（27.2）的推导无须掌握。这里简单提示一下证明思路：根据白噪声定义 ε_t 是序列不相关的，于是只要下标不同，就有 $E(\varepsilon_i \varepsilon_t) = 0$。故式（27.2）中，只有当 $\tau = 1$ 时，$E(\varepsilon_{t-1} \varepsilon_{t-1}) = \sigma^2$，其他项均为 0。

由此可见，MA（1）过程的 ACF 当且仅当滞后一阶时不为零，滞后阶数超过一阶时均为零。于是，MA（1）的 ACF 图形会呈现出"截尾"（Cut Off）的特征。见图 27.1。

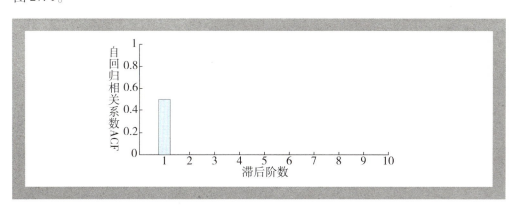

图 27.1　MA（1）的 ACF 呈现出截尾特征

2. PCF 存在衰减现象（Decay）

将式（27.1）写成如下形式：

$$\varepsilon_t = y_t - \theta\,\varepsilon_{t-1} \tag{27.4}$$

由式（27.4）有，$\varepsilon_{t-1} = y_{t-1} - \theta\,\varepsilon_{t-2}$，将其代回式（27.1）并不断迭代有：

$$y_t = \epsilon_t + \theta\,y_{t-1} - \theta^2\,y_{t-2} + \theta^3\,y_{t-3} - \cdots \tag{27.5}$$

将式（27.5）写成滞后算子的形式有：

$$\frac{1}{1+\theta L}y_t = \varepsilon_t \tag{27.6}$$

其中，当 $|\theta| < 1$ 时称为"可逆的"（Invertible）。根据 PCF 定义，PCF 即为式（27.5）中的系数。当 $\theta > 0$ 时 PCF 是正负值交替衰减（Decay）趋近于零的，见图 27.2。

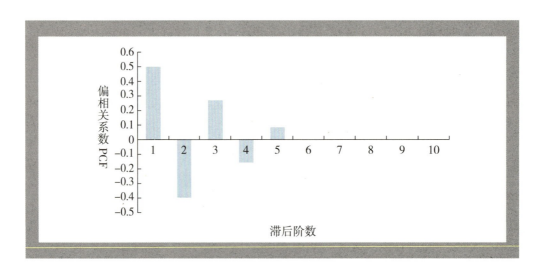

图 27.2　$\theta > 0$ 时 MA（1）的 PCF

备考小贴士

式（27.6）实际上是利用多项式的因式分解得到的。同样考生无须掌握证明推导过程，只需记住 MA（1）的 PCF 具有 decay 的性质即可。

知识一点通

根据 MA（1）模型的定义不难推出，服从 MA（1）过程的时间序列一定是平稳的。

三、MA（q）过程

MA（q）过程即 MA（1）过程的扩展，由滞后 1 到 q 阶的白噪声构成：

$$y_t = \varepsilon_t + \theta\varepsilon_{t-1} + \cdots + \theta_q\varepsilon_{t-q} = \Theta\ (L)\ \varepsilon_t;\ \varepsilon_t \sim WN\ (0,\ \sigma^2)$$

$$\Theta\ (L)\ = 1 + \theta_1 L + \cdots + \theta_q L^q \tag{27.7}$$

备考小贴士

MA（q）过程在考试中出现的概率不高，考生主要掌握 MA（1）模型的特征即可。

第二节　自回归模型（Autoregressive Models，AR）

描述（describe）一阶自回归过程并定义解释（define and explain）Yule–Walker 方程（☆☆）

描述（describe）p 阶自回归过程（☆）

一、AR（1）过程

自回归模型从另外一种思路来预测时间序列，在 t 期的时间序列由过去的时间序列加上一个随机冲击组成。具体而言，滞后一阶的 AR（1）过程如下：

$$y_t = \varphi y_{t-1} + \varepsilon_t; \quad \varepsilon \sim WN \ (0, \ \sigma^2)$$

$$(1 - \varphi L) \ y_t = \varepsilon_t \tag{27.8}$$

由式（27.8）可以得出，$y_t = \dfrac{1}{1 - \varphi L} \varepsilon_t$，故当且仅当 $|\varphi| < 1$ 时，y_t 才是收敛且协方差平稳的。

此外，与 MA（1）过程不同，φ 的不同取值会造成时间序列较大差异。

二、AR（1）过程的 ACF 与 PCF

1. AR（1）过程的 ACF

对式（27.8）两边同乘以 $y_{t-\tau}$ 可得：

$$y_t y_{t-\tau} = \varphi \ y_{t-1} y_{t-\tau} + \varepsilon_t y_{t-\tau} \tag{27.9}$$

对式（27.9）两边同时取期望可得：

$$\gamma \ (\tau) \ = \varphi \gamma \ (\tau - 1) \tag{27.10}$$

式（27.10）称为 Yule - Walker 等式，将其进一步递推展开直到第 0 阶：

$$\gamma \ (\tau) \ = \varphi^2 \gamma \ (\tau - 2) \ = \cdots = \varphi^\tau \gamma \ (0) \ = \varphi^\tau \ \frac{\sigma^2}{1 - \varphi^2}, \ \tau = 0, \ 1, \ 2, \ \cdots \tag{27.11}$$

当 $|\varphi| < 1$ 时，由式（27.11）不难看出 $\gamma \ (\tau)$ 随着 τ 的增加而递减，由此可得 $\gamma \ (\tau)$ 即 ACF 递减，见图 27.3。

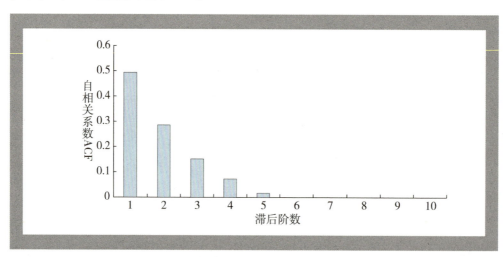

图 27.3　AR（1）模型的 ACF 呈现出衰减特征

知识一点通

对 AR（1）模型两边同时求方差后求和化简可得 $\gamma(0) = \dfrac{\sigma^2}{1-\varphi^2}$。

2. AR（1）过程的 PCF

从 AR（1）过程的公式（27.8）中直接可以看出其 PCF 除了滞后一阶的 y_{t-1} 系数为 φ 不等于 0，其他滞后阶数的系数均为 0。因此，AR（1）模型的 PCF 呈现出截尾特性，见图 27.4。

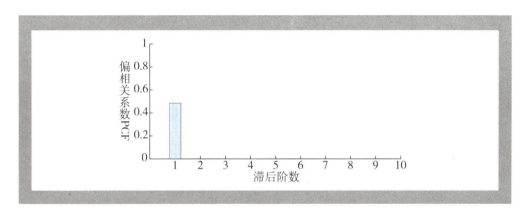

图 27.4　AR（1）模型的 PCF 呈现出截尾特性

表 27.1 将 MA（1）与 AR（1）过程的 ACF 与 PCF 的特性总结如下：

表 27.1　　　　　　MA（1）与 AR（1）的 ACF 与 PCF 特征

	ACF	PCF
MA 过程	截尾（cut off）	衰减（decay）
AR 过程	衰减（decay）	截尾（cut off）

备考小贴士

这里再次强调，从备考角度而言，考生只需记住表 27.1 的结论即可，推导过程可以忽略。我们建议考生从 AR（1）过程的 PCF 开始记忆，因为该结论可以从 AR（1）模型的公式直接看出。然后，AR（1）的 ACF 结论与 PCF 对立、MA（1）的 ACF 结论又与 AR（1）的 ACF 对立，从而整张表格都可以记住了。

例题

以下关于 AR（1）与 MA（1）模型描述正确的有：

I   MA（1）模型 $y_t = \varepsilon_t + \theta \varepsilon_{t-1}$ 当且仅当 $|\theta| < 1$ 时是协方差平稳的

II   AR（1）模型 $y_t = \varphi y_{t-1} + \varepsilon_t$ 当且仅当 $|\varphi| < 1$ 时是协方差平稳的

III   MA（1）模型的 PCF 呈献出截尾现象

IV   AR（1）模型的 ACF 呈现出衰减现象

A. I、II

B. I、III

C. II、III

D. II、IV

名师解析

答案为 D。MA（1）过程是平稳的时间序列，没有 $|\theta| < 1$ 的先决条件，而 AR（1）模型则必须在 $|\varphi| < 1$ 时才平稳。此外 MA（1）模型与 AR（1）模型的 ACF 与 PCF 的图像特征可参见表 27.1。

第三节   自回归移动平均模型（Autoregressive Moving Average Models，ARMA）

定义（define）并描述（describe）自回归移动过程的特征（☆）

描述（describe）AR 与 ARMA 过程的运用（☆）

ARMA 模型将 AR 过程与 MA 过程合并起来，记为 ARMA（p, q）。其中，p 表示 AR 模型部分的滞后阶数，q 表示 MA 模型部分的滞后阶数，其模型如下：

$$y_t = \varphi_1 y_{t-1} + \varphi_2 y_{t-2} + \cdots + \varphi_p y_{t-p} + \theta \varepsilon_{t-1} + \cdots + \theta_q \varepsilon_{t-q} + \varepsilon_t; \ \varepsilon_t \sim WN(0, \sigma^2)$$

$$(27.12)$$

ARMA（p, q）模型其实在实践中很普遍，以下情形都适用这一模型。

情形一，如果自回归模型中的随机冲击自身服从 MA 过程，那两者合并显然就是一个 ARMA 过程。

情形二，ARMA 过程可以通过不同过程合并而得，例如，AR 过程的加总或者 AR 过程与 MA 过程的加总都可以得到 ARMA 过程。

情形三，如果 AR 过程中存在测量误差（Measurement Error），往往就能演变成 ARMA 过程。

此外，值得指出的是，ARMA 的 ACF 与 PCF 都是衰减的，没有一个呈现出截尾。

知识一点通

ARMA 是 AR 过程与 MA 过程的合并。单独看 AR 与 MA 过程，无论 ACF 还是 PCF，都是一个截尾、一个衰减，两者相加衰减部分覆盖了截尾的高阶部分，故最终都将呈现出衰减。

扫码做题　章节练习

第二十八章

波 动 率

知识引导：金融机构在进行风险管理时需要密切关注波动率。恩格尔教授（Robert Engle）将 AR 过程的思想运用在波动率上，并因此获得 2003 年的诺贝尔经济学奖。本章我们学习恩格尔的思想。我们先从波动率的定义出发，随后介绍三种估计波动率的模型：自回归条件异方差（ARCH）、指数加权平均（EWMA）以及广义自回归模型（GARCH）。这三个模型有一个共同特点：波动率是动态变化的，并且具有聚集效应。这个特点很好地刻画了金融数据的特性。

考点聚焦：本章是时间序列部分的重点章节。EWMA 与 GARCH 模型的计算与性质辨析是考试的重点，考生一定要掌握相关知识点。

本章框架图

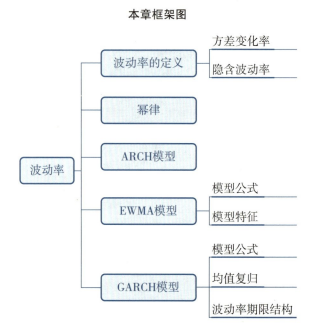

第一节　波动率的定义（Definition of Volatility）

定义（define）并辨析（distinguish）波动率、方差变化率与隐含波动率（☆）

波动率定义为单位时间内收益率的标准差。例如，定义 S_i 为资产在第 i 期结束时的价值，S_{i-1} 资产在 $i-1$ 期结束时的价值，则第 i 期收益率为：

$$u_i = \ln(S_i/S_{i-1}) \tag{28.1}$$

这与式（28.2）等价：

$$(S_i - S_{i-1})/S_{i-1} \tag{28.2}$$

知识一点通

只要资产价格不出现大幅波动，式（28.1）与式（28.2）计算出来的数值是非常近似的。从微积分上看，两者是等价无穷小。

一、方差变化率（Variance Rate）与波动率（Volatility）

在风险管理中，我们更关注波动率而不是方差。波动率定义为方差开根号。方差变化率定义为波动率的平方，即收益率的方差。每日方差变化率实际就是每日收益率的方差，且在 T 日内方差变化率与时间 T 成正比、波动率与 $\sqrt{T}$ 成正比。

一般我们假设一年中有 252 个交易日，于是有：

$$\sigma_{年} = \sqrt{252}\sigma_{日} \tag{28.3}$$

知识一点通

式（28.3）实际上是假定了每日收益率是独立同分布的。

备考小贴士

考试中，考生一定要看清题目给出的是方差变化率还是波动率，否则计算很容易出错。

二、隐含波动率（Implied Volatilities）

波动率通常是根据历史数据计算而得，但有的时候风险管理者同样需要关注隐含波动率。隐含波动率不能直接被观测到，而是通过 BSM 模型反解得到，即将市场上交易的实际期权价格代入 BSM 公式反求出隐含波动率。

知识一点通

BSM 模型我们将在第四门科目中详细学习。芝加哥交易所的 VIX 指数是目前最流行的隐含波动率期权指数。

第二节　幂律（The Power Law）

描述（describe）幂律（☆）

幂律提供了除假设正态分布外的另一种选择。该定律指出，在实际中许多变量都具备如下性质。

对于变量 v，当 x 为较大值时，有：

$$Prob\ (v>x)\ = K\,x^{-\alpha} \tag{28.4}$$

其中，K 与 α 为常数。现实中，式（28.4）已被证实对诸多随机变量都成立，例如个人收入、城市规模以及网页的日点击量。

例题 28.1

对于某金融变量 v 而言，根据实际经验，我们已知 $\alpha = 3$ 并且观察到该变量大于 10 的概率为 0.03，求该金融变量大于 20 的概率。

名师解析

根据已知条件及式（28.4）有：

$$0.03 = K \times 10^{-3}$$

于是，可反求出 $K = 30$。那么，$v > 20$ 的概率应为：

$$30 \times 20^{-3} = 0.375\%$$

第三节　ARCH 模型

解释（explain）各种权重配置如何运用于估计波动率（☆）

一、有关波动率的一些假设

定义波动率 σ_n 是根据在第 $n-1$ 天获得的历史数据所估计的第 n 天波动率。与式（28.1）相同，u_i 定义为第 i 天的收益率。由于方差变化率为收益率的方差，根据样本方差的公式有：

$$\sigma_n^2 = \frac{1}{m-1} \sum_{n=1}^{m} (u_{n-1} - \bar{u})^2 \tag{28.5}$$

为了简便研究过程，我们通常对式（28.5）做以下三个改变：

第一，收益率 u_i 通常用式（28.2）计算，其与式（28.1）的误差很小。

第二，假设收益率 u_i 的平均值 $\bar{u}$ 为零。

第三，式（28.5）中的 $m-1$ 用 m 替代，以便得到极大似然估计的无偏估计。

基于以上三个假设，式（28.5）可以简化为：

$$\sigma_n^2 = \frac{1}{m} \sum_{i=1}^{m} u_{n-i}^2 \tag{28.6}$$

假设 2 是符合实际的，如一个年化收益率为 10% 的资产，以 252 个交易日计算，日收益率不到 0.04% 接近于 0。

二、ARCH（m）模型

在利用过去 m 天历史数据估计第 n 天方差变化率时，式（28.6）赋予 u_{n-1}^2，u_{n-2}^2，$\cdots$，u_{n-m}^2 等权重。根据实证数据分析，在估计第 n 天的 σ_n^2 时，最近几天的方差变化率比较早时期的方差变化率更有参考价值，故有：

$$\sigma_n^2 = \sum_{i=1}^m \alpha_i u_{n-i}^2 \tag{28.7}$$

其中，$\sum_{i=1}^m \alpha_i = 1$ 并且当 $i > j$ 时有 $\alpha_i < \alpha_j$，即赋予较近时间的 u_{n-i}^2 较大的权重。将式（28.7）拓展，引入长期方差变化率 V_L 即可得 ARCH（m）模型：

$$\sigma_n^2 = \gamma V_L + \sum_{i=1}^m \alpha_i u_{n-i}^2 \tag{28.8}$$

其中，$\gamma + \sum_{i=1}^m \alpha_i = 1$，$\gamma$ 为长期方差率的权重。若令 $\gamma V_L = \omega$，则式（28.8）可以写为：

$$\sigma_n^2 = \omega + \sum_{i=1}^m \alpha_i u_{n-i}^2 \tag{28.9}$$

ARCH（m）模型由恩格尔提出，其思想是当期方差为过去 m 期方差与长期方差的加权平均，且越早的方差相应权重越小。接下来我们要学习的 EWMA 模型与 GARCH 模型均是基于 ARCH（m）模型的基本思想进行拓展。

第四节　EWMA 模型

运用（apply）EWMA 模型估计波动率（☆☆☆）

EWMA 模型是式（28.7）的特殊形式，规定权重 α_i 随着时间的推移以指数的形式衰减。具体而言，$\alpha_{i+1} = \lambda\, \alpha_i$，EWMA 模型如下：

$$\sigma_n^2 = \lambda\sigma_{n-1}^2 + (1-\lambda)\, u_{n-1}^2 \tag{28.10}$$

其中，λ 为常数。EWMA 模型表明第 n 天的方差变化率是第 $n-1$ 天的方差变化率与第 $n-1$ 天收益率平方的加权平均。

将式（28.10）进行变形，不难发现为什么 EWMA 模型是以指数形式衰减的。我们将式（28.10）改写成 σ_{n-1}^2 的形式再代回式（28.10）有：

$$\begin{aligned}
\sigma_n^2 &= \lambda\sigma_{n-1}^2 + (1-\lambda)\, u_{n-1}^2 \\
&= \lambda\,(\lambda\sigma_{n-2}^2 + (1-\lambda)\, u_{n-2}^2) + (1-\lambda)\, u_{n-1}^2
\end{aligned} \tag{28.11}$$

反复迭代有：

$$\begin{aligned}
&= (1-\lambda)(u_{n-1}^2 + \lambda u_{n-2}^2) + \lambda^2 \sigma_{n-2}^2 = \cdots = \\
&= (1-\lambda)\sum_{i=1}^{m} \lambda^{i-1} u_{n-i}^2 + \lambda^m \sigma_{n-m}^2
\end{aligned} \tag{28.12}$$

当 m 趋近于无穷时，式（28.12）中的第二项趋近于 0，u_{n-i}^2 的权重以指数形式衰减。另外，令 $\alpha_i = (1-\lambda)\sum_{i=1}^{m} \lambda^{i-1}$，不难发现，EWMA 模型就是式（28.7）的特例。

EWMA 模型的优点在于，模型所需数据较少。在任一时期，我们只需在计算机上存储第 $n-1$ 天的波动率与收益率即可。当得到最新观测值时就可按照模型更新对方差变化率的估计并替换掉原来的存储值。

需要注意的是：第一，λ 是上一期方差变化率的权重，$1-\lambda$ 是最新收益率变动的权重。因此，λ 越低意味着最新收益率变动的权重较大，方差变动率对市场反应也越迅速。第二，J. P. 摩根的研究表明，$\lambda = 0.94$ 时，EWMA 模型估计出的方差变化率最接近已实现方差（Realized Variance Rate）。

第五节　GARCH 模型

描述（describe）GARCH 模型估计波动率与其特征（☆☆☆）

使用 GARCH（1，1）模型计算（calculate）波动率（☆☆☆）

一、基本定义

与 EWMA 模型稍有不同，GARCH 模型将长期平均方差 V_L 引入模型。两者的差别同于式（28.7）与式（28.8）的区别。以 GARCH（1，1）模型为例，其公式如下：

$$\sigma_n^2 = \gamma V_L + \alpha u_{n-1}^2 + \beta \sigma_{n-1}^2 \tag{28.13}$$

其中，γ 为 V_L 的权重，α 为 u_{n-1}^2 的权重，β 为 σ_{n-1}^2 的权重，且 $\alpha + \beta + \gamma = 1$。不难看出，EWMA 模型就是 GARCH（1，1）模型当 $\gamma = 0$、$\alpha = 1 - \lambda$、$\beta = \lambda$ 的特例。与式（28.8）相同，令 $\gamma V_L = \omega$，则有：

$$\sigma_n^2 = \omega + \alpha u_{n-1}^2 + \beta \sigma_{n-1}^2 \tag{28.14}$$

式（28.14）是为了方便估计参数，当参数 ω、α 与 β 被估计出来后，可反推出 V_L。

知识一点通

GARCH（1，1）模型中的数字（1，1）表明 σ_n^2 是由滞后一阶的方差变化率即 σ_{n-1}^2 以及滞后一阶的收益率平方即 u_{n-1}^2 估算而得。

例题28.2

假定根据日数据估计出 GARCH（1，1）模型如式（28.15），且已知 $n-1$ 天波动率为 1.5%、收益率为 -1%。求长期平均方差以及按照 GARCH（1，1）模型估计的第 n 天波动率。

$$\sigma_n^2 = 0.000002 + 0.13\, u_{n-1}^2 + 0.86 \sigma_{n-1}^2 \tag{28.15}$$

名师解析

根据已知条件有 $\alpha = 0.13$、$\beta = 0.86$、$\omega = 0.000002$。

由 $\alpha + \beta + \gamma = 1$ 可得 $\gamma = 1 - 0.13 - 0.86 = 0.01$。于是长期平均方差 V_L 为 $0.000002/0.01 = 0.002$。

根据题目条件，将 $\sigma_{n-1}^2 = 1.5\%^2$ 以及 $u_{n-1}^2 = 0.0001$ 代入式（28.15），即可求得

$\sigma_n^2 = 0.00023516$，开根号可得$\sigma_n = 1.53\%$。

考生应注意，虽然本题只是代公式计算，但有几个易错点一定需要注意：

第一，题目所求波动率为σ_n而不是σ_n^2，后者为方差变动率，切记看清题目所求（没开根号或者开根号的答案往往也会在选项中）。

第二，系数α对应的是u_{n-1}^2，β对应的是σ_{n-1}^2，不要搞反了，还要注意与EWMA的区别。

第三，u_{n-1}^2是收益率的平方，σ_{n-1}^2表示的是方差变化率，不要代错了。

解释（explain）均值复归以及其如何通过GARCH（1，1）模型反映（☆☆☆）

解释（explain）EWMA与GARCH模型中的权重（☆☆☆）

解释（explain）GARCH模型在预测波动率中的使用（☆☆）

二、均值复归与预测

由于GARCH（1，1）模型中引入了长期平均方差V_L，因而具有均值复归的特性，即长期来看方差会回归到长期平均水平。这一特性是EWMA模型所不具有的。反之，如果GARCH（1，1）模型估计出的ω系数是负数，则此时GARCH（1，1）模型不稳定，用EWMA模型更合适。

我们可以通过GARCH（1，1）模型预测波动率的过程证明其均值复归的特性。

在$n-1$天结束时，有：

$$\sigma_n^2 = (1 - \alpha - \beta)V_L + \alpha u_{n-1}^2 + \beta \sigma_{n-1}^2 \qquad (28.16)$$

将上式整理并将下标改为预测第$n+t$期，则有：

$$\sigma_{n+t}^2 - V_L = \alpha(u_{n+t-1}^2 - V_L) + \beta(\sigma_{n+t-1}^2 - V_L) \qquad (28.17)$$

u_{n+t-1}^2的期望值为σ_{n+t-1}^2，因此有：

$$E(\sigma_{n+t}^2 - V_L) = (\alpha + \beta)E(\sigma_{n+t-1}^2 - V_L) \qquad (28.18)$$

反复迭代式（28.18）可得：

$$E(\sigma_{n+t}^2 - V_L) = (\alpha + \beta)^T E(\sigma_n^2 - V_L) \qquad (28.19)$$

由于$\alpha + \beta < 1$，式（28.19）中随着t增加$(\alpha+\beta)^T$趋近于零，所以σ_{n+t}^2会逐渐趋近于V_L，$\alpha+\beta$的绝对值越高则均值复归的速度越慢，见图28.1。

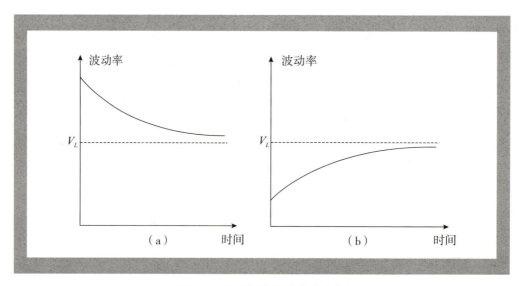

图 28.1　方差随时间变化将均值复归

> 描述（describe）波动率期限结构及其变动所产生的影响（☆）

三、估计方法与波动率期限结构

1. 估计方法

GARCH（1，1）模型的参数估计采用极大似然估计法（Maximum Likelihood Method），而不是 OLS 法。极大似然估计法的基本思想是选取合适的参数使得数据发生的概率最大。

备考小贴士

极大似然估计法详细步骤超出考试范围，考生只需对该方法的名称有印象即可。

2. 期限结构

波动率的期限结构（Volatility Term Structure）指期权波动率与期限之间的关系。

对于 GARCH（1，1）模型来说，由均值复归的特性可得：若当前波动率高于长期平均波动率时，波动率的期限结构呈现出下降趋势；反之，若当前波动率低于长期平均波动率时，波动率的期限结构呈现出上升趋势，见图 28.1。

例题 28.3

以下关于 EWMA 模型与 GARCH（1，1）模型的描述哪一项是正确的？

A. 在 GARCH（1，1）模型中，长期方差没有权重

B. 在 EWMA 模型中，存在均值复归的特性

C. 由于具有均值复归的特性，在任何情况下 GARCH（1，1）模型均优于 EWMA 模型

D. 在 GARCH（1，1）模型中，$\alpha + \beta$ 的绝对值越高则均值复归的速度越慢

名师解析

答案为 D。与 EWMA 模型不同，GARCH（1，1）模型赋予长期方差正的权重并具有均值复归的特性。GARCH（1，1）模型并非在任何情况下都优于 EWMA 模型，前提条件是估计出来的系数 w 不能为负数。此外，$\alpha + \beta$ 的绝对值反映了 GARCH（1，1）模型均值复归的速度，绝对值越高则均值复归速度越慢。

扫码做题　章节练习

第二十九章

相关性与连接函数

知识引导：在前面的章节中我们已经学习了相关系数的概念。相关系数可以用于衡量两种资产之间的线性相关性。然而在实务中，很多资产之间的相关结构并非线性的。此时，相关系数就不足以刻画这种非线性的相关结构，因此需要引入连接函数的概念。连接函数用于定义两个或多个变量之间的相关结构，这种相关结构可以是线性的，也可以是非线性的。利用连接函数，我们可以考察不同债券之间的违约相关性，也可以用于信用衍生品定价等多种情形。

考点聚焦：本章所涉及的知识是比较难的，但从考试角度来说本章不是重点，无须过多准备。考生主要对二元正态分布的生成过程、单因素模型的特点以及连接函数尾部相关性等性质有所了解即可。

本章框架图

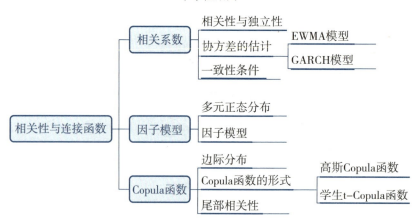

第一节　相关系数

定义（define）相关系数与协方差并区分相关性与独立性（☆☆）

一、相关性与独立性的区别

我们在前面章节中已经学过了有关相关系数与协方差的定义，即对于随机变量 X 与 Y，两者的协方差定义为：

$$\text{Cov}\ (X,\ Y)\ = E\ [X - E\ (X)]\ [Y - E\ (Y)] \tag{29.1}$$

两者的相关系数定义为：

$$\rho_{XY} = \frac{\text{Cov}\ (X,\ Y)}{\sqrt{\text{Var}\ (X)\ \text{Var}\ (Y)}} \tag{29.2}$$

此外，前面章节也已指出，若两个变量之间相关系数为 0，存在两种情形：一是两个变量之间不存在任何关系；二是两个变量之间存在非线性关系。由此可见，相关系数无法刻画两个变量之间的非线性关系，因而我们在本章引入 Copula 函数（也称连接函数），用于反映两个变量之间的非线性关系。

二、协方差与相关系数的估计

当具体估计协方差与相关系数时，我们会将式（29.1）与式（29.2）进行一定简化。与上一章简化波动率公式的思想相同，我们假设资产每日收益率为 0。于是，对于随机变量 X 与 Y 在第 n 天的协方差公式（29.1）可以简化为：

$$\text{Cov}_n = E\ (x_n\ y_n) \tag{29.3}$$

如果对于每个观测值采用相同的权重，协方差的估计可以写为：

$$\text{Cov}_n = \frac{1}{m} \sum_{i=1}^{m} x_{n-i}\ y_{n-i} \tag{29.4}$$

有了协方差的估计值后，进一步可估计相关系数：

$$\rho_n = \frac{\mathrm{Cov}_n}{\sqrt{\mathrm{Var}_{x,n}\mathrm{Var}_{y,n}}} \qquad (29.5)$$

1. EWMA 模型

同样，与上一章中估计波动率的思想相同，我们摒弃等权重的做法，赋予最新数据较大的权重。例如，同样采取 EWMA 模型估计协方差有：

$$\mathrm{Cov}_n = \lambda\,\mathrm{Cov}_{n-1} + (1-\lambda)\,x_{n-1}y_{n-1} \qquad (29.6)$$

2. GARCH 模型

同样，可以采用 GARCH 模型的形式估计协方差：

$$\mathrm{Cov}_n = \omega + \alpha x_{n-1}y_{n-1} + \beta\,\mathrm{Cov}_{n-1} \qquad (29.7)$$

> 运用 EWMA 与 GARCH（1，1）计算（calculate）协方差（☆☆☆）
>
> 将一致性条件运用（apply）于协方差（☆）

三、协方差的一致性条件

对于某个资产组合，假设组合中一共 n 个资产，每个资产收益率为 X_i，权重为 w_i，则可构建资产组合 $n\times n$ 阶的方差－协方差矩阵（Variance-covariance Matrix）。方差协方差矩阵是对称的，矩阵中的第 i 行第 j 列元素的数值和第 j 行第 i 列元素是相等的，对应的是资产 X_i 与资产 X_j 的协方差；而当 $i=j$ 时，第 i 行第 j 列元素实际上就是资产的 X_i 方差。

将资产组合中各资产的权重写成 $n\times 1$ 的向量 $\boldsymbol{w}$，若对任意 $\boldsymbol{w}$ 均有：

$$\boldsymbol{w}^{\mathrm{T}}\boldsymbol{\Omega}\boldsymbol{w} \geq 0 \qquad (29.8)$$

则方差—协方差矩阵 $\boldsymbol{\Omega}$ 满足内部一致性条件（Internally Consisitent），称为半正定矩阵（Positive-semidefinite Matrix）。其中，$\boldsymbol{w}^{\mathrm{T}} = [w_1,\ w_2,\ \cdots,\ w_n]$。

> **知识一点通**
>
> 没有接触过矩阵相乘的考生可能对式（29.8）有些陌生。实际上，$\boldsymbol{w}^{\mathrm{T}}$ 是 $n\times 1$ 阶矩阵，$\boldsymbol{\Omega}$ 为 $n\times n$ 阶矩阵，$\boldsymbol{w}$ 为 $1\times n$ 阶矩阵，则 $\boldsymbol{w}^{\mathrm{T}}\boldsymbol{\Omega}\boldsymbol{w}$ 为 1×1 阶矩阵，即一个数字。由于 $\boldsymbol{w}^{\mathrm{T}}\boldsymbol{\Omega}\boldsymbol{w}$ 实际上表示按照 $\boldsymbol{w}$ 权重配置资产组合的方差，因此必定大于等于 0。

第二节　因子模型（Factor Model）

描述（describe）二元正态分布产生样本的过程（☆）

运用单因素模型描述（describe）正态分布随机变量之间的相关性（☆）

一、多元正态分布（Multivariate Normal Distributions）

多元正态分布是最常见的多元分布之一。假定变量 V_1 与 V_2 服从二元正态分布且 V_1 与 V_2 的均值与标准差分别为 μ_1、μ_2、σ_1、σ_2，两者之间的相关系数为 ρ。那么，若变量 V_1 的某个观测值为 v_1，V_2 在 $V_1 = v_1$ 的条件下为正态分布，期望值为：

$$\mu_2 + \rho\, \sigma_2 \frac{v_1 - \mu_1}{\sigma_1} \tag{29.9}$$

标准差为：

$$\sigma_2 \sqrt{1 - \rho^2} \tag{29.10}$$

> **知识一点通**
>
> 二元正态分布并不是简单地将 V_1 与 V_2 的概率密度函数直接相乘，还需要考虑到两个随机变量之间的相关性。

具体而言，若要生成服从二元正态分布随机变量的随机抽样 ε_1、ε_2（假定两者均值均为 0，方差均为 1），可以采取以下步骤。

第一，生成两个服从标准正态分布且相互独立的随机抽样 z_1 与 z_2。

第二，令 $\varepsilon_1 = z_1$。

第三，令 $\varepsilon_2 = \rho z_1 + z_2 \sqrt{1 - \rho^2}$。

> **知识一点通**
>
> 由于 z_1 与 z_2 是相互独立的，则 $E(z_1z_2)=0$。通过这个性质，可以证明 $\text{Cov}(\varepsilon_1, \varepsilon_2)=E(z_1-0)\left(\rho z_1+z_2\sqrt{1-\rho^2}-0\right)=\rho$。因此，通过以上步骤构建的 ε_1 与 ε_2 服从相关系数为 ρ 的二元正态分布。

二、因子模型

服从正态分布随机变量之间的相关系数可以通过因子模型定义。因子模型的思想如下：假定 U_1、U_2、$\cdots$、U_n 服从标准正态分布且每个 U_i 由一个共同因子 F 以及相互之间不相关的 Z_i 组成。

$$U_i = a_i F + \sqrt{1-Z_i} \tag{29.11}$$

其中，F 与 Z_i 均服从标准正态分布且相互之间各不相关，a_i 为位于 -1 至 1 之间的常数。

通常在大类资产配置时，都需要计算方差协方差矩阵。然而，N 阶的方差协方差矩阵中共有 $N(N-1)/2$ 个参数需要估计（矩阵为对称并扣除对角线上的方差个数）。不过在因子模型中，可以证明 U_i 与 U_j 之间的相关系数为 $a_i a_j$，所以，由因子模型生成的方差协方差矩阵一定是半正定的，所以我们无须估计 $N(N-1)/2$ 个元素，只需估计 N 个参数，即 a_1、a_2、$\cdots$、a_n。

> **知识一点通**
>
> 我们可以把因子模型中的 U_i 看成个股收益率。影响个股收益率的因素 U_i 包括公共因子 F（比如宏观经济因素）与个股特征（Z_i）。

通过相关系数的定义以及 F 与 Z_i 之间不相关的条件即可推得 U_i 与 U_j 之间的相关系数为 $a_i a_j$。因此，方差协方差矩阵中任意第 i 行第 j 列元素的值只需知道 a_i 与 a_j 的值即可。于是，构建方差协方差矩阵只需要 N 个参数。

第三节　Copula 函数

定义（define）连接函数并描述（describe）连接函数的性质、连接函数的关联性（☆）

解释（explain）尾部依赖（☆☆）

描述（describe）高斯 Copula、学生 t Copula、多元 Copula 与单因素 Copula（☆）

一、Copula 函数的构建

考虑两个相互关联的随机变量 V_1 与 V_2。V_1 的边际分布（Marginal Distribution）指在未知任何有关 V_2 信息下，V_1 的概率分布。同理，V_2 的边际分布指未知任何 V_1 信息下 V_2 的概率分布。假定我们已知 V_1 与 V_2 的边际分布，怎样通过两个随机变量之间的相关结构来构建两者的联合分布（Joint Distribution）呢？

当 V_1 与 V_2 的边际分布均为正态分布时，一种简便的做法就是假定两者的联合分布服从二元正态分布。然而，若 V_1 与 V_2 的边际不服从正态分布且两者之间的相关结构不像二元正态分布那么容易刻画时，就必须引入 Copula 函数来完成构造联合分布的这个任务。例如，假设 V_1 与 V_2 分别服从三角分布，见图 29.1。

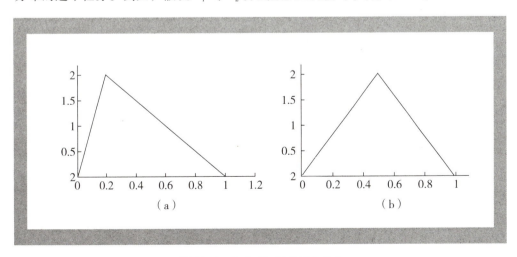

图 29.1　V_1 与 V_2 服从三角分布

我们运用高斯 Copula 函数，将随机变量 V_1 与 V_2 分别映射到服从标准正态分布的随机变量 U_1 与 U_2 上。这个映射是分位数与分位数（Percentile – to – percentile）之间相互对应的一一映射。例如，V_1 的 5% 分位数点为 0.1，标准正态分布的 5% 分位数点对应为 – 1.64（近似值），则该映射就是将 0.1 映射到 – 1.64，见表 29.1。类似地，可以将 V_2 映射到 U_2。假定 U_1 与 U_2 的联合分布为二元正态分布且假设相关系数为 0.5，就可以推出 V_1 与 V_2 的联合概率分布。例如，若要求 $V_1 < 0.1$ 且 $V_2 < 0.1$ 的概率。利用分位数映射可知，该概率等同于 P（$U_1 < – 1.64$，$U_2 < – 2.05$）= P（$V_1 < 0.1$，$V_2 < 0.1$）= 0.006（0.006 根据二元正态分布的概率密度函数即可求得）。

表 29.1 　　　　　　　　V_1 到 U_1 的映射与 V_2 到 U_2 的映射

V_1 取值	分位数	U_1 取值	V_2 取值	分位数	U_2 取值
0.1	5.00	– 1.64	0.1	2.00	– 2.05
0.2	20.00	– 0.84	0.2	8.00	– 1.41

注：该表只显示了部分数值。完整的表格是将 V 与 U 之间的分位数一一对应。

备考小贴士

在上述过程中的分位数到分位数的映射实际上就是高斯 Copula 函数。Copula 函数又称连接函数，顾名思义，就是将两个随机变量的边际分布通过某种函数的形式连接起来，形成联合概率密度函数。完全理解 Copula 函数需要具备较好的数学基础。考生如果感觉理解有困难，了解 Copula 函数是反映随机变量之间的非线性关系即可。

二、Copula 函数的形式

上例中，我们是将两个服从三角分布的随机变量映射到标准正态分布。实际上，V_1 与 V_2 可以是任意分布，只要按照高斯 Copula 函数，将百分比到百分比一一映射，均能最终映射到标准正态分布，见图 29.2。

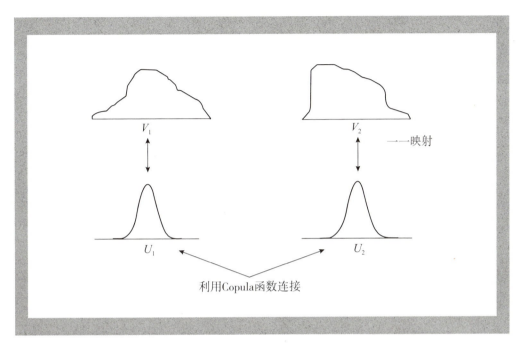

图 29.2　通过 **Copula** 函数定义联合分布

当然，高斯 Copula 函数只是定义 V_1 与 V_2 之间相关结构的一种形式。运用类似的方法，我们同样可以定义学生 t – Copula 函数。t – Copula 函数与高斯 Copula 函数类似，唯一不同之处在于假定 U_1 与 U_2 服从学生 t 分布。

三、尾部相关性（Tail Dependence）

在一元分布的情形下，我们已经了解到相比于正态分布，t 分布更加厚尾。实际上，在二元分布中也有类似的结论。图 29.3 分别列示二元正态分布以及二元 t 分布的 5000 个抽样观测值。从图中可以看出，在二元 t 分布中，两个随机变量同时出现极端值的情形多于二元正态分布。这种现象称为尾部相关性（Tail Dependence）。当发生金融危机时，往往容易出现多个债券同时违约或多种证券价格同时下跌的情形。此时，采用学生 t – Copula 函数比高斯 Copula 函数能更好地刻画尾部相关性的特征。

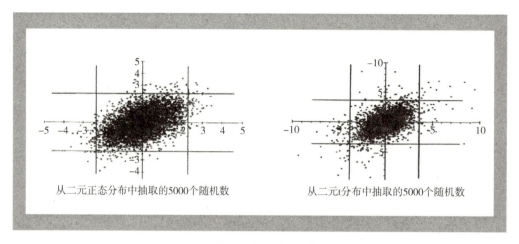

图 29.3　二元正态分布与二元 t 分布

例题

　　某分析师利用 Copula 函数来对金融危机时债券间的违约相关性进行模拟，以下哪个模型最适用？

　　A. 高斯 Copula 函数

　　B. 标准正态分布 Copula

　　C. 学生 t – Copula

　　D. 以上均不正确

名师解析

　　答案为 C。在备选项中，只有学生 t 分布能够度量金融危机时的尾部相关性，即通常所说的"多米诺骨牌"效应。

扫码做题　章节练习

第三十章

模　拟

知识引导：在经济金融研究中，很多情形是无法预估的，这就限制了传统统计学方法的分析范围，因而需要引入模拟的思想。本章主要介绍了蒙特卡罗模拟方法的基本思想，并由此展开介绍减少模拟方差的几种基本方法。除此之外，本章还介绍了近年来较为流行的倒脱靴方法以及随机数生成的基本思想。本章的最后对模拟方法的缺点进行了归纳总结。

考点聚焦：单从知识的角度上看，模拟分析是一个很难的专题，涉及很多数学知识。然而，从考试的角度来看，本章几乎不可能考查需要运用到高深数学知识的计算题，更多的是从基本概念以及相关性质辨析的角度考查考生。因此，考生在学习过程中，应注重对各种模拟方法基本思想的理解，了解其适用情形以及失效情形。

本章框架图

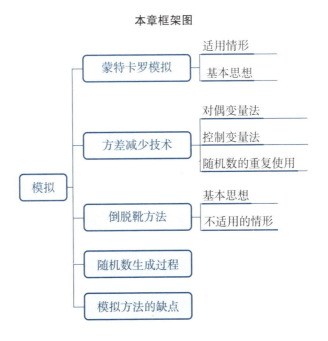

第一节　蒙特卡罗模拟（Monte Carlo Simulation）

定义（define）连接函数并描述（describe）连接函数的性质、连接函数的关联性（☆）

描述（describe）构建蒙特卡罗模拟的基本步骤（☆）

一、为什么需要模拟

在经济金融研究中，很多情形是无法预估的，这就限制了传统统计学方法的分析范围。例如，1999 年 1 月 1 日欧元诞生，这将导致欧洲许多国家股票市场之间的相关系数大幅上升。为了防范系统性风险，许多经济金融学家会关注这样一个问题：如果欧洲一体化趋势持续，股票市场间相关系数上升到 99%，对整个金融市场影响如何？反之，如果脱欧浪潮兴起，欧盟瓦解，相关系数急剧下降，对金融市场与资产配置的影响又如何？由于此类事件以往历史上未曾发生过，用历史数据的方法来进行分析是行不通的，只能引入模拟（Simulation）的方法来进行情景分析。

二、蒙特卡罗模拟的基本思想与步骤

实务中最常使用的模拟方法就是蒙特卡罗模拟。蒙特卡罗模拟的基本思想是假定与资产组合相关的各风险因子服从特定的概率分布，根据假定的这些概率分布进行抽样，依据抽样数据计算资产最终价值。反复重复上述步骤 N 次，可求得 N 个资产最终价值，从而形成资产最终价值的概率分布。

例如，某基金经理现有 1000 万元资金，全部投资于上证 50ETF。已知上证 50ETF 日收益率为 r，一个交易日后资金的价值将变为多少？如果按照传统的方法解决这个问题，将根据历史数据估算出上证 50ETF 的日均收益率 r_0，以此数值代入 $1000(1+r)$，即可求的期望资金终值。然而，如果利用蒙特卡罗模拟法则有所不同，步骤如下。

步骤 1，蒙特卡罗模拟将假设收益率 r 服从某个特定的分布，比如正态分布。

步骤 2，随后，依据正态分布的概率分布，对 r 的可能取值进行抽样。

步骤 3，根据抽样数据计算出对应的资产终值 $1000(1+r_i)$。

步骤 4，重复步骤 1 到步骤 3 共 N 次，当 N 足够大时就可以画出资产终值在各个区间内的直方图，并用计算机模拟出资产终值的概率分布。

通过上述步骤可以看出，蒙特卡罗模拟与传统方法的最大区别在于，传统模拟的方法只会计算出一个资产终值，而蒙特卡罗模拟可以计算出资产终值的概率分布。因此，在假定分布正确的情况下，蒙特卡罗模拟可以依据资产终值的概率分布进行的情景分析。

知识一点通

上例中模型只有一个因子 r，比较简单。复杂的蒙特卡罗模型还可引入各种影响收益率的因子并假定其各自的概率分布与相关系数。由此可见，蒙特卡罗模拟相当复杂，当模拟次数 N 非常大时，模拟得越精确，但对计算机的性能要求也相当高。此外，蒙特卡罗模拟结论的准确性极其依赖于假设分布是否准确。如果对风险因子服从的分布假设不准确，则由蒙特卡罗模拟得出的结论也是不准确的。

第二节 方差减少技术（Variance Reduction Techniques）

描述（describe）减少蒙特卡罗模拟样本误差的方法（☆☆）

在模拟分析中，假定第 i 次重复时，得到参数值为 x_i，共进行 $N=1000$ 次模拟，可得 1000 次模拟 x 的平均值。一般情形下，即便另一研究者完全复制上述模拟，由于随机数的不同，得到 x 的平均值也是不同的。在蒙特卡罗模拟中，样本变动的标准差公式为：

$$S_x = \sqrt{\frac{\mathrm{Var}(x)}{N}} \tag{30.1}$$

其中，Var（x）表示估计参数 x 在 N 此重复试验中的方差。

从式（30.1）中不难看出，若要减少蒙特卡罗模拟的抽样方差有两个途径：一是减少 Var（x）；二是增加模拟次数 N。然而，增加模拟次数并不是有效减少方差的途径。例如，根据式（30.1），若要 S_x 减少到之前的十分之一的数量级，必须增加模拟次数至之前的一百倍。因此，减少 S_x 最有效的途径是减少方差 Var（x）。最常见的方差减少技术包括对偶变量法与控制变量法。

备考小贴士

式（30.1）是本章唯一一个有可能出计算题的公式，也是唯一一个需要考生记忆的公式。

解释（explain）如何用对偶变量减少蒙特卡罗模拟样本误差（☆☆）

一、对偶变量法（Antithetic Variates）

蒙特卡罗模拟要重复很多次的原因之一就是在简单随机抽样时，我们必须抽样很多次，才能保证概率空间中整个集合被充分覆盖。解决这一问题的方法就是刻意地选取对偶变量（Antithetic Variates），使得只要进行较少样本容量的抽样就能迅速且充分覆盖概率空间。

具体而言，假设第一次实验在 $[0, 1]$ 之间随机抽取了 u_i，那么第二次实验的随机数就取其对偶变量 $-u_i$。可以证明，对偶变量法可以减少总体方差，即减少式（30.1）的取值。为方便说明，假定蒙特卡罗模拟考察参数 x 的平均值由两次模拟计算而得，即：

$$\overline{x} = （x_1 + x_2）/2 \qquad (30.2)$$

于是有：

$$\text{Var}（\overline{x}）= \frac{1}{4}[\text{Var}（x_1）+ \text{Var}（x_2）+ 2\text{Cov}（x_1, x_2）] \qquad (30.3)$$

若 u_i 之间相互独立则 x_i 之间也是相互独立的，则此时方差为：

$$\mathrm{Var}\ (\bar{x})\ = \frac{1}{4}[\ \mathrm{Var}\ (x_1)\ + \mathrm{Var}\ (x_2)\ ] \tag{30.4}$$

然而，由于我们刻意地选择了对偶变量，故有：

$$\mathrm{corr}\ (u_t,\ -u_t)\ < 0 \tag{30.5}$$

如 u_t 与 $-u_t$ 负相关间接导致考察参数值 x_1 与 x_2 负相关。于是式（30.3）一定小于式（30.4），方差得到了减小。

解释（explain）如何运用控制变量去减少蒙特卡罗模拟的样本误差以及该方法何时是有效的（☆）

二、控制变量法（Control Variates）

控制变量法的思想是引入一个与感兴趣变量 x 的性质类似的变量 y（即控制变量），但这个变量 y 的相关特征是已知的。在进行模拟时，对于每次抽取的随机数同时考察 x 与 y，于是可得对 x 的最新估计 x^*：

$$x^* = y + (\widehat{x} - \widehat{y}) \tag{30.6}$$

其中，$\widehat{x}$ 与 $\widehat{y}$ 为根据模拟对 x 于 y 的估计值。式（30.6）中的 y 为常数，表示已知的 y 的特征，故 $\mathrm{Var}\ (y)\ = 0$。

对式（30.6）两边同时求方差，由于 $\mathrm{Var}\ (y)\ = 0$，故有：

$$\mathrm{Var}\ (x^*)\ = \mathrm{Var}\ (\widehat{x})\ + \mathrm{Var}\ (\widehat{y})\ - 2\mathrm{Cov}\ (\widehat{x},\ \widehat{y}) \tag{30.7}$$

若想利用控制变量法减少方差，必须有 $\mathrm{Var}\ (x^*)\ < \mathrm{Var}\ (\widehat{x})$，结合式（30.7）可得方差减少的条件为：

$$\mathrm{Cov}(\widehat{x},\ \widehat{y}) > \frac{1}{2}\mathrm{Var}\ (\widehat{y}) \tag{30.8}$$

备考小贴士

关于对偶变量法与控制变量法，考生主要掌握其基本思想，公式则是相对次要的，直接考查公式的可能性不大。

描述（descrbie）重复使用蒙特卡罗模拟中产生的随机数以及如何重复使用（☆）

三、随机数的重复使用

在不同实验中，使用相同的一组随机数可以减少不同实验得出估计值的方差。

> **知识一点通**
>
> 在不同实验中，使用相同一组随机数并不能大量节省计算机模拟的时间，但可以减少实验估计值的方差。值得指出的是，对偶变量法、控制变量同是针对同一次实验的，而此处所说的使用相同随机数是针对不同实验的。

第三节　倒脱靴方法（Bootstrapping）

描述（describe）倒脱靴方法以及相比于蒙特卡罗模拟的优点（☆）

描述（describe）倒脱靴方法不适用的情形（☆）

一、基本思想

倒脱靴方法（Bootstrapping）与模拟有一本质性区别：在模拟方法中，数据是人工生成的；而在倒脱靴方法中，是将实际抽样数据当作总体，再进行反复抽样。倒脱靴的方法经常被用于检测数据挖掘偏差（Data Snooping Bias）。数据挖掘偏差指仅在统计意义上成立的结论，只适用于某些特殊抽样，但不适用于所有数据。

知识一点通

倒脱靴方法刚被提出来的时候，很多计量经济学家都质疑其有效性。然而，计量经济学家逐渐发现该方法具有很多优良的性质。"倒脱靴"的命名非常形象，来源喜剧演员的一个比喻：陷入沼泽的人通过拔自己的靴子，把自己从沼泽中拔出来。

具体而言，使用倒脱靴方法过程如下：

首先，假设已有某个总体的抽样样本：$y = y_1$，y_2，$\cdots$，y_T，想要估计的参数为 θ；

其次，将样本 y 当作总体进行 N 次抽样，每次抽样的样本容量为 T；

再次，根据每次抽样均可估计出 $\hat{\theta}$，N 次抽样可得出参数 θ 的概率分布；

最后，根据 θ 的概率分布可进一步得出统计量估计等相关结论。

二、不适用的情形

倒脱靴方法在以下两种情形是不适用的。

情形一，存在极端异常值（Outlier）：当样本中存在异常值时，反复抽样中有可能会涵盖极端异常值，从而影响最终得出的估计量。

情形二，倒脱靴方法隐含着要求数据是相互独立的，如果数据之间不独立，反复抽样过程中就有可能无法体现数据集的特性。

第四节 随机数生成过程

描述（describe）伪随机数生成方法以及如何选择种子带来的问题（☆）

许多计量经济学软件包中都自带随机数生成器。最常见的例子就是通过连续均匀分布生成在区间（0，1）内的随机数。例如，利用下面的求余函数即可生成

$(0，1)$间的随机数：

$$y_{i+1} = (a\,y_i + c) \quad modulo\ m，i = 0，1，\cdots，T \tag{30.9}$$

$$R_{i+1} = y_{i+1}/m\ for\ i = 0，1，\cdots，T \tag{30.10}$$

其中，y_0 代表初始值，也称种子；a 为乘数，c 为增量；modulo 表示求余运算。求余运算保证 y_{i+1} 取值范围始终在 0 到 $m-1$ 间的整数，最终通过式（30.10）形成 $(0，1)$ 之间的随机数。

备考小贴士

考试直接考查式（30.9）与式（30.10）计算的概率极低，考生主要要掌握下文中有关随机数的性质。

从上述随机数生成过程可以看出，实际上我们大多数时候接触的随机数都是伪随机数（Pseudo-random Numbers），是通过事先既定好的公式生成的。此外，从上述公式中，还可以看出，初始值 y_0 的选取会对序列中的前几个数字的数值产生影响（如 y_1，y_2，$\cdots$），导致其不那么"随机"，但这种影响会逐渐减弱。因此，在实际运用中，为保证生成的随机数足够随机，我们会将随机数的前面一些值去掉。例如，利用式（30.9）与式（30.10）生成了 1200 个随机数，我们将前 200 个随机数去掉，使用后 1000 个数字作为随机数，以确保数字"足够随机"。

第五节　模拟方法的缺点

描述（describe）在解决金融问题中模拟方法的缺点（☆）

模拟方法具有以下几个缺点。

1. 成本昂贵

模拟的次数取决于具体研究问题，但一般来说要得出较为精确的结论需模拟的次数都是很大的。虽然现在电脑 CPU 性能越来越好，但研究问题的复杂性也随之上升。

2. 结果未必准确

如果模拟的假设条件不符合真实数据，那么所得出的结论必然也是不准确的。

3. 结果较难复制

例如，蒙特卡罗模拟是通过一组随机数抽样得出最终的概率分布。由于是基于随机数，故得出结论难以被验证或复制。

4. 模拟结果只在特定实验环境下成立

由模拟得出的结论有可能只对特别的数据类型成立，对其他数据类型未必成立。

例题

以下有关蒙特卡罗模拟的描述，正确的是：

A. 模拟中一个由纯随机生成器生成的随机数能够完全避免抽样聚集效应

B. 蒙特卡罗模拟只能用于模拟由线性组合生产的头寸

C. 蒙特卡罗模拟的一个缺点是结果准确性取决于分布的假设是否正确

D. 蒙特卡罗模拟可以被用于分析 t 分布

名师解析

答案为 C。一个完全随机的随机数是不能很快地布满整个概率空间的，因而当"运气"不太好时，是有可能出现随机数"扎堆"的现象，即抽样聚集（Cluster Observations）。只有像"对偶法"那样刻意的抽样方法才能迅速让"随机数"布满整个概率空间，从而避免抽样"扎堆"，故 A 选项错误。蒙特卡罗模拟可用于分析诸如期权等非线性头寸，故 B 选项错误。蒙特卡罗模拟中分布并不局限于正态分布，可根据实际情况假设，故 D 选项错误。

扫码做题　章节练习

扫码看勘误

问题反馈邮箱：book@ gaodun. com。